云南石刻文献目录集存（初辑）

赵成杰　编著

西南交通大学出版社
·成　都·

内容简介

本书辑录了公元1949年以前出现在云南境内的石刻文献，以石刻纪年先后为序排列，著录石刻凡9070条。目录信息包括碑名、撰者、书者、刻工、材质、字体、年代、尺寸、立碑地点、资料出处等。碑目参考了云南省已出版的各类石刻目录、地方志、文物志等文献资料，共计461种，其中地方志文献258种，石刻合集125种，文物志、文史资料75种，谱牒类文献3种。

图书在版编目（CIP）数据

云南石刻文献目录集存：初辑 / 赵成杰编著. —
成都：西南交通大学出版社，2021.5
（中国西南地区金石文献整理与研究丛书）
ISBN 978-7-5643-8000-7

Ⅰ. ①云…　Ⅱ. ①赵…　Ⅲ. ①石刻 – 文献 – 专题目录 – 云南　Ⅳ. ①Z88：K877.4

中国版本图书馆CIP数据核字（2021）第058705号

中国西南地区金石文献整理与研究丛书
Yunnan Shike Wenxian Mulu Jicun（Chuji）
云南石刻文献目录集存（初辑）
赵成杰　编著

策划编辑	黄庆斌　韩　林
责任编辑	吴　迪
助理编辑	李　欣
封面题字	郭　伟
封面设计	原谋书装
出版发行	西南交通大学出版社（四川省成都市金牛区二环路北一段111号 西南交通大学创新大厦21楼）
发行部电话	028-87600564　028-87600533
邮政编码	610031
网　址	http://www.xnjdcbs.com
印　刷	成都市金雅迪彩色印刷有限公司
成品尺寸	210 mm × 285 mm
印　张	35.5
字　数	883千
版　次	2021年5月第1版
印　次	2021年5月第1次
书　号	ISBN 978-7-5643-8000-7
定　价	980.00元

序

林超民

早在司马迁的《史记》中，就已有对秦代石刻的记录。其后，每个时代都有关于石刻的文献著录。不过作为专门的学问，金石学到宋代才逐步形成，并出现欧阳修《集古录跋尾》(又作《集古录》)、赵明诚《金石录》、王象之《舆地碑记》、洪适《隶释》《隶续》等为代表的金石学专著。

云南石刻最早见于《隶释》卷十七，有永寿元年(155)之《益州太守无名碑》，录有碑文及题名，记碑之图案纹饰，并对逝者姓氏、丹书运用做了简单的分析。除此，还有《益州太守高眹修周公礼殿记》《益州太守高颐碑》《益州太守高颐阙二》《益州太守杨宗墓道》和《益州太守城坝碑》。汉武帝元封二年(前109)在今云南、贵州东部、四川南部设置益州郡。元封五年(前106)，汉武帝在全国设13刺史部，以今四川为中心设置益州刺史部，下辖蜀郡、巴郡、犍为、牂牁、越嶲、汉中、广汉、梓潼、巴东、益州、永昌等郡。益州刺史部与益州郡有很大不同，这一点尤需注意。前说这几方碑刻都在当时的成都、西州、雅州等地，唯此《益州太守无名碑》，其题名者乃建伶(今昆阳)、牧靡(今寻甸、嵩明)、拼栋(今大姚、姚安)、穀昌(今呈贡)、俞元(今澄江、江川)之人，以上地名都在今云南，故此太守当与云南有关。李根源《云南金石目略初稿》称此碑在升麻，即今昆明市寻甸县。虽然此碑今已无法寻得，却是有文献记载的云南年代最早的碑刻，比存世年代最早的《孟孝琚碑》还略早一些。李根源《云南金石目略初稿》及阮元编纂之道光《云南通志》皆收录《益州太守无名碑》，与此相类的还有赵明诚《金石录》中收录的《云南太守碑》。民国《新纂云南通志·金石考》将以上两碑都列为“存疑”。《金石考》为方国瑜执笔撰著。所以他在《云南史料目录概说》一书中没有将这两通碑列入。

元、明两代金石研究的水平与宋时相差甚远，未见特别著名的金石学大家和金石学大作。清代，特别是乾隆以后，随着考据之风日盛，金石学家辈出，他们撰著的金石学著作影响深远。他们的著作中有不少云南石刻，在他们的影响下，云南学者也逐步重视本地石刻的收集、整理与研究。

王昶是有清一代成就卓著的金石学家。他编著的《金石萃编》是清代金石学集大成之作，为世人推崇。《金石萃编》最后一卷收录并考释南诏、大理国的《南诏德化碑》《崇圣寺钟款》《崇圣寺中塔题字》《石城碑》《地藏寺梵字塔幢》《护法明公德运碑赞》《嵇肃灵峰明帝记》《兴宝寺德化铭》和《渊公塔铭》等。除《金石萃编》外，王昶还有未刊书稿，收录元碑八十通，其中九通为元代的云南碑刻：《大理新修文庙记》《增建大圆济宫记》《创建妙湛寺碑记》《万春山真觉禅寺记》《宝珠山能仁寺之碑》《太守段公增添大圆济禅苑常住元勋记》《晋宁镇靖明惠夫人忠烈庙记》《妙观和尚道行碑铭》和《建感通峨嵋兰若记》。

阮元及其子阮福是继王昶之后对云南石刻研究有突出贡献者。阮元于道光六年（1826）六月调补云贵总督，九月入滇，直至道光十五年（1835）三月调离。阮元在滇期间注意搜访金石铭刻，道光七年（1827）他在陆良县重新访获《爨龙颜碑》，令知州张浩建碑亭保护。他不遗余力向金石学界推介《爨龙颜碑》，为云南金石学的发展做出贡献。阮元第三子阮福随他一起到云南，在阮元的指导下，阮福作《滇南古今石录》，收录了《爨龙颜碑》《王仁求碑》《南诏德化碑》等，包括碑文和各家题跋。尽管收录并非完备，却是首部收录云南金石资料的专著，具有开创之功。

阮元总纂的《云南通志》在艺文志中设“金石门”专章，同样是开创之作。道光《云南通志》不但收录了《滇南古金石录》中的材料，更广泛搜集历代云南金石，包括历代文献著录的金石材料，为后来编纂《云南通志》中金石著录的范本。

李根源是民国云南金石学的代表，1919 年出版了《九保金石文存》，1932 年出版了《景邃堂题跋》。《景邃堂题跋》则是云南重要的金石题跋汇编，如《校官碑》《水石坎摩崖》《王文毅公武侯祠碑》都是重要的考证文字。李根源还有《云南金石目略初稿》，在云南金石学上有重要地位。由云龙的《定庵题跋》类似李根源的《景邃堂题跋》，收录题跋 159 则。赵藩《介庵金石书画题跋》也收有一些石刻题跋。

方树梅花二十年心力编纂的《滇南碑传集》，收录明、清、民国初年云南人物传记、墓表、碑铭 400 余人，凡 500 余篇，在碑传的收集上，至今尚无出其右者。

吾师方国瑜参加民国《新纂云南通志》的编撰，撰写《金石考》，收录云南金石文献 2599 种，并做题跋，在前人基础上有所发明、有所创新。几经修改后，编入《云南史料目录概说》。国瑜师著录金石目录，对每一通石刻做了考说，不仅谈石刻，而且论史事，是研究云南金石的经典之作。昭通的张希鲁在云南金石学上的贡献也不能忽视，他著有《滇东金石记》《西南古物目略》等。国瑜师曾参考引用他的研究成果。

成杰博士竭尽心力编纂的《云南石刻文献目录集存》（初辑），体例严整，编排得当，信息完备，方便检索，有利学术。当我们阅览此书，足知云南先贤对中华文化的贡献不后于中原、华中、江南诸省；云南石刻虽有云南地方特点，而与中华整体文化一脉相承。此书付梓刊行，实为文献学、金石学一大幸事！

有幸与成杰在一起切磋琢磨，有志同道合之雅。是书告成，征序于我，乃略述此书功用之大与成杰治学之勤，为读者研读运用此书提供一点参考。

辛丑正月初三于云南大学守拙书室

前　言

云南金石文献最早可追溯至汉代，阮元（1764—1849）《积古斋钟鼎彝器款识》以及陆增祥（1816—1882）《八琼室金石补正》等著作中曾著录汉五铢钱范、建初残刻、朱提洗款等云南金石。经过长达千余年的发展，已著录云南金石文献近万种，涉及宗教、人物、碑记、公文、环境等五大类，其研究则自宋至民国绵延不绝。前辈学人在云南金石的寻访、排比、著录、鉴藏以及题跋、考证等方面都取得了丰硕成果，亦在利用金石研究云南地方史、少数民族史等领域建树卓越。

一、云南金石学研究的学术背景

（一）云南金石文献的总体情况

梳理云南金石学的发展脉络，先要了解云南金石文献的基本情况，如现存石刻、主要类别、所涉领域以及学术价值等，只有充分掌握了云南金石的总体情况，才可以判断前人在云南金石学研究上的优劣，以便进一步的学术研究。

据统计，云南金石刻见于目录者计9070通，撰者3855人，其中撰写碑文较多的有：包见捷（12）、岑毓英（16）、晁必登（8）、陈灿（12）、陈其力（7）、陈荣昌（41）、陈善（9）、陈廷焴（14）、陈元（8）、陈宗海（30）、程封（12）、崔乃镛（14）、戴䌹孙（8）、范承勋（29）、傅为讠（16）、傅宗龙（14）、郭存庄（10）、何俊（9）、何其伟（10）、李淳（13）、李根源（32）、李坤（8）、李源道（12）、李元阳（184）、刘大绅（10）、莫舜鼐（10）、倪蜕（13）、钱沣（10）、沈懋价（11）、史旌贤（12）、述律杰（11）、孙人龙（16）、檀萃（29）、唐尧官（16）、陶珽（15）、田节（10）、童轩（12）、王昶（11）、王继文（29）、王景常（20）、王元翰（24）、吴宝林（8）、吴楷（26）、许弘勳（10）、杨春震（13）、杨金铠（14）、杨景修（11）、杨琼（11）、杨森（21）、杨慎（58）、杨士云（36）、杨一清（9）、余谷（12）、袁嘉穀（23）、张含（13）、张汉（20）、张彦绅（12）、张志淳（30）、赵端礼（27）、赵藩（26）、赵汝濂（9）、赵文荪（19）、赵诒荪（14）①等。

云南石刻的撰者多是文学家或当地官员，在云南历史上多有记载。例如杨士云（1477—1544），字从龙，号弘山，太和人，官翰林院庶吉士，是与李元阳齐名的白族文学家。大理今存杨士云七方石刻，如《明故董母赵氏墓志铭》（1522）、《明故四川按察司佥事张公

① 括号内为撰碑数，以姓氏拼音排序。

墓碑铭》(1529)等。又如杨南金(1457—1539),字本重,号两依,别号用章,邓川人。“以《诗经》中成化丙午乡试,弘治丙辰正榜。丁父忧,己未举进士,授江西泰和知县。”[①]弘治十二年(1499)进士,任江西泰和县令,后升监察御史。[②]《杨南金坊记》(1549)详细记录了杨南金的家世生平,可补地方文献之不足。曾撰《邓川州土官知州阿氏五世墓表》(1508)等。除了李元阳、杨士云、杨南金这类文学家,撰者大部分为当地官员或学者,如杨琼,字叔玉,号迴楼,邓川人,光绪辛卯(1891)举人,官晋宁州学正。崔乃镛,同宫人,进士,知东川府。傅为詝,字嘉言,号岩溪,建水人。雍正癸丑(1733)进士,官至督察院左副都御使等,参见方树梅《古滇人物考》《滇贤生卒考》《滇南碑传集》等。

书丹者多为当地学者、官员及僧人,有一定的社会威望,如《楚雄府定远县新建儒学记》(1550),其撰者与书者皆是明代文学家杨慎(1488—1559),云南现存杨慎所撰石刻 55 篇,时间自 1523 年至 1562 年;云南石刻还著录了明代后期李元阳所撰的碑记(含游记)约 120 种,其碑文书丹者如苏湖等人;《故布政司承差杨公琇墓志铭》(1483)题“邓川州儒学训导杨敬书”;《万寿山无穷大和尚行实并塔铭》书者为云南布政使右布政使孔延禧,曾任云南府知府;《杨善士正宇墓志铭》(1462)题“弘圭密僧李永书丹”;《故安人车氏墓铭》(1461)“苍山习密阿拶梨僧首李懋书”;《栖云庵碑记铭》(1459)题“本府密僧□□杨进丹书”等。《邓川州土官知州阿氏五世墓表》(1508)“庠生郡人杨九龄书”,杨九龄,邓川人,正德甲戌(1514)进士,官户部观政。

参与石刻的还有刻工群体,这一类材料较难搜集,也往往被学者忽略。云南刻工数目庞大,其题署方式亦多种多样。然而,刻工的家世、生平史籍无考,唯有通过墓志方可获知一二。据统计,云南刻工约有 495 人,其中元及元以前刻工 19 人,明代刻工 158 人,清代刻工 192 人,民国刻工 105 人,时代不详者 21 人。刻工不同于石刻撰者,刻工大多是家族传承,社会地位不高,较少在地方志或史书中记载。石刻刻工与书丹者有密切关系,书丹者技艺水平直接影响到刻工的摹刻。云南刻工多为家族传承,最为显著的当属大理杨氏刻工,其他地区的刻工如安宁匠人毕耀彩、毕沃等。石刻刻工是传统手工业的重要组成部分,刻工家世、所选石材、摹刻方法以及工价的考察对云南古代手工业的研究都有至关重要的作用。

除了参与石刻的撰者、书者、刻工,还应充分掌握云南石刻的时空分布及学术特点,云南石刻广泛分布于昆明、曲靖、大理、丽江、昭通、保山、楚雄等地,20 世纪 90 年代以来,云南各州市都出版了地方性石刻汇编著作,极大地推动了云南石刻的发展。从内容上看,云南石刻可以分为五大类,二十四小类。云南学术的发展与石刻文献息息相关,举凡历史、地理、文学、军事、艺术等学科均可与石刻文献互证。一方面,作为云南历史文化研究的重要参考,石刻文献不但有助于考证相关史实、补正历史阙失,还可

① 杨世钰、赵寅松主编:《大理丛书·金石篇》,云南民族出版社,2010 年,第 684 页。
② 《洱源县志》,云南人民出版社,1996 年,第 669 页。李缵绪:《白族文学史略》,云南人民出版社,2014 年,第 198 页。

促进少数民族史的进一步发展，如大理白族石刻所载白族文学家、史学家的生平事迹就是研究白族发展史的重要材料。另一方面，云南石刻的整理和研究也是对石刻的保护，至于石刻的编目、清洗以及存藏都应建立在对石刻的充分研究的基础上。如石刻编目以及分类问题，是按照传统分类方法还是现代信息学的分类就引起不少学者的讨论，现代信息学的分类方法使类目更精细、分类更合理，也更符合石刻本身的文献特征。

中华人民共和国成立以来，各省、市地方志部门或图书馆、档案馆开始了本地石刻汇编工作，如《北京图书馆藏北京石刻拓片目录》所收石刻，以朝代区分，先秦 2 种，汉 18 种，晋 2 种，北魏 3 种，北齐 5 种，隋 3 种，唐 67 种，宋 2 种，辽 70 种，金 39 种，元 89 种，明 150 种，清 3542 种，民国 702 种，中华人民共和国 549 种，无年月 97 种，共计 6340 种。关于北京石刻的内容，据《北京图书馆藏北京石刻拓片目录》统计，其类别有：墓碑（2182 种）、墓志（270 种）、庙宇（2097 种）、会馆行会（172 种）、教育（64 种）、题名碑（282 种）、释道经（107 种）、造像和画像（143 种）、艺文（387 种）、题名和题字（160 种）、杂刻（476 种）等。[①]《陕西石刻目录文献集存》收录了 24 部金石专著和 6 部志书中所列中华人民共和国建立前发现和出土的陕西石刻文献目录，是一部带有索引性质的陕西石刻文献目录专著。共收目录 3161 条，包括碑石（石刻和石刻）、碣、墓志、塔铭、经幢、造像、石阙、摩崖、买地契等。[②]私人石刻拓本目录，如《戚叔玉捐赠历代石刻文字拓本目录》收录上海博物馆藏戚叔玉先生捐赠碑帖拓片，共计 4800 余种，分为墓志、造像、杂刻、画像、砖瓦、泉币、青铜、法帖、杂类等。[③]

然而，云南省的全省目录还没有启动编纂，《云南石刻文献目录集存》（初辑）为填补这一空白而作。本书汇编了全省已出版的石刻目录及地方志、文物志等 461 种，其中地方志文献 258 种（民国以前的地方志 197 种，其中明代 8 种，清代 189 种；以清代居多，其中康熙 38 种，雍正 11 种，乾隆 32 种，嘉庆 6 种，道光 22 种，咸丰 3 种，光绪 29 种，宣统 4 种，民国 44 种），石刻合集 125 种，文物志、文史资料等 75 种（含文集等杂类），另有《窦氏族谱》等谱牒类文献 3 种。辑录范围为 1949 年前出现在云南境内的石刻，凡 9070 种。石刻信息要素包括：碑名、撰者、书者、刻工、材质、字体、年代、尺寸、立碑地点、资料出处等，凡石刻信息要素不详之处，一律略过不载。排序按石刻的产生朝代进行排序，朝代下按年号排序。具体时间不详者，但能确定年号的，置于年号末尾；具体时间不详者，不能确定年号但能确定朝代的，置于朝代末尾；具体时间不详者，既不能确定年号又不能确定朝代者，一律归入“时间不详”。其中，“著录于”表示见于地方志、石刻目录等文献；“全文见”表示见于某新编石刻汇编。

（二）金石学研究的学术特点

云南地区最早的金石文献可追溯于汉代，具有代表性的如汉章和元年洗、双鱼永建

---

① 徐自强主编：《北京图书馆藏北京石刻拓片目录》，书目文献出版社，1994 年。

② 李慧主编：《陕西石刻文献目录集存》，三秦出版社，1990 年。

③ 上海博物馆图书馆编：《戚叔玉捐赠历代石刻文字拓本目录》，上海古籍出版社，2006 年。

洗等不少已经收录在阮元的《积古斋钟鼎彝器款识》中。民国以来，张希鲁收藏了大量云南汉代铜器、五铢钱、铜洗等金类文献。[①]石类最早的为东汉永寿三年（157）《汉孟孝琚碑》，继而是光和五年（182）《李元礼碑》、太熙元年（290）《云南太守碑》、元康三年（293）《云南郡主碑》以及太和六年（371）《爨龙骧墓碑》以及太元十一年（386）《毛辨墓碑》等；少数民族类金石发现较晚，如14世纪回鹘式蒙古文《云南王藏经碑》（1338）[②]以及云南禄劝的彝文《镌字崖》（1533）等少数民族金石文献。[③]虽然云南金石文献的年代可以追溯到汉晋，但研究史却相对迟缓，一方面比较重要的汉晋石刻、汉代铜洗至迟到晚清才陆续发现，如乾隆四十三年（1778）《爨宝子碑》、道光七年（1827）《爨龙颜碑》、光绪二十七年（1901）《汉孟孝琚碑》等，名碑的发现带动了云南金石考证的发展；另一方面，云南在元代才开始建立学宫及文庙，进而儒家思想才在云南地区大规模传播。据调查，云南地区元以前的石刻不足100通，这与南诏时期盛行火葬墓、石刻多以梵文经咒为主有很大原因。于是云南元代以前较少有汉文金石文献，这也使得云南金石的研究史远滞后于中原地区。

由此，中华人民共和国成立以前云南金石学的研究呈现出三个主要特点：

一是断裂式的金石学研究。金类文献集中于汉代，石类文献集中于明清。自晋至元，金石偶有发现，尚不能构成系统。云南金石学研究史始自嘉庆初年王昶《金石萃编》的问世，后来阮元主编《云南通志稿》、阮福《滇南古金石录》及陆增祥《八琼室金石补正》等著作刊布才进一步带动云南传统金石的考证，但仍不成规模。直到民国，袁嘉谷《滇南金石萃编》、李根源《云南金石目录略初稿》、方树梅《滇南碑传集》以及方国瑜《云南金石文物题跋》等著作出现，云南金石学才蓬勃发展起来，但研究程度上仍以金石的搜集、目录的编排、文献的辑录为主，在金石考证、地方史研究上仍显不足。

二是整体呈现出偏重搜集、鉴赏类的研究特点。清代金石学著作收录云南石刻不过10种左右，民国学者李根源、张希鲁、方树梅开始大规模搜集云南金石，李根源侧重于金石目录的整理，张希鲁侧重金类铜器的寻访，方树梅侧重碑传人物的辑佚，但从本质上看，三位学者的金石学研究仍然偏重在整理方面，题跋、考证文字并不多见，由于条件所限，其金石搜集往往不够全面。

三是运用以碑证史的学术方法进行历史研究。王昶《金石萃编》收录云南石刻均有王昶按语，这些题跋就是利用石刻考证云南地方史的典范。如王昶在《渊公塔铭》中推断渊公生在宋高宗绍兴十九年（1149）；在《嵇肃灵峰明帝记》考证碑立于丙午岁六月三日等。方国瑜先生是利用金石证云南地方史及少数民族史的大家，所编《云南史料丛刊》辑录云南众多石刻，保存了大量文献；由《新纂云南通志·金石考》按语而作的《云南金石文物题跋》又代表了以金证史的最高水平，他运用爨碑对爨氏政权的考证堪称典范。

---

① 参见刘景毛，文明元，王珏，李春龙点校：《新纂云南通志》五，云南人民出版社，2007年。
② 方龄贵：《〈云南王藏经碑〉新探》，《方龄贵学术文选》，云南人民出版社，2013年，第228页。
③ 参见陈子丹：《云南少数民族金石档案研究》，云南大学博士学位论文，1997年；又，云南科学技术出版社，2001年出版。

二、云南金石学研究的回顾及展望

《新纂云南通志·金石考》对云南金石的分期有过如下论断："云南金石，远古邈矣，有之则自汉始。而汉以后迄于唐初，所见金石文字，悉遵中朝年号。至唐天宝以后，南诏、大理僭号改元，见诸金石者，皆用蒙、段年号。至元代，设行省，金石刻画复用中朝纪年。故分云南金石为三时期，即自汉至唐天宝为前期，南诏、大理为中期，元、明、清为后期。"[①]《金石考》按照时代顺序对云南金石进行了分期，大体遵循了云南历史的发展特点，着眼点是"金石"作为传统古器物学的分期。

云南金石学的研究起步较晚，清以前云南金石的研究只有宋人进行过零星的搜集和考证，宋代金石学著作中曾收录云南铜洗及益州太守碑等金石文献，但都非常简略。直到明代周弘祖编纂《古今书刻》，是书下编收录全国碑目，中有"云南"，成为云南碑目最早的结集。是书收云南府碑目 6 种：《太极图并白鹿洞规碑》《昆明市古碑》《爨王墓碑》《诸葛碑》《葱蒙山碑》《山亭记碑》；曲靖军民府碑目 6 种：《光胜寺碑》《玉泉碑》《地符石》《南诏碑》《邛都县侯爨龙颜碑》《阿轲题书》；北胜州 2 种：《东山石像》《东山摩崖碑》；金齿使司 1 种：《唐都督张罗正碑》等。[②]

清代学者的云南金石学研究主要侧重在金类，除了经常提及的王昶《金石萃编》、阮福《滇南古金石录》及陆增祥《八琼室金石补正》外，瞿中溶《古泉山馆金石文编》收《章和二年洗》；罗振玉《贞松堂集古遗文》收《建初八年堂狼造》《元和三年堂狼造》；吴大澂《恒轩所见所藏吉金录》收《元和四年堂狼造》；端方《陶斋吉金录》收《章和二年堂狼造》；吴云《两轩彝器图释》收《永和六年堂工》；徐同柏《从古堂款识学》收《永初元年堂狼造作牢》；刘心源《奇觚室吉金文述》收《永和元年朱提造作》；吴式芬《捃古录》收《延光三年堂狼造作》《永建六年堂狼造》；等等。石类的考证集中在《爨宝子碑》《爨龙颜碑》《渊公塔铭》《兴宝寺德化铭》《嵇肃灵峰明帝记》《护法明公德运碑赞》《南诏德化碑》《崇圣寺钟款》等碑上，金石考证仍无突破。

民国时期，云南金石学进入到一个全新的发展阶段，涌现出一批有代表性的金石学家和金石学著作。一方面，受到晚清金石学者的影响，云南学者继续从金石目录、题跋入手编排金石书，如晚清赵藩（1851—1927）、袁嘉穀（1872—1937）、由云龙（1876—1961）等学者；另一方面，通过地方志尤其是《新纂云南通志》的编纂聚集了一批有代表性的金石学者，如李根源（1879—1965）、方树梅（1881—1968）、张希鲁（1900—1979）、方国瑜（1903—1983）等学者。上述金石学者都有比较深入的交流或有师承关系，如赵藩是李根源私交甚笃的乡贤前辈[③]；袁嘉穀是张希鲁在东陆大学读书时的老师，其金石收藏受袁嘉穀影响最大；袁嘉穀、由云龙、方树梅和方国瑜同在通志馆纂修《云南通志》，

① 刘景毛，文明元，王珏，李春龙点校：《新纂云南通志》五，云南人民出版社，2007 年，第 1 页。
② （明）高儒等著：《百川书志 古今书刻》，古典文学出版社，1957 年，第 441 页。
③ 王明达：《论李根源与赵藩的文交》，沈家明主编：《李根源纪念文集》，云南美术出版社，2005 年，第 201-203 页。

几位金石学者相互都有交集，进一步促进了云南金石学的发展。赵藩、袁嘉穀、由云龙三位学者虽然在金石研究上有很高的造诣，其文章或只有单篇文章传世，其著作或多难寻觅、不易获得，而李根源、方树梅、方国瑜、张希鲁四位学者在云南金石学史上都有重要著作或题跋结集。《云南省志》著录“西南及云南考古”目录，其中“古书契（金石学）”仅著录民国著作 31 种[①]，成为研究民国时期云南金石学的参考。

实际上，北京图书馆在 20 世纪 30 年代末就开始了石刻拓片的征询工作，1946 年前后曾派范腾瑞带领拓工到云南访拓，并将碑文编成《云南碑目初编》，拓片现存国家图书馆。后来又派万斯年到腾冲、大理等地搜集当地文献及少数民族资料。《云南碑目初编》收录石刻 351 种：汉 1 种，晋 2 种，南朝宋 1 种，唐 4 种，宋 2 种，元 24 种，明 92 种，清 147 种，民国 76 种。范腾瑞指出：“本馆斥资传拓，虽毡椎之事，难觅良工，然搜访之勤，可供秘阁。”[②]《云南碑目初编》所收自汉《孟孝琚碑》至方树梅《滇贤遗墨石刻》止，每碑著录碑名、作者、书体、时代、地点等，著录项完整，具有重要的参考价值。

中华人民共和国成立以来，孙太初、顾峰、陈子丹等学者都在云南金石学的研究方面有所突破。孙太初《云南古代石刻丛考》（1983）考证了 17 种云南石刻并附有《云南古代石刻存目》，成为中华人民共和国成立后最早研究云南金石的专著。[③]《云南古代石刻存目》收录汉至大理国时期石刻 23 种，著录石刻的碑名、出土地、行款等信息。孙太初（1925—2012）任职于云南省博物馆，曾参与云南昭通汉晋古墓及石寨山滇国墓群的发掘工作，在张希鲁的藏书中还发现孙太初所赠的《云南晋宁石寨山古墓第四次发掘简报》油印本资料。[④]孙太初的金石研究主要从考古角度对云南墓葬及石刻进行研究，如《云

---

① 云南省地方志编纂委员会办公室编纂：《云南省志》卷 75，云南人民出版社，1997 年，第 606 页。《孟孝琚碑》拓本 1 册；《孟孝琚碑题跋》1 卷，袁嘉穀辑 1911 年印行；《腾越李府君墓碑铭》，孙光庭撰、秦恩述书、章炳麟篆额，1918 年石印 1 册；《九保金石文存》1 卷，李根源辑，铅字本、1919 年刻本、1928 年曲石丛书之 15；《汉孟孝琚碑跋》，袁嘉穀辑、1923 年云南图书馆排印本 1 册；《腾冲李氏碑志五种》，腾冲叠水河李氏珍藏，上海泰东图书局 1923 年石印 4 册；《腾冲李太夫人阙太君墓碑铭》，赵藩撰、刘尔雅书、朱祖谋题额，1928 年拓印 1 册；《汉孟孝琚碑录》，张希鲁编，1933 年云南张氏石印 1 册；《石鼓文汇考》4 卷上下册，由云龙辑，1933 年辑者自版；《孟孝琚碑跋》，张希鲁辑，1933 年楚雄中学石印本 1 册；《滇东金石记》，张希鲁撰，云南昭通张氏 1933 年石印本；《腾冲金石录》，李根源，1933 年 34 页曲石精庐铅印 1 册；《瑜迦王石刻》，渥勒教授梵文原本，邓永龄译，云南教育厅编译处，1934 排印 1 册；《云南金石目略初稿》，李根源著，苏州李氏曲精庐本，1935 年刻本 162 页；《疏凿仙云两湖口碑记汇录》6 种，由云龙等辑，1935 年石印 1 册；《新出土南宋高公墓志跋》，张连懋撰，1936 年楚雄中学石印本 1 册；《爨龙颜碑考释》1 卷，赵治琛辑，对树书屋丛刻本 1936 年；《松海集》李根源辑，1936 年苏州铅印；《云南金石目略补编》，李根源撰 1937 年稿本；《昭通汉金石》张连懋辑，1937 年昭通中学石印本 1 册；《考古三笺》1 卷，张希鲁编，1938 年云南昭通张氏油印本 1 册；《定庵题跋》由云龙撰，1938 年铅印 1 册；《大理喜洲访碑记》石钟撰，1942 年油印本 1 册，云南省立龙渊中学中国边疆问题研究会专刊；《昭通张公体元墓碑记》，张连懋撰，1946 年昭通石印 1 册；《凤翅园石刻录》1 卷，李根源辑，首有 1949 年刘楚湘序；《春晖芸馆手临石鼓文》，1949 年腾冲田秋年写本 1 册；《介庵金石书画题跋》10 卷，赵藩撰；《碑记汇录》不分卷，方树梅辑，抄本 1 册；《叠园集刻录》4 卷，李根源辑；《腾越李君蔚然神道碑》赵藩撰并书、陈荣昌题额，民国拓本 1 册；《爨宝子碑》，爨龙颜碑合册，拓本 1 册。

② 范腾端：《国立北平图书馆藏云南碑目初编》，《图书季刊》，1947 年第 1-2 期。

③ 孙太初：《云南古代石刻丛刊》，文物出版社，1983 年。

④ 孙太初：《云南晋宁石寨山古墓第四次发掘简报》，《考古》1963 年第 9 期。

南西部的火葬墓》对云南火葬墓进行了调查研究，其中“碑制之演变”列举了 3 种墓碑姓形制[①]，为研究云南碑制提供了文献支撑。顾峰《云南石刻与书法》（1984）从书法史的角度介绍了《孟孝琚碑》《王仁求碑》《石城碑》等碑的源流及书学特点[②]，限于篇幅，作者并未对上述石刻进行详细考证。陈子丹《云南少数民族金石档案研究》（1997）从档案学角度研究了云南的金石文献，尤其是白族、彝族、蒙古族的金石档案。[③]传统金石学主要从金石碑目的编排、金石题跋的考证等角度研究，该书并未从传统史学层面研究云南金石，但对少数民族金石的梳理却有重要的作用。

21 世纪以来，云南学者的金石学研究还是借助人类学、考古学的理论及方法展开讨论。李榆《1～13 世纪云南石刻及其意涵》（2013）搜集了东汉至大理南诏时期的 106 通石刻，考察了上述石刻的主要内容、分布及其文化特征，值得参考。[④]李昆声《云南考古学通论》（2019）[⑤]以时代为序对历代墓葬、石刻、画像砖、铜器及古建筑遗址进行梳理，并将每一时期重要石刻全文录入。近年云南石刻的研究主要涉及三个方面[⑥]：一是传统金石档案研究，如肖黎煜《彝族石刻历史档案整合性保护研究》（2012）、吕璐嘉《云南彝族石刻档案保护研究》（2015）、王超《云南金石档案整理及保护》（2016）、杨莉《马哈只墓石刻档案保护研究》（2018），这类论文以石刻档案保护为中心，较少涉及金石考证。二是云南具体地区石刻研究，尤其以大理地区的石刻研究最为突出。如朱安女《文化视野下的白族古代石刻研究》（2012），该书立足于大理白族石刻，对白族古代石刻展开多角度的文化阐释。[⑦]其他地区的石刻研究，如张立佳《昆明碑林博物馆馆藏石刻研究》（2018）以昆明碑林博物馆所藏 61 种石刻为中心，重点关注了所涉水利纠纷、碑志形制、刻工之社会地位等问题；姚四标《云南楚雄石刻所见地方史研究》（2019）考察了楚雄石刻的时空分布，并根据楚雄碑文内容，从环境、教育、刻工、文学四个角度出发，探讨了楚雄地方史研究中的具体问题。[⑧]三是云南石刻的类别研究。宗教类如萧霁虹《云南道教石刻辑录》（2013）[⑨]、黄正良《云南佛教石刻文献概说》（2015）[⑩]等；水利类如赵志宏《云南水利石刻文献研究述略》（2018）[⑪]，林业类如李荣高《云南明清和民国时期林

---

① 孙太初：《云南西部的火葬墓》，《考古通讯》1955 年第 4 期。

② 顾峰：《云南碑刻与书法》，云南人民出版社，1984 年。

③ 陈子丹：《云南少数民族金石档案研究》，云南大学博士学位论文，1997 年。

④ 李榆：《1～13 世纪云南石刻及其意涵》，中央民族大学博士学位论文，2013 年。李氏硕士论文围绕云南碑刻形制进行了探讨，参见《云南地区圆首冠形碑渊源考》，中央民族大学硕士学位论文，2010 年。

⑤ 李昆声：《云南考古学通论》，云南大学出版社，2019 年。

⑥ 云南碑刻还涉及断代研究，但未有专著问世，目前所知仅有大理大学段进明主持国家社科基金“云南元代碑刻整理与研究”的项目，该项目仍处于起步阶段。

⑦ 朱安女：《文化视野下的白族古代碑刻研究》，巴蜀书社，2012 年。

⑧ 以上论文，作者毕业学校均为云南大学，不一一标注。

⑨ 萧霁虹：《云南道教碑刻辑录》，中国社会科学出版社，2013 年。

⑩ 黄正良：《云南佛教碑刻文献概说》，《大理大学学报》2015 年第 1 期。黄正良近年主持了“云南佛教碑文整理研究”“云南梵文金石文献整理研究与数据库建设”等国家社科基金项目，专门从事云南佛教碑刻的整理与研究。

⑪ 赵志宏：《云南水利碑刻文献研究述略》，《大理大学学报》2018 年第 1 期。赵志宏曾主持“南方丝绸之路云南段交通碑刻整理与研究”对云南交通碑刻，尤其是水利碑刻进行了综合研究。

业石刻探述》（2002）[①]等，其他方面如环境类、儒学类、文学类石刻亦有学者涉猎，不再一一列举。

台湾学者朱正卿《云南剑川石窟寺造像之研究》（1993）以大理剑川石窟为中心，从美术史角度论证了剑川石窟的艺术价值，后附《剑川石窟寺造像资料、图像对照图表》可资参考。[②]詹恩胜《元明至清初云南地区贝币与铜钱文化之变迁》（2011）旨在探讨元明时期至清初四百多年之间云南货币文化的变迁，并由政经情势、对外关系与民族文化等多元角度，分析此时期贝币与铜钱文化的变迁，进而揭示云南土著文化与中国内地文化之间交流互动的历程及其历史意义。[③]

台湾学者连瑞枝《边疆与帝国之间：明朝统治下的西南人群与历史》（2019）综合运用了方志、石刻等文献探索了明代云南的边疆治理，涉及云南研究的各个方面，如族群身份、儒学教育、宗教信仰、土官政治等方面，作者指出："本书甚至更重视民间留下的材料，如墓志铭、族谱碑、族谱以及庙碑等。这些内容适合用来讨论滇西世族中的个人经历、家族历史、其如何适应会变化，乃至于帮助我们进一步讨论贵族社会如何成为充满流动关系的多元社会。这方面的史料较多出自大理平原弘圭山出土的数千片墓志铭，其由民国年间之石锺健有系统地介绍。"[④]杨景尧《三至八世纪云南东部的政治关系》（2019）利用云南出土的《爨龙颜碑》及四川出土的《爨子华墓志铭》梳理了爨氏在唐及南诏政权的冲突中的博弈关系。[⑤]

相较于云南本地学者的研究，海外学者更留心于云南金石的研究，但多数是利用云南金石文献讨论有关云南历史、边疆政治等问题。如唐立（Christian Daniels）编《中国雲南少数民族生態関連碑文集》（2008）[⑥]探讨了云南元江以南地区的碑文资料，为云南环境史的研究提供了文献支撑。

日本学者的云南学研究往往利用人类学的研究方法，围绕原始宗教信仰、古代少数民族治理以及环境史等问题，借助金石文献进行研究。[⑦]例如郭艳春《雲南における少数民族の環境文化に関する研究——人と森林との関係を中心に》从环境史的角度出发，

---

① 李荣高：《云南明清和民国时期林业碑刻探述》，《农业考古》2002年第1期。

② 朱正卿：《云南剑川石窟寺造像之研究》，中国文化大学硕士学位论文，1993年。

③ 詹恩胜：《元明至清初云南地区贝币与铜钱文化之变迁》，台湾师范大学博士学位论文，2011年。

④ 连瑞枝：《边疆与帝国之间：明朝统治下的西南人群与历史》，台北联经出版，2019年，第42页。连瑞枝的博士学位论文透过10至15世纪中国西南王权建立、运作与崩解的过程，来说明佛教神圣系统，是如何进入王权运作，成为统治贵族世系内部的祖源，进一步建立洱海地区的社会内在秩序。见《王权、观音与妙香古国：十至十五世纪云南洱海地区的传说与历史》，台湾清华大学博士学位论文，2002年。

⑤ 杨景尧：《三至八世纪云南东部的政治关系》，台湾大学硕士学位论文，2019年。

⑥ 唐立：《中国雲南少数民族生態関連碑文集》，京都：総合地球環境学研究所，2008年。

⑦ 参见松川节《13-14世紀モンゴル語命令文の書式に関する文献学的研究》，大阪大学博士学位论文，1998年。何大勇《中国雲南省西北金沙江・瀾滄江上流域のリス族に関する民族生態史的研究》，総合研究大学院博士学位论文，2005年。何大勇还撰有《云南施甸悉昙梵文碑刻考》，《中南民族大学学报（人文社会科学版）》，2018年第5期。木村自《雲南回民の移住とトランスナショナリズムに関する文化人類学的研究》，大阪大学博士学位论文，2007年。山田勅之《明代（14～17世紀）の雲南麗江ナシ族・木氏土司：中華世界とチベット世界の狭間で》，神户大学博士学位论文，2007年。川野明正编《雲南墓園墓誌集成》，東京外国語大学アジア・アフリカ言語文化研究所，2018年等。

以云南西部森林植被为中心考察了云南少数民族地区的生态情况。[①]又如李静《中国雲南省佤族の神樹崇拝に関する比較文化学的研究》，探讨了云南佤族的自然崇拜，又以“木鼓祭”为中心研究了佤族的神树崇拜。[②]山田敦士所编《中国雲南の書承文化：記録・保存・継承》[③]收录了系列论文，考察了古代云南的文字学变革及其教育情况，如山田敦士《雲南と書承文化》、西川和孝《雲南下層社会への漢字リテラシーの普及：明清代を中心として》等。林謙一郎在20世纪90年代于云南大学取得了博士学位，其学术研究利用了《德化碑》《王仁求碑》及各类大理石刻研究了白族的形成、南诏的成立及对外战争等论题[④]，取得了系列成果。

改革开放以来，云南金石学的研究呈现出新的研究趋势，主要表现在三个方面。一是云南石刻的分类研究特别突出，呈现出精细化的特点。传统石刻类别如宗教、人物、碑记、公文、环境等均有学者涉及，这在一定程度上与20世纪以来各地州编纂本地区石刻汇编成果频出有关。宗教石刻、林业石刻、乡规民约石刻及少数民族石刻资料均有专辑问世，如古永继主编《云南15种特有民族古代史料汇编》，新收了云南少数民族石刻，对民族史的研究提供了新的文献支撑。[⑤]另外，有学者关注清代宦滇学者的金石成就，如苏毅《桂馥宦滇时期的书法成就》(2017)、李子方《阮元云南时期的书学研究》(2018)、刘瑞欢《王昶宦滇时期金石活动研究》(2020)[⑥]，亦是对云南清代金石学的补充。

二是金石文献结合云南地方史、民族史的研究进一步加强。突破了对金石搜集、整理的限制，学者多以金石文献讨论环境史、儒学史、经济史等，如周飞利用云南地区的禁伐石刻，探讨生态与社会环境问题[⑦]；廖国强以清代云南儒家碑记为中心，讨论儒家文化圈在云南的拓展[⑧]；袁艳伟对明以来大理地区所藏白族碑谱进行了梳理，总结了碑谱的历史文化价值[⑨]；李春圆考释了昆明、通海的两块寺庙常住碑，从经济史角度分析出元末昆明、通海的土地市场是活跃的，土地交易频繁且常见远距离交易的结论。[⑩]

三是人类学、考古学方法的借鉴。金石学的研究离不开传统墓葬及文化遗址的探索与发掘，受西方考古学的影响，云南的金石学研究开始采用人类学的田野调查方法，不仅关注墓志的形制及其文字，还注意到摩崖造像、无字砖瓦、画像石等文献，实现了从“有字之文”到“无字之文”的演化。云南金石学的研究离不开人类学的田野调查，林超

① 郭艳春：《雲南における少数民族の環境文化に関する研究——人と森林との関係を中心に》，京都大学博士学位论文，1999年。

② 李静：《中国雲南省佤族の神樹崇拝に関する比較文化学的研究》，丽泽大学博士学位论文，2012年。

③ 山田敦士编：《中国雲南の書承文化：記録・保存・継承》，勉诚出版，2019年。

④ 如《南詔国後半期の対外遠征と国家構造》(《史林》1992年第4期)、《论白族的形成及其对其他民族的影响》(云南大学博士学位论文，1995)等。

⑤ 古永继主编：《云南15种特有民族古代史料汇编》，云南大学出版社，2019年。

⑥ 以上三篇文章均为云南大学硕士学位论文，由成联方副教授指导。

⑦ 周飞：《清代云南禁伐碑刻与环境史研究》，《中国农史》2015年第3期。

⑧ 廖国强：《清代云南儒学的兴盛与儒家文化圈的拓展》，《思想战线》2019年第2期。

⑨ 袁艳伟：《大理白族碑谱研究》，大理大学硕士学位论文，2017年。

⑩ 李春圆：《元代云南经济碑刻二通考释——兼论碑文所见的土地交易》，《元史及民族与边疆研究集刊》第36辑，上海古籍出版社，2018年。

民先生指出："云南民族的史学研究包括两个方面：一是族别历史，探讨每一个族类的起源、形成、发展，考究其历史与文化特点；一是探讨各族类之间的相互关系。通过云南民族的史学研究，寻求各族类的形成与发展的规律，考究各族类之间关系的本质。"[①]云南史学研究势必涉及族别、族类的考察，只有充分借鉴人类学的研究模式及其理论方法，才能进一步推进云南地方史、民族史的研究。

但云南金石学的研究仍有几方面的不足。第一，云南金石文献的综合目录亟待整合。笔者综合了云南各州市所编的石刻合集、地方志文献及考古调查报告等文献，编纂了《云南石刻目录文献集存》（初辑），收录云南石刻 9070 种。以上材料大部分是已公开出版的金石文献，部分地区如昆明、昭通地区尚未出版本地石刻合集，加之散佚在民间的石刻仍有搜集空间，但搜集难度大，耗时耗力。

第二，专题目录仍有编纂空间，虽已有道教、佛教、林业、民约等专题石刻的问世，但水利、环境、交通以及云南人物碑传集仍需整理；专题目录中有一类属于少数民族金石，尤其是梵文石刻、彝文石刻，这两类石刻亟须专业学者的搜集及释读。

第三，云南金石的校录工作应尽早展开。或按时代，或按类别，在综合目录编制以后，遴选每一时期有代表性的金石进行录文校勘工作，一方面选择有云南特色、可以反映云南历史变革及重大历史事件的石刻；另一方面，查缺补漏、借此补充和订正《新纂云南通志》及《云南史料丛刊》等著作。

第四，云南地方史、民族史的研究已相对成熟，唯有结合新出金石文献才能使史学的研究有所突破。如最近于云南晋宁发现的"滇国相印"，为了解滇国附汉后的政权性质、行政模式和职官制度等都提供了重要线索。

三、云南金石学与近代学术之书写

20 世纪上半叶，受到西方考古学影响，中国金石学由传统的金石寻访、目录编排、题跋考证走向了规范化、科学化的考古学视域，带来的问题便是金石学家身份及金石学著作写作模式的改变。金石学家属于传统文人的"士的阶层"，其金石研究多数是出于兴趣，但西方新兴的"知识分子阶层"迫使中国传统文人由"士的阶层"向"知识分子阶层"过渡，中西方不同的学术土壤培养的学者在治学理念、研究方法上也迥异。余英时《士与中国文化》、萨义德《知识分子论》分别代表了中西方对于"知识阶层"的不同认识。

"士志于道"（《论语·里仁》）是对古代"士的阶层"的基本要求，"道"即传统儒家所营造的价值系统，"士不可不弘毅，任重而道远"也是传统的儒家价值系统。通过科举考试，"士"可以直接进入权力的"世界"，"他们的仕宦前程已取得了制度的保障"。[②]中国

① 林超民：《人类学云南研究的意义》，《云南民族大学学报》（哲学社会科学版）2009 年第 5 期；又，《林超民学术文选》，云南大学出版社，2016 年，第 34 页。

② 余英时指出：最迟从 20 世纪的三四十年代以来，中国知识界已逐渐取得一个共识："士"（或"士大夫"）已一去不复返，代之而起的是现代的知识人（即 intellectual，通译为"知识分子"），知识人代士而起宣告了"士"的传统的结束。见《士与中国文化》，上海人民出版社，2007 年，第 6 页。

古代的“士”担负着社会责任，他们的理想与抱负都是从“社会责任感”出发，“君子之为学，以明道也，以救世也”。（顾炎武《亭林文集》）由此可见，“士”以天下为己任，紧守“明道救世”的原则。[①]此为“士”的外在原则。“士”在对于个人精神修养方面更加注重，“修之于身，其德乃真”。（《老子》）《孟子》又说“得志，与民由之；不得志，独行其道”。可见，“道”与“修身”形成了密切的关系，古人的“为道”“为学”强调的都是“反诸求己”，由此形成了强固的“士”的行事传统，支配了后代知识阶层的思维模式。

从云南金石学者的学术研究来说，清代学者有稳定的学术圈子，王昶、钱大昕、翁方纲、阮元、孙星衍、黄易等金石学家的金石研究无一不是出于对金石的兴趣，王昶的云南石刻搜访并不是带有特定的学术目的而展开，如《王仁求碑》的发现是由于王昶翻阅省志后得知此碑，遂命人寻访；阮元发现的《爨龙颜碑》亦是受到张澍的提醒才命人搜得。清代金石学家往往是官员出身，“这些官员的社会地位、家世背景决定了他们有足够的经济实力和社会网络展开金石寻访、收藏及探讨……另一方面，金石学家之间互相熟识，不少后辈学人通过游走于各大幕府之间，扩大知名度”[②]。可以说，清代金石学者的金石学研究是出于当时的学术及社会风气，赏玩金石成为当时的一种风尚。云南地处西南边陲，山高路远，不似山东、河南等地石刻易得，而且云南少数民族众多，还有许多地区由土司管理，客观上为金石的搜集制造了障碍。

民国以来，袁嘉穀、李根源、方树梅、张希鲁、方国瑜等学者深受传统儒家教育，担负着社会责任，以天下为己任，胸怀家国。故而他们的金石搜集乃至于学术研究带有传统“士”的特点，尤其以方国瑜先生最为突出。方国瑜先生学术研究，“体现了一个学者真挚、赤诚、广阔的爱国主义情怀，体现了他不仅是为学术而学术，而且是为国家的统一、民族的进步、社会的发展、为政府解决祖国边疆民族问题孜孜不倦工作的精神”[③]。正是饱含着对家乡、对民族的深厚感情，方先生的学术研究才更加深入、更具影响力，对内“修身、齐家”，对外“治国、平天下”，方国瑜先生具备了典型“士”的优点，“主要又基于他浓烈的家国情怀，即他始终如一地对乡土的热爱，对国家的忠诚”[④]。又如金石收藏家张希鲁先生，被称为“滇癖”，他在各种人生逆境中仍不忘搜集乡邦文献，云南汉代的铜洗得益于张希鲁先生的搜集。1979 年，张先生又倾其所能，悉数捐给国家。据《张希鲁先生文物登记总账》统计，张希鲁后人捐赠金石文物 139 件、古钱币 630 余枚、金石碑帖 163 册、名家字画 225 幅。[⑤]

20 世纪上半叶，西方思潮传入我国，学术观念、学术方法大为转变。金石学研究打破了固有的旧学体系，“中国青铜器研究即从旧金石学范畴进入了现代考古学的研究领域，考古类型学被应用于青铜器研究”[⑥]。郭沫若、容庚、唐兰等一批学者借鉴

---

① 余英时：《士与中国文化》，上海人民出版社，2007 年，第 612 页。
② 赵成杰：《社会史视角下的清代金石学研究》，《福建论坛》（人文社会科学版），2019 年第 5 期。
③ 林超民：《整体性：方国瑜的理论贡献》，《云南民族大学学报》（哲学社会科学版）2013 年第 5 期。
④ 潘先林：《家国情怀 书生本色：方国瑜先生的中国边疆学研究》，《西南古籍研究》，云南大学出版社，2014 年，第 312 页。
⑤ 《张希鲁先生文物登记总账》为张希鲁女婿杨海滨先生提供，谨致谢忱。
⑥ 朱凤瀚：《金石学的兴衰与传承创新》，《光明日报》，2016-07-05。

西方考古学的新方法，将传统金石学向前推进的一大步，以致 20 世纪中后期“金石学”已不再是独立学科，而成为考古学的一个分支。金石学归入考古学的后果是传统金石寻访、题跋考证类著作很难归入考古学的范畴，而考古学理论、方法带有科学的标签，是一项有特定学术规则的研究门类。金石题跋的写作往往带有随意性，没有固定的格式和范本，多数又属于没有“结论”的考证。故而云南金石学发展到近代脱离了古代金石学的特征，往往朝着规范化、理论化、程式化的方向发展，如以人类学方法撰写的金石类学术论文就是一例，学者以云南某类石刻为中心，运用田野调查的学术方法，按照一定的学术模式进行写作，当然，近代学术提倡的中西结合、跨学科融合也促进了金石学的发展。当“文气”不在、“情怀”丧失，金石学的研究运用考古学、人类学、统计学的研究方法，在田野调查的基础上，按照碑名、作者、书者、刻工、年代、行款、类别、出处等子目汇集金石目录，导入数以万种金石文献，以数字人文的科学手段逐一分析各著录项之间的关联，如云南金石时空分布，撰者、书者的身份籍贯，不同时期的石刻形制都应在大数据的基础上达成，这是以往学者无法驾驭的。另外，金石文献说到底仍是一种“工具”，只有匹配相应学科、领域，并且使用者要在领域充分研究才能推动相关学科的发展，如明代云南儒学石刻的整理，现存明代石刻 1445 块，其中儒学石刻计 70 块，包括学宫碑、文庙记、书院记等，在充分了解云南儒学发展史的基础上才能灵活运用。

赵成杰

于二〇二〇年三月

凡　例

一、本书收录范围为1949年前出现在云南境内的石刻。由于云南省内行政区划变迁的复杂，石刻所在地以今之所在为准。石刻前有星号（*）表示石刻在历史上归属于云南境内，但现今归于他省，凡9070种。碑刻信息要素包括：碑名、撰者、书者、刻工、材质、字体、年代、尺寸、立碑地点、资料出处等，凡碑刻信息要素不详之处，一律略过不载。

二、按碑刻的立碑（重刻）时间进行划分：汉、三国、晋、南朝、隋、唐、宋、元、明、清、民国，朝代下按年号排序。具体时间不详能确定年号的，置于年号末尾；具不能确定年号但能确定朝代的，置于朝代末尾；既不能确定年号又不能确定朝代者，一律归入“时间不详”，按照拼音首字母顺序排序。

三、关于石刻信息的来源问题，“著录于”表示见于地方志等文献；“见于”表示见于某新编石刻汇编。

四、凡缺漏或不明的字用“□”表示，缺几字用几个“□”表示。

五、为统一格式，将石刻信息中繁体字和异体字一律改用通行简体字，没有通行简体字的保留原文。人名中常见的异体字未做规范，如傅为詝、金文徵等。

六、关于石刻的规格，由于各书记载的不同，或长宽、或长宽厚、或仅有高，悉从原书录入。

七、关于石刻的残佚，或标以“残碑”，或标以“残片”，表示碑已残缺。以注释形式标明该碑已亡、有拓片传世的，表示碑仅有拓片留存；未标者表示石刻完整。

八、资料来源主要为云南历代地方志文献，云南各州市文管部门所辑碑刻汇编等，笔者访碑所得另行编著，详见文末参考文献。

九、参考文献分为四类：旧地方志、新地方志、金石类、其他文献，其中旧地方志为1949年以前所修地方志，既包括历代刻本、抄本，也包括新点校本。新地方志包括1949年以来新编纂地方志、文物志、文化志、山志等。金石类主要为与云南金石相关的古代金石学著作。其他文献包括新编纂各地金石类汇编和今人研究著作，按照著作的出版时间排序。

目　录

◆ 汉

永寿年间

0001 孟孝琚碑

永寿三年（157），残高 133 cm × 宽 96 cm，碑立于昭通市。

著录于（民国）《昭通县志稿》。

光和年间

0002 李元礼碑

撰者程封，光和五年（182），碑立于曲靖市。

著录于（乾隆）《滇黔志略》。

◆ 三国

0003 诸葛碑

三国（220—280），碑立于大姚县。

见于《云南金石目略初稿》。

0004 定远诸葛断碣

三国（220—280），碑立于牟定县。

见于《云南金石目略初稿》。

◆ 晋

太熙年间

0005 云南太守碑

太熙元年（290），碑立于姚安县。

著录于（道光）《云南通志稿》。

注：此碑未寻获，只在文献中有记载。《新纂云南通志》记为“人虽为云南太守，其墓不必在云南郡也”。

元康年间

0006 云南郡主碑

篆书，元康三年（293），碑立于姚安县。

著录于（道光）《姚州志》。

太和年间

0007 爨龙骧墓碑

太和六年（371），高 30 cm × 宽 48 cm，碑立于陆良县。

见于《大理丛书·金石篇》。

太元年间

0008 毛辨墓碑

太元十一年（386），碑立于沾益区。

著录于（乾隆）《沾益州志》。

义熙年间

0009 爨宝子碑

正书，义熙元年（405），高 183 cm × 宽 68 cm，碑立于曲靖市。

著录于（道光）《陆凉州志》。

◆ 南朝

0010 爨龙颜碑

撰者爨道庆，刻工杜苌子，楷书，大明二年（458），高 338 cm × 宽 146 cm，碑立于陆良县。

著录于（咸丰）《南宁县志》。

◆ 隋

0011 隋初刊记

开皇五年（585）。

著录于（道光）《云南通志稿》。

◆ 唐

圣历年间

0012 王仁求碑

撰者闾丘均，书者王善宝，红砂石，额隶书，文楷书，圣历元年（698），高 281 cm×宽 150 cm，碑立于安宁市。

著录于（雍正）《安宁州志》。

太极年间

0013 唐九徵纪功碑

撰者闾丘均，太极元年（712），碑立于剑川县。

著录于《新纂云南通志·金石考》。

开元年间

0014 崇圣寺塔题字

刻工恭韬、徽义，开元元年（713），碑立于大理市。

著录于《新纂云南通志·金石考》。

大历年间

0015 南诏德化碑

撰者郑回，行书，大历元年（766），高 302 cm×宽 227 cm×厚 58 cm，碑立于大理市。

著录于（康熙）《蒙化府志》。

太和年间

0016 金马碑

太和五年（831），碑立于昆明市。

著录（道光）《昆明县志》。

咸通年间

0017 崇圣寺钟款识

咸通十三年（872），碑立于大理市。

著录于（道光）《云南通志稿》。

时间未定

0018 大姚塔字

唐代（618—907），碑立于大姚县。

著录于《大姚县志》。

0019 裴怀古纪功碑

唐代（618—907），碑立于姚安县。

著录于《新纂云南通志·金石考》。

0020 李将军残碑

唐代（618—907），碑立于武定县。

见于《云南金石目略初稿》。

◆ 五代

0021 先生尹□□墓碑

砂石，（大理国）至治六年（951），残高 18.5 cm×残宽 17 cm×厚 2.5 cm，碑立于通海县。

见于《大理丛书·金石篇》。

◆ 宋

开宝年间

0022 段氏与三十七部会盟碑

楷书，开宝四年（971），高 112 cm×宽 58 cm×厚 16 cm，碑立曲靖市。

著录于（光绪）《云南通志》。

景德年间

0023 王永海墓碑

砂石，景德三年（1006），高 31.5 cm×宽 19 cm 厚 2.5 cm，碑立于通海县。

见于《大理丛书·金石篇》。

大中祥符年间

0024 杨温员墓碑

红砂石，大中祥符四年（1011），残高21.5 cm×残宽15 cm×厚4 cm，碑立于通海县。

见于《大理丛书·金石篇》。

天圣年间

0025 真恒墓碑

砂石，天圣元年（1023），高29 cm×宽22.5 cm×厚3.5 cm，碑立于通海县。

见于《大理丛书·金石篇》。

元祐年间

0026 全保墓碑

元祐四年（1089），高15～20 cm×宽22.5 cm×厚3.2 cm，碑立于通海县。

见于《大理丛书·金石篇》。

0027 斤囡墓碑

砂石，元祐六年（1091），高41.5 cm×宽23.5 cm×厚6 cm，碑立于通海县。

见于《大理丛书·金石篇》。

0028 天水氏九斤盛之碑

砂石，元祐六年（1091），高36 cm×宽25 cm×厚6.1 cm，碑立于通海县。

见于《大理丛书·金石篇》。

崇宁年间

0029 陇西氏比丘释戒明之碑

砂石，行书，崇宁二年（1103），高59 cm×宽53 cm×厚6.6 cm，碑立于通海县。

见于《大理丛书·金石篇》。

0030 罗胜禾墓碑

砂石，崇宁四年（1105），高44.5 cm×宽34 cm×厚8 cm，碑立于通海县。

见于《大理丛书·金石篇》。

大观年间

0031 女好墓碑

砂石，大观二年（1108），高39.5 cm×宽32 cm×厚9.5 cm，碑立于通海县。

见于《大理丛书·金石篇》。

政和年间

0032 文治二年墓碑

砂石，政和元年（1111），残高12.8 cm×残宽18.5 cm×厚2.3 cm，碑立于通海县。

见于《大理丛书·金石篇》。

0033 郭分□墓碑

砂石，政和二年（1112），高48 cm×宽32 cm×厚3.5 cm，碑立于通海县。

见于《大理丛书·金石篇》。

0034 李青爱墓碑

砂石，政和三年（1113），残高33.5 cm×宽35 cm×厚5.5 cm，碑立于通海县。

见于《大理丛书·金石篇》。

0035 师贞墓碑

砂石，政和三年（1113），残高25.5 cm×残宽19 cm×厚3.8 cm，碑立于大理市。

见于《大理丛书·金石篇》。

0036 真淂、芳保合葬墓碑

砂石，政和六年（1116），高43 cm×宽26 cm×厚6 cm，碑立于通海县。

见于《大理丛书·金石篇》。

宣和年间

0037 圆贵墓碑

砂石，行书，宣和二年（1120），高45 cm×宽34 cm×厚7 cm，碑立于通海县。

见于《大理丛书·金石篇》。

绍兴年间

0038 提意墓碑

砂石，绍兴四年（1134），高 62 cm × 上宽 36 cm/下宽 47 cm × 厚 11.5 cm，碑立于通海县。

见于《大理丛书·金石篇》。

0039 女珠、常辕□合葬墓碑

砂石，绍兴五年（1135），残高 46 cm × 上宽 27 cm × 厚 6.8 cm，碑立于通海县。

见于《大理丛书·金石篇》。

0040 陇西氏慈母□□墓碑

砂石，行书，绍兴七年（1137），残高 18.3 cm × 宽 20.8 cm × 厚 2.8 cm，碑立于通海县。

见于《大理丛书·金石篇》。

0041 青飒墓碑

砂石，行书，绍兴十一年（1141），高 50 cm × 宽 30 cm × 厚 6 cm，碑立于通海县。

见于《大理丛书·金石篇》。

0042 兴宝寺碑

绍兴十三年（1143），碑立于姚安县。

著录于（道光）《姚州志》。

0043 矣保山塔碑记

绍兴二十四年（1154），碑立于姚安县。

著录于（民国）《姚安县志》。

0044 高陀山塔碑

绍兴二十四年（1154），碑立于姚安县。

著录于（民国）《姚安县志》。

0045 护法明公德运碑赞

撰者侯弘，书者孙筱同，楷书，绍兴二十八年（1158），高 207 cm × 宽 165 cm，碑立于楚雄市。

著录于（宣统）《楚雄县志》。

淳熙年间

0046 *四川西昌大理国盛德二年火葬墓碑

楷书，淳熙四年（1177），高 125 cm × 宽 45 cm，碑立于西昌市。

见于《大理丛书·金石篇》。

0047 兴宝寺德化铭并序

撰者杨才照，楷书，淳熙十三年（1186），高 128 cm × 宽 77 cm × 厚 24 cm，碑立于姚安县。

著录于（道光）《姚州志》。

0048 嵇肃灵峰明帝记

撰者杨才照，楷书，淳熙十三年（1186），高 128 cm × 宽 77 cm × 厚 24 cm，碑立于姚安县。

著录于（道光）《姚州志》。

注：《嵇肃灵峰明帝记》刻于《兴宝寺德化铭并序》碑右侧。碑文刻于同一通碑。

嘉定年间

0049 大理国渊公塔之碑铭并序

撰者赵佑，书者苏难陁智，刻工王长连，楷书，嘉定十三年（1220），高 166 cm × 宽 100 cm × 厚 28 cm，碑立于祥云县。

著录于《金石萃编》。

0050 史梅风墓幢

嘉定十四年（1221），残高 55 cm × 宽 43 cm × 厚 20 cm，碑立于腾冲市。

见于《保山碑刻》。

绍定年间

0051 陇西氏慈母末好之碑

绍定五年（1232），高 47 cm × 宽 33 cm × 厚 3.5 cm，碑立于通海县。

见于《通海历代碑刻集》。

注：疑与前《陇西氏慈母□□墓碑》为同一块碑。但现有资料显示年代、高、宽、厚皆有差别，待查。

端平年间

0052 高生福墓志铭

行书，端平三年（1236），高 50 cm × 宽 50 cm，碑立于楚雄市。

著录于《新纂云南通志·金石考》。

嘉熙年间

0053 大理国故高姬墓铭并序

撰者杨俊升，大理石，嘉熙元年（1237），高 83 cm × 宽 51 cm × 厚 15 cm，碑立于大理市。

见于《大理丛书·金石篇》。

淳祐年间

0054 通海府都督张興墓志铭

淳祐九年（1249），高 97 cm × 宽 37 cm × 厚 13 cm，碑立于通海县。

见于《通海历代碑刻集》。

宝祐年间

0055 玉泉碑

宝祐元年（1253），碑立于大理市。

著录于（光绪）《云南通志》。

时间未定

0056 米南宫狮山赞石刻

草书，宋代（960—1279），高 40 cm × 宽 80 cm，碑立于武定县。

著录于（道光）《云南通志》。

◆ 元

至元年间

0057 中庆路儒学记

撰者郭松年，至元十三年（1276），碑立于昆明市。

著录于（正德）《云南志》。

0058 重修三皇庙记

撰者李起严，至元十三年（1276）。

著录于（正德）《云南志》。

注：有另注时间（后）至元二年（1336）。

0059 安宁文庙碑

至元十四年（1277），碑立于安宁市。

著录于（康熙）《云南府志》。

0060 秀山郡故弘农氏碑

至元十九年（1282），残高 35.5 cm × 宽 26 cm × 厚 4 cm，碑立于通海县。

见于《通海历代碑刻集》。

0061 区陀关元帅府碑

撰者述律杰，至元二十年（1283），碑立于通海县。

著录于《新纂云南通志·金石考》。

0062 创建大理路儒学碑记

撰者赵傅弼，至元二十四年（1287），碑立于大理市。

著录于（万历）《云南通志》。

0063 杨逾城珮碑

楷书，至元二十四年（1287），高 94 cm × 宽 49 cm × 厚 20 cm，碑立于大理市。

见于《大理丛书·金石篇》。

0064 大理路兴举学校记

至元二十五年（1288），高 180 cm × 宽 88 cm × 厚 12 cm，碑立于大理市。

见于《大理丛书·金石篇》。

0065 陈氏墓碑铭并序

撰者杨晓元，至元二十九年（1292），高 102 cm × 宽 49 cm × 厚 12 cm，碑立于大理市。

见于《大理丛书·金石篇》。

0066 大理孔庙圣旨碑

撰者韩敬，书者王如珪，正书，至元三十一年（1294），高 302 cm × 宽 92 cm，碑立于大理市。

著录于《新纂云南通志·金石考》。

元贞年间

0067 妙应兰若塔记

撰者赵政惠，刻工杨贤、张奴，正书，元贞元年（1295），高 40 cm × 宽 30 cm，碑立于五华区。

著录于《新纂云南通志·金石考》。

大德年间

0068 大胜寺修造记

刻工杨□，楷书，大德三年（1299），高 110 cm × 宽 84 cm，碑立于五华区。

著录于《新纂云南通志·金石考》。

0069 故大师白氏墓碑铭并序

撰者赵俊昇，大理石，楷书，大德三年（1299），高 113 cm × 宽 60 cm × 厚 15 cm，碑立于大理市。

见于《大理丛书·金石篇》。

0070 重修大胜寺碑铭并序

撰者述律杰，书者许绍祖，大德三年（1299），高 110 cm × 宽 84 cm，碑立于五华区。

著录于《新纂云南通志·金石考》。

0071 世祖平云南碑

撰者程文海，正书，大德八年（1304），高 444 cm × 宽 165 cm，碑立于大理市。

著录于（景泰）《云南图经志书》。

0072 李朴则碑

大德十一年（1307），高 46 cm × 宽 34 cm × 厚 4.5 cm，碑立于通海县。

见于《通海历代碑刻集》。

至大年间

0073 建水文庙圣旨碑

至大元年（1308），高 240 cm × 宽 120 cm，碑立于建水县。

著录于《新纂云南通志·金石考》。

0074 加封孔子圣诏碑

书者张元，刻工李成救、杨救、杨和胜、杨连日、杨兴成、李公日，大理石，楷书，至大二年（1309），高 250 cm × 宽 114 cm × 厚 20 cm，碑立于大理市。

见于《大理丛书·金石篇》。

0075 筇竹寺雄辩法师大寂塔铭

撰者杨载仲，刻工张成，至大三年（1310），高 112.2 cm × 宽 60 cm，碑立于五华区。

著录于（道光）《昆明县志》。

0076 大理崇圣寺圣旨碑

楷书，至大四年（1311），高 94 cm × 宽 105 cm，碑立于大理市。

著录于《新纂云南通志·金石考》。

皇庆年间

0077 无名残碑

楷书，皇庆元年（1312），高 53 cm × 宽 56 cm × 厚 20 cm，碑立于大理市。

见于《大理五华楼新出元碑选录并考释》。

0078 元代皇庆元年火葬墓碑

皇庆元年（1312），碑立于大理市。

见于《大理丛书·金石篇》。

0079 追荐慈考赵氏记经幢

正书，皇庆二年（1313），碑立于西山区。

著录于《新纂云南通志·金石考》等。

延祐年间

0080 赵生忠墓碑

书者皇甫珪，楷书，延祐元年（1314），高 102 cm × 宽 43 cm，碑立于大理市。

见于《大理丛书·金石篇》。

0081 狮子山火葬墓碑

书者皇甫珪，青石，延祐元年（1314），高 153 cm × 宽 55 cm，碑立于洱源县。
见于《大理洱源县碑刻辑录》。

0082 太华山佛严寺无照玄鉴行业记

撰者赵世延，书者杨耀卿，正书，延祐二年（1315），高 77 cm × 宽 146 cm，碑立于西山区。
著录于（道光）《昆明县志》。

0083 太华寺祀田碑

延祐二年（1315），碑立于西山区。
著录于（民国）《昆明市志》。

0084 赵连庆碑

延祐二年（1315），高 90 cm × 宽 48 cm × 厚 13 cm，碑立于大理市。
见于《大理丛书 · 金石篇》。

0085 昆明筇竹寺圣旨碑

撰者仁宗，砂石，正书，延祐三年（1316），高 150 cm × 宽 85 cm，碑立于五华区。
著录于（民国）《昆明市志》。

0086 皇元加号大成碑

撰者罗寿，延祐五年（1318），高 277 cm × 宽 97 cm，碑文分为上下两截，碑立于昆明市。
著录于（道光）《云南通志稿》。

0087 创建普照兰若碑

撰者溥瑞，延祐七年（1320），碑立于晋宁区。
著录于（道光）《昆阳州志》。

0088 创修圆通寺碑

撰者李源道，书者罗寿，砂石，楷书，延祐七年（1320），高 145 cm × 宽 72 cm，碑立于五华区。
著录于（天启）《滇志》。

0089 李观音墓志铭

延祐七年（1320），碑立于隆阳区。
见于《隆阳碑铭石刻》。

0090 狮山建正续寺碑记

撰者杨兴贤，延祐七年（1320），碑立于武定县。
著录于（康熙）《武定府志》。

至治年间

0091 杜逾城海碑

至治二年（1322），高 52.5 cm × 宽 18.5 cm 厚 6 cm，碑立于通海县。
见于《通海历代碑刻集》。

0092 般若波罗蜜多心经碑

行书，至治三年（1323），碑立于鹤庆县。
著录于《新纂云南通志 · 金石考》。

0093 创建灵芝山慈胜兰若碑

撰者玄峰、玄通，书者普祥，至治三年（1323），碑立于富民县。
著录于（道光）《云南通志稿》。

泰定年间

0094 佛顶尊胜宝塔记

刻工张奴，楷书，泰定元年（1324），碑立于五华区。
著录于《新纂云南通志 · 金石考》。

0095 鹤庆路王氏墓志并叙

撰者赵子宜，泰定元年（1324），碑立于鹤庆县。
见于《鹤庆碑刻辑录》等。

0096 李升墓幢梵汉文刻石

泰定元年（1324），高 66 cm × 宽 133 cm，碑立于大理市。
见于《大理丛书 · 金石篇》。

0097 大崇圣寺碑铭并序

撰者李源道，书者圆护，行书，泰定二

年（1325），高 231 cm×宽 125 cm，碑立于大理市。

著录于（景泰）《云南图经志书》。

0098 大崇圣寺圣旨碑

泰定二年（1325），高 231 cm×宽 125 cm，碑立于大理市。

著录于（景泰）《云南图经志书》。

注：《大崇圣寺碑铭并序》《大崇圣寺圣旨碑》刻于同一通碑上。

0099 建中庆路学讲堂记

撰者李源道，泰定二年（1325）。

著录于（景泰）《云南图经志书》。

0100 人匠提举杜昌海墓志铭

撰者张政，书者杨顺，刻工张奴，正书，泰定二年（1325），碑立于五华区。

著录于《新纂云南通志·金石考》。

0101 太华山佛严寺常住田地碑记

正书，泰定二年（1325），高 147 cm×宽 93 cm，碑立于西山区。

著录于（民国）《昆明市志》。

0102 栖贤山报恩梵刹记

撰者杨森，书者金秀，泰定三年（1326），碑立于隆阳区。

著录于（道光）《云南通志稿》。

0103 泰定丙寅碑

泰定三年（1326），高 34 cm×宽 16 cm×厚 3.5 cm，碑立于通海县。

见于《通海历代碑刻集》。

天历年间

0104 圆济兰若碑

撰者普瑞，书者圆护，天历二年（1329），碑立于大理市。

著录于（光绪）《云南通志》。

至顺年间

0105 增建大圆济宫碑

撰者赵良，书者圆护，至顺二年（1331），碑立于巍山县。

著录于（道光）《云南通志稿》。

元统年间

0106 创建妙湛寺碑记

撰者普祥，书者普祥，行书，元统三年（1335），碑立于官渡区。

著录于《新纂云南通志·金石考》。

（后）至元年间

0107 故大理路差库大使董逾城福墓志铭

楷书，（后）至元三年（1337），高 110 cm×宽 58 cm×厚 16 cm，碑立于大理市。

见于《大理丛书·金石篇》。

0108 重修安宁州文庙记

撰者李祥，书者李祥，刻工李海，红砂石，楷书，（后）至元三年（1337），高 180 cm×宽 72 cm×厚 10 cm，碑立于安宁市。

著录于（康熙）《云南府志》。

0109 创建金砂山宝严寺记

撰者普祥，书者觉慧，正书，（后）至元四年（1338），高 170 cm×宽 74 cm，碑立于晋宁区。

著录于《新纂云南通志·金石考》。

0110 昆明筇竹寺蒙古文碑

（后）至元六年（1340），高 125 cm×宽 60 cm，碑立于五华区。

见于《大理丛书·金石篇》。

注：此碑刻于《昆明筇竹寺圣旨碑》碑阴，立碑年代应为延祐三年（1316）。

0111 万春山真觉寺记碑（天生碑）

撰者李源道，书者完者秃，刻工刘德清，楷书，（后）至元六年（1340），高 350 cm × 宽 250 cm，碑立于禄丰县。

著录于（天启）《滇志》。

至正年间

0112 中庆路学礼乐记

撰者何弘佐，至正元年（1341）。

著录于（景泰）《云南图经志书》。

0113 都不花摩崖（思茅元碑）

至正二年（1342），碑立于澜沧县。

著录于（道光）《云南通志稿》。

0114 杨观音护碑

大理石，楷书，至正四年（1344），高 107 cm × 宽 44 cm × 厚 22 cm，碑立于大理市。

见于《大理丛书·金石篇》。

0115 圆觉寺碑

撰者述律杰，至正四年（1344），碑立于五华区。

著录于（道光）《昆明县志》。

0116 观音山灵应兰若碑记

书者赵资，青石，楷书，至正五年（1345），高 115 cm × 宽 58 cm × 厚 5 cm，碑立于隆阳区。

见于《保山碑刻》。

0117 狮子山启明殿碑记

撰者君山，书者公孙，至正六年（1346），碑立于禄丰县。

著录于（康熙）《黑盐井志》。

0118 建立华严寺碑记

撰者平显，正书，至正七年（1347），碑立于宜良县。

著录于《新纂云南通志·金石考》。

0119 杨教主墓铭序碑

至正七年（1347），高 64 cm × 宽 38 cm，碑立于禄丰县。

见于《探寻文明的踪迹——楚雄州第三次全国文物普查纪实》等。

0120 至正七年残碑

大理石，楷书，至正七年（1347），高 85 cm × 宽 50 cm × 厚 15 cm，碑立于大理市。

见于《大理丛书·金石篇》。

0121 故父张照磨墓志

撰者孔有道，书者尹杨、福天禄，大理石，楷书，至正九年（1349），高 130 cm × 宽 50 cm × 厚 17 cm，碑立于大理市。

见于《大理丛书·金石篇》。

0122 故恭默思道妙辩大师释智明墓铭并序

撰者杨诚忝，砂岩，至正九年（1349），高 135 cm × 宽 55 cm × 厚 17 cm，碑立于楚雄市。

见于《大理丛书·金石篇》。

0123 故理阳寨长官司案牍段琏墓铭并序

撰者王福升，刻工杨兴日、杨兴智，至正十年（1350）。高 84 cm × 宽 54 cm × 厚 14 cm，碑立于大理市。

见于《大理丛书·金石篇》。

0124 盘龙山莲峰祖师誓愿碑

行书，至正十一年（1351），碑立于晋宁区。

著录于《新纂云南通志·金石考》。

0125 张逾城善碑

至正十二年（1352），高 52 cm × 宽 20 cm × 厚 6.5 cm，碑立于通海县。

见于《通海历代碑刻集》。

0126 敕授鹤庆路照磨杨伯□墓志

撰者杨泰，书者李敬仁，楷书，至正十五年（1355），高 105 cm × 宽 52 cm × 厚 18 cm，碑立于大理市。

见于《大理丛书·金石篇》。

0127 段氏新移墓志

撰者王子廉，大理石，楷书，至正十五年（1355），残高 65 cm × 宽 58.5 cm × 厚 16.2 cm，碑立于大理市。

见于《大理丛书·金石篇》。

0128 地藏寺塔幢

撰者述律杰，至正十六年（1356），高 650 cm（塔状），碑立于盘龙区。

著录于（道光）《昆明县志》。

0129 玉案山雪庵宗主塔铭

撰者述律杰，至正十六年（1356），碑立于西山区。

著录于（道光）《昆明县志》。

0130 追为亡人杨庆良神识

撰者用源，至正二十年（1360），高 60 cm × 宽 60 cm × 厚 20 cm。碑立于大理市。

见于《大理五华楼新出元碑选录并考释》。

0131 京兆郡夫人墓志铭

撰者圆护，书者圆护，大理石，楷书，至正二十一年（1361），残高 100 cm × 宽 65 cm × 厚 19 cm，碑立于大理市。

见于《大理丛书·金石篇》。

0132 开山祖师舍利宝塔并行业记

撰者尹具瞻，楷书，至正二十一年（1361），碑立于西山区。

著录于《新纂云南通志·金石考》。

0133 清河郡释明护墓志铭

撰者尹具瞻，书者尹具瞻，刻工拜也却，楷书，至正二十一年（1361），高 70 cm，碑立西山区。

著录于《新纂云南通志·金石考》。

0134 都元帅府修文庙碑记

撰者李泰，青石，楷书，至正二十二年（1362），高 150 cm × 宽 70 cm × 厚 12 cm，碑立于通海县。

著录于（康熙）《河西县志》。

0135 弘农氏故千户护碑

撰者杨庭，书者刘德仁，刻工杨通，至正二十二年（1362），高 133 cm × 宽 51 cm，碑立于大理市。

见于《大理丛书·金石篇》。

0136 故杨公孝先墓志铭

撰者支渭兴，书者圆护，刻工杨明，楷书，至正二十三年（1363），残高 90 cm × 宽 58 cm，碑立于大理市。

见于《大理丛书·金石篇》。

0137 追为亡人张逾城端神道

楷书，至正二十三年（1363），残高 70 cm × 宽 50 cm × 厚 16 cm，碑立于大理市。

见于《大理丛书·金石篇》。

0138 晕鲁山火葬墓碑

楷书，至正二十四年（1364），原碑已不存，碑立于剑川县。

见于《大理丛书·金石篇》。

0139 故神功梵德大阿左梨释道宗墓碑

刻工杨智，楷书，至正二十五年（1365），高 126 cm × 宽 18 cm，碑立于大理市。

见于《大理丛书·金石篇》。

0140 重修五华寺碑

撰者邓浩，至正二十六年（1366），碑立于五华区。

著录于（天启）《滇志》。

0141 重修五华寺碑

撰者支渭兴，刻工□生，至正二十八年（1368），碑立于五华区。

著录于（道光）《昆明县志》。

0142 追为亡人大师李珠庆神道碑

撰者□福升，书者王荣，大理石，楷书，至正二十六年（1366），高 37 cm×宽 51 cm×厚 13 cm，碑立于大理市。

见于《大理丛书·金石篇》。

0143 追为亡人杨庆良神识碑

大理石，楷书，至正二十六年（1366），高 60 cm×宽 60 cm×厚 20 cm，碑立于大理市。

见于《大理丛书·金石篇》。

0144 鸡足山云版铭文

刻工苏英，至正二十六年（1366），高 17 cm×宽 14 cm，碑立于宾川县。

见于《大理丛书·金石篇》。

0145 故智周术妙圆鉴大师墓铭

刻工杨明，大理石，楷书，至正二十七年（1367），高 92 cm×宽 42 cm，碑立于宾川县。

见于《大理丛书·金石篇》。

0146 追为亡人杨明宗神道

撰者李敬仁，书者晚堂，刻工杨公，大理石，至正二十八年（1368），高 102 cm×宽 50 cm×厚 13 cm，碑立于大理市。

见于《大理丛书·金石篇》。

时间未定

0147 赛平章德政碑

撰者赵子元，至元十六年至大德三年（1279—1299）。

著录于（正德）《云南志》。

0148 弥勒山残碑

元代（1271—1368），高 33 cm×宽 53 cm，碑立于禄丰县。

著录于《新纂云南通志·金石考》。

0149 景善残碑

行书，元代（1271—1368），高 50 cm×宽 40 cm，碑立于禄丰县。

著录于《新纂云南通志·金石考》。

0150 杨俊昇碑

楷书，元代（1271—1368），高 100 cm×宽 58 cm×厚 15 cm，碑立于大理市。

见于《大理丛书·金石篇》。

0151 追为亡人李昇祥神道墓志铭

元代（1271—1368），圆形，直径 49 cm，碑立于禄丰县。

见于《大理丛书·金石篇》。

0152 南华密教经幢

砂岩，元代（1271—1368），高 50 cm×宽 22 cm×厚 20 cm，碑立于南华县。

见于《楚雄彝族自治州文物志》。

0153 石将军始建祠庙碑

正书，元代（1271—1368），高 60 cm×宽 67 cm，碑立于武定县。

著录于《新纂云南通志·金石考》。

0154 追为亡人神道碑

大理石，元代（1271—1368），高 32 cm×宽 46 cm，碑立于楚雄市。

见于《威楚遗韵》。

0155 青莲碑记

元代（1271—1368），碑立于姚安县。

著录于（民国）《姚安县志》。

0156 升姚安路记

撰者欧阳玄，元代（1271—1368），碑立于姚安县。

著录于（景泰）《云南图经志书》。

0157 妙光寺记

撰者欧阳玄，元代（1271—1368），碑立于姚安县。

著录于（民国）《姚安县志》。

0158 陪省官游商山龙泉

撰者乔坚，元代（1271—1368）。
见于《云南道教碑刻辑录》。

0159 文昌祠记

撰者李源道，元代（1271—1368）。
著录于（景泰）《云南图经志书》。

0160 故溪□谥曰襄行宜德履戒大师墓志并叙

元代（1271—1368），高 110 cm×宽 45 cm×厚 17 cm，碑立于大理市。

见于《大理五华楼新出元碑选录并考释》。

0161 董益碑

元代（1271—1368），高 90 cm×宽 50 cm×厚 17 cm，碑立于大理市。

见于《大理丛书·金石篇》《大理五华楼新出元碑选录并考释》。

0162 段观音善碑

元代（1271—1368），高 66 cm×宽 59 cm×厚 17 cm，碑立于大理市。

见于《大理五华楼新出元碑选录并考释》。

0163 段氏长老墓碑铭并序

撰者王子廉，书者王子廉，刻工杨庆，元代（1271—1368），高 84 cm×宽 48 cm×厚 18 cm，碑立于大理市。

见于《大理五华楼新出元碑选录并考释》。

0164 段逾城顺碑

元代（1271—1368），高 70 cm×宽 53 cm×厚 15 cm，碑立于大理市。

见于《大理五华楼新出元碑选录并考释》。

0165 李逾城连碑

元代（1271—1368），高 69 cm×宽 51 cm×厚 19 cm，碑立于大理市。

见于《大理五华楼新出元碑选录并考释》。

0166 李逾城连神识碑

楷书，元代（1271—1368），高 19 cm×宽 51 cm，碑立于大理市。

见于《大理丛书·金石篇》。

注：上述二碑为同一碑，碑阴刻梵文。

0167 苏参碑

大理石，楷书，元代（1271—1368），高 82 cm×宽 42 cm×厚 11 cm，碑立于大理市。

见于《大理丛书·金石篇》。

0168 苏升福碑

元代（1271—1368），高 75 cm×宽 56 cm×厚 20 cm，碑立于大理市。

见于《大理丛书·金石篇》。

0169 苏意海墓碑

砂石，行书，元代（1271—1368），高 48 cm×宽 31 cm×厚 6 cm，碑立于大理市。

见于《大理丛书·金石篇》。

0170 永丰墓碑

元代（1271—1368），碑立于蒙自市。
著录于《新纂云南通志·金石考》。

0171 张逾城盛碑

元代（1271—1368），高 100 cm×宽 52 cm×厚 16 cm，碑立于大理市。

见于《大理丛书·金石篇》。

0172 赵逾城公碑

元代（1271—1368），高 85 cm×宽 66 cm×厚 17 cm，碑立于大理市。

见于《大理丛书·金石篇》。

0173 机极仙翁石刻画像题词碑

元代或明初。
见于《云南道教碑刻辑录》。

◆ 明

洪武年间

0174 段信苴宝立常住记

楷书，洪武三年（1370），高 90 cm×宽 69 cm，碑立于洱源县。

著录于《新纂云南通志·金石考》。

0175 大盘龙庵大觉禅师宝云塔铭

撰者庆源，书者何秋崖，刻工黄君泰，砂石，行书，洪武五年（1372），高 120 cm×宽 70 cm，碑立于晋宁区。

著录于（道光）《晋宁州志》。

0176 盘龙庵诸人舍施常住记

洪武五年（1372），高 120 cm×宽 70 cm，碑立于晋宁区。

著录于（道光）《晋宁州志》。

0177 重修土主庙碑

撰者支渭兴，洪武五年（1372），碑立于呈贡区。

著录于（天启）《滇志》。

0178 孝感泉四村班水碑记

洪武七年（1374），高 68 cm×宽 37 cm，碑立于隆阳区。

见于《隆阳碑铭石刻》。

0179 盐津县龙塘湾岩刻碑

洪武八年（1375），碑立于盐津县。

见于《云南林业文化碑刻》。

注：《盐津县龙塘湾岩刻碑》共 4 通。《盐津县龙塘湾岩刻碑》（伐木诗）刻于永乐五年（1407）；《盐津县龙塘湾岩刻碑》（拖木植）刻于永乐五年（1407）；《盐津县龙塘湾岩刻碑》（拖运官殿楠木四百根）刻于永乐五年（1407）。

0180 重修阳派兴宝寺续置常住记

撰者用源，书者杨吉圆，刻工杨通，行书，洪武九年（1376），高 128 cm×宽 77 cm，碑立于姚安县。

著录于（光绪）《姚州志》等。

注：《重修阳派兴宝寺续置常住记》刻于《兴宝寺德化铭》碑阴面。碑立于宋淳熙十三年（1186）。

0181 普光山智照兰若记

撰者王宽，书者凌云，楷书，洪武十年（1377），高 123 cm×宽 63 cm，碑立于通海县。

见于《云南古代石刻丛考》。

0182 文殊奴神识经幢

正书，洪武十年（1377），碑立于五华区。

著录于《新纂云南通志·金石考》。

0183 西天提纳薄陀尊者浮图铭并序

撰者李穑，洪武十年（1377），碑立于武定县。

见于《楚雄历代碑刻》。

0184 礼部批文碑（右仰通知碑）

青砂石，楷书，洪武十年（1377），高 102 cm×宽 152 cm×厚 12 cm，碑立于通海县。

见于《通海县志》（1992）。

0185 大光明寺主持瑞岩长老智照灵塔铭并序

撰者用源，刻工杨智，洪武十二年（1379），高 160 cm×宽 58 cm×厚 20 cm，碑立于大理市。

见于《大理丛书·金石篇》。

0186 毛拉哨石碑

洪武十五年（1382），高 52.8 cm×宽 41.3 cm×厚 12 cm，碑立于禄丰县。

见于《云南林业文化碑刻》。

0187 元故先生杨俊墓志铭

撰者法天，书者商山子，刻工杨头、杨□，楷书，洪武十五年（1382），高 138 cm×

宽 49 cm，碑立于大理市。

见于《大理丛书·金石篇》。

0188 明征大理邓川战役官军遗骸碑（大军封邱碑）

撰者傅友德，楷书，洪武十六年（1383），高 137 cm×宽 62 cm，碑立于大理市。

著录于《新纂云南通志·金石考》。

注：原碑已佚，拓片藏今云南省博物馆。

0189 石坡坡背后石碑

洪武十六年（1383），高 59.4 cm，碑立于双柏县。

见于《云南林业文化碑刻》。

0190 文节先生墓志铭

撰者王景常，洪武十六年（1383）。

著录于（景泰）《云南图经志书》。

0191 安边定远楼诗并序

撰者王景常，洪武十七年（1384），碑立于保山市。

著录于（景泰）《云南图经志书》。

0192 赵氏宗祠碑

洪武十七年（1384），高 80 cm×宽 35 cm，碑立于大理市。

见于《大理丛书·金石篇》。

0193 重建关圣庙记

撰者赵昇，洪武十七年（1384），碑立于大理市。

著录于（乾隆）《大理府志》。

0194 浪穹县儒学碑记

撰者杜瑜，洪武十八年（1385），碑立于洱源县。

著录于（万历）《云南通志》。

0195 南楼望远记

撰者刘有年，洪武十九年（1386），碑立于西山区。

著录于（景泰）《云南图经志书》。

0196 建布政使公廨记

撰者张统，洪武二十二年（1389）。

著录于（景泰）《云南图经志书》。

0197 仁德墓志

撰者无极，刻工杨公，楷书，洪武二十二年（1389），高 165 cm×宽 56.5 cm，碑立于大理市。

见于《大理丛书·金石篇》。

0198 剑川州治记

撰者卫炳，洪武二十三年（1390），碑立于剑川县。

著录于（万历）《云南通志》。

0199 感通寺碑记

撰者张统，洪武二十三年（1390），碑立于大理市。

著录于（景泰）《云南图经志书》。

0200 崇恩寺常住碑记

撰者无极，楷书，洪武二十四年（1391），高 96 cm×宽 51.5 cm，碑立于大理市。

见于《大理丛书·金石篇》。

0201 浪穹县新建庙学记

撰者王中，书者杨光，刻工施仁，青石，楷书，洪武二十四年（1391），高 125 cm×宽 28 cm，碑立于洱源县。

见于《大理洱源县碑刻辑录》。

0202 药师寺崇恩常住碑记（碑阴）

楷书，洪武二十四年（1391），高 148 cm×宽 54 cm，碑立于大理市。

见于《大理丛书·金石篇》。

0203 新建临安府治记

撰者王景常，洪武二十五年（1392），碑立于建水县。

著录于（景泰）《云南图经志书》。

0204 **太极图、白鹿洞规题记**

撰者张纮，洪武二十五年（1392），碑立于五华区。

著录于（景泰）《云南图经志书》等。

0205 **具足禅院记**

撰者张纮，书者支森，砂石，楷书，洪武二十六年（1393），高 199 cm × 宽 95 cm，碑立于晋宁区。

著录于（景泰）《云南图经志书》。

0206 **张良光妇女张药师满神道碑**

大理石，洪武二十六年（1393），高 180 cm × 宽 56 cm × 厚 16 cm，碑立于大理市。

见于《大理丛书 · 金石篇》。

0207 **敬思堂记**

撰者王景常，洪武二十七年（1394）。

著录于（景泰）《云南图经志书》。

0208 **明赐国师董贤圣旨碑**

洪武二十七年（1394），高 76 cm × 宽 38 cm，碑立于大理市。

见于《大理丛书 · 金石篇》。

0209 **黔宁昭靖王祠堂碑**

撰者王景常，洪武二十七年（1394）。

著录于（康熙）《云南通志》。

0210 **黔宁昭靖王庙记**

撰者张纮，洪武二十七年（1394）。

著录于（景泰）《云南图经志书》。

0211 **黔宁昭靖王庙记**

撰者程本立，洪武二十七年（1394）。

著录于（景泰）《云南图经志书》。

0212 **云津桥记**

撰者王景常，洪武二十七年（1394）。碑立于五华区。

著录于（正德）《云南志》。

0213 **龙泉山道院记**

撰者王景常，洪武二十九年（1396），嘉靖九年（1530）（重镌），高 210 cm × 宽 78 cm，碑立于盘龙区。

著录于（景泰）《云南图经志书》。

0214 **宝莲殿记无为寺**

撰者无极，书者杨宝，刻工杨情，洪武三十一年（1398），高 124 cm × 宽 61 cm，碑立于大理市。

见于《大理丛书 · 金石篇》。

0215 **妙果禅院记**

撰者张纮，洪武年间（1368—1398），碑立于安宁市。

著录于（正德）《云南志》。

0216 **重修涌金寺记**

撰者王景常，洪武年间（1368—1398），碑立于通海县。

著录于（天启）《滇志》。

0217 **成化碑**

洪武年间（1368—1398），碑立于昆明市。

著录于（民国）《昆明市志》。

0218 **新筑楚雄城碑记**

撰者袁义，洪武年间（1368—1398），碑立于楚雄市。

著录于（宣统）《楚雄县志》。

0219 **新建元真观碑记**

撰者袁义，洪武年间（1368—1398），碑立于楚雄市。

著录于（宣统）《楚雄县志》。

0220 **南楼铜漏铭**

撰者张纮，洪武年间（1368—1398）。

著录于（景泰）《云南图经志书》。

建文年间

0221 **昭灵观碑记**

撰者费良弼，建文二年（1400），碑立于五华区。

著录于（景泰）《云南图经志书》。

0222 明故高氏墓碑志

建文三年（1401），碑立于鹤庆县。
见于《鹤庆碑刻辑录》。

0223 汤池渠记

撰者平显，刻工黎老益，建文四年（1402），碑立于宜良县。
著录于（景泰）《云南图经志书》。

0224 云南府儒学重修记

撰者彭时，建文四年（1402），碑立于昆明市。
著录于（正德）《云南志》。

永乐年间

0225 杨福卿墓碑

永乐元年（1403），碑立于江川区。
著录于（光绪）《云南通志》。

0226 马哈只墓碑

撰者李至刚，楷书，红砂石，永乐三年（1405），高 166 cm × 宽 94 cm，碑立于晋宁区。
著录于《新纂云南通志·金石考》。

0227 盐津县龙塘湾岩刻碑（伐木诗）

永乐五年（1407）
见于《云南林业文化碑刻》。

0228 盐津县龙塘湾岩刻碑（拖木植）

永乐五年（1407）
见于《云南林业文化碑刻》。

0229 盐津县龙塘湾岩刻碑（拖运宫殿楠木四百根）

永乐五年（1407）
见于《云南林业文化碑刻》。

0230 王千嘉墓志

撰者杨廷瑞，书者杨廷瑞，正书，永乐六年（1408），碑立于宾川县。
著录于《新纂云南通志·金石考》。

0231 建峰亭记

撰者董贤，刻工杨奴，大理石，永乐七年（1409），高 199 cm × 宽 38 cm，碑立于大理市。
见于《大理丛书·金石篇》。

0232 龙泉神祠碑铭

撰者刘寅，书者徐敬，隶书，永乐七年（1409），高 165 cm × 宽 65 cm × 厚 15 cm，碑立于隆阳区。
著录于《新纂云南通志·金石考》。
注：碑阴刻《龙泉池分水告示碑》，刻于光绪十六年（1890）。

0233 明千户指挥佥事李和穆墓志铭

撰者沐晟，楷书，永乐八年（1410），高 78 cm × 宽 60 cm，碑立于双柏县。
著录于《新纂云南通志·金石考》。

0234 王氏墓志碑

刻工高鹤惠、苗重实，永乐八年（1410），碑立于鹤庆县。
见于《鹤庆碑刻辑录》。

0235 寸氏墓碑志

撰者田节，书者田节，刻工苗重实，永乐九年（1411），碑立于鹤庆县。
见于《鹤庆碑刻辑录》。

0236 温泉庵记

撰者高宗，书者高宗，刻工杨禾，正书，永乐十年（1412），碑立于鹤庆县。
著录于《新纂云南通志·金石考》。

0237 杨升墓铭

撰者赵典，刻工杨奴，楷书，永乐十年（1412），高 30 cm × 宽 43 cm，碑立于大理市。
见于《大理丛书·金石篇》。

0238 大理府太和县弘圭乡下阳溪弘农氏杨公墓志铭

撰者苏揖，书者陈均，刻工杨脚，楷书，

永乐十一年（1413），高 95 cm×宽 51 cm，碑立于大理市。

见于《大理丛书·金石篇》。

0239 太史公陇西郡李家墓志

撰者李魁铭，书者李子安，楷书，永乐十四年（1416），碑立于宾川县。

著录于《新纂云南通志·金石考》。

0240 王祐墓碑

撰者释德香，书者张瑶，楷书，永乐十四年（1416），碑立于宾川县。

著录于《新纂云南通志·金石考》。

0241 张公圹志

撰者徐源，书者杨珙，楷书，永乐十四年（1416），高 51 cm×宽 36 cm，碑立于大理市。

见于《大理丛书·金石篇》。

0242 故元云南大理路赵州同知杨公墓志铭

撰者曾启，书者刘名，楷书，永乐十五年（1417），高 96 cm×宽 52 cm，碑立于大理市。

见于《大理丛书·金石篇》。

0243 杨庆墓志

撰者杨节，书者杨懋，正书，永乐十五年（1417），碑立于宾川县。

著录于《新纂云南通志·金石考》。

0244 重建宾居神庙碑记

撰者杨节仲，永乐十五年（1417），高 156 cm×宽 85 cm×厚 20 cm，碑立于宾川县。

见于《云南道教碑刻辑录》。

0245 重修云南府庙学记

撰者王潜，永乐十六年（1418）。

著录于（景泰）《云南图经志书》。

0246 追为亡人满息神位碑

楷书，永乐十六年（1418），高 97 cm×宽 41 cm，碑立于云龙县。

见于《大理丛书·金石篇》。

0247 董惠墓志

撰者明鉴，书者杨泰，正书，永乐十七年（1419），碑立于宾川县。

著录于《新纂云南通志·金石考》。

0248 故中奉大夫、前云南诸路行省中书省参政□、鹤庆路军民总管高侯墓碑志

撰者田节，刻工杨□□，楷书，永乐十七年（1419），碑立于鹤庆县。

见于《鹤庆碑刻辑录》。

0249 重修太华山佛严禅寺后殿碑记

永乐十七年（1419），碑立于西山区。

著录于《新纂云南通志·金石考》。

0250 故居士杨公墓志铭

书者杨禄，楷书，永乐十八年（1420），高 75 cm×宽 43 cm，碑立于大理市。

见于《大理丛书·金石篇》。

注：原碑已佚，拓片藏云南省大理市图书馆。

0251 赵州南山大法藏寺碑

撰者董贤，书者李一，刻工赵坚，楷书，永乐十九年（1421），高 83 cm×宽 48 cm，碑立于大理市。

见于《大理丛书·金石篇》。

0252 李庆墓志

撰者李恕，刻工杨平，楷书，永乐十九年（1421），高 94 cm×宽 43 cm，碑立于大理市。

见于《大理凤仪古碑文集》。

0253 建正续寺山门碑记

撰者王澄渊，书者易锐，楷书，永乐二十年（1422），碑立于武定县。

著录于（康熙）《武定府志》。

0254 李公奴墓志

撰者阿掺哩洪宗，楷书，永乐二十年（1422），高 76 cm × 宽 46 cm，碑立于大理市。

见于《大理丛书·金石篇》。

注：原碑已佚，拓片藏今云南省大理市图书馆。

0255 彦昌赵公墓碑铭

撰者赵焕述，书者杨珙，刻工杨海，楷书，永乐二十年（1422），高 73 cm × 宽 48.5 cm，碑立于大理市。

见于《大理丛书·金石篇》。

注：原碑已佚，拓片藏今云南省大理市图书馆。

0256 追为先故亡人百户主观音隆神道

永乐二十年（1422），高 53 cm × 宽 46 cm × 厚 7 cm，碑立于剑川县。

见于《大理丛书·金石篇》。

0257 故南诏姚安奉仪大夫杨公墓志铭

撰者沈得志，楷书，永乐二十一年（1423），高 88 cm × 宽 49 cm，碑立于祥云县。

见于《大理丛书·金石篇》。

注：地点记载有出入。

0258 昆州耆士杨公墓志

刻工段坚，永乐二十一年（1423），高 89 cm × 宽 48 cm，碑立于祥云县。

见于《祥云碑刻》。

0259 杨仲英同妻杜氏寿坟铭

撰者杨森，书者张山节，楷书，永乐二十一年（1423），高 85 cm × 宽 48 cm，碑立于大理市。

见于《大理丛书·金石篇》。

0260 杨惠墓志

书者杨泰，刻工张定，楷书，永乐二十二年（1424），高 127 cm × 宽 53 cm，碑立于大理市。

见于《大理丛书·金石篇》。

0261 故施浪脸李氏墓志铭碑

撰者田节，刻工杨禾，大理石，楷书，永乐二十二年（1424），高 136 cm × 宽 68 cm，碑立于洱源县。

见于《大理洱源县碑刻辑录》。

0262 无为寺碑

撰者朱有勋，永乐年间（1403—1424），碑立于大理市。

著录于（康熙）《大理府志》。

洪熙年间

0263 故善人杨和惠圹志

楷书，洪熙元年（1425），高 88 cm × 宽 43 cm，碑立于大理市。

见于《大理丛书·金石篇》。

0264 杨接同妻闫氏墓志

撰者李子安，书者李子安，楷书，洪熙元年（1425），碑立于宾川县。

著录于《新纂云南通志·金石考》。

0265 重修金镑山碑记

撰者杨赐，刻工杨宗，楷书，洪熙元年（1425），高 91 cm × 宽 39 cm，碑立于宾川县。

著录于《新纂云南通志·金石考》。

注：撰者记载有出入，有作撰者阳照。

宣德年间

0266 故居士张公墓志铭

撰者杨森，刻工杨□，楷书，宣德元年（1426），楷书，高 104 cm × 宽 46 cm，碑立于大理市。

见于《大理丛书·金石篇》。

注：原碑已佚，拓片藏今云南省大理市下关图书馆。

0267 王生同配王氏寿藏碑

撰者李子安，书者李子安，楷书，宣德元年（1426），高 64 cm×宽 49 cm，碑立于宾川县。

著录于《新纂云南通志·金石考》

0268 故杨处士墓铭

撰者胡俨，书者杨节仲，刻工杨升、杨□，楷书，宣德二年（1427），高 137 cm×宽 56 cm，碑立于大理市。

见于《大理丛书·金石篇》。

注：原碑已佚，拓片藏今云南省大理市图书馆。

0269 鹤川把事杨氏墓碑志

撰者田节，书者智镜，刻工谢仲得，楷书，宣德二年（1427），碑立于鹤庆县。

见于《鹤庆碑刻辑录》。

0270 世守鹤郡知府高府君墓碑

刻工李志川、杨懋、李实，正书，宣德三年（1428），碑立于鹤庆县。

著录于《新纂云南通志·金石考》。

0271 威楚令长高公墓志铭并序

撰者赵崇，刻工麦□，大理石，楷书，宣德三年（1428），高 88 cm×宽 40 cm×厚 12 cm，碑立于楚雄市。

见于《楚雄彝族自治州文物志》。

0272 阳间安居恭人杨氏生圹墓碑记

楷书，宣德三年（1428），高 180 cm×宽 95 cm×厚 20 cm，碑立于鹤庆县。

著录于《新纂云南通志·金石考》。

0273 崇宝山正觉禅寺碑记

撰者张通，书者龙犟，宣德四年（1429），碑立于西山区。

著录于《新纂云南通志·金石考》。

0274 重修小骠碌摩神庙记

撰者刘从道，书者赵谦，宣德四年（1429），高 100 cm×宽 45 cm，碑立于楚雄市。

见于《楚雄历代碑刻》。

0275 大理弘圭赵公墓志铭

撰者段澍，书者杨珙，刻工赵秋，楷书，宣德五年（1430），高 86 cm×宽 48 cm，碑立于大理市。

见于《大理丛书·金石篇》。

注：原碑已佚，拓片藏今云南省大理市图书馆。

0276 故李氏墓碑志

撰者田节，书者赵伯高，刻工谢仲得，黄砂石，楷书，宣德五年（1430），高 115 cm×宽 58 cm，碑立于鹤庆县。

见于《大理丛书·金石篇》。

0277 重修龙华寺记碑

撰者赵昌，大理石，楷书，宣德五年（1430），高 119 cm×宽 68 cm，碑立于洱源县。

见于《大理洱源县碑刻辑录》。

0278 故颍川郡处士陈公墓志碑铭并序

撰者杨廷，书者大阿左梨，楷书，宣德五年（1430），高 131 cm×宽 53 cm，碑立于大理市。

见于《大理丛书·金石篇》。

0279 吴理将军墓志铭

刻工吴雄，楷书，宣德五年（1430），高 92 cm×宽 57 cm，碑立于永平县。

见于《大理丛书·金石篇》。

0280 故昭信校尉百户赵公墓志铭

撰者杨仰谟，书者柳仰谟，刻工杨通，楷书，宣德六年（1431），高 175.5 cm×宽 63 cm，碑立于剑川县。

见于《大理丛书·金石篇》。

0281 王成墓志

撰者杨廷，书者王智，正书，宣德六年（1431），碑立于宾川县。

著录于《新纂云南通志·金石考》。

0282 **真庆观记**

撰者周叙，书者周叙，刻工萧清、秦贤，正书，宣德六年（1431），高 184 cm × 宽 90 cm，碑立于盘龙区。

著录于（景泰）《云南图经志书》。

0283 **重修白□堂神庙记碑**

撰者杨禄，书者杨禄，刻工李惠，大理石，楷书，宣德六年（1431），高 75 cm × 宽 45.5 cm，碑立于大理市。

见于《大理丛书·金石篇》。

0284 **诸葛忠武侯祠记**

撰者孔初，宣德六年（1431），碑立于隆阳区。

著录于《永昌府志》。

0285 **追为亡人才信神道之灵**

楷书，宣德六年（1431），高 123 cm × 宽 46 cm，碑立于云龙县。

见于《大理丛书·金石篇》。

0286 **胡尧时书儒学箴**

撰者胡尧时，宣德七年（1432），高 175 cm × 宽 86 cm，碑立于通海县。

见于《通海文史资料》（第 3 辑）。

0287 **应国安邦神庙记**

撰者杨禄，书者杨禄，刻工李彬，大理石，楷书，宣德七年（1432），高 85 cm × 宽 41 cm × 厚 6.5 cm，碑立于大理市。

见于《大理丛书·金石篇》。

0288 **云南布政司令史杨公并妻赵氏寿藏铭**

撰者段澍，书者杨守中，刻工杨善，楷书，宣德八年（1433），高 107 cm × 宽 59 cm，碑立于大理市。

见于《大理丛书·金石篇》。

注：原碑已佚，拓片藏今云南省大理市图书馆。

0289 **重建涌金寺记**

撰者陈逊，书者居广，楷书，宣德八年（1433），碑立于通海县。

著录于《新纂云南通志·金石考》。

0290 **重修海源寺记**

撰者陈逊，书者赖巽，楷书，宣德八年（1433），碑立于西山区。

著录于《新纂云南通志·金石考》。

0291 **重建玉案山筇竹寺记**

撰者郭文，书者居广，砂石，楷书，宣德九年（1434），高 187 cm × 宽 94 cm，碑立于西山区。

著录于《新纂云南通志·金石考》。

0292 **华严海会镜**

撰者赵遍，宣德九年（1434），碑立于沾益区。

著录于（光绪）《云南通志》。

0293 **封赠杨禧妻田氏碑**

楷书，宣德九年（1434），高 134 cm × 宽 56 cm，碑立于大理市。

见于《大理丛书·金石篇》。

0294 **故有元时民义土军万户并段氏墓碑志**

撰者田节，书者赵伯高，楷书，宣德九年（1434），碑立于鹤庆县。

见于《鹤庆碑刻辑录》。

0295 **张宗墓志铭记**

撰者查愈，书者杨彦彧，刻工李秋、李保，楷书，宣德九年（1434），高 126 cm × 宽 52 cm，碑立于大理市。

见于《大理丛书·金石篇》。

注：原碑已佚，拓片藏今云南省大理市图书馆。

0296 **追赠杨禧之母碑文**

楷书，宣德九年（1434），高 132 cm × 宽 53 cm，碑立于大理市。

见于《大理丛书·金石篇》。

注：原碑已佚，拓片藏今云南省大理市图书馆。

0297 故济阳丁孟奇圹志

撰者余谷，宣德十年（1435），高 40 cm × 宽 35 cm，碑立于隆阳区。

见于《隆阳碑铭石刻》。

0298 故善人杨公圹志铭

撰者杨禄，楷书，宣德十年（1435），高 103 cm × 宽 43 cm，碑立于大理市。

见于《大理丛书·金石篇》。

注：原碑已佚，拓片藏今云南省大理市图书馆。

0299 故善人杨公同妻李氏墓志铭

撰者张衷，书者赵中，刻工杨富，楷书，宣德十年（1435），高 76 cm × 宽 42 cm，碑立于大理市。

见于《大理丛书·金石篇》。

注：原碑已佚，拓片藏今云南省大理市图书馆。

0300 故云南布政司礼房掾尹公墓志铭

撰者甘□，书者康景常，楷书，宣德十年（1435），高 76 cm × 宽 49 cm，碑立于大理市。

见于《大理丛书·金石篇》。

注：原碑已佚，拓片藏今云南省大理市图书馆。

0301 王义同配王氏寿藏铭

撰者李子安，书者□铭，正书，宣德十年（1435），碑立于宾川县。

著录于《新纂云南通志·金石考》。

0302 鹰扬李善士墓志铭并序

撰者赵崇，大理石，楷书，宣德年间（1426—1435），高 70 cm × 宽 37 cm × 厚 11 cm，碑立于楚雄市。

见于《楚雄历代碑刻》。

0303 故昭信校尉土官百夫长兼试百户赵侯寿藏碑志铭

撰者镜天，宣德年间（1426—1435），碑立于鹤庆县。

见于《鹤庆碑刻辑录》。

0304 玄珠观记

撰者张志淳，宣德年间（1426—1435），碑立于巍山县。

著录于（康熙）《蒙化府志》。

0305 凤羽舍上里李氏墓铭

撰者赵昌，书者赵昌，宣德年间（1426—1435），高 68 cm × 宽 42 cm × 厚 9 cm，碑立于洱源县。

见于《大理丛书·金石篇》。

0306 大理府卫关里十八溪共三十五处军分民定水利碑文

楷书，宣德年间（1426—1435），高 91 cm × 宽 39 cm，碑立于大理市。

见于《大理市古碑存文录》。

正统年间

0307 渤海郡恭人范氏之墓碑

红砂石，楷书，正统元年（1436），高 92 ~ 96 cm × 宽 58 cm × 厚 9 ~ 10 cm，碑立于永平县。

见于《大理丛书·金石篇》。

0308 雷公墓碑

正统元年（1436），高 165 cm × 宽 65 cm，碑立于曲靖市。

见于《曲靖石刻》。

0309 王定墓志

撰者王智，书者王智，正书，正统元年（1436），碑立于宾川县。

著录于《新纂云南通志·金石考》。

0310 武略将军剑川州土官千户赵海墓志

撰者杨仰谟，书者邓祥，刻工杨定、杨保，楷书，正统元年（1436），高 63 cm × 宽 131 cm，碑立于剑川县。

见于《大理丛书·金石篇》。

0311 武略将军赵公之墓碑

撰者杨休谟，书者邓祥，刻工杨定、杨保、李秋、苏保、赵永，大理石，楷书，正统元年（1436），高 65 cm × 宽 66 cm，碑立于剑川县。

见于《大理丛书·金石篇》。

0312 安庆李公德明墓志铭

撰者陶宁，刻工方琛，正统二年（1437），高 38.5 cm × 宽 38.5 cm，碑立于隆阳区。

见于《隆阳碑铭石刻》。

0313 故父赵昌墓铭

撰者段復，正统二年（1437），高 145 cm × 宽 51.5 cm × 厚 12 cm，碑立于大理市。

见于《大理风仪古碑文集》。

0314 故处士段公墓志铭

撰者杨宗道，书者杨森，刻工李定、赵嵩，楷书，正统二年（1437），高 120 cm × 宽 62 cm，碑立于洱源县。

见于《大理丛书·金石篇》。

注：原碑已佚，原残碑拓片藏今云南省图书馆。

0315 故显妣丁氏妙广安人墓志

正统二年（1437），高 37 cm × 宽 37 cm × 厚 4 cm，碑立于曲靖市。

见于《陆良历代石刻注解与研究》。

0316 京兆郡慈考小旗宋良保灵神碑

楷书，正统二年（1437），高 70 cm × 宽 40 cm，碑立于洱源县。

见于《大理丛书·金石篇》。

0317 李益墓志铭

撰者杨森，书者张英，刻工杨接，楷书，正统二年（1437），高 94 cm × 宽 60 cm，碑立于大理市。

见于《大理丛书·金石篇》。

0318 杨公寿藏志铭

撰者杨守中，书者杨守中，刻工杨奴，楷书，正统二年（1437），高 80 cm × 宽 48 cm，碑立于大理市。

见于《大理丛书·金石篇》。

0319 故宝瓶长老墓志铭

撰者杨森，书者杨守中，楷书，正统三年（1438），高 80 cm × 宽 51 cm，碑立于大理市。

见于《大理丛书·金石篇》。

0320 故施氏墓铭

撰者重谦，刻工杨海，楷书，正统三年（1438），高 137 cm × 宽 53 cm，碑立于大理市。

见于《大理丛书·金石篇》。

0321 濠梁慎庵耿公墓田碑记

撰者沐晟，正统三年（1438），碑立于晋宁区。

著录于（乾隆）《晋宁州志》。

0322 追为亡人玄化春神道碑

黄砂石，正统三年（1438），碑立于剑川县。

见于《大理丛书·金石篇》。

0323 云南布政司题名记

撰者应履平，正统四年（1439）。

著录于（景泰）《云南图经志书》。

0324 张罗俸酋神道碑

楷书，正统四年（1439），高 97 cm × 宽 32 cm，碑立于云龙县。

见于《大理丛书·金石篇》。

0325 **车琳墓志铭**

撰者刘充，正统五年（1440），残高58 cm×宽47 cm×厚5 cm，碑立于隆阳区。

见于《隆阳碑铭石刻》。

0326 **都指挥车公墓碣**

正统五年（1440），碑立于保山市。

著录于《新纂云南通志·金石考》。

0327 **王成同配闫氏寿藏铭**

撰者闫英才，书者闫英才，楷书，正统五年（1440），碑立于宾川县。

著录于《新纂云南通志·金石考》。

0328 **杨护墓碑**

撰者杨护，书者陈谨，楷书，正统五年（1440），碑立于宾川县。

著录于《新纂云南通志·金石考》。

0329 **明昭觉寺碑**

撰者刘童，正统六年（1441），高141 cm×宽74 cm，碑立于大理市。

见于《大理丛书·金石篇》。

0330 **重修金马山灵应寺记**

撰者郭文、戴大经（补撰），书者居广，刻工萧清，正统六年（1441），碑立于官渡区。

著录于《新纂云南通志·金石考》。

0331 **重修真庆观记**

撰者应履平，书者俞本，正统六年（1441），碑立于盘龙区。

见于《昆明诗词楹联碑文集粹》。

0332 **新修晋宁州儒学记**

撰者余学夔，正统七年（1442），碑立于晋宁区。

著录于（康熙）《晋宁州志》。

0333 **宣圣遗像碑**

撰者江赖、何孟春，刻工郑信、高源、萧清，正统七年（1442）、正德十五年（1520），高285 cm×宽112 cm，碑立于昆明市。

著录于（民国）《昆明市志》。

0334 **故考杨氏墓铭**

撰者赵昌，书者杨亨，刻工杨海，楷书，正统八年（1443），高86 cm×宽62 cm，碑立于大理市。

见于《大理丛书·金石篇》。

注：原碑已佚，拓片藏今云南省博物馆。

0335 **三堂圣域记**

书者杨□，刻工杨隆，楷书，正统八年（1443），高72 cm×宽52 cm，碑立于大理市。

见于《大理丛书·金石篇》。

0336 **淑人李母高氏墓志铭**

楷书，正统八年（1443），高130 cm×宽52 cm，碑立于大理市。

见于《大理丛书·金石篇》。

0337 **土官舍人李敏墓志铭**

撰者陈渊，书者杨名，楷书，正统八年（1443），碑立于宾川县。

著录于（民国）《宾川县志稿》。

0338 **雁门田氏德行墓碑志**

撰者田节，书者李信，楷书，正统八年（1443），碑立于鹤庆县。

见于《鹤庆碑刻辑录》。

0339 **布燮陈氏同穴墓铭**

撰者赵昌，大理石，楷书，正统九年（1444），高78 cm×宽46 cm，碑立于大理市。

见于《大理丛书·金石篇》。

0340 **处士李土公赐同妻张氏观音梅寿藏墓志铭**

撰者李□，刻工杨定，正统九年（1444），高120 cm×宽60 cm，碑立于大理市。

见于《大理丛书·金石篇》。

注：原碑已佚，拓片藏今云南省大理市图书馆。

0341 段氏儒人行状碑

撰者赖添贵，书者瑞云，正统九年（1444），碑立于楚雄市。

见于《楚雄历代碑刻》。

0342 佛说地藏菩萨经碑

大理石，楷书，正统九年（1444），高121 cm×宽49 cm×厚10 cm，碑立于鹤庆县。

见于《大理丛书·金石篇》。

注：《佛说地藏菩萨经》作永乐十九年（1421），高83 cm×宽49 cm，待查。

0343 故善士杨公墓志铭

撰者辛惟和，书者何渊，刻工杨海，楷书，正统九年（1444），高87 cm×宽44 cm，碑立于大理市。

见于《大理丛书·金石篇》。

0344 鸡足山石钟寺常住田记

撰者陈渊，书者杨黼，刻工杨茂，正统九年（1444），高119 cm×宽63 cm×厚8 cm，碑立于宾川县。

见于《大理丛书·金石篇》。

注：原碑已佚。

0345 临安府重修庙学碑记

撰者曾鼎，正统九年（1444），碑立于建水县。

著录于（景泰）《云南图经志书》。

0346 耆宿王公墓志

撰者李文林，书者李文海，刻工苏芳，楷书，正统九年（1444），高78 cm×宽40 cm，碑立于剑川县。

见于《大理丛书·金石篇》。

注：原碑已佚，拓片藏今云南省博物馆。

0347 真庆观兴造记

撰者金问，书者黄养正，楷书，正统九年（1444），高184 cm×宽91 cm，碑立于盘龙区。

著录于（正德）《云南志》。

0348 众安桥碑铭

撰者陈以仁，书者符愚，正统九年（1444），高146 cm×宽70 cm，碑立于隆阳区。

著录于《新纂云南通志·金石考》。

注：原碑已佚。

0349 金齿新建庙学记

撰者杨宁，书者杨宁，正书，正统十一年（1446），高247 cm×宽82 cm，碑立于隆阳区。

著录于《新纂云南通志·金石考》。

0350 新建金齿司学宫记

撰者王英，正统十一年（1446），碑立于隆阳区。

著录于《永昌府志》。

注：原碑已佚。

0351 重修金齿司学记

撰者王直，刻工王直，正统十一年（1446），碑立于保山市。

著录于（正德）《云南志》。

注：疑《新建金齿司学宫记》《重修金齿司学记》为同一碑刻，待查。

0352 迎恩桥记

撰者段缵，正统十一年（1446），碑立于建水县。

著录于（万历）《云南通志》。

0353 重修盘龙寺记

撰者王豫，刻工曹贵，砂石，楷书，正统十一年（1446），高211 cm×宽85 cm，碑立于晋宁区。

著录于《新纂云南通志·金石考》。

0354 重修五灵庙记

撰者柯暹，正统十二年（1447），碑立于昆明市。

著录于（景泰）《云南图经志书》。

0355 处士陇西郡李氏讳土公禾墓志铭

撰者李□□，书者杜得，刻工杨久，正统十二年（1447），高 101 cm × 宽 53 cm，碑立于大理市。

见于《大理丛书·金石篇》。

注：原碑已佚，拓片藏今云南省大理市图书馆。

0356 居士董公并妻杨氏墓志

撰者杨守中，刻工杨义，正统十二年（1447），高 117 cm × 宽 50 cm，碑立于大理市。

见于《大理丛书·金石篇》。

注：原碑已佚，拓片藏今云南省大理市图书馆。

0357 武德将军汪公墓志铭

撰者王英，正统十二年（1447），民国十二年（1923）重刻，高 84 cm × 宽 54 cm × 厚 7 cm，碑立于隆阳区。

见于《隆阳碑铭石刻》。

0358 设三关哨兵记

撰者王彦，正统十二年（1447），碑立于玉溪市。

著录于（道光）《澄江府志》。

0359 追为亡人王波正之灵碑

楷书，正统十二年（1447），高 88 cm × 宽 58.5 cm，碑立于大理市。

见于《大理丛书·金石篇》。

0360 大掾杨公墓志

撰者杨弘，书者杨英，刻工杨接，楷书，正统十三年（1448），高 90 cm × 宽 49 cm，碑立于洱源县。

见于《大理丛书·金石篇》。

0361 胡琛墓碑铭

撰者王英，书者黄养正，刻工郭韬，正统十三年（1448），高 274 cm × 宽 86 cm，碑立于保山市。

见于《保山碑刻》。

0362 新筑腾冲司城记

撰者侯琎，正统十三年（1448），碑立于腾冲市。

著录于（天启）《滇志》。

0363 重修万寿寺碑铭记

撰者范英，刻工刘道清，大理石，楷书，正统十三年（1448），高 84 cm × 宽 59 cm × 厚 8 cm，碑立于弥渡县。

见于《大理丛书·金石篇》。

0364 追为亡人杨逾城顺神识碑

正统十三年（1448），高 87 cm × 宽 46 cm × 厚 25 cm，碑立于南华县。

见于《楚雄彝族自治州文物志》。

0365 处士赵公寿藏同妻杜氏墓志铭

撰者杨森，书者杨瑄，刻工杨宗，楷书，正统十四年（1449），高 98 cm × 宽 59 cm，碑立于大理市。

见于《大理丛书·金石篇》等。

注：原碑已佚。

0366 高公讳节墓志铭

撰者龚彦广，书者龚嶲，正统十四年（1449），高 73 cm × 宽 43 cm，碑立于大姚县。

见于《楚雄历代碑刻》。

0367 靖远碑

正统十四年（1449），碑立于龙陵县。

著录于（民国）《龙陵县志》。

0368 平麓川石表

正统十四年（1449），碑立于腾冲市。

著录于（光绪）《腾越厅志稿》。

0369 张公智墓铭

撰者萧晅，书者潘勉，刻工杨□□，楷书，正统十四年（1449），高 85 cm × 宽 46 cm，碑立于大理市。

见于《大理丛书·金石篇》。

注：原碑已佚，拓片藏今云南省大理市图书馆。

0370 重修呈贡邑庠文庙碑记

撰者刘让，正统十四年（1449），碑立于呈贡区。

著录于（康熙）《呈贡县志》。

景泰年间

0371 词记山花·咏苍洱境（碑阴）

撰者杨黼，大理石，楷书，景泰元年（1450），高 120 cm × 宽 55 cm，碑立于大理市。

见于《大理丛书·金石篇》。

0372 杜善人寿藏同配赵氏墓志铭

撰者杨森，书者杨本，刻工杨宗，楷书，景泰元年（1450），高 110 cm × 宽 60 cm，碑立于大理市。

见于《大理丛书·金石篇》。

注：原碑已佚，拓片藏云南省大理市图书馆。

0373 三灵庙记

撰者杨安道，书者杨安道，刻工杨宗，大理石，楷书，景泰元年（1450），高 93 cm × 宽 48 cm，碑立于大理市。

见于《大理丛书·金石篇》。

0374 善士杨公墓志铭

撰者杨文质，书者杨汝霖，刻工杨求，楷书，景泰元年（1450），高 81 cm × 宽 48 cm，碑立于大理市。

见于《大理丛书·金石篇》。

注：原碑已佚，拓片藏云南省大理市图书馆。

0375 云南都司题名记

撰者柯暹，景泰元年（1450）。

著录于（景泰）《云南图经志书》。

0376 昭信校尉杨侯墓碑

撰者李文海，书者李文海，刻工杨秋，楷书，景泰元年（1450），高 169 cm × 宽 97 cm × 厚 16 cm，碑立于剑川县。

见于《大理丛书·金石篇》。

0377 重理圣元西山碑记

撰者杨森，书者杨仲达，刻工杨禄，大理石，楷书，景泰元年（1450），高 120 cm × 宽 55 cm × 厚 18 cm，碑立于大理市。

见于《大理丛书·金石篇》。

注：与《词记山花·咏苍洱境》刻于同一通碑。

0378 重修指林寺记

撰者郭登，楷书，景泰元年（1450），高 202 cm × 宽 91.5 cm × 厚 24.5 cm，碑立于建水县。

著录于（万历）《云南通志》。

0379 追为慈考杨实名妣苏氏夜息神道

楷书，景泰元年（1450），高 66 cm × 宽 43 cm × 厚 7.5 cm，碑立于洱源县。

见于《大理丛书·金石篇》。

0380 处士杨先生墓志铭

撰者杨森，书者杨宗道，楷书，景泰二年（1451），高 78 cm × 宽 51 cm，碑立于大理市。

见于《大理丛书·金石篇》。

注：原碑已佚，拓片藏云南省大理市图书馆。

0381 定远忠敬王庙碑

撰者王直，景泰二年（1451）。

著录于（景泰）《云南图经志书》。

0382 按察司题名记

撰者郑颙，景泰三年（1452）。

著录于（景泰）《云南图经志书》。

0383 故大掾李公同室李氏墓志铭

撰者杨森，书者李永衷，刻工杨保，楷书，景泰三年（1452），高 157 cm × 宽 66 cm，碑立于大理市。

见于《大理丛书·金石篇》。

注：原碑已佚，拓片藏今云南省大理市图书馆。

0384 **王智墓志**

撰者杨经，书者杨子固，楷书，景泰三年（1452），碑立于宾川县。

著录于《新纂云南通志·金石考》。

0385 **杨公讳保墓志**

刻工赵子良，大理石，楷书，景泰三年（1452），高 110 cm × 宽 60 cm，碑立于大理市。

见于《大理丛书·金石篇》。

0386 **云南按察司公廨记**

撰者沐璘，景泰三年（1452）。

著录于（景泰）《云南图经志书》。

0387 **资为亡人王观音祐等神道碑**

楷书，景泰三年（1452），高 67 cm × 宽 60 cm，碑立于大理市。

见于《大理丛书·金石篇》。

0388 **处士尹公墓表**

撰者李芳，书者杨洪，楷书，景泰四年（1453），高 92 cm × 宽 48 cm，碑立于大理市。

见于《大理丛书·金石篇》。

注：原碑已佚，拓片藏云南省大理市图书馆。

0389 **故善士杨宗墓志**

撰者杨安道，书者杨安道，刻工杨□，楷书，景泰四年（1453），碑立于大理市。

见于《大理丛书·金石篇》。

注：原碑已佚，拓片藏云南省大理市图书馆。

0390 **鹤川杨现存生圹墓碑铭**

撰者赵俸，书者杨恭，刻工杨□、杨信，景泰四年（1453），碑立于鹤庆县。

见于《鹤庆碑刻辑录》。

0391 **太源郡卜筮王公墓志**

撰者张浩，刻工杨隆，大理石，楷书景泰四年（1453），高 74 cm × 宽 46 cm，碑立于大理市。

见于《大理丛书·金石篇》。

0392 **无相禅师塔铭**

书者郑玉，行书，景泰四年（1453），碑立于西山区。

著录于《新纂云南通志·金石考》。

0393 **新建云南贡院记**

撰者陈文，景泰四年（1453）。

著录于（景泰）《云南图经志书》。

0394 **重建长春观记**

撰者萧镃，景泰四年（1453），碑立于五华区。

著录于（景泰）《云南图经志书》。

0395 **鸡足山石钟寺常住田记**

撰者陈渊，书者李兴，楷书，景泰五年（1454），碑立于宾川县。

著录于《新纂云南通志·金石考》。

0396 **金齿司庙学新建梓橦祠记**

撰者郑颙，景泰五年（1454），碑立于保山市。

著录于（景泰）《云南图经志书》。

0397 **石屏州庙学记**

撰者周洪谟，景泰五年（1454），碑立于石屏县。

著录于（正德）《云南志》。

0398 **重修无垢寺记**

撰者左明善，景泰五年（1454），碑立于建水县。

著录于（道光）《云南通志稿》。

0399 **故善士赵公墓志铭**

撰者杨安道，刻工杨隆，楷书，景泰六年（1455），高 101 cm × 宽 49 cm，碑立于大理市。

见于《大理丛书·金石篇》。

注：原碑已佚。

0400 龟城弘农郡老宿杨公兼檄擢宾主墓志

书者玄□，刻工杨禄、杨玑，景泰六年（1455），碑立于鹤庆县。

见于《鹤庆碑刻辑录》。

0401 曲靖府儒学记

撰者柯潜，景泰六年（1455），碑立于曲靖市。

著录于（正德）《云南志》。

0402 新建南坝闸记

撰者陈文，景泰六年（1455），碑立于官渡区。

著录于（景泰）《云南图经志书》。

0403 游蜂坝碑记

撰者彭时，景泰六年（1455），碑立于大理市。

著录于（嘉靖）《大理府志》。

0404 昭信校尉土官董发墓志

撰者陈渊，书者孙董武，正书，景泰六年（1455），碑立于宾川县。

著录于《新纂云南通志·金石考》。

0405 重修大理府学记

撰者刘俨，景泰六年（1455），碑立于大理市。

著录于（正德）《云南志》。

0406 重修普应山圆明寺记

撰者杨璐，刻工裴瑛，景泰六年（1455），高 157 cm × 宽 71 cm，碑立于通海县。

见于《通海历代碑刻集》。

0407 龙泉观长春真人祠记

撰者陈循，书者赵荣，刻工梁俊，景泰七年（1456），高 133 cm × 宽 83 cm，碑立于盘龙区。

著录于（景泰）《云南图经志书》。

0408 万明寺记

撰者曾煊，景泰年间（1450—1456），碑立于建水县。

著录于《新纂云南通志·金石考》。

0409 安宁州儒学记

撰者陈文，景泰年间（1450—1456），疑景泰初年，碑立于安宁市。

著录于（万历）《云南通志》。

0410 居敬堂记

撰者陈循，景泰年间（1450—1456），碑立于建水县。

著录于（景泰）《云南图经志书》。

0411 泰然堂碑记

撰者陈文，景泰年间（1450—1456）。

著录于（景泰）《云南图经志书》。

天顺年间

0412 处士王福寿寿藏铭

撰者杨润，书者杨润，天顺元年（1457），碑立于宾川县。

著录于《新纂云南通志·金石考》。

0413 故善人张公圹志铭

撰者杨森，书者杨洪，刻工杨逢，楷书，天顺元年（1457），高 96 cm × 宽 52 cm，碑立于大理市。

见于《大理丛书·金石篇》。

注：原碑已佚，拓片藏今云南省大理市图书馆。

0414 故儒生杨武圹志铭

撰者杨森，书者杨中，刻工杨□，楷书，天顺二年（1458），高 63 cm × 宽 38 cm，碑立于大理市。

见于《大理丛书·金石篇》。

注：原碑已佚，拓片藏今云南省大理市图书馆。

0415 妙湛寺石塔铭

天顺二年（1458），高 151 cm × 宽 87 cm，碑立于官渡区。

著录于《新纂云南通志·金石考》。

0416 云泉庵碑记

天顺二年（1458），碑立于宜良县。

著录于《新纂云南通志·金石考》。

0417 重修广西府灵龟山广福寺碑记

撰者李鉴，天顺二年（1458），碑立于泸西县。

著录于（康熙）《广西府志》。

0418 大德寺记

撰者周鉴，天顺三年（1459），碑立于五华区。

著录于（万历）《云南通志》。

0419 董处士同妻寿藏铭

撰者陈渊，楷书，天顺三年（1459），高 80 cm × 宽 48 cm，碑立于大理市。

见于《大理丛书·金石篇》。

注：原碑已佚。

0420 董母高氏墓志铭

撰者灵通道人，刻工杨绍芳，楷书，天顺三年（1459），高 81 cm × 宽 50 cm，碑立于大理市。

见于《大理丛书·金石篇》。

注：原碑已佚，拓片藏今云南省大理市图书馆。

0421 金齿军民指挥使司庙学记

撰者王直，书者复衡，刻工符意，青石，楷书，天顺三年（1459），高 269 cm × 宽 80 cm，碑立于保山市。

著录于（景泰）《云南图经志书》。

0422 栖云庵碑记铭

撰者镜天，刻工杨禄、杨玑，天顺三年（1459），高 125 cm × 宽 49 cm，碑立于鹤庆县。

见于《鹤庆碑刻辑录》。

0423 母淑人陈氏墓志铭

撰者余谷，天顺四年（1460），高 52.5 cm × 宽 46.5 cm × 厚 5 cm，碑立于隆阳区。

见于《隆阳碑铭石刻》。

0424 处士何公讳连墓志铭

撰者李琮，刻工杨禄，楷书，天顺四年（1460），高 86 cm × 宽 54 cm，碑立于大理市。

见于《大理丛书·金石篇》。

注：原碑已佚，拓片藏今云南省大理市图书馆。

0425 故阿吒力僧李久成墓志并铭

撰者李文海，书者高本，刻工李天保，大理石，楷书，天顺四年（1460），高 135 cm × 宽 50 cm，碑立于剑川县。

见于《大理丛书·金石篇》。

0426 书吏杨量同孺人李氏寿藏志

撰者陈渊，书者李铭，刻工杨玑，楷书，天顺四年（1460），高 124 cm × 宽 48 cm，碑立于大理市。

见于《大理丛书·金石篇》。

注：原碑已佚，拓片藏今云南省大理市图书馆。

0427 封赠杨子渊及妻李氏碑

楷书，天顺五年（1461），高 133 cm × 宽 67 cm，碑立于大理市。

见于《大理丛书·金石篇》。

注：原碑已佚，拓片藏今云南省大理市图书馆。

0428 故安人车氏墓铭

撰者杨森，书者李懋，刻工杨惠，楷书，天顺五年（1461），高 110 cm × 宽 56 cm × 厚 15 cm，碑立于弥渡县。

见于《大理丛书·金石篇》。

0429 教谕康公墓志

天顺五年（1461），高 142 cm × 宽 54 cm，碑立于大理市。

见于《大理凤仪古碑文集》。

0430 故善士赵公墓志铭

撰者杨玉，书者张文善，刻工赵成，楷书，天顺五年（1461），高 190 cm × 宽 69 cm，碑立于大理市。

见于《大理丛书·金石篇》。

0431 何庆神主及妻段氏寿藏铭

楷书，天顺五年（1461），高 95 cm × 宽 57 cm，碑立于大理市。

见于《大理丛书·金石篇》。

注：原碑已佚，拓片藏今云南省大理市图书馆。

0432 敕赐华亭山大圆觉禅寺圣旨碑

砂石，楷书，天顺六年（1462），高 265 cm × 宽 66 cm，碑立于西山区。

著录于（民国）《昆明市志》。

0433 故处士杨公孺人杨氏墓志铭

撰者杜亨，刻工张定，天顺六年（1462），高 180 cm × 宽 73 cm，碑立于大理市。

见于《大理丛书·金石篇》。

0434 华亭寺碑记

撰者陈宜，书者李春，刻工萧鉴，行书，天顺六年（1462），碑立于西山区。

著录于《新纂云南通志·金石考》。

0435 李武公墓志铭

撰者杨森，书者杨资，刻工杨镜，楷书，天顺六年（1462），高 118 cm × 宽 54 cm，碑立于大理市。

见于《大理丛书·金石篇》。

0436 天顺敕碑

天顺六年（1462），高 197 cm × 宽 77 cm，碑立于昆明市。

著录于（民国）《昆明市志》。

0437 杨善士正宇墓志铭

撰者杨森，书者李永，刻工杨禄，天顺六年（1462），高 82 cm × 宽 44 cm，碑立于大理市。

见于《大理丛书·金石篇》。

注：原碑已佚。

0438 重修云南府儒学记

撰者彭时，天顺六年（1462），碑立于五华区。

著录于（万历）《云南通志》。

0439 故昭勇将军刘公墓志

撰者李鉴，天顺七年（1463），高 76 cm × 宽 76 cm × 厚 7 cm，碑立于曲靖市。

见于《曲靖石刻》。

0440 观音阁记

撰者管镛，天顺七年（1463），碑立于永胜县。

著录于（万历）《云南通志》。

0441 水目寺碑铭

撰者杨华严寿，书者杨华严寿，刻工杨义，黄砂石，楷书，天顺七年（1463），高 124 cm × 宽 49 cm × 高 38 cm，碑立于祥云县。

见于《大理丛书·金石篇》。

0442 安固桥碑记

撰者李逊，天顺八年（1464），碑立于大理市。

著录于（万历）《云南通志》。

0443 真武宫庙碑记

楷书，天顺八年（1464），高 155 cm × 宽 83 cm，碑立于禄丰县。

见于《中国文物地图集·云南分册》。

0444 惠宣堂记

天顺年间（1457—1464），碑立于建水县。

著录于（景泰）《云南图经志书》。

0445 临安府学记

撰者邵玉，天顺年间（1457—1464），碑立于建水县。

著录于（万历）《云南通志》。

成化年间

0446 大姚石羊杨氏墓志

成化元年（1465），高 80 cm × 宽 34 cm × 厚 5 cm，碑立于大姚县。

见于《楚雄彝族自治州文物志》。

0447 等觉寺塔修造记

成化元年（1465），高 78 cm × 宽 43 cm，碑立于大理市。

见于《大理丛书 · 金石篇》。

0448 故善士杨公同妻赵氏墓志铭

撰者杨瑄，书者杨钦，刻工杨□，楷书，成化元年（1465），高 46 cm × 宽 84 cm，碑立于大理市。

见于《大理丛书 · 金石篇》。

注：原碑已佚，拓片藏云南省图书馆。

0449 故武略将军卫镇抚沈公墓志铭

撰者陶宁，成化元年（1465），高 43 cm × 宽 45 cm，碑立于隆阳区。

见于《隆阳碑铭石刻》。

0450 河西县儒学重修庙学碑记

撰者王佐，成化元年（1465），高 159 cm × 宽 65 cm，碑立于通海县。

著录于（康熙）《河西县志》。

0451 新故亡人杨公讳贤之墓碑

大理石，成化元年（1465），高 80 cm × 宽 34 cm × 厚 5 cm，碑立于大姚县。

见于《大理丛书 · 金石篇》。

0452 新造等觉寺双宝塔记

撰者陈清，大理石，成化元年（1465），高 82 cm × 宽 33 cm，碑立于巍山县。

见于《大理丛书 · 金石篇》。

0453 杨文庆及李氏观音花灵魂碑

成化元年（1465），高 83 cm × 宽 45 cm，碑立于大理市。

见于《大理丛书 · 金石篇》。

0454 重修普贤寺记

撰者季琮，书者洪润，楷书，成化元年（1465），碑立于西山区。

著录于《新纂云南通志 · 金石考》。

0455 故令史董公墓志铭

撰者杨森，书者杨洪，刻工杨元，大理石，楷书，成化二年（1466），高 118.5 cm × 宽 66 cm，碑立于大理市。

见于《大理丛书 · 金石篇》。

0456 往生心界神咒碑

成化二年（1466），高 70 cm × 宽 42 cm，碑立于大理市。

见于《大理丛书 · 金石篇》。

0457 重修临安府治记

撰者周瑛，成化二年（1466），碑立于建水县。

著录于（万历）《云南通志》。

0458 处士王宗墓志

撰者杨聪，书者杨聪，刻工赵城，楷书，成化三年（1467），高 61 cm × 宽 40 cm，碑立于大理市。

见于《大理丛书 · 金石篇》。

0459 故安定妣夫人舒氏墓志铭

撰者余谷，成化三年（1467），高 59 cm × 宽 50 cm × 厚 6 cm，碑立于隆阳区。

见于《隆阳碑铭石刻》。

0460 故清河孺人杜氏墓志铭

撰者陶宁，成化三年（1467），高 45 cm × 宽 30 cm，碑立于隆阳区。

见于《隆阳碑铭石刻》。

0461 老人杨公墓志

撰者济舟，书者段清，成化三年（1467），高 97 cm × 宽 57 cm，碑立于大理市。

见于《大理丛书 · 金石篇》。

0462 李氏观音秀墓碑——佛说般若波罗密多心经碑

成化三年（1467），高 68 cm × 宽 43 cm，碑立于大理市。

见于《大理丛书 · 金石篇》。

0463 善士杨胜墓志并铭

撰者杨文信，书者杨文信，刻工何嵩，楷书，成化三年（1467），高 106 cm × 宽 58 cm，碑立于大理市。

见于《大理丛书 · 金石篇》。

注：原碑已佚，拓片藏今云南省博物馆。

0464 杨禧墓碑

楷书，成化三年（1467），高 34 cm × 宽 32 cm，碑立于大理市。

见于《大理丛书 · 金石篇》。

0465 重修慈云山清净禅寺碑记

撰者福彝，书者福彝，刻工萧鉴，正书，成化三年（1467），碑立于西山区。

著录于《新纂云南通志 · 金石考》。

0466 清河郡武略将军讳弘墓志

撰者张广，成化四年（1468），高 50 cm × 50 cm × 厚 4 cm，碑立于曲靖市。

见于《陆良历代石刻注解与研究》。

0467 杨林关王庙碑记

兰茂，成化四年（1468）。

著录于（康熙）《嵩明州志》。

0468 执阁张公墓志

成化四年（1468），高 60 cm × 宽 58 cm，碑立于曲靖市。

见于《陆良历代石刻注解与研究》。

0469 处士杨君同妻杨氏墓志铭

撰者赵弼，书者杨德，楷书，成化五年（1469），高 85 cm × 宽 51 cm，碑立于大理市。

见于《大理丛书 · 金石篇》。

注：原碑已佚，拓片藏今云南省大理市图书馆。

0470 故明威将军佥金齿军民指挥使司事致仕张公墓志铭

撰者余谷，成化五年（1469），高 50 cm × 宽 47 cm，碑立于隆阳区。

见于《隆阳碑铭石刻》。

0471 秘僧杨光夫妇寿墓志

撰者陈国宾，书者杨子源，楷书，成化五年（1469），碑立于宝川县。

著录于《新纂云南通志 · 金石考》。

0472 太华山佛严寺安宁州庵登村新生甸黑土场常住田地山场碑

成化五年（1469），高 243 cm × 宽 93 cm，碑立于西山区。

著录于（民国）《昆明市志》。

0473 腾冲卫指挥使陈昇墓志铭

撰者余谷，成化五年（1469），碑立于腾冲市。

见于《腾冲名碑集释》。

0474 楚雄府儒学记

撰者童轩，成化六年（1470），碑立于楚雄市。

著录于（万历）《云南通志》。

0475 武德将军彭公之墓志

成化六年（1470），高 47 cm × 宽 47 cm × 厚 6 cm，碑立于曲靖市。

见于《陆良历代石刻注解与研究》。

0476 真武庙碑记

正书，成化六年（1470），碑立于江川区。

著录于《新纂云南通志 · 金石考》。

0477 重建云南按察司记

撰者商辂，成化六年（1470）。

著录于（万历）《云南通志》。

0478 重修曲靖府儒学记

撰者童轩，成化六年（1470），碑立于曲靖市。

著录于（万历）《云南通志》。

0479 重修云南县儒学记

撰者童轩，成化六年（1470），碑立于祥云县。

著录于（万历）《云南通志》。

0480 重修云岩卧佛寺碑

撰者余谷，书者姚泰，正书，成化六年（1470），高 235 cm × 宽 83 cm，碑立于保山市。

著录于《新纂云南通志・金石考》。

0481 重修云岩卧佛禅寺并清出常住田地记

撰者余谷，书者姚泰，成化六年（1470）（初刻），崇祯十年（1637）（重修），高 240 cm × 宽 83 cm，碑立于隆阳区。

见于《隆阳碑铭石刻》。

0482 故大密李公墓志铭

撰者余宗，书者杨暹，刻工杨信，楷书，成化七年（1471），高 136 cm × 宽 50 cm，碑立于大理市。

见于《大理丛书・金石篇》。

注：原碑已佚，拓片藏今云南省大理市图书馆。

0483 故显妣赠安人徐氏墓志

撰者沈鉴，成化七年（1471），高 54 cm × 宽 48 cm，碑立于曲靖市。

见于《陆良历代石刻注解与研究》。

0484 晋宁州儒学记

撰者童轩，成化七年（1471），碑立于晋宁区。

著录于（万历）《云南通志》。

0485 明右军都督佥事胡公神道碑铭

撰者彭时、郭登，书者汪容，成化八年（1472），碑立于保山市。

著录于《新纂云南通志・金石考》。

0486 成化八年圣旨碑

大理石，楷书，成化八年（1472），高 129 cm × 宽 69 cm，碑立于洱源县。

见于《大理洱源县碑刻辑录》。

0487 世袭洱海卫中所百户李寿敕命碑

楷书，成化八年（1472），碑立于宾川县。

著录于《新纂云南通志・金石考》。

0488 赵公同室墓志铭

撰者杨永，成化八年（1472），高 69 cm × 宽 45 cm，碑立于大理市。

见于《大理丛书・金石篇》。

0489 李氏寿碑

撰者杨政，刻工杨□，大理石，楷书，成化九年（1473），高 148 cm × 宽 56.5 cm × 厚 12 cm，碑立于大理市。

见于《大理丛书・金石篇》。

0490 张海墓志

楷书，成化九年（1473），高 95 cm × 宽 41 cm，碑立于洱源县。

见于《大理丛书・金石篇》。

0491 张仲和墓志铭

楷书，成化九年（1473），高 86 cm × 宽 45 cm，碑立于洱源县。

见于《大理丛书・金石篇》。

0492 成都府学训导杨君墓志铭

撰者商辂，书者赵昂，刻工杨大海、赵子联，楷书，成化十年（1474），高 129 cm × 宽 67 cm，碑立于大理市。

见于《大理丛书・金石篇》。

注：原碑已佚，拓片藏今云南省大理市图书馆。

0493　旗仕赵公寿藏碑铭

撰者杨和殊，刻工杨镜，成化十年（1474），高 140 cm × 宽 56 cm × 厚 12 cm，碑立于宾川县。

见于《宾川丛书 · 金石篇》。

0494　大姚石羊王家母赵氏墓志

成化十年（1474），高 48 cm × 宽 59 cm，碑立于大姚县。

见于《楚雄彝族自治州文物志》。

0495　故显考昭勇将军刘瑀墓志

成化十年（1474），高 47.5 cm × 宽 47.5 cm × 厚 7 cm，碑立于曲靖市。

见于《陆良历代石刻注解与研究》。

0496　外界土主庙碑

撰者王文宪，成化十年（1474），碑立于官渡区。

著录于《新纂云南通志 · 金石考》。

0497　玉案山筇竹寺常住记

撰者古庭，书者宗戒，刻工汪泉，楷书，成化十一年（1475），碑立于西山区。

著录于《新纂云南通志 · 金石考》。

0498　赠承德郎南京刑部清吏司主事文公墓表

撰者王僎，成化十一年（1475），高 240 cm × 宽 79 cm × 厚 12 cm，碑立于隆阳区。

见于《隆阳碑铭石刻》。

0499　重修圆通寺碑

撰者平宣，书者居谊，刻工蔡景文、胡远、梁俊、萧鉴，正书，成化十一年（1475），高 168 cm × 宽 83 cm，碑立于五华区。

著录于（民国）《昆明市志》。

0500　追荐亡人李春神道

大理石，成化十一年（1475），高 65.5 cm × 宽 41 cm × 厚 7.5 cm，碑立于洱源县。

见于《大理丛书 · 金石篇》。

0501　诰封南京户部江西清吏司主事杨子渊及太安人李氏碑

成化十二年（1476），高 120 cm × 宽 68 cm，碑立于大理市。

见于《大理丛书 · 金石篇》。

0502　李应墓铭

楷书，成化十二年（1476），高 75 cm × 宽 39 cm，碑立于洱源县。

见于《大理丛书 · 金石篇》。

0503　龙泉观通妙真人祠堂记

撰者商辂，书者程万里，刻工曹伸，砂石，正书，成化十二年（1476），高 186 cm × 宽 83 cm，碑立于盘龙区。

著录于《新纂云南通志 · 金石考》。

0504　杨药师寿墓碑——地藏菩萨经

楷书，成化十二年（1476），高 70 cm × 宽 40 cm，碑立于大理市。

见于《大理丛书 · 金石篇》。

0505　故善人里长段公墓铭

撰者杨暹，刻工杨信，楷书，成化十三年（1477），高 75 cm × 宽 44 cm，碑立于大理市。

见于《大理丛书 · 金石篇》。

注：原碑已佚，拓片藏今云南省大理市图书馆。

0506　明威将军蔺愈墓志铭

撰者王宗，书者王宗，成化十三年（1477），碑立于腾冲市。

见于《腾冲名碑集释》。

0507　重修正续寺碑记

成化十三年（1477），碑立于武定县。

著录于（康熙）《武定府志》。

0508　鲍杰诰命碑

成化十四年（1478），碑立于宾川县。

见于《大理丛书 · 金石篇》。

0509 故丁母太安人李氏墓志铭

撰者余谷，成化十四年（1478），高 50 cm × 宽 50 cm，碑立于隆阳区。

见于《隆阳碑铭石刻》。

0510 杨公墓铭

正书，成化十四年（1478），残高 120 cm × 宽 50 cm，碑立于大理市。

见于《大理丛书·金石篇》。

0511 重修筇竹寺千日期满记

撰者宗戒，书者宗戒，刻工汪泉，砂石，楷书，成化十四年（1478），高 311 cm × 宽 94 cm，碑立于西山区。

著录于《新纂云南通志·金石考》。

0512 渤海郡高老官人墓志

撰者许森，刻工杨倖，楷书，成化十五年（1479），高 70 cm × 宽 41 cm × 厚 8 cm，碑立于洱源县。

见于《大理丛书·金石篇》。

0513 善士李公寿藏志铭

撰者杨森，书者董淳，刻工杨镜，楷书，成化十五年（1479），高 110 cm × 宽 50 cm × 厚 9 cm，碑立于宾川县。

见于《宾川丛书·金石篇》。

0514 高公张氏墓志

撰者许森，书者许森，楷书，成化十五年（1479），高 76 cm × 宽 42 cm，碑立于洱源县。

见于《大理丛书·金石篇》。

0515 处士杨公同室墓记

刻工杨春立，楷书，大理石，成化十六年（1480），残高 89 cm × 宽 53 cm × 厚 10 cm，碑立于大理市。

见于《大理丛书·金石篇》。

0516 故处士杨公、孺人段氏墓志

撰者高□，书者郭建，楷书，成化十六年（1480），高 89 cm × 宽 50 cm，碑立于大理市。

见于《大理丛书·金石篇》。

注：原碑已佚，拓片藏今云南省大理市图书馆。

0517 故段氏墓碑志

撰者田必卿，成化十六年（1480），碑立于鹤庆县。

见于《鹤庆碑刻辑录》。

0518 石鼻村弥勒院记

撰者雪谷，楷书，成化十六年（1480），碑立于西山区。

著录于《新纂云南通志·金石考》。

0519 杨公善士墓志铭

撰者张进，书者杨本，楷书，成化十六年（1480），高 63 cm × 宽 37 cm，碑立于大理市。

见于《大理丛书·金石篇》。

注：原碑已佚，拓片藏今云南省大理市图书馆。

0520 处士张公暨室杜氏合葬墓志铭

撰者杨鼎，刻工杨瑄，楷书，成化十七年（1481），高 126 cm × 宽 46 cm，碑立于大理市。

见于《大理丛书·金石篇》。

注：原碑已佚，拓片藏今云南省大理市图书馆。

0521 五密僧杨祯碑志

撰者段成，刻工杨瑄，楷书，成化十七年（1481），高 137 cm × 宽 50 cm，碑立于大理市。

见于《大理丛书·金石篇》。

0522 萱堂寿藏记

书者杨温，刻工杨□，楷书，成化十七年（1481），高 66 cm × 宽 42 cm，碑立于大理市。

见于《大理丛书·金石篇》。

注：原碑已佚，拓片藏今云南省大理市图书馆。

0523 永安桥记

撰者王瑾，成化十七年（1481），碑立于建水县。

著录于（万历）《云南通志》。

0524 杨公李氏寿藏同碑

成化十八年（1482），高 140 cm × 宽 54 cm，碑立于大理市。

见于《大理丛书 · 金石篇》。

0525 澄江府科第题名碑记

撰者何俊，成化十九年（1483），碑立于澄江县。

著录于（万历）《云南通志》。

0526 处士杨君讳甫墓志

撰者杨瑄，楷书，成化十九年（1483），高 76 cm × 宽 44 cm，碑立于大理市。

见于《大理丛书 · 金石篇》。

注：原碑已佚，拓片藏今云南省大理市图书馆。

0527 故布政司承差杨公绣墓志铭

撰者杨本，书者杨敬，刻工杨春，楷书，成化十九年（1483），高 77 cm × 宽 44 cm，碑立于大理市。

见于《大理丛书 · 金石篇》。

注：原碑已佚，拓片藏今云南省大理市图书馆。

0528 故善人杨公墓志铭

撰者杨本，楷书，成化十九年（1483），高 89 cm × 宽 49 cm，碑立于大理市。

见于《大理丛书 · 金石篇》。

注：原碑已佚，拓片藏今云南省大理市图书馆。

0529 桂崖得雨诗刻

楷书，成化十九年（1483），碑立于禄劝县。

著录于《新纂云南通志 · 金石考》。

0530 居士杨公墓志铭

撰者杨鼎，刻工杨春，楷书，成化十九年（1483），高 73 cm × 宽 42 cm，碑立于大理市。

见于《大理丛书 · 金石篇》。

注：原碑已佚，拓片藏今云南省大理市图书馆。

0531 张公杨氏寿藏同碑

大理石，楷书，成化十九年（1483），残高 134.5 cm × 宽 51 cm × 厚 10 cm，碑立于大理市。

见于《大理丛书 · 金石篇》。

0532 重建金齿太保山法明禅寺记

撰者余谷，书者孙勉，刻工余康京，正书，成化十九年（1483），高 184 cm × 宽 74 cm，碑立于隆阳区。

著录于《新纂云南通志 · 金石考》。

注：原碑已佚。

0533 重修德化禅寺碑

撰者傅严，刻工金伦，砂岩，楷书，成化十九年（1483），高 156 cm × 宽 71 cm × 厚 10 cm，碑立于玉溪市。

见于《玉溪碑刻选集》。

0534 重修正觉寺碑记

撰者杨纬，正书，成化十九年（1483），碑立于西山区。

著录于《新纂云南通志 · 金石考》。

0535 故李参幽堂碑铭

书者孙明，楷书，成化二十年（1484），高 154 cm × 宽 64 cm，碑立于洱源县。

见于《大理丛书 · 金石篇》。

0536 故善士尹公墓志铭

撰者杨政，刻工杨遇春，楷书，成化二十年（1484），高 77 cm × 宽 43 cm，碑立于大理市。

见于《大理丛书 · 金石篇》。

注：原碑已佚，拓片藏今云南省大理市图书馆。

0537 **故贞洁尹氏墓志铭**

撰者杨谟，楷书，成化二十年（1484），高 53 cm×宽 37 cm，碑立于大理市。

见于《大理丛书·金石篇》。

注：原碑已佚，拓片藏今云南省大理市图书馆。

0538 **会真寺碑记**

撰者陈时雨，书者杨智，楷书，成化二十年（1484），碑立于大理市。

著录于《新纂云南通志·金石考》。

0539 **落钟桥记**

撰者赵子禧，成化二十年（1484），碑立于鹤庆县。

著录于（万历）《云南通志》。

0540 **明太和沐恩邑田翁主讳宜字宗元室人何氏墓志铭**

刻工李信，楷书，成化二十年（1484），高 53 cm×宽 37 cm，碑立于大理市。

见于《大理丛书·金石篇》。

注：原碑已佚，拓片藏今云南省大理市图书馆。

0541 **善士杨公讳应同妻段氏春花玉碑铭**

撰者杨成，书者杨成，刻工杨铭，楷书，成化二十年（1484），高 85 cm×宽 50 cm，碑立于大理市。

见于《大理丛书·金石篇》。

注：原碑已佚，拓片藏今云南省大理市图书馆。

0542 **尊经阁记**

撰者何俊，书者董纲，楷书，大理石，成化二十年（1484），高 146 cm×宽 74 cm，碑立于巍山县。

著录于（康熙）《蒙化府志》。

0543 **巡抚都台碑记**

撰者周洪谟，成化二十年（1484）。

著录于（万历）《云南通志》。

0544 **云泉庵碑记**

撰者江渊，成化二十年（1484），碑立于宜良县。

著录于《新纂云南通志·金石考》。

0545 **重修北坡沼碑**

撰者何俊，成化二十年（1484），碑立于澄江县。

著录于（康熙）《河阳县志》。

0546 **重修大德寺碑**

撰者赵璧，刻工萧鉴，成化二十年(1484)，高 227 cm×宽 77 cm，碑立于五华区。

著录于（光绪）《云南通志》。

0547 **故显妣太宜人邓氏墓志铭**

撰者张羽，成化二十一年（1485），高 48 cm×宽 44 cm，碑立于曲靖市。

见于《陆良历代石刻注解与研究》。

0548 **李氏献佛宝镜**

撰者张勉，成化二十一年（1485），碑立于腾冲市。

著录于《新纂云南通志·金石考》。

0549 **迁建观音寺记**

撰者唐瑜，书者吴玘，楷书，成化二十一年（1485），碑立于五华区。

著录于《新纂云南通志·金石考》。

0550 **追荐亡夫杨仁本之灵碑**

成化二十一年（1485），高 105 cm×宽 61 cm，碑立于大理市。

见于《大理丛书·金石篇》。

0551 **邓川州儒学碑**

撰者何俊，成化二十二年（1486），碑立于洱源县。

著录于（万历）《云南通志》。

0552 **观音寺记**

撰者王璟，成化二十二年（1486），碑立于建水县。

著录于（万历）《云南通志》。

0553 **明故旗英那公讳全墓志铭**

撰者杨善亨，书者董琼，楷书，成化二十二年（1486），高 138 cm×宽 56 cm×厚 11 cm，碑立于大理市。

见于《大理丛书·金石篇》。

0554 **通安桥记**

撰者杨宪，成化二十二年（1486），碑立于建水县。

著录于（万历）《云南通志》。

0555 **重修观音寺碑记**

大理石，楷书，成化二十二年（1486），高 88 cm×宽 37 cm，碑立于弥渡县。

见于《大理丛书·金石篇》。

0556 **故显考苏公斌之墓**

成化二十二年（1486），碑立于楚雄市。

见于《滇中佛教》。

0557 **富春慈济寺记**

撰者程宪，刻工李淳、杨顺，楷书，成化二十三年（1487），高 123 cm×宽 63 cm，碑立于通海县。

见于《通海历代碑刻集》。

0558 **书吏张公墓志铭**

撰者李璿，刻工杨贵义，楷书，成化二十三年（1487），高 85 cm×宽 47 cm，碑立于大理市。

见于《大理丛书·金石篇》。

注：原碑已佚，拓片藏今云南省大理市图书馆。

0559 **御赐归化寺碑**

成化二十三年（1487），碑立于官渡区。

著录于《新纂云南通志·金石考》。

0560 **张志淳书舅父韦谦墓表**

撰者张志淳，成化二十三年（1487），高 174 cm×宽 65.5 cm，碑立于隆阳区。

见于《隆阳碑铭石刻》。

0561 **重修石宝山海金寺碑记**

撰者方一庵，成化二十三年（1487），高 99 cm×宽 50 cm，碑立于通海县。

见于《通海历代碑刻集》。

0562 **修薇溪龙神祠记**

撰者邵敏，成化年间（1465—1487），碑立于楚雄市。

著录于（宣统）《楚雄县志》。

0563 **济川桥碑记**

撰者邵敏，成化年间（1465—1487），碑立于楚雄市。

著录于（宣统）《楚雄县志》。

0564 **都督佥事胡志谕祭**

成化年间（1465—1487），碑立于保山市。

著录于（光绪）《云南通志》。

0565 **云隐寺记**

撰者何俊，成化年间（1465—1487），碑立于巍山县。

著录于（康熙）《蒙化府志》。

0566 **重修法宝山寺记**

撰者余谷，刻工郭祺，成化年间（1465—1487），残高 146 cm×宽 72 cm，碑立于隆阳区。

见于《隆阳碑铭石刻》。

0567 **重修文庙记**

撰者周洪谟，成化年间（1465—1487），碑立于巍山县。

著录于（康熙）《蒙化府志》。

0568 **杜氏鼻祖墓碑**

撰者杜云程，成化年间（1465—1487），碑立于蒙自市。

著录于（宣统）《续修蒙自县志》。

弘治年间

0569 柏舟堂记

撰者杨铨，弘治元年（1488），碑立于大姚县。

著录于（道光）《大姚县志》。

0570 处士杨公墓铭

撰者张善吉，书者宋吉，刻工杨源，楷书，弘治元年（1488），高 125 cm × 宽 65 cm，碑立于大理市。

见于《大理丛书·金石篇》。

注：原碑已佚，拓片藏今云南省大理市图书馆。

0571 李母徐氏墓志铭

撰者俞庆，弘治元年（1488），长 50 cm × 宽 45 cm，碑立于隆阳区。

见于《隆阳碑铭石刻》。

0572 岩泉寺碑记

撰者狄昶，书者韩昂，弘治元年（1488），碑立于宜良县。

著录于《新纂云南通志·金石考》。

0573 杨氏春梅墓志

撰者杨显，刻工杨定，弘治元年（1488），高 77 cm × 宽 46.5 cm，碑立于洱源县。

见于《大理丛书·金石篇》。

0574 故处士杨公墓志铭

撰者杨政，刻工武文党，楷书，弘治二年（1489），高 71 cm × 宽 41 cm，碑立于大理市。

见于《大理丛书·金石篇》。

注：原碑已佚，拓片藏今云南省大理市图书馆。

0575 永定水利碑记

大理石，楷书，弘治二年（1489），残高 47 cm × 宽 36 cm，碑立于弥渡县。

见于《弥渡古代碑刻辑释》。

0576 无边海禅师灵骨塔记

撰者狄昶，书者了纯，楷书，弘治二年（1489），碑立于西山区。

著录于《新纂云南通志·金石考》。

0577 无边海禅师塔铭

撰者古庭，书者了纯，楷书，弘治二年（1489），碑立于西山区。

著录于《新纂云南通志·金石考》。

0578 重修青莲寺记

撰者张西铭，弘治二年（1489），碑立于通海县。

著录于（万历）《云南通志》。

0579 敕提督屯种昭毅将军佥云南都指挥司事胡公墓志铭

撰者张志淳，弘治三年（1490），高 49 cm × 宽 46 cm × 厚 3 cm，碑立于隆阳区。

见于《隆阳碑铭石刻》。

0580 建赵州城碑记

撰者张志淳，书者吴顼，刻工杨环，弘治三年（1490），高 180 cm × 宽 100 cm，碑立于大理市。

著录于（万历）《云南通志》。

0581 文氏法宝山新阡表

撰者周瑛，弘治三年（1490），高 224 cm × 宽 73 cm × 厚 125 cm，碑立于隆阳区。

见于《隆阳碑铭石刻》。

0582 杨公同室张氏墓志铭

撰者杜亨，书者赵玹，刻工杨瑄，楷书，弘治三年（1490），高 112 cm × 宽 60 cm，碑立于大理市。

见于《大理丛书·金石篇》。

注：原碑已佚，拓片藏今云南省大理市图书馆。

0583 尹公讳文墓志铭

撰者杨本，书者李瑄，刻工杨□，楷书，

弘治三年（1490），高 75 cm × 宽 45 cm，碑立于大理市。

见于《大理丛书·金石篇》。

0584 永昌名宦乡贤祠记

撰者林俊，书者沐详，楷书，弘治三年（1490），高 153 cm × 宽 80 cm，碑立于隆阳区。

著录于（天启）《滇志》。

0585 故怀远将军王公墓志铭

撰者□简，刻工孙谦，弘治四年（1491），高 44 cm × 宽 46 cm × 厚 4 cm，长 44 cm × 宽 46 cm × 厚 45 cm，碑立于祥云县。

见于《祥云碑刻》。

0586 故贤掾杨公墓志铭

撰者杨本，书者杨第，刻工杨照川，楷书，弘治四年（1491），高 68 cm × 宽 40 cm，碑立于大理市。

见于《大理丛书·金石篇》。

注：原碑已佚，拓片藏今云南省大理市图书馆。

0587 灵鹫寺碑记

撰者张志材，书者张志材，刻工杨甫，青石，楷书，弘治四年（1491），高 132 cm × 宽 70 cm，碑立于洱源县。

见于《大理丛书·金石篇》。

0588 通贡桥记

撰者刘崧，弘治四年（1491），碑立于建水县。

著录于（万历）《云南通志》。

0589 故弘圭法主玉泉庵贯公墓志铭

撰者杨政，书者李魁，楷书，弘治五年（1492），高 81 cm × 宽 60 cm，碑立于大理市。

见于《大理丛书·金石篇》。

注：原碑已佚，拓片藏今云南省大理市图书馆。

0590 明弘治修土主庙碑记

撰者狄昶，弘治五年（1492），高 138 cm × 宽 55 cm，碑立于宜良县。

见于《宜良碑刻增补本》（上）。

注：草甸土官村土主庙系列碑刻。

0591 重修大王寺记

撰者黄洵，弘治五年（1492），碑立于建水县。

著录于（万历）《云南通志》。

0592 苍洱智照禅寺永年常住记

撰者王明珠，书者杨文贵，楷书，弘治六年（1493），高 136 cm × 宽 50 cm，碑立于大理市。

见于《大理丛书·金石篇》。

注：原碑已佚。

0593 南京大理寺左评事朱玑诰命

楷书，弘治六年（1493），碑立于巍山县。

著录于《新纂云南通志·金石考》。

0594 迁建云南庙学记

撰者欧阳旦，弘治六年（1493），碑立于祥云县。

著录于（万历）《云南通志》。

0595 云南县新迁文庙儒学碑

撰者欧阳旦，弘治六年（1493）。

著录于（正德）《云南志》。

0596 石屏州水利记

撰者陈宜，弘治六年（1493），碑立于石屏县。

著录于（天启）《滇志》。

0597 王昇圹志

撰者张昭，书者张昭，正书，弘治六年（1493），碑立于宾川县。

著录于《新纂云南通志·金石考》。

0598 处士张君德远墓志铭

撰者王恕，弘治七年（1494），长 64 cm × 宽 62 cm，碑立于隆阳区。

见于《隆阳碑铭石刻》。

0599 新建安宁州永安桥碑记

撰者欧阳旦，弘治七年（1494），碑立于安宁市。

著录于（雍正）《安宁州志》。

0600 重修城隍庙记

撰者金信，弘治七年（1494），碑立于泸西县。

著录于（康熙）《广西府志》。

0601 重修七局龙祠记

撰者杨贵诚，书者洪斌，楷书，弘治七年（1494），高 168 cm × 宽 62 cm × 厚 17 cm，碑立于禄丰县。

著录于（康熙）《黑盐井志》。

0602 大师陈公寿藏铭

撰者杨聪，书者张亨，刻工杨洪远，大理石，楷书，弘治八年（1495），高 143 cm × 宽 54 cm × 厚 3.2 cm，碑立于大理市。

见于《大理丛书・金石篇》。

0603 故济阳孺人季氏墓志铭

撰者郑谦，弘治八年（1495），高 55 cm × 55 cm，碑立于隆阳区。

见于《隆阳碑铭石刻》。

0604 六凉卫重修大觉禅寺碑记

撰者张濂，书者刘桓，楷书，弘治八年（1495），碑立于陆良县。

著录于《新纂云南通志・金石考》。

0605 骠骑将军沐公神道碑

红砂石，弘治八年（1495），高 273 cm × 宽 107 cm × 厚 20 cm，碑立于呈贡区。

著录于（康熙）《呈贡县志》。

0606 处士杨公夫妇合葬墓志铭

撰者陈揆，楷书，弘治九年（1496），高 84 cm × 宽 46 cm，碑立于大理市。

见于《大理丛书・金石篇》。

注：原碑已佚，拓片藏今云南省大理市图书馆。

0607 古城桥记

撰者平纲，弘治九年（1496），碑立于开远市。

著录于（万历）《云南通志》。

0608 重修临安府学庙碑记

撰者刘健，弘治九年（1496），碑立于建水县。

著录于（康熙）《建水州志》。

0609 重修罗汉山妙定寺碑记

撰者施铨，弘治九年（1496），碑立于西山区。

著录于《新纂云南通志・金石考》。

0610 新建宝珠山龙泉寺碑记

撰者王训，书者赵志方、张道玄，刻工肖瑛，砂石，楷书，弘治十年（1497），高 160 cm × 宽 70 cm，碑立于澄江市。

见于《玉溪碑刻选集》。

0611 宣化桥碑

撰者许坦，弘治十年（1497），碑立于大理市。

著录于（万历）《云南通志》。

0612 明孝宗颁张昺夫妇诰封表

撰者明孝宗，弘治十一年（1498），高 259 cm × 宽 96 cm，碑立于隆阳区。

见于《保山碑刻》。

0613 苍山书院记

撰者王臣，弘治十二年（1499），碑立于大理市。

著录于（万历）《云南通志》。

0614 石屏彝文碑

弘治十二年（1499），高 63 cm × 宽 31 cm，碑立于石屏县。

见于《红河探奇——红河州文物古迹图录》。

0615 巡按御史题名记

撰者谢朝宣，弘治十二年（1499）。

著录于（天启）《滇志》。

0616 重修城隍庙记

撰者梁佊，弘治十二年（1499）。

著录于（康熙）《广西府志》。

0617 善士张公海字潮源同室寿藏

书者杨纲，刻工戴文秀，大理石，弘治十三年（1500），高 124 cm×宽 59 cm×厚 11 cm，碑立于大理市。

见于《大理丛书·金石篇》。

0618 武定军民府土官知府凤氏世袭脚色

撰者凤英，弘治十三年（1500），高 100 cm×宽 210 cm，碑立于禄劝县。

见于《镌字岩彝文摩崖释译》。

0619 按察司题名记

撰者陈金，弘治十四年（1501）。

著录于（万历）《云南通志》。

0620 宾川州重修庙学记

撰者叶松，弘治十四年（1501），碑立于宾川县。

著录于（雍正）《宾川州志》。

0621 处士王公讳得春墓铭

撰者董文信，书者董文信，刻工文绣，楷书，弘治十四年（1501），高 74 cm×宽 45 cm，碑立于大理市。

见于《大理丛书·金石篇》。

0622 霁虹桥记

撰者王臣，弘治十四年（1501），碑立于保山市。

著录于（万历）《云南通志》。

0623 修建万佛寺观音阁碑记

撰者陈陬，弘治十四年（1501），碑立于宜良县。

著录于《新纂云南通志·金石考》。

0624 海口记

撰者陈金，弘治十五年（1502），碑立于西山区。

著录于（康熙）《云南府志》。

0625 重修秀山清凉台华严寺记

撰者张西铭，弘治十五年（1502），高 147 cm×73 cm，碑立于通海县。

见于《通海历代碑刻集》。

0626 栋川桥记

撰者张朝用，弘治十六年（1503），碑立于姚安县。

著录于（道光）《姚州志》。

0627 铎风台记

撰者陆绅，书者孙勉，弘治十六年（1503），碑立于禄丰县。

著录于（康熙）《黑盐井志》。

0628 故掾尊盖世之铭

撰者那盛，书者那纬，弘治十六年（1503），高 136 cm×宽 54 cm，碑立于大理市。

见于《大理丛书·金石篇》。

0629 黑井土主庙碑记

撰者陆绅，弘治十六年（1503），碑立于禄丰县。

著录于（康熙）《黑盐井志》。

0630 西寺塔建塔存功记

刻工曹俊，砂石，楷书，弘治十六年（1503），高 50 cm×宽 46 cm，碑立于昆明市。

见于《云南建筑史》等。

0631 澄清桥记

撰者彭纲，弘治十七年（1504），碑立

于曲靖市。

著录于（咸丰）《南宁县志》。

0632 楚雄县儒学记

撰者彭纲，弘治十七年（1504），碑立于楚雄市。

著录于（康熙）《楚雄府志》、。

0633 二忠祠记

撰者彭纲，弘治十七年（1504）。

著录于（天启）《滇志》。

0634 大姚石羊樊万洲夫妇合墓碑

大理石，弘治十八年（1505），高 96 cm × 宽 37 cm × 厚 6 cm，碑立于大姚县。

见于《楚雄彝族自治州文物志》。

0635 新建昆明县儒学记

撰者彭纲，弘治十八年（1505）。

著录于（正德）《云南志》。

0636 密塔寺碑记

撰者仰儒，书者邹学，弘治年间（1488—1505），碑立于禄丰县。

著录于（康熙）《黑盐井志》。

正德年间

0637 楚雄府玄真观记

撰者董朴，正德元年（1506），碑立于楚雄市。

著录于（隆庆）《楚雄府志》。

0638 千户杨兴家产遗嘱碑

青石，楷书，正德元年（1506），高 50 cm × 宽 80 cm × 厚 10 cm，碑立于大理市。

见于《大理丛书·金石篇》。

0639 故处士李公墓碣

撰者孙怡，书者孙怡，正德二年（1507），碑立于鹤庆县。

见于《鹤庆碑刻辑录》。

0640 鹤庆军民府创建尊经阁记

撰者马韶，书者李华，楷书，正德二年（1507），高 210 cm × 宽 107 cm，碑立于鹤庆县。

著录于（光绪）《鹤庆州志》。

0641 重建龙川江桥记

撰者徐泰，正德二年（1507），碑立于腾冲市。

著录于（康熙）《永昌府志》。

0642 重修龙王庙记

撰者赵仪，书者杨子中，刻工杨安，正德二年（1507），高 94 cm × 宽 62 cm，碑立于大理市。

见于《大理丛书·金石篇》。

0643 邓川州土官知州阿氏五世墓表

撰者杨南金，书者杨九龄，青石，楷书，正德三年（1508），高 180 cm × 宽 66 cm × 厚 18 cm，碑立于洱源县。

见于《大理丛书·金石篇》。

0644 万年全鉴（碑阴）

撰者阿骥，青石，正德三年（1508），高 180 cm × 宽 66 cm × 厚 18 cm，碑立于洱源县。

见于《大理丛书·金石篇》。

注：《万年全鉴》刻于《邓川州土官知州阿氏五世墓表》碑阴。

0645 王宝墓志

撰者王昭，书者王昭，楷书，正德三年（1508），碑立于宾川县。

著录于《新纂云南通志·金石考》。

0646 字琮李氏合冢神道碑志

撰者赵瓒，大理石，楷书，正德三年（1508），乾隆九年（1744）重刻，高 118 cm × 宽 62 cm，碑立于大理市。

见于《大理丛书·金石篇》。

0647 新建楚雄府儒学会讲亭记

撰者董朴，正德三年（1508），碑立于

楚雄市。

著录于（万历）《云南通志》。

0648 **云集寺记**

撰者晁必登，正德四年（1509），碑立于江川区。

著录于（康熙）《江川县志》。

0649 **重修正续寺山门碑记**

撰者晁必登，正德四年（1509），碑立于武定县。

著录于（康熙）《武定府志》。

0650 **《游清华洞》七律一首**

正德五年（1510），碑立于祥云县。

著录于《新纂云南通志·金石考》。

0651 **少宰石楼李公约游焦山余兴得长句**

撰者杨一清，正德五年（1510），拓片高 80 cm×宽 180 cm。

见于《安宁温泉摩崖石刻古碑集》。

0652 **孝子江惠墓碑**

正德五年（1510），碑立于建水县。

著录于（光绪）《云南通志》。

0653 **大理卫指挥使鲍杰神道碑**

撰者张天瑞，书者王仲仁，楷书，正德六年（1511），碑立于宾川县。

著录于《新纂云南通志·金石考》。

0654 **大明故昭毅将军上轻车都尉守备大理卫指挥使鲍公讳杰墓碑铭**

撰者张天瑞，书者王仲仁，楷书，正德六年（1511），高 225 cm×宽 94 cm×厚 15 cm，碑立于大理市。

见于《大理丛书·金石考》。

0655 **游招隐山诗碑**

撰者杨一清，青石，楷书，正德六年（1511），高 38 cm×宽 140 cm，碑立于安宁市。

见于《安宁市文物志》。

0656 **霁虹桥记**

撰者张志淳，正德六年（1511），碑立于保山市。

著录于（万历）《云南通志》。

0657 **修腾越学宫记**

撰者张志淳，正德六年（1511），碑立于腾冲市。

著录于（乾隆）《云南腾越州志》。

0658 **翰林院待诏万纶诰封碑**

撰者明武宗，正德七年（1512），高 206 cm×宽 73 cm×厚 12 cm，碑立于隆阳区。

见于《隆阳碑铭石刻》。

0659 **西窗寿藏十二景诗**

撰者万纶，书者万纶，正书，正德七年（1512），高 133 cm×宽 50 cm，碑立于隆阳区。

著录于《新纂云南通志·金石考》。

注：原碑已佚。

0660 **西窗先生寿藏记**

撰者万纶，正书，正德七年（1512），高 80 cm，碑立于隆阳区。

著录于《新纂云南通志·金石考》。

0661 **怀远将军陈渊墓志铭**

撰者张润，正德七年（1512），碑立于腾冲市。

见于《腾冲名碑集释》。

0662 **建萃华书院记**

撰者王尚用，正德九年（1514），碑立于寻甸县。

著录于（嘉靖）《寻甸府志》。

0663 **西窗先生行状**

撰者王淑清，书者徐云逵，正书，正德九年（1514），高 155 cm×宽 80 cm，碑立于隆阳区。

著录于《新纂云南通志·金石考》。

0664　杨文襄公曾祖怀姚宋氏诰封碑

楷书，正德九年（1514），碑立于安宁市。

著录于《滇绎》。

0665　崇正祠记

撰者杨南金，正德十年（1515），碑立于洱源县。

著录于（咸丰）《邓川州志》。

0666　白龙潭碑记

撰者段尚云，正德十年（1515），碑立于呈贡区。

著录于（雍正）《呈贡县志》。

0667　董母尹氏墓碣

撰者杨士云，正德十年（1515），碑立于大理市。

著录于（嘉庆）《滇系》。

0668　时雨亭记

撰者戴鳌，正德十年（1515），碑立于寻甸县。

著录于（嘉靖）《寻甸府志》。

0669　重修赵州学记

撰者晁必登，正德十年（1515），碑立于大理市。

著录于（乾隆）《赵州志》。

0670　周世贞墓表

撰者张志淳，书者何伟，楷书，正德十年（1515），碑立于保山市。

著录于《新纂云南通志·金石考》。

0671　明武宗敕寸玉碑

撰者朱厚照，正德十一年（1516），碑立于腾冲市。

见于《腾冲名碑集释》。

0672　三鹤洞叙

撰者左祯，正德十一年（1516），碑立于巍山县。

见于《云南道教碑刻辑录》。

0673　修建众安桥记

撰者张志淳，书者邵文成，楷书，正德十一年（1516），碑立于保山市。

著录于《新纂云南通志·金石考》。

0674　杨文襄公一清扫墓奏及祭墓文石刻

正书，正德十一年（1516），碑立于安宁市。

著录于《新纂云南通志·金石考》。

0675　张昺遗行碑

撰者张志淳，正德十一年（1516），高 189 cm × 宽 85 cm，碑立于隆阳区。

见于《隆阳碑铭石刻》。

0676　重修来凤寺记

撰者卢翊，正德十一年（1516），碑立于腾冲市。

著录于（万历）《云南通志》。

0677　重修真武观新建昊天阁碑记

撰者谭龙，正德十一年（1516），碑立于陆良县。

著录于（民国）《陆良县志稿》。

0678　故善人杨公墓铭

撰者杨文，楷书，正德十二年（1517），高 55 cm × 宽 28 cm，碑立于大理市。

见于《大理丛书·金石篇》。

注：原碑已佚。

0679　正德十二年碑

撰者包万石，正德十二年（1517），高 95 cm × 宽 66 cm，碑立于洱源县。

见于《大理洱源县碑刻辑录》。

0680　题处士杨公墓志

撰者朱玑，楷书，正德十二年（1517），高 55 cm × 宽 30 cm，碑立于大理市。

见于《大理丛书 · 金石篇》。

注：原碑已佚，拓片藏今云南省大理市图书馆。

0681 敕赐报功祠奏议

撰者何孟春，楷书，正德十三年（1518），高 210 cm × 宽 140 cm，碑立于五华区。

著录于《新纂云南通志 · 金石考》。

0682 螺峰山夏言摩崖诗

撰者夏言，正德十三年（1518），碑立于五华区。

著录于（万历）《云南通志》。

0683 彭公墓志铭

撰者杨胤，刻工杨森，楷书，正德十三年（1518），高 78 cm × 宽 39 cm，碑立于漾濞县。

见于《大理丛书 · 金石篇》。

0684 迁郡治记

撰者童玺，正德十三年（1518），碑立于澄江县。

著录于（康熙）《河阳县志》。

0685 新开黑龙潭记

撰者陆栋，书者朱佩，青石，楷书，正德十三年（1518），高 130 cm × 宽 92 cm × 厚 23 cm，碑立于鹤庆县。

著录于（天启）《滇志》。

0686 寻甸府创建庙学记

撰者张志淳，正德十三年（1518），碑立于寻甸县。

著录于（嘉靖）《寻甸府志》。

0687 重修鹤庆府治记

撰者陆栋，正德十三年（1518），碑立于鹤庆县。

著录于（万历）《云南通志》。

0688 鹤川桥记

撰者吴堂，正德十四年（1519），碑立于鹤庆县。

著录于（万历）《云南通志》。

0689 迁学宫记

撰者晁必登，正德十四年（1519），碑立于澄江县。

著录于（康熙）《河阳县志》。

0690 洗心泉诫碑

青石，楷书，正德十四年（1519），高 153 cm × 宽 60 cm，碑立于洱源县。

著录于《新纂云南通志 · 金石考》。

0691 重修文庙塑诸贤像记

撰者汪锦，书者方宸，大理石，楷书，正德十四年（1519），高 154 cm × 宽 92 cm，碑立于大理市。

见于《大理丛书 · 金石篇》。

0692 鹤庆府南供河记

撰者杨士云，正德十五年（1520），碑立于鹤庆县。

著录于（天启）《滇志》。

0693 沐详神道碑

撰者张志淳，正德十五年（1520），高 273 cm × 宽 107 cm × 厚 20 cm，碑立于呈贡区。

著录于（康熙）《呈贡县志》。

0694 迁澄江府学宫记

撰者晁必登，正德十五年（1520），碑立于澄江县。

著录于（光绪）《云南通志》。

0695 迁鹤庆府学记

撰者张志淳，正德十五年（1520），碑立于鹤庆县。

著录于（万历）《云南通志》。

0696 清溪三潭记

撰者李元阳，正德十五年（1520）。

著录于（乾隆）《大理府志》。

0697 汪公修理城碑

撰者李华，楷书，正德十五年（1520），碑立于大理市。

著录于《新纂云南通志·金石考》。

0698 重修云南府儒学略

撰者王鳌，正德十五年（1520），碑立于五华区。

著录于（天启）《滇志》。

0699 副使林俊遗爱祠记

撰者陈察，正德十六年（1521），碑立于大理市。

著录于（天启）《滇志》。

0700 汉丞相诸葛忠武侯腾冲庙记

撰者张志淳，书者沈骢，正书，正德十六年（1521），碑立于腾冲市。

著录于《新纂云南通志·金石考》。

0701 水洞祠记

撰者吴堂，正德十六年（1521），碑立于鹤庆县。

见于《云南道教碑刻辑录》。

0702 周岳王文墓碑

正德年间（1506—1521），碑立于禄丰县。

著录于光绪《云南通志》。

0703 增修建水州治记

撰者廖铉，正德年间（1506—1521），碑立于建水县。

著录于（万历）《云南通志》。

0704 北胜州儒学记

撰者晁必登，正德年间（1506—1521），碑立于永胜县。

著录于（乾隆）《永北府志》。

0705 腾越州阳温登水利碑碣

正德年间（1506—1521），碑立于腾冲市。

著录于《新纂云南通志·金石考》。

嘉靖年间

0706 阿迷州儒学泮池记

撰者王廷表，嘉靖元年（1522），碑立于开远市。

著录于（万历）《云南通志》。

0707 创设松岩书院记

撰者刘洙，嘉靖元年（1522），碑立于禄丰县。

著录于（万历）《云南通志》。

0708 故恩官王正及继配王氏墓铭

撰者杨士云，嘉靖元年（1522），碑立于大理市。

著录于《新纂云南通志·金石考》。

0709 明故董母赵氏墓志铭

撰者杨士云，书者何邦华，楷书，嘉靖元年（1522），高 115 cm × 宽 50 cm，碑立于大理市。

见于《大理丛书·金石篇》。

注：原碑已佚，拓片藏今云南省大理市图书馆。

0710 木密所社学碑记

撰者傅良弼，嘉靖元年（1522），碑立于寻甸县。

著录于（嘉靖）《寻甸府志》。

0711 杨杲妻李氏诰封碑

大理石，楷书，嘉靖元年（1522），高 135 cm × 宽 53 cm，碑立于大理市。

见于《大理丛书·金石篇》。

0712 杨玺诰封碑

大理石，楷书，嘉靖元年（1522），高 120 cm × 宽 68 cm，碑立于大理市。

见于《大理丛书·金石篇》。

0713 元江府学圣贤铜像记

撰者张绎，书者李璧，楷书，嘉靖元年（1522），碑立于元江县。

著录于《新纂云南通志·金石考》。

0714 忠诚祠记

撰者杨士云，嘉靖元年（1522），碑立

于大理市。

著录于（民国）《大理县志稿》。

0715 重修土官普氏碑记

撰者张素，嘉靖元年（1522），碑立于玉溪市。

著录于（康熙）《新平县志》。

0716 重修华严寺记

撰者祝璀，嘉靖元年（1522），碑立于腾冲市。

见于《腾冲名碑集释》。

0717 八湾驿站告示碑

嘉靖二年（1523），高 144 cm × 宽 53 cm 厚 5 cm，碑立于隆阳区。

见于《隆阳碑铭石刻》。

0718 敕云南永昌军民府知府严时泰石刻

楷书，嘉靖二年（1523），碑立于保山市。

著录于《新纂云南通志·金石考》。

0719 大明进武德将军韩公墓志

撰者韩相，书者韩相，大理石，楷书，嘉靖二年（1523），高 49 cm × 宽 49 cm，碑立于大理市。

见于《大理丛书·金石篇》。

0720 王公新成石固、永济二桥记（残碑）

撰者孙翰，嘉靖二年（1523），残高 90 cm × 宽 80 cm，碑立于鹤庆县。

见于《鹤庆碑刻辑录》。

0721 官处士清及配宗孺人墓表

撰者杨士云，嘉靖二年（1523），碑立于巍山县。

著录于《新纂云南通志·金石考》。

0722 泸江桥碑记

撰者王璟，嘉靖二年（1523），碑立于建水县。

著录于（万历）《云南通志》。

0723 明故显考何公讳资同妣张氏之墓碑

楷书，嘉靖二年（1523），高 67 cm × 宽 55 cm，碑立于大理市。

见于《大理丛书·金石篇》。

注：原碑已佚。

0724 先哲居家四箴及趋避之图碑

嘉靖二年（1523），高 149 cm × 宽 60 cm，碑立于洱源县。

见于《大理丛书·金石篇》。

0725 新建楚雄府龙冈书院记

撰者杨士云，嘉靖二年（1523），碑立于楚雄市。

著录于（嘉庆）《楚雄县志》。

0726 新建永昌府治碑记

撰者杨廷和，嘉靖二年（1523），碑立于隆阳区。

著录于（天启）《滇志》。

0727 张志淳撰书山阡表·碑阴记

撰者张志淳，嘉靖二年（1523），高 86 cm × 宽 83 cm，碑立于保山市。

见于《保山碑刻》。

0728 张志淳撰书张宗墓山阡表

撰者张志淳，嘉靖二年（1523），高 192 cm × 宽 82 cm，碑立于隆阳区。

见于《隆阳碑铭石刻》。

0729 重修云岩寺记

撰者皮日伟，嘉靖二年（1523），碑立于江川区。

著录于（康熙）《江川县志》。

0730 宾川州儒学记

撰者何邦宪，嘉靖三年（1524），碑立于宾川县。

著录于（云南）《云南通志》。

0731 重修玉宝寺记

撰者杨淳，书者杨景，嘉靖三年（1524），高 145cm×宽 49cm，碑立于腾冲市。

见于《腾冲名碑集释》。

0732 苍山神祠记

撰者范言，嘉靖三年（1524），碑立于大理市。

著录于（民国）《大理县志稿》。

0733 崇正书院记

撰者张绎，嘉靖三年（1524），碑立于建水县。

著录于（康熙）《建水州志》。

0734 建五华书院记

撰者王启，嘉靖三年（1524），碑立于五华区。

著录于（万历）《云南通志》。

0735 明故杨公墓志铭

书者张云，楷书，嘉靖三年（1524），高 57 cm×宽 41 cm，碑立于大理市。

见于《大理丛书·金石篇》。

注：原碑已佚，拓片藏今云南省大理市图书馆。

0736 重修蒙化府儒学记

撰者张志淳，嘉靖三年（1524），碑立于巍山县。

著录于（天启）《滇志》。

0737 重修玉宝寺记

撰者杨淳，书者杨景，火山石，嘉靖三年（1524），高 142 cm×宽 49.5 cm，碑立于腾冲市。

见于《大理丛书·金石篇》。

0738 巴县知县董璧墓表

撰者杨士云，嘉靖四年（1525），碑立于大理市。

著录于（民国）《大理县志稿》。

0739 高节坊碑（一）

嘉靖四年（1525），碑立于洱源县。

见于《大理洱源县碑刻辑录》。

0740 高节坊碑（二）

嘉靖四年（1525），碑立于洱源县。

见于《大理洱源县碑刻辑录》。

0741 高节坊碑（三）

嘉靖四年（1525），碑立于洱源县。

见于《大理洱源县碑刻辑录》。

0742 高节坊碑（四）

嘉靖四年（1525），碑立于洱源县。

见于《大理洱源县碑刻辑录》。

0743 复建北关门记

撰者杨士云，嘉靖四年（1525），碑立于大理市。

著录于（万历）《云南通志》。

0744 明蒙恩邑杜公父子墓铭

撰者许坦，书者何大用，刻工李德，楷书，嘉靖四年（1525），高 132 cm×宽 78 cm，碑立于大理市。

见于《大理丛书·金石篇》。

注：原碑已佚，拓片藏今云南省大理市下关图书馆。

0745 南郭兴造记

撰者杨士云，嘉靖四年（1525），碑立于大理市。

著录于（民国）《大理县志稿》。

0746 神济桥记

撰者张志淳，嘉靖四年（1525），碑立于保山市。

著录于（万历）《云南通志》。

0747 外馆驿记

撰者杨士云，嘉靖四年（1525），碑立于大理市。

著录于（万历）《云南通志》。

0748 张公墓志铭

嘉靖四年（1525），高 137 cm×宽 46 cm，碑立于大理市。

见于《大理丛书·金石篇》。

0749 敬一箴碑

大理石，楷书，嘉靖五年（1526），高153 cm×宽105 cm×厚7 cm，碑立于大理市。

著录于（民国）《鹤庆县志》。

0750 华严碑记碑

撰者李云，书者王琼，刻工杨永浸，嘉靖五年（1526），高93 cm×宽55 cm，碑立于洱源县。

见于《大理洱源县碑刻辑录》。

0751 题赵慎庵名熙思政楼碑记

撰者祝宏舒，嘉靖五年（1526），碑立于楚雄市。

著录于（宣统）《楚雄县志》。

0752 通海三节祠记

撰者毛凤韶，嘉靖五年（1526），碑立于通海县。

著录于（天启）《滇志》。

0753 杨公汝舟墓志铭

撰者赵汝濂，楷书，嘉靖五年（1526），高76 cm×宽46 cm，碑立于大理市。

见于《大理丛书·金石篇》。

注：原碑已佚，拓片藏今云南省大理市图书馆。

0754 张冢妇墓碑

撰者杨士云，嘉靖五年（1526），碑立于保山市。

著录于（嘉庆）《滇系》。

0755 重修副使林俊祠记

撰者葛恒，嘉靖五年（1526），碑立于大理市。

著录于（乾隆）《大理府志》。

0756 处士董文道墓铭

撰者杨士云，嘉靖六年（1527），碑立于大理市。

著录于《新纂云南通志·金石考》。

0757 创建太和县学文庙记碑

撰者马卿，大理石，楷书，嘉靖六年（1527），高150 cm×宽80 cm，碑立于大理市。

见于《大理丛书·金石篇》。

0758 景贤书院记

撰者欧阳重，书者张绎，嘉靖六年（1527），碑立于建水县。

著录于（万历）《云南通志》。

0759 太平桥记

撰者杨士云，嘉靖六年（1527），碑立于永平县。

著录于《新纂云南通志·金石考》。

0760 西龙潭记

撰者马卿，嘉靖六年（1527），碑立于鹤庆县。

著录于（天启）《滇志》。

0761 筑新化州城碑记

撰者鲁钺，嘉靖六年（1527），碑立于新平县。

著录于（道光）《新平县志》。

0762 雪石岩摩崖石刻

嘉靖六年至民国年间（1527—1949），碑立于鹤庆县。

见于《鹤庆碑刻辑录》。

0763 楚雄府新迁儒学记

撰者唐胄，书者黄祺，石灰岩，嘉靖七年（1528），高220 cm×宽100 cm，碑立于楚雄市。

著录于（隆庆）《楚雄府志》。

0764 洱水神祠记

撰者张宪，嘉靖七年（1528），碑立于大理市。

著录于（乾隆）《大理府志》。

0765 建木氏勋祠自记

撰者木公，嘉靖七年（1528），碑立于

丽江市。

著录于（乾隆）《丽江府志略》。

0766 丽江木氏勋祠碑记

撰者张志淳，嘉靖七年（1528），碑立于丽江市。

著录于（乾隆）《丽江府志略》。

0767 明世宗重建永昌府诏书

嘉靖七年（1528），高 244 cm × 宽 94 cm，碑立于保山市。

见于《保山市志》。

0768 杨升庵太狂草堂诗碑

撰者杨慎，嘉靖七年（1528），高 172 cm × 宽 64 cm，碑立于弥渡县。

见于《弥渡古代碑刻辑释》。

0769 木氏崇庙记碑

撰者朱云，嘉靖七年（1528），（拓片）高 152 cm × 宽 78 cm，碑立于丽江市。

见于《纳西族地区历代碑刻辑录与研究》。

0770 重建永昌府敕谕碑

撰者明世宗，嘉靖七年（1528），高 244 cm × 宽 94 cm，碑立于隆阳区。

见于《隆阳碑铭石刻》。

0771 明故四川按察司佥事张公墓碑铭

撰者杨士云，书者李元阳，大理石，楷书，嘉靖八年（1529），高 178 cm × 宽 90 cm × 厚 15 cm，碑立于大理市。

著录于（民国）《大理县志稿》。

0772 南冈居士杨德仁澄及配杨氏铭

撰者杨士云，嘉靖八年（1529），碑立于大理市。

著录于《新纂云南通志·金石考》。

0773 圣谕碑

撰者明世宗，嘉靖八年（1529），碑立于永胜县。

著录于（光绪）《续修永北直隶厅志》。

0774 御制程颐、范浚五箴碑

撰者明世宗，嘉靖八年（1529）。

著录于（光绪）《续修永北直隶厅志》。

0775 御制敬一箴碑

撰者明世宗，嘉靖八年（1529）。

著录于（光绪）《续修永北直隶厅志》。

0776 浩然阁记

撰者李元阳，嘉靖九年（1530），碑立于大理市。

著录于（民国）《大理县志稿》。

0777 明大学士杨文襄公故里碑

撰者杨慎，楷书，嘉靖九年（1530），高 185 cm × 宽 80 cm，碑立于安宁市。

著录于《新纂云南通志·金石考》。

0778 三正祠记

撰者杨南金，嘉靖九年（1530），碑立于洱源县。

著录于（万历）《云南通志》。

0779 太极山道院记

撰者杨慎，嘉靖九年（1530），碑立于安宁市。

著录于（万历）《云南通志》。

0780 重修大觉寺碑

楷书，嘉靖九年（1530），高 250 cm × 宽 80 cm，碑立于禄丰县。

见于《中国文物地图集·云南分册》。

0781 游圆通寺次桂州夏公韵诗摩崖

撰者张祐，嘉靖九年（1530），碑立于五华区。

著录于《新纂云南通志·金石考》。

0782 重修龙泉观记

撰者刘彭年，嘉靖九年（1530），高 180 cm × 宽 90 cm。

见于《云南道教碑刻辑录》。

0783 新建会讲堂记

撰者杨士云，嘉靖九年（1530），碑立于大理市。

著录于（民国）《大理县志稿》。

0784 罗婺盛世铭

撰者凤英，嘉靖十年（1531），长206 cm×高80 cm，碑立于禄劝县。

见于《镌字岩彝文摩崖释译》。

0785 社学碑记

撰者张金，嘉靖十年（1531），碑立于姚安县。

著录于（道光）《姚州志》。

0786 新建巽隐程先生祠堂碑记

撰者程本立，嘉靖十年（1531），碑立于玉溪市。

著录于（康熙）《新平县志》。

0787 重建龙江桥记

撰者徐泰，嘉靖十年（1531），碑立于腾冲市。

著录于《云南腾越州志》。

0788 祭龙川江桥文

嘉靖十年（1531），碑立于腾冲市。

著录于《新纂云南通志·金石考》。

0789 文靖先生段锦雯墓表

撰者杨慎，嘉靖十一年（1532），碑立于大理市。

著录于（光绪）《云南通志》。

0790 修建滇阳社学记

撰者顾应详，嘉靖十一年（1532）。

著录于（万历）《云南通志》。

0791 检庵隐寿翁碑

撰者杨士云，书者周臣，大理石，楷书，嘉靖十二年（1533），高138 cm×宽61 cm，碑立于大理市。

著录于《新纂云南通志·金石考》。

0792 凤公世系

撰者徐进，嘉靖十二年（1533），碑立于禄劝县。

见于《镌字岩彝文摩崖释译》。

0793 孺人段母卢氏墓志铭

撰者卢凤仪，书者周时通，楷书，嘉靖十二年（1533），高86 cm×宽55 cm，碑立于大理市。

见于《大理丛书·金石篇》。

注：原碑已佚，拓片藏今云南省大理市图书馆。

0794 新建寻甸府城记

撰者张志淳，嘉靖十二年（1533），碑立于寻甸县。

著录于（嘉靖）《寻甸府志》。

0795 重修曹溪寺记

撰者杨慎，书者李邕，嘉靖十二年（1533），高158 cm×宽68 cm，碑立于安宁市。

著录于（雍正）《安宁州志》。

0796 新街刘安厂村敕命碑及刘挥墓碑

撰者马理，嘉靖十三年（1534），高172 cm×宽63 cm，碑立于弥渡县。

见于《弥渡古代碑刻辑释》。

0797 白沙摩崖（二）

撰者木高，嘉靖十三年（1534），高33 cm×宽40 cm，碑立于丽江市。

见于《新编丽江风物志》。

0798 大明武毅将军葵轩韩公宜人王氏墓志

大理石，楷书，嘉靖十三年（1534），高49 cm×宽49 cm，碑立于大理市。

见于《大理丛书·金石篇》。

0799 **诰封高氏木宜人墓志铭**

撰者何邦宪，嘉靖十三年（1534），高152 cm×宽 80 cm，碑立于丽江市。

见于《纳西族地区历代碑刻辑录与研究》。

0800 **临安府乡贤祠记**

撰者杨慎，嘉靖十三年（1534），碑立于建水县。

著录于（天启）《滇志》。

0801 **盘龙寺新建两廊碑记**

撰者孙鳌，嘉靖十三年（1534），碑立于晋宁区。

著录于《新纂云南通志·金石考》。

0802 **隐德何公墓志铭**

撰者叶松，书者杜泰然，楷书，嘉靖十三年（1534），高 94 cm×宽 42 cm，碑立于大理市。

见于《大理丛书·金石篇》。

注：原碑已佚。

0803 **重修城隍庙记**

嘉靖十三年（1534）。

著录于（康熙）《广西府志》。

0804 **北岳卜卦碑**

楷书，嘉靖十四年（1535），高 40.5 cm×长 150 cm×厚 7 cm，碑立于丽江市。

见于《丽江历代碑刻辑录与研究》。

0805 **圆通碑记**

嘉靖十四年（1535），高 82 cm×宽56 cm，碑立于宾川县。

见于《宾川丛书·金石篇》。

0806 **故掾董孔修府墓志铭**

撰者杨士云，嘉靖十四年（1535），碑立于大理市。

著录于《新纂云南通志·金石考》。

0807 **潼川知州大理张拱辰凤羽墓表**

撰者李元阳，嘉靖十四年（1535），碑立于大理市。

著录于《新纂云南通志·金石考》。

0808 **乡贤祠记**

撰者高尌，嘉靖十四年（1535），碑立于大理市。

著录于（天启）《滇志》。

0809 **新筑宁州城记**

撰者张凤翀，嘉靖十四年（1535），碑立于华宁县。

著录于（万历）《云南通志》。

0810 **永昌忠毅祠记**

撰者郑謇，嘉靖十四年（1535），碑立于隆阳区。

著录于（天启）《滇志》。

注：原碑已佚。

0811 **圆通寺伽蓝殿碑**

刻工蔡子云，嘉靖十四年（1535），高114 cm×宽 70 cm，碑立于五华区。

著录于（民国）《昆明市志》。

0812 **重修北岳庙记**

撰者木公，青石，嘉靖十四年（1535），高 50 cm×宽 68 cm（部分）×厚 6.5 cm，碑立于丽江市。

见于《丽江历代碑刻辑录与研究》。

0813 **白沙摩崖（一）**

撰者木公，嘉靖十五年（1536），高 33 cm×宽 40 cm，碑立于丽江市。

见于《丽江纳西族自治县志》。

0814 **保山县儒学记略**

撰者汪文盛，嘉靖十五年（1536），碑立于隆阳区。

著录于（康熙）《永昌府志》。

0815 **大明乡宾蕲阳义相邓公墓志铭**

撰者官诰，嘉靖十五年（1536），高57 cm×宽 57 cm，碑立于隆阳区。

见于《隆阳碑铭石刻》。

0816 松风庵碑记

撰者杨慎，嘉靖十五年（1536），高102 cm×宽 64 cm，碑立于晋宁区。

著录于（道光）《昆阳州志》。

0817 杨乐斋暨妻杨氏墓志铭

撰者杨珮，嘉靖十五年（1536），高57 cm×宽 40 cm，碑立于大理市。

见于《大理丛书·金石篇》。

注：原碑已佚，拓片藏今云南省大理市图书馆。

0818 圆通寺祖师殿碑

撰者祖正，嘉靖十五年（1536），高113 cm×宽 71 cm，碑立于五华区。

著录于（民国）《昆明市志》。

0819 张志淳侧室狄氏墓志铭

撰者李时，嘉靖十五年（1536），高 70 cm×宽 70 cm，碑立于保山市。

见于《保山碑刻》。

0820 敕赠李元阳母董氏圣旨碑

楷书，嘉靖十六年（1537），高 174 cm×宽83 cm，碑立于大理市。

见于《大理丛书·金石篇》。

注：原碑已佚。

0821 敕封李玄圣旨碑

楷书，嘉靖十六年（1537），高 174 cm×宽83 cm，碑立于大理市。

见于《大理丛书·金石篇》。

0822 武侯祠碑记

撰者吴嘉祥，嘉靖十六年（1537），碑立于姚安县。

著录于（道光）《姚州志》。

0823 禹碑歌

刻工苻佩，大理石，楷书，嘉靖十六年（1537），高 140 cm×宽 68 cm，碑立于大理市。

见于《大理丛书·金石篇》。

0824 禹王碑（一）

书者段世忠，嘉靖十六年（1537），高192 cm×宽 125 cm，碑立于安宁市。

见于《大理丛书·金石篇》。

0825 禹王碑（二）

大理石，篆书，嘉靖十六年（1537），高 196 cm×宽 178 cm，碑立于大理市。

见于《大理丛书·金石篇》。

0826 重修土主庙碑记

撰者杨玺，嘉靖十六年（1537），高146 cm×宽 72 cm，碑立于呈贡区。

见于《呈贡历史建筑及碑刻选》。

0827 登武夷大王峰记

撰者李元阳，嘉靖十七年（1538）。

著录于（嘉庆）《滇系》。

0828 桂香书院记

撰者李元阳，嘉靖十七年（1538），碑立于大理市。

著录于《新纂云南通志·金石考》。

0829 明故将仕郎巡宰尹君墓志铭

撰者尹迈□，书者尹迈□，楷书，嘉靖十七年（1538），高 71 cm×宽 52 cm，碑立于大理市。

见于《大理丛书·金石篇》。

注：原碑已佚，拓片藏今云南省大理市图书馆。

0830 襄阳丞任时旸墓志铭

撰者王廷表，嘉靖十七年（1538），碑立于开远市。

著录于（嘉庆）《滇系》。

0831 游皖山记

撰者李元阳，嘉靖十七年（1538）。

著录于（嘉庆）《滇系》。

0832 张志淳墓志铭

撰者李时，嘉靖十七年（1538），高

105 cm×宽 105 cm，碑立于保山市。

见于《保山碑刻》。

0833 大明张孺人李氏墓志

撰者陈尧臣，书者陈尧臣，刻工张守成，大理石，楷书，嘉靖十八年（1539），高 44 cm×宽 48 cm，碑立于大理市。

见于《大理丛书·金石篇》。

0834 敕封杨元吉之父母碑铭

楷书，嘉靖十八年（1539），高 117 cm×宽 53 cm，碑立于大理市。

见于《大理丛书·金石篇》。

注：原碑已佚。

0835 明故文林郎荣县知县贞靖先生李公墓志

撰者李元阳，书者李元阳，楷书，嘉靖十八年（1539），高 105 cm×宽 59 cm，碑立于大理市。

见于《大理丛书·金石篇》。

注：原碑已佚，拓片藏今云南省大理市图书馆。

0836 太平桥记

撰者周臣，嘉靖十八年（1539），碑立于永胜县。

著录于（万历）《云南通志》。

0837 重修通海学宫碑记

嘉靖十八年（1539），碑立于通海县。

著录于（康熙）《通海县志》。

0838 朱佩墓志铭

撰者李元阳，嘉靖十八年（1539），碑立于鹤庆县。

著录于（民国）《鹤庆县志》。

0839 宝相寺新建石宝通明阁碑记

撰者慈贤，嘉靖十九年（1540），高 111 cm×宽 65 cm，碑立于大理市。

见于《大理丛书·金石篇》。

0840 俊毅寿官赵廷萃孺人纪氏墓表

撰者王衡，嘉靖十九年（1540），残高 140 cm×宽 76 cm，碑立于隆阳区。

见于《隆阳碑铭石刻》。

0841 明翼斋先生唐君暨配朱氏孺人墓表

撰者吕柟，正书，嘉靖十九年（1540），碑立于晋宁区。

著录于《新纂云南通志·金石考》。

0842 张志淳元配沈氏墓志铭

撰者张潮，嘉靖十九年（1540），长 98 cm×宽 98 cm，碑立于隆阳区。

见于《隆阳碑铭石刻》。

0843 封刑部主事训导王颖斌墓志

撰者杨慎，嘉靖二十年（1541），碑立于开远市。

著录于（光绪）《云南通志》。

0844 建祈丰殿碑记

撰者潘凤麟，嘉靖二十年（1541），碑立于玉溪市。

著录于《续修易门县志》。

0845 明歌之坪残石

嘉靖二十年（1541），碑立于宾川县。

著录于《新纂云南通志·金石考》。

0846 山水卜筑记

撰者李元阳，嘉靖二十年（1541），碑立于大理市。

著录于《新纂云南通志·金石考》。

0847 太华寺住持碑

嘉靖二十年（1541），碑立于西山区。

著录于（民国）《昆明市志》。

0848 重修城隍庙碑记

撰者谭龙，嘉靖二十年（1541），碑立于陆良县。

著录于（道光）《陆凉州志》。

0849 安宁州革免海口力役碑记

撰者吴士达，嘉靖二十一年（1542），碑立于安宁市。

著录于（雍正）《安宁州志》。

0850 马龙州儒学记

撰者张栋，嘉靖二十一年（1542），碑立于马龙区。

著录于（万历）《云南通志》。

0851 名宦碑记

撰者解一经，嘉靖二十一年（1542），碑立于红河州。

著录于（乾隆）《广西府志》。

0852 义勇武安王神签记

撰者张合，楷书，嘉靖二十一年（1542），高 93 cm × 宽 35.5 cm，碑立于隆阳区。

著录于《新纂云南通志·金石考》。

0853 云溪张先生墓志铭

撰者李稠，书者席大宾，楷书，嘉靖二十一年（1542），高 115 cm × 宽 56 cm，碑立于大理市。

见于《大理丛书·金石篇》。

注：原碑已佚，拓片藏今云南省大理市图书馆。

0854 重修巽隐程先生祠堂记

撰者蔡云程，嘉靖二十一年（1542），碑立于新平县。

著录于（康熙）《新平县志》。

0855 州守赵公遗爱碑记

撰者杨慎，嘉靖二十一年（1542），碑立于玉溪市。

著录于《新兴州志》。

0856 宝华阁记

撰者杨慎，书者萧旭，行书，嘉靖二十二年（1543），高 170 cm × 宽 91 cm，碑立于安宁市。

著录于（雍正）《安宁州志》。

0857 大理府武侯祠记

撰者王维贤，嘉靖二十二年（1543），碑立于大理市。

著录于（天启）《滇志》。

0858 怀远将军耿兴墓碑

嘉靖二十二年（1543），高 130 cm × 宽 50 cm × 厚 19 cm，碑立于宣威市。

见于《宣威县文物志》。

注：原碑已佚。

0859 吴道士新开石室记

撰者戴絅孙，嘉靖二十二年（1543），碑立于西山区。

著录于（光绪）《云南通志》。

0860 新创先农氏祠碑记

撰者陈表，嘉靖二十二年（1543），碑立于玉溪市。

著录于《新兴州志》。

0861 晋宁玉皇阁碑记

撰者张洁，刻工杨元，正书，嘉靖二十二年（1543），碑立于晋宁区。

著录于《新纂云南通志·金石考》。

0862 英烈侯庙记

撰者施昱，嘉靖二十二年（1543），碑立于寻甸县。

著录于（天启）《滇志》。

0863 禁宰耕牛碑记

青石，楷书，嘉靖二十二年（1543），高 158 cm × 宽 67 cm，碑立于安宁市。

见于《安宁市文物志》。

0864 南薰桥记

撰者李元阳，嘉靖二十三年（1544），碑立于宾川县。

著录于（天启）《滇志》。

0865 迁建昆明县治记

撰者吴鹏，嘉靖二十三年（1544），碑

立于昆明市。

著录于（天启）《滇志》。

0866 太守张公清常住田记

撰者张模，楷书，嘉靖二十三年（1544），碑立于晋宁区。

著录于《新纂云南通志·金石考》。

0867 万春山真觉禅寺常住碑记

撰者明瑞，书者明瑞，嘉靖二十三年（1544），碑立于禄丰县。

著录于（康熙）《黑盐井志》。

0868 秀峰书院记

撰者李元阳，嘉靖二十三年（1544），碑立于宾川县。

著录于（雍正）《宾川州志》。

0869 布政司题名记

撰者曾存仁，嘉靖二十四年（1545）。

著录于（天启）《滇志》。

0870 大理府学田记

撰者李元阳，嘉靖二十四年（1545），碑立于大理市。

著录于（乾隆）《大理府志》。

0871 南京大理寺评事杨廷相诰命

嘉靖二十四年（1545），碑立于建水县。

著录于《新纂云南通志·金石考》。

0872 张含题书兰津渡诗

撰者张含，嘉靖二十四年（1545），楷书，高 69 cm×宽 208 cm，碑立于保山市。

见于《边陲古道》。

0873 大观堂修造记

撰者李元阳，嘉靖二十五年（1546），高 178 cm×宽 83 cm，碑立于大理市。

著录于（民国）《大理县志稿》。

注：原碑已佚。

0874 重修龙神祠碑记

嘉靖二十五年（1546），碑立于大理市。

见于《大理凤仪古碑文集》。

0875 龙关赵氏诰封碑

楷书，嘉靖二十五年（1546），高 92 cm×宽 126 cm，碑立于大理市。

见于《大理丛书·金石篇》。

注：原碑已佚。

0876 *千岁衢碑

嘉靖二十五年（1546），高 176 cm×宽 88 cm，碑立于大方县。

著录于《大定府志》。

注：此碑在贵州。

0877 修龙川江桥记

撰者张含，嘉靖二十五年（1546），碑立于腾冲市。

见于《腾冲金石目》。

0878 禹王宫铜缸

嘉靖二十五年（1546），碑立于盐津县。

著录于《新纂云南通志·金石考》。

0879 大理文昌宫记

撰者李元阳，嘉靖二十六年（1547），碑立于大理市。

著录于《新纂云南通志·金石考》。

0880 光明宝塔记（宝光塔记）

撰者孙愈贤，嘉靖二十六年（1547），碑立于宾川县。

著录于《新纂云南通志·金石考》。

0881 鹤庆军民府城碑

撰者李元阳，书者杨士云，青石，楷书，嘉靖二十六年（1547），高 200 cm×宽 130 cm，碑立于鹤庆县。

著录于（康熙）《鹤庆府志》。

0882 袈裟寺记

撰者李元阳，嘉靖二十六年（1547），

碑立于宾川县。

著录于（天启）《滇志》。

0883 郑母陈氏墓志铭

撰者刘恒，嘉靖二十六年（1547），高 64 cm × 宽 64 cm，碑立于保山市。

见于《保山碑刻》。

0884 武侯祠义田记

撰者杨一麒，嘉靖二十六年（1547），碑立于姚安县。

著录于（道光）《姚州志》。

0885 刑科都给事中刘三贞沫阡表

撰者杨慎，嘉靖二十六年（1547），碑立于建水县。

著录于（光绪）《云南通志》。

0886 永昌府学射圃记

撰者严时泰，嘉靖二十六年（1547），碑立于隆阳区。

著录于（康熙）《永昌府志》。

0887 重修临安府儒学科甲题名碑记

撰者杨翱，嘉靖二十六年（1547），碑立于建水县。

见于《遗留在建水碑刻中的文明记忆》。

0888 朱佩墓表

撰者施昱，嘉靖二十六年（1547），碑立于鹤庆县。

著录于《新纂云南通志·金石考》。

0889 广通县儒学记

撰者张佳胤，嘉靖二十七年（1548），碑立于禄丰县。

著录于（隆庆）《楚雄府志》。

0890 金轮寺重置寺田记

撰者张孟厶，楷书，嘉靖二十七年（1548），碑立于腾冲市。

著录于《新纂云南通志·金石考》。

0891 明诏锡寿官邵公墓志铭

撰者夏松，嘉靖二十七年（1548），高 63 cm × 宽 62 cm × 厚 6 cm，碑立于隆阳区。

见于《隆阳碑铭石刻》。

0892 儒学箴

嘉靖二十七年（1548），高 175 cm × 宽 86 cm，碑立于隆阳区。

著录于《新纂云南通志·金石考》。

0893 儒学箴碑

大理石，楷书，嘉靖二十七年（1548），高 160 cm × 宽 78 cm，碑立于大理市。

见于《大理丛书·金石篇》。

0894 石鼓凯歌

撰者金紫主人，楷书，嘉靖二十七年（1548），碑立于丽江市。

著录于《新纂云南通志·金石考》。

0895 新建清流普济祠记

撰者邹尧臣，书者范昂，大理石，楷书，嘉靖二十七年（1548），高 153 cm × 宽 61 cm，碑立于大理市。

著录于（乾隆）《赵州志》。

0896 赵州甘雨祠记

撰者李元阳，书者韩宸，大理石，楷书，嘉靖二十七年（1548），高 127 cm × 宽 55 cm，碑立于大理市。

著录于《新纂云南通志·金石考》。

0897 增修神宇碑记

撰者朱相，嘉靖二十八年（1549），高 161 cm × 宽 78 cm × 厚 18 cm，碑立于宾川县。

见于《宾川丛书·金石篇》。

0898 大姚县新建儒学记

撰者杨士云，嘉靖二十八年（1549），碑立于大姚县。

著录于（道光）《大姚县志》。

0899 **雩虹桥记**

撰者郭震，嘉靖二十八年（1549），碑立于保山市。

著录于《新纂云南通志·金石考》。

0900 **连然新井记**

撰者杨慎，嘉靖二十八年（1549），碑立于安宁市。

著录于（雍正）《安宁州志》。

0901 **龙阳洞记**

撰者张椽，嘉靖二十八年（1549），碑立于马龙区。

著录于（雍正）《马龙州志》。

0902 **杨南金坊记**

撰者杨九思，楷书，嘉靖二十八年（1549），高 40 cm × 宽 138 cm，碑立于洱源县。

见于《大理丛书·金石篇》。

注：刻于《赐命碑》碑阴。

0903 **赵州重建廨宇记**

撰者李元阳，嘉靖二十八年（1549），碑立于凤仪县。

著录于《新纂云南通志·金石考》。

0904 **重修永昌府明伦堂记**

撰者郭春震，嘉靖二十八年（1549），碑立于保山市。

著录于（康熙）《永昌府志》。

0905 **楚雄府定远县新建儒学记**

撰者杨慎，书者杨慎，红砂石，楷书，嘉靖二十九年（1550），高 192 cm × 宽 94 cm × 厚 12 cm，碑立于牟定县。

著录于（康熙）《楚雄府志》。

0906 **大理府为清查学田碑记**

楷书，嘉靖二十九年（1550），高 146 cm × 宽 90 cm，碑立于大理市。

见于《大理丛书·金石篇》。

0907 **海口修浚碑**

撰者杨慎，嘉靖二十九年（1550），碑立于西山区。

著录于（天启）《滇志》。

0908 **水目寺诸祖起缘碑**

撰者李元阳，楷书，嘉靖二十九年（1550），碑立于祥云县。

著录于《新纂云南通志·金石考》。

0909 **白地摩崖诗**

撰者木高，嘉靖三十年（1551），碑立于丽江市。

见于《纳西族地区历代碑刻辑录与研究》。

0910 **汇泉如逵等桥记**

撰者郭如磐，嘉靖三十年（1551），碑立于姚安县。

著录于（道光）《姚州志》。

0911 **明故昭信校尉太和所百户鲲池杜公墓志**

大理石，楷书，嘉靖三十年（1551），高 42 cm × 上宽 34.5 cm/下宽 36.2 cm，碑立于大理市。

见于《大理丛书·金石篇》。

0912 **水利碑记（碑阳）**

嘉靖三十年（1551），高 146 cm × 宽 54 cm，碑立于大理市。

见于《大理丛书·金石篇》。

0913 **刑部主事大理贾文光墓志铭**

撰者李元阳，嘉靖三十年（1551），碑立于大理市。

著录于《新纂云南通志·金石考》。

0914 **杨公碑铭**

楷书，嘉靖三十年（1551），高 117 cm × 宽 50 cm，碑立于大理市。

见于《大理丛书·金石篇》。

0915 杨公墓铭

撰者杨仕爵，楷书，嘉靖三十年（1551），高 64 cm × 宽 56 cm，碑立于大理市。

见于《大理丛书·金石篇》。

注：原碑已佚，拓片藏今云南省大理市图书馆。

0916 永昌重修城隍庙记

撰者徐泰，刻工俞权，嘉靖三十年（1551），高 172 cm × 宽 56 cm × 厚 9 cm，碑立于隆阳区。

见于《隆阳碑铭石刻》。

0917 □□宗汤何君夫妇墓志铭

撰者杨明剑，楷书，嘉靖三十一年（1552），高 78 cm × 宽 50 cm，碑立于大理市。

见于《大理丛书·金石篇》。

注：原碑已佚，拓片藏今云南省大理市图书馆。

0918 保山县学科第题名记

撰者杨思震，书者霍薰，楷书，嘉靖三十一年（1552），碑立于隆阳区。

著录于《新纂云南通志·金石考》。

0919 故赵女杨妇墓碑记

书者竹溪道人，楷书，嘉靖三十一年（1552），高 60 cm × 宽 41 cm，碑立于大理市。

见于《大理丛书·金石篇》。

注：原碑已佚，拓片藏今云南省大理市图书馆。

0920 黄华老人诗石刻

撰者王庭筠，刻工崔郎中，嘉靖三十一年（1552），碑立于大理市。

著录于（道光）《云南通志稿》。

0921 江川关索岭庙碑

撰者王廷表，嘉靖三十一年（1552），碑立于江川区。

著录于（康熙）《江川县志》。

0922 修建五华书院记

撰者黄琮，嘉靖三十一年（1552），碑立于五华区。

著录于（天启）《滇志》。

0923 杨氏西园公墓志铭

撰者李科，书者李科，楷书，嘉靖三十一年（1552），高 84 cm × 宽 50 cm，碑立于大理市。

见于《大理丛书·金石篇》。

注：原碑已佚，拓片藏今云南省大理市图书馆。

0924 董母赵氏墓志铭

大理石，楷书，嘉靖三十二年（1553），高 36.5 cm × 宽 36.5 cm，碑立于大理市。

见于《大理丛书·金石篇》。

0925 法明寺常住香灯碑记（一）

嘉靖三十二年（1553），高 77 cm × 宽 46 cm，碑立于宜良县。

见于《宜良碑刻增补本》（上）。

注：原碑无名，碑名系编者依碑文内容所拟。

0926 凤泉李公墓志铭

撰者赵维垣，嘉靖三十二年（1553），碑立于楚雄市。

著录于（宣统）《楚雄县志》。

0927 关将军庙碑

撰者王廷表，刻工沈芹，嘉靖三十二年（1553），长 188 cm × 宽 79 cm，碑立于晋宁区。

见于《晋宁文史资料选辑·文物专辑》（第十七辑）。

0928 行人司行人邵惟中诰命

楷书，嘉靖三十二年（1553）。

著录于《新纂云南通志·金石考》。

0929 节妇宋氏邮亭诗碑

撰者宋氏，楷书，嘉靖三十二年（1553），碑立于保山市。

著录于《永昌府志》。

0930 水利碑记（碑阴）

嘉靖三十二年（1553），高 146 cm × 宽

54 cm，碑立于大理市。

见于《大理丛书·金石篇》。

0931 **寿亲山寺诗刻**

撰者段承恩，书者段承恩，楷书，嘉靖三十二年（1553），碑立于晋宁区。

著录于《新纂云南通志·金石考》。

0932 **文昌祠记**

撰者杨思震，书者雷九川，楷书，嘉靖三十二年（1553），高 156 cm×宽 73.5 cm，碑立于隆阳区。

著录于《新纂云南通志·金石考》。

0933 **郑北轩墓志铭**

撰者吴璋，书者吴璋，嘉靖三十二年（1553），长 64 cm×宽 64 cm，碑立于保山市。

见于《保山碑刻》。

0934 **重修崇圣寺碑记**

撰者李元阳，嘉靖三十二年（1553），高 44 cm×宽 60 cm，碑立于大理市。

见于《大理丛书·金石篇》。

0935 **重建竹林寺记**

撰者李元阳，书者李元阳，刻工杨德麟，大理石，楷书，嘉靖三十二年（1553），高 112 cm×宽 57 cm，碑立于洱源县。

著录于《新纂云南通志·金石考》。

0936 **重修临安府城隍庙记**

撰者张士元，嘉靖三十二年（1553），碑立于建水县。

著录于（万历）《云南通志》。

0937 **河西县学记**

撰者徐养正，正书，嘉靖三十三年（1554），高 143 cm×宽 57 cm，碑立于通海县。

见于《通海历代碑刻集》。

0938 **祭杨弘山文**

楷书，嘉靖三十三年（1554），高 137 cm×宽 76 cm，碑立于大理市。

见于《大理丛书·金石篇》。

注：原碑已佚，拓片藏今云南省大理市图书馆。

0939 **明故户科左给事中杨公墓志**

大理石，楷书，嘉靖三十三年（1554），高 52 cm×宽 52 cm，碑立于大理市。

见于《大理丛书·金石篇》。

0940 **木公恕（卿）墓碑**

撰者木高，嘉靖三十三年（1554），高 170 cm×宽 80 cm（拓片），碑立于丽江市。

见于《纳西族地区历代碑刻辑录与研究》。

0941 **潘公桥记**

撰者赵汝濂，嘉靖三十三年（1554），高 173 cm×宽 67.5 cm×厚 19 cm，碑立于大理市。

著录于（乾隆）《赵州志》。

0942 **释理达禅定处摩崖**

撰者长江主人，嘉靖三十三年（1554），碑立于迪庆市。

著录于《新纂云南通志·金石考》。

0943 **太孺人杨氏墓志铭**

撰者杨元吉，楷书，嘉靖三十三年（1554），高 77 cm×宽 36 cm，碑立于大理市。

见于《大理丛书·金石篇》。

0944 **吴璋书蔺完璧夫妇墓志铭**

撰者吴璋，嘉靖三十三年（1554），高 60 cm×宽 60 cm，碑立于保山市。

见于《保山碑刻》。

0945 **重修白鹤寺碑记**

撰者张金，嘉靖三十三年（1554），碑立于姚安县。

著录于（道光）《姚州志》。

0946 **重修汉丞相诸葛武侯祠记**

撰者杨钧，嘉靖三十三年（1554），碑

立于嵩明县。

著录于（康熙）《嵩明州志》。

0947 按察佥事王钝庵先生廷表墓碣铭

撰者杨慎，嘉靖三十四年（1555），碑立于开远市。

著录于（光绪）《云南通志》。

0948 宾川平盗记

撰者李元阳，书者高尌，楷书，嘉靖三十四年（1555），高 165 cm × 宽 92 cm，碑立于宾川县。

著录于（雍正）《宾川州志》。

0949 处士尹公暨继配杨氏墓表

撰者杨士云，楷书，嘉靖三十四年（1555），高 77 cm × 宽 52 cm，碑立于大理市。

著录于《新纂云南通志・金石考》。

注：原碑已佚。

0950 大理府卫州县历科进士题名记碑

大理石，楷书，嘉靖三十四年（1555），高 190 cm × 宽 90 cm × 厚 16 cm，碑立于大理市。

见于《大理丛书・金石篇》。

0951 葫芦山人范君配赵氏合葬墓碑

撰者文衡，书者文衡，楷书，嘉靖三十四年（1555），高 168 cm × 宽 59 cm，碑立于大理市。

著录于《新纂云南通志・金石考》。

注：原碑已佚，拓片藏今云南省博物馆。

0952 建立东晋湖塘闸口记

撰者韩宸，楷书，嘉靖三十四年（1555），高 146 cm × 宽 62.5 cm，碑立于大理市。

著录于（乾隆）《赵州志》。

0953 禄丰县弥陀院记

撰者李元阳，嘉靖三十四年（1555），碑立于禄丰县。

著录于《新纂云南通志・金石考》。

0954 前明河南道监察御史原任营山县知县缪公栗斋墓志

撰者张鹗冀，书者敖宗庆，嘉靖三十四年（1555），碑立于宣威市。

著录于（民国）《宣威县志稿》。

0955 仙羊山弥陀寺增修殿阁记

撰者李元阳，嘉靖三十四年（1555），碑立于楚雄市。

著录于（康熙）《楚雄府志》。

0956 新建南峰书院记

撰者高光，嘉靖三十四年（1555），碑立于楚雄市。

著录于（隆庆）《楚雄府志》。

0957 赠刑部山西清吏司主事吴兰诰命

嘉靖三十四年（1555），碑立于保山市。

著录于《新纂云南通志・金石考》。

0958 重修大罗卫记

撰者萧绩，书者王仪，大理石，楷书，嘉靖三十四年（1555），高 133 cm × 宽 77 cm × 厚 13 cm，碑立于宾川县。

见于《大理丛书・金石篇》。

0959 大理卫后千户所为申明制水利永为遵守事奉

嘉靖三十四年（1555），高 145 cm × 宽 51 cm，碑立于大理市。

见于《大理丛书・金石篇》。

0960 重修昆明县儒学记

撰者徐养正，嘉靖三十四年（1555），碑立于五华区。

著录于（万历）《云南通志》。

0961 重修宜良县儒学记

撰者徐养正，嘉靖三十四年（1555），碑立于宜良县。

著录于（万历）《云南通志》。

0962 **珠海寺记**

撰者李元阳，嘉靖三十四年（1555），碑立于大理市。

著录于《新纂云南通志·金石考》。

0963 **处士邕庵杨公配杨氏合葬墓碑铭**

撰者梁佐，楷书，嘉靖三十五年（1556），高 88 cm×宽 58 cm，碑立于大理市。

见于《大理丛书·金石篇》。

注：原碑已佚。

0964 **明兵备道姜公去思碑**

撰者杨慎，嘉靖三十五年（1556），碑立于姚安县。

著录于（道光）《姚州志》。

0965 **明赵仪夫妇行述**

撰者赵汝濂，楷书，嘉靖三十五年（1556），高 122 cm×宽 68 cm，碑立于大理市。

见于《大理丛书·金石篇》。

注：原碑已佚，拓片藏今云南省博物馆。

0966 **万德功记**

撰者木高，嘉靖三十五年（1556），高 94 cm×宽 45.5 cm×厚 7 cm，碑立于丽江市。

见于《丽江文史资料》（第三辑）。

0967 **应天府推官赵平墓表**

撰者杨一清，楷书，嘉靖三十五年（1556），高 120 cm×宽 59 cm，碑立于大理市。

见于《大理丛书·金石篇》。

注：原碑已佚，拓片藏今云南省博物馆。

0968 **重修庆寿寺记**

嘉靖三十五年（1556），碑立于嵩明县。

著录于（民国）《嵩明县志》。

0969 **觉性庵铁钟铭文**

嘉靖三十六年（1557），高 110 cm×口径 82 cm。

见于《威楚遗韵》。

0970 **芸川尹公及配墓志铭**

撰者高尌，楷书，嘉靖三十六年（1557），高 81 cm×宽 57 cm，碑立于大理市。

见于《大理丛书·金石篇》。

注：原碑已佚，拓片藏今云南省大理市图书馆。

0971 **重修宝庆院记**

撰者李元阳，嘉靖三十六年（1557），碑立于大理市。

著录于《新纂云南通志·金石考》。

0972 **东岳庙记**

撰者李元阳，嘉靖三十七年（1558），碑立于大理市。

著录于《新纂云南通志·金石考》。

0973 **段贞女传碑**

撰者周矿，书者骆获登，楷书，嘉靖三十七年（1558），碑立于腾冲市。

著录于《新纂云南通志·金石考》。

0974 **明将仕佐郎巡宰东溪何公墓志**

撰者何文极，书者白泉，楷书，嘉靖三十七年（1558），高 71 cm×宽 52 cm，碑立于大理市。

见于《大理丛书·金石篇》。

注：原碑已佚，拓片藏今云南省大理市图书馆。

0975 **明世宗颁邵惟忠诰封表**

嘉靖三十七年（1558），高 164 cm×宽 64 cm，碑立于保山市。

见于《保山碑刻》。

0976 **孝子金山墓志**

撰者高尌，嘉靖三十七年（1558），碑立于大理市。

著录于（光绪）《云南通志》。

0977 **姚安府庙学记**

撰者陈生，嘉靖三十七年（1558），碑立于姚安县。

著录于（道光）《姚州志》。

0978 云岩古刹行射诗石刻

撰者张含，嘉靖三十七年（1558），碑立于保山市。

著录于《新纂云南通志·金石考》。

0979 诏赐寿官永昌周廷璋玉墓志铭

撰者李元阳，嘉靖三十七年（1558），碑立于保山市。

著录于《新纂云南通志·金石考》。

0980 方田子郑国秀墓志铭

撰者张含，嘉靖三十八年（1559），高 80 cm×宽 80 cm，碑立于腾冲市。

见于《保山碑刻》。

0981 给事中杨弘山先生士云墓表

撰者李元阳，嘉靖三十八年（1559），碑立于大理市。

著录于（乾隆）《大理府志》。

0982 江右义山树诸碑

书者周前山，青石，楷书，嘉靖三十八年（1559），高 110 cm×宽 67 cm×厚 10 cm，碑立于永平县。

见于《大理丛书·金石篇》。

0983 名宦祠记

撰者李元阳，嘉靖三十八年（1559），碑立于大理市。

著录于（天启）《滇志》。

0984 明处士段公同配孺人杨氏墓表

书者杨威，楷书，嘉靖三十八年（1559），高 80 cm×宽 55 cm，碑立于大理市。

见于《大理丛书·金石篇》。

注：原碑已佚，拓片藏今云南省大理市图书馆。

0985 乡贤祠记

撰者高䇹，嘉靖三十八年（1559），碑立于大理市。

著录于（万历）《云南通志》。

0986 姚安职盗公馆壁记

撰者李元阳，嘉靖三十八年（1559），碑立于大姚县。

著录于《新纂云南通志·金石考》。

0987 止止庵记

撰者李元阳，嘉靖三十八年（1559），碑立于宾川县。

著录于《新纂云南通志·金石考》。

0988 重修高仑冈记

撰者王昇，嘉靖三十八年（1559），碑立于腾冲市。

著录于（光绪）《腾越厅志稿》。

0989 大理府学泮池记

撰者赵汝濂，嘉靖三十九年（1560），碑立于大理市。

著录于（乾隆）《大理府志》。

0990 洱海兴造记

撰者李元阳，嘉靖三十九年（1560），碑立于大理市。

著录于《新纂云南通志·金石考》。

0991 盘龙寺弥陀院记

撰者陈正学，楷书，嘉靖三十九年（1560），碑立于晋宁区。

著录于《新纂云南通志·金石考》。

0992 三塔崇圣寺重器可宝记

撰者李元阳，行书，嘉靖三十九年（1560），碑立于大理市。

著录于（康熙）《云南通志》。

0993 圣峰寺常住碑记

撰者李元阳，嘉靖三十九年（1560），碑立于宾川县。

著录于《新纂云南通志·金石考》。

0994 王大任题兰津渡联

撰者王大任，嘉靖三十九年（1560），高 173 cm × 宽 78 cm，碑立于保山市。

见于《新编宝山风物志》。

0995 察院续题名记

撰者王大任，嘉靖四十年（1561）。

著录于（天启）《滇志》。

0996 大功大胜克捷记

嘉靖四十年（1561），高 130 cm × 宽 170 cm × 厚 60 cm，碑立于丽江市。

著录于（光绪）《丽江府志稿》。

0997 归化筑城记

撰者杨德金，嘉靖四十年（1561），碑立于呈贡区。

著录于（道光）《云南通志稿》。

0998 弥勒州牧题名碑记

撰者王业，嘉靖四十年（1561），碑立于弥勒市。

著录于（乾隆）《弥勒州志》。

0999 徙建宗岳庙记

撰者李元阳，书者秦世贤，大理石，楷书，嘉靖四十年（1561），高 158 cm × 宽 58 cm × 厚 10 cm，碑立于大理市。

见于《大理丛书·金石篇》。

1000 圆通寺伽蓝殿碑

楷书，嘉靖四十年（1561），碑立于五华区。

著录于《新纂云南通志·金石考》。

1001 重建弥勒州城楼官□记

撰者杜佳，嘉靖四十年（1561），碑立于弥勒市。

著录于（乾隆）《弥勒州志》。

1002 重修紫金台大殿并东廊记

书者杨本高，楷书，嘉靖四十年（1561），碑立于晋宁区。

著录于《新纂云南通志·金石考》。

1003《游石宝山》诗摩崖

撰者李元阳，嘉靖四十一年（1562），碑立于剑川县。

著录于（天启）《滇志》。

1004 大理八蜡庙碑

撰者李元阳，嘉靖四十一年（1562），碑立于大理市。

著录于（天启）《滇志》。

1005 鼎建曲靖府玄武观记

撰者蒋宗鲁，嘉靖四十一年（1562），碑立于曲靖市。

著录于（万历）《云南通志》。

1006 过狮子关题名摩崖

撰者李元阳，行书，嘉靖四十一年（1562），碑立于剑川县。

著录于《新纂云南通志·金石考》。

1007 弘圣寺记

撰者杨慎，嘉靖四十一年（1562），碑立于大理市。

著录于（万历）《云南通志》。

1008 晋宁州名宦祠记

撰者龚一鹏，嘉靖四十一年（1562），碑立于晋宁区。

著录于（康熙）《晋宁州志》。

1009 明处士杨公合配墓志铭

撰者王嘉麟，书者杨怀哲，楷书，嘉靖四十一年（1562），高 95 cm × 宽 43 cm，碑立于大理市。

见于《大理丛书·金石篇》。

注：原碑已佚，拓片藏今云南省大理市图书馆。

1010 南园记

撰者任良干，嘉靖四十一年（1562），碑立于楚雄市。

著录于（隆庆）《楚雄府志》。

1011 龙泉书院记

撰者彭谨，嘉靖四十一年（1562），高187 cm×宽160 cm，碑立于楚雄市。

著录于（隆庆）《楚雄府志》。

1012 五云书院记

撰者沈桥，嘉靖四十一年（1562），碑立于祥云县。

著录于（万历）《云南通志》。

1013 垠溪居士李元期墓志铭

撰者李元阳，嘉靖四十一年（1562），碑立于大理市。

著录于《新纂云南通志·金石考》。

1014 源泉书院记

撰者赵汝濂，嘉靖四十一年（1562），碑立于大理市。

著录于（乾隆）《大理府志》。

1015 重修儒学先师庙记

撰者李元阳，嘉靖四十一年（1562），碑立于剑川县。

著录于（康熙）《剑川州志》。

1016 创建武侯祠碑记

撰者陈表，嘉靖四十一年（1562），高190 cm×宽101 cm，碑立于玉溪市。

著录于《新兴州志》。

1017 骠川凌云山碑记

嘉靖四十二年（1563），碑立于楚雄市。

见于《滇中佛教》。

1018 觉真庵记

撰者李元阳，嘉靖四十二年（1563），碑立于大理市。

著录于《新纂云南通志·金石考》。

1019 明处士东圃赵君墓碣铭

撰者赵汝濂，楷书，嘉靖四十二年（1563），高83 cm×宽57 cm，碑立于大理市。

见于《大理丛书·金石篇》。

注：原碑已佚，拓片藏今云南省大理市图书馆。

1020 明处士闵公墓志

撰者杨士云，楷书，嘉靖四十二年（1563），高82 cm×宽52 cm，碑立于大理市。

见于《大理丛书·金石篇》。

注：原碑已佚，拓片藏今云南省大理市图书馆。

1021 赠广东道御史永昌邵节墓志铭

撰者李元阳，嘉靖四十二年（1563），碑立于李元阳。

著录于《新纂云南通志·金石考》。

1022 重修崇圣寺记

撰者吴鹏，嘉靖四十二年（1563），碑立于大理市。

著录于（万历）《云南通志》。

1023 白崖土城记

撰者李元阳，嘉靖四十三年（1564），碑立于大理市。

著录于（道光）《云南通志稿》。

1024 赐文林郎南京广东道监察御史邵公墓志铭

撰者李元阳，书者高崧，正书，嘉靖四十三年（1564）。

著录于《新纂云南通志·金石考》。

1025 敕封监察御史对山邵公赠孺人史氏墓表

撰者张含，正书，嘉靖四十四年（1565），高87 cm×宽48 cm，碑立于隆阳区。

著录于《新纂云南通志·金石考》。

1026 新建云隐寺碑记

撰者杨子科，嘉靖四十四年（1565），高 94 cm × 宽 49 cm，碑立于大理市。

见于《大理凤仪古碑文集》。

1027 东华碑记

撰者李元阳，嘉靖四十四年（1565），碑立于禄丰县。

著录于《新纂云南通志·金石考》。

1028 明故大中大夫监察御史阳泉缪公墓志铭

撰者刘辅，书者万文彩，楷书，嘉靖四十四年（1565），碑立于宣威市。

著录于（道光）《宣威州志》。

1029 双柏镇宁裔土碑

青石，楷书，嘉靖四十四年（1565），高 330 cm × 宽 105 cm × 厚 15 cm，碑立于双柏县。

见于《楚雄彝族自治州文物志》。

1030 万壑风题名碑

撰者李元阳，书者李元阳，行书，嘉靖四十四年（1565），高 107 cm × 宽 85 cm，碑立于大理市。

见于《大理丛书·金石篇》。

1031 杨公同孺人墓志

撰者杨汝义，刻工杨德全，楷书，嘉靖四十四年（1565），高 77 cm × 宽 41 cm，碑立于大理市。

见于《大理丛书·金石篇》。

注：原碑已佚，拓片藏今云南省大理市图书馆。

1032 重修金砂山宝严寺记

撰者赵策，楷书，嘉靖四十四年（1565），碑立于晋宁区。

著录于《新纂云南通志·金石考》。

1033 班山常住田记

楷书，嘉靖四十五年（1566），高 115 cm × 宽 55 cm，碑立于大理市。

见于《大理丛书·金石篇》。

1034 董君凤伯墓志铭

撰者李元阳，嘉靖四十五年（1566），碑立于大理市。

著录于（嘉庆）《滇系》。

1035 明处士严公配孺人丁氏墓志铭

撰者董登一，楷书，嘉靖四十五年（1566），高 81 cm × 宽 52 cm，碑立于大理市。

见于《大理丛书·金石篇》。

注：原碑已佚，拓片藏今云南省大理市图书馆。

1036 儒学箴

嘉靖四十五年（1566），高 139 cm × 宽 98 cm，碑立于通海县。

见于《通海历代碑刻集》。

1037 游安宁温泉记

撰者张佳胤，嘉靖四十五年（1566），碑立于安宁市。

著录于（雍正）《安宁州志》。

1038 源泉书院记

撰者李元阳，嘉靖四十五年（1566），碑立于大理市。

著录于（万历）《云南通志》。

1039 云南平诸夷碑

撰者赵汝濂，嘉靖四十五年（1566），碑立于大理市。

著录于（万历）《云南通志》。

1040 凤白山董西羽先生难墓志铭

撰者李元阳，嘉靖四十五年（1566），碑立于大理市。

著录于《大理县志稿》。

1041 南平寺记

撰者王遵，嘉靖年间（1522—1566），碑立于楚雄市。

著录于（隆庆）《楚雄府志》。

1042 宾川州创建名宦乡贤祠记

撰者叶松，嘉靖年间（1522—1566），碑立于宾川县。

著录于（雍正）《宾川州志》。

1043 鹤庆府儒学进士题名记

撰者杨士云，嘉靖年间（1522—1566），碑立于鹤庆县。

著录于《新纂云南通志·金石考》。

1044 杨升庵题石屏歌碑

撰者杨慎，书者杨慎，行草书，嘉靖年间（1522—1566），高 40 cm × 宽 72 cm，碑立于大理市。

见于《大理丛书·金石篇》。

1045 杨翁孺人董氏合葬墓志铭

撰者杨汝听，书者严重，楷书，嘉靖年间（1522—1566），高 83 cm × 宽 60 cm，碑立于大理市。

见于《大理丛书·金石篇》。

注：原碑已佚，拓片藏今云南省大理市图书馆。

1046 禹王碑残石（二）

篆书，嘉靖年间（1522—1566），高 51 cm × 宽 58 cm，高 52 cm × 宽 67 cm，碑立于大理市。

见于《大理丛书·金石篇》。

1047 放光寺记

撰者李元阳，嘉靖年间（1522—1566），碑立于宾川县。

著录于《云南通志》。

1048 鹤庆府西龙潭水利碑记

撰者杨士云，嘉靖年间（1522—1566），碑立于鹤庆县。

著录于《新纂云南通志·金石考》。

1049 鸡足山宾苍阁记

撰者李元阳，嘉靖年间（1522—1566），碑立于宾川县。

著录于（嘉庆）《滇系》。

1050 迦叶殿记

撰者李元阳，嘉靖年间（1522—1566），碑立于宾川县。

著录于《云南通志》。

1051 董孺人墓表

撰者杨士云，嘉靖年间（1522—1566），碑立于大理市。

著录于《新纂云南通志·金石考》。

1052 河南按察司佥事唐池南先生锜墓碑

嘉靖年间（1522—1566），碑立于晋宁区。

著录于《新纂云南通志·金石考》。

1053 东岳庙记

撰者张含，嘉靖年间（1522—1566），碑立于隆阳区。

著录于《永昌府志》。

1054 万松堂记

撰者张含，嘉靖年间（1522—1566），碑立于鹤庆县。

著录于（乾隆）《丽江府志略》。

1055 文庙花木记

撰者雷应龙，嘉靖年间（1522—1566），碑立于巍山县。

著录于（康熙）《蒙化府志》。

1056 梧冈书院记

撰者杨士云，嘉靖年间（1522—1566），碑立于大理市。

著录于《新纂云南通志·金石考》。

1057 武安王庙记

撰者徐第，嘉靖年间（1522—1566），碑立于巍山县。

著录于《新纂云南通志·金石考》。

1058 隐寿翁妻赵氏墓铭

撰者杨士云，嘉靖年间（1522—1566），碑立于大理市。

著录于《新纂云南通志·金石考》。

1059 榆水龙关碑

撰者李元阳，嘉靖年间（1522—1566），碑立于大理市。

著录于《新纂云南通志·金石考》。

1060 重启儒学门记

撰者雷应龙，嘉靖年间（1522—1566），碑立于巍山县。

著录于（康熙）《蒙化府志》。

1061 颜洞记

撰者郎瑛，嘉靖年间（1522—1566），碑立于建水县。

著录于（民国）《续修建水县志稿》。

1062 杨慎刻岣嵝

撰者杨慎，嘉靖年间（1522—1566），碑立于安宁市、大理市。

著录于《新纂云南通志·金石考》。

1063 北胜州题名记

撰者黄科，嘉靖年间（1522—1566），碑立于永胜县。

著录于（乾隆）《永北府志》。

1064 陈毋欺先生墓表

撰者李宠，嘉靖年间（1522—1566），碑立于嵩明县。

著录于（康熙）《嵩明州志》。

1065 靖阳书院记

撰者唐时英，嘉靖年间（1522—1566），碑立于曲靖市。

著录于（天启）《滇志》。

1066 默游园记

撰者李元阳，嘉靖年间（1522—1566），碑立于大理市。

著录于《新纂云南通志》。

1067 瑞鹤观记

撰者杨慎，嘉靖年间（1522—1566），碑立于大理市。

著录于（天启）《滇志》。

1068 清溪洞记

撰者张敦仁，嘉靖年间（1522—1566），碑立于富源县。

著录于（光绪）《平彝县志》。

1069 鹿苑寺钟楼碑记

撰者杜云程，嘉靖年间（1522—1566），碑立于蒙自市。

著录于（乾隆）《蒙自县志》。

1070 明故石阡府菲庵黄先生墓表

撰者闵如霖，嘉靖年间（1522—1566），碑立于晋宁区。

著录于（道光）《晋宁州志》。

1071 碧峣精舍记

撰者杨慎，嘉靖年间（1522—1566），碑立于西山区。

著录于（天启）《滇志》。

1072 朝霞寺常住碑记

撰者樊巍，嘉靖年间（1522—1566），碑立于大理市。

见于《云南道教碑刻辑录》。

1073 关索岭碑记

撰者吕淮，嘉靖年间（1522—1566），碑立于玉溪市。

著录于《新兴州志》。

1074 缪文龙墓志铭

撰者刘辅，嘉靖年间（1522—1566），高 123 cm × 宽 56 cm，碑立于曲靖市。

见于《曲靖石刻》。

1075 威楚太守李公去思碑

撰者张含，嘉靖年间（1522—1566），碑立于楚雄市。

著录于（隆庆）《楚雄府志》。

1076 司训高公墓碑

撰者谢瓒，嘉靖年间（1522—1566），碑立于楚雄市。

著录于（宣统）《楚雄县志》。

1077 创建广通县学记

撰者张佳胤，嘉靖年间（1522—1566），碑立于禄丰县。

著录于（雍正）《云南通志》。

1078 姚安太守东洪杨公遮留碑

撰者李元阳，嘉靖年间（1522—1566），碑立于姚安县。

著录于（民国）《姚安县志》。

1079 王氏严慈行实碑铭

撰者刘景沂，书者安土，刻工王凤，楷书，嘉靖年间（1522—1566），高 134 cm×宽 60 cm，碑立于元谋县。

见于《楚雄历代碑刻》。

1080 赞杨文襄石刻联

撰者杨慎，楷书，嘉靖年间（1522—1566），高 175 cm×宽 35 cm，碑立于安宁市。

见于《安宁市文物志》。

1081 瑞泉寺创始记

撰者季常在，嘉靖年间（1522—1566），碑立于宾川县。

著录于《宾川县志》。

隆庆年间

1082 阿迷州通灵洞记

撰者邹应龙，隆庆元年（1567），碑立于开远市。

著录于（雍正）《阿迷州志》。

1083 遍照寺记

撰者李元阳，隆庆元年（1567），碑立于弥渡县。

著录于（万历）《云南通志》。

1084 隆庆元年圣旨碑

大理石，楷书，隆庆元年（1567），高 132 cm×宽 78 cm，碑立于洱源县。

见于《大理洱源县碑刻辑录》。

1085 敕褒南京户部四川清吏司郎中杨应东碑

楷书，隆庆元年（1567），高 116 cm×宽 56 cm，碑立于大理市。

见于《大理丛书·金石篇》。

注：原碑已佚，拓片藏今云南省大理市图书馆。

1086 楚雄府武侯祠记略

撰者徐栻，隆庆元年（1567），碑立于楚雄市。

著录于（隆庆）《楚雄府志》。

1087 点苍山玄真观碑

撰者李元阳，隆庆元年（1567），碑立于大理市。

著录于《新纂云南通志·金石考》。

1088 临安三洞记

撰者张佳胤，隆庆元年（1567），碑立于建水县。

著录于（嘉庆）《滇系》。

1089 天生桥石表记

撰者李元阳，隆庆元年（1567），碑立于大理市。

著录于《新纂云南通志·金石考》。

1090 重游石宝山记

撰者李元阳，刻工杨添祖，隆庆元年（1567），高 138 cm×宽 78 cm，碑立于剑川县。

著录于（万历）《云南通志》。

1091《游曹溪寺》诗摩崖

撰者见吾，行书，隆庆二年（1568），高 65 cm×宽 115 cm，碑立于安宁市。

著录于《新纂云南通志·金石考》。

1092 安宁温泉诗摩崖

撰者陈大宾，行书，隆庆二年（1568），碑立于安宁市。

著录于《新纂云南通志·金石考》。

1093 敕封孺人杨母阳氏墓志铭

撰者高對，书者李元阳，楷书，隆庆二年（1568），高 165 cm×宽 80 cm，碑立于大理市。

见于《大理丛书·金石篇》。

1094 创建鹤庆府太玄宫记

撰者李元阳，隆庆二年（1568），碑立于鹤庆县。

著录于（万历）《云南通志》。

1095 都指挥使司题名碑记

撰者陈善，隆庆二年（1568）。

著录于（天启）《滇志》。

1096 鹤庆府重修学庙记

撰者李元阳，隆庆二年（1568），高 158 cm×宽 98 cm，碑立于鹤庆县。

著录于（光绪）《鹤庆州志》。

1097 龙泉书院记

撰者杨守鲁，隆庆二年（1568），碑立于楚雄市。

著录于（隆庆）《楚雄府志》。

1098 守静庵常住记

撰者徐克迁，书者杨登，隆庆二年（1568），碑立于禄丰县。

著录于（康熙）《黑盐井志》。

1099 寿官杨孟昌之妻李氏之墓

大理石，楷书，隆庆二年（1568），高 41.5 cm×宽 38.5 cm，碑立于大理市。

见于《大理丛书·金石篇》。

1100 嵩明筑城记

撰者陈大宾，隆庆二年（1568），碑立于嵩明县。

著录于（康熙）《嵩明州志》。

1101 移建巡抚都察行院记

撰者严清，隆庆二年（1568）。

著录于（万历）《云南通志》。

1102 赵州学田记

撰者陈謨，隆庆三年（1569），高 156 cm×宽 55 cm，碑立于大理市。

见于《大理风仪古碑文集》。

1103 复性书院记

撰者郘连，隆庆三年（1569），碑立于鹤庆县。

著录于《新纂云南通志》。

1104 打牛坪行台记

撰者邹光祚，隆庆三年（1569），碑立于永平县。

著录于（万历）《云南通志》。

1105 广西按察司副使邵惟中诰命

楷书，隆庆三年（1569）。

著录于《新纂云南通志·金石考》。

1106 明志书院记

撰者李元阳，隆庆三年（1569），碑立于巍山县。

著录于（天启）《滇志》。

1107 木高碑

撰者木东，隆庆三年（1569），高 185 cm×宽 94 cm（拓片），碑立于丽江市。

见于《纳西族地区历代碑刻辑录与研究》。

1108 瑞云观记

撰者李元阳，刻工杨廷仝，隆庆三年（1569），碑立于大理市。

著录于（道光）《赵州志》。

1109 书阮霞皋墓

撰者李元阳，隆庆三年（1569），碑立于大理市。

著录于《新纂云南通志·金石考》。

注：《李元阳文集》作《书霞皋阮君墓》。

1110 赵时贤墓碑

隆庆三年（1569），碑立于昆明市。

著录于《新纂云南通志·金石考》。

1111 镇宁寺碑记

书者张秉义，楷书，隆庆三年（1569），高 93 cm × 宽 47 cm，碑立于大理市。

见于《大理丛书·金石篇》。

1112 处士杨君配阳氏合墓葬记

撰者张拱明，楷书，隆庆四年（1570），高 70 cm × 宽 38 cm，碑立于大理市。

见于《大理丛书·金石篇》。

注：原碑已佚，拓片藏今云南省大理市图书馆。

1113 大鼎山海潮寺碑记

撰者王士元，隆庆四年（1570），碑立于嵩明县。

著录于（康熙）《嵩明州志》。

1114 金华书院记

撰者李元阳，隆庆四年（1570），碑立于剑川县。

著录于（康熙）《剑川县志》。

1115 永昌光尊寺三教序

撰者邹光祚，隆庆四年（1570），高 220 cm × 宽 10 cm，碑立于隆阳区。

著录于《新纂云南通志·金石考》。

1116 永昌里社义仓记

撰者邹光祚，隆庆四年（1570），高 200 cm × 宽 92 cm × 厚 7 cm，碑立于隆阳区。

著录于（万历）《云南通志》。

1117 制永昌丽谯刻漏记

撰者邹光祚，正书，隆庆四年（1570），高 120 cm × 宽 66.7 cm，碑立于隆阳区。

著录于《新纂云南通志·金石考》。

1118 重修庙碑记

撰者周大贤，刻工杨遇春，隆庆四年（1570），高 135 cm × 宽 57 cm，碑立于玉溪市。

见于《玉溪碑刻选集》。

1119 重建通海秀山涌金禅林碑记

撰者陈其力，青石，隆庆五年（1571），高 186 cm × 宽 87 cm × 厚 16 cm，碑立于通海县。

见于《通海历代碑刻集》。

1120 寂光开山定堂禅师塔铭

撰者李元阳，隆庆五年（1571），碑立于嵩明县。

著录于（民国）《嵩明县志》。

1121 寂光寺碑

撰者李元阳，书者李元阳，楷书，隆庆五年（1571），高 134 cm × 宽 62 cm × 厚 7 cm，碑立于宾川县。

著录于《新纂云南通志·金石考》。

1122 建武定城恒府治记

撰者陈善，隆庆五年（1571），碑立于武定县。

著录于（万历）《云南通志》。

1123 普淜三元宫碑记

书者李元阳，楷书，隆庆五年（1571），高 106 cm × 宽 46 cm，碑立于祥云县。

见于《云南道教碑刻辑录》。

1124 狮山邓世彦诗碑

撰者邓世彦，书者邓世彦，行书，隆庆五年（1571），高 167 cm × 宽 57 cm，碑立于武定县。

见于《楚雄历代碑刻》。

1125 **改土设流功德碑**

撰者邓世彦，隆庆五年（1571），碑立于武定县。

著录于（康熙）《武定府志》。

1126 **许功高题兰津桥诗**

撰者许功高，隆庆五年（1571），高80 cm×宽152 cm，碑立于保山市。

见于《保山碑刻》。

1127 **选兵靖寇碑**

撰者万文彩，隆庆五年（1571），碑立于建水县。

著录于（康熙）《建水州志》。

1128 **增修观音山寺记**

隆庆五年（1571），碑立于西山区。

见于《西山区文物志》。

1129 **秀山涌金寺大雄殿阁碑记**

撰者缪宗周，隆庆五年（1571），碑立于通海县。

著录于（康熙）《通海县志》。

注：另有时间记载为嘉靖四十五年（1566），待考。

1130 **重修九龙池沟道记**

撰者陈善，书者朱奎，楷书，隆庆五年（1571），高267 cm×宽120 cm×厚11 cm，碑立于隆阳区。

著录于（万历）《云南通志》。

1131 **澄江祠碑**

撰者徐中行，隆庆六年（1572），碑立于澄江县。

著录于（万历）《云南通志》。

1132 **处士福轩杨公墓志铭**

撰者杨彦，隆庆六年（1572），高72 cm×宽42 cm，碑立于大理市。

见于《大理丛书·金石篇》。

注：原碑已佚，拓片藏今云南省大理市图书馆。

1133 **大理府重修儒学增置学田记**

撰者李元阳，隆庆六年（1572），碑立于大理市。

著录于（嘉庆）《滇系》。

1134 **奉政大夫芳茅朱公李宜人合葬碑**

撰者李元阳，书者李元阳，正书，隆庆六年（1572），碑立于巍山县。

著录于《新纂云南通志·金石考》。

1135 **副都御史赵雪屏先生汝濂墓志铭**

撰者李元阳，隆庆六年（1572），碑立于大理市。

著录于（乾隆）《大理府志》。

1136 **广西府筑城记**

撰者陈时范，隆庆六年（1572），碑立于泸西县。

著录于（天启）《滇志》。

注：时间记载不一致，又有记万历元年（1573），见《泸西县志》（1992）。

1137 **横山水洞记**

撰者徐中行，隆庆六年（1572），碑立于西山区。

著录于（天启）《滇志》。

1138 **横山水洞记**

撰者罗元祯，隆庆六年（1572），碑立于西山区。

著录于（天启）《滇志》。

1139 **建澄江府城记**

撰者陈善，隆庆六年（1572），碑立于澄江县。

著录于（天启）《滇志》。

1140 **明湖洲杨翁偕配寿藏表**

撰者李元阳，书者杨鹤龄，行楷，隆庆六年（1572），高72 cm×宽50 cm，碑立于大理市。

见于《大理丛书·金石篇》。

注：原碑已佚，拓片藏今云南省大理市图书馆。

1141 迁建大理府治记

撰者李元阳，隆庆六年（1572），碑立于大理市。

著录于（天启）《滇志》。

1142 书淑洲杨君墓版

撰者李元阳，行书，隆庆六年（1572），高 76 cm × 宽 43 cm，碑立于大理市。

见于《大理丛书·金石篇》。

注：原碑已佚，拓片藏今云南省大理市图书馆。

1143 太和县儒学记

撰者陈春，隆庆六年（1572），碑立于大理市。

著录于（万历）《云南通志》。

1144 西安府同知蒙化朱芳茅光霁墓志铭

撰者李元阳，隆庆六年（1572），碑立于巍山县。

著录于《新纂云南通志·金石考》。

1145 中军营记

撰者葛纶，隆庆六年（1572）。

著录于（万历）《云南通志》。

1146 重修圆通寺功德碑记

撰者蒋重，隆庆六年（1572），碑立于禄丰县。

著录于（康熙）《黑盐井志》。

1147 邹应龙石柱

隆庆六年（1572），碑立于易门县。

著录于（光绪）《云南通志》。

1148 镜湖洞记

撰者曾倬，隆庆年间（1567—1572），碑立于石屏县。

著录于（康熙）《建水州志》。

1149 三教阁记

撰者李元阳，隆庆年间（1567—1572），碑立于宾川县。

著录于《新纂云南通志·金石考》。

1150 邵惟中敕封碑

撰者明穆宗，隆庆年间（1567—1572），残高 115 cm × 宽 58 cm，碑立于隆阳区。

见于《隆阳碑铭石刻》。

1151 重修钵盂庵记

撰者李元阳，隆庆年间（1567—1572），碑立于楚雄市。

著录于（万历）《云南通志》。

万历年间

1152 标楞寺碑记

撰者李元阳，书者李元阳，大理石，楷书，万历元年（1573），高 123 cm × 宽 53 cm × 厚 7 cm，碑立于洱源县。

著录于（康熙）《续修浪穹县志》。

1153 都察院续题名记

撰者郭斗，万历元年（1573）。

著录于（天启）《滇志》。

1154 洱海兵备道铁索箐军营厅壁记

撰者李元阳，万历元年（1573），碑立于宾川县。

著录于（雍正）《宾川州志》。

1155 菲庵黄公乡贤祠记

撰者林一新，万历元年（1573），碑立于晋宁区。

著录于（康熙）《晋宁州志》。

1156 改建大理府治记

撰者李元阳，万历元年（1573），碑立于大理市。

著录于（万历）《云南通志》。

1157 觉罗村田地界际碑

万历元年（1573），高 87 cm × 宽 55 cm，碑立于玉溪市。

见于《玉溪碑刻选集》。

1158 明处士董碧潭公墓志铭

撰者夏邦谟，楷书，万历元年（1573），高 73 cm × 宽 46 cm，碑立于大理市。

见于《大理丛书 · 金石篇》。

注：原碑已佚，拓片藏今云南省大理市图书馆。

1159 普济大愿碑

撰者宋兴祖，万历元年（1573），碑立于宾川县。

著录于（民国）《宾川县志稿》。

1160 铁索川平贼记

撰者李元阳，万历元年（1573），碑立于宾川县。

著录于（雍正）《宾川州志》。

1161 万古传留碑

万历元年（1573）。

见于《峨山彝族自治县志》。

1162 西南岳镇堂记

撰者徐中行，万历元年（1573）。

著录于（万历）《云南通志》。

1163 巡抚邹应龙平寇碑

撰者李元阳，万历元年（1573），碑立于宾川县。

著录于（雍正）《宾川州志》。

1164 重浚海口记

撰者方良曙，万历元年（1573），碑立于西山区。

著录于（天启）《滇志》。

注：时间又有记万历三年（1575）。

1165 邹应龙平定碑

万历元年（1573），高 205 cm × 宽 80 cm × 厚 15 cm，碑立于蒙自市。

著录于（光绪）《云南县志》。

1166 永济桥碑记

撰者李元阳，书者李元阳，大理石，楷书，高 125 cm × 宽 53.5 cm，碑立于巍山县。

著录于（康熙）《蒙化府志》。

注：立碑时间在万历元年（1573）或万历二年（1574）。

1167 守备陈君善职序

撰者李元阳，万历二年（1574），碑立于宾川县。

著录于（雍正）《宾川州志》。

1168 法明寺恢复常住碑记

万历二年（1574），碑立于宜良县。

著录于《新纂云南通志 · 金石考》。

1169 建漾濞守备署记

撰者李元阳，万历二年（1574），碑立于漾濞县。

著录于《新纂云南通志 · 金石考》。

1170 昆阳迁治记

撰者萧茽，万历二年（1574），碑立于晋宁区。

著录于（光绪）《云南通志》。

1171 寿堂苏公孺人赵氏墓志铭

楷书，万历二年（1574），高 99 cm × 宽 45 cm，碑立于大理市。

见于《大理丛书 · 金石考》。

注：原碑已佚，拓片藏今云南省大理市图书馆。

1172《题通灵洞》诗碑

撰者邹应龙，书者黄罗星，刻工黄罗星，万历二年（1574），碑立于开远市。

著录于《新纂云南通志 · 金石考》。

1173 秀登山即事二首

撰者陈明旸，万历二年（1574），高 159 cm × 宽 66 cm，碑立于通海县。

见于《通海历代碑刻集》。

1174 元武洞碑记

撰者唐之夔，万历二年（1574），碑立于玉溪市。

著录于（民国）《续修易门县志》。

1175 楚雄青龙桥记

撰者李元阳，万历三年（1575），碑立于楚雄市。

著录于（嘉庆）《楚雄县志》。

1176 新建凤翔寺碑记

撰者郭斗，楷书，万历三年（1575），高 224 cm × 宽 110 cm，碑立于澄江县。

著录于（康熙）《河阳县志》。

1177 马龙州中和山现瑞记

撰者李元阳，万历三年（1575），碑立于马龙区。

著录于《新纂云南通志·金石考》。

1178 文公生祠碑记

撰者张一鹤，万历三年（1575），碑立于通海县。

著录于（康熙）《河西县志》。

1179 云南省城昆明县地藏寺记

撰者李元阳，万历三年（1575），碑立于昆明市。

著录于《新纂云南通志·金石考》。

1180 重修佛图塔记

撰者赵纯一，大理石，楷书，万历三年（1575），高 98 cm × 宽 69 cm，碑立于大理市。

见于《大理丛书·金石篇》。

1181《叠水河观瀑》诗刻

撰者罗汝芳，刻工张治方，分书，万历四年（1576），碑立于腾冲市。

著录于《新纂云南通志·金石考》。

1182 大理造舆梁碑

撰者李元阳，万历四年（1576），碑立于大理市。

著录于《新纂云南通志·金石考》。

1183 副都御史曲靖唐子才先生时英墓表

撰者李元阳，万历四年（1576），碑立于曲靖市。

著录于（咸丰）《南宁县志》。

1184 湖广参议高云川先生尌墓志铭

撰者李元阳，万历四年（1576），碑立于大理市。

著录于《滇系》。

1185 明敕封文林郎知县致仕八十三翁史城杨公墓志铭

撰者李元阳，楷书，万历四年（1576），高 98 cm × 宽 43 cm，碑立于大理市。

见于《大理丛书·金石篇》。

注：原碑已佚，拓片藏今云南省大理市图书馆。

1186 肃政使白岳王公息患记

撰者李元阳，万历四年（1576），碑立于大理市。

著录于《新纂云南通志·金石考》。

1187 文峰塔记

撰者王士性，万历四年（1576），碑立于祥云县。

著录于（光绪）《云南县志》。

1188 明总旗府君董公墓表

撰者董卿，楷书，万历四年（1576），高 74 cm × 宽 40 cm，碑立于大理市。

见于《大理丛书·金石篇》。

注：原碑已佚，拓片藏今云南省大理市图书馆。

1189 鹤庆府题名碑

撰者李元阳，万历五年（1577），碑立于鹤庆县。

著录于《新纂云南通志·金石考》。

1190 建昌教授剑川张东山时宜墓志铭

撰者李元阳，万历五年（1577），碑立

于鹤庆县。

著录于《新纂云南通志·金石考》。

1191 郡侯阿氏世谱碑记

撰者李元阳，书者苏湖，大理石，楷书，万历五年（1577），高 155 cm × 宽 71 cm × 厚 18.5 cm，碑立于洱源县。

见于《大理丛书·金石篇》。

1192 弥勒五山兵备道明文碑

万历五年（1577），高 248 cm × 宽 90 cm × 厚 20 cm，碑立于弥勒市。

见于《弥勒文物志》。

1193 让公庵记

撰者李元阳，万历五年（1577），高 100 cm × 宽 45 cm，碑立于洱源县。

见于《大理丛书·金石篇》。

1194 通海秀山涌金禅林常住碑记

撰者陈其力，正书，万历五年（1577），碑立于通海年。

著录于《新纂云南通志·金石考》。

1195 增修寂照庵梵宇记

撰者闵宽，万历五年（1577），碑立于禄丰县。

著录于（康熙）《广通县志》。

1196 芝泉庵记

撰者李元阳，万历五年（1577），碑立于宾川县。

著录于《新纂云南通志·金石考》。

1197 忠义神祠碑记

撰者蒋重，万历五年（1577），碑立于禄丰县。

著录于（康熙）《黑盐井志》。

1198 重建香崖阁记

撰者陈其力，万历五年（1577），高 125 cm × 宽 50 cm，碑立于通海县。

见于《通海历代碑刻集》。

1199 重修三元宫碑记

撰者李南乔，万历五年（1577），碑立于新平县。

著录于（康熙）《新平县志》。

1200 分守道鹤庆公署记

撰者李元阳，万历六年（1578），碑立于鹤庆县。

著录于（民国）《鹤庆县志》。

1201 奉政大夫吴宗尧墓志铭

撰者李元阳，万历六年（1578），碑立于腾冲市。

见于《腾冲名碑集释》。

1202 李元阳、陈彝典合作吴宗尧墓志铭

撰者李元阳，万历六年（1578），高 71 cm × 宽 71 cm，碑立于保山市。

见于《保山碑刻》。

注：《奉政大夫吴宗尧墓志铭》《李元阳、陈彝典合作吴宗尧墓志铭》疑为同一碑刻，碑名相异。

1203 鸡足山迦叶院记

者李元阳，正书，万历六年（1578），碑立于宾川县。

著录于《新纂云南通志·金石考》。

1204 盘龙寺重建三祖禅院碑记

撰者黄明良，书者黄明翊，分书，万历六年（1578），碑立于晋宁区。

著录于（道光）《晋宁州志》。

1205 疏河益耕水利碑记

万历六年（1578），高 182 cm × 宽 61.5 cm，碑立于保山市。

见于《保山碑刻》。

1206 疏河益沟水利碑记额

万历六年（1578），高 177 cm × 宽 57 cm，碑立于隆阳区。

见于《隆阳碑铭石刻》。

1207 铜壶滴漏记

撰者许宗鲁，万历六年（1578），碑立于建水县。

著录于（康熙）《建水州志》。

1208 游天台观诗碑

撰者李元阳，万历六年（1578），高150 cm×宽77 cm，碑立于大理市。

见于《云南道教碑刻辑录》。

1209 重修南山庙碑记

撰者曾仕，万历六年（1578），碑立于禄丰县。

著录于（康熙）《黑盐井志》。

1210《登盘龙山纪事》诗石刻

撰者刘维，行书，万历七年（1579），碑立于晋宁区。

著录于《新纂云南通志·金石考》。

1211 敕赠李子明夫妇碑

楷书，万历七年（1579），高132 cm×宽58 cm，碑立于大理市。

见于《大理丛书·金石篇》。

注：原碑已佚，拓片藏今云南省大理市图书馆。

1212 地藏院记

书者李元阳，大理石，楷书，万历七年（1579），高60 cm×宽50 cm，碑立于大理市。

见于《大理丛书·金石篇》。

1213 访寂空上人诗碑

撰者李元阳，书者李元阳，行书，万历七年（1579），高50 cm×宽50 cm，碑立于大理市。

见于《大理丛书·金石篇》。

1214 李氏祠堂家谱书院义田集录

撰者李五芳，楷书，万历七年（1579），高118 cm×宽77 cm，碑立于大理市。

见于《大理丛书·金石篇》。

注：原碑已佚。

1215 寿国堂记

撰者李元阳，万历七年（1579），碑立于大理市。

著录于《新纂云南通志·金石考》。

1216 宜园仙馆刻石

正书，万历七年（1579）。

著录于《新纂云南通志·金石考》。

1217 游秀山碑记

撰者顾养谦，万历七年（1579），碑立于玉溪市。

著录于（康熙）《通海县志》。

1218 游秀山诗一首

撰者刘维，万历七年（1579），高54 cm×宽81 cm，碑立于通海县。

见于《通海历代碑刻集》。

1219 谕祭唐时英碑

撰者李良臣，万历七年（1579），碑立于曲靖市。

著录于《新纂云南通志·金石考》。

1220 八角庵碑记

大理石，楷书，万历八年（1580），高96 cm×宽51 cm，碑立于宾川县。

见于《大理丛书·金石篇》。

1221 北极寺记

撰者李元阳，书者杨丞第，大理石，楷书，万历八年（1580），高130 cm×宽48 cm，碑立于云龙县。

见于《大理丛书·金石篇》。

1222 传灯寺常住碑记

万历八年（1580），高96 cm×宽41 cm×厚8 cm，碑立于宾川县。

见于《宾川丛书·金石篇》。

1223 翠屏草堂记

撰者李元阳，万历八年（1580），碑立于大理市。

著录于（嘉庆）《滇系》。

1224 大明李文肃公墓志铭

大理石，楷书，万历八年（1580），高49 cm×宽 54 cm，碑立于大理市。

见于《大理丛书·金石篇》。

1225 大士庵常住碑记（察院碑记）

万历八年（1580），高 93 cm×宽 50 cm，碑立于大理市。

见于《宾川丛书·金石篇》。

1226 大营街清虚阁碑记

撰者柳芳阳，万历八年（1580）。

见于《云南道教碑刻辑录》。

1227 登盘龙山记

撰者李文续，正书，万历八年（1580），碑立于晋宁区。

著录于《新纂云南通志·金石考》。

1228 甸直牧场判碑

撰者陈克俟，万历八年（1580），高152 cm×宽 53 cm，碑立于腾冲市。

见于《腾冲名碑集释》。

1229 府县报功祠记

撰者李元阳，万历八年（1580），碑立于大理市。

著录于《新纂云南通志·金石考》。

1230 光明宫记

撰者李赞，万历八年（1580），碑立于姚安县。

著录于（道光）《姚州志》。

1231 禄劝州建城碑记

撰者胡心得，万历八年（1580），碑立于禄劝县。

著录于（康熙）《武定府志》。

1232 明世宰舍义官字君偕配墓志铭

撰者李元阳，书者杨承第，刻工杨合，楷书，万历八年(1580)，高 97 cm×宽 45 cm，碑立于大理市。

见于《大理丛书·金石篇》。

1233 明寿官静庵杨君寿藏表

撰者李元阳，万历八年（1580），高120 cm×宽 50 cm，碑立于隆阳区。

见于《隆阳碑铭石刻》。

1234 木东碑

撰者木旺，万历八年（1580），碑立于丽江市。

见于《纳西族地区历代碑刻辑录与研究》。

1235 天子洞摩崖诗刻

撰者复吾，万历八年（1580），碑立于鹤庆县。

见于《鹤庆碑刻辑录》。

1236 新迁安宁关公祠记

撰者方沅，万历八年（1580），碑立于安宁市。

著录于（雍正）《安宁州志》。

1237 游浚泉亭记

撰者刘维，万历八年（1580），碑立于武定县。

著录于（康熙）《武定府志》。

1238 游青玄洞

撰者豫章山人，万历八年（1580）。

见于《云南道教碑刻辑录》。

1239 圆通庵常住碑记

大理石，楷书，万历八年（1580），高95 cm×宽 48 cm，碑立于宾川县。

见于《鸡足山志》。

1240 张思叔座右铭

青石，楷书，书者刘维，万历八年（1580），高 200 cm × 宽 105 cm × 厚 20 cm，碑立于大理市。

见于《大理丛书·金石篇》。

1241 重建晋宁州公署记

撰者杨茂，万历八年（1580），碑立于晋宁区。

著录于（乾隆）《晋宁州志》。

1242 敕建报功祠祀田碑记

撰者孔宗海，万历九年（1581），碑立于大理市。

著录于（康熙）《大理府志》。

1243 新建元江文昌宫记

撰者陈仕良，正书，万历九年（1581），碑立于元江县。

著录于《新纂云南通志·金石考》。

1244 隐君升桥先生及孺人李氏合葬墓志铭

撰者杨汝听，楷书，万历九年（1581），高 76 cm × 宽 43 cm，碑立于大理市。

见于《大理丛书·金石篇》。

注：原碑已佚，拓片藏今云南省大理市下关图书馆。

1245 重建秀山白龙神祠碑记

撰者陈其力，万历九年（1581），高 134 cm × 宽 80 cm，碑立于通海县。

见于《通海历代碑刻集》。

1246 重修瓦仓营土主庙碑记

撰者李载贽，万历九年（1581），高 186 cm × 宽 60 cm。

见于《云南道教碑刻辑录》。

1247 傅公祠记

撰者冯时可，万历十年（1582），碑立于保山市。

著录于（天启）《滇志》。

1248 明县博竹溪杨先生偕孺人尹氏合葬墓志铭

撰者杨应东，楷书，万历十年（1582），高 77 cm × 宽 37 cm，碑立于大理市。

见于《大理丛书·金石篇》。

注：原碑已佚，拓片藏今云南省大理市图书馆。

1249 甸尾山照碑

撰者王有仁，书者王有仁，大理石，楷书，万历十年（1582），高 82 cm × 宽 60 cm × 厚 4 cm，碑立于宾川县。

见于《宾川丛书·金石篇》。

1250 石旧县武侯祠碑记

撰者何守拙，万历十年（1582），碑立于武定县。

著录于（康熙）《武定府志》。

1251 文殊寺碑记

撰者何守拙，万历十年（1582），碑立于禄劝县。

著录于（民国）《禄劝县志》。

1252 永昌文昌宫记

撰者胡心得，书者郑宗学，刻工俞胤元，正书，万历十年（1582），碑立于保山市。

著录于《新纂云南通志·金石考》。

1253 永昌文昌宫疏

撰者邵惟中，正书，万历十年（1582），碑立于保山市。

著录于《新纂云南通志·金石考》。

1254 山场纠纷判处碑

砂岩，行书，万历十一年（1583），高 116 cm × 宽 60 cm，碑立于牟定县。

见于《楚雄历代碑刻》。

1255 **创建广通县万寿寺记**

撰者谭敷能，万历十一年（1583），碑立于禄丰县。

著录于（康熙）《广通县志》。

1256 **烈妇任氏墓碑**

撰者王任重，万历十一年（1583），碑立于曲靖市。

著录于（咸丰）《南宁县志》。

1257 **隆阳水头张姓祖祠碑**

万历十一年（1583），高 197 cm×宽 66 cm，碑立于隆阳区。

见于《保山碑刻》。

1258 **烹象处**

撰者邓子龙，万历十一年（1583），高 156 cm×宽 88 cm，碑立于施甸县。

见于《施甸碑铭录》。

1259 **云集刹碑记**

撰者杨效甫，正书，万历十一年（1583），碑立于玉溪市。

著录于《新纂云南通志·金石考》。

1260 **南中书院记**

撰者董金，万历十二年（1584），碑立于姚安县。

著录于（道光）《姚州志》。

1261 **望秀山观海**

撰者牛可□，万历十二年（1584），高 122 cm×宽 57 cm，碑立于通海县。

见于《通海历代碑刻集》。

1262 **威远营誓众碑**

撰者刘绖，正书，万历十二年（1584），碑立于腾冲市。

著录于《新纂云南通志·金石考》。

1263 **封赠何文极父母碑**

楷书，万历十三年（1585），高 137 cm×宽 75 cm，碑立于大理市。

见于《大理丛书·金石篇》。

1264 **明安宁州外翰李君墓志铭**

撰者秦耀，万历十三年（1585），碑立于隆阳区。

见于《隆阳碑铭石刻》。

1265 **重建普贤寺记**

撰者王诤臣，书者张觐宸，楷书，万历十三年（1585），高 53 cm×宽 100 cm，碑立于大理市。

见于《大理丛书·金石篇》。

1266 **重修太玄宫碑记**

撰者查伟，万历十三年（1585），碑立于鹤庆县。

见于《鹤庆碑刻辑录》。

1267 **昆阳州儒学记**

撰者严清，万历十四年（1586），碑立于晋宁区。

著录于（天启）《滇志》。

1268 **姚关偃草坡记**

撰者萧莳，万历十四年（1586），碑立于隆阳区。

见于《隆阳碑铭石刻》。

1269 **盘龙寺新建接引佛碑记**

撰者唐尧官，万历十五年（1587），碑立于晋宁区。

著录于（康熙）《晋宁州志》。

1270 **恤忠祠碑记**

撰者李士达，万历十五年（1587），高 217 cm×宽 95 cm，碑立于施甸县。

见于《施甸碑铭录》。

1271 **颢穹宫常住碑记**

撰者陈其力，万历十六年（1588），高 140 cm×宽 57 cm，碑立于通海县。

著录于（康熙）《通海县志》。

1272 **重修宝山寺碑记**

万历十六年（1588），高 215 cm × 宽 73 cm，碑立于施甸县。

见于《施甸碑铭录》。

1273 **建西河永春桥记**

撰者张烈文，书者刘师颜，正书，万历十六年（1588），高 120 cm × 宽 67 cm，碑立于巍山县。

著录于（康熙）《蒙化府志》。

1274 **姚州土官高竹亭墓碑**

撰者董金，万历十六年（1588），碑立于姚安县。

著录于（民国）《姚安县志》。

1275 **游陶道人庵观桃诗刻**

书者庄诚，行书，万历十六年（1588），碑立于大理市。

著录于《新纂云南通志·金石考》。

1276 **玉皇阁常住田碑记**

楷书，万历十七年（1589），高 94 cm × 宽 55 cm，碑立于武定县。

见于《楚雄历代碑刻》。

1277 **邓子龙别清平洞**

撰者邓子龙，万历十七年（1589），高 40 cm × 宽 60 cm，碑立于保山市。

见于《施甸县志》。

1278 **晋宁州乡贤记**

撰者李枚，行书，万历十七年（1589），碑立于晋宁区。

著录于（康熙）《晋宁州志》。

1279 **明处士月潭杨公配孺人杨氏寿志铭**

撰者杨凤池，楷书，万历十七年（1589），高 72 cm × 宽 36 cm，碑立于大理市。

见于《大理丛书·金石考》。

注：原碑已佚，拓片藏今云南省大理市图书馆。

1280 **盘龙寺常住碑**

青石，万历十七年（1589），高 242 cm × 宽 81 cm，碑立于晋宁区。

见于《晋宁文史资料选辑·文物专辑》（第十七辑）。

1281 **迁建城隍庙记**

撰者龙起春，万历十七年（1589），碑立于禄丰县。

著录于（康熙）《广通县志》。

1282 **武定狮山玉皇阁常住田碑记**

万历十七年（1589），高 194 cm × 宽 55 cm。

见于《云南道教碑刻辑录》。

1283 **新建会真楼记**

撰者邵惟中，正书，万历十七年（1589），高 188 cm × 宽 80 cm，碑立于保山市。

著录于《新纂云南通志·金石考》。

1284 **重修碧鸡山华亭寺碑**

撰者方沆，刻工龙应时，楷书，万历十七年（1589），高 210 cm × 宽 77 cm，碑立于西山区。

著录于（天启）《滇志》。

1285 **觉显复第塔记（正面）**

撰者木万春（木旺），汉白玉，楷书，万历十八年（1590），高 80 cm × 宽 186 cm × 厚 12 cm，碑立于丽江市。

见于《丽江纳西族自治县志》。

1286 **邵惟忠墓表**

撰者萧良有，书者杨魏，刻工沈鲤，楷书，万历十八年（1590），高 180 cm × 宽 97 cm，碑立于保山市。

见于《隆阳碑铭石刻》。
注：碑名记载有出入。

1287 **万寿寺常住碑记**

撰者龙起春，万历十八年（1590），碑立于禄丰县。
著录于（康熙）《广通县志》。

1288 **严恭肃公墓志铭**

撰者王锡爵，万历十八年（1590），碑立于昆明市。
著录于（光绪）《云南通志》。

1289 **严恭肃公谕祭碑**

万历十八年（1590），碑立于昆明市。
著录于（光绪）《云南通志》。

1290 **惠渠记**

撰者王利宾，书者郭寓青，万历十八年（1590），高 126 cm × 宽 60 cm，碑立于弥渡县。
见于《弥渡古代碑刻辑释》。

1291 **巧邑水利碑**

万历十八年（1590），高 126 cm × 宽 60 cm，碑立于弥渡县。
见于《弥渡古代碑刻辑释》。

1292 **天柱岩石刻群题记**

撰者庄诚，刻工李时相、堇遇时、刘尚义万历十八年（1590），碑立于弥渡县。
见于《弥渡古代碑刻辑释》。

1293 **云南人捐造武当山金殿铜栏杆铭文**

万历十八年至十九年（1590—1591）。
见于《云南道教碑刻辑录》。

1294 **黄坪川寿藏记**

撰者刘世盛，大理石，楷书，万历十九年（1591），高 92 cm × 宽 52 cm，碑立于南华县。
见于《楚雄历代碑刻》。

1295 **建社学碑记**

撰者朱琏，万历十九年（1591），碑立于陆良县。
著录于（乾隆）《陆凉州志》。

1296 **刘拱朝捐资碑**

行书，万历十九年（1591），碑立于宜良县。
著录于《新纂云南通志·金石考》。

1297 **鸣鼓营碑记**

撰者邓子龙，刻工李清正，正书，万历十九年（1591），高 140 cm × 宽 70 cm × 厚 10 cm，碑立于新平县。
著录于（康熙）《新平县志》。

1298 **明武德将军西溪陈侯墓表**

万历十九年（1591），高 143 cm × 宽 56 cm × 厚 8.5 cm，碑立于宾川县。
见于《宾川丛书·金石篇》。

1299 **普照寺建修碑**

万历十九年（1591），高 92 cm × 宽 64 cm，碑立于官渡区。
见于《羊甫村志》。

1300 **姚州署记**

撰者吕应诏，万历十九年（1591），碑立于姚安县。
著录于（道光）《姚州志》。

1301 **恩荣将士郎鹤庵辛老先生墓表**

撰者朱化孚，万历二十年（1592），碑立于隆阳区。
见于《隆阳碑铭石刻》。

1302 **觉显塔寺记（背面）**

撰者孙愈贤，万历二十年（1592），高 80 cm × 宽 186 cm × 厚 12 cm，碑立于丽江市。
见于《丽江纳西族自治县志》。
注：碑立于万历十八年（1590），刻于《觉显复第塔记》碑背面。

1303 **神禹碑**

正书，万历二十年（1592），碑立于洱源县。

著录于《新纂云南通志·金石考》。

1304 ***水西大渡河建石桥记**

撰者斋墨，万历二十年（1592），高 223 cm × 宽 83 cm，碑立于大方县。

著录于《大定府志》。

注：大方县现属贵州。

1305 **太仆寺卿涂公时相墓碑**

撰者李犹龙，万历二十年（1592），碑立于石屏县。

著录于（民国）《石屏县志》。

1306 **游鸡足山记**

撰者王士性，正书，万历二十年（1592），碑立于宾川县。

著录于（天启）《滇志》。

1307 **重修四圣殿记**

撰者段聘仪，正书，万历二十年（1592），碑立于宜良县。

著录于《新纂云南通志·金石考》。

1308 **朱氏墓表**

撰者许宗鲁，万历二十年（1592），高 160 cm × 宽 66 cm × 厚 20 cm，碑立于巍山县。

著录于（康熙）《蒙化府志》。

1309 **寄新建西林禅寺记**

楷书，万历二十一年（1593），高 120 cm × 宽 98 cm，碑立于武定县。

见于《威楚遗韵》。

1310 **万华馆记**

撰者漆文昌，刻工邓崇，正书，万历二十一年（1593），高 206 cm × 宽 63 cm，碑立于腾冲市。

著录于《云南腾越州志》。

1311 **武安王庙碑记**

撰者朱琏，万历二十一年（1593），碑立于陆良县。

著录于（道光）《陆凉州志》。

1312 **斗阁记**

撰者李升瑚，万历二十二年（1594），碑立于泸西县。

著录于（康熙）《广西府志》。

1313 **河上洞记**

撰者刘珍，万历二十二年（1594），碑立于富民县。

著录于（康熙）《富民县志》。

1314 **湖广参议杨廷相墓表**

撰者包见捷，万历二十二年（1594），碑立于建水县。

著录于（民国）《石屏县志》。

1315 **李侯重修法明寺碑记**

青石，撰者苗孟龙，万历二十二年（1594），高 173 cm × 宽 67 cm，碑立于宜良县。

著录于《新纂云南通志·金石考》。

1316 **新建普集庵记**

撰者闵宽，万历二十二年（1594），碑立于禄丰县。

著录于（康熙）《广通县志》。

1317 **新建曲江桥记**

撰者沈正隆，万历二十二年（1594），碑立于建水县。

著录于（康熙）《建水州志》。

1318 **选贡艾自新墓表**

撰者费炳，万历二十二年（1594），碑立于洱源县。

著录于（光绪）《云南通志》。

1319 **杖泉庵碑记**

撰者梁国相，万历二十二年（1594），

碑立于禄丰县。

著录于（康熙）《黑盐井志》。

1320 重修法明寺文殊殿碑记

撰者陈文华，万历二十二年（1594），碑立于宜良县。

著录于（民国）《宜良县志》。

1321 晋宁州题名碑记

正书，万历二十三年（1595），碑立于晋宁区。

著录于《新纂云南通志·金石考》。

1322 圆觉庵常住碑记

撰者杨世华，万历二十三年（1595），碑立于鹤庆县。

著录于（民国）《鹤庆县志》。

1323 慧明禅寺碑记

撰者孙学易，大理石，楷书，万历二十四年（1596），高 150 cm × 宽 62 cm，碑立于巍山县。

著录于（康熙）《蒙化府志》。

1324 罗江墓志铭

大理石，楷书，万历二十四年（1596），高 101 cm × 宽 76 cm × 厚 8.5 cm，碑立于洱源县。

见于《大理丛书·金石篇》。

1325 马龙文庙铜鼎

万历二十四年（1596），碑立于马龙区。

著录于《新纂云南通志·金石考》。

1326 天生寺碑记

撰者田芝，万历二十四年（1596），碑立于大理市。

著录于（乾隆）《赵州志》。

1327 徐公偕配寿藏铭

撰者毛如锦，楷书，万历二十四年（1596），高 79 cm × 宽 40 cm，碑立于洱源县。

见于《大理丛书·金石篇》。

1328 永惠坝碑记

撰者闫应儒，万历二十四年（1596），碑立于泸西县。

著录于（康熙）《广西府志》。

1329 重修宝洪山报国寺碑记

正书，万历二十四年（1596），碑立于宜良县。

著录于《新纂云南通志·金石考》。

1330 重修温泉寺碑记（一）

撰者真澄，书者耿文灿，刻工广连、广受、惟善，砂石，楷书，万历二十四年（1596），高 150 cm × 宽 70 cm，碑立于宜良县。

见于《宜良碑刻增补本》（上）。

1331 三社仓记

撰者萧廷对，万历二十五年（1597），碑立于石屏县。

著录于（乾隆）《石屏州志》。

1332 张立扬登狮山诗碑

撰者张立扬，书者张鸾松，刻工钱兆闽，行草，万历二十五年（1597），高 170 cm × 宽 93 cm，碑立于武定县。

见于《狮子山志》。

1333 重建武安王庙碑记

撰者沐昌祚，砂石，楷书，万历二十五年（1597），高 215 cm × 宽 68 cm，碑立于五华区。

著录于（民国）《昆明市志》。

1334 重修仙鹤寺大殿记

撰者孙应轸，正书，万历二十五年（1597），碑立于晋宁区。

著录于《新纂云南通志·金石考》。

1335 广利坝碑记

撰者张光守，万历二十六年（1598），碑立于泸西县。

著录于（乾隆）《广西府志》。

1336 美斋居士杨来凤自叙安居域

撰者杨来凤，楷书，万历二十六年（1598），高 77 cm × 宽 37 cm，碑立于大理市。

见于《大理丛书 · 金石篇》。

注：原碑已佚，拓片藏今云南省大理市图书馆。

1337 颜科碑

万历二十六年（1598），碑立于石屏县。

著录于（民国）《石屏县志》。

1338 封赠母氏何氏张氏诰制碑

撰者史旌贤，万历二十六年（1598），碑立于宾川县。

见于《宾川丛书 · 金石篇》。

1339 性觉寺记

撰者赵寀，万历二十六年（1598），高 131 cm × 宽 58 cm × 厚 7 cm，碑立于大理市。

见于《大理凤仪古碑文集》。

1340 祭安边将军文

青石，楷书，万历二十七年（1599），高 138 cm × 宽 72 cm，碑立于大理市。

见于《大理丛书 · 金石篇》。

1341 耆寿墓碑

万历二十七年（1599），碑立于石屏县。

著录于（民国）《石屏县志》。

1342 登秀山寺

撰者钟昌，书者钟昌，刻工孙豸，草书万历二十八年（1600），高 159 cm × 宽 66 cm，碑立于通海县。

见于《通海历代碑刻集》。

1343 两院详允永充弓兵户额经制碑

楷书，万历二十八年（1600），高 160 cm × 宽 60 cm，碑立于洱源县。

见于《洱源县志》。

1344 禄劝州关庙碑记

撰者游春霖，正书，万历二十八年（1600），碑立于禄劝县。

著录于《新纂云南通志 · 金石考》。

1345 明郡樽兑江杨公同妣董孺人墓志铭

撰者尹廷俊，楷书，万历二十八年（1600），高 71 cm × 宽 39 cm，碑立于大理市。

见于《大理丛书 · 金石篇》。

注：原碑已佚，拓片藏今云南省大理市图书馆。

1346 三台山凤翥宫碑

撰者刘世盛，书者李锡恩，万历二十八年（1600），碑立于呈贡区。

著录于《新纂云南通志 · 金石考》。

1347 重修安乐寺关王庙碑记

撰者徐应斗，书者刘连壁，正书，万历二十八年（1600），碑立于富民县。

著录于《新纂云南通志 · 金石考》。

1348 圆通寺新置常住田记

撰者通易，行书，万历三十年（1602），高 140 cm × 宽 80 cm × 厚 30 cm，碑立于禄丰县。

见于《楚雄历代碑刻》。

1349 宝应山宝泉禅寺常住碑记

撰者海法，书者海法，万历三十年（1602），高 140 cm × 宽 72 cm × 厚 20 cm，碑立于禄丰县。

见于《威楚遗韵》。

1350 江川副使许白塘先生镃墓志铭

撰者涂时相，万历三十年（1602），碑立于石屏县。

著录于（嘉庆）《滇系》。

1351 江川学田碑记

正书，万历三十年（1602），碑立于江川区。

著录于《新纂云南通志 · 金石考》。

1352 均平水利碑记

楷书，万历三十年（1602），红砂石，高 95 cm × 宽 60 cm，碑立于大理市。

见于《大理丛书·金石篇》。

1353 明两淮盐运司知事肖梅杨公墓志铭

撰者董金，楷书，万历三十年（1602），高 82 cm × 宽 40 cm，碑立于大理市。

见于《大理丛书·金石篇》。

注：原碑已佚，拓片藏今云南省大理市图书馆。

1354 秦武山记

撰者檀萃，万历三十年（1602），碑立于禄劝县。

著录于（民国）《禄劝县志》。

1355 重修水目寺记

撰者孙愈贤，万历三十年（1602），高 59 cm × 宽 94 cm，碑立于祥云县。

见于《祥云碑刻》。

1356 万户陈君改葬荞甸阡表

撰者阮尚宥，万历三十一年（1603），高 143 cm × 宽 56 cm × 厚 8.5 cm，碑立于宾川县。

见于《宾川丛书·金石篇》。

1357 广福寺碑记

万历三十一年（1603），碑立于泸西县。

著录于（康熙）《广西府志》。

1358 普济大愿碑

撰者宋兴祖，书者邵邦齐，正书，万历三十一年（1603），碑立于宾川县。

著录于《鸡足山志补》。

1359 杨氏祠堂碑

正书，万历三十一年（1603）。

著录于《新纂云南通志·金石考》。

1360 传衣寺记

撰者阮尚宾，万历三十二年（1604），碑立于宾川县。

著录于《鸡足山志补》。

1361 鼎建太和宫记铭

撰者陈用宾，书者施善教，正书，万历三十二年（1604），碑立于盘龙区。

著录于《新纂云南通志·金石考》。

1362 明待赠郡庠士养斋杨公暨配孺人赵氏合葬墓志铭

撰者董金，楷书，万历三十二年（1604），高 74 cm × 宽 40 cm，碑立于大理市。

见于《大理丛书·金石篇》。

1363 明文林郎南阳南部乡贤段公配貤封孺人杨氏墓表

撰者严清，书者董养中，楷书，万历三十二年（1604），高 76 cm × 宽 61 cm，碑立于大理市。

见于《大理丛书·金石篇》。

注：原碑已佚。

1364 显考府君段公显妣孺人董氏墓表

撰者段世春，楷书，万历三十二年（1604），高 73 cm × 宽 49 cm，碑立于大理市。

见于《大理丛书·金石篇》。

注：原碑已佚，拓片藏今云南省大理市图书馆。

1365 止止庵记

撰者廖自伸，万历三十二年（1604），碑立于宾川县。

著录于《鸡足山志补》。

1366 重修遍知寺碑记

撰者陈元，书者赵选，刻工杨接枝，大理石，楷书，万历三十二年（1604），高 106 cm × 宽 56 cm × 厚 14 cm，碑立于大理市。

见于《大理丛书·金石篇》。

1367 观澜亭记

撰者史旌贤，万历三十三年（1605），碑立于祥云县。

著录于（乾隆）《云南县志》。

1368 初建关帝庙碑文

撰者朱化孚，万历三十四年（1606），碑立于禄丰县。

著录于（康熙）《罗次县志》。

1369 鼎建大士阁三摩禅寺记

撰者廖自伸，万历三十四年（1606），碑立于宾川县。

著录于《鸡足山志补》。

1370 范忠宣公格言碑

撰者陈灿，书者赵孟頫，刻工刘懋武，行书，万历三十四年（1606），长 135 cm × 高 120 cm，碑立于澄江县。

见于《玉溪碑刻选集》。

1371 建封川桥碑记

撰者徐宁，书者范运大，楷书，万历三十四年（1606），高 145 cm × 宽 54 cm，碑立于巍山县。

见于《大理丛书・金石篇》。

1372 进士大理寺评事罗星墓志铭

撰者王兆隆，万历三十四年（1606），碑立于剑川县。

著录于《新纂云南通志・金石考》。

1373 郡城修学记

撰者包见捷，万历三十四年（1606），碑立于建水县。

著录于（民国）《续修建水县志稿》。

1374 水目寺重修塔院记

撰者史旌贤，万历三十四年（1606），高 138 cm × 宽 55 cm × 厚 10 cm，碑立于祥云县。

见于《祥云碑刻》。

1375 赵孟頫碑

刻工刘懋武，万历三十四年（1606），碑立于澄江县。

著录于《新纂云南通志・金石考》。

1376 重修东河土坝碑记

撰者侯康，万历三十四年（1606），高 177 cm × 宽 57 cm，碑立于隆阳区。

见于《隆阳碑铭石刻》。

1377 皇明敕封文林郎薛府君墓

万历三十五年（1607），碑立于隆阳区。

见于《隆阳碑铭石刻》。

1378 晋宁学田碑记

正书，万历三十五年（1607），碑立于晋宁区。

著录于《新纂云南通志・金石考》。

1379 龙隐寺常住碑记

撰者杨遇时，刻工张□，万历三十五年（1607），高 134 cm × 宽 68 cm，碑立于玉溪市。

见于《玉溪碑刻选集》。

1380 吕合亭诗碑

书者周懋相，楷书，万历三十五年（1607），高 200 cm × 宽 81 cm × 厚 11 cm，碑立于楚雄市。

见于《楚雄历代碑刻》。

1381 蒙自谦白渠记

撰者包见捷，万历三十五年（1607），碑立于蒙自市。

著录于（嘉庆）《滇系》。

1382 明孝德北坪赵公寿圹配孺人李氏幽宫志

撰者董金，万历三十五年（1607），高 73 cm × 宽 36 cm，碑立于大理市。

见于《大理丛书・金石篇》。

注：原碑已佚，拓片藏今云南省大理市图书馆。

1383 乞降碑

万历三十五年（1607），碑立于嵩明县。

著录于（光绪）《云南通志》。

1384 新建补处庵常住碑记

撰者杨如锡，万历三十五年（1607），高 148 cm×宽 52.5 cm，碑立于大理市。

见于《大理丛书·金石篇》。

1385 虚凝庵募置常住田记

撰者刘文征，书者王三礼，行书，万历三十五年（1607）。

著录于《新纂云南通志·金石考》。

1386 仰高亭记

撰者周懋相，万历三十五年（1607），碑立于宾川县。

著录于《鸡足山志补》。

1387 重修等觉寺碑记

撰者王执中，红砂石，楷书，万历三十五年（1607），高 140 cm×宽 74 cm，碑立于巍山县。

见于《大理丛书·金石篇》。

1388 朝霞寺极乐庵常住碑记

撰者段琇，万历三十六年（1608），残高 100 cm×宽 71 cm，碑立于鹤庆县。

见于《鹤庆碑刻辑录》。

1389 东山瀑布禹门常住题词

万历三十六年（1608），高 110 cm×宽 68 cm×厚 14 cm，碑立于弥勒市。

见于《弥勒文物志》。

1390 木氏告示碑

万历三十六年（1608），高 48 cm×宽 93 cm（拓片），碑立于丽江市。

见于《纳西族地区历代碑刻辑录与研究》。

1391 黔府施本寺常住缘由界址碑

刻工李登、真空，万历三十六年（1608），高 134 cm×宽 68 cm×厚 14 cm，碑立于弥勒市。

见于《弥勒文物志》。

1392 卧佛寺诗刻

撰者张柔嘉、王家相、吴士鲸，万历三十六年（1608），高 46.7 cm×宽 12.67 cm，碑立于保山市。

著录于《新纂云南通志·金石考》。

1393 新建补处庵碑记

撰者杨如锡，万历三十六年（1608），高 153 cm×宽 58 cm，碑立于宾川县。

见于《鸡足山志》。

1394 重修净土寺记

撰者圆易，万历三十六年（1608），碑立于禄丰县。

著录于（康熙）《广通县志》。

1395 萃善碑记

书者汪维廉，万历三十七年（1609），碑立于宜良县。

著录于《新纂云南通志·金石考》。

1396 卢公祖建义仓福民碑记

撰者张庚，大理石，楷书，万历三十七年（1609），高 168 cm×宽 60 cm，碑立于大理市。

见于《大理丛书·金石考》。

1397 史旌贤无名碑

撰者史旌贤，万历三十七年（1609），高 187 cm×宽 77 cm，碑立于祥云县。

见于《祥云碑刻》。

1398 奉天诰命碑

撰者史旌贤，万历三十七年（1609），高 190 cm×宽 80 cm×厚 18 cm，碑立于宾川县。

见于《宾川丛书·金石篇》。

1399 庆丰里明吏五井提举之祖父墓碑

万历三十七年（1609），碑立于弥渡县。

见于《弥渡古代碑刻辑释》。

1400 史氏诰封碑（残碑）

撰者史旌贤，万历三十七年（1609），高 187 cm × 宽 77 cm × 厚 24 cm，碑立于祥云县。

见于《祥云金石》。

1401 吾峥墓铭碑

撰者张周镛，行书，万历三十七年（1609），高 88 cm × 宽 37 cm，碑立于元谋县。

见于《楚雄历代碑刻》。

1402 新建东岳庙记

撰者周国珍，万历三十七年（1609），碑立于禄丰县。

著录于（康熙）《广通县志》。

1403 白盐井提举司重建文庙碑

撰者汪丞默，书者杨道行砂岩，行书，万历三十八年（1610），高 164 cm × 宽 74 cm × 厚 18 cm，碑立于大姚县。

见于《楚雄历代碑刻》。

1404 诰封朝列大夫高公恭人木氏墓志铭

撰者王致中，万历三十八年（1610），高 134 cm × 宽 70 cm，碑立于丽江市。

见于《纳西族地区历代碑刻辑录与研究》。

1405 建西华寺碑记

撰者袁国藩，万历三十八年（1610），高 172 cm × 宽 82 cm × 厚 12 cm，碑立于师宗县。

见于《师宗县文物志》。

1406 荐池何公墓志铭

撰者杨有培，楷书，万历三十八年（1610），高 80 cm × 宽 42 cm，碑立于大理市。

见于《大理丛书·金石篇》。

注：原碑已佚，拓片藏今云南省大理市图书馆。

1407 岩泉寺净土楼僧儒实常住遗言碑记

万历三十八年（1610），碑立于宜良县。

著录于《新纂云南通志·金石考》。

1408 重修石宝山碑记

楷书，万历三十八年（1610），高 80 cm × 宽 64 cm，碑立于剑川县。

见于《大理丛书·金石篇》。

1409 宝洪山观音殿碑记

撰者时自高，正书，万历三十九年（1611），碑立于宜良县。

著录于《新纂云南通志·金石考》。

1410 创建香雪庵碑记

撰者释圆易，万历三十九年（1611），碑立于禄劝县。

著录于（民国）《禄劝县志》。

1411 古盟台碑

万历三十九年（1611），碑立于嵩明县。

著录于（民国）《嵩明县志》。

1412 建庙碑序

万历三十九年（1611），碑立于蒙自市。

著录于（宣统）《续修蒙自县志》。

1413 井星庵碑记

撰者圆易，万历三十九年（1611），碑立于禄丰县。

著录于（康熙）《广通县志》。

1414 孔聘贤诰封碑

万历三十九年（1611），碑立于通海县。

见于《通海历代碑刻集》。

1415 老山地撑腰岩摩崖石刻

万历三十九年（1611），高 131 cm × 宽 56 cm，碑立于马关县。

见于《马关县第三次全国文物普查资料集·边关印迹》。

1416 蒙自课税增省残碑

青石，万历三十九年（1611），残高 89.5 cm × 宽 68 cm × 厚 19 cm，碑立于蒙自市。

见于《红河州文物志》。

1417 明万历宝洪寺碑记

撰者时自高，万历三十九年（1611），高 208 cm × 宽 90 cm，碑立于宜良县。

见于《宜良碑刻增补本》（上）。

1418 诸山同立僧户碑

楷书，万历三十九年（1611），高 187 cm × 宽 72 cm，碑立于禄丰县。

见于《中国文物地图集·云南分册》。

1419 宝洪山董君施地记

正书，万历四十年（1612），碑立于宜良县。

著录于《新纂云南通志·金石考》。

1420 法华兰若常住碑记

正书，万历四十年（1612），碑立于宾川县。

著录于《新纂云南通志·金石考》。

1421 寂光常住碑记

撰者王应霖，书者王应霖，刻工杨希龙，楷书，万历四十年（1612），高 157 cm × 宽 83 cm，碑立于宾川县。

著录于《鸡足山志》。

1422 净乐庵碑记

撰者赵邦泰，书者赵邦泰，楷书，万历四十年（1612），高 115 cm × 宽 51 cm，碑立于大理市。

见于《大理丛书·金石篇》。

1423 明赠中宪大夫丽江军民府知府木松鹤木君碑铭

撰者张邦纪，万历四十年（1612），高 180 cm × 宽 104 cm（拓片），碑立于丽江市。

见于《纳西族地区历代碑刻辑录与研究》。

1424 新建诸葛武侯祠碑记

撰者唐楷，万历四十年（1612），高 150 cm × 宽 80 cm。

见于《云南道教碑刻辑录》。

1425 修建弥勒楼碑记

撰者郭斗，书者郭斗，正书，万历四十年（1612），碑立于西山区。

著录于《新纂云南通志·金石考》。

1426 重修广福寺碑记

撰者余瑞明，万历四十年（1612），碑立于泸西县。

著录于（康熙）《广西府志》。

1427 朱复真题记

万历四十年（1612），碑立于保山市。

著录于《新纂云南通志》。

1428 华藏寺三清阁碑记

撰者杨应霈，万历四十一年（1613），高 130 cm × 宽 66 cm，碑立于澄江县。

著录于（康熙）《河阳县志》。

1429 纪兴佛寺常住碑序

万历四十一年（1613），高 150 cm × 宽 70 cm × 厚 20 cm，碑立于宾川县。

见于《宾川丛书·金石篇》。

1430 开建九龙山欲圣寺常住碑记

撰者释海方，刻工段彩先，万历四十一年（1613），碑立于宜良县。

著录于《新纂云南通志·金石考》。

1431 三清阁记残碑

正书，万历四十一年（1613），碑立于澄江县。

著录于《新纂云南通志·金石考》。

1432 广胤祠记

撰者杨翘云，万历四十二年（1614），高 154 cm×宽 59 cm×厚 12 cm，碑立于通海县。

见于《通海历代碑刻集》。

1433 重修马脚踪山圆通寺护法伽蓝殿善信题名记

撰者李天植，书者全材，砂岩，行书，万历四十二年（1614），高 110 cm×宽 52 cm×厚 14 cm，碑立于牟定县。

见于《楚雄历代碑刻》。

1434 建星宿桥记

万历四十二年（1614），碑立于禄丰县。

著录于（康熙）《禄丰县志》。

1435 元诏寺记

撰者杨应登，书者王廷兹，行书，万历四十二年（1614），碑立于弥勒市。

著录于《新纂云南通志·金石考》。

1436《龙光台观瀑》诗刻

撰者喻朗，书者喻朗，正书，万历四十三年（1615），碑立于腾冲市。

著录于《新纂云南通志·金石考》。

1437 水利纠纷判决碑

楷书，万历四十三年（1615），高 110 cm×宽 60 cm×厚 6 cm，碑立于禄丰县。

见于《禄丰县志》（1997）。

1438 前所军民与彻峨庄丁分水界碑

楷书，万历四十三年（1615），高 110 cm×宽 60 cm×厚 6 cm，碑立于禄丰县。

见于《禄丰县志》（1997）。

1439 大乘庵增修殿阁记

撰者圆易，万历四十三年（1615），碑立于禄丰县。

著录于（康熙）《广通县志》。

1440 登秀山记

撰者顾养谦，书者顾养谦，行书，万历四十三年（1615），碑立于通海县。

著录于《新纂云南通志·金石考》。

1441 明敕封孺人赵配董氏墓志铭

撰者何文极，楷书，万历四十三年（1615），高 118 cm×宽 59 cm，碑立于大理市。

见于《大理丛书·金石篇》。

注：原碑已佚，拓片藏今云南省大理市图书馆。

1442 重修观音阁碑记

撰者李自奇，万历四十三年（1615），高 201 cm×宽 106 cm，碑立于玉溪市。

见于《玉溪碑刻选集》。

1443 追赠光禄寺少卿张公忠烈祠记

撰者杨春震，万历四十三年（1615），碑立于武定县。

著录于（康熙）《武定府志》。

1444 鼎建霞清宫碑记

撰者孙健，万历四十四年（1616）。

见于《云南道教碑刻辑录》。

1445 晋宁州重修城隍庙记

撰者段承恩，万历四十四年（1616）。

见于《云南道教碑刻辑录》。

1446 罗汉山创建观音阁碑记

撰者王元翰，书者施尧佐，正书，万历四十四年（1616），碑立于西山区。

著录于《新纂云南通志·金石考》。

1447 修黄家桥记

撰者王元翰，万历四十四年（1616），碑立于华宁县。

著录于（嘉庆）《宁州志》。

1448 永免门役碑记

撰者何载图，万历四十四年（1616），高 118 cm×宽 72 cm，碑立于呈贡区。

见于《呈贡历史建筑及碑刻选》。

1449 关岳庙碑

万历四十五年（1617），高 154 cm×宽 77 cm，碑立于呈贡区。

见于《呈贡历史建筑及碑刻选》。

1450 江尾村新建海潮寺碑记

撰者刘万新，万历四十五年（1617），高 154 cm×宽 77 cm，碑立于呈贡区。

见于《呈贡历史建筑及碑刻选》。

1451 礼部儒士袁公墓表

撰者潘一柱，万历四十五年（1617），碑立于保山市。

著录于（嘉庆）《滇系》。

1452 上林县知县李子性墓志铭

撰者杨廷干，书者段高选，正书，万历四十五年（1617），碑立于剑川县。

著录于《新纂云南通志·金石考》。

1453 重修禄丰南北门城五纪事石刻

万历四十五年（1617），碑立于禄丰县。

著录于《新纂云南通志·金石考》。

1454 乌龙寺常住碑记

撰者孙学易，书者张崇庆，正书，万历四十五年（1617），碑立于双柏县。

著录于《新纂云南通志·金石考》。

1455 武定贰守袁公建玉皇阁碑记

撰者杨春震，书者龚生明，正书，万历四十五年（1617），高 216 cm×宽 113 cm，碑立于武定县。

著录于《新纂云南通志·金石考》。

1456 铸城隍金像记

万历四十五年（1617）。

著录于（康熙）《广西府志》。

1457 凤羽观音寺重修碑记碑

万历四十五年（1617），高 94 cm×宽 48 cm，碑立于洱源县。

见于《大理洱源县碑刻辑录》。

1458 艾自修墓表碑

万历四十六年（1618），碑立于洱源县。

见于《大理洱源县碑刻辑录》。

1459 玉皇阁常住碑

撰者董谏，刻工李续成，万历四十六年（1618），高 110 cm×宽 45 cm×厚 8.5 cm，碑立于大理市。

见于《大理凤仪古碑文集》。

1460 大觉寺重修碑记

撰者杨汝舟，书者杨汝舟，砂岩，楷书，万历四十六年（1618），高 150 cm×宽 58 cm，碑立于禄丰县。

见于《威楚遗韵》。

1461《登宁寿寺阁》诗石刻

撰者王元翰，书者王元翰，草书，万历四十六年（1618），碑立于华宁县。

著录于《新纂云南通志·金石考》。

1462 阁藏记

书者王元翰，行书，万历四十六年（1618），碑立于华宁县。

著录于《新纂云南通志·金石考》。

1463 锦江偕配寿藏记

撰者杨珊，楷书，万历四十六年（1618），高 77 cm×宽 36 cm，碑立于大理市。

见于《大理丛书·金石篇》。

注：原碑已佚，拓片藏今云南省大理市图书馆。

1464 昆阳李氏墓碣

正书，万历四十六年（1618），碑立于晋宁区。

著录于《新纂云南通志·金石考》。

1465 **清净禅林置田记**

撰者刘文征，书者钱绍谦，正书，万历四十六年（1618）。

著录于《新纂云南通志·金石考》。

1466 **西竺寺碑记**

撰者陶珽，万历四十六年（1618），碑立于宾川县。

著录于《新纂云南通志·金石考》。

1467 **新建毗卢寺记**

书者邹希圣，万历四十六年（1618），碑立于腾冲市。

著录于《新纂云南通志·金石考》。

1468 **新建松华坝石闸碑记**

撰者江和，万历四十六年（1618），碑立于盘龙区。

著录于（天启）《滇志》。

1469 **古调桥摩崖**

万历四十七年（1619），碑立于丽江市。

著录于《新纂云南通志·金石考》。

1470 **龙泉寺碑**

撰者周祖尧，万历四十七年（1619），碑立于宜良县。

著录于《新纂云南通志·金石考》。

1471 **宁海慈光寺十方常住愿碑**

正书，万历四十七年（1619），碑立于华宁县。

著录于《新纂云南通志·金石考》。

1472 **水目寺地藏殿常住碑记**

万历四十七年（1619），高 127 cm×宽 60 cm×厚 10 cm，碑立于祥云县。

见于《祥云碑刻》。

1473 **王太守革宁州乡兵碑**

撰者王元翰，万历四十七年（1619），碑立于华宁县。

著录于（嘉庆）《滇系》。

1474 **新文昌宫像叙**

撰者李占春，万历四十七年（1619）。

著录于（乾隆）《广西府志》。

1475 **用周禅师道行碑记**

撰者傅龙，书者陶珽，楷书，万历四十七年（1619），高 202 cm×宽 93 cm，碑立于宾川县。

见于《大理丛书·金石篇》。

注：原碑已佚，拓片藏今云南省图书馆。

1476 **重修白玉楼记**

撰者刘文征，书者朱恩明，正书，万历四十七年（1619），碑立于富民县。

著录于《新纂云南通志·金石考》。

1477 **重修大觉寺常住田记**

撰者朱万寿，万历四十七年（1619），碑立于陆良县。

著录于（道光）《陆凉州志》。

1478 **重修圆通寺碑记**

万历四十七年（1619），高 133 cm×宽 49 cm×厚 8 cm，碑立于大理市。

见于《大理凤仪古碑文集》。

1479 **分守金沧道参政彭公平叛碑**

撰者潘一柱，万历四十八年（1620），碑立于大理市。

著录于（雍正）《云龙州志》。

1480 **新建鸡足山祝国悉檀禅寺碑铭**

撰者谢肇淛，刻工杨继泰，楷书，万历四十八年（1620），高 270 cm×宽 96 cm，碑立于宾川县。

著录于《新纂云南通志·金石考》。

1481 **玉案山筇竹寺供奉藏经记**

撰者金本高，刻工非熊，正书，万历四十八年（1620），碑立于西山区。

著录于《新纂云南通志·金石考》。

1482 **重修栖云庵常住碑记**

撰者杨慎，刻工杨遇乾，万历四十八年（1620），高 127 cm × 宽 68 cm，碑立于鹤庆县。

见于《鹤庆碑刻辑录》。

1483 **黑盐井重建三元宫记**

撰者李元阳，万历年间（1573—1620），碑立于禄丰县。

著录于《新纂云南通志·金石考》。

1484 **红石崖碑**

万历年间（1573—1620），碑立于双柏县。

著录于《新纂云南通志·金石考》。

1485 **和曲州城隍庙碑记**

撰者杨春震，万历年间（1573—1620），碑立于武定县。

著录于（康熙）《武定府志》。

1486 **三元宫记**

撰者于文蔚，万历年间（1573—1620），碑立于元谋县。

著录于（康熙）《元谋县志》。

1487 **《天宝万人冢》诗刻**

撰者邓子龙，万历年间（1573—1620），碑立于大理市。

著录于《新纂云南通志·金石考》。

1488 **邓心月郡侯申革乡夫碑记**

撰者王元翰，万历年间（1573—1620），碑立于华宁县。

著录于（嘉庆）《滇系》。

1489 **郭夫人虚墓碑**

撰者王元翰，万历年间（1573—1620），碑立于通海县。

著录于（嘉庆）《滇系》。

1490 **路南州牧题名碑**

万历年间（1573—1620），碑立于石林县。

著录于《新纂云南通志·金石考》。

1491 **佥都御史建水萧荣业神道碑**

撰者洪宪，万历年间（1573—1620），碑立于建水县。

著录于《新纂云南通志·金石考》。

1492 **王母坪碑**

万历年间（1573—1620），碑立于大理市。

著录于（民国）《大理县志稿》。

1493 **新建玉皇阁记**

撰者曾高捷，万历年间（1573—1620），碑立于宾川县。

著录于（乾隆）《大理府志》。

1494 **新建重关记**

撰者施尧化，万历年间（1573—1620）。

著录于（天启）《滇志》。

1495 **芝云洞碑**

青石，楷体撰者汪良，高 160 cm × 宽 60 cm × 厚 30 cm，万历四十二年（1642），碑立于石林县。

著录于《新纂云南通志·金石考》。

1496 **重建霁虹桥碑记**

青石，楷体，撰者汪良，高 60 cm × 厚 30 cm，万历四十二年（1642），碑立于石林县。

著录于（天启）《滇志》。

1497 **重修感通禅寺记**

撰者李元阳，万历年间（1573—1620），碑立于大理市。

著录于《新纂云南通志·金石考》。

1498 **重修霁虹桥记**

撰者邓原岳，万历年间（1573—1620），碑立于隆阳区。

著录于（天启）《滇志》。

1499 福建巡抚都御史朱运昌谕祭碑

万历年间（1573—1620），碑立于昆明市。

著录于（光绪）《云南通志》。

1500 环翠宫记

撰者陈用宾，万历年间（1573—1620）。

著录于（天启）《滇志》。

1501 灵光寺记

撰者杨应宿，万历年间（1573—1620）。

著录于（民国）《鹤庆县志》。

1502 龙王庙记

撰者刘寅，万历年间（1573—1620）。

见于《云南道教碑刻辑录》。

1503 玉皇阁创建碑记

撰者李元阳，刻工杨华□，万历年间（1573—1620），长 122 cm×宽 79 cm，碑立于祥云县。

著录于（光绪）《云南县志》。

1504 海涯寺弥勒殿记

撰者胡桐，万历年间（1573—1620），碑立于西山区。

著录于《新纂云南通志·金石考》。

1505 龙宝寺碑

撰者朱化孚，万历年间（1573—1620），碑立于安宁市。

著录于《新纂云南通志·金石考》。

天启年间

1506 创建弘教院记

撰者朱思明，书者傅宗龙，正书，天启元年（1621），碑立于宜良县。

著录于《新纂云南通志·金石考》。

1507 登仙桥记

撰者韩位甫，天启元年（1621），碑立于富民县。

著录于（康熙）《富民县志》。

1508 关帝碑记

天启元年（1621），砂石，高 240 cm×宽 120 cm，碑立于宜良县。

见于《宜良碑刻增补本》（上）。

1509 观音寺碑记

撰者张于宸，天启元年（1621），碑立于泸西县。

著录于《新纂云南通志》。

1510 太华寺住持碑

天启元年（1621），碑立于西山区。

著录于（民国）《昆明市志》。

1511 新建观音阁并置常住田碑记

撰者宣大勋，正书，天启元年（1621），碑立于巍山县。

著录于《新纂云南通志·金石考》。

1512 新建香山寺常住碑记

撰者青云子，书者青云子，天启元年（1621），碑立于禄丰县。

著录于（康熙）《黑盐井志》。

1513 重修宝珠山能仁寺撰记

撰者傅宗龙，天启元年（1621），碑立于西山区。

著录于《新纂云南通志》。

1514 宝华庵碑记

撰者苏九河，书者邵良翰，正书，天启二年（1622），碑立于晋宁区。

著录于《新纂云南通志·金石考》。

1515 法明寺施常住碑记

天启二年（1622），高 133 cm×宽 70 cm，

碑立于宜良县。

著录于《宜良碑刻增补本》（上）。

1516 伽蓝鉴察誓愿碑

正书，天启二年（1622），碑立于晋宁区。

著录于《新纂云南通志·金石考》。

1517 郡伯张公革北衙陋规碑

撰者李大受，青石，天启二年（1622），高 40 cm×宽 60 cm，碑立于大理市。

著录于（康熙）《鹤庆府志》。

1518 螺峰石壁新建玄天阁记

撰者杨春茂，书者沈敬炌，正书，天启二年（1622），高 173 cm×宽 93 cm，碑立于五华区。

著录于（天启）《滇志》。

注：《云南道教碑刻辑录》尺寸记载为高 162 cm×宽 80 cm。

1519 弥勒州免各寺粮差碑记

撰者杨绳武，天启二年（1622），碑立于弥勒市。

著录于（康熙）《广西府志》。

1520 温泉坞净源寺碑记

撰者余绍皋，天启二年（1622），碑立于富民县。

著录于（康熙）《富民县志》。

1521 新建昭应寺碑记

大理石，楷书，天启二年（1622），高 105 cm×宽 54 cm，碑立于剑川县。

见于《大理丛书·金石篇》。

1522 重修祈永寺增置常住田碑记

撰者尹心尧，书者尹梦鳌，大理石，楷书，天启二年（1622），高 140 cm×宽 62 cm×厚 12.2 cm，碑立于大理市。

见于《大理丛书·金石篇》。

1523 周公生祠碑记

撰者陈鉴，天启二年（1622），碑立于通海县。

著录于（康熙）《河西县志》。

1524 重建圆觉寺后院新置常住田碑记

书者李奇英，大理石，楷书，天启二年（1622），高 128 cm×宽 62 cm，碑立于巍山县。

见于《大理丛书·金石篇》。

注：是碑分上行下两段，下段刻于康熙五十六年（1717）。

1525 重修广通县儒学碑记

撰者吴思江，天启三年（1623），碑立于禄丰县。

著录于（康熙）《广通县志》。

1526 署禄劝钱公惠政碑记

撰者傅宗龙，天启三年（1623），碑立于禄劝县。

见于（康熙）《武定府志》。

1527 重修三元宫碑记

撰者祖汶，天启三年（1623），高 120 cm×宽 60 cm。

著录于《云南道教碑刻辑录》。

1528 建城碑记

天启四年（1624），碑立于云龙县。

著录于（雍正）《云龙州志》。

1529 敕谕云南大理府宾川州鸡足山祝国悉檀禅寺颁赐藏经碑

行书，天启四年（1624），高 160 cm×宽 85 cm，碑立于宾川县。

见于《大理丛书·金石篇》。

1530 李顺嵩墓志铭

撰者陶珽，大理石，楷书，天启四年（1624），高 54 cm×宽 54 cm，碑立于大理市。

见于《大理丛书·金石篇》。

1531 迁建州治碑记

撰者周宪章，天启四年（1624），碑立于云龙县。

著录于（雍正）《云龙州志》。

1532 武毅将军升武威将军汪君寿藏铭

撰者戈允礼，天启四年（1624），碑立于隆阳区。

见于《隆阳碑铭石刻》。

1533 熹宗敕谕悉檀寺碑

正书，天启四年（1624），碑立于宾川县。

著录于《新纂云南通志·金石考》。

1534 义象碑

天启四年（1624），碑立于马龙区。

著录于（民国）《续修马龙县志》。

1535 重建北刹碑记

撰者赵屏始，天启四年（1624），碑立于鹤庆县。

著录于《鹤庆县志》。

1536 鼎建菩提场碑记

撰者朱思明，天启五年（1625），高 72 cm × 宽 168 cm，碑立于宜良县。

著录于《新纂云南通志·金石考》。

1537 副官村宝乘寺碑记

天启五年（1625），碑立于昭通市。

著录于（嘉庆）《永善县志略》。

1538 刘文征碑

天启五年（1625），碑立于昆明市。

著录于（民国）《昆明市志》。

注：原碑已佚。

1539 太华寺碑

撰者刘文征，天启五年（1625），碑立于西山区。

著录于（民国）《昆明市志》。

1540 温泉游记

撰者杨师孔，天启五年（1625）。

著录于（雍正）《安宁州志》。

1541 伍思孟墓志

撰者陶珙，正书，天启五年（1625），高 87 cm × 宽 40 cm，碑立于牟定县。

著录于《新纂云南通志·金石考》。

1542 雄文阁碑记

撰者黄以陛，天启五年（1625），碑立于江川区。

著录于（康熙）《江川县志》。

1543 岩泉寺常住田粮碑记

撰者李达，天启五年（1625），碑立于宜良县。

著录于《新纂云南通志·金石考》。

1544 游云津洞记

撰者杨师孔，天启五年（1625），碑立于建水县。

著录于（康熙）《建水州志》。

1545 云泉寺菩提场圆觉功德碑记

撰者时之清、伯一甫，刻工张国臣、张灿文、张焕文，天启五年（1625），高 158 cm × 宽 76 cm，碑立于宜良县。

见于《宜良碑刻增补本》（上）。

1546 重修太平寺常住田碑记

撰者刘文征，书者孟恕义，刻工毛应时、把思忠，正书，天启五年（1625），碑立于西山区。

著录于《新纂云南通志·金石考》。

注：刻工记载有出入，待查。

1547 重修文昌宫碑记

楷书，大理石，天启五年（1625），高 77 cm × 宽 46 cm × 厚 8.5 cm，碑立于大理市。

见于《大理丛书·金石篇》。

1548 庄公神祠碑

楷书，天启五年（1625），高 111 cm×宽 61 cm，碑立于大理市。

见于《云南道教碑刻辑录》。

1549 阿莽蒋众魂碑

天启六年（1626），高 66 cm×宽 33 cm，碑立于施甸县。

见于《施甸碑铭录》。

1550 青莲山主羲印禅师墓志

撰者王锡衮，行书，天启六年（1626），碑立于禄丰县。

著录于《新纂云南通志·金石考》。

1551 宝弘寺碑记

撰者王锡衮，书者王锡衮，天启六年（1626），碑立于禄丰县。

著录于（康熙）《黑盐井志》。

1552 大明诏晋朝议大夫赞治少尹前沅州知州赵公偕配宜人董氏墓志铭

撰者董惟中，楷书，天启六年（1626），高 87 cm×宽 60 cm，碑立于大理市。

见于《大理丛书·金石篇》。

注：原碑已佚。

1553 监察御史禁断侵占军屯堰塘、加征屯赋案

刻工刘泽远，天启六年（1626），高 120 cm×宽 60 cm，碑立于玉溪市。

见于《玉溪碑刻选集》。

1554 开宁寺碑记

天启六年（1626），碑立于禄丰县。

著录于（康熙）《琅盐井志》。

1555 明封君杨公寿域暨孺人杨母墓铭

撰者杨有培，楷书，天启六年（1626），高 76 cm×宽 40 cm，碑立于大理市。

见于《大理丛书·金石篇》。

注：原碑已佚，拓片藏今云南省大理市图书馆。

1556 明岁进士绍韩杨公暨配孺人杨母寿域铭

撰者赵启猷，楷书，天启六年（1626），高 82 cm×宽 38 cm，碑立于大理市。

见于《大理丛书·金石篇》。

注：原碑已佚。

1557 清微宫碑记

撰者李仲春，书者张其翼，正书，天启六年（1626），高 127 cm×宽 73 cm×厚 8 cm，碑立于腾冲市。

著录于《永昌府文征》。

1558 万福寺建殿宇铸圣像碑记

撰者杨三极，砂石，天启六年（1626），高 145 cm×宽 65 cm，碑立于宜良县。

见于《宜良碑刻增补本》（上）。

1559 悉檀寺本无上人记

撰者蔡毅中，书者玄著，楷书，天启六年（1626），高 193 cm×宽 77 cm，碑立于宾川县。

著录于《新纂云南通志·金石考》。

1560 张公堤碑记

天启六年（1626），高 177 cm×宽 69 cm，碑立于玉溪市。

见于《玉溪碑刻选集》。

1561 古界碑志

天启七年（1627），碑立于盐津县。

著录于（民国）《盐津县志》。

1562 鸡足山九莲寺碑记

撰者郭庆年，书者刘宁，楷书，天启七年（1627），高 147 cm×宽 69 cm，碑立于宾川县。

著录于《新纂云南通志·金石考》。

1563 鸡足山罗汉壁鼎建碧云寺常住碑记

撰者赵惟精，大理石，楷书，天启七年（1627），高 153 cm×宽 66 cm，碑立于宾川县。

见于《鸡足山志》。

1564 寂光寺田产碑

楷书，天启七年（1627），高 121 cm × 宽 59 cm，碑立于宾川县。

见于《大理丛书·金石篇》。

1565 丽江府芝山福国禅林纪胜记

撰者张学懋，书者张学懋，青石，正书，天启七年（1627），高 80 cm × 宽 181.5 cm × 厚 8 cm，碑立于丽江市。

著录于（乾隆）《丽江府志略》。

1566 龙肇寺碑记

撰者史应彬，刻工杨、陈，天启七年（1627），高 140 cm × 宽 60 cm，碑立于宜良县。

见于《宜良碑刻增补本》（上）。

1567 明进士近苍杨公配孺人杨母墓记

撰者杨先声，楷书，天启七年（1627），高 78 cm × 宽 40 cm，碑立于大理市。

见于《大理丛书·金石篇》。

注：原碑已佚，拓片藏今云南省大理市图书馆。

1568 普贤寺碑记

书者寅宗，天启七年（1627），碑立于宜良县。

著录于《新纂云南通志·金石考》。

1569 石屏城记

撰者徐一科，天启七年（1627），碑立于石屏县。

著录于（乾隆）《石屏州志》。

1570 忠贞祠碑铭

撰者郑朝栋，天启七年（1627），碑立于昭通市。

著录于（乾隆）《镇雄州志》。

1571 重修新平关圣庙记

撰者黄明，天启七年（1627），碑立于新平县。

著录于（康熙）《新平县志》。

1572 赠处士近泉讳崇舒董公孺人赵氏寿志

撰者董廷献，天启七年（1627），碑立于大理市。

见于《大理凤仪古碑文集》。

1573 孤山铜塔

天启年间（1621—1627），碑立于江川区。

著录于（光绪）《云南通志》。

1574 普照寺记

撰者傅宗龙，天启年间（1621—1627），碑立于晋宁区。

著录于《新纂云南通志·金石考》。

1575 邹元标碑

天启年间（1621—1627），碑立于晋宁区。

著录于《新纂云南通志·金石考》。

1576 天长阁记

撰者蒋尔第，天启年间（1621—1627），碑立于宾川县。

著录于《云南通志》。

1577 古连然碑

天启年间（1621—1627），高 185 cm × 宽 80 cm，碑立于安宁市。

见于《安宁市文物志》。

1578 文昌帝君金像碑记

撰者杨玄祐，天启年间（1621—1627），碑立于武定县。

著录于（康熙）《武定府志》。

崇祯年间

1579 大中丞阿天骐偕配李氏墓表

撰者徐宝泰，崇祯元年（1628），碑立于洱源县。

著录于《新纂云南通志·金石考》。

1580 龙泉寺常住田碑记

撰者闪继迪，书者刘士觐，正书，崇祯

元年（1628），高 233 cm×宽 80 cm，碑立于隆阳区。

著录于《新纂云南通志·金石考》。

1581 牟尼寺碑

崇祯元年（1628），碑立于永胜县。

见于《云南林业文化碑刻》。

1582 察院禁约碑

崇祯二年(1629),高 140 cm×宽 68 cm，碑立于曲靖市。

见于《曲靖石刻》。

1583 大明逸仙达吾严公孺人张氏墓志铭

撰者严有光，楷书，崇祯二年（1629），高 70 cm×宽 38 cm，碑立于大理市。

见于《大理丛书·金石篇》。

注：原碑已佚，拓片藏今云南省大理市图书馆。

1584 华藏寺碑

撰者顾庆恩，草书，崇祯二年（1629），碑立于澄江县。

著录于《新纂云南通志·金石考》。

1585 龙泉观玉皇殿碑记

撰者沐天波，青石，正书，崇祯二年（1629),高 172 cm×宽 85 cm,碑立于盘龙区。

著录于《新纂云南通志·金石考》。

1586 新建文昌宫序

撰者杨师孔，楷书，崇祯二年（1629），高 130 cm×宽 68 cm×厚 20 cm，碑立于禄丰县。

见于《楚雄历代碑刻》。

1587 孟宗孔墓志

撰者周昌祚，正书，崇祯二年（1629），高 100 cm×宽 56 cm，碑立于牟定县。

著录于《新纂云南通志·金石考》。

1588 碧云寺碑记

撰者殷辂，正书，崇祯二年（1629），碑立于双柏县。

著录于《新纂云南通志·金石考》。

1589 古庭祖师语录叙

撰者陶珽，崇祯二年（1629），碑立于姚安县。

著录于（民国）《姚安县志》。

1590 建设安龙寺常住碑记

撰者大庆，刻工蒋君亮，行书，崇祯二年（1629），高 135 cm×宽 58 cm，碑立于元谋县。

见于《楚雄历代碑刻》。

1591 杨鼠及妻阿羌羊墓碑

崇祯二年（1629），高 59 cm×宽 41 cm（拓片），碑立于丽江市。

见于《纳西族地区历代碑刻辑录与研究》。

1592 院道禁革土军事宜碑记

撰者张学懋，崇祯二年（1629），碑立于鹤庆县。

见于《鹤庆碑刻辑录》。

1593 陈虚白墓志

崇祯三年（1630），高 180 cm×宽 70 cm×厚 20 cm，碑立于石屏县。

见于《红河州不可移动文物大全》。

1594 三元、文昌两宫碑记

撰者李元初，书者葛中选，正书，崇祯三年（1630），高 157 cm×宽 76 cm，碑立于通海县。

著录于《新纂云南通志·金石考》。

1595 悉檀寺产权碑

楷书，崇祯三年（1630），高 110 cm×宽 66 cm，碑立于宾川县。

见于《大理丛书·金石篇》。

1596 玉皇阁常住功德碑

崇祯三年（1630），碑立于弥勒市。

见于《弥勒文物志》。

1597 云南分守金沧道参政王办禁谕

崇祯三年（1630），碑立于宾川县。
见于《鸡足山志》。

1598 关沟碑记

崇祯四年（1631），高 60 cm × 宽 30 cm × 厚 4 cm，碑立于宾川县。
见于《宾川丛书 · 金石篇》。

1599 汇勒大觉寺常住碑记

撰者朱朝藩，刻工李立，砂石，崇祯四年（1631），高 254 cm × 宽 102 cm，碑立于曲靖市。
见于《曲靖石刻》。

1600 三元宫重题常住田记

撰者孙宪忠，刻工李得用、施良□，砂岩，崇祯四年（1631），高 160 cm × 宽 50 cm × 厚 40 cm，碑立于禄丰县。
见于《威楚遗韵》。

1601 鼎建大士阁碑记

撰者杨道臣，正书，崇祯五年（1632），碑立于禄劝县。
著录于《新纂云南通志 · 金石考》。

1602 新建碧鸡寺常住碑记

刻工杨和，正书，崇祯五年（1632），碑立于西山区。
著录于《新纂云南通志 · 金石考》。

1603 新建三清殿常储碑记

撰者薛衍庆，书者段继魁，正书，崇祯五年（1632），碑立于晋宁区。
著录于《新纂云南通志 · 金石考》。

1604 新开妙峰山德云寺常住碑记

撰者陶珽，楷书，崇祯五年（1632），高 186 cm × 宽 84 cm，碑立于大姚县。
著录于（民国）《姚安县志》。

1605 粤东陈公编修郡道碑

撰者李大受，书者杨方盛，正书，崇祯五年（1632），碑立于鹤庆县。
著录于（光绪）《鹤庆州志》。

1606 张继孟诗刻

撰者张继孟，草书，崇祯五年（1632），碑立于澄江县。
著录于《新纂云南通志 · 金石考》。

1607 重建兴福寺碑记

撰者李闻诗，崇祯五年（1632），碑立于鹤庆县。
见于《鹤庆碑刻辑录》。

1608 参罗汉壁幻空和尚碑

书者姜思睿，楷书，崇祯六年（1633），碑立于宾川县。
见于《鸡足山志》。

1609 昊天通明殿碑记

撰者羲印，书者李芳华，刻工桂汝玉，正书，崇祯六年（1633），高 146 cm × 宽 73 cm，碑立于昆明市。
著录于《新纂云南通志 · 金石考》。

1610 寂光寺诗刻

撰者姜思睿，崇祯六年（1633），碑立于宾川县。
著录于《新纂云南通志 · 金石考》。

1611 寂光寺田产碑

崇祯六年（1633），碑立于宾川县。
见于《大理州志》。

1612 寂光寺重修碑记

撰者陶珽，书者广能，楷书，崇祯六年（1633），高 190 cm × 宽 65 cm，碑立于宾川县。
见于《大理州志》。

1613 龙泉观新置常住田记

撰者沐天波，崇祯六年（1633），高 196 cm × 宽 85 cm。
见于《云南道教碑刻辑录》。

1614 重揭本寺置田继籍引碑

崇祯六年(1633),高 108 cm × 宽 62 cm,碑立于官渡区。

见于《羊甫村志》。

1615 束河明代李氏墓碑

崇祯六年(1633),高 100 cm × 宽 46 cm × 厚 16 cm,碑立于丽江市。

见于《纳西族地区历代碑刻辑录与研究》。

1616 醒石诗刻

撰者姜思睿,崇祯六年(1633),碑立于安宁市。

著录于《新纂云南通志·金石考》。

1617 虚凝庵残碑

书者陈凤,崇祯六年(1633),碑立于北市区。

著录于《新纂云南通志·金石考》。

1618 重建鹤庆府学庙记

撰者李大受,崇祯六年(1633),高 180 cm × 宽 90 cm,碑立于鹤庆县。

著录于(光绪)《鹤庆州志》。

1619 观音寺常住碑记

崇祯七年(1634),碑立于祥云县。

见于《祥云碑刻》。

1620 谷贻汇序

撰者王锡衮,崇祯七年(1634),碑立于姚安县。

著录于(道光)《姚州志》。

1621 河西城祠记

撰者葛中选,崇祯七年(1634),碑立于通海县。

著录于(康熙)《河西县志》。

1622 鸡足山水月庵僧书佑为母书写华严经序

撰者姜思睿,书者书佑,刻工王思珩,崇祯七年(1634),碑立于宾川县。

著录于《新纂云南通志·金石考》。

1623 姜巡按生祠碑记

撰者雷跃龙,书者王惠卿,正书,崇祯七年(1634),碑立于江川区。

著录于《新纂云南通志·金石考》。

1624 迁建学宫碑记

撰者邵名世,崇祯七年(1634)。

著录于(道光)《寻甸州志》。

1625 昙华庵常住碑记

撰者姜思睿,书者沐天波,正书,崇祯七年(1634),碑立于盘龙区。

著录于《新纂云南通志·金石考》。

1626 西华寺常住碑记

崇祯七年(1634),碑立于师宗县。

见于《师宗县文物志》。

注:原碑已佚。

1627 玄武殿常住碑记

撰者吴宏业,书者杜春鸣,崇祯七年(1634),碑立于宜良县。

著录于《新纂云南通志·金石考》。

1628 重修观音阁常住碑记

崇祯七年(1634),碑立于玉溪市。

见于《古碑遗珍》。

1629 彻禅师南游请藏缘起

撰者陶珙,崇祯八年(1635),碑立于大姚县。

著录于(民国)《姚安县志》。

1630 大慈寺碑记

撰者王锡衮,书者郭纯,正书,崇祯八年(1635),碑立于禄丰县。

著录于《新纂云南通志·金石考》。

1631 大德寺僧吐退寄田碑

正书,崇祯八年(1635),高 198 cm ×

宽 74 cm，碑立于五华区。

著录于（民国）《昆明市志》。

1632 大明奉政大夫黄嘉祚墓铭

撰者王致，楷书，崇祯八年（1635），高 100 cm×宽 60 cm，碑立于南华县。

著录于（民国）《镇南县志》。

1633 三祖殿碑

崇祯八年（1635）。

著录于《新纂云南通志·金石考》。

1634 新创中圣乐城并常住铭言十九韵

撰者李唐龙，书者李唐龙，崇祯八年（1635），碑立于禄丰县。

著录于（康熙）《黑盐井志》。

1635 修宝象河碑记

崇祯八年（1635），碑立于官渡区。

著录于《新纂云南通志·金石考》。

1636 宝象河平水石底碑

崇祯八年（1635），高 210 cm×宽 76 cm，碑立于官渡区。

见于《云溪、永丰村志》。

1637 永远福田碑

崇祯八年（1635），高 133 cm×宽 68 cm，碑立于弥渡县。

见于《弥渡古代碑刻辑释》。

1638 颍川知州赠光禄寺卿尹梦鳌谕祭碑

崇祯八年（1635），碑立于大理市。

著录于（光绪）《云南通志》。

1639 重修白云寺碑记

撰者陶珽，楷书，崇祯八年（1635），高 102 cm×宽 54 cm，碑立于弥渡县。

见于《弥渡古代碑刻辑释》。

1640 修龙王庙水月楼记碑

楷书，崇祯九年（1636），高 94 cm×宽 47 cm，碑立于洱源县。

见于《大理丛书·金石篇》。

1641 干河堡众信女修葺古庙碑

崇祯九年（1636），高 35 cm×宽 58 cm，碑立于曲靖市。

见于《陆良历代石刻注解与研究》。

1642 何亨宇府君碑铭

撰者陈我德，大理石，楷书，崇祯九年（1636），高 78 cm×宽 34 cm，碑立于南华县。

见于《楚雄历代碑刻》。

1643 鸡足寂光寺开山传衣法嗣纪略碑

撰者孙启祚，书者读理，刻工杨福禄，大理石，楷书，崇祯九年（1636），高 208 cm×宽 94 cm，碑立于宾川县。

著录于《鸡足山志补》。

1644 永昌军民府判定永平界址碑

大理石，楷书，崇祯九年（1636），高 78 cm×宽 45 cm，碑立于漾濞县。

见于《大理丛书·金石篇》。

1645 尊胜塔院常住碑记

崇祯九年（1636），高 106 cm×宽 52 cm，碑立于宾川县。

见于《宾川丛书·金石篇》。

1646 观音阁碑记

撰者杨道昌，崇祯十年（1637），碑立于宜良县。

著录于《新纂云南通志·金石考》。

1647 杨董胜夫妇墓

楷书，崇祯十年（1637），高 109 cm×宽 42 cm，碑立于禄丰县。

见于《中国文物地图集·云南分册》。

1648 孔公重修学宫记

撰者雷跃龙，书者张乾亨，刻工陶珽，崇祯十年（1637），碑立于姚安县。

著录于（道光）《姚州志》。

1649 龙华寺题记

撰者张凤翮，书者张耀，楷书，崇祯十年（1637），高 86 cm × 宽 45 cm，碑立于宾川县。

著录于《新纂云南通志·金石考》。

1650 太华寺住持碑

崇祯十年（1637），碑立于西山区。

见于《中国地方志佛道教文献汇纂·诗文碑刻卷》（西南·云南）。

注：立碑年代记载有出入，另有记嘉靖二十年（1541）和天启元年（1621）。

1651 新建真武庙常住碑记

刻工许守玉，崇祯十年（1637），高 168 cm × 宽 56 cm，碑立于玉溪市。

见于《玉溪碑刻选集》。

1652 祥允鸡足山直隶僧户碑

撰者张瑞扬，崇祯十年（1637），碑立于宾川县。

著录于《云南通志》。

1653 重修冰泉玄天观碑记

撰者陈德喻，崇祯十年（1637），高 138.5 cm × 宽 56.5 cm。

见于《云南道教碑刻辑录》。

1654 重修帝释庵碑记

撰者文绍尧，崇祯十年（1637），碑立于呈贡区。

著录于（康熙）《呈贡县志》。

1655 重修法明禅寺碑记

撰者傅宗龙，书者时之清，崇祯十年（1637），碑立于宜良县。

著录于（乾隆）《宜良县志》。

1656 朝阳庵碑记

撰者禄增，书者陈净，正书，崇祯十一年（1638），碑立于峨山县。

著录于《新纂云南通志·金石考》。

1657 晋宁学宫捐金姓名碑记

正书，崇祯十一年（1638），碑立于晋宁区。

著录于《新纂云南通志·金石考》。

1658 筇竹寺二僧碑

崇祯十一年（1638），碑立于西山区。

著录于《新纂云南通志》。

1659 苏国兴碑

崇祯十一年（1638），碑立于石屏县。

著录于（民国）《石屏县志》。

1660 虚凝庵常住田记

崇祯十一年（1638），碑立于北市区。

著录于《新纂云南通志·金石考》。

1661 玉皇阁常住碑记

撰者杨道昌，崇祯十一年（1638），碑立于宜良县。

著录于《新纂云南通志·金石考》。

1662 重修龙华山碑记

撰者黄谦，崇祯十一年（1638），碑立于宜良县。

著录于《新纂云南通志·金石考》。

1663 西岑杨公墓碑

大理石，崇祯十一年（1638），高 157 cm × 宽 68.5 cm，碑立于大理市。

见于《大理丛书·金石篇》。

注：该碑为《西岑杨公暨孺人李氏墓志铭》其中的 1 件。

1664 西岑杨公暨孺人李氏墓志铭

撰者王尊德，大理石，楷书，崇祯十一年（1638），残高 138 cm × 宽 68 cm，碑立于大理市。

见于《大理丛书·金石篇》。

注：该碑共 3 件。另 2 件为《西岑杨公墓碑》和《翼宁杨公墓碑》。

1665 静闻碑记

撰者黄郊，崇祯十一年（1638），碑立于宾川县。

见于《神游玉龙山》。

1666 三元文昌宫碑

撰者李元初，书者葛中选，青石，崇祯十一年（1638），高 165 cm×宽 75 cm×厚 15 cm，碑立于通海县。

见于《神游玉龙山》。

1667 皇图巩固——玉阁常住碑记

撰者马兆义，崇祯十二年（1639）。

见于《云南道教碑刻辑录》。

1668 重修圆通寺观音阁碑

撰者傅胤孙，崇祯十二年（1639），高 165 cm×宽 82 cm，碑立于昆明市。

著录于（民国）《昆明市志》。

1669 鸡足山会灯寺碑记

撰者晋现，正书，崇祯十二年（1639），碑立于宾川县。

著录于《新纂云南通志·金石考》。

1670 重修崇宝山正觉寺碑记

撰者傅宗龙，书者陈玺，正书，崇祯十二年（1639），碑立于西山区。

著录于《新纂云南通志·金石考》。

1671 重修普贤寺常住记

撰者傅宗龙，崇祯十二年（1639），碑立于西山区。

见于《中国地方志佛道教文献汇纂·诗文碑刻卷》（西南·云南）。

1672 重修天华山中下二庵碑记

撰者杨春，崇祯十二年（1639），高 115 cm×宽 60 cm，碑立于大理市。

见于《大理丛书·金石篇》。

注：原碑已佚，拓片藏今云南省大理州博物馆。

1673 鸡足山悉檀寺本无大师行实碑

撰者陶珽，刻工杨际春，大理石，楷书，崇祯十三年（1640），高 180 cm×宽 78 cm，碑立于宾川县。

著录于《新纂云南通志·金石考》。

1674 旌表艾儒师公移记略

撰者饶有恒，崇祯十三年（1640），碑立于洱源县。

著录于《重修邓川州志》。

1675 重修鸡足山碧云寺序

撰者刀晟，崇祯十三年（1640），高 142 cm×宽 63 cm×厚 7 cm，碑立于宾川县。

见于《宾川丛书·金石篇》。

1676 李国昌墓志铭

崇祯十三年（1640），高 123 cm×宽 55 cm×厚 10 cm，碑立于丽江市。

见于《丽江历代碑刻辑录与研究》。

1677 龙凤寺碑记

撰者朱朝藩，崇祯十三年（1640），碑立于陆良县。

著录于（乾隆）《陆凉州志》。

1678 三教常住碑记

撰者曾曰琥，书者施浚，崇祯十三年（1640），碑立于禄丰县。

著录于（康熙）《黑盐井志》。

1679 授廖大亨巡抚四川敕石刻

崇祯十三年（1640），碑立于建水县。

著录于《新纂云南通志·金石考》。

1680 新建西华寺碑记

撰者朱朝藩，崇祯十三年（1640），碑立于陆良县。

著录于（乾隆）《陆凉州志》。

1681 重修观音寺碑引

撰者王士章，崇祯十三年（1640），碑立于通海县。

著录于（康熙）《河西县志》。

1682 重修黑井学宫碑记

撰者曾曰琥，楷书，崇祯十三年（1640），高 196 cm×宽 80 cm，碑立于禄丰县。

著录于（康熙）《黑盐井志》。

1683 重修武侯祠碑记

撰者王锡衮，刻工熊华麒，正书，崇祯十三年（1640），碑立于腾冲市。

著录于《新纂云南通志·金石考》。

1684 江西清江曾公名宦祠碑记

撰者郑觐光，书者曾曰琥，楷书，崇祯十三年（1640），高 68 cm×宽 87 cm，碑立于禄丰县。

著录于（康熙）《黑盐井志》。

1685 遍周可全塔碑（残片）

撰者悟祯，崇祯十四年（1641），高 100 cm×宽 64 cm。

见于《威楚遗韵》。

1686 法王皇帝圣旨藏文碑

崇祯十四年（1641），碑立于丽江市。

见于《〈法王皇帝圣旨藏文碑〉新考》。

1687 鸡足山起建金顶殿宇常住碑记

撰者沐启元，书者张一恺，大理石，楷书，崇祯十四年（1641），高 133 cm×宽 76 cm×厚 8 cm，碑立于宾川县。

见于《鸡足山志》。

1688 南山庙碑记

撰者曾曰琥，崇祯十四年（1641），碑立于禄丰县。

著录于（康熙）《黑盐井志》。

1689 启明桥碑记

撰者王锡衮，楷书，崇祯十四年（1641），高 197 cm×宽 87 cm，碑立于禄丰县。

见于《楚雄历代碑刻》。

1690 重修永惠坝碑记

撰者李章铉，崇祯十四年（1641），碑立于泸西县。

著录于（乾隆）《广西府志》。

1691 藏经戒约

崇祯十五年（1642），碑立于宾川县。

著录于《新纂云南通志·金石考》。

1692 禄劝州建学碑记

撰者严谨，书者安汝盘，正书，崇祯十五年（1642），碑立于禄劝县。

著录于《新纂云南通志·金石考》。

1693 紫溪云台庵碑记

撰者沐天波，书者沐天波，崇祯十五年（1642），高 170 cm×宽 56 cm×厚 20 cm，碑立于楚雄市。

见于《楚雄历代碑刻》。

1694 妙峰开山彻庸和尚塔铭

撰者洪宗，书者广魁，楷书，崇祯十五年（1642），高 120 cm×宽 60 cm，碑立于大姚县。

见于《妙峰山志》。

1695 修建观音阁置买常住田碑记

撰者范立朝，崇祯十五年（1642），高 100 cm×宽 66 cm。

见于《云南道教碑刻辑录》。

1696 重修石羊儒学记

撰者王文琼，砂岩，楷书，崇祯十五年（1642），高 146 cm×宽 77 cm×厚 20 cm，碑立于大姚县。

著录于（乾隆）《白盐井志》。

1697 增修晋宁州儒学记

撰者王允会，刻工段咸名，崇祯十六年（1643），碑立于晋宁区。

见于《古碑遗珍》。

1698 新建十王圣殿常住碑

撰者于思尧，崇祯十六年（1643），高100 cm×宽50 cm，碑立于官渡区。

见于《羊甫村志》。

1699 邓川州敖父母迁州建城功完碑记

撰者李大受，崇祯十六年（1643），碑立于洱源县。

著录于《重修邓川州志》。

1700 非幻庵记

撰者田苏兆，崇祯十六年（1643），碑立于鹤庆县。

著录于（民国）《鹤庆县志》。

1701 真武殿常住碑记

崇祯十六年（1643），碑立于江川区。

见于《云南林业文化碑刻》。

1702 龙山缘起碑

砂岩，崇祯十六年（1643），高90 cm×宽63 cm×厚18 cm，碑立于大姚县。

见于《威楚遗韵》。

1703 禄劝县观音寺常住田记

正书，崇祯十六年（1643），碑立于禄劝县。

著录于《新纂云南通志·金石考》。

1704 玄帝阙碑记

撰者万中台，书者莫可及，崇祯十六年（1643），碑立于呈贡区。

著录于《新纂云南通志·金石考》。

1705 腾冲参将题名碑

撰者吉先庚，正书，崇祯十六年（1643），碑立于腾冲市。

著录于《新纂云南通志·金石考》。

1706 遗爱建筑石城碑记

楷书，崇祯十六年（1643），高51 cm×宽92.5 cm×厚16 cm，碑立于剑川县。

见于《大理丛书·金石篇》。

1707 碧云寺常住碑记

撰者王臣忠，书者张仰宸，崇祯十六年（1643），碑立于双柏县。

著录于《新纂云南通志·金石考》。

1708 杨市甲预营寿藏记

楷书，崇祯十七年（1644），高74 cm×宽49 cm，碑立于大理市。

见于《大理丛书·金石篇》。

1709 明显考处士董公讳效舒妣孺人杨氏老姐合冢墓

崇祯十七年（1644），碑立于大理市。

见于《大理凤仪古碑文集》。

1710 明显考处士董公之墓妣孺人段氏寿藏

崇祯十七年（1644），碑立于大理市。

见于《大理凤仪古碑文集》。

1711 李大受墓表碑

崇祯年间（1628—1644），碑立于洱源县。

见于《大理洱源县碑刻辑录》。

1712 段恭节公祠堂碑

撰者王锡衮，崇祯年间（1628—1644），碑立于剑川县。

著录于（嘉庆）《滇系》。

1713 华藏寺瑶光台碑记

撰者杨于陛，崇祯年间（1628—1644），碑立于澄江县。

著录于（康熙）《河阳县志》。

1714 华严洞记

撰者钱邦芑，崇祯年间（1628—1644），碑立于宾川县。

著录于（嘉庆）《滇系》。

1715 烈妇杨大谟妻段氏谕祭碑

崇祯年间（1628—1644），碑立于弥勒市。

著录于（光绪）《云南通志》。

1716 小水城文昌阁记

撰者李犹龙，崇祯年间（1628—1644），碑立于石屏县。

著录于（乾隆）《石屏州志》。

1717 正议大夫资治尹陇应祥谕祭碑

崇祯年间（1628—1644），碑立于宾川县。

著录于（光绪）《云南通志》。

1718 总督蓟辽兵部尚书杨绳武谕祭碑

崇祯年间（1628—1644），碑立于弥勒市。

著录于（光绪）《云南通志》。

1719 大理府赵州云南县为重水道以养民生蒸民粒以重

崇祯年间（1628—1644），碑立于祥云县。

见于《祥云碑刻》。

注：雍正四年（1726）、同治四年（1865）分别重刻。

1720 奇峰寺碑记

撰者陈荀产，崇祯年间（1628—1644），碑立于禄丰县。

著录于（乾隆）《琅盐井志》。

1721 贰守袁公德政碑

撰者杨春震，崇祯年间（1628—1644），碑立于武定县。

著录于（民国）《禄劝县志》。

1722 署郡州篆司李彭公去思碑

撰者杨玄祐，崇祯年间（1628—1644），碑立于武定县。

见于（康熙）《武定府志》。

1723 题名碑记

撰者王重纲，崇祯年间（1628—1644），碑立于禄丰县。

著录于（康熙）《禄丰县志》。

1724 炼象关石壁镌字

崇祯年间（1628—1644），碑立于禄丰县。

著录于《云南金石目略初稿》。

1725 修武庙功德碑记

大理石，崇祯年间（1628—1644），高120×宽60 cm×厚10 cm，碑立于南华县。

见于《中国文物地图集·云南分册》。

时间未定

1726 城隍庙碑记

撰者周澄，明代（1368—1644），碑立于玉溪市。

著录于《新兴州志》。

1727 玉龙阁记

撰者周仕国，明代（1368—1644），碑立于宾川县。

著录于《鸡足山志》。

1728 重修鸡足山绝顶记

撰者陈天工，明代（1368—1644），碑立于宾川县。

著录于《云南通志》。

1729 追为亡人李□□神道碑

明代（1368—1644），高 127 cm×宽50 cm，碑立于大理市。

见于《大理丛书·金石篇》。

1730 追为亡人董文芳神道碑

明代（1368—1644），高 56 cm×宽56 cm，碑立于大理市。

见于《大理丛书·金石篇》。

1731 追为亡人段婆罗奴杨氏观音□神道

明代（1368—1644），大理石，高 108 cm

×宽 51 cm×厚 10 cm，碑立于大理市。
见于《大理丛书·金石篇》。

1732 追为亡人宋母王氏观音修神道碑

明代（1368—1644），高 84 cm×宽 52 cm，碑立于大理市。
见于《大理丛书·金石篇》。

1733 追为亡人姜朱贞神道碑

明代（1368—1644），砂石，高 77 cm×宽 43 cm×厚 14 cm，碑立于剑川县。
见于《大理丛书·金石篇》。

1734 追为亡人提领何宾何良神道碑

大理石，楷书，明代（1368—1644），高 63 cm×宽 33 cm，碑立于大理市。
见于《大理丛书·金石篇》。

1735 追为亡人杨杲神道碑

楷书，明代（1368—1644），残高 58 cm×宽 46 cm，碑立于大理市。
见于《大理丛书·金石篇》。

1736 追为亡人杨观音护神道碑

明代（1368—1644），高 147 cm×宽 56 cm，碑立于大理市。
见于《大理丛书·金石篇》。

1737 追为亡人杨绍神道碑

楷书，明代（1368—1644），高 70 cm×宽 48 cm，碑立于大理市。
见于《大理丛书·金石篇》。

1738 追为亡人杨药师禾之灵碑

大理石，明代（1368—1644），残高 111 cm×宽 48 cm×厚 10.5 cm，碑立于大理市。
见于《大理丛书·金石篇》。

1739 追为亡人杨药师土高氏金秋香神道碑

砂石，明代（1368—1644），碑立于剑川县。
见于《大理丛书·金石篇》。

1740 追为亡人张观音宝、赵氏添神贵神道

大理石，明代（1368—1644），高 115 cm×宽 56 cm×厚 10.5 cm，碑立于大理市。
见于《大理丛书·金石篇》。

1741 追为亡人张隆通神道碑

砂石，明代（1368—1644），高 72 cm×宽 40 cm×厚 16 cm，碑立于剑川县。
见于《大理丛书·金石篇》。

1742 资为杨庆良妇人施氏□□神道碑

楷书，明代（1368—1644），高 66 cm×宽 44 cm，碑立于大理市。
见于《大理丛书·金石篇》。

1743 赵观音保火葬墓碑

明代（1368—1644），高 35 cm×宽 37 cm，碑立于大理市。
见于《大理丛书·金石篇》。

1744 赵药师保墓碑

明代（1368—1644），高 56 cm×宽 9 cm，碑立于剑川县。
见于《大理丛书·金石篇》。

1745 秋日游凤翔寺

明代（1368—1644），碑立于玉溪市。
见于《古碑遗珍》。

1746 尹观音嵩墓碑

楷书，明代（1368—1644），高 59 cm×宽 13 cm，碑立于邓川县。
见于《大理丛书·金石篇》。

1747 点苍山记

撰者杨慎，明代（1368—1644）。
著录于（康熙）《云南通志》。

1748 云龙县顺荡井火葬墓碑

明代（1368—1644），高 126 cm×宽

43 cm，碑立于云龙县。
见于《大理丛书·金石篇》。

1749 城隍庙记

撰者许镃，明代（1368—1644）。
见于《云南道教碑刻辑录》。

1750 泛昆池登太华文殊岩记

撰者尹伸，明代（1368—1644）。
著录于（嘉庆）《滇系》。

1751 关王庙观画壁歌

撰者杨慎，明代（1368—1644）。
见于《云南道教碑刻辑录》。

1752 海潮寺记

撰者王恩民，明代（1368—1644），碑立于石屏县。
著录于（乾隆）《石屏州志》。

1753 鹤顶寺碑记

撰者李元阳，明代（1368—1644）。
见于《云南道教碑刻辑录》。

1754 环翠宫谒吕祖诗

撰者邓原岳，明代（1368—1644）。
见于《云南道教碑刻辑录》。

1755 建九天观记

撰者甘珂，明代（1368—1644）。
著录于（乾隆）《石屏州志》。

1756 建三元宫记

撰者苏民重，明代（1368—1644），碑立于石屏县。
著录于（乾隆）《石屏州志》。

1757 晋宁州重建关侯庙记

撰者唐尧官，明代（1368—1644）。
见于《云南道教碑刻辑录》。

1758 九天观鼎建三教阁记

撰者王恩民，明代（1368—1644），碑立于石屏县。
著录于（乾隆）《石屏县志》。

1759 昆阳州重修滇池神庙记

撰者童轩，明代（1368—1644）。
著录于（正德）《云南志》。

1760 妙明居碑记

撰者木增，大理石，楷书，明代（1368—1644），高 118 cm×宽 48 cm，碑立于鹤庆县。
见于《鹤庆碑刻辑录》。

1761 刘观音善神道碑

楷书，明代（1368—1644），高 68 cm×宽 8 cm，碑立于剑川县。
见于《大理丛书·金石篇》。

1762 秘密津关梵文碑

大理石，楷书，明代（1368—1644），高 84.5 cm×宽 36 cm，碑立于大理市。
见于《大理丛书·金石篇》。

1763 募西楼建魁神引

撰者葛慎修，明代（1368—1644），碑立于通海县。
著录于（乾隆）《续修河西县志》。

1764 青元洞

撰者马卿，明代（1368—1644）。
见于《云南道教碑刻辑录》。

1765 青元洞诗碑

撰者黄兆隆，明代（1368—1644）。
见于《云南道教碑刻辑录》。

1766 清虚阁记

撰者吴堂，明代（1368—1644），碑立于鹤庆县。
著录于（民国）《鹤庆县志》。

1767 题龙池道院诗

撰者吴存敬，明代（1368—1644）。
见于《云南道教碑刻辑录》。

1768 题太极图、白鹿洞规后

撰者张纮，明代（1368—1644）。
著录于（景泰）《云南图经志书》。

1769 武侯祠碑记

撰者王惟贤，明代（1368—1644）。
见于《云南道教碑刻辑录》。

1770 新建关帝庙记

撰者游一清，明代（1368—1644）。
著录于（康熙）《呈贡县志》。

1771 新建龙王庙碑记

撰者石银，明代（1368—1644）。
著录于（康熙）《呈贡县志》。

1772 游点苍山记

撰者何镗，明代（1368—1644）。
著录于（万历）《云南通志》。

1773 游鸡足山记

撰者谢东山，明代（1368—1644）。
见于《云南道教碑刻辑录》。

1774 游太华山记

撰者张佳胤，明代（1368—1644），碑立于西山区。
著录于（天启）《滇志》。

1775 游太华山记

撰者徐弘祖，明代（1368—1644），碑立于西山区。
见于《云南道教碑刻辑录》。

1776 张仙祠碑记

撰者唐尧官，明代（1368—1644）。
著录于（乾隆）《晋宁州志》。

1777 昭灵神祠记

撰者蔡酬，明代（1368—1644）。
见于《云南道教碑刻辑录》。

1778 重建土主庙碑记

撰者杨廷相，明代（1368—1644）。
著录于（乾隆）《石屏州志》。

1779 重修城隍庙碑记

撰者刘举良，明代（1368—1644）。
著录于（康熙）《元江府志》。

1780 重修城隍庙记

撰者游一清，明代（1368—1644）。
著录于（康熙）《呈贡县志》。

1781 重修城隍庙碑记

撰者章士元，明代（1368—1644）。
著录于（康熙）《建水州志》。

1782 重修府城隍庙碑

撰者倪霈，明代（1368—1644）。
著录于（康熙）《河阳县志》。

1783 重修九天观序

撰者顾庆恩，明代（1368—1644），碑立于石屏县。
著录于（乾隆）《石屏州志》。

1784 重修三台阁记

撰者胡世则，明代（1368—1644），碑立于石屏县。
著录于（乾隆）《石屏州志》。

1785 重修虚凝庵并置常住碑记

明代（1368—1644），高 133 cm × 宽 63 cm。
见于《云南道教碑刻辑录》。

1786 重修永昌武安王庙记

撰者刘世曾，明代（1368—1644）。
著录于（天启）《滇志》。

1787 游峰坝碑记

撰者彭时，明代（1368—1644），碑立于祥云县。
著录于（光绪）《云南县志》。

1788 王文毅公墓碣

明代（1368—1644），高 167 cm，碑立于禄丰县。

著录于《新纂云南通志·金石考》。

1789 王氏宗祠残碑

撰者王锡衮，明代（1368—1644），碑立于禄丰县。

著录于《新纂云南通志·金石考》。

1790 汪藏海墓碑

撰者王锡衮，明代（1368—1644），高 33 cm×宽 33 cm，碑立于禄丰县。

著录于《新纂云南通志·金石考》。

1791 普照庵碑记

撰者傅宗龙，明代（1368—1644），碑立于武定县。

著录于（康熙）《武定府志》。

1792 妙峰寺诗刻

撰者陶珽，书者陶珽，明代（1368—1644），高 40 cm×宽 120 cm，碑立于武定县。

著录于《新纂云南通志·金石考》。

1793 新建文庙记

撰者陶珽，明代（1368—1644），碑立于大姚县。

著录于（乾隆）《白盐井志》。

1794 赵公生祠碑

撰者陶珽，明代（1368—1644），碑立于姚安县。

著录于（道光）《姚州志》。

1795 李卓吾先生祠记

撰者陶珽，明代（1368—1644），碑立于姚安县。

著录于（道光）《姚州志》。

1796 无住和尚诗刻

撰者无住，草书，明代（1368—1644），高 33 cm×宽 33 cm，碑立于武定县。

著录于《新纂云南通志·金石考》。

1797 姚安尹药师桂神道碑

大理石，明代（1368—1644），高 66 cm×宽 34 cm，碑立于姚安县。

见于《楚雄彝族自治州文物志》。

1798 三官寺碑

撰者李元阳，书者李元阳，明代（1368—1644），碑立于姚安县。

著录于（道光）《姚州志》。

1799 苴却督捕营设官记

撰者李元阳，明代（1368—1644），碑立于大姚县。

著录于（道光）《大姚县志》。

1800 砺石图书记

撰者刘维，明代（1368—1644），碑立于武定县。

著录于（康熙）《武定府志》。

1801 古罗汉松记

撰者刘维，明代（1368—1644），碑立于武定县。

著录于（康熙）《武定府志》。

1802 禄劝州知州题名碑记

撰者李贽，明代（1368—1644），碑立于武定县。

著录于（康熙）《武定府志》。

1803 贺世袭高金宸膺奖序

撰者李贽，明代（1368—1644），碑立于姚安县。

著录于（道光）《姚州志》。

1804 巡抚邹公应龙平铁锁寇记

撰者李元阳，明代（1368—1644），碑立于大姚县。

著录于（道光）《姚州志》。

1805 广通县重修玄真观记

撰者黄以陞，明代（1368—1644），碑立于禄丰县。

著录于（康熙）《广通县志》。

1806 **新建儒学碑记**

撰者傅宗龙，明代（1368—1644），碑立于元谋县。

著录于（康熙）《元谋县志》。

1807 **新建传经寺募引疏**

撰者傅宗龙，明代（1368—1644），碑立于牟定县。

著录于（道光）《定远县志》。

1808 **弥勒寺记**

撰者傅宗龙，明代（1368—1644），碑立于元谋县。

著录于（乾隆）《元谋县志》。

1809 **重修郡城隍祠募引**

撰者陈璜，明代（1368—1644），碑立于楚雄市。

著录于（嘉庆）《楚雄县志》。

1810 **重修碧霞井龙神祠记**

撰者陈璜，明代（1368—1644），碑立于楚雄市。

著录于（嘉庆）《楚雄县志》。

1811 **楚威迎恩寺新塑十二圆觉募疏**

撰者陈璜，明代（1368—1644），碑立于楚雄市。

著录于（嘉庆）《楚雄县志》。

1812 **明伦堂前明卧碑**

明代（1368—1644），碑立于禄丰县。

著录于（嘉庆）《黑盐井志》。

1813 **双龙寺塔砖**

明代（1368—1644），碑立于牟定县。

见于《云南金石目略初稿》。

1814 **白马灵踪碑**

撰者虚谷子，草书，明代（1368—1644），高 133 cm × 宽 66 cm，碑立于牟定县。

著录于《新纂云南通志·金石考》。

1815 **重修武定府城楼碑记**

撰者杨春震，明代（1368—1644），碑立于武定县。

著录于（康熙）《武定府志》。

1816 **重修龙桥碑记**

撰者杨春震，明代（1368—1644），碑立于武定县。

著录于（康熙）《武定府志》。

1817 **仙羊山新建玉皇阁记**

撰者杨可贤，明代（1368—1644），碑立于禄丰县。

著录于（康熙）《广通县志》。

1818 **和曲马大夫遗爱碑记**

撰者杨春震，明代（1368—1644），碑立于武定县。

著录于（康熙）《武定府志》。

1819 **仙台山碑记**

撰者杨春震，明代（1368—1644），碑立于武定县。

著录于（康熙）《武定府志》。

1820 **重修传经寺碑记**

撰者刘联声，明代（1368—1644），碑立于楚雄市。

著录于（康熙）《楚雄府志》。

1821 **无住上人募构团标疏**

撰者陈继儒，明代（1368—1644），碑立于大姚县。

见于《妙峰山志》。

1822 **北极山文殊阁赋**

撰者李建中，明代（1368—1644），碑立于大姚县。

著录于（民国）《盐丰县志》。

1823 敕赐王文毅公祭葬碑

明代（1368—1644），楷书，高 167 cm，碑立于禄丰县。

著录于《新纂云南通志·金石考》。

1824 用源撰碑残片

撰者用源，大理石，楷书，明代（1368—1644），高 24 cm×宽 38 cm，碑立于禄丰县。

见于《威楚遗韵》。

1825 开山沙门觉安六十三寿初度序

大理石，明代（1368—1644），碑立于楚雄市。

见于《威楚遗韵》。

1826 望云安梵天楼记

撰者圆易，明代（1368—1644），碑立于禄丰县。

著录于（康熙）《罗次县志》。

1827 广通县重修智泉庵记

撰者圆易，明代（1368—1644），碑立于禄丰县。

著录于（康熙）《广通县志》。

1828 兴隆寺常住碑记

撰者陈大章，明代（1368—1644），碑立于双柏县。

著录于（康熙）《南安州志》。

1829 段公姜氏梵文墓碑

大理石，明代（1368—1644），高 115 cm×宽 43 cm×厚 7 cm，碑立于禄丰县。

见于《楚雄彝族自治州文物志》。

1830 西林寺记引

撰者刘元翰，明代（1368—1644），碑立于武定县。

著录于（康熙）《武定府志》。

1831 周理和尚诗刻

撰者周理，明代（1368—1644），高 40 cm×宽 86 cm，碑立于武定县。

著录于《新纂云南通志·金石考》。

1832 福田寺碑记

撰者朱化孚，明代（1368—1644），碑立于武定县。

著录于（康熙）《武定府志》。

1833 文龙书院记

撰者陈大本，明代（1368—1644），碑立于牟定县。

著录于（康熙）《定远县志》。

1834 文峰塔记

撰者陈善，明代（1368—1644），碑立于姚安县。

著录于（道光）《姚州志》。

1835 张若冲墓志铭

明代（1368—1644），碑立于楚雄市。

见于《神山圣境》。

1836 职官题名碑

撰者祝宏舒，明代（1368—1644），碑立于楚雄市。

著录于（宣统）《楚雄县志》。

1837 建祠记

撰者朱守仁，明代（1368—1644），碑立于楚雄市。

著录于（宣统）《楚雄县志》。

1838 仓廒记

撰者朱守仁，明代（1368—1644），碑立于楚雄市。

著录于（宣统）《楚雄县志》。

1839 重建楚雄府题名碑记

撰者周载，明代（1368—1644），碑立于楚雄市。

著录于（隆庆）《楚雄府志》。

1840 思政楼记

撰者赵熙，明代（1368—1644），碑立于楚雄市。

著录于（隆庆）《楚雄府志》。

1841 李□墓志

明代（1368—1644），高 180 cm × 宽 45 cm，碑立于禄丰县。

见于《中国文物地图集·云南分册》。

1842 段玺墓志

大理石，楷书，明代（1368—1644），高 118 cm × 宽 42 cm，碑立于禄丰县。

见于《中国文物地图集·云南分册》。

1843 王兴祖墓志

明代（1368—1644），碑立于禄丰县。

见于《中国文物地图集·云南分册》。

1844 桃园朱将军墓碑

砂岩，楷书，明代（1368—1644），高 132 cm × 宽 55 cm，碑立于楚雄市。

见于《楚雄市第三次全国文物普查不可移动文物名录》。

1845 武侯祠记

撰者张金，明代（1368—1644），碑立于姚安县。

著录于（道光）《姚州志》。

1846 重建司治碑记

撰者尹三聘，明代（1368—1644），碑立于禄丰县。

著录于（康熙）《琅盐井志》。

1847 吕合道中仙人骨

撰者闪应雷，明代（1368—1644），碑立于楚雄。

著录于（天启）《滇志》。

1848 百里杨春图诗序

撰者杨廷和，明代（1368—1644），碑立于大姚县。

著录于（道光）《大姚县志》。

1849 南安州学记

撰者徐瑞，明代（1368—1644），碑立于双柏县。

著录于（康熙）《楚雄府志》。

1850 改迁三清宫三官殿文昌宫记

撰者王鸣凤，明代（1368—1644），碑立于大姚县。

著录于（道光）《大姚县志》。

1851 南桥记

撰者王鸣凤，明代（1368—1644），碑立于大姚县。

著录于（道光）《大姚县志》。

1852 文峰塔记

撰者陶望龄，明代（1368—1644），碑立于姚安县。

著录于（道光）《姚州志》。

1853 尊经阁记

撰者孙愈贤，明代（1368—1644），碑立于姚安县。

著录于（道光）《姚州志》。

1854 乡贤祠记

撰者孙学易，明代（1368—1644），碑立于楚雄市。

著录于（康熙）《楚雄府志》。

1855 游五岳记

撰者沈龙跃，明代（1368—1644），碑立于楚雄市。

著录于（宣统）《楚雄县志》。

1856 云南按察司分巡洱海道题名记

撰者任惟钧，明代（1368—1644），碑立于楚雄市。

著录于（隆庆）《楚雄府志》。

1857 明奉议大夫乡贤希禹公墓志铭

撰者任康世，明代（1368—1644），碑立于南华县。

著录于（民国）《镇南县志》。

1858 二惠祠碑记

撰者齐以正，明代（1368—1644），碑立于武定县。

著录于（康熙）《武定府志》。

1859 东清池亭记

撰者潘棠，明代（1368—1644），碑立于楚雄市。

著录于（隆庆）《楚雄府志》。

1860 建修来寺记

撰者闵效莀，明代（1368—1644），碑立于禄丰县。

著录于（康熙）《广通县志》。

1861 浚泉亭记

撰者马顾泽，明代（1368—1644），碑立于武定县。

著录于（康熙）《武定府志》。

1862 念始碑

撰者骆问礼，明代（1368—1644），碑立于牟定县。

著录于（道光）《定远县志》。

1863 崇俭戒奢记

撰者李启东，明代（1368—1644），碑立于楚雄市。

著录于（宣统）《楚雄县志》。

1864 禄劝州纪工正赋记

撰者何守拙，明代（1368—1644），碑立于武定县。

著录于（康熙）《武定府志》。

1865 土主庙碑记

撰者陆绅，明代（1368—1644），碑立于禄丰县。

著录于（康熙）《黑盐井志》。

1866 明承务郎世同知镇南玉擎段公明柱墓志铭

撰者张如凤，明代（1368—1644），碑立于南华县。

著录于（民国）《镇南县志》。

1867 禄劝州代篆周公去思碑记

撰者杨玄祐，明代（1368—1644），碑立于武定县。

著录于（康熙）《武定府志》。

1868 按察提举分司记

撰者王臣，明代（1368—1644）。

著录于（正德）《云南志》。

1869 陈药师奴神道碑

明代（1368—1644），高 134 cm × 宽 53 cm，碑立于大理市。

见于《大理丛书 · 金石篇》。

1870 慈妣赵氏药师和神道

大理石，楷书，明代（1368—1644），高 49 cm × 宽 40 cm × 厚 6 cm，碑立于洱源县。

见于《大理丛书 · 金石篇》。

1871 泛舟昆明池历太华诸峰记

撰者王士性，明代（1368—1644），碑立于西山区。

著录于（天启）《滇志》。

1872 梵文碑（一）

明代（1368—1644），高 61 cm × 宽 41 cm，碑立于大理市。

见于《大理丛书 · 金石篇》。

1873 梵文碑（二）

明代（1368—1644），高 84 cm × 宽 50 cm，碑立于大理市。

见于《大理丛书 · 金石篇》。

1874 梵文碑（三）

明代（1368—1644），高 60 cm × 宽 41 cm，碑立于大理市。

见于《大理丛书 · 金石篇》。

1875 **梵文碑（四）**

明代（1368—1644），高 52 cm × 宽 44 cm，碑立于大理市。

见于《大理丛书·金石篇》。

1876 **梵文碑（五）**

明代（1368—1644），高 58 cm × 宽 46 cm，碑立于大理市。

见于《大理丛书·金石篇》。

1877 **梵文碑（六）**

明代（1368—1644），高 76 cm × 宽 49 cm，碑立于大理市。

见于《大理丛书·金石篇》。

1878 **梵文碑（七）**

明代（1368—1644），高 74 cm × 宽 52 cm，碑立于大理市。

见于《大理丛书·金石篇》。

1879 **梵文碑（八）**

明代（1368—1644），高 64 cm × 宽 46 cm，碑立于大理市。

见于《大理丛书·金石篇》。

1880 **梵文碑（九）**

明代（1368—1644），高 56 cm × 宽 47 cm，碑立于大理市。

见于《大理丛书·金石篇》。

1881 **梵文碑（十）**

明代（1368—1644），高 66 cm × 宽 43 cm，碑立于大理市。

见于《大理丛书·金石篇》。

1882 **佛顶尊胜陀罗尼神咒梵汉文碑（一）**

明代（1368—1644），高 63 cm × 宽 39 cm，碑立于大理市。

见于《大理丛书·金石篇》。

1883 **佛顶尊胜陀罗尼神咒梵汉文碑（二）**

明代（1368—1644），高 123 cm × 宽 45 cm，碑立于大理市。

见于《大理丛书·金石篇》。

1884 **佛顶尊胜陀罗尼神咒梵汉文碑（三）**

明代（1368—1644），高 127 cm × 宽 50 cm，碑立于大理市。

见于《大理丛书·金石篇》。

1885 **佛顶尊胜陀罗尼神咒梵汉文碑（四）**

明代（1368—1644），高 45 cm × 宽 44 cm，碑立于大理市。

见于《大理丛书·金石篇》。

1886 **佛顶尊胜陀罗尼神咒梵汉文碑（五）**

明代（1368—1644），高 89 cm × 宽 58 cm，碑立于大理市。

见于《大理丛书·金石篇》。

1887 **佛顶尊胜陀罗尼神咒梵汉文碑（六）**

明代（1368—1644），高 80 cm × 宽 49 cm，碑立于大理市。

见于《大理丛书·金石篇》。

1888 **佛顶尊胜陀罗尼神咒梵汉文碑（七）**

明代（1368—1644），高 82 cm × 宽 49 cm，碑立于大理市。

见于《大理丛书·金石篇》。

1889 **佛顶尊胜陀罗尼神咒梵汉文碑（八）**

明代（1368—1644），高 84 cm × 宽 52 cm，碑立于大理市。

见于《大理丛书·金石篇》。

1890 佛顶尊胜陁罗尼神咒梵汉文碑（九）

明代（1368—1644），高 50 cm × 宽 44 cm，碑立于大理市。

见于《大理丛书·金石篇》。

1891 佛顶尊胜陁罗尼神咒梵汉文碑（十）

明代（1368—1644），高 125 cm × 宽 55 cm，碑立于大理市。

见于《大理丛书·金石篇》。

1892 佛顶尊胜陁罗尼神咒梵汉文碑（十一）

明代（1368—1644），高 135 cm × 宽 53 cm，碑立于大理市。

见于《大理丛书·金石篇》。

1893 佛顶尊胜陁罗尼神咒梵汉文碑（十二）

明代（1368—1644），高 88 cm × 宽 48 cm，碑立于大理市。

见于《大理丛书·金石篇》。

1894 佛顶尊胜陁罗尼神咒梵汉文碑（十三）

明代（1368—1644），高 65 cm × 宽 32 cm，碑立于大理市。

见于《大理丛书·金石篇》。

1895 佛顶尊胜陁罗尼神咒梵汉文碑（十四）

明代（1368—1644），高 53 cm × 宽 44 cm，碑立于大理市。

见于《大理丛书·金石篇》。

1896 佛顶尊胜陁罗尼神咒梵汉文碑（十五）

明代（1368—1644），高 65 cm × 宽 49 cm，碑立于大理市。

见于《大理丛书·金石篇》。

1897 佛顶尊胜陁罗尼神咒梵汉文碑（十六）

明代（1368—1644），高 118 cm × 宽 42 cm，碑立于大理市。

见于《大理丛书·金石篇》。

1898 佛顶尊胜陁罗尼神咒梵汉文碑（十七）

楷书，明代（1368—1644），高 100 cm × 宽 62 cm，碑立于大理市。

见于《大理丛书·金石篇》。

1899 佛顶尊胜陁罗尼神咒梵汉文碑（十八）

明代（1368—1644），高 124 cm × 宽 68 cm，碑立于大理市。

见于《大理丛书·金石篇》。

1900 佛顶尊胜陁罗尼神咒梵汉文碑（十九）

明代（1368—1644），高 76 cm × 宽 44 cm，碑立于大理市。

见于《大理丛书·金石篇》。

1901 佛顶尊胜陀罗尼碑

大理石，明代（1368—1644），高 130 cm × 宽 51 cm × 厚 8 cm，碑立于大理市。

见于《大理丛书·金石篇》。

1902 佛顶尊胜陀罗尼神咒曰碑

大理石，明代（1368—1644），高 82 cm × 宽 50.5 cm × 厚 6.5 cm，碑立于大理市。

见于《大理丛书·金石篇》。

1903 故妣明氏犬丑老孺人之墓

楷书，明代（1368—1644），高 75 cm × 宽 34 cm，碑立于云龙县。

见于《大理丛书·金石篇》。

1904 故姑薄王之碑

楷书，明代（1368—1644），高 81 cm ×

宽 34 cm，碑立于云龙县。

见于《大理丛书・金石篇》。

1905 近故京兆郡宋公福寿之魂墓

明代（1368—1644），高 48 cm × 宽 15 cm，碑立于洱源县。

见于《大理丛书・金石篇》。

1906 刘公碑序

撰者杨慎，书者杨慎，明代（1368—1644），碑立于建水县。

著录于（民国）《续修建水县志稿》。

1907 蒙氏孟氏墓碑

书者杨慎，草书，明代（1368—1644），碑立于巍山县。

著录于《新纂云南通志・金石考》。

1908 明处士中山杨君暨配孺人杨氏墓志铭

撰者杨达之，楷书，明代（1368—1644），高 87 cm × 宽 43 cm，碑立于大理市。

见于《大理丛书・金石篇》。

1909 明刑部郎中李雯崖墓碑

正书，明代（1368—1644），碑立于晋宁区。

著录于《新纂云南通志・金石考》。

1910 千佛塔内塔

明代（1368—1644），碑立于陆良县。

著录于《新纂云南通志・金石考》。

1911 千佛塔题字

明代（1368—1644），碑立于陆良县。

著录于《新纂云南通志・金石考》。

1912 双节坊题字

明代（1368—1644），碑立于腾冲市。

著录于《新纂云南通志・金石考》。

1913 万封君宜人王氏墓表

撰者万纶，正书，明代（1368—1644），高 153.3 cm × 宽 80 cm，碑立于隆阳区。

著录于《新纂云南通志・金石考》。

1914 下关梵文火葬墓碑

明代（1368—1644），高 53 cm × 宽 93 cm，碑立于大理市。

见于《大理丛书・金石篇》。

1915 新安守御所修补所成碑

青石，明代（1368—1644），高 204 cm × 宽 84 cm，碑立于蒙自县。

见于《红河探奇——红河州文物古迹图录》。

1916 新故亡人墓碑

大理石，明代（1368—1644），高 52 cm × 宽 33.5 cm × 厚 9 cm，碑立于大理市。

见于《大理丛书・金石篇》。

1917 续修晏清桥记

撰者李升瑚，明代（1368—1644），碑立于泸西县。

著录于（康熙）《广西府志》。

1918 杨姓火葬墓残碑

大理石，楷书，明代（1368—1644），高 75 cm × 宽 43 cm × 厚 8.5 cm，碑立于洱源县。

见于《大理丛书・金石篇》。

1919 杨逾城寿神道碑

楷书，明代（1368—1644），高 106 cm × 宽 42 cm，碑立于洱源县。

见于《大理丛书・金石篇》。

1920 药师寺残碑

大理石，楷书，明代（1368—1644），高 49 cm × 宽 54 cm × 厚 14.5 cm，碑立于大理市。

见于《大理丛书・金石篇》。

1921 游龙池诗刻

撰者张含，草书，明代（1368—1644），碑立于保山市。

著录于《新纂云南通志・金石考》。

1922 **赵观音顺墓碑**

楷书，明代（1368—1644），高 54 cm×宽 10 cm，现已无存，碑立于剑川县。

见于《大理丛书·金石篇》。

1923 **重修善觉寺碑记**

撰者段缵，明代（1368—1644），碑立于开远市。

著录于（雍正）《阿迷州志》。

1924 **重修永平县儒学记**

撰者刘廷蕙，明代（1368—1644），碑立于永平县。

著录于（天启）《滇志》。

1925 **重修真武庙记**

撰者许公高，书者徐中行，刻工陈应春，正书，明代（1368—1644），碑立于保山市。

著录于《新纂云南通志·金石考》。

1926 **追为慈考亡人李海神识**

砂石，明代（1368—1644），高 93 cm×宽 56 cm，碑立于鹤庆县。

见于《大理丛书·金石篇》。

1927 **追为亡人□□□神道碑**

砂石，明代（1368—1644），碑立于剑川县。

见于《大理丛书·金石篇》。

1928 **追为亡人□□□神道碑**

明代（1368—1644），高 38 cm×宽 46 cm，碑立于楚雄市。

见于《大理丛书·金石篇》。

1929 **追为亡人□□其成神道碑**

砂石，明代（1368—1644），碑立于剑川县。

见于《大理丛书·金石篇》。

1930 **追为亡人杜氏药师□□□神道碑**

明代（1368—1644），高 80 cm×宽 46 cm，碑立于大理市。

见于《大理丛书·金石篇》。

1931 **追为亡人施贤通神道**

楷书，明代（1368—1644），高 85 cm×宽 49 cm，碑立于洱源县。

见于《大理丛书·金石篇》。

1932 **追为亡人杨氏秀珍神道碑**

楷书，明代（1368—1644），高 63 cm×宽 42 cm，碑立于大理市。

见于《大理丛书·金石篇》。

◆ 清

顺治年间

1933 **鼎建白衣阁碑记**

撰者杨选，书者董养弘，红砂石，楷书，顺治二年（1645），高 190 cm×宽 81 cm，碑立于云龙县。

见于《大理丛书·金石篇》。

1934 **明赠大理寺正卿忠烈周公合葬墓表**

撰者温宇，正书，顺治二年（1645），碑立于巍山县。

著录于《新纂云南通志·金石考》。

1935 **新建佛来山瑞光寺碑记**

撰者施尧中，顺治二年（1645），高 185 cm×宽 86 cm×厚 12 cm，碑立于宜良县。

见于《宜良碑刻增补本》（上）。

注：是碑分阳面、阴面，两面书刻。

1936 **隐君子还初杨公暨配孺人董氏合圹志铭**

撰者杨腾蛟，楷书，顺治二年（1645），高 77 cm×宽 42 cm，碑立于大理市。

见于《大理丛书·金石篇》。

注：原碑已佚，拓片藏今云南省大理市图书馆。

1937 **圆通寺常住田记**

顺治二年（1645），碑立于五华区。

著录于《新纂云南通志·金石考》。

1938 **赠瑞宇上人静室碑记**

撰者王振乾，大理石，楷书，顺治二年（1645），高 135 cm×宽 50 cm×厚 12 cm，碑立于大理市。

见于《大理丛书·金石篇》。

1939 **报恩寺碑记**

撰者秦龙起，顺治二年（1645），碑立于祥云县。

著录于（光绪）《云南县志》。

1940 **真武楼记**

撰者杨畏知，顺治二年（1645），碑立于楚雄市。

著录于（康熙）《楚雄府志》。

1941 **僧幻空墓志**

撰者曾高捷，顺治三年（1646），碑立于宾川县。

著录于《新纂云南通志·金石考》。

1942 **朝阳寺兴碑记**

撰者何其烈，顺治三年（1646），高 110 cm×宽 68 cm，碑立于宜良县。

见于《宜良碑刻增补本》（上）。

1943 **龙启荣碑**

顺治三年（1646），碑立于石屏县。

著录于（民国）《石屏县志》。

1944 **明待赠骠骑将军杨仲仁墓志铭**

撰者王锡衮，书者杨嗣震，正书，顺治三年（1646），碑立于宣威市。

著录于《新纂云南通志·金石考》。

1945 **阿吒力都纲司董公讳邦诏缘人何氏墓志**

顺治三年（1646），碑立于大理市。

见于《大理凤仪古碑文集》。

1946 **提监观音像刻石铭文**

顺治四年（1647），高 190 cm×宽 99 cm，碑立于宾川县。

著录于《鸡足山志》。

1947 **东楼孙公遗爱碑**

楷书，顺治六年（1649），高 80 cm×宽 40 cm，碑立于姚安县。

著录于（民国）《姚安县志》。

1948 **接龙寺石刻**

顺治六年（1649），碑立于凤庆县。

著录于（民国）《顺宁县志初稿》。

1949 **明硕德居士施君墓志**

砂石，楷书，顺治六年（1649），高 56 cm×宽 31 cm，碑立于大理市。

见于《大理丛书·金石篇》。

1950 **北京都察院雷御史觉轩墓表**

撰者唐皋，正书，顺治七年（1650），碑立于巍山县。

著录于《新纂云南通志·金石考》。

1951 **九峰山碧霞庵碑记**

撰者何闳中，书者张永纯，正书，顺治七年（1650），碑立于大理市。

著录于《新纂云南通志·金石考》。

1952 **修建津梁古刹常住碑记**

撰者金殿飏，大理石，楷书，顺治七年（1650），高 77 cm×宽 39 cm，碑立于宾川县。

见于《大理丛书·金石篇》。

1953 增修瑞泉禅寺碑记

顺治七年（1650），高 127 cm × 宽 60 cm × 厚 15 cm，碑立于宾川县。

见于《宾川丛书·金石篇》。

1954 二侯祠碑记

撰者施其贤，顺治八年（1651），高 120 cm × 宽 50 cm，碑立于施甸县。

见于《邓氏重修族谱》。

1955 启建宝华庵碑记

撰者何闳中，书者陈泗洲，楷书，顺治八年（1651），高 108 cm × 宽 72 cm × 厚 8.5 cm，碑立于祥云县。

著录于《新纂云南通志·金石考》。

1956 宝华庵常住福田碑（碑阴）

顺治八年（1651），高 97 cm × 宽 76 cm × 厚 8.5 cm，碑立于祥云县。

见于《大理丛书·金石篇》。

注：该碑刻于《启建宝华庵碑》碑阴，立于顺治八年（1651），具体刻录年代不详，应在康熙十三年（1674）以后。

1957 兴文桥碑记碑

撰者李仪，刻工施采元、施于信，顺治八年（1651），高 95 cm × 宽 41 cm，碑立于洱源县。

见于《大理洱源县碑刻辑录》。

1958 清平洞常住寺碑记

顺治八年（1651），碑立于隆阳区。

见于《隆阳碑铭石刻》。

1959 无柱洪如碑

顺治八年（1651），碑立于祥云县。

著录于《新纂云南通志·金石考》。

1960 西碧龙泉寺

撰者杨应策，顺治八年（1651），碑立于玉溪市。

著录于（光绪）《云南通志》。

1961 云南府晋宁州重建学宫记

撰者宋兴祖，书者王一图，正书，顺治八年（1651），碑立于晋宁区。

著录于（乾隆）《晋宁州志》。

1962 重修法明寺碑记

撰者周泽溥，书者柳光辰，正书，顺治八年（1651），碑立于宜良县。

著录于《新纂云南通志·金石考》。

1963 遵照碑记

顺治八年（1651），高 128 cm × 宽 58 cm × 厚 15 cm，碑立于江川区。

见于《云南林业文化碑刻》。

1964 赤水隳叛重修城垣公署记

顺治九年（1652），高 173 cm × 宽 93 cm × 厚 10 cm，碑立于宾川县。

著录于《新纂云南通志·金石考》。

1965 翼宁杨公墓碑

大理石，顺治九年（1652），高 157 cm × 宽 65 cm，碑立于大理市。

见于《大理丛书·金石篇》。

1966 钦颁晓示生员卧碑

顺治九年（1652），碑立于禄丰县。

著录于（康熙）《禄丰县志》。

1967 钦依刊立卧碑晓示生员

顺治九年（1652），碑立于永胜县。

著录于（乾隆）《永北府志》。

1968 世祖章皇帝条教生员卧碑

顺治九年（1652），碑立于建水县。

著录于（雍正）《建水州志》。

1969 世祖章皇帝条教生员卧碑

顺治九年（1652），碑立于宣威市。

著录于（道光）《宣威州志》。

1970 卧碑文

顺治九年（1652），碑立于石屏县。

著录于（乾隆）《石屏州志》。

1971 御制卧碑文（晓示生员卧碑）

顺治九年(1652),高 76 cm × 宽 170 cm，碑立于宜良县。

著录于（乾隆）《宜良县志》。

1972 鼎建龙海寺碑

撰者王士章，书者王士章，行书，顺治十年（1653），碑立于通海县。

著录于《新纂云南通志·金石考》。

1973 修建弥勒寺中殿记

撰者高隆，正书，顺治十年（1653），碑立于西山区。

著录于《新纂云南通志·金石考》。

1974 重修宝峰山佛殿碑记

撰者胡璇，书者胡璇，正书，顺治十年（1653），高 228 cm × 宽 71 cm，碑立于腾冲市。

著录于《新纂云南通志·金石考》。

1975 腾越关圣殿宇碑记

正书，顺治十一年（1654），碑立于腾冲市。

著录于《新纂云南通志·金石考》。

1976 王尚礼造铜炉题记

撰者释性学，楷书，顺治十一年(1654)，高 110 cm × 宽 17 cm，碑立于宾川县。

见于《大理丛书·金石篇》。

1977 曾知州碑

顺治十二年（1655），碑立于石屏县。

著录于（民国）《石屏县志》。

1978 东岳庙常住碑记

撰者杨祖植，书者杨祖植，行书，顺治十二年（1655），碑立于宜良县。

著录于《新纂云南通志·金石考》。

1979 金粟庵碑

正书，顺治十二年（1655），高 93 cm × 宽 67 cm，碑立于牟定县。

著录于《新纂云南通志·金石考》。

1980 新建平夷州城碑记

撰者龚彝，书者龚鼎，顺治十二年(1655)，残高 60 cm × 宽 50 cm，碑立于施甸县。

著录于《保山县志稿》。

1981 弥勒寺记

撰者马徐珍，顺治十二年（1655），碑立于弥勒市。

著录于（康熙）《广西府志》。

1982 鼎建真武洞玉皇阁记

撰者史文，顺治十三年（1656），碑立于禄丰县。

著录于（康熙）《黑盐井志》。

1983 合建玄龙寺碑记

撰者黄甲俊，书者危祖尧，刻工陈广玄，大理石，楷书，顺治十三年（1656），高 190 cm × 宽 80 cm，碑立于巍山县。

见于《大理丛书·金石篇》。

1984 鸡足山尊胜塔院钟铭文

顺治十三年（1656），碑立于宾川县。

见于《大理州志》。

1985 明都纲僧舍显考董公讳继宗慈妣孺人李氏之寿志

顺治十三年（1656），碑立于大理市。

见于《大理凤仪古碑文集》。

1986 潘九闲碑

顺治十三年（1656），碑立于石屏县。

著录于（民国）《石屏县志》。

1987 **修建金轮寺玉皇殿记**

撰者胡璇，正书，顺治十三年（1656），碑立于腾冲市。

著录于《新纂云南通志·金石考》。

1988 **宝光明殿新增常住小引**

书者赵从龙，顺治十四年（1657），碑立于禄丰县。

著录于（康熙）《黑盐井志》。

1989 **管理瑞昌府事关防**

顺治十四年（1657），碑立于腾冲市。

著录于《新纂云南通志·金石考》。

1990 **黄河清碑**

撰者尹三聘，顺治十四年（1657），碑立于石屏县。

著录于（民国）《石屏县志》。

1991 **妙香城常住碑**

撰者陈荩，顺治十四年（1657），高140 cm×宽57 cm，碑立于鹤庆县。

见于《鹤庆碑刻辑录》。

1992 **驻防寻沾营参将杨春富墓碑**

顺治十四年（1657），碑立于沾益区。

著录于（光绪）《云南通志》。

1993 **敕封大慧禅师碑**

顺治十五年（1658），碑立于晋宁区。

著录于《新纂云南通志·金石考》。

1994 **晋宁州鼎建棂星门碑记**

撰者王蛟，顺治十五年（1658），碑立于晋宁区。

著录于（道光）《晋宁州志》。

1995 **九台山碑**

撰者王继文，顺治十五年（1658），碑立于楚雄市。

著录于（嘉庆）《楚雄县志》。

1996 **明诰赠昭勇将军杨仲廉墓志铭**

撰者王锡衮，书者严似祖，顺治十五年（1658），碑立于宣威市。

著录于《新纂云南通志·金石考》。

1997 **明孝廉遂初杨公墓志铭**

撰者杨廷翰，书者杨昌明，楷书，顺治十五年（1658），高83 cm×宽42 cm，碑立于大理市。

著录于（民国）《大理县志稿》。

注：原碑已佚。

1998 **永历帝敕**

顺治十五年（1658），碑立于玉溪市。

见于《古碑遗珍》。

1999 **盘龙寺建立太守谢公德政碑**

撰者唐绩巍，正书，顺治十六年（1659），碑立于晋宁区。

著录于《新纂云南通志·金石考》。

2000 **重修万春山记**

撰者张逢嘉，顺治十六年（1659），碑立于禄丰县。

著录于（康熙）《黑盐井志》。

2001 **总兵赵得胜援屏事略记**

撰者何其伟，顺治十六年（1659），碑立于石屏县。

著录于（雍正）《云南通志》。

2002 **昂复祖冒请承袭布韶地方碑记**

顺治十七年（1660），碑立于弥勒市。

著录于（康熙）《广西府志》。

2003 **弥勒庵碑记**

撰者周应和，顺治十七年（1660），碑立于禄丰县。

著录于（康熙）《黑盐井志》。

2004 **清溪洞记**

撰者程封，顺治十七年（1660），碑立

于富源县。

著录于（康熙）《平彝县志》。

2005 重修净土庵增益常住碑记

撰者谢秉玄，书者杨显烈，行书，顺治十七年（1660），高 76 cm × 宽 69 cm，碑立于武定县。

见于《威楚遗韵》。

2006 重修霞清宫常住碑记

撰者周景颐，顺治十七年（1660）。

见于《云南道教碑刻辑录》。

2007 布韶地方入流记

撰者万裕祚，顺治十七年（1660），碑立于弥勒市。

著录于（康熙）《广西府志》。

2008 管理黑井盐务周公遗爱碑记

撰者李尔白，顺治十八年（1661），碑立于禄丰县。

著录于（康熙）《黑盐井志》。

2009 王公置买班山碑记

撰者汪蛟，大理石，楷书，顺治十八年（1661），高 150 cm × 宽 60 cm，碑立于大理市。

见于《大理丛书 · 金石篇》。

2010 清显考处士李公讳璞寿妣孺人段氏三姐墓志

顺治十八年（1661），碑立于大理市。

见于《大理凤仪古碑文集》。

2011 新建净乐庵常住碑记

撰者蒲国英，顺治十八年（1661），高 200 cm × 宽 100 cm，碑立于呈贡区。

见于《呈贡历史建筑及碑刻选》。

2012 张柔嘉碑

顺治年间（1644—1661），碑立于玉溪市。

著录于《新纂云南通志 · 金石考》。

2013 明登仕郎署文林郎李公世光暨德配罗宜人墓志

撰者古心，顺治年间（1644—1661），碑立于大姚县。

著录于（民国）《盐丰县志》。

康熙年间

2014 凌云方丈若海师祖寿塔铭

撰者学蕴，行书，康熙元年（1662），高 85 cm × 宽 40 cm，碑立于楚雄市。

见于《紫溪山志》。

2015 宝莲庵碑记

撰者李尔白，康熙元年（1662），碑立于禄丰县。

著录于（康熙）《黑盐井志》。

2016 建城政事堂记

撰者翁灏，康熙元年（1662），碑立于沾益区。

著录于（光绪）《沾益州志》。

2017 差发碑记

康熙元年（1662），高 127 cm × 宽 52 cm × 厚 6 cm，碑立于大理市。

见于《大理凤仪古碑文集》。

2018 建观音寺普同塔常住碑记

撰者曾先捷，康熙元年（1662），高 163 cm × 宽 54 cm，碑立于隆阳区。

见于《隆阳碑铭石刻》。

2019 新建文庙碑记

撰者魏方泰，康熙元年（1662），碑立于富民县。

著录于（康熙）《富民县志》。

2020 赠太子太保户部尚书王国治谕祭碑

康熙元年（1662），碑立于保山市。

著录于（光绪）《云南通志》。

2021 **重修祠山庙碑记**

撰者葛慎修，刻工李际明，康熙元年（1662），高 113 cm×宽 67 cm，碑立于通海县。

见于《通海历代碑刻集》。

2022 **重修古盟台诸葛武侯祠碑记**

撰者陈尽，康熙元年（1662），碑立于嵩明县。

著录于（康熙）《嵩明州志》。

2023 **重修玉案山筇竹寺记**

撰者李光座，书者丁炳南，行书，康熙元年（1662），碑立于西山区。

著录于《新纂云南通志·金石考》。

2024 **重修诸葛武侯祠碑记**

撰者程荩，康熙元年（1662），高 180 cm×宽 95 cm。

见于《云南道教碑刻辑录》。

2025 **黑井龙王灵赡碑记**

撰者李尔白，康熙二年（1663），碑立于禄丰县。

著录于（康熙）《黑盐井志》。

2026 **浪穹知县陈在宸墓碣**

康熙二年（1663），碑立于洱源县。

著录于（光绪）《云南通志》。

2027 **平西亲王重建龙川江桥碑记**

撰者袁懋功，书者孟述绪，刻工冯甦，正书，康熙二年（1663），碑立于腾冲市。

著录于《新纂云南通志·金石考》。

2028 **腾越协题名碑记**

撰者李世耀，正书，康熙二年（1663），碑立于腾冲市。

著录于《新纂云南通志·金石考》。

2029 **重修毗卢寺碑记**

撰者张重任，正书，康熙二年（1663），碑立于腾冲市。

著录于《新纂云南通志·金石考》。

2030 **广西万寿寺碑记**

撰者杨经纶，康熙三年（1664），碑立于泸西县。

著录于（康熙）《广西府志》。

2031 **胡璇题天应寺门联**

撰者胡璇，康熙三年（1664），高 42 cm×宽 180 cm，碑立于保山市。

著录于（光绪）《腾越厅志稿》。

2032 **建修县署碑记**

撰者郭重光，康熙三年（1664），碑立于禄丰县。

著录于（康熙）《禄丰县志》。

2033 **明待赠逸士蕃接杨公孺人李氏墓志铭**

撰者杨运升，楷书，康熙三年（1664），高 72 cm×宽 36 cm，碑立于大理市。

见于《大理丛书·金石篇》。

注：原碑已佚，拓片藏今云南省大理市图书馆。

2034 **重建天应寺碑记**

撰者胡璇，正书，康熙三年（1664），高 185 cm×宽 60 cm，碑立于腾冲市。

著录于《新纂云南通志·金石考》。

2035 **重修关帝庙碑记**

撰者胡璇，正书，康熙三年（1664），碑立于腾冲市。

著录于《新纂云南通志·金石考》。

2036 **重修广西州城垣碑记**

撰者万裕祚，康熙三年（1664），碑立于泸西县。

著录于（康熙）《广西府志》。

2037 重修关帝庙碑记

撰者胡璿，康熙三年（1664）。

见于《云南道教碑刻辑录》。

2038 重修腾越关帝庙碑记

撰者马绍岩，康熙三年（1664），高220 cm×宽73 cm。

见于《云南道教碑刻辑录》。

2039 重修姚安府儒学记

撰者蔺一元，康熙三年（1664），碑立于姚安县。

著录于（道光）《姚州志》。

2040 游击耄寿李太翁（小黑）墓志铭

撰者刘俊铭，楷书，康熙四年（1665），高120 cm×宽85 cm，碑立于武定县。

见于《楚雄历代碑刻》。

2041 鼎建泰国接引禅寺碑记

撰者龚敏，书者龚敏，康熙四年（1665），高156 cm×宽69 cm×厚10 cm，碑立于大理市。

见于《大理凤仪古碑文集》。

2042 鼎建文昌桂殿碑记

康熙四年（1665），高157 cm×宽63 cm×厚15 cm，碑立于大理市。

见于《大理凤仪古碑文集》。

2043 胡居士鼎建泰国寺碑记（碑阴）

撰者文石甫、邹良彦，康熙四年（1665），高155 cm×宽59.5 cm×厚15 cm，碑立于大理市。

见于《大理凤仪古碑文集》。

注：刻于《鼎建泰国接引禅寺碑》碑阴。

2044 无住如禅师塔铭

撰者杨世宗，康熙四年（1665），高145 cm×宽57 cm×厚11 cm，碑立于祥云县。

见于《水目山志》（2003）。

2045 重修娘娘庙碑记

撰者刘弘猷，康熙四年（1665），高178 cm×宽83 cm×厚12 cm，碑立于建水县。

见于《遗留在建水碑刻中的文明记忆》。

2046 宾居镇温官营水例碑记

康熙五年（1666），高113 cm×宽59 cm，碑立于宾川县。

见于《宾川丛书·金石篇》。

2047 见性山直往师普同寿量塔记

撰者广育，行书，康熙五年（1666），高54 cm×宽38 cm，碑立于大姚县。

见于《楚雄历代碑刻》。

2048 重修万川山观音寺碑记

撰者陈之龙，康熙五年（1666），碑立于禄丰县。

著录于（康熙）《黑盐井志》。

2049 初创万松山碑

撰者蔺一元，康熙五年（1666），碑立于姚安县。

著录于（民国）《姚安县志》。

2050 米太守德政碑记

撰者陈璠，康熙五年（1666），碑立于凤庆县。

著录于《顺宁府志》。

2051 修曲靖府城记

撰者卞三元，康熙五年（1666），碑立于曲靖市。

著录于（咸丰）《南宁县志》。

2052 重建庙学碑记

撰者王作楫，康熙五年（1666），碑立于曲靖市。

著录于（光绪）《沾益州志》。

2053 万寿山无穷和尚又铭

撰者李本晟，书者孔延禧，楷书，康熙六年（1667），碑立于武定县。

见于《楚雄历代碑刻》。

2054 滴露庵碑记

撰者聂开基，康熙六年（1667），碑立于禄丰县。

著录于（康熙）《黑盐井志》。

2055 广西府重修城垣记

撰者万裕祚，康熙六年（1667），碑立于泸西县。

著录于（乾隆）《广西府志》。

2056 虹溪华林禅院常住铭碑

撰者赵慧，康熙六年（1667），高 220 cm × 宽 100 cm × 厚 18 cm，碑立于弥勒市。

见于《弥勒文物志》。

2057 路南州名和乡安家桥坝碑记

康熙六年（1667），高 142 cm × 宽 62 cm，碑立于宜良县。

见于《宜良碑刻增补本》（上）。

2058 仁圣殿常住碑记

撰者黄际昌，康熙六年（1667）。

见于《云南道教碑刻辑录》。

2059 土主庙常住碑记

撰者李拨奇，康熙六年（1667），碑立于玉溪市。

见于《古碑遗珍》。

2060 赵应期墓志铭

撰者杨经纶，康熙六年（1667），主碑高 102 cm × 宽 45 cm；次碑高 102 cm × 宽 22 cm，碑立于师宗县。

见于《师宗县文物志》。

2061 重修义仓碑记

撰者刘彪，康熙六年（1667），碑立于建水县。

著录于（康熙）《建水州志》。

2062 嶍峨城隍祠记

撰者王肃，康熙七年（1668），碑立于峨山县。

著录于（嘉庆）《滇系》。

2063 东岳庙铜钟铭

康熙七年（1668），碑立于腾冲市。

著录于《新纂云南通志·金石考》。

2064 鼎建五老石净乐庵碑记

书者陈亍王，楷书，康熙七年（1668），高 180 cm × 宽 60 cm，碑立于大姚县。

见于《楚雄历代碑刻》。

2065 无住和尚行实记

撰者吴道来，行书，康熙七年（1668），高 47 cm × 宽 66 cm，碑立于牟定县。

著录于《新纂云南通志·金石考》。

2066 建文从亡十一先生记

撰者顾岱，康熙七年（1668），碑立于武定县。

著录于（康熙）《武定府志》。

2067 水目宝华禅林重修碑记

撰者王弘祚，正书，康熙七年（1668），碑立于祥云县。

著录于《新纂云南通志·金石考》。

2068 钟山寺碑

行书，康熙七年（1668），碑立于洱源县。

著录于《新纂云南通志·金石考》。

2069 重建报国寺碑记

撰者孔延禧，行书，康熙七年（1668），碑立于宾川县。

著录于《新纂云南通志·金石考》。

2070 玉皇阁碑记

撰者彭鼒，正书，康熙八年（1669），高 133 cm × 宽 73 cm，碑立于禄劝县。

著录于（民国）《禄劝县志》。

2071 袁本善碑

康熙八年（1669），碑立于石屏县。

著录于（民国）《石屏县志》。

2072 重修圆通寺记

草书，康熙八年（1669），碑立于五华区。

著录于《新纂云南通志·金石考》。

2073 阿标头陀碑（碑阴）

撰者杨士宗，楷书，康熙九年（1670），碑立于祥云县。

见于《大理丛书·金石篇》。

注：刻于《水目山诸祖缘起碑记》碑阴。

2074 阿迷州修城垣记

撰者王民皞，康熙九年（1670），碑立于开远市。

著录于（光绪）《云南通志》。

2075 鼎建顺宁府文庙碑记

撰者许弘勋，康熙九年（1670），碑立于凤庆县。

著录于（雍正）《顺宁府志》。

2076 河西县张父母祠记

撰者储华续，康熙九年（1670），碑立于通海县。

著录于（乾隆）《续修河西县志》。

2077 灵药宗公和尚塔碣

正书，康熙九年（1670），碑立于富民县。

著录于《新纂云南通志·金石考》。

2078 鸡足山迦叶院藏经记

撰者王继文，康熙九年（1670）（重修），碑立于宾川县。

著录于《鸡足山志》。

2079 水目寺诸祖缘起碑记（一）

撰者李元阳，青石，楷书，康熙九年（1670），高 185 cm×宽 85 cm，碑立于祥云县。（2 月立）

见于《祥云碑刻》。

注：《水目寺诸祖缘起碑》共两块，分别立于康熙九年（1670）2 月与 4 月。

2080 水目寺诸祖缘起碑记（二）

撰者杨士宗，石灰石，楷书，康熙九年（1670），高 185 cm×宽 85 cm，碑立于祥云县。（4 月立）

见于《祥云碑刻》。

2081 重修苴却社学记

撰者张迎芳，康熙九年（1670），碑立于永仁县。

著录于（道光）《大姚县志》。

2082 重修文庙碑记

撰者潘士秀，康熙九年（1670），碑立于元江县。

著录于（康熙）《元江府志》。

2083 重修药师殿碑记

康熙九年（1670），碑立于五华区。

著录于《新纂云南通志·金石考》。

2084 慈善妃庙记

撰者冯甦，楷书，康熙十年（1671），高 134 cm×宽 61.5 cm，碑立于洱源县。

著录于（咸丰）《邓川州志》。

2085 鼎建云麓庵记

撰者徐宏泰，书者左星海，楷书，康熙十年（1671），高 122 cm×宽 48 cm，碑立于巍山县。

见于《大理丛书·金石篇》。

2086 护珠寺地界碑记

撰者胡璇，书者尹望瑢，火山石，康熙十年（1671），高 132 cm×宽 56 cm，碑立于腾冲市。

见于《保山碑刻》。

2087 三忠臣传

撰者冯甦，康熙十年（1671），碑立于隆阳区。

著录于（康熙）《永昌府志》。

2088 **师宗州建学记**

撰者陈王廷，康熙十年（1671），碑立于师宗县。

著录于（康熙）《广西府志》。

2089 **水目普贤寺开山禅师行实碑**

撰者李腾龙，康熙十年（1671），高130 cm×宽62 cm，碑立于祥云县。

见于《祥云碑刻》。

2090 **新建南门城楼记**

撰者王孙齐，书者张拱垣，正书，康熙十年（1671），碑立于富民县。

著录于《新纂云南通志·金石考》。

2091 **圆寂大戒比丘尼龟鉴关主塔铭**

撰者普荷，书者普荷，楷书，康熙十年（1671），残高130 cm×宽52 cm，碑立于大理市。

见于《大理丛书·金石篇》。

2092 **重复护珠寺古刹山地碑文**

撰者胡璇，书者尹望璐，火山石，康熙十年（1671），高132 cm×宽56 cm，碑立于腾冲市。

见于《腾冲名碑集释》。

2093 **重修来宣桥碑记**

撰者许宏勋，楷书，康熙十年（1671），高84 cm×宽44.5 cm，碑立于漾濞县。

著录于（雍正）《顺宁府志》。

2094 **皇明钦赐紫衣大戒沙门法润禅师实行序**

撰者洪宗，书者普荷，刻工杨世才、杨奏，楷书，康熙十一年（1672），高164 cm×宽78 cm，碑立于宾川县。

著录于《鸡足山志》。

2095 **天马山香泉寺记**

撰者全五伦，康熙十一年（1672），碑立于泸西县。

著录于（康熙）《广西府志》。

2096 **无住禅师衣钵塔记**

撰者田元恺，砂岩，楷书，康熙十一年（1672），高66 cm×宽30 cm，碑立于牟定县。

著录于《新纂云南通志·金石考》。

2097 **相度山真武官买田碑记**

撰者张常山，康熙十一年（1672），高173 cm×宽68 cm。

见于《云南道教碑刻辑录》。

2098 **重修华藏寺常住碑记**

撰者邹良彦，正书，康熙十一年（1672），碑立于大理市。

著录于《新纂云南通志·金石考》。

2099 **郡学明伦堂记**

撰者刘彪，康熙十一年（1672），碑立于建水县。

著录于（康熙）《建水州志》。

2100 **万寿山无穷和尚行实**

书者陈于廷，刻工性宽、性本、性量、性理、性实、性篇、性贤、性净、性现，楷书，康熙十二年（1673），碑立于武定县。

见于《楚雄历代碑刻》。

2101 **学博李公墓表**

撰者陈灯，康熙十二年（1673），碑立于晋宁区。

著录于（康熙）《云南府志》。

2102 **严禁碑**

康熙十二年（1673），碑立于洱源县。

见于《大理洱源县碑刻辑录》。

2103 **重修佑圣宫碑记**

撰者刘芝林，刻工杨长春，康熙十二年（1673），高142 cm×宽66 cm，碑立于祥云县。

见于《祥云碑刻》。

2104 担当大师塔铭

撰者冯甦，书者燕宗彝，楷书，康熙十三年（1674），民国三十八年（1949，重刻），高 124 cm×宽 57 cm，碑立于大理市。

见于《妙峰山志》。

2105 公余偶记

撰者王继文，康熙十三年（1674）。

著录于（康熙）《云南通志》。

2106 临济正宗三十三世知空禅师寿塔铭

撰者陈士恪，康熙十三年（1674），碑立于楚雄市。

见于《威楚遗韵》。

2107 龙顶寺开山僧方逵行实

撰者何元龙，行书，康熙十三年（1674），高 52 cm×宽 40 cm，碑立于南华县。

见于《楚雄历代碑刻》。

2108 证德庵所置常住田粮

康熙十三年（1674），碑立于弥勒布。

见于《弥勒文物志》。

2109 晋宁州儒学文昌魁阁记

撰者黄寅，书者王图一，正书，康熙十四年（1675），碑立于晋宁区。

著录于《新纂云南通志·金石考》。

2110 明总兵官冯万宝墓碑

正书，康熙十四年（1675），碑立于禄劝县。

著录于《新纂云南通志·金石考》。

2111 善人施母谭氏预营寿藏碑记

楷书，康熙十四年（1675），高 69 cm×宽 31 cm，碑立于大理市。

见于《大理丛书·金石篇》。

注：原碑已佚。

2112 王端简墓表

撰者李霨，康熙十四年（1675），碑立于隆阳区。

著录于（康熙）《永昌府志》。

2113 小龙洞水永远碑记

撰者刘际泰，书者李含乙，刻工杨似雄，青石，楷书，康熙十四年（1675），高 140 cm×宽 70 cm，碑立于宜良县。

见于《宜良碑刻增补本》（上）。

2114 重修灵岳永丰禅寺记

撰者冯甦，康熙十四年（1675），碑立于昆明市。

著录于《新纂云南通志·金石考》。

2115 见性山直往师普同寺寿量塔记

撰者广育，行书，康熙十六年（1677），高 54 cm×宽 38 cm，碑立于南华县。

见于《大理丛书·金石篇》。

2116 开建灵山禅寺碑记

康熙十六年（1677），高 130 cm×宽 67 cm，碑立于大理市。

见于《大理丛书·金石篇》。

2117 昆阳孝子李果峰先生澄墓志铭

撰者张希良，康熙十六年（1677），碑立于晋宁区。

著录于（道光）《昆阳州志》。

2118 明诰赠明威将军董公国柱墓碑

正书，康熙十六年（1677），碑立于永仁县。

著录于《新纂云南通志·金石考》。

2119 万春山玉皇阁记

撰者田元恺，康熙十六年（1677），碑立于禄丰县。

著录于（康熙）《黑盐井志》。

2120 鸡足山金顶梵汉文残碑

青石，康熙十七年（1678），高 40 cm×

宽 57 cm × 厚 53 cm，碑立于宾川县。

著录于《鸡足山志》。

2121 **文昌宫碑记**

撰者董便民，康熙十七年（1678），碑立于禄丰县。

著录于（康熙）《黑盐井志》。

2122 **育贤馆碑记**

撰者许弘勋，康熙十七年（1678），碑立于风庆县。

著录于（雍正）《顺宁府志》。

2123 **周诰封骠骑将军元配夫人王母金氏之墓碑**

康熙十七年（1678），高 154 cm × 宽 62 cm，碑立于大理市。

见于《大理丛书·金石篇》。

注：原碑已佚，拓片藏今云南省博物馆。

2124 **旧州报恩寺常住碑记**

撰者杨士标，康熙十八年（1679），高 215 cm × 宽 68 cm，碑立于曲靖市。

见于《陆良历代石刻注解与研究》。

2125 **龙山缘起**

撰者广辉，书者刘彦，康熙十八年（1679），碑立于宜良县。

著录于《新纂云南通志·金石考》。

2126 **十九峰山民张汪如相度墓志铭**

撰者施心极，康熙十八年（1679），碑立于大理市。

著录于（乾隆）《大理府志》。

2127 **石城碑**

康熙十八年（1679），碑立于曲靖市。

著录于（道光）《云南通志稿》。

2128 **赵公之虬墓志铭**

撰者赵复良，楷书，康熙十八年（1679），高 74 cm × 宽 40 cm，碑立于大理市。

见于《大理丛书·金石篇》。

注：原碑已佚，拓片藏今云南省大理市图书馆。

2129 **重修昌化林普贤庵碑**

撰者广见，书者广见，康熙十八年（1679），碑立于宜良县。

著录于《新纂云南通志·金石考》。

2130 **重修大觉寺序**

刻工李□，砂岩，康熙十八年（1679），高 136 cm × 宽 68 cm × 厚 12 cm，碑立于禄丰县。

见于《威楚遗韵》。

2131 **昆阳李仲长演墓志铭**

撰者浦起龙，康熙十九年（1680），碑立于晋宁区。

著录于（道光）《昆阳州志》。

2132 **圣祖仁皇帝谕**

康熙十九年（1680），碑立于宣威市。

著录于（道光）《宣威州志》。

2133 **秀山古柏行碑**

撰者阚祯兆，书者阚祯兆，行书，康熙十九年（1680），高 45 cm × 长 108 cm，碑立于通海县。

著录于《新纂云南通志·金石考》。

2134 **曲靖军民府六属公立府治碑**

撰者张充溥，康熙二十年（1681），高 200 cm × 宽 22 cm，碑立于曲靖市。

见于《曲靖石刻》。

2135 **镇沅者东和尚洞摩崖（3 首）**

撰者周士弘、佚名者二，康熙二十年（1681），碑立于普洱市。

见于《镇沅风情》。

2136 **重建楚雄府学记**

撰者谢于道，康熙二十年（1681），碑立于楚雄市。

著录于（嘉庆）《楚雄县志》。

2137 重修太玄宫碑记

撰者李发美，康熙二十年（1681），碑立于鹤庆县。

见于《鹤庆碑刻辑录》。

2138 豁免鸡足山杂差门户条灵碑

撰者王兴禹，康熙二十一年（1682），碑立于宾川县。

著录于《云南通志》。

2139 重建德海寺记

撰者李尔白，康熙二十一年（1682），碑立于禄丰县。

著录于（康熙）《黑盐井志》。

2140 重修孤山寺记

撰者彭贤，康熙二十一年（1682）。

著录于（康熙）《江川县志》。

2141 重修昙华庵碑记

撰者普烁，楷书，康熙二十一年（1682），高 113 cm×宽 58 cm，碑立于宾川县。

见于《大理州志》。

2142 禁革滇中积弊碑

楷书，康熙二十二年（1683），高 124 cm×宽 59 cm，碑立于宾川县。

见于《大理丛书·金石篇》。

2143 新建城垣碑记

撰者徐吴锦，康熙二十二年（1683），碑立于禄丰县。

著录于（康熙）《罗次县志》。

2144 云泉庵弗善碑记

撰者陈士弘，刻工毛尚忠，青石，康熙二十二年（1683），高 125 cm×宽 66 cm，碑立于宜良县。

见于《宜良碑刻增补本》（上）。

2145 重建鸡足山大华严寺碑记

撰者学蕴，正书，康熙二十二年（1683），碑立于宾川县。

著录于《新纂云南通志·金石考》。

2146 重修黄矿厂朝阳寺碑记

撰者郭复镜，楷书，康熙二十二年（1683），高 139 cm×宽 60 cm，碑立于弥渡县。

见于《大理丛书·金石篇》。

2147 重修盘龙山元和宫碑记

撰者徐日明，书者王图一，正书，康熙二十二年（1683），碑立于晋宁区。

著录于《新纂云南通志·金石考》。

2148 建修太和县学文庙并文昌宫魁阁碑记

康熙二十三年（1684），高 137 cm×宽 65 cm。

见于《云南道教碑刻辑录》。

2149 景德碑记

康熙二十三年（1684），高 150 cm×宽 70 cm，碑立于玉溪市。

见于《玉溪碑刻选集》。

2150 佥事赠左都督徐升曜谕祭碑

康熙二十三年（1684），碑立于元谋县。

著录于（光绪）《云南通志》。

2151 王状元胞弟王新明碑记

康熙二十三年（1684），高 152 cm×宽 60 cm，碑立于隆阳区。

见于《隆阳碑铭石刻》。

2152 香海庵碑记

撰者王继文，康熙二十三年（1684），碑立于禄劝县。

著录于（康熙）《云南府志》。

2153 重建大雄殿碑记

撰者顾鼎新，书者孔宗尧，康熙二十三年（1684），碑立于宜良县。

著录于《新纂云南通志·金石考》。

2154 重建灵应禅寺碑

撰者田启光，正书，康熙二十三年（1684），碑立于官渡区。

著录于（康熙）《云南府志》。

2155 重建文丞楼碑记

撰者顾鼎新，书者孔宗尧，正书，康熙二十三年（1684），碑立于宜良县。

著录于《新纂云南通志·金石考》。

2156 重修晋宁州学宫碑记

撰者徐日明，书者段惟，正书，康熙二十三年（1684），高 190 cm × 宽 68 cm，碑立于晋宁区。

著录于（乾隆）《晋宁州志》。

2157 碧鸡山记

撰者蔡毓荣，康熙二十四年（1685），碑立于西山区。

著录于（康熙）《云南通志》。

2158 封闭双马槽厂永禁碑记

楷书，康熙二十四年（1685），高 133 cm × 宽 69 cm × 厚 5.5 cm，碑立于大理市。

见于《大理丛书·金石篇》。

2159 布政司参议加四级李公去思碑记

康熙二十四年（1685），碑立于禄丰县。

著录于（康熙）《黑盐井志》。

2160 奉告上宪批示刊立卧碑

撰者张一鹏，康熙二十四年（1685），高 198 cm × 宽 65 cm，碑立于玉溪市。

见于《玉溪碑刻选集》。

2161 改建学宫碑记

撰者侯永宁，康熙二十四年（1685），高 220 cm × 宽 110 cm × 厚 20 cm，碑立于弥勒市。

著录于（乾隆）《弥勒州志》。

2162 建义学碑记

撰者窦若斗，康熙二十四年（1685），碑立于宜良县。

著录于（乾隆）《宜良县志》。

注：原碑已佚。

2163 新建义学碑记

撰者蔡毓荣，康熙二十四年（1685），碑立于宜良县。

著录于（民国）《宜良县志》。

2164 新建昆明书院碑

撰者蔡毓荣，康熙二十四年（1685）。

著录于（康熙）《云南通志》。

2165 养济院碑记

撰者徐瀛翥，康熙二十四年（1685），碑立于玉溪市。

著录于（光绪）《云南通志》。

2166 永除积弊碑

康熙二十四年（1685），碑立于祥云县。

见于《祥云碑刻》。

2167 重修归化寺碑记

撰者王继文，行书，康熙二十四年（1685），碑立于官渡区。

著录于《新纂云南通志·金石考》。

2168 关圣帝庙碑记

撰者李世荣，大理石，楷书，康熙二十五年（1686），高 245 cm × 宽 107 cm × 厚 18.5 cm，碑立于大理市。

见于《大理丛书·金石篇》。

2169 □捐资买丈清厂庵香田碑记

撰者高必达，康熙二十五年（1686），碑立于宾川县。

见于《宾川丛书·金石篇》。

2170 盘龙寺禁约碑记

撰者徐瀛翥，康熙二十五年（1686），碑立于玉溪市。

见于《古碑遗珍》。

2171 御制至圣先师孔子赞并序

康熙二十五年（1686），碑立于大理市。著录于（道光）《赵州志》。

2172 培风塔题字

楷书，康熙二十五年（1686），高13米，碑立于禄丰县。

著录于《新纂云南通志·金石考》。

2173 新建九峰山西华寺碑记

撰者郭廷弼，正书，康熙二十五年（1686），碑立于富民县。

著录于《新纂云南通志·金石考》。

2174 新修通海县学宫碑记

撰者魏荩臣，康熙二十五年（1686），碑立于通海县。

著录于（康熙）《通海县志》。

2175 重修诸天庵碑记

撰者时会圣，书者程其珍，康熙二十五年（1686），高105 cm×宽63 cm，碑立于弥渡县。

著录于（民国）《弥渡县志稿》。

注：原碑已佚。

2176 碧波窟碑记

撰者杨坦，康熙二十六年（1687），碑立于鹤庆县。

见于《鹤庆龙华十八寺碑刻辑录》。

2177 澄江府江川县为囮吓索无了无休请立案候事

刻工李景逢、吴可荣、张登，康熙二十六年（1687），碑立于玉溪市。

见于《古碑遗珍》。

2178 太华纪胜

撰者范承勋，行书，康熙二十六年（1687），碑立于西山区。

著录于（康熙）《云南通志》。

2179 新建紫溪山朝阳庵碑记

撰者陈士恪，刻工许正昌，砂岩，康熙二十六年（1687），高126 cm×宽58 cm×厚9 cm，碑立于楚雄市。

见于《楚雄历代碑刻》。

2180 中宪大夫知澄江府事加一级韩大老爷讳俊杰号公魏功德碑

刻工徐凤、李文粲、罗可麟，康熙二十六年（1687），碑立于玉溪市。

见于《古碑遗珍》。

2181 重建大光明殿阁碑记

撰者阚祯兆，楷书，康熙二十六年（1687），碑立于姚安县。

著录于（民国）《姚安县志》。

2182 重建太华山佛严禅寺碑记

撰者范承勋，康熙二十六年（1687），碑立于西山区。

著录于（康熙）《云南府志》。

2183 重修圆觉寺碑记

撰者张锦蕴，红砂石，楷书，康熙二十六年（1687），高140 cm×宽62.5 cm，碑立于巍山县。

见于《大理丛书·金石篇》。

2184 重修通明阁碑记

撰者王泽洪，康熙二十六年（1687），碑立于蒙自市。

著录于（乾隆）《蒙自县志》。

2185 静室碑记

撰者李衍芳，康熙二十七年（1688），碑立于鹤庆县。

见于《鹤庆龙华十八寺碑刻辑录》。

2186 弥陀庵常住碑记

撰者广超，刻工广超，康熙二十七年（1688），碑立于鹤庆县。

见于《鹤庆龙华十八寺碑刻辑录》。

2187 文林郎知江川县事高太老爷讳拱星号文东功德碑

刻工李景逢，康熙二十七年（1688），碑立于玉溪市。

见于《古碑遗珍》。

2188 重修瑞光寺碑记

撰者柳志沆，书者李郁英，康熙二十七年（1688），碑立于宜良县。

著录于《新纂云南通志·金石考》。

注：刻于《重修瑞光寺原旧功德田地条粮碑记序》碑阳。

2189 重修瑞光寺原旧功德田地条粮碑记

阳：撰者柳志沆，书者李郁英；阴：书者熊恩荣，刻工李珍，阳：康熙二十七年（1688）；阴：咸丰十一年（1861）。高 183 cm × 宽 77 cm，碑立于宜良县。

见于《宜良碑刻增补本》（上）。

2190《升庵祠落成纪事》诗刻

撰者许弘勋，草书，康熙二十八年（1689）。

著录于《新纂云南通志·金石考》。

2191 三圣庵碑记

撰者孔兴诏，书者张其英，康熙二十八年（1689），乾隆二十年（1755）重修。

著录于《新纂云南通志·金石考》。

2192 鼎建云龙山真武宫碑记

撰者黄明，康熙二十八年（1689），高 255 cm × 宽 135 cm，碑立于建水县。

见于《遗留在建水碑刻中的文明记忆》。

2193 改建明伦堂记

撰者张锦蕴，康熙二十八年（1689），碑立于巍山县。

著录于（康熙）《蒙化府志》。

2194 关夫子大庙碑记

撰者魏荩臣，康熙二十八年（1689），碑立于通海县。

著录于（康熙）《通海县志》。

2195 清圆寂罕然上人墓铭

撰者陈士恪，书者陈士恪，康熙二十八年（1689），碑立于楚雄市。

见于《楚雄历代碑刻》。

2196 憨公墓志铭

撰者学蕴，书者学蕴，康熙二十八年（1689），碑立于楚雄市。

见于《楚雄历代碑刻》。

2197 剿抚碑

撰者余敏修，康熙二十八年（1689），碑立于新平县。

著录于（康熙）《新平县志》。

2198 通海县正堂告示碑

康熙二十八年（1689），高 94 cm × 宽 55 cm，碑立于通海县。

见于《通海历代碑刻集》。

2199 新建安宁云涛寺及新治温泉碑记

撰者石琳，书者范承勋，行书，康熙二十八年（1689），高 230 cm × 宽 95 cm × 厚 10 cm，碑立于安宁市。

著录于（康熙）《云南府志》。

2200 新建可渡石桥碑记

撰者范承勋，康熙二十八年（1689），碑立于宣威市。

著录于（道光）《宣威州志》。

2201 杨庄介公碧峣书院碑记

撰者范承勋，书者范承勋，行书，康熙二十八年（1689），碑立于西山区。

著录于（康熙）《云南府志》。

2202 重修罗茎寺清复常住碑记

撰者万崇义，书者万崇义，楷书，康熙

二十八年（1689），高 110 cm×宽 55 cm，碑立于大理市。

见于《大理丛书·金石篇》。

2203 重修云南省城隍庙碑记

撰者王继文，康熙二十八年（1689）。

著录于（康熙）《云南府志》。

2204 改建省城府县学宫记

撰者范承勋，康熙二十九年（1690）。

著录于（康熙）《云南府志》。

2205 赤佛碑记

康熙二十九年（1690），碑立于大理市。

见于《大理风仪古碑文集》。

2206 高玉山修建岩泉亭阁记

撰者徐松，康熙二十九年（1690），碑立于宜良县。

著录于（民国）《宜良县志》。

2207 建瀛仙亭碑记

撰者杨国正，康熙二十九年（1690），碑立于蒙自市。

著录于（乾隆）《蒙自县志》。

2208 兰先生祠堂记

撰者李澄中，康熙二十九年（1690），碑立于嵩明县。

著录于（康熙）《嵩明州志》。

2209 龙淙小记

撰者范承勋，康熙二十九年（1690）。

著录于（康熙）《云南通志》。

2210 路溪屯分水碑记

撰者丁宗闵，康熙二十九年（1690），碑立于禄丰县。

著录于（康熙）《禄丰县志》。

2211 镇南州正堂告示

行书，康熙二十九年（1690），高 82 cm×宽 48 cm×厚 12 cm，碑立于楚雄市。

见于《楚雄历代碑刻》。

2212 普同塔铭

大理石，康熙二十九年（1690），高 69 cm×宽 47 cm，碑立于姚安县。

见于《威楚遗韵》。

2213 去思碑记

康熙二十九年（1690），高 136 cm×高 75.5 cm，碑立于通海县。

见于《通海历代碑刻集》。

2214 升庵先生祠堂记

撰者王照，书者周兆瑛，正书，康熙二十九年（1690），碑立于西山区。

著录于（康熙）《云南府志》。

2215 新建通海学宫碑记

撰者魏荩臣，书者魏荩臣，草书，康熙二十九年（1690），碑立于通海县。

著录于《新纂云南通志·金石考》。

2216 游黑龙潭拟古诗记

撰者范承勋，书者范承勋，康熙二十九年（1690），高 168 cm×宽 46 cm，碑立于盘龙区。

著录于《新纂云南通志·金石考》。

2217 重建表忠祠记

撰者丁炜，康熙二十九年（1690），碑立于建水县。

著录于（康熙）《建水州志》。

2218 重建太平寺碑记

书者张启□，行书，康熙二十九年（1690），碑立于官渡区。

著录于《新纂云南通志·金石考》。

2219 重修大理府四城楼记

撰者张泰交，康熙二十九年（1690），碑立于大理市。

著录于（乾隆）《大理府志》。

2220 佥定标山永远住持碑记碑

撰者赵珙，书者张端亮，大理石，楷书，康熙二十九年（1690），碑立于洱源县。

见于《大理洱源县碑刻辑录》。

2221 按察司题名碑记

撰者许弘勋，书者许弘勋，草书，康熙三十年（1691）。

著录于《新纂云南通志·金石考》。

2222 明把使三江总戎杨仲义墓志铭

楷书，康熙三十年（1691），高 70 cm×宽 40 cm，碑立于姚安县。

见于《楚雄历代碑刻》。

2223 白盐井盐课提举司题名碑记

书者赵大生，康熙三十年（1691），碑立于大姚县。

著录于（光绪）《续修白盐井志》。

2224 藏真帖石刻

康熙三十年（1691），碑立于昆明市。

著录于（道光）《昆明县志》。

2225 诚孝张公暨配孺人杨氏寿域志铭

撰者杨圣祚，书者杨圣祚，楷书，康熙三十年（1691），高 67 cm×宽 34 cm，碑立于大理市。

见于《大理丛书·金石篇》。

注：原碑已佚，拓片藏今云南省大理市图书馆。

2226 慈云寺碑

撰者杨端宪，书者王佐才，正书，康熙三十年（1691），碑立于腾冲市。

著录于《新纂云南通志·金石考》。

2227 鼎建云龙山真武宫新铸圣像供具增置常住田碑记

撰者丁炜，康熙三十年（1691），高 230 cm×宽 130 cm。

见于《云南道教碑刻辑录》。

2228 鼎建云龙山真武宫增置常住田地功德题名

撰者黄天麟，刻工杨□隆，康熙三十年（1691），碑立于建水县。

见于《遗留在建水碑刻中的文明记忆》。

注：《云南道教碑刻辑录》撰者为黄明。

2229 高玉山修建岩泉亭阁记

撰者徐松，康熙三十年（1691），碑立于宜良县。

著录于（乾隆）《宜良县志》。

2230 护花山房记

撰者范承勋，康熙三十年（1691），碑立于安宁市。

著录于（康熙）《云南府志》。

2231 剑川新松村白族赵氏祖茔世系碑

楷书，大理石，康熙三十年（1691），光绪十六年（1890）重修，高 66 cm×宽 44 cm，碑立于大理市。

见于《大理丛书·金石篇》。

2232 节修关索岭碑记

撰者王佑命，康熙三十年（1691），碑立于玉溪市。

著录于《新兴州志》。

2233 临安府儒学科甲题名碑记

撰者王永羲，康熙三十年（1691），碑立于建水县。

见于《遗留在建水碑刻中的文明记忆》。

2234 普光寺常住碑记

康熙三十年（1691），高 130 cm×宽 65 cm，碑立于通海县。

见于《通海历代碑刻集》。

2235 天一阁记

撰者范承勋，康熙三十年（1691），高 159 cm×宽 59 cm×厚 8 cm，碑立于宾川县。

著录于（乾隆）《大理府志》。

注：《宾川丛书·金石篇》记载时间为康熙三十一年（1692）。

2236 通海学宫祭田碑记

撰者魏荩臣，康熙三十年（1691），碑立于通海县。

著录于（康熙）《通海县志》。

2237 新建报功祠碑记

撰者范承勋，康熙三十年（1691），碑立于昆明市。

著录于（康熙）《云南府志》。

2238 兴龙寺香火碑记

撰者杨端宪，康熙三十年（1691）。

见于《云南道教碑刻辑录》。

2239 巡金江至石鼓汛碑

撰者范承勋，康熙三十年（1691），高76 cm×宽 52 cm×厚 13 cm，碑立于丽江市。

著录于（乾隆）《丽江府志略》。

2240 重修星宿桥碑记

撰者于三贤，康熙三十年（1691），碑立于禄丰县。

著录于（康熙）《禄丰县志》。

2241 严禁赁房不令婚丧示

康熙三十年（1691），碑立于禄丰县。

著录于（康熙）《禄丰县志》。

2242 重建石宝山祝廷寺记

撰者赵琎美，书者赵琎美，正书，康熙三十年（1691），碑立于剑川县。

著录于《新纂云南通志·金石考》。

2243 重修关帝庙记碑

撰者范承勋，康熙三十年（1691），高250 cm×宽 110 cm。

见于《云南道教碑刻辑录》。

2244 剑川新松村赵氏始祖碑序

康熙三十年（1691），光绪十六年（1890）重修，高 66 cm×宽 44 cm，碑立于大理市。

见于《大理丛书·金石篇》。

2245 泸西天马山香泉寺碑

撰者李佐明，康熙三十年（1691），高152 cm×宽 69 cm，碑立于泸西县。

见于《红河州文物志》。

2246 罢谷山《澄碧楼记》

撰者黄云治，康熙三十一年（1692），碑立于洱源县。

著录于（乾隆）《大理府志》。

2247 标山诗刻

书者黄元治，行书，康熙三十一年（1692），碑立于洱源县。

著录于《新纂云南通志·金石考》。

2248 游标山碑记碑

撰者黄元治，书者黄元治，大理石，行草，康熙三十一年（1692），高 44 cm×宽124 cm，碑立于洱源县。

见于《大理洱源县碑刻辑录》。

2249 本州批允水例碑记

大理石，楷书，康熙三十一年（1692），高 155 cm×宽 72 cm×厚 13 cm，碑立于宾川县。

见于《大理丛书·金石篇》。

2250 桂香书院碑

撰者黄元治，康熙三十一年（1692），碑立于大理市。

著录于（乾隆）《大理府志》。

2251 海光寺常住碑记

撰者张以惜，楷书，大理石，康熙三十一年（1692），高 110 cm×宽 54 cm×厚12 cm，碑立于大理市。

见于《大理丛书·金石篇》。

2252 严禁告找告赎示

康熙三十一年（1692），碑立于禄丰县。

著录于（康熙）《禄丰县志》。

2253 云龙八景

撰者陈真阳，康熙三十一年（1692），高 48 cm×宽 80 cm，碑立于建水县。

见于《遗留在建水碑刻中的文明记忆》。

2254 傍花楼记

撰者佟世雍，康熙三十二年（1693），碑立于安宁市。

著录于（雍正）《安宁州志》。

2255 荡山松韵楼记

撰者黄元治，康熙三十二年（1693），碑立于大理市。

著录于（乾隆）《大理府志》。

2256 鼎建中天寺常住碑记

撰者李云章，康熙三十二年（1693），碑立于腾冲市。

见于《腾冲名碑集释》。

2257 开化府文庙碑记

撰者柯邓枚，书者孙眉，正书，康熙三十二年（1693），碑立于文山市。

著录于（道光）《开化府志》。

2258 太华山佛严寺昆明、安宁常住田地山场碑记

康熙三十二年（1693），碑立于西山区。

著录于《新纂云南通志·金石考》。

2259 新建云安寺碑记

撰者于三贤，康熙三十二年（1693），碑立于西山区。

著录于（康熙）《云南府志》。

2260 杨保庄土主庙碑志序

康熙三十二年（1693），高 186 cm×宽 95 cm，碑立于玉溪市。

见于《玉溪碑刻选集》。

2261 重修东塔常乐寺记

撰者王继文，康熙三十二年（1693），碑立于西山区。

著录于（光绪）《云南通志》。

2262 重修古庭庵碑记

撰者王继文，康熙三十二年（1693），碑立于官渡区。

著录于（康熙）《云南府志》。

2263 重修黑龙庙碑记

撰者张毓碧，书者张毓碧，草书，康熙三十二年（1693）。

著录于（康熙）《云南府志》。

2264 重修太和县文庙碑

撰者许贺来，康熙三十二年（1693），碑立于大理市。

著录于（民国）《大理县志稿》。

2265 重修云南省城隍庙碑记

撰者石文晟，草书，康熙三十二年（1693），碑立于昆明市。

著录于《新纂云南通志·金石考》。

2266 重修诸天阁前楼记碑

撰者杨璇，刻工张天政，砂岩，楷书，康熙三十二年（1693），高 215 cm×宽 65 cm，碑立于禄丰县。

著录于（康熙）《黑盐井志》。

2267 祝延寺独耀禅师寿量塔铭

撰者普联，楷书，康熙三十二年（1693），高 52 cm×宽 36 cm，碑立于剑川县。

见于《大理丛书·金石篇》。

2268 开山恒然祖师行实碑记

康熙三十二年（1693），碑立于弥勒市。

见于《弥勒文物志》。

2269 明怀远将军邵元龄墓志

撰者江藻，康熙三十二年（1693），碑立于陆良县。

著录于（民国）《陆良县志稿》。

2270 观音古阁碑记

撰者广明，书者照济，大理石，楷书，康熙三十三年（1694），高 90 cm × 宽 48 cm × 厚 6 cm，碑立于大理市。

见于《大理丛书·金石篇》。

2271 重修七局龙祠碑记

撰者杨璇，楷书，康熙三十三年(1694)，高 208 cm × 宽 65 cm，碑立于禄丰县。

著录于（康熙）《黑盐井志》。

2272 康龙山名泉记

撰者高奣映，书者高奣映，草书，康熙三十三年（1694），碑立于姚安县。

见于《神山圣境》。

2273 铁峰庵记

撰者王继文，书者王继文，草书，康熙三十三年（1694），碑立于五华区。

著录于（康熙）《云南府志》。

2274 云南义学记

撰者张毓碧，正书，康熙三十三年（1694）。

著录于《新纂云南通志·金石考》。

2275 雉山书院记

撰者龙灿，康熙三十三年（1694），碑立于宜良县。

著录于（乾隆）《宜良县志》。

2276 重建开化清军府碑记

撰者柯邓枚，正书，康熙三十三年（1694），碑立于文山市。

著录于（乾隆）《开化府志》。

2277 重修宝珠山能仁寺碑记

撰者王继文，康熙三十三年（1694），碑立于西山区。

著录于（康熙）《云南府志》。

2278 重修曹溪寺记

撰者王继文，行书，康熙三十三年(1694)，高 210 cm × 宽 95 cm，碑立于安宁市。

著录于（雍正）《安宁州志》。

2279 重修中台碑记

青石，康熙三十三年（1694），长 116 cm × 宽 55 cm × 厚 10 cm，碑立于江川区。

见于《云南林业文化碑刻》。

2280 翠峰山记

撰者一衲山人，书者一衲山人，草书，康熙三十四年（1695），碑立于马龙区。

著录于《新纂云南通志·金石考》。

2281 均平水利永远碑记

撰者李鳌，刻工李云龙、李先魁，康熙三十四年（1695），高 160 cm × 宽 60 cm，碑立于宜良县。

见于《宜良碑刻增补本》（上）。

2282 新建斗母阁碑记

撰者王继文，康熙三十四年（1695），碑立于西山区。

著录于（康熙）《云南府志》。

2283 续置菩提场碑记

撰者陈鹏健，书者陈洴，砂石，康熙三十四年（1695），高 113 cm × 宽 64 cm，碑立于宜良县。

见于《宜良碑刻增补本》（上）。

2284 玉皇阁常住碑记

撰者张延翰，书者黄图恒，红砂石，康熙三十四年（1695），高 155 cm × 宽 62 cm，碑立于云龙县。

见于《大理丛书·金石篇》。

2285 文昌宫常住碑

康熙三十四年（1695），高 103 cm × 宽 41 cm × 厚 7 cm，碑立于大理市。

见于《大理凤仪古碑文集》。

2286 **重建元江府儒学公署记**

撰者叶洓，康熙三十四年（1695），碑立于建水县。

著录于（康熙）《元江府志》。

2287 **重修归化寺记**

撰者王继文，书者王继文，草书，康熙三十四年（1695），碑立于官渡区。

著录于《新纂云南通志·金石考》。

2288 **重修学署碑记**

撰者万崇义，康熙三十四年（1695），碑立于禄丰县。

著录于（康熙）《禄丰县志》。

2289 **竹林碑记碑**

撰者宋之臣，书者王□梅，刻工潘云阶，大理石，楷书，康熙三十四年（1695），高128 cm×宽 50 cm，碑立洱源县。

见于《大理洱源县碑刻辑录》。

2290 **重修圆通寺观音阁药师殿记**

撰者刘应隆，康熙三十四年（1695），碑立于五华区。

著录于《新纂云南通志·金石考》。

2291 **滇南育婴堂记**

撰者王继文，康熙三十五年（1696）。

著录于（雍正）《云南通志》。

2292 **新修建永丰庵碑**

撰者缪有廉，康熙三十五年（1696），高 80 cm×宽 154 cm，碑立于官渡区。

见于《云溪、永丰村志》。

2293 **鼎建文昌宫碑记**

撰者李云龙，书者丁懋观，正书，康熙三十五年（1696），碑立于晋宁区。

著录于（乾隆）《晋宁州志》。

2294 **定公和尚寿塔铭**

撰者赵琎美，正书，康熙三十五年（1696），碑立于剑川县。

著录于《新纂云南通志·金石考》。

2295 **恭谢天恩碑记**

康熙三十五年（1696）。

著录于《新纂云南通志·金石考》。

2296 **桂香书苑碑记**

大理石，楷书，康熙三十五年（1696），高 52 cm×宽 92 cm，碑立于大理市。

见于《大理丛书·金石篇》。

2297 **万佛山募建福清戒坛记序**

撰者兰杜多，书者兰杜多，草书，康熙三十五年（1696），碑立于富民县。

著录于《新纂云南通志·金石考》。

2298 **文昌宫铜鼎**

康熙三十五年（1696），碑立于蒙自市。

著录于《新纂云南通志·金石考》。

2299 **文昌忠孝祠堂原引碑**

撰者贾庚秀，青石，康熙三十五年（1696），高 103 cm×宽 58 cm，碑立于宜良县。

见于《宜良碑刻增补本》（上）。

2300 **象塘山如是庵记**

撰者王祚兴，康熙三十五年（1696），碑立于凤庆县。

著录于（雍正）《顺宁府志》。

2301 **修建尊经阁记**

撰者王琯，康熙三十五年（1696），碑立于巍山县。

著录于（康熙）《蒙化府志》。

2302 **续建昙华寺碑**

撰者王继文，书者王继文，草书，康熙三十五年（1696），碑立于盘龙区。

著录于《新纂云南通志·金石考》。

2303 **杨鹏升妻贞烈李氏墓碑**

撰者莫舜鼐，康熙三十五年（1696），碑立于元谋县。

著录于（光绪）《云南通志》。

2304 正觉寺独醒和尚墨书大方广佛华严经后跋

书者溥畹，正书，康熙三十五年（1696），碑立于西山区。

著录于《新纂云南通志·金石考》。

2305 重修北胜州城记

撰者王继文，康熙三十五年（1696），碑立于永胜县。

著录于（乾隆）《永北府志》。

2306 重修崇宝山正觉禅寺记

撰者宗常，书者宗常，正书，康熙三十五年（1696），碑立于西山区。

著录于《新纂云南通志·金石考》。

2307 重修巃□山云隐禅林碑记

撰者危赓尧，书者张锦蕴，楷书，康熙三十五年（1696），高 115 cm × 宽 78 cm × 厚 22 cm，碑立于巍山县。

见于《大理丛书·金石篇》。

注：原碑已佚。

2308 重修商山寺碑

撰者王继文，书者王继文，草书，康熙三十五年（1696），高 210 cm × 宽 120 cm，碑立于五华区。

著录于《新纂云南通志·金石考》。

2309 重修太和县文庙碑记

撰者李植，康熙三十五年（1696），碑立于大理市。

著录于（民国）《大理县志稿》。

2310 开建雷音寺证德庵常住碑记

康熙三十五年（1696），碑立于弥勒市。

见于《弥勒文物志》。

2311 广西府迁建学宫记

撰者全五伦，康熙三十六年（1697）。

著录于（乾隆）《广西府志》。

2312 重修古溪禅寺碑

康熙三十六年（1697），高 225 cm × 宽 90 cm，碑立于官渡区。

见于《云溪、永丰村志》。

2313 整顿风俗（残碑）

康熙三十六年（1697），残长 69 cm × 残宽 55 cm，碑立于祥云县。

见于《祥云金石》。

2314 烈女王端姐墓碑

康熙三十六年（1697），碑立于罗平县。

著录于（康熙）《罗平州志》。

2315 云泉寺观音殿常住碑记

撰者柳志潜，书者刘魁南，刻工李兆萃，康熙三十六年（1697），高 132 cm × 宽 78 cm，碑立于宜良县。

见于《宜良碑刻增补本》（上）。

2316 云会庵碑记

撰者赵昆柱，康熙三十七年（1698），碑立于大理市。

见于《大理凤仪古碑文集》。

2317 鼎建顺宁府萧公祠碑记

撰者黄极，康熙三十七年（1698），碑立于凤庆县。

著录于（民国）《顺宁县志初稿》。

2318 佛严寺用然□公禅师行状

撰者李鳞光，书者学性，正书，康熙三十七年（1698），碑立于西山区。

著录于《新纂云南通志·金石考》。

2319 墓表

撰者吕履恒，康熙三十七年（1698），碑立于石屏县。

著录于《滇南碑传集》。

2320 宁边楼碑记

撰者王洪仁，康熙三十七年（1698），

碑立于建水县。

著录于《续修建水县志》。

2321 掩骼会碑记

撰者石文晟，康熙三十七年（1698）。

著录于（雍正）《云南通志》。

2322 由旺文昌宫碑记

撰者程奕，康熙三十七年（1698），残高 218 cm × 宽 80 cm，碑立于施甸县。

见于《施甸碑铭录》。

2323 贞醇先生石屏张葆儒良伍神道碑

撰者储大文，康熙三十七年（1698），碑立于石屏县。

著录于《新纂云南通志·金石考》。

2324 知府潭记

撰者李佩瑶，康熙三十七年（1698），碑立于泸西县。

著录于（乾隆）《广西府志》。

2325 重建理白衣庵常住碑记

撰者徐松，刻工杨华，青石，康熙三十七年（1698），高 170 cm × 宽 60 cm，碑立于宜良县。

见于《宜良碑刻增补本》（上）。

2326 重修德海寺记

撰者杨璇，康熙三十七年（1698），碑立于禄丰县。

著录于（康熙）《黑盐井志》。

2327 堕泪碑

撰者田现龙，康熙三十八年（1699），碑立于新平县。

著录于（康熙）《新平县志》。

2328 华严会会供碑记

撰者阚祯兆，康熙三十八年（1699），高 178 cm × 宽 82 cm，碑立于通海县。

见于《通海历代碑刻集》。

2329 化城开挖大河碑

康熙三十八年（1699），高 142 cm × 宽 66 cm，碑立于呈贡区。

见于《呈贡历史建筑及碑刻选》。

2330 临安府儒学历科武乡会题名碑记

撰者王永羲，康熙三十八年（1699），碑立于建水县。

见于《遗留在建水碑刻中的文明记忆》。

2331 重修文庙建堂祠碑记

撰者万崇义，康熙三十八年（1699），碑立于禄丰县。

著录于（康熙）《禄丰县志》。

2332 施学旁园地小引

撰者施璇、施琅，康熙三十八年（1699），碑立于禄丰县。

著录于（康熙）《黑盐井志》。

2333 重建圣元寺并常住碑记

撰者杨道亨，大理石，楷书，康熙三十八年（1699），高 165 cm × 宽 64 cm，碑立于大理市。

见于《大理丛书·金石篇》。

2334 标山住持纪绩碑记碑

撰者李崇阶，书者萧梦锦，大理石，楷书，康熙三十九年（1700），高 108 cm × 宽 58 cm，碑立于洱源县。

见于《大理洱源县碑刻辑录》。

2335 李太夫人墓志

撰者张凤鸣，行楷，康熙三十九年（1700），高 75 cm × 宽 35 cm，碑立于楚雄市。

见于《楚雄历代碑刻》。

2336 建中山佛日寺碑志

撰者莫舜鼐，书者杨任，楷书，康熙三十九年（1700），高 152 cm × 宽 82 cm × 厚 20 cm，碑立于元谋县。

著录于（乾隆）《元谋县志》。

2337 游黑泥温泉记

撰者陈元，康熙三十九年（1700），碑立于南华县。

著录于（康熙）《楚雄府志》。

2338 桂香阁碑记

撰者王毓奇，康熙三十九年（1700），碑立于禄丰县。

著录于（康熙）《禄丰县志》。

2339 诡寄滥免碑记

撰者王毓奇，康熙三十九年（1700），碑立于禄丰县。

著录于（康熙）《禄丰县志》。

2340 会灯寺常住碑记

正书，康熙三十九年（1700），碑立于昆明市。

著录于《新纂云南通志·金石考》。

2341 晋宁释迦寺创立常住田碑记

撰者王寿祚，正书，康熙三十九年（1700），碑立于晋宁区。

著录于《新纂云南通志·金石考》。

2342 若庵碑记

撰者田博，康熙三十九年（1700），碑立于鹤庆县。

著录于《鹤庆龙华十八寺碑刻辑录》。

2343 石屏孙节妇墓表

撰者张汉，康熙三十九年（1700），碑立于石屏县。

著录于（乾隆）《石屏州志》。

2344 扬武坝巡检冯毓华去思碑

康熙三十九年（1700），碑立于新平县。

著录于（道光）《新平县志》。

2345 游水塘张园记

撰者张含章，康熙三十九年（1700），碑立于罗平县。

著录于（康熙）《罗平州志》。

2346 重修云居寺记

撰者王一本，康熙三十九年（1700），碑立于昆明市。

著录于（光绪）《云南通志》。

2347 补叙都指挥邵元龄墓志

撰者钱珝，康熙四十年（1701），碑立于陆良县。

著录于（民国）《陆良县志稿》。

2348 常住碑记

撰者杨惠予，康熙四十年（1701），碑立于鹤庆县。

见于《鹤庆龙华十八寺碑刻辑录》。

2349 弥勒院碑（碑额）

撰者李崇阶，书者朱贞、朱亮，大理石，楷书，康熙四十年（1701），高 106 cm×宽 53 cm，碑立于洱源县。

见于《大理洱源县碑刻辑录》。

2350 弥勒院常住田亩碑

撰者李崇阶，书者朱贞、朱亮，大理石，楷书，康熙四十年（1701），高 106 cm×宽 53 cm，碑立于洱源县。

见于《大理洱源县碑刻辑录》。

2351 鼎修关圣庙碑记

撰者王天祥，康熙四十年（1701），碑立于泸西县。

著录于（乾隆）《广西府志》。

2352 公筑何湾石堤碑记

撰者王立宪，康熙四十年（1701），碑立于建水县。

著录于（雍正）《建水州志》。

2353 海潮泛湖序

撰者刘元会，康熙四十年（1701），高 36 cm×宽 92 cm，碑立于通海县。

见于《通海历代碑刻集》。

2354 **重修复隆井龙祠碑记**

撰者沈懋价，康熙四十年（1701），碑立于禄丰县。

著录于（康熙）《黑盐井志》。

2355 **迁建学宫碑记**

撰者梁衍祚，康熙四十年（1701），碑立于禄丰县。

著录于（康熙）《罗次县志》。

2356 **明故张应增夫妇合墓碑铭**

行书，康熙四十年（1701），碑立于楚雄市。

见于《楚雄历代碑刻》。

2357 **金沧副使杨文烈公畏知衣冠墓**

康熙四十年（1701），碑立于楚雄市。

著录于（光绪）《云南通志》。

2358 **威远楼碑记**

撰者张锦蕴，书者朱衮，红砂石，楷书，康熙四十年（1701），高 160 cm × 宽 68 cm，碑立于巍山县。

见于《大理丛书 · 金石篇》。

2359 **知县祝钟俊德政碑**

青砂石，康熙四十年（1701），高 140 cm × 宽 55 cm × 厚 12 cm，碑立于呈贡区。

见于《呈贡历史建筑及碑刻选》。

2360 **重建龙川江壶瓶口桥碑**

撰者唐翰弼，康熙四十年（1701），碑立于腾冲市。

著录于（康熙）《永昌府志》。

2361 **重建三台山玉皇阁碑记**

撰者文化远，康熙四十年（1701），碑立于呈贡区。

著录于（康熙）《呈贡县志》。

2362 **重修云南县学碑记**

撰者石文晟，青石，楷书，康熙四十年（1701），高 208 cm × 宽 103 cm × 厚 21 cm，碑立于祥云县。

见于《大理丛书 · 金石篇》。

2363 **奉本府清军府明文**

康熙四十一年（1702），碑立于建水县。

见于《遗留在建水碑刻中的文明记忆》。

2364 **开建五印山胜光寺碑记**

撰者张锦蕴，书者张端亮，楷书，康熙四十一年（1702），高 116 cm × 宽 50 cm，碑立于巍山县。

著录于《新纂云南通志 · 金石考》。

2365 **明遗臣宣督学墓塔**

撰者张锦蕴，书者弼亮，正书，康熙四十一年（1702），碑立于巍山县。

著录于《新纂云南通志 · 金石考》。

2366 **腻资森林山界**

撰者杨根藻，楷书，康熙四十一年（1702），高 90 cm × 宽 50 cm，碑立于禄丰县。

见于（1997）《禄丰县志》。

2367 **清故前明承德郎忠靖宣公配贞肃范老宜人墓表**

撰者张锦蕴，书者张端亮，楷书，康熙四十一年（1702），高 102 cm × 宽 50 cm，碑立于巍山县。

见于《大理丛书 · 金石篇》。

注：原碑已佚，拓片藏今云南省博物馆。

2368 **圣谕训饬士子文**

撰者清世祖，康熙四十一年（1702）。

著录于（乾隆）《蒙自县志》。

2369 **修曹溪寺后殿碑记**

撰者巴锡，楷书，康熙四十一年（1702），高 210 cm × 宽 60 cm（拓片），碑立于安宁市。

见于《安宁市文物志》。

2370 训饬士子文

康熙四十一年（1702），碑立于宣威市。

著录于（道光）《宣威州志》。

2371 义姬叙州通判赵文振妾刘氏墓碑

康熙四十一年（1702），碑立于大理市。

著录于（光绪）《云南通志》。

2372 玉皇阁重建碑记

撰者张祚盛，康熙四十一年（1702），碑立于通海县。

著录于（乾隆）《续修河西县志》。

2373 御制训饬士子文碑

刻工杨邠俊，康熙四十一年（1702），碑立于丽江市。

著录于（乾隆）《丽江府志略》。

2374 重修姚安府儒学记

撰者丁炜，康熙四十一年（1702），碑立于姚安县。

著录于（道光）《姚州志》。

2375 重修万春山真觉禅寺毗卢阁记

康熙四十一年（1702），碑立于禄丰县。

著录于（康熙）《黑盐井志》。

2376 祖泽灏去思碑

康熙四十一年（1702），碑立于新平县。

著录于（道光）《新平县志》。

2377 御制训饬士子文

康熙四十一年（1702），碑立于禄丰县。

著录于（嘉庆）《黑盐井志》。

2378 创建丽江府文庙碑记

撰者孔兴询，正书，康熙四十二年（1703），碑立于丽江市。

著录于（乾隆）《丽江府志略》。

2379 陇天成合葬墓志铭

撰者樊泽达，康熙四十二年（1703），碑立于昭通市。

著录于（乾隆）《镇雄州志》。

2380 马隆乡古溪泉水分碑

康熙四十二年（1703），高 156 cm×宽 70 cm，碑立于宜良县。

见于《宜良碑刻增补本》（上）。

注：原碑无名，碑名系编者依碑文内容所拟。

2381 石云庵记

撰者王毓奇，康熙四十二年（1703），碑立于禄丰县。

著录于（康熙）《禄丰县志》。

2382 史城苍山道人健庵尹敬夫妇预为冢记

撰者尹敬，楷书，康熙四十二年（1703），高 84 cm×宽 42 cm，碑立于大理市。

见于《大理丛书·金石篇》。

注：原碑已佚，拓片藏今云南省大理市文化馆。

2383 御书“法界寺”敕赐福清戒坛碑记

撰者石文晟，康熙四十二年（1703），碑立于昆明市。

著录于《新纂云南通志·金石考》。

2384 元江府尊经阁记

撰者江汾，康熙四十二年（1703），碑立于元江县。

著录于（光绪）《云南通志》。

2385 重修玄真观常住碑记

撰者邹祚永，书者陈月清，刻工杨林壁，康熙四十二年（1703），高 159 cm×宽 61 cm×厚 11 cm，碑立于大理市。

见于《大理凤仪古碑文集》。

2386 重修云南县学记

撰者王之枢，青石，楷书，康熙四十二年（1703），高 208 cm×宽 103 cm×厚 21 cm，碑立于祥云县。

见于《大理丛书・金石篇》。

2387 **重修黑井文庙疏**

撰者沈懋价，楷书，康熙四十三年(1704)，高 270 cm×宽 100 cm，碑立于禄丰县。

著录于（康熙）《黑盐井志》。

2388 **李惟忠墓志**

撰者翁咏榴、熊载，书者张维翰，康熙四十三年（1704），碑立于武定县。

见于《寻觅千年罗婺》。

2389 **御制平定胡汉告成大学碑**

撰者清圣祖，康熙四十三年（1704），碑立于云龙县。

著录于（雍正）《云龙州志》。

2390 **增修华林禅院并新置常住碑记**

撰者刘昌龄、彭华文，康熙四十三年（1704），高 220 cm×宽 110 cm×厚 15 cm，碑立于弥勒市。

见于《弥勒文物志》。

2391 **重建崇正书院碑记**

撰者董弘毅，康熙四十三年（1704），碑立于建水县。

著录于（康熙）《建水州志》。

2392 **重修武侯祠碑记**

撰者雷跃龙，康熙四十三年（1704），碑立于嵩明县。

著录于（民国）《嵩明县志》。

2393 **嵯耶庙碑记**

撰者张锦蕴，书者张端亮，红砂石，楷书，康熙四十四年（1705），高 120 cm×宽 47 cm，碑立于巍山县。

见于《大理丛书・金石篇》。

2394 **清待赠逸士董公孺人康氏寿基**

康熙四十四年（1705），碑立于大理市。

见于《大理风仪古碑文集》。

2395 **道圣寺常住碑记**

撰者余日新，康熙四十四年(1705)(重修)，碑立于弥渡县。

见于《弥渡古代碑刻辑释》。

2396 **督学考场考棚记**

撰者李鹏举，康熙四十四年（1705），碑立于泸西县。

著录于（乾隆）《广西府志》。

2397 **凌云阁记**

撰者金廷献，康熙四十四年（1705），碑立于石林县。

著录于（光绪）《路南州志》。

2398 **上莲神道碑**

撰者雷伟，康熙四十四年（1705），碑立于祥云县。

见于《祥云碑刻》。

2399 **温泉碑记**

撰者丁亮工，康熙四十四年（1705），碑立于云龙县。

著录于（光绪）《云龙州志》。

2400 **新建黑盐井汉前将军庙记**

撰者沈懋价，康熙四十四年（1705），碑立于禄丰县。

著录于（康熙）《黑盐井志》。

2401 **重建城隍庙碑记**

撰者顾芳宗，康熙四十四年（1705），碑立于云龙县。

著录于（雍正）《云龙州志》。

2402 **重建龙华大刹碑记**

撰者杨嘉猷，刻工杨世甲，康熙四十四年（1705），碑立于鹤庆县。

见于《鹤庆碑刻辑录》。

2403 **重修碧鸡寺碑记**

行书，康熙四十四年（1705），碑立于

西山区。

著录于《新纂云南通志·金石考》。

2404 重修崇正书院五贤祠碑记

撰者郑功勋，康熙四十四年（1705），碑立于建水县。

著录于（康熙）《建水州志》。

2405 重修东井龙王祠记

撰者沈懋价，康熙四十五年（1706），碑立于禄丰县。

著录于（康熙）《黑盐井志》。

2406 惠远桥记

撰者沈懋价，康熙四十五年（1706），碑立于禄丰县。

著录于（康熙）《黑盐井志》。

2407 德峰寺丛林碑记

撰者赵琎美，书者何其源，行书，康熙四十五年（1706），碑立于剑川县。

著录于《新纂云南通志·金石考》。

2408 程公置文庙田碑记

撰者时亮功，康熙四十五年（1706），高 138 cm × 宽 66 cm × 厚 13 cm，碑立于大理市。

见于《大理风仪古碑文集》。

2409 兰若寺常住碑

刻工洪盛，康熙四十五年（1706），高 106 cm × 宽 58 cm，碑立于洱源县。

见于《大理洱源县碑刻辑录》。

2410 普照寺常住碑

康熙四十五年（1706），高 190 cm × 宽 90 cm，碑立于官渡区。

见于《羊甫村志》。

2411 起云庵常住碑记

康熙四十五年（1706），高 124 cm × 宽 66 cm，碑立于弥渡县。

见于《弥渡古代碑刻辑释》。

2412 耿让墓碑

撰者孙衍庆，康熙四十五年（1706），高 70 cm × 宽 30 cm，碑立于宣威市。

见于《宣威县文物志》。

2413 新平县儒学义租碑记

撰者戴炳，康熙四十五年（1706），碑立于玉溪市。

著录于（道光）《新平县志》。

2414 涌金寺祖庭常住碑

撰者阚祯兆，书者阚祯兆，草书，康熙四十五年（1706），碑立于通海县。

著录于（光绪）《通海县续志》。

2415 游乾阳洞记

撰者张端亮，康熙四十五年（1706），碑立于石屏县。

著录于（民国）《石屏县志》。

2416 玉溪河记

撰者任中宜，康熙四十五年（1706），碑立于玉溪市。

著录于《新兴州志》。

2417 御笔钦赐中和山匾额记

楷书，康熙四十五年（1706），高 86.5 cm × 宽 218 cm，碑立于大理市。

见于《大理丛书·金石篇》。

2418 张其嵋德政遗爱去思碑

康熙四十五年（1706），高 177 cm × 宽 70 cm，碑立于施甸县。

见于《施甸碑铭录》。

2419 重镌玉龙村下伍营分放小龙洞水碑

康熙四十五年（1706），高 155 cm × 宽 74 cm，碑立于宜良县。

见于《宜良碑刻增补本》（上）。

2420 重修文昌宫碑记

撰者刘昌龄，康熙四十五年（1706），高 124 cm × 宽 64 cm，碑立于弥勒市。

见于《弥勒文物志》。

2421 重建觉性禅林碑记

撰者冯所赋，书者冯所赋，楷书，康熙四十六年（1707），高 190 cm × 宽 93 cm，碑立于禄丰县。

见于《楚雄历代碑刻》。

2422 重修文庙碑记

撰者沈懋价，书者任廷枢，楷书，康熙四十六年（1707），高 425 cm × 宽 100 cm × 厚 30 cm，碑立于禄丰县。

著录于（康熙）《黑盐井志》。

2423 重修城隍庙记

撰者沈懋价，康熙四十六年（1707），碑立于禄丰县。

著录于（康熙）《黑盐井志》。

2424 重修嵩华山观音寺碑记

撰者谢曾祚，康熙四十六年（1707），碑立于禄丰县。

著录于（康熙）《罗次县志》。

2425 百岁老人碑

撰者高奣映，康熙四十六年（1707），碑立于姚安县。

著录于（民国）《姚安县志》。

2426 谨敏赵公贤配慈淑段氏寿域志铭

撰者杨嘉卿，书者杨□，楷书，康熙四十六年（1707），高 70 cm × 宽 43 cm，碑立于大理市。

见于《大理丛书·金石篇》。

注：原碑已佚，拓片藏今云南省大理市图书馆。

2427 观音箐文祖阁常住碑记

康熙四十六年（1707），高 136 cm × 宽 88 cm，碑立于宾川县。

见于《宾川丛书·金石篇》。

2428 木中嵩题赞

撰者木埅，康熙四十六年（1707），碑立于丽江市。

见于《纳西族地区历代碑刻辑录与研究》。

2429 清康熙戏台碑记

康熙四十六年（1707），高 110 cm × 宽 65 cm，碑立于宜良县。

见于《宜良碑刻增补本》（上）。

注：草甸土官村土主庙系列碑刻。

2430 太和县学隔境纳租碑记

康熙四十六年（1707），碑立于大理市。

著录于（民国）《大理县志稿》。

2431 修五马桥记

撰者李苾，康熙四十六年（1707），碑立于禄丰县。

著录于（康熙）《黑盐井志》。

2432 重建龙山寺真武阁记

撰者詹琪芬，书者王佐才，康熙四十六年（1707），碑立于宜良县。

著录于《新纂云南通志·金石考》。

2433 重建祖师殿碑记

撰者张九如，书者杨九义，康熙四十六年（1707），碑立于宜良县。

著录于《新纂云南通志·金石考》。

2434 最胜园碑记

撰者木德，康熙四十六年（1707）。

著录于（民国）《鹤庆县志》。

2435 创建那乌汛之碑记

撰者侯万里，康熙四十七年（1708），高 156 cm × 宽 78 cm × 厚 21 cm，碑立于会泽县。

见于《娜姑镇文物志》。

2436 则补那乌汛碑

撰者侯万里，康熙四十七年（1708），高 133 cm × 宽 70 cm，碑立于曲靖市。

见于《曲靖石刻》。

注：疑与《创建那乌汛之碑记》为同一通。

2437 创建广南府学碑记

撰者茹仪凤，康熙四十七年（1708），碑立于广南县。

著录于《新纂云南通志·金石考》。

2438 李壮猷匡国墓志铭

撰者杨魁朝，正书，康熙四十七年（1708），碑立于宾川县。

著录于《新纂云南通志·金石考》。

2439 重建观音山炼渡坡慈云室碑记碑

康熙四十七年（1708），碑立于洱源县。

见于《大理洱源县碑刻辑录》。

2440 庆阳十景石刻

撰者李文渊，康熙四十七年（1708），碑立于凤庆县。

著录于（民国）《顺宁县志初稿》。

2441 仁恩李汛主生祠碑

康熙四十七年（1708），高 132 cm × 宽 78 cm，碑立于会泽县。

见于《会泽县文物志》。

2442 石宝庵常住碑记

康熙四十七年（1708），碑立于宜良县。

著录于《新纂云南通志·金石考》。

2443 月影庵绿野和尚塔铭

撰者梅盐臣，康熙四十七年（1708），碑立于禄丰县。

著录于《新纂云南通志·金石考》。

2444 为疆界滇蜀各有攸分等事抄白

砂岩，楷书，康熙四十七年（1708），高 248 cm × 宽 140 cm，碑立于元谋县。

见于《楚雄历代碑刻》。

2445 为黎民沉冤当雪等事碑

楷书，康熙四十七年（1708），高 248 cm × 宽 140 cm，碑立于元谋县。

见于《楚雄历代碑刻》。

2446 新建演武厅碑记

康熙四十七年（1708），碑立于玉溪市。

见于《康熙玉溪地区地方志五种》。

2447 张总镇捐置义谷义银记

撰者曾昕，康熙四十七年（1708），碑立于建水县。

著录于（民国）《续修建水县志稿》。

2448 重建赤子龙王庙碑记

撰者郑荣，书者王言纶，草书，康熙四十七年（1708），高 200 cm × 宽 60 cm，碑立于大理市。

著录于（乾隆）《赵州志》。

2449 重修婆兮镇江寺常住碑记

撰者王兆基，康熙四十七年（1708）。

见于《云南道教碑刻辑录》。

2450 重修新兴州城记

撰者任中宜，康熙四十七年（1708），碑立于玉溪市。

著录于《新兴州志》。

2451 重修虚凝庵新置常住碑记

撰者孙明中，书者孙明中，康熙四十七年（1708），碑立于五华区。

著录于《新纂云南通志·金石考》。

2452 重修元和宫常住碑

撰者王特晋，书者段络，正书，康熙四十七年（1708），碑立于晋宁区。

著录于《新纂云南通志·金石考》。

2453 重修明伦堂记

撰者钟韵远，康熙四十八年（1709），

碑立于姚安县。

著录于（道光）《姚州志》。

2454 重修大觉寺碑记

撰者谢曾祚，康熙四十八年（1709），碑立于禄丰县。

著录于（康熙）《罗次县志》。

2455 回澜寺塔碑记

撰者武光绪，康熙四十八年（1709），碑立于禄丰县。

著录于（康熙）《禄丰县志》。

2456 玄圣殿碑记

撰者沈懋价，康熙四十八年（1709），碑立于禄丰县。

著录于（康熙）《黑盐井志》。

2457 革除陋规以恤苦役示

撰者沈鼐，康熙四十八年（1709），碑立于禄丰县。

著录于（康熙）《琅盐井志》。

2458 兰先生祠堂后记

撰者李华之，康熙四十八年（1709），碑立于嵩明县。

著录于（康熙）《嵩明州志》。

2459 新建法界寺御书楼碑记

撰者赵士英，书者赵士英，正书，康熙四十八年（1709），碑立于西山区。

著录于《新纂云南通志·金石考》。

2460 训饬士子文

康熙四十八年（1709），高 160 cm×宽 87 cm，碑立于大理市。

见于《大理丛书·金石篇》。

2461 掩骨会劝善募棺木小引

书者杨璇，康熙四十八年（1709），碑立于禄丰县。

著录于（康熙）《黑盐井志》。

2462 彩虹山记

撰者倪蜕，康熙四十九年（1710），碑立于官渡区。

著录于（嘉庆）《滇系》。

2463 鸡足山金顶常住碑记

撰者褊图，楷书，康熙四十九年（1710），高 113.5 cm×宽 68 cm，碑立于宾川县。

著录于《鸡足山志》。

2464 津梁寺碑记

撰者郑荣公，书者苏湛天，大理石，楷书，康熙四十九年（1710），高 174 cm×宽 81 cm，碑立于宾川县。

见于《大理丛书·金石篇》。

2465 九龙山欲圣寺碑记

撰者徐松，书者李涛，康熙四十九年（1710），碑立于宜良县。

著录于《新纂云南通志·金石考》。

2466 南和令缪凝元墓表

撰者王思训，康熙四十九年（1710），碑立于曲靖市。

著录于（咸丰）《南宁县志》。

2467 孙铉去思碑

康熙四十九年（1710），碑立于新平县。

著录于（道光）《新平县志》。

2468 重修学宫迁建魁阁记

撰者谢曾祚，康熙四十九年（1710），碑立于禄丰县。

著录于（康熙）《罗次县志》。

2469 天台寺塔铭

撰者广熙，书者广熙，行书，康熙四十九年（1710），高 53 cm×宽 53 cm，碑立于楚雄市。

见于（2008）《妙峰山志》。

2470 义学田碑记

撰者刘自唐，康熙四十九年（1710），

碑立于禄丰县。

著录于（康熙）《禄丰县志》。

2471 玉河书院记

撰者余文耀，康熙四十九年（1710），碑立于丽江市。

著录于（乾隆）《丽江府志略》。

2472 重建石宝庵前楼碑记

撰者徐松，书者张魁南，康熙四十九年（1710），碑立于宜良县。

著录于《新纂云南通志·金石考》。

2473 重修绝峰山接天寺记

康熙四十九年（1710），碑立于禄丰县。

著录于（康熙）《黑盐井志》。

2474 重修螺峰三阁记

撰者吴峰，书者吴峰，刻工李由道，康熙四十九年（1710），碑立于五华区。

著录于《新纂云南通志·金石考》。

2475 重修圣母殿碑记

撰者王昌祉，康熙四十九年（1710）。

见于《云南道教碑刻辑录》。

2476 重修五显庙碑记

撰者袁服孔，康熙四十九年（1710），高 64 cm × 宽 96 cm。

见于《云南道教碑刻辑录》。

2477 重修龙泉观碑记

撰者李阳昆，康熙四十九年（1710），高 172 cm × 宽 85 cm。

见于《云南道教碑刻辑录》。

2478 澄江府教授昆阳李竹溪从邕墓志铭

撰者顾起伦，康熙五十年（1711），碑立于晋宁区。

著录于（道光）《昆阳州志》。

2479 桃笑山真武阁记

撰者李尧畤，康熙五十年（1711），碑立于泸西县。

著录于（乾隆）《广西府志》。

2480 霞青宫碑记

撰者佟镇，康熙五十年（1711）。

著录于（康熙）《鹤庆府志》。

2481 新修桥路庵记

撰者沈懋价，康熙五十年（1711），碑立于禄丰县。

著录于（康熙）《黑盐井志》。

2482 新修训导学署碑记

撰者高朗，康熙五十年（1711），碑立于禄丰县。

著录于（康熙）《禄丰县志》。

2483 修普应寺记

撰者许贺来，康熙五十年（1711），碑立于通海县。

著录于（嘉庆）《滇系》。

2484 御制训饬士子文

康熙五十年（1711），碑立于玉溪市。

著录于（道光）《澄江府志》。

2485 镇南州学正段瑞液绖墓志铭

撰者李发甲，康熙五十年（1711），碑立于晋宁区。

著录于（康熙）《河阳县志》。

2486 重修白马庙常住碑记

撰者陈□，康熙五十年（1711），高 210 cm × 宽 82 cm × 厚 10 cm，碑立于西山区。

见于《西山区文物志》。

2487 重修龙王塘碑记

康熙五十年（1711），高 147 cm × 宽 62 cm，碑立于隆阳区。

见于《隆阳碑铭石刻》。

2488 **重修庙学碑记**

撰者吴节民，康熙五十年（1711），碑立于曲靖市。

著录于（光绪）《沾益州志》。

2489 **楚雄郡伯卢公去思碑**

撰者陈士骥，康熙五十年（1711），碑立于楚雄市。

著录于（康熙）《楚雄府志》。

2490 **新置觉性庵常住碑**

楷书，康熙五十一年（1712），高 200 cm×宽 92 cm，碑立于禄丰县。

见于《中国文物地图集·云南分册》。

2491 **萨纶锡摩崖诗刻**

撰者萨纶锡，康熙五十一年（1712），碑立于楚雄市。

见于《楚雄历代碑刻》。

2492 **建塔碑记**

撰者郑山，书者郑山，行书，康熙五十一年（1712），高 115 cm×宽 48 cm，碑立于大姚县。

著录于（光绪）《续修白盐井志》。

2493 **青莲寺常住碑记**

撰者戴益懋，砂岩，楷书，康熙五十一年（1712），高 126 cm×宽 60 cm，碑立于禄丰县。

著录于《新纂云南通志·金石考》。

2494 **明诰授奉政大夫乡贡王公建学纪略**

撰者刘自唐，书者刘自唐，康熙五十一年（1712），碑立于禄丰县。

著录于《新纂云南通志·金石考》。

2495 **乌龙寺重立常住碑记**

撰者张伦至，书者陈荩，正书，康熙五十一年（1712），碑立于双柏县。

著录于《新纂云南通志·金石考》。

2496 **南安州山天书院田租记**

撰者张伦至，康熙五十一年（1712），碑立于双柏县。

著录于（康熙）《南安州志》。

2497 **传戒和尚容光、戒坛揭示语录碑**

撰者容光，康熙五十一年（1712），碑立于姚安县。

著录于（民国）《姚安县志》。

2498 **法真梵刹碑**

大理石，楷书，康熙五十一年（1712），高 105 cm×宽 64 cm，碑立于大理市。

见于《大理丛书·金石篇》。

2499 **汉谏议大夫王褒《移金马碧鸡文》**

撰者王褒，书者夏天宠，正书，康熙五十一年（1712）。

著录于《新纂云南通志·金石考》。

2500 **湖南巡抚李发甲神道碑**

康熙五十一年（1712），碑立于澄江县。

著录于《新纂云南通志·金石考》。

2501 **新修赛宝坝碑记**

撰者武光绪，康熙五十一年（1712），碑立于禄丰县。

著录于（康熙）《禄丰县志》。

2502 **三乡十一坝水利碑记**

康熙五十一年（1712），碑立于禄丰县。

著录于（康熙）《禄丰县志》。

2503 **婚礼宜从俭约示**

康熙五十一年（1712），碑立于禄丰县。

著录于（康熙）《禄丰县志》。

2504 **临安府建水州岁贡士题名碑记**

撰者曾昕，康熙五十一年（1712），碑立于建水县。

著录于（康熙）《建水州志》。

2505 通年桥记

撰者任中宜，康熙五十一年（1712），碑立于玉溪市。

著录于《新兴州志》。

2506 吴公祠堂碑记

撰者孔衍祺，康熙五十一年（1712），碑立于曲靖市。

著录于（光绪）《沾益州志》。

2507 武侯祠碑记

撰者李文遇，康熙五十一年（1712）。

见于《云南道教碑刻辑录》。

2508 新建新德桥碑记

撰者管灏，康熙五十一年（1712），碑立于玉溪市。

著录于《新兴州志》。

2509 新建新平演武厅记

撰者冯西生，康熙五十一年（1712），碑立于新平县。

著录于（康熙）《新平县志》。

2510 新建养济院记

撰者刘自唐，康熙五十一年（1712），碑立于禄丰县。

著录于（康熙）《禄丰县志》。

2511 重修星宿桥碑记

撰者刘自唐，康熙五十一年（1712），碑立于禄丰县。

著录于（康熙）《禄丰县志》。

2512 修亚泥河桥碑记

撰者张云翮，康熙五十一年（1712），碑立于玉溪市。

著录于（康熙）《新平县志》。

2513 玉溪书院记

撰者任中宜，康熙五十一年（1712），碑立于玉溪市。

著录于《新兴州志》。

2514 重修关帝庙碑记

撰者张景伟，康熙五十一年（1712）。

著录于（道光）《普洱府志》。

2515 重修文庙碑记

撰者任中宜，正书，康熙五十一年（1712），碑立于晋宁区。

著录于（道光）《晋宁州志》。

2516 九峰山诗碑

书者彭兆逵，正书，康熙五十二年（1713），碑立于富民县。

著录于《新纂云南通志·金石考》。

2517 义田碑记

康熙五十二年（1713），高 142 cm × 宽 74 cm，碑立于祥云县。

见于《祥云金石》。

2518 潞江安抚司安抚使元翁线公元配永太君寿域碑记

撰者段曦，康熙五十二年（1713），高 230 cm × 宽 90 cm，碑立于隆阳区。

见于《隆阳碑铭石刻》。

2519 蒙化水利碑

康熙五十二年（1713），高 118 cm × 宽 55 cm，碑立于大理市。

见于《大理丛书·金石篇》。

2520 新建凤山竹林寺碑记

撰者周天任，康熙五十二年（1713），高 176 cm × 宽 82 cm × 厚 17.5 cm，碑立于通海县。

见于《通海历代碑刻集》。

2521 重建文昌宫碑记

撰者徐松，康熙五十二年（1713），碑立于宜良县。

著录于（乾隆）《宜良县志》。
注：原碑已佚。

2522 重建新兴州文庙碑记

撰者郭瑮、吴存礼，刻工任中宜，康熙五十二年（1713），高 180 cm × 宽 90 cm，碑立于玉溪市。
著录于《新兴州志》。
注：道光《澄江府志》立碑时间记为康熙四十九年（1710）。

2523 重建新兴州文庙碑记

撰者任中宜，康熙五十二年（1713），235 cm × 宽 120 cm，碑立于玉溪市。
著录于《新兴州志》。

2524 小麻苴彝族村乡规碑

康熙五十三年（1714），碑立于官渡区。
见于《云南林业文化碑刻》。

2525 琅井义田碑记

撰者沈鼒，康熙五十三年（1714），碑立于禄丰县。
著录于（康熙）《琅盐井志》。

2526 禄劝州学宫碑记

撰者石得恒，正书，康熙五十三年（1714），碑立于禄劝县。
著录于（民国）《禄劝县志》。

2527 迁建城隍庙记

撰者沈之鉽，康熙五十三年（1714），碑立于禄丰县。
著录于（康熙）《罗次县志》。

2528 巍宝仙山常住田碑记

撰者杨士誉，康熙五十三年（1714），高 205 cm × 宽 94 cm。
见于《云南道教碑刻辑录》。

2529 重建姚安府学宫碑

撰者任中宜，康熙五十三年（1714），碑立于姚安县。
著录于（道光）《姚州志》。

2530 重修关圣宫碑

撰者钱恒，康熙五十三年（1714），碑立于姚安县。
著录于（道光）《姚州志》。

2531 新置常住田记

楷书，康熙五十三年（1714），高 185 cm × 宽 62 cm，碑立于禄丰县。
见于《中国文物地图集 · 云南分册》。

2532 重修鹦鹉宫记

撰者杨世荣，书者杨世荣，正书，康熙五十三年（1714），碑立于盘龙区。
著录于《新纂云南通志 · 金石考》。

2533 本府给凤宇乡关圣宫碑记

撰者刘有成，康熙五十四年（1715），碑立于大理市。
见于《大理丛书 · 金石篇》。

2534 加买铺护林碑记

大理石，康熙五十四年（1715），高 90 cm × 宽 65 cm × 厚 2 cm，碑立于弥渡县。
见于《大理丛书 · 金石篇》。

2535 建九龙桥碑记

撰者王永祀，康熙五十四年（1715），碑立于罗平县。
著录于（康熙）《罗平州志》。

2536 举人杨瑞庵桢墓志铭

撰者张汉，康熙五十四年（1715），碑立于石屏县。
著录于《滇南碑传集》。

2537 扩建邓子龙祠为万寿宫碑记

康熙五十四年（1715），高 218 cm × 宽 90 cm，碑立于保山市。
见于《保山碑刻》。

2538 省机禅师行宝碑记

撰者董学祖，康熙五十四年（1715），碑立于大姚县。

见于《妙峰山志》。

2539 万寿宫碑记（一）

康熙五十四年（1715），高 218 cm×宽 90 cm，碑立于施甸县。

见于《施甸县志》。

2540 新兴州学正昆阳徐沃心纯一墓志铭

撰者李应绶，康熙五十四年（1715），碑立于晋宁区。

著录于《滇南碑传集》。

2541 兴龙寺常住碑记

撰者陈智先，康熙五十四年（1715）。

见于《云南道教碑刻辑录》。

2542 修东山河记

撰者王迪吉，康熙五十四年（1715），碑立于玉溪市。

著录于《新兴州志》。

2543 杨林驿堡义学碑记

撰者吴宝林，康熙五十四年（1715），碑立于嵩明县。

著录于（康熙）《嵩明州志》。

2544 御制周易折中序

康熙五十四年（1715），碑立于罗平县。

著录于（康熙）《罗平州志》。

2545 置普贤寺常住碑记

撰者张特胤，康熙五十四年（1715），碑立于西山区。

著录于（民国）《昆明市志》。

2546 重建南泉寺碑记

康熙五十四年（1715），碑立于南华县。

见于《楚雄历代碑刻》。

2547 重建寻甸州厅事碑记

撰者李月枝，康熙五十四年（1715），碑立于寻甸县。

著录于（康熙）《寻甸州志》。

2548 重修玉皇阁清理常住碑

康熙五十四年（1715），碑立于弥勒市。

见于《弥勒文物志》。

2549 奉本道本州明文碑详结大石壁人丁地文

撰者王符，红砂石，楷书，康熙五十五年（1716），高 200 cm×宽 100 cm，碑立于云龙县。

著录于（雍正）《云龙州志》。

2550 重建祖塔碑记

撰者宗奇，书者宗奇，楷书，康熙五十五年（1716），高 130 cm×宽 66 cm，碑立于大姚县。

见于《楚雄历代碑刻》。

2551 伏虎碑

撰者高映厚，康熙五十五年（1716），碑立于姚安县。

著录于（民国）《姚安县志》。

2552 甘忠果祠堂碑记

撰者蒋陈锡，康熙五十五年（1716）。

著录于（雍正）《云南通志》。

2553 假借丁粮等事碑

楷书，康熙五十五年（1716），高 128 cm×宽 60 cm，碑立于云龙县。

见于《大理丛书·金石篇》。

2554 妙峰水目化佛龙山及本郡法属碑

撰者广熙，书者广熙，大理石，康熙五十五年（1716），高 51 cm×宽 51 cm，碑立于楚雄市。

见于《威楚遗韵》。

2555 开中山佛日寺记

撰者明悟，书者杨任，刻工李□□，砂岩，康熙五十五年（1716），高 180 cm×宽 96 cm×厚 20 cm，碑立于元谋县。

见于《威楚遗韵》。

2556 明节烈孝廉崇祀乡贤南星高公传

撰者汪如甫，书者李联阳，楷书，康熙五十五年（1716），高 88 cm×宽 44 cm，碑立于大理市。

见于《大理丛书·金石篇》。

注：原碑已佚，拓片藏今云南省大理市图书馆。

2557 新兴州学田碑记

撰者任中宜，康熙五十五年（1716），碑立于玉溪市。

著录于《新兴州志》。

2558 学博李又山乡饮记

撰者张谦，康熙五十五年（1716）。

著录于（雍正）《云南通志》。

2559 玉龙寺诗刻

撰者屈正宸，康熙五十六年（1717），碑立于禄丰县。

著录于《新纂云南通志·金石考》。

2560 加买铺火把山告示碑

康熙五十六年（1717），碑立于弥渡县。

见于《弥渡古代碑刻辑释》。

2561 白云茶庵碑记

康熙五十六年（1717），高 130 cm×宽 52 cm，碑立于宜良县。

见于《宜良碑刻增补本》（下）。

2562 虹溪城祠碑记

撰者马诹，康熙五十六年（1717），高 110 cm×宽 68 cm×厚 16 cm，碑立于弥勒市。

见于《弥勒文物志》。

2563 鸣鼓营碑记

撰者李清正，康熙五十六年（1717），高 140 cm×宽 70 cm，碑立于玉溪市。

见于《玉溪碑刻选集》。

2564 师宗州生童预贮碑记

撰者黄俊民、黄汉周、赵翎逵，刻工张自明，青石，楷书，康熙五十六年（1717），高 225 cm×宽 102 cm×厚 18 cm，碑立于师宗县。

见于《师宗县文物志》。

2565 学山亭记

撰者张端亮，康熙五十六年（1717），碑立于凤庆县。

著录于（雍正）《顺宁府志》。

2566 重建胜峰山法慧禅林碑

撰者罗元，康熙五十六年（1717），碑立于姚安县。

著录于（民国）《姚安县志》。

2567 重开水洞记

撰者孟以焫，康熙五十六年（1717），碑立于鹤庆县。

见于《鹤庆碑刻辑录》。

2568 狄抒诚侯夫人刘氏墓志铭

撰者黄甫信，康熙五十七年（1718），碑立于罗平县。

著录于（民国）《罗平县志》。

2569 卢公政治碑

康熙五十七年（1718），碑立于楚雄市。

著录于（宣统）《楚雄县志》。

2570 朋普社学记文碑

撰者杜环，刻工毛德先，康熙五十七年（1718），高 180 cm×宽 90 cm×厚 25 cm，碑立于弥勒市。

见于《弥勒文物志》。

2571 霞青宫八十一叟德晖上人普同寿量塔铭

撰者李倬云，刻工李阿元、赵得新，康熙五十七年（1718），高 55 cm × 宽 41 cm，碑立于鹤庆县。

见于《鹤庆碑刻辑录》。

2572 增修辛街碑记

康熙五十七年（1718），高 224 cm × 宽 75 cm × 厚 7 cm，碑立于隆阳区。

见于《隆阳碑铭石刻》。

2573 重修川主殿碑记

撰者冉琪，康熙五十七年（1718），高 184 cm × 宽 72 cm × 厚 8 cm，碑立于隆阳区。

见于《隆阳碑铭石刻》。

2574 李氏宗谱

撰者雷伟，康熙五十八年（1719），碑立于祥云县。

见于《祥云碑刻》。

2575 岁贡徐子健维乾墓志铭

撰者何天宠，康熙五十八年（1719），碑立于晋宁区。

著录于《滇南碑传集》。

2576 巡检司老街涅沼寺碑文

康熙五十八年（1719），高 164 cm × 宽 94 cm × 厚 16 cm，碑立于弥勒市。

见于《弥勒文物志》。

2577 哑纪传

撰者赵璧燚，康熙五十八年（1719），碑立于曲靖市。

著录于（咸丰）《南宁县志》。

2578 杨景雄妻烈妇李氏墓碑

康熙五十八年（1719），碑立于马龙区。

著录于（光绪）《云南通志》。

2579 玉波和尚功行记碑

撰者正怀，书者正务，大理石，楷书，康熙五十八年（1719），高 140 cm × 宽 65 cm × 厚 3 cm，碑立于永平县。

见于《大理丛书·金石篇》。

2580 重建大雄寺常住碑志

撰者杨方升，康熙五十八年（1719），高 230 cm × 宽 110 cm，碑立于玉溪市。

见于《玉溪碑刻选集》。

2581 重修鹿元书院碑记

撰者汪熙，康熙五十八年（1719），碑立于嵩明县。

著录于（康熙）《嵩明州志》。

2582 白邑村新建义学碑记

撰者汪昛，康熙五十九年（1720），碑立于嵩明县。

著录于（民国）《嵩明县志》。

2583 故天营摩崖石刻（一）

撰者李尚仁，康熙五十九年（1720），高 42 cm × 宽 42 cm，碑立于武定县。

见于《楚雄历代碑刻》。

2584 方山岭南净泽禅师行状碑

撰者明吾，书者觉慧，正书，康熙五十九年（1720），碑立于永仁县。

著录于《新纂云南通志·金石考》。

2585 虹溪华林寺铜钟铭文

康熙五十九年（1720），高 58 cm × 直径 42 cm × 厚 2 cm，碑立于弥勒市。

见于《弥勒文物志》。

2586 新建三纲祠碑记

撰者朱若功，康熙五十九年（1720），碑立于呈贡区。

著录于（雍正）《呈贡县志》。

2587 岁贡张虎占墓志铭

撰者马汝为，康熙六十年（1721），碑立于楚雄市。

著录于《滇南碑传集》。

2588 楚雄教授张襄哉赞乾墓志

撰者马汝为，康熙六十年（1721），碑立于楚雄市。

著录于《滇南碑传集》。

2589 佛语碑记

撰者阎光炜，书者徐崇礼，正书，康熙六十年（1721），碑立于文山市。

著录于《新纂云南通志·金石考》。

2590 关圣宫常住碑

康熙六十年（1721），高 93 cm × 宽 74 cm。

见于《云南道教碑刻辑录》。

2591 松波祥师行实碑记

撰者王睿，行书，康熙六十年（1721），碑立于宾川县。

著录于《新纂云南通志·金石考》。

2592 重修鸡足山九莲寺碑记

撰者万经有，正书，康熙六十年（1721），碑立于宾川县。

著录于《新纂云南通志·金石考》。

2593 观音山记

撰者张端，康熙六十一年（1722），碑立于墨江县。

著录于（光绪）《云南通志》。

2594 下站摩岩碑之康熙六十一年碑

康熙六十一年（1722），高 171 cm × 宽 76 cm，碑立于洱源县。

见于《大理洱源县碑刻辑录》。

2595 贵阳府同知杨应鹗妻佟氏墓表

撰者范溥，康熙六十一年（1722）。

著录于（光绪）《续云南通志稿》。

2596 荷花甘蔗寨彝民田产判碑

康熙六十一年（1722），高 145 cm × 宽 64 cm，碑立于腾冲市。

见于《腾冲名碑集释》。

2597 李清正去思碑

康熙六十一年（1722），碑立于新平县。

著录于（道光）《新平县志》。

2598 临济法沠

康熙六十一年（1722），碑立于弥勒市。

见于《弥勒文物志》。

2599 提督云南等处学政按察使司禁约碑

大理石，楷书，康熙六十一年（1722），高 144 cm × 宽 84 cm × 厚 4 cm，碑立于大理市。

见于《大理丛书·金石篇》。

2600 月涛寺常住功德田地碑记

撰者杨思朕，刻工浦壁，康熙六十一年（1722），碑立于师宗县。

见于《师宗县文物志》。

2601 忠贞合祀碑记

康熙六十一年（1722），碑立于武定县。

见于《武定探秘》。

2602 修建彩虹桥碑记

康熙年间（1662—1722），碑立于晋宁区。

见于《晋宁文史资料选辑·文物专辑》（第十七辑）。

2603 鼎建魁楼碑记

撰者管灏，康熙年间（1662—1722），碑立于宾川县。

见于《宾川县志稿》。

2604 川东道黄公墓碑

康熙年间（1662—1722），碑立于临翔区。

著录于《新纂云南通志》。

2605 重建永昌忠烈节孝祠记

撰者李文渊，康熙年间（1662—1722），碑立于隆阳区。

著录于（康熙）《永昌府志》。

2606 宁边楼碑

撰者阚祯兆，康熙年间（1662—1722），碑立于建水县。

著录于（民国）《续修建水县志稿》。

2607 二忠墓碑

撰者何星文，康熙年间（1662—1722），碑立于洱源县。

著录于（康熙）《续修浪穹县志》。

2608 高祖考端毅公墓表

撰者张汉，康熙年间（1662—1722），碑立于石屏县。

著录于（嘉庆）《滇系》。

2609 重建鼎山海潮寺碑记

撰者吴宝林，康熙年间（1662—1722），碑立于嵩明县。

著录于（民国）《嵩明县志》。

2610 河头营新造义船碑记

撰者窦若斗，康熙年间（1662—1722），碑立于宜良县。

著录于（乾隆）《宜良县志》。

2611 古壑和尚碑碣

康熙年间（1662—1722），碑立于富民县。

著录于《新纂云南通志·金石考》。

2612 鸡足山迦叶殿藏经记

撰者李仙根，康熙年间（1662—1722），碑立于宾川县。

著录于（乾隆）《大理府志》。

2613 建民功桥碑记

撰者石去浮，康熙年间（1662—1722），碑立于永胜县。

著录于（乾隆）《永北府志》。

2614 建奎阁序

撰者陈元，康熙年间（1662—1722）。

见于《云南道教碑刻辑录》。

2615 兰津桥诗碑

撰者张柔嘉、王家相、吴士鲸、戴之绮，康熙年间（1662—1722），高 40 cm × 宽 100 cm，碑立于隆阳区。

见于《隆阳碑铭石刻》。

2616 龙尾关桥石栏记

撰者张泰交，康熙年间（1662—1722），碑立于大理市。

著录于（乾隆）《大理府志》。

2617 绿萝寺记

撰者李文源，康熙年间（1662—1722），碑立于文山市。

著录于（乾隆）《开化府志》。

2618 盘龙寺极乐殿纪事碑

康熙年间（1662—1722），碑立于晋宁区。

著录于《新纂云南通志·金石考》。

2619 梯云桥碑记

撰者董玘，康熙年间（1662—1722），碑立于华宁县。

著录于（嘉庆）《宁州志》。

2620 文笔塔碑

康熙年间（1662—1722），碑立于弥渡县。

著录于《新纂云南通志·金石考》。

2621 文庙忠孝廉节碑

康熙年间（1662—1722），高 240 cm × 宽 155 cm，碑立于会泽县。

见于《会泽县文物志》。

2622 我山记

撰者赵元祚，康熙年间（1662—1722）。

著录于（嘉庆）《滇系》。

2623 嶍峨土主庙碑

撰者王谋，康熙年间（1662—1722），碑立于峨山县。

著录于（康熙）《嶍峨县志》。

2624 大雒马山邮亭碑记

撰者顾芳宗，康熙年间（1662—1722），碑立于云龙县。

著录于（雍正）《云龙州志》。

2625 修建学宫碑记

撰者顾芳宗，康熙年间（1662—1722），碑立于云龙县。

著录于（雍正）《云龙州志》。

2626 义士张聚奎墓碑

撰者黄云治，康熙年间（1662—1722），碑立于大理市。

著录于《新纂云南通志》。

2627 亦可园记

撰者倪蜕，康熙年间（1662—1722）。

著录于《新纂云南通志》。

2628 御制儒学箴碑

康熙年间（1662—1722），碑立于鹤庆县。

著录于（民国）《鹤庆县志》。

2629 御制卧碑

康熙年间（1662—1722），碑立于鹤庆县。

著录于（民国）《鹤庆县志》。

2630 御制训饬士子文碑

康熙年间（1662—1722），碑立于鹤庆县。

著录于（民国）《鹤庆县志》。

2631 御制儒学箴碑

康熙年间（1662—1722），碑立于永胜县。

著录于（光绪）《续修永北直隶厅志》。

2632 御制卧碑

康熙年间（1662—1722），碑立于永胜县。

著录于（光绪）《续修永北直隶厅志》。

2633 御制训饬士子文碑

康熙年间（1662—1722），碑立于永胜县。

著录于（光绪）《续修永北直隶厅志》。

2634 重修大理关庙记

撰者范承勋，康熙年间（1662—1722），碑立于大理市。

著录于（乾隆）《大理府志》。

2635 重修九天观堰水利碑记

撰者卢炳，康熙年间（1662—1722），碑立于石屏县。

著录于（乾隆）《石屏州志》。

2636 重修九天观堰水利碑记

撰者卢炳，康熙年间（1662—1722），碑立于石屏县。

著录于（乾隆）《石屏州志》。

2637 重修龙王殿碑记

撰者李国义，康熙年间（1662—1722），碑立于禄丰县。

著录于（乾隆）《琅盐井志》。

2638 重修永昌节孝祠碑

撰者王家相，康熙年间（1662—1722），碑立于隆阳区。

见于《永昌府文征》。

2639 重修云龙山准提阁碑

撰者阚祯兆，康熙年间（1662—1722），碑立于建水县。

著录于（民国）《续修建水县志稿》。

2640 关帝庙碑序

撰者毛程远，康熙年间（1662—1722），碑立于鹤庆县。

著录于（康熙）《鹤庆府志》。

2641 晋宁州重修城隍祠碑记

撰者李云龙，康熙年间（1662—1722），碑立于晋宁区。

著录于（乾隆）《晋宁州志》。

2642 关庙记

撰者毛程远，康熙年间（1662—1722）。

见于《云南道教碑刻辑录》。

2643 新建斗姆阁碑记

撰者王继文，康熙年间（1662—1722）。

见于《云南道教碑刻辑录》。

2644 药王庙医约

撰者梁朝柄，康熙年间（1662—1722）。

见于《云南道教碑刻辑录》。

2645 移建魁星阁碑记

撰者张彦绅，康熙年间（1662—1722）。

见于《云南道教碑刻辑录》。

2646 重修城隍庙碑记

撰者张暅，康熙年间（1662—1722）。

著录于《新兴州志》。

2647 重修关圣祠记

撰者高鈖，康熙年间（1662—1722）。

见于《云南道教碑刻辑录》。

2648 重修虎丘山万岁殿并松华道院碑记

撰者高鈖，康熙年间（1662—1722）。

著录于（雍正）《安宁州志》。

2649 真庆观遵奉清理常住碑记

康熙年间（1662—1722），高 230 cm×宽 110 cm。

见于《云南道教碑刻辑录》。

2650 护山花房诗碑

撰者马声，草书，康熙年间（1662—1722），高 50 cm×宽 145 cm，碑立于安宁市。

见于《安宁市文物志》。

2651 重修东岳正殿碑记

撰者黄枢，康熙年间（1662—1722），碑立于禄丰县。

著录于（康熙）《禄丰县志》。

2652 重修兴隆寺碑记

撰者沈鼒，康熙年间（1662—1722），碑立于禄丰县。

著录于（康熙）《琅盐井志》。

2653 重修楚雄府城隍庙碑记

撰者梁文煊，康熙年间（1662—1722），碑立于楚雄市。

著录于（康熙）《楚雄府志》。

2654 重修广福寺玉皇阁记

撰者岑鹤，康熙年间（1662—1722），碑立于南华县。

著录于（康熙）《镇南州志》。

2655 重建北极宫碑记

撰者沈鼒，康熙年间（1662—1722），碑立于禄丰县。

著录于（康熙）《琅盐井志》。

2656 玉皇阁碑记

撰者赵作梅，康熙年间（1662—1722），碑立于禄丰县。

著录于（康熙）《琅盐井志》。

2657 玉皇阁碑记

撰者孙芝兰，康熙年间（1662—1722），碑立于禄丰县。

著录于（乾隆）《琅盐井志》。

2658 新葺东岳庙碑记

撰者张彦绅，康熙年间（1662—1722）。

见于《云南道教碑刻辑录》。

2659 新建光法寺武侯祠碑记

撰者张彦绅，康熙年间（1662—1722），碑立于牟定县。

著录于（康熙）《定远县志》。

2660 新建锁水阁碑记

撰者陈一敬，康熙年间（1662—1722），碑立于牟定县。

著录于（康熙）《定远县志》。

2661 玄圣殿记

撰者徐达乾，康熙年间（1662—1722），碑立于禄丰县。

著录于（康熙）《黑盐井志》。

2662 普舍城城隍庙碑记

撰者王佑命，康熙年间（1662—1722），碑立于玉溪市。

著录于《新兴州志》。

2663 开宁寺碑记

撰者来度，康熙年间（1662—1722），碑立于禄丰县。

著录于（康熙）《琅盐井志》。

2664 魁神阁记

撰者马之鹏，康熙年间（1662—1722），碑立于元谋县。

著录于（康熙）《元谋县志》。

2665 迁建圣化寺碑记

撰者梁衍祚，康熙年间（1662—1722），碑立于禄丰县。

著录于（康熙）《罗次县志》。

2666 新建大魁阁记

撰者沈懋价，康熙年间（1662—1722），碑立于禄丰县。

著录于（康熙）《黑盐井志》。

2667 勒石永遵

行书，康熙年间（1662—1722），高 127 cm × 宽 98 cm，碑立于禄丰县。

见于《楚雄历代碑刻》。

2668 聊城知县李又宝上发墓志

康熙年间（1662—1722），碑立于禄丰县。

著录于《新纂云南通志・金石考》。

2669 武定甘忠果公祠记

撰者倪蜕，康熙年间（1662—1722），碑立于武定县。

著录于《新纂云南通志・金石考》。

2670 重修碌摩神祠碑记

撰者张伦至，康熙年间（1662—1722），高 360 cm × 宽 360 cm，碑立于楚雄市。

著录于（康熙）《南安州志》。

2671 重修启圣祠大成门名宦祠新建魁星阁记

撰者张伦至，康熙年间（1662—1722），碑立于双柏县。

著录于（康熙）《楚雄府志》。

2672 重修太极山五显殿碑记

撰者李嗣耋，康熙年间（1662—1722）。见于《云南道教碑刻辑录》。

2673 品水碑

撰者高奣映，康熙年间（1662—1722），碑立于姚安县。

著录于（民国）《姚安县志》。

2674 高奣映诗碑

撰者高奣映，康熙年间（1662—1722），高 180 cm × 宽 46 cm，碑立于大姚县。

见于《楚雄历代碑刻》。

2675 黄龙寺净圣碑

康熙年间（1662—1722），碑立于姚安县。

著录于（民国）《姚安县志》。

2676 重修建八腊庙碑记

撰者张伦至，康熙年间（1662—1722），碑立于双柏县。

著录于（康熙）《南安州志》。

2677 迁城隍庙碑记

撰者彭蠡，康熙年间（1662—1722），高 133 cm × 宽 73 cm，碑立于武定县。

著录于（康熙）《武定府志》。

2678 非相行禅师塔铭

大理石，康熙年间（1662—1722），高 148 cm × 宽 60 cm × 厚 12 cm，碑立于祥云县。

见于《祥云金石》。

雍正年间

2679 朝阳洞创建道场诚静羽士郑老师墓表

撰者钏自昭，雍正元年（1723），高110 cm×宽 50 cm，碑立于巍山县。

见于《大理丛书·金石篇》。

2680 大兴寺碑记

撰者吴文炎，书者吴文炎，正书，雍正元年（1723），碑立于文山市。

著录于（民国）《续修文山县志》。

2681 给石□倪贞九置学田照

撰者朱若功，雍正元年（1723），碑立于呈贡区。

著录于（光绪）《呈贡县志》。

2682 恭纪诰授中宪大夫署马湖府知府，特授夔州府知府程公德政去思碑

撰者胡相能，雍正元年（1723），碑立于永善县。

著录于（嘉庆）《永善县志略》。

2683 鸡足山金顶常住碑记

撰者钏自昭，雍正元年（1723），碑立于宾川县。

著录于《鸡足山志》。

2684 建丽江府治记

撰者杨馝，雍正元年（1723），碑立于丽江市。

著录于（乾隆）《丽江府志略》。

2685 顺宁琼岳山常住碑记

撰者张端亮，书者罗玳，正书，雍正元年（1723），碑立于凤庆县。

著录于《新纂云南通志·金石考》。

2686 息宰皈依寺常住碑记

撰者张寰魁，雍正元年（1723），高186 cm×宽 92 cm×厚 16 cm，碑立于弥勒市。

见于《弥勒文物志》。

2687 新建凤仪寺碑记

撰者段玟，雍正元年（1723），高 174 cm×宽 80 cm，碑立于宜良县。

见于《宜良碑刻增补本》（上）。

2688 永杜拨学碑

正书，雍正元年（1723），碑立于永胜县。

著录于《新纂云南通志·金石考》。

2689 增修开化府学宫碑记

撰者高仪，书者高仪，刻工张演督，正书，雍正元年（1723），碑立于文山市。

著录于《新纂云南通志·金石考》。

2690 重修小东山寺碑记

撰者元□□，雍正元年（1723），高182 cm×宽 78 cm，碑立于曲靖市。

见于《曲靖石刻》。

2691 宝兴田记

撰者王秉煌，雍正二年（1724）。

著录于（道光）《普洱府志》。

2692 高明寺常住永远碑记

刻工明正衔，砂石，雍正二年（1724），高 123 cm×宽 79 cm，碑立于宜良县。

见于《宜良碑刻增补本》（上）。

2693 华严寺尊宿续置常住田碑记并了然上人略纪

撰者冯云会，雍正二年（1724），碑立于楚雄市。

见于《楚雄历代碑刻》。

2694 文庙捐修碑记

撰者柳正芳，雍正二年（1724），高255 cm×宽 95 cm，碑立于玉溪市。

见于《玉溪碑刻选集》。

2695 重修武定府城垣碑记

撰者佟世佑，雍正二年（1724），碑立

于武定县。

著录于（康熙）《武定府志》。

2696 西闸碑记

雍正二年（1724），碑立于姚安县。

见于《中国文物地图集·云南分册》。

2697 翠屏山记

撰者周埰，雍正三年（1725），碑立于泸西县。

著录于（乾隆）《广西府志》。

2698 奉上疏通水道碑记

青石，楷书，雍正三年（1725），高100 cm×宽68 cm×厚20 cm，碑立于祥云县。

见于《大理丛书·金石篇》。

2699 虹溪社学碑记

撰者马诹，雍正三年（1725），高160 cm×宽90 cm×厚16 cm，碑立于弥勒市。

见于《弥勒文物志》。

2700 建丽江府城记

撰者杨馝，雍正三年（1725），碑立于丽江市。

著录于（光绪）《丽江府志》。

2701 平定青海告成太学碑

雍正三年（1725），碑立于建水县。

著录于（雍正）《建水州志》。

2702 师宗州通元三洞记

撰者魏光竹，雍正三年（1725），碑立于师宗县。

著录于（乾隆）《广西府志》。

2703 水目山普贤寺其它诉讼判决碑

雍正三年（1725），高130 cm×宽34 cm，碑立于大理市。

见于《大理丛书·金石篇》。

2704 王氏宗祠碑

雍正三年（1725），碑立于盐津县。

著录于《新纂云南通志·金石考》。

2705 姚关东岳庙常住碑记

雍正三年（1725），高130 cm×宽55 cm，碑立于施甸县。

见于《施甸县志》。

2706 饮玉碑

雍正三年（1725），碑立于丽江市。

见于《纳西族地区历代碑刻辑录与研究》。

2707 正圣位说

撰者朱若功，雍正三年（1725），碑立于呈贡区。

著录于（光绪）《呈贡县志》。

2708 钟秀山记

撰者李绶，雍正三年（1725），碑立于泸西县。

著录于（乾隆）《广西府志》。

2709 重修罗刹阁新建侍香楼碑记

撰者龙为霖，书者刘文炳，大理石，楷书，雍正三年（1725），高120 cm×宽61 cm×厚6 cm，碑立于大理市。

见于《大理丛书·金石篇》。

2710 跋迁学宫碑后

撰者万咸燕，雍正四年（1726），碑立于丽江市。

著录于（光绪）《丽江府志》。

2711 许长水利碑

雍正四年（1726），碑立于想祥云县。

见于《祥云金石》。

2712 一沟三坝水利碑

雍正四年（1726）重立，同治四年（1865）又重立，碑立于祥云县。

见于《祥云金石》。

2713 方氏家谱序

撰者方延礼，正书，雍正四年（1726），碑立于晋宁区。

著录于《新纂云南通志·金石考》。

2714 龙江桥碑记

雍正四年（1726），碑立于腾冲市。

著录于《新纂云南通志·金石考》。

2715 重建丽江府学记

撰者杨馝，书者万咸燕，正书，雍正四年（1726），高 180 cm × 宽 83 cm × 厚 13 cm，碑立于丽江市。

著录于（乾隆）《丽江府志略》。

2716 三圣宫常住碑记

撰者魏杰，雍正四年（1726），碑立于凤庆县。

著录于（民国）《顺宁县志初稿》。

2717 水利碑

雍正四年（1726），碑立于祥云县。

见于《祥云碑刻》。

2718 通海修泮池记

撰者赵城，雍正四年（1726），碑立于通海县。

著录于（道光）《通海县志》。

2719 巍宝朝阳洞伭极宫新常住水磨碑记

撰者赵本晟，雍正四年（1726）。

见于《云南道教碑刻辑录》。

2720 萧公祠吉府常住田碑记

撰者刘孟弘，大理石，楷书，雍正四年（1726），乾隆四十四年（1779）重立，高 151 cm × 宽 78 cm × 厚 9 cm，碑立于大理市。

见于《大理丛书·金石篇》。

2721 昝政墓碑

雍正四年（1726），碑立于师宗县。

见于《师宗县文物志》。

2722 陈翻宸李氏尽节碑记

正书，雍正五年（1727），碑立于宜良县。

著录于《新纂云南通志·金石考》。

2723 陈翻宸妻倪氏女二姊尽节碑记

正书，雍正五年（1727），碑立于宜良县。

著录于《新纂云南通志·金石考》。

2724 社学碑记

雍正五年（1727），同治四年（1865）重修，高 135 cm × 宽 67 cm，碑立于祥云县。

见于《祥云碑刻》。

2725 华藏界碑记

雍正五年（1727），残高 85 cm × 宽 51 cm × 厚 4.8 cm，碑立于祥云县。

见于《祥云金石》。

2726 刘厂村社学碑记

雍正五年（1727），长 135 cm × 宽 67 cm × 厚 15 cm，碑立于祥云县。

见于《祥云金石》。

2727 清显妣董氏福成姐之墓

雍正五年（1727），碑立于大理市。

见于《大理凤仪古碑文集》。

2728 余汝弼神道碑

雍正五年（1727），高 180 cm × 宽 76 cm × 厚 17 cm，碑立于弥渡县。

见于《弥渡古代碑刻辑释》。

2729 双泽泉记

撰者孙鹏，雍正五年（1727），碑立于建水县。

著录于（嘉庆）《滇系》。

2730 新建腾越州明伦堂碑记

撰者孔毓瑱，正书，雍正五年（1727），碑立于腾冲市。

著录于《新纂云南通志·金石考》。

2731 云南县水利碑

青石，楷书，雍正五年（1727）立，同治四年（1865）重立，高 130 cm × 宽 65 cm × 厚 25 cm，碑立于祥云县。

见于《大理丛书·金石篇》。

2732 **虚凝庵常住碑记**

雍正五年（1727），碑立于昆明市。

著录于《新纂云南通志·金石考》。

2733 **重建迦叶殿碑记**

楷书，雍正五年（1727），高 96 cm × 宽 63 cm × 厚 8 cm，碑立于宾川县。

见于《大理丛书·金石篇》。

2734 **重建龙华山活佛寺碑记**

撰者蔡友松，雍正五年（1727），碑立于姚安县。

著录于（道光）《姚州志》。

2735 **重修砥柱桥碑记**

撰者陈希芳，雍正五年（1727），碑立于云龙县。

著录于（雍正）《云龙州志》。

2736 **重修关圣庙碑记**

撰者段宗岳，雍正五年（1727），碑立于腾冲市。

著录于《新纂云南通志·金石考》。

2737 **重修经板阁碑记**

雍正五年（1727），高 85 cm × 宽 51 cm，碑立于祥云县。

见于《祥云碑刻》。

2738 **重修来凤山汉景文帝祠碑记**

撰者吴溥，书者张凤龄，正书，雍正五年（1727），碑立于腾冲市。。

著录于《新纂云南通志·金石考》。

2739 **古岩寺常住碑记**

楷书，雍正六年（1728），高 200 cm × 宽 64 cm，碑立于弥勒市。

见于《弥勒文物志》。

2740 **郡侯陈公捐修大路落成恭纪**

雍正六年（1728），碑立于云龙县。

著录于（雍正）《云龙州志》。

2741 **修复北山古塔序**

撰者徐树闳，雍正六年（1728），碑立于大理市。

见于《大理凤仪古碑文集》。

2742 **普纳面山塔题字**

雍正六年（1728），碑立于禄丰县。

著录于《新纂云南通志·金石考》。

2743 **四圣庆诞田租碑记**

撰者王赓天，雍正六年（1728）。

著录于（乾隆）《广西府志》。

2744 **修云龙大路碑记**

撰者陈希芳，雍正六年（1728），碑立于云龙县。

著录于（雍正）《云龙州志》。

2745 **重修永北府城碑记**

撰者冯光裕，雍正六年（1728），碑立于永胜县。

著录于（乾隆）《永北府志》。

2746 **开山鼻祖月峰化城**

砂岩，雍正七年（1729），高 60 cm × 宽 40 cm，碑立于楚雄市。

见于《威楚遗韵》。

2747 **龙发塔题字**

楷书，雍正七年（1729），碑立于禄丰县。

著录于《新纂云南通志·金石考》。

2748 **安乐山义冢碑记**

撰者杨辉祖，雍正七年（1729），碑立于姚安县。

著录于（民国）《姚安县志》。

2749 **伏龙山碑记**

撰者赵儒，雍正七年（1729）。

见于《云南道教碑刻辑录》。

2750 **关圣殿碑记（关帝庙碑记）**

撰者陈权，书者陈权，刻工杨保隆，楷

书，雍正七年（1729），碑立于维西县。
著录于《维西县志稿》。

2751 **关岳庙创修碑**

雍正七年（1729），碑立于维西县。
著录于（民国）《维西县志》。

2752 **检讨通海董文山先生玘墓志铭**

撰者蔡世远，雍正七年（1729），碑立于通海县。
著录于（道光）《通海县志》。

2753 **石屏州童试卷田碑**

撰者杨大鹏，雍正七年（1729），碑立于石屏县。
著录于（民国）《石屏县志》。

2754 **新建文昌宫碑记**

撰者陈希芳，雍正七年（1729），碑立于云龙县。
著录于（雍正）《云龙州志》。

2755 **玉阁记**

撰者周埰，雍正七年（1729），碑立于泸西县。
著录于（乾隆）《广西府志》。

2756 **袁来清墓志铭**

雍正七年(1729),高 154 cm × 宽 60 cm，碑立于隆阳区。
见于《隆阳碑铭石刻》。

2757 **增补八蜡祠记**

撰者魏光竹，雍正七年（1729），碑立于泸西县。
著录于（乾隆）《广西府志》。

2758 **古溪寺常住碑**

雍正七年(1729),高 210 cm × 宽 75 cm，碑立于官渡区。
见于《云溪、永丰村志》。

2759 **重修黉宫碑**

撰者夏诏新，雍正七年（1729），碑立于姚安县。
著录于（道光）《姚州志》。

2760 **重修兴华天池庵碑记**

雍正七年（1729），残高 156 cm × 宽 60 cm，碑立于施甸县。
见于《施甸碑铭录》。

2761 **重修尊经阁碑**

撰者杨辉祖，雍正七年（1729），碑立于姚安县。
著录于（道光）《姚州志》。

2762 **禁革三保赶街碑记**

雍正八年(1730),高 115 cm × 宽 65 cm，碑立于玉溪市。
见于《玉溪碑刻选集》。

2763 **万庆寺重修碑记碑**

撰者张坦，书者赵履泰，刻工张葵，楷书，雍正八年（1730），碑立于洱源县。
见于《大理洱源县碑刻辑录》。

2764 **钟灵寺重修碑记碑**

撰者侯于晋，楷书，雍正八年（1730），高 123 cm × 宽 65 cm，碑立于洱源县。
见于《大理洱源县碑刻辑录》。

2765 **开建水岩洞碑**

撰者王立宪，雍正八年（1730），碑立于建水县。
著录于（雍正）《云南通志》。

2766 **梦觉庵记**

撰者李重翰，雍正八年（1730），碑立于鹤庆县。
著录于（民国）《鹤庆县志》。

2767 **清雍正布龙铺山照**

雍正八年（1730），碑立于弥勒市。
见于《弥勒文物志》。

2768 **修建文山书院记**

撰者徐本仙，雍正八年（1730），碑立于文山市。
著录于（乾隆）《开化府志》。

2769 **昭通书院碑记**

撰者徐成贞，雍正八年（1730），碑立于昭通市。

著录于（雍正）《云南通志》。

2770 **大马料田大寺秋粮赋税碑**

雍正九年（1731），高 176 cm × 宽 61 cm × 厚 14 cm，碑立于弥勒市。

见于《弥勒文物志》。

2771 **德胜碑**

雍正九年（1731），碑立于宣威市。

见于《宣威文物志》。

2772 **东川新建石城碑记**

撰者张允随，雍正九年（1731），碑立于东川区。

著录于（雍正）《东川府志》。

2773 **鄂少保开岩洞碑记**

雍正九年（1731），碑立于建水县。

著录于（雍正）《建水州志》。

2774 **凤仪寺常住勒石小引**

撰者龚彝，雍正九年（1731），碑立于凤庆县。

著录于（民国）《顺宁县志初稿》。

2775 **庆云书院碑铭**

雍正九年（1731），碑立于昆明市。

著录于《新纂云南通志·金石考》。

2776 **文庙公产碑记**

撰者王廷诤，雍正九年（1731），碑立于蒙自市。

著录于（宣统）《续修蒙自县志》。

2777 **新建石城记**

撰者张允随，雍正九年（1731），碑立于会泽县。

著录于（光绪）《云南通志》。

2778 **一滴庵序**

撰者祝无涯，雍正九年（1731），碑立于大姚县。

著录于（民国）《盐丰县志》。

2779 **杨公德政碑**

雍正九年（1731），碑立于楚雄市。

著录于（宣统）《楚雄县志》。

2780 **石屏州童试卷田碑**

撰者杨仁育，雍正九年（1731），碑立于石屏县。

著录于（民国）《石屏县志》。

2781 **悲愍寺常住碑**

撰者杨殿文，书者杨殿文，青石，楷书，雍正十年（1732）重建，高 168 cm × 宽 60 cm，碑立于晋宁区。

见于《晋宁文史资料选辑·文物专辑》（第十七辑）。

2782 **敕封翰林院庶吉士教授杨君墓表**

撰者李绂，雍正十年（1732），碑立于石屏县。

著录于（乾隆）《石屏州志》。

2783 **壬子石屏全城记**

撰者管学宣，雍正十年（1732），碑立于石屏县。

著录于（乾隆）《石屏州志》。

2784 **抚仙湖二坝碑记**

撰者鄂尔泰，正书，雍正十年（1732），碑立于澄江县。

著录于《新纂云南通志》。

2785 **江边渡口审结碑**

撰者张景澍，雍正十年（1732），高 168 cm × 宽 92 cm × 厚 16 cm，碑立于弥勒市。

见于《弥勒文物志》。

注：《红河州文物志》记该碑始立于乾隆年间（1736—1795），又于道光二十四年（1844）重刻，高 135 cm × 宽 113 cm × 厚 15 cm，青石，楷书。

2786 普洱府建学碑记

撰者孙人龙，雍正十年（1732），碑立于普洱市。

著录于（道光）《普洱府志》。

2787 斗醮田碑记

大理石，行楷，雍正十年（1732），高113 cm×宽55.5 cm×厚5 cm，碑立于弥渡县。

见于《大理丛书·金石篇》。

2788 增设义学碑记

撰者程近仁，雍正十年（1732），碑立于弥渡县。

著录于（乾隆）《赵州志》。

2789 石屏教授杨峄山桐墓

撰者李绂，雍正十年（1732），碑立于石屏县。

著录于《滇南碑传集》。

2790 扬武坝巡检沈洪德政碑

雍正十年（1732），碑立于新平县。

著录于（道光）《新平县志》。

2791 永德庵补记

雍正十年（1732）。

著录于《新纂云南通志》。

2792 永善县牛栏江边岩刻《永记》碑

雍正十年（1732），高150 cm×宽60 cm，碑立于永善县。

见于《云南林业文化碑刻》。

2793 玉皇阁斗会碑记

楷书，红砂石，雍正十年（1732），高120 cm×宽65 cm，碑立于云龙县。

见于《大理丛书·金石篇》。

2794 云南楚姚镇标统兵剿贼安氏魏副总兵志爱碑

撰者苏渭生，雍正十年（1732），碑立于新平县。

著录于（民国）《新平县志》。

2795 重修黄洞山悲愍寺山神祠碑记

撰者杨殿元，雍正十年（1732），高168 cm×宽60 cm，碑立于晋宁区。

著录于（道光）《晋宁州志》。

2796 重修陆凉城碑

撰者岳秀灵，雍正十年（1732），高157 cm×宽52 cm，碑立于陆良县。

见于《陆良历代石刻注解与研究》。

2797 朱公祖重建文笔楼碑记

撰者张端亮，雍正十年（1732），碑立于巍山县。

著录于（乾隆）《续修蒙化直隶厅志》。

2798 曾应兆劝城碑

雍正十一年（1733），碑立于新平县。

著录于（民国）《新平县志》。

2799 乐善庵常住碑记

雍正十一年（1733），高110 cm×宽54.5 cm，碑立于弥渡县。

见于《大理丛书·金石篇》。

2800 李经天墓志铭

雍正十一年（1733），碑立于师宗县。

见于《师宗县文物志》。

2801 文昌宫碑记

撰者樊好仁，刻工赵世德，雍正十一年（1733），高120 cm×宽62 cm，碑立于元谋县。

见于《楚雄历代碑刻》。

2802 武庙碑记

撰者刘应远，雍正十一年（1733），碑立于昭通市。

著录于（乾隆）《镇雄州志》。

2803 新建大关石城碑记

撰者张垣，雍正十一年（1733），碑立

于大关县。

著录于（雍正）《云南通志》。

2804 新建五华书院碑记

撰者尹继善，雍正十一年（1733），碑立于五华区。

著录于（雍正）《云南通志》。

2805 新建昭通府学宫碑记

撰者徐德裕，雍正十一年（1733），碑立于昭通市。

著录于（民国）《昭通志稿》。

2806 醒亭记

撰者陈宏谋，雍正十一年（1733）。

著录于（雍正）《云南通志》。

2807 义学文公祠碑记

撰者王元度，雍正十一年（1733），碑立于宜良县。

著录于（乾隆）《宜良县志》。

2808 重建永善县学宫记

撰者吴应枚，雍正十一年（1733），碑立于永善县。

著录于（光绪）《云南通志》。

2809 重修关帝庙记

撰者冯补衮，行书，雍正十一年（1733），碑立于洱源县。

著录于《新纂云南通志·金石考》。

2810 重修弥勒州学宫记

撰者吴应枚，雍正十一年（1733），高 220 cm×宽 110 cm×厚 20 cm，碑立于弥勒市。

著录于（乾隆）《弥勒州志》。

2811 重修通海县学宫记

撰者吴应枚，雍正十一年（1733），碑立于通海县。

著录于（雍正）《云南通志》。

2812 重修祖师殿碑

撰者吴恩正，雍正十一年（1733），高 76 cm×宽 65 cm，碑立于曲靖市。

见于《曲靖石刻》。

2813 大理府新建试院记

撰者吴应枚，雍正十二年（1734），碑立于大理市。

著录于（雍正）《云南通志》。

2814 遵奉宪行碑

雍正十二年（1734），高 85 cm×宽 75 cm，碑立于祥云县。

见于《祥云金石》。

2815 东山寺碑记

撰者悟颖，刻工邓文至、陆圣道，楷书，青石，雍正十二年（1734），高 180 cm×宽 88 cm，碑立于宣威市。

见于《宣威县文物志》。

2816 奉上宪批示旬苴关免置驿站碑记

雍正十二年（1734），高 198 cm×宽 114 cm，碑立于玉溪市。

见于《玉溪碑刻选集》。

2817 福山泉碑记

撰者张允随，楷书，雍正十二年（1734），高 250 cm×宽 100 cm，碑立于禄丰县。

著录于（嘉庆）《滇系》。

2818 公建东西两阁碑记

撰者尹泰，雍正十二年（1734），碑立于蒙自市。

著录于（乾隆）《蒙自县志》。

2819 景东创建试院碑记

撰者吴应枚，雍正十二年（1734），碑立于景东县。

著录于（雍正）《云南通志》。

2820 巧家创设木城碑记

撰者崔乃镛，雍正十二年（1734），碑立于昭通市。

著录于（民国）《巧家县志稿》。

注：时间又有记雍正十一年（1733）。

2821 省耕堂碑序

撰者徐成贞，雍正十二年（1734），碑立于昭通市。

著录于《恩安县志稿》。

2822 喜洲义学碑记

大理石，楷书，雍正十二年（1734），高 122 cm × 宽 47 cm × 厚 8.5 cm，碑立于大理市。

见于《大理丛书·金石篇》。

2823 下达村新建义学碑记

撰者杨汉翊，雍正十二年（1734）后，高 156 cm × 宽 60 cm，碑立于宜良县。

见于《宜良碑刻增补本》（上）。

2824 烟寺新建准提殿碑记

撰者吴希陵，雍正十二年（1734），碑立于玉溪市。

著录于《续修易门县志》。

2825 增修开化府学宫碑记

撰者宫尔劝，雍正十二年（1734），碑立于文山市。

著录于（乾隆）《开化府志》。

2826 赵州增设义学记

撰者程近仁，雍正十二年（1734），碑立于大理市。

著录于（乾隆）《赵州志》。

2827 竹园魁阁羊城碑记

雍正十二年（1734），高 132 cm × 宽 70 cm × 厚 15 cm，碑立于弥勒市。

见于《弥勒文物志》。

2828 高为阜宝相寺楹联石刻

撰者高为阜，雍正十三年（1735），碑立于剑川县。

著录于《新纂云南通志·金石考》。

2829 核准文昌宫常住饬绅刊碑令

撰者曹国弼，雍正十三年（1735），碑立于文山市。

著录于（民国）《续修文山县志》。

2830 开山祖师惟增墓碑

砂岩，雍正十三年（1735），高 58 cm × 宽 28 cm，碑立于楚雄市。

见于《威楚遗韵》。

2831 新建碍嘉城垣碑记

楷书，雍正十三年（1735），高 132 cm × 宽 65 cm，碑立于双柏县。

著录于（乾隆）《碍嘉志》。

2832 置买田租抵应普溯乡夫碑记

撰者藏珊，雍正十三年（1735），碑立于姚安县。

著录于（道光）《大姚县志》。

2833 捐置学田碑记

撰者刘邦瑞，雍正十三年（1735），碑立于大姚县。

著录于（光绪）《续修白盐井志》。

2834 开化文昌宫住持碑记

撰者曹国弼，书者高仪，正书，雍正十三年（1735），碑立于文山市。

著录于《新纂云南通志·金石考》。

2835 水利碑记

雍正十三年（1735），高 100 cm × 宽 59 cm，碑立于大理市。

见于《大理丛书·金石篇》。

2836 苏海村邵川书院碑记

撰者张浩，雍正十三年（1735），碑立于嵩明县。

著录于（民国）《嵩明县志》。

2837 太华山泉记

撰者宗俊，正书，雍正十三年（1735），碑立于西山区。

著录于《新纂云南通志·金石考》。

2838 详置金江渡夫赡田碑记

撰者江峤孙，雍正十三年（1735），碑立于永胜县。

著录于（乾隆）《永北府志》。

2839 新建棂星石坊记

撰者王正生，雍正十三年（1735），高220 cm×宽90 cm×厚22 cm，碑立于弥勒市。

著录于（乾隆）《弥勒州志》。

2840 修鹤庆府学宫碑记

撰者姚应鹤，楷书，雍正十三年（1735），高196 cm×宽66 cm，碑立于鹤庆县。

见于《大理丛书·金石篇》。

2841 修建十二栏杆下路桥梁碑记

撰者□师文，雍正十三年（1735），碑立于丽江市。

见于《纳西族地区历代碑刻辑录与研究》。

2842 章堡村新建义学碑记（一）

撰者朱干，雍正十三年（1735），碑立于宜良县。

著录于（民国）《宜良县志》。

注：原碑已佚。

2843 重建通海县学宫记

撰者吴应枚，雍正十三年（1735），高226 cm×宽122 cm，碑立于通海县。

见于《通海历代碑刻集》。

2844 重修龙光台常住碑记

撰者张瑞，书者尹三才，正书，雍正十三年（1735），碑立于腾冲市。

著录于《新纂云南通志·金石考》。

2845 红岩罗营村水利碑记

雍正十三年（1735），高100 cm×59 cm，碑立于弥渡县。

见于《弥渡古代碑刻辑释》。

2846 迁建魁星阁记

撰者杨辉祖，雍正年间（1723—1735），碑立于姚安县。

著录于（道光）《姚州志》。

2847 重修孔仙桥序

撰者陈邦瑞，雍正年间（1723—1735），碑立于大姚县。

著录于（光绪）《续修白盐井志》。

2848 龙泉塘筑埂记

雍正年间（1723—1735），碑立于宜良县。

著录于（嘉庆）《滇系》。

2849 马烈女碑

撰者倪蜕，雍正年间（1723—1735），碑立于宜良县。

著录于（乾隆）《宜良县志》。

2850 小里营公田碑记

雍正年间（1723—1735），碑立于宜良县。

著录于《新纂云南通志》。

2851 王天顺妻节妇杨氏墓碑

撰者唐之柏，雍正年间（1723—1735）。

著录于《新纂云南通志》。

2852 瞻箓亭记

撰者张汉，雍正年间（1723—1735），碑立于石屏县。

著录于《新纂云南通志》。

2853 重修拱辰楼碑记

撰者李敬熙，雍正年间（1723—1735），碑立于巍山县。

著录于（乾隆）《续修蒙化直隶厅志》。

2854 重建关圣庙记

撰者刘邦瑞，雍正年间（1723—1735），碑立于大姚县。

著录于（光绪）《续修白盐井志》。

2855 募修玉皇阁暨雷祖殿引

撰者刘邦瑞，雍正年间（1723—1735），碑立于大姚县。

著录于（光绪）《续修白盐井志》。

2856 **新建夫子庙碑记**

撰者陈士昂，雍正年间（1723—1735）。

著录于（乾隆）《赵州志》。

2857 **《榆郡唐梅》诗刻**

撰者冯补衮，雍正年间（1723—1735），碑立于大理市。

著录于《新纂云南通志·金石考》。

2858 **重修江股搅溪桥碑记**

撰者周钺，雍正年间（1723—1735），碑立于宾川县。

著录于（雍正）《宾川州志》。

乾隆年间

2859 **锁水塔碑记**

撰者赵继松，乾隆元年（1736），碑立于楚雄市。

著录于（宣统）《楚雄县志》。

2860 **锁水塔记**

撰者丁栋成，乾隆元年（1736），碑立于楚雄市。

著录于（宣统）《楚雄县志》。

2861 **念佛堂常驻碑记**

撰者心玉，书者刘翊，砂岩，乾隆元年（1736），高 178 cm×宽 64 cm×厚 20 cm，碑立于楚雄市。

见于《威楚遗韵》。

2862 **碧澄禅师寿量塔铭**

撰者心玉，乾隆元年（1736），碑立于楚雄市。

见于《紫溪山志》。

2863 **川滇交界碑**

乾隆元年（1736），碑立于盐津县。

著录于（民国）《盐津县志》。

2864 **虎山塔题字**

撰者高铨建，正书，乾隆元年（1736），碑立于易门县。

著录于《新纂云南通志·金石考》。

2865 **李经魁暨夫人赵氏合墓碑**

撰者夏治源，乾隆元年（1736），碑立于师宗县。

见于《师宗县文物志》。

2866 **普洱建黉宫记**

撰者孙人龙，乾隆元年（1736），碑立于普洱市。

著录于（光绪）《云南通志》。

2867 **新建交笔碑记**

撰者伍士玠，乾隆元年（1736），碑立于弥勒市。

著录于（乾隆）《弥勒州志》。

2868 **天水弥阳南浦李氏祠堂记**

撰者饶源，乾隆元年（1736），高 118 cm×宽 55 cm，碑立于弥渡县。

见于《弥渡古代碑刻辑释》。

2869 **春雨山房记**

撰者孙人龙，乾隆二年（1737），碑立于泸西县。

著录于（乾隆）《广西府志》。

2870 **飞来寺石刻**

乾隆二年（1737），碑立于师宗县。

见于《师宗县文物志》。

2871 **古龙泉书院改祇园寺福田碑记**

撰者柳世昌，乾隆二年（1737），碑立于楚雄市。

著录于（宣统）《楚雄县志》。

2872 **汉景本末碑记**

撰者李名重，乾隆二年（1737），高 177 cm×宽 71 cm，碑立于腾冲市。

见于《腾冲名碑集释》。

2873 边奉严禁截挖黑箐水源碑记

乾隆二年（1737），碑立于大理市。

见于《大理凤仪古碑文集》。

2874 可保村重修水潮寺碑记

撰者萧国护，刻工赵康爵，乾隆二年（1737），高 216 cm × 宽 84 cm，碑立于宜良县。

见于《宜良碑刻增补本》（上）。

2875 松桂水道碑记

乾隆二年（1737），碑立于鹤庆县。

见于《鹤庆碑刻辑录》。

2876 汤池可保村水潮寺重修碑记

撰者兰国护，书者李英组，乾隆二年（1737），碑立于宜良县。

著录于《新纂云南通志・金石考》。

2877 堂川记

撰者孙人龙，乾隆二年（1737），碑立于安宁市。

著录于（雍正）《安宁州志》。

2878 通海重建三祠碑

撰者赵城，乾隆二年（1737），碑立于通海县。

著录于（嘉庆）《滇系》。

2879 五印山常住碑记

楷书，乾隆二年（1737），高 116 cm × 宽 50 cm，碑立于巍山县。

见于《大理丛书・金石篇》。

注：原碑已佚。

2880 乡贤祭需碑记

乾隆二年（1737），高 150 cm × 宽 70 cm × 厚 13 cm，碑立于弥勒市。

见于《弥勒文物志》。

2881 新建养济院碑记

撰者管学宣，乾隆二年（1737），碑立于丽江市。

著录于（乾隆）《丽江府志略》。

2882 永杜侵渔石宝山寺田刻石

正书，乾隆二年（1737），碑立于剑川县。

著录于《新纂云南通志・金石考》。

2883 灶户捐金资助每科赴试生员

乾隆二年（1737），高 137 cm × 宽 68 cm，碑立于云龙县。

见于《大理丛书・金石篇》。

2884 重立北沟阱水利碑记

楷书，乾隆二年（1737），高 117 cm × 宽 60 cm，碑立于弥渡县。

见于《大理丛书・金石篇》。

2885 重修九龙池碑记

撰者朱文灿，刻工李恭，乾隆二年（1737），高 96 cm × 宽 68 cm。

见于《云南道教碑刻辑录》。

2886 表忠祠碑记

撰者谬宏，乾隆三年（1738），碑立于新平县。

著录于（道光）《新平县志》。

2887 吐退存照

乾隆三年（1738），高 66.6 cm × 宽 46 cm，碑立于宾川县。

见于《宾川丛书・金石篇》。

2888 重修龙津桥记

刻工段国用，乾隆三年（1738），碑立于宾川县。

见于《宾川丛书・金石篇》。

2889 红山北门会碑记

撰者许谷，乾隆三年（1738），高 99 cm × 宽 53 cm，碑立于大理市。

见于《大理凤仪古碑文集》。

2890 郡庠彦时翁杨先生夫妇偕老寿志铭

乾隆三年（1738），碑立于大理市。

见于《大理凤仪古碑文集》。

2891 重修诸天庵序（碑阴）

乾隆三年（1738），高 105 cm×宽 63 cm，碑立于弥渡县。

见于《弥渡古代碑刻辑释》。

2892 大清康熙雍正乾隆三朝临安府科甲题名碑记

撰者孙人龙，乾隆三年（1738），高 177 cm×宽 87 cm×厚 16 cm，碑立于建水县。

见于《遗留在建水碑刻中的文明记忆》。

2893 广西府革弊碑记

撰者周埰，乾隆三年（1738），碑立于泸西县。

著录于（乾隆）《广西府志》。

2894 海棠村栖贤山寺永垂碑记

撰者张德升，乾隆三年（1738），高 167 cm×宽 69 cm，碑立于隆阳区。

见于《隆阳碑铭石刻》。

2895 江头村永行豁免海口夫役碑

砂石，乾隆三年（1738），高 120 cm×宽 60 cm，碑立于宜良县。

见于《宜良碑刻增补本》（上）。

注：原碑无名，碑名系编者依碑文内容所拟。

2896 禄丰移建学宫记

撰者孙人龙，书者孙人龙，楷书，乾隆三年（1738），高 267 cm×宽 87 cm，碑立于禄丰县。

著录于《新纂云南通志 · 金石考》。

2897 栖贤山寺常住碑记

乾隆三年（1738），高 167 cm×宽 69 cm，碑立于隆阳区。

见于《隆阳碑铭石刻》。

2898 新建马王庙碑记

撰者萧德功，乾隆三年（1738），碑立于昭通市。

著录于（民国）《大关县志稿》。

2899 新建明朗义学碑记

乾隆三年（1738），高 170 cm×宽 54.5 cm，碑立于腾冲市。

见于《腾冲名碑集释》。

2900 重建宣威儒学碑记

撰者王云铭，乾隆三年（1738），碑立于宣威市。

著录于（道光）《宣威州志》。

2901 重修永昌府署碑记

撰者徐本仙，乾隆三年（1738），碑立于隆阳区。

著录于（乾隆）《永昌府志》。

2902 高宗御制贤良祠碑

乾隆四年（1739），碑立于昆明市。

著录于《新纂云南通志 · 金石考》。

2903 建水薛母杨太君墓志铭

撰者陈仪，乾隆四年（1739），碑立于建水县。

著录于《滇南碑传集》。

2904 龙陵白塔赵氏宗族碑

撰者赵儒，乾隆四年（1739），高 132 cm×宽 60 cm，碑立于保山市。

见于《保山碑刻》。

2905 朋普文昌宫碑记

撰者洪奕隆，刻工严藻督，乾隆四年（1739），高 180 cm×宽 98 cm×厚 20 cm，碑立于弥勒市。

见于《弥勒文物志》。

2906 普洱学宫记

撰者孙人龙，书者张恒，正书，乾隆四年（1739），碑立于宁洱县。

著录于《新纂云南通志·金石考》。

2907 响水河龙潭护林碑

楷书，乾隆四年（1739），碑立于禄丰县。

见于《楚雄历代碑刻》。

2908 普翁那老年台（德洪）寿基志

撰者李鸿业，书者赵世昌，砂岩，楷书，乾隆四年（1739），高 72 cm×宽 47 cm，碑立于武定县。

见于《楚雄历代碑刻》。

2909 神民永庇

乾隆四年（1739），高 100 cm×宽 60 cm，碑立于南华县。

见于《云南林业文化碑刻》。

2910 文庙碑文

乾隆四年（1739），碑立于石屏县。

著录于（乾隆）《石屏州续志》。

2911 武庙镇营义田碑记

撰者柳世昌，乾隆四年（1739），碑立于楚雄市。

著录于（宣统）《楚雄县志》。

2912 新建马隆乡土主庙常住碑记

乾隆四年（1739），高 170 cm×宽 68 cm，碑立于宜良县。

见于《宜良碑刻增补本》（上）。

2913 宜良岩泉寺常住田粮碑记

撰者李达，书者严容，乾隆四年（1739），碑立于宜良县。

著录于《新纂云南通志·金石考》。

2914 俞卿墓买地券

乾隆四年（1739），高 33 cm×宽 33 cm×厚 4 cm，碑立于曲靖市。

见于《陆良历代石刻注解与研究》。

2915 赵平二公援屏建阁记

撰者何其伟，乾隆四年（1739），碑立于石屏县。

著录于（乾隆）《石屏州志》。

2916 赵氏宗祠序

撰者赵儒，乾隆四年（1739），碑立于龙陵县。

著录于《新纂云南通志·金石考》。

2917 总兵赵得胜胜援屏事略纪功碑

撰者何其伟，乾隆四年（1739），碑立于石屏县。

著录于（嘉庆）《滇系》。

2918 那德洪墓志

撰者李鸿业，书者赵世昌，乾隆四年（1739），碑立于楚雄市。

见于《寻觅千年罗婺》。

2919 楚雄府定远县正堂一级钱为严禁扰累苗民以安边境事

砂岩，乾隆五年（1740），高 120 cm×宽 45 cm×厚 6 cm，碑立于牟定县。

见于《中国文物地图集·云南分册》。

2920 赵亦相寿藏序

撰者周汝材，楷书，乾隆五年（1740），高 64 cm×宽 40 cm，碑立于楚雄市。

见于《楚雄历代碑刻》。

2921 赵亦相墓志铭

撰者来谦鸣，楷书，乾隆五年（1740），高 64 cm×宽 40 cm，碑立于楚雄市。

见于《楚雄历代碑刻》。

2922 磚城碑记

行书，乾隆五年（1740），高 132 cm×

宽 70 cm，碑立于双柏县。

著录于（乾隆）《碍嘉志》。

2923 **哀牢山斑鸠岭四至碑志**

乾隆五年（1740），左残高 100 cm×下残宽 30 cm，右残高 94 cm，上残宽 43 cm×下残宽 74 cm×厚 15 cm，碑立于隆阳区。

见于《隆阳碑铭石刻》。

2924 **得渡桥记**

撰者李鼎望，乾隆五年（1740），碑立于华宁县。

著录于（嘉庆）《宁州志》。

2925 **洞真寺常住碑记**

撰者□抡奇子超氏，乾隆五年（1740），高 190 cm×宽 69 cm，碑立于腾冲市。

见于《腾冲名碑集释》。

2926 **二忠祠记**

撰者何其伟，乾隆五年（1740），碑立于石屏县。

著录于（乾隆）《石屏州志》。

2927 **海云居常住记**

红砂石，楷书，乾隆五年（1740），高 185 cm×宽 81 cm×厚 10 cm，碑立于剑川县。

见于《大理丛书·金石篇》。

2928 **自氏家谱碑**

乾隆五年（1740），碑立于弥渡县。

见于《弥渡古代碑刻辑释》。

2929 **自氏家塾碑记**

撰者周璋，乾隆五年（1740），高 110 cm×宽 51 cm，碑立于弥渡县。

见于《弥渡古代碑刻辑释》。

2930 **红衣女墓记**

撰者杨德沛，乾隆五年（1740），碑立于建水县。

著录于（雍正）《建水州志》。

2931 **嘉禾记**

撰者孙人龙，乾隆五年（1740）。

著录于（乾隆）《蒙自县志》。

2932 **界止碑**

乾隆五年（1740），高 125 cm，碑立于元阳县。

见于《红河州不可移动文物大全》。

2933 **三贤祠记**

撰者何其伟，乾隆五年（1740），碑立于石屏县。

著录于（乾隆）《石屏州志》。

2934 **新建玉河龙王庙碑记**

撰者管学宣，乾隆五年（1740），碑立于丽江市。

著录于（乾隆）《丽江府志略》。

2935 **艺园记**

撰者陈纶，乾隆五年（1740），碑立于凤庆县。

著录于（光绪）《永昌府志》。

2936 **御制训饬士子文**

乾隆五年（1740），碑立于宜良县。

著录于（乾隆）《宜良县志》。

2937 **御制训饬士子文**

乾隆五年（1740），碑立于玉溪市。

著录于（道光）《澄江府志》。

2938 **重修泮池照壁碑记**

撰者岳廷元，书者窦维峋，正书，乾隆五年（1740），碑立于宜良县。

著录于《新纂云南通志·金石考》。

2939 **重修徐公祠碑记**

撰者杨旭，乾隆五年（1740），碑立于昭通市。

著录于（宣统）《恩安县志》。

2940 湖塘碑记

撰者王锡侯，楷书，乾隆六年（1741），高 116 cm × 宽 47 cm，碑立于大理市。

见于《大理丛书 · 金石篇》。

2941 吏部右侍郎昆明杨□山先生永斌墓表

撰者张廷玉，乾隆六年（1741）。

著录于《滇南碑传集》。

2942 明忠臣解先生祠堂记

撰者王弘鲁，乾隆六年（1741），高 144 cm × 宽 75 cm，碑立于通海县。

见于《通海历代碑刻集》。

2943 五龙山玉光会功德碑记

撰者赵民瞻，乾隆六年（1741），高 140 cm × 宽 70 cm。

见于《云南道教碑刻辑录》。

2944 仙人洞记

撰者王宇谟，乾隆六年（1741），碑立于曲靖市。

著录于（光绪）《沾益州志》。

2945 殷良栋去思碑

乾隆六年（1741），碑立于新平县。

著录于（道光）《新平县志》。

2946 重修丽江学记

撰者管学宣，乾隆六年（1741），高 195 cm × 宽 106 cm × 厚 15 cm，碑立于丽江市。

著录于（光绪）《丽江府志》。

2947 宝华山寺记

撰者詹广增，书者江淮，正书，乾隆七年（1742），碑立于个旧市。

著录于《新纂云南通志 · 金石考》。

2948 邓子龙祠碑

撰者郑鸣春，书者谢光宗，正书，乾隆七年（1742），碑立于新平县。

著录于《新纂云南通志 · 金石考》。

2949 建水州学正江紫澜自珉墓表

撰者朱定元，乾隆七年（1742），碑立于晋宁区。

著录于《滇南碑传集》。

2950 清沩仰正宗大戒沙门清慧师兄讳智能寿塔

撰者智有，乾隆七年（1742），碑立于楚雄市。

见于《威楚遗韵》。

2951 寂照庵常住田碑记

乾隆七年（1742），碑立于武定县。

见于《探寻文明的踪迹——楚雄州第三次全国文物普查纪实》。

2952 任墨樵英墓表

撰者张汉，乾隆七年（1742），碑立于石屏县。

著录于《滇南文略》。

2953 文庙碑记

撰者徐炳，乾隆七年（1742），碑立于镇雄县。

著录于（乾隆）《镇雄州志》。

2954 扬武巡检袁廷标革陋规碑

乾隆七年（1742），碑立于新平县。

著录于（民国）《新平县志》。

2955 赵城书碑

乾隆七年（1742），碑立于石屏县。

著录于（民国）《石屏县志》。

2956 重修秀山涌金寺功德碑记

撰者蒋诏，乾隆七年（1742），碑立于通海县。

见于《通海历代碑刻集》。

2957 白沙金刚、大定二刹碑记

撰者管学宣，书者赵□，刻工和直挥，青石，楷书，乾隆八年（1743），高 152 cm × 宽 55 cm，碑立于丽江市。

见于《白族文化研究》。

2958 莲花塘水利碑记

乾隆八年(1743),高 140 cm×宽 90 cm,碑立于祥云县。

见于《祥云碑刻》。

2959 满月常住永归寂光寺碑记

撰者杨九思，乾隆八年（1743），高 152 cm×宽 49 cm×厚 8 cm,碑立于宾川县。

著录于《鸡足山志》。

2960 宁津铁索大桥碑记

撰者张允随，乾隆八年（1743），碑立于华宁县。

著录于（嘉庆）《宁州志》。

2961 由旺水上坡碑记

乾隆八年（1743），残高 80 cm×宽 110 cm，碑立于施甸县。

见于《施甸碑铭录》。

2962 云南县水例章程碑

楷书，乾隆八年（1743），高 178 cm×宽 61 cm，碑立于祥云县。

见于《大理丛书·金石篇》。

2963 重建静室碑记

撰者姚应鹤，乾隆八年（1743），碑立于鹤庆县。

见于《鹤庆龙华十八寺碑刻辑录》。

2964 逋翁亭记

撰者江宏道，书者钟岳，草书，乾隆九年（1744），高 182 cm×宽 76 cm，碑立于通海县。

著录于《新纂云南通志·金石考》。

2965 东山村赵氏族谱碑记

乾隆九年(1744),高 86 cm×宽 200 cm,碑立于宜良县。

见于《宜良碑刻增补本》(下)。

注：是碑为县内现存最早一通宗族碑刻，诸本志均未见载。

2966 重修黑井观音寺后玉皇阁常住碑记

撰者赵元升，书者何玉山，行草，乾隆九年（1744），高 136 cm×宽 68 cm，碑立于禄丰县。

见于《楚雄彝族自治州文物志》。

2967 募建萧公祠引

撰者罗仰锜，乾隆九年（1744），碑立于双柏县。

著录于（乾隆）《碍嘉志》。

2968 秀山红云殿诸天水陆神相歌有引

撰者江宏道，乾隆九年（1744），高 165 cm×宽 76 cm，碑立于通海县。

见于《通海历代碑刻集》。

2969《游东山香岩寺访古》诗刻

撰者江宏道，书者江宏道，草书，乾隆九年（1744），碑立于通海县。

著录于《新纂云南通志·金石考》。

2970《游清凉台》诗刻

撰者江宏道，草书，乾隆九年（1744），碑立于通海县。

著录于《新纂云南通志·金石考》。

2971 重建万松庵碑记

书者李芯，乾隆九年（1744），碑立于宾川县。

著录于《新纂云南通志·金石考》。

2972 重修九龙池忠义祠碑记

撰者张福泉，正书，乾隆九年（1744），碑立于保山市。

著录于《新纂云南通志·金石考》。

2973 竹园文宫大殿北墙碑文

乾隆九年（1744），高 51 cm×宽 84 cm，碑立于弥勒市。

见于《弥勒文物志》。

2974《山云海月堂闲眺》诗刻

撰者江宏道，草书，乾隆十年（1745），高 137 cm×宽 62 cm，碑立于通海县。

见于《通海历代碑刻集》。

2975 功德千古碑

红砂石，楷书，乾隆十年（1745），高 127 cm×宽 57 cm×厚 11.5 cm，碑立于剑川县。

见于《大理丛书·金石篇》。

2976 顾文墓碑

乾隆十年（1745），碑立于师宗县。

见于《师宗县文物志》。

2977 广通山照石碑

乾隆十年（1745），碑立于禄丰县。

见于《云南林业文化碑刻》。

2978 重修大海子碑记

撰者彭敬吉，乾隆十年（1745），碑立于隆阳区。

著录于（乾隆）《永昌府志》。

2979 扩建云峰寺功德碑

乾隆十一年（1746），高 154 cm×宽 80 cm×厚 20 cm，碑立于会泽县。

见于《娜姑镇文物志》。

2980《河西怀古》八首

撰者江宏道，行书，乾隆十一年（1746），碑立于通海县。

著录于《新纂云南通志·金石考》。

2981 新建文庙碑记

撰者李淳，书者李琦，正书，乾隆十一年（1746），碑立于宜良县。

著录于《新纂云南通志·金石考》。

2982 待赠逸士段翁偕贤配孺人段氏记

撰者赵汝臣，乾隆十一年（1746），碑立于大理市。

见于《大理凤仪古碑文集》。

2983 护珠庵碑记碑

撰者周应元，大理石，楷书，乾隆十一年（1746），高 130 cm×宽 56 cm，碑立于洱源县。

见于《大理洱源县碑刻辑录》。

2984 戴云鹄碑

乾隆十二年（1747），碑立于石屏县。

著录于（民国）《石屏县志》。

2985 甸寨中心属卡汉藏公约

乾隆十二年（1747）。

见于《云南乡规民约大观》（上）。

2986 金鸡寺常住田产记碑

撰者张相业，乾隆十二年（1747），高 188 cm×宽 65 cm，碑立于隆阳区。

见于《隆阳碑铭石刻》。

2987 下栗者村乡规民生碑记

乾隆十二年（1747），高 113 cm×宽 50 cm，碑立于宜良县。

见于《宜良碑刻增补本》（下）。

注：原碑无名，碑名系编者依碑文内容所拟。

2988 修建大觉庵碑

撰者孙衍祺，乾隆十二年（1747），直径 100 cm×厚 2 cm（半圆形），碑立于曲靖市。

见于《曲靖石刻》。

2989 修下坝水界碑

撰者荀士英，乾隆十二年（1747），高 170 cm×宽 18 cm，碑立于曲靖市。

见于《曲靖石刻》。

2990 永北府义学碑记

撰者刘慥介，书者林绪，正书，乾隆十二年（1747），碑立于永胜县。

著录于（乾隆）《永北府志》。

2991 云贵总督张公重修武侯祠碑记

撰者宫尔劝，书者吕春，正书，乾隆十二年（1747），碑立于五华区。

著录于《新纂云南通志·金石考》。

2992 重兴昆明书院碑记

撰者宫尔劝，书者吕春，正书，乾隆十二年（1747）。

著录于《新纂云南通志·金石考》。

2993 重修悯忠祠碑记

撰者宫尔劝，书者徐炳，乾隆十二年（1747）。

著录于《新纂云南通志·金石考》。

2994 竹园文宫大殿南墙碑

乾隆十二年（1747），高 51 cm × 宽 84 cm，碑立于弥勒市。

见于《弥勒文物志》。

2995 阿纳文昌宫地契碑

撰者刘绥远，书者刘绥远，楷书，乾隆十三年（1748），高 59 cm × 宽 63 cm，碑立于禄丰县。

见于《中国文物地图集·云南分册》。

2996 谷氏后土碑

撰者谷世勋，乾隆十三年（1748），碑立于弥渡县。

见于《弥渡古代碑刻辑释》。

2997 谷允翁墓志铭（第一方）

大理石，楷书，乾隆十三年（1748），高 98 cm × 宽 41 cm（上片），碑立于弥渡县。

见于《大理丛书·金石篇》。

2998 谷允翁墓志铭（第二方）

大理石，楷书，乾隆十三年（1748），残高 53 cm × 宽 41 cm（下片），碑立于弥渡县。

见于《大理丛书·金石篇》。

2999 心揆德蕴墓碑

乾隆十三年（1748），碑立于弥渡县。

见于《弥渡古代碑刻辑释》。

3000 修茶马古道功德碑

乾隆十三年（1748），高 164 cm × 宽 64 cm × 厚 10 cm，碑立于迪庆州。

见于《踏寻雪域遗珍——迪庆藏族自治州第三次全国文物普查纪实》。

3001 开化建城碑记

撰者朱兴燕，书者朱兴燕，正书，乾隆十三年（1748），碑立于文山市。

著录于（民国）《续修文山县志》。

3002 灵应北岳庙置灯田记

撰者和国柱，乾隆十三年（1748），高 58 cm × 宽 39 cm × 厚 6.5 cm，碑立于丽江市。

见于《丽江历代碑刻辑录与研究》。

3003 南楼碑记

撰者汪浩存，乾隆十三年（1748），碑立于镇雄县。

著录于（光绪）《镇雄州志》。

3004 孙老爷功德碑记

撰者杨若椿，黄砂石，楷书，乾隆十三年（1748），高 137 cm × 宽 60 cm × 厚 9 cm，碑立于剑川县。

见于《大理丛书·金石篇》。

3005 文会碑记

撰者周望敬，乾隆十三年（1748），碑立于玉溪市。

见于《古碑遗珍》。

3006 重修德源桥记

撰者朱凤英，乾隆十三年（1748），碑立于洱源县。

著录于（咸丰）《邓川州志》。

3007 重修武庙碑记

刻工李钦、石云轩，乾隆十三年（1748），高 168 cm × 宽 76 cm。

见于《云南道教碑刻辑录》。

3008 **重修龙门桥碑记**

撰者王泷，乾隆十三年（1748），碑立于玉溪市。

著录于《新兴州志》。

3009 **楚雄府牟定县重建学宫记序**

撰者张钧，楷书，乾隆十四年（1749），高 173 cm × 宽 80 cm，碑立于牟定县。

著录于（康熙）《定远县志》。

3010 **观音寺永远碑记**

撰者张日旼，青石，乾隆十四年（1749），高 114 cm × 宽 60 cm，碑立于宜良县。

见于《宜良碑刻增补本》（上）。

3011 **广南训导何维允履中墓志铭**

撰者罗文灿，正书，乾隆十四年（1749），碑立于宾川县。

著录于《新纂云南通志・金石考》。

3012 **明圆寂比丘读性号顺宇太师祖墓**

乾隆十四年（1749），碑立于宜良县。

见于《宜良碑刻增补本》（上）。

3013 **南安州乌龙寺产业碑**

乾隆十四年（1749），正书，碑立于双柏县。

著录于《新纂云南通志・金石考》。

3014 **平定金川告成太学碑文**

乾隆十四年（1749），碑立于石屏县。

著录于（乾隆）《石屏州志》。

3015 **御制平定金川告成太学碑文**

书者梁诗正，刻工徐越，正书，乾隆十四年（1749），碑立于普洱市。

著录于（光绪）《沾益州志》。

3016 **山东道御史博学鸿词张月槎先生汉墓志铭**

撰者孙灏，乾隆十四年（1749），碑立于石屏县。

著录于（光绪）《云南通志》。

3017 **万户庄乡规碑记（一）**

青石，乾隆十四年（1749），高 55 cm × 宽 100 cm，碑立于宜良县。

见于《宜良碑刻增补本》（下）。

注：原碑无名，碑名系编者依碑文内容所拟。

3018 **一花堂增治常住碑记**

乾隆十四年（1749），高 176 cm × 宽 78 cm，碑立于曲靖市。

见于《曲靖石刻》。

3019 **玉清观记碑**

撰者叶芳远，书者高景奭，乾隆十四年（1749），碑立于新平县。

见于《新纂云南通志・金石考》。

3020 **重立临建贡士题名碑记**

撰者邓世灿，乾隆十四年（1749），碑立于建水县。

见于《遗留在建水碑刻中的文明记忆》。

3021 **举人杨白也文鬻墓志铭**

撰者陈作梅，乾隆十五年（1750），碑立于大理市。

著录于（光绪）《云南通志》。

3022 **红山地方碑记**

撰者许谷，乾隆十五年（1750），高 123 cm × 宽 53 cm，碑立于大理市。

见于《大理凤仪古碑文集》。

3023 **云南县学宫四至碑记**

乾隆十五年（1750），高 84 cm × 宽 61 cm，碑立于祥云县。

见于《祥云金石》。

3024 **会真寺常住碑记碑**

撰者饶甲选，书者饶甲选，大理石，楷

书，乾隆十五年（1750），高 87 cm × 宽 50 cm，碑立于洱源县。
见于《大理洱源县碑刻辑录》。

3025 妙光寺重兴丕振续焰传灯碑

撰者施岳，乾隆十五年（1750），碑立于姚安县。
著录于（民国）《姚安县志》。

3026 培修腾越学宫碑记

撰者赵可随，乾隆十五年（1750），碑立于腾冲市。
见于《腾冲名碑集释》。

3027 三官庙纪事碑

撰者何民服、燕沬显，刻工张天成，乾隆十五年（1750），高 151 cm × 宽 62 cm × 厚 15 cm，碑立于会泽县。
见于《娜姑镇文物志》。

3028 秀山准提庵常住碑记

乾隆十五年（1750），青石，高 55 cm × 112.5 cm，碑立于通海县。
见于《通海历代碑刻集》。

3029 义渡碑记

乾隆十五年（1750），高 185 cm × 宽 70 cm，碑立于宜良县。
见于《宜良碑刻增补本》（下）。

3030 重建鼓楼告竣疏

撰者漆启铣，乾隆十五年（1750），碑立于陆良县。
著录于（乾隆）《陆凉州志》。

3031 重修梯云路小引

撰者刘锴，乾隆十五年（1750），碑立于保山市。
著录于《永昌府志》。

3032 州牧唐世梁培修学宫碑记

正书，乾隆十五年（1750），碑立于腾冲市。
著录于《新纂云南通志·金石考》。

3033 新建乌龙寺碑记

正书，乾隆十六年（1751），碑立于双柏县。
著录于《新纂云南通志·金石考》。

3034 乌龙寺山水赋

撰者万继芳，书者杨布青，正书，乾隆十六年（1751），碑立于双柏县。
著录于《新纂云南通志·金石考》。

3035 大成书院小引

撰者袁坤正，乾隆十六年（1751），碑立于姚安县。
著录于（乾隆）《姚州志》。

3036 回龙寺丰乐洞碑记

撰者徐曦，乾隆十六年（1751），高 110 cm × 宽 65 cm × 厚 20 cm，碑立于宣威市。
见于《宣威县文物志》。

3037 外舅琼若张府君暨配李孺人墓赞

乾隆十六年（1751），碑立于腾冲市。
见于《腾冲金石目存》。

3038 新建五谷神祠碑记

撰者李德裕，乾隆十六年（1751）。
见于《云南道教碑刻辑录》。

3039 张琼若墓志铭

撰者尹成甲，乾隆十六年（1751），碑立于腾冲市。
著录于《新纂云南通志·金石考》。

3040 重修东井记

乾隆十六年（1751），碑立于建水县。
见于《遗留在建水碑刻中的文明记忆》。

3041 文昌宫碑记

乾隆十六年（1751），高 130 cm × 宽 66 cm × 厚 16 cm，碑立于宾川县。
见于《宾川丛书·金石篇》。

3042 创修关帝庙记

撰者袁金城，乾隆十七年（1752）。
见于《云南道教碑刻辑录》。

3043 化所华严寺公地并宝子箐放水条规碑记（一）

刻工董士俊，乾隆十七年（1752），高154 cm×宽 74 cm，碑立于宜良县。

见于《宜良碑刻增补本》（上）。

注：原碑无名，碑名系编者依碑文内容所拟。

3044 江神庙碑记

撰者王曰仁，乾隆十七年（1752），碑立于永善县。

著录于（嘉庆）《永善县志略》。

注：《云南道教碑刻辑录》记载其立碑时间为乾隆元年（1736）。

3045 举人方耨夫文英墓志铭

撰者陈旭，乾隆十七年（1752），碑立于陆良县。

著录于（民国）《陆良县志稿》。

3046 李公神道碑

乾隆十七年（1752），碑立于晋宁区。

著录于《新纂云南通志》。

3047 重建魁阁募疏

撰者沈生遴，乾隆十七年（1752），碑立于陆良县。

著录于（乾隆）《陆良州志》。

3048 道源宫祝至圣先师诞祭田碑文

乾隆十八年（1753）。

见于《云南道教碑刻辑录》。

3049 傅为詝题燕子洞诗碑

撰者傅为詝，乾隆十八年（1753），碑立于建水县。

见于《遗留在建水碑刻中的文明记忆》。

3050 文昌宫义田记

撰者高锦，乾隆十八年（1753），碑立于大姚县。

著录于（光绪）《续修白盐井志》。

3051 张氏祖茔彝文墓碑

乾隆十八年（1753），高 50 cm×宽36 cm，碑立于武定县。

见于《武定探秘》。

3052 光禄施棺掩骨义举碑志

撰者施岳君，楷书，乾隆十八年（1753），高 80 cm×宽 50 cm，碑立于姚安县。

见于《楚雄历代碑刻》。

3053 文昌宫义田记

撰者高锦，乾隆十八年（1753）。

见于《云南道教碑刻辑录》。

3054 西洱村新寺铁铸宏钟铭文

刻工梁仁，乾隆十八年（1753），高 66 cm×直径 47 cm×厚 2 cm，碑立于弥勒市。

见于《弥勒文物志》。

3055 嶍峨周梧栖封翁仪墓志铭

撰者孙嘉淦，乾隆十八年（1753），碑立于峨山县。

著录于《滇南碑传集》。

3056 重修东岳庙记

撰者蒋衡，乾隆十八年（1753），碑立于广南府。

著录于（道光）《广南府志》。

3057 河西告示碑

乾隆十九年（1754），高 172 cm×宽91 cm×厚 11.5 cm，碑立于通海县。

见于《通海历代碑刻集》。

3058 募修小江桥疏引

乾隆十九年（1754），碑立于双柏县。

著录于（乾隆）《碍嘉志》。

3059 环洲彝文碑

乾隆十九年（1754），高 50 cm×宽40 cm，碑立于武定县。

见于《探寻文明的踪迹——楚雄州第三次全国文物普查纪实》。

3060 何多见义举执照碑

乾隆十九年（1754），高 132 cm × 宽 84 cm，碑立于宾川县。

见于《宾川丛书·金石篇》。

3061 季弟妇张氏墓志铭

撰者周于礼，乾隆十九年（1754），碑立于峨山县。

著录于《新纂云南通志·金石考》。

3062 李母王孺人墓志铭

撰者赵可随，乾隆十九年（1754），碑立于腾冲市。

著录于《新纂云南通志·金石考》。

3063 疏海碑记

撰者谢圣纶，乾隆十九年（1754），碑立于祥云县。

著录于（乾隆）《滇黔志略》。

3064 登秀山偶赋

撰者葛峻起，乾隆二十年（1755），高 52 cm × 宽 74 cm，碑立于通海县。

见于《通海历代碑刻集》。

3065 封山碑

乾隆二十年（1755），碑立于建水县。

见于《云南林业文化碑刻》。

3066 华严会增置租米碑记

撰者赵城，乾隆二十年（1755），高 153 cm × 宽 64 cm，碑立于通海县。

见于《通海历代碑刻集》。

3067 龙顶寺新置常住碑记

乾隆二十年（1755），高 206 cm × 宽 77 cm × 厚 7.5 cm，碑立于禄丰县。

见于《探寻文明的踪迹——楚雄州第三次全国文物普查纪实》。

3068 轮流演戏碑记

青石，楷书，乾隆二十年（1755），高 120 cm × 宽 58 cm，碑立于澄江县。

见于《玉溪碑刻选集》。

3069 平定准噶尔告成太学碑文

乾隆二十年（1755），碑立于石屏县。

著录于（乾隆）《石屏州志》。

3070 如邱和尚建普光寺碑

乾隆二十年（1755），高 138 cm × 宽 72 cm × 厚 17 cm，碑立于通海县。

见于《通海历代碑刻集》。

3071 万寿宫碑记

撰者梁著时，乾隆二十年（1755），高 164 cm × 宽 66 cm，碑立于会泽县。

见于《会泽县文物志》。

3072 小扰戛彝文碑

乾隆二十年（1755），高 110 cm × 宽 58 cm，碑立于曲靖市。

见于《曲靖石刻》。

3073 垂之永远碑

撰者徐超□，刻工杨敏才，乾隆二十年（1755），碑立于弥渡县。

见于《弥渡古代碑刻辑释》。

3074 地震兴修碑记

撰者朱燽，乾隆二十一年（1756），高 158 cm × 宽 69 cm，碑立于玉溪市。

见于《玉溪碑刻选集》。

3075 恩安添建蓄水闸坝碑记

正书，乾隆二十一年（1756），碑立于昭通市。

著录于《新纂云南通志·金石考》。

3076 重建冀文桥碑记

撰者罗元琦，乾隆二十一年（1756），碑立于禄丰县。

著录于《新纂云南通志·金石考》。

3077 宝泉宫常住碑记

乾隆二十一年（1756），高 130 cm×宽 69 cm×厚 20 cm，碑立于祥云县。

见于《祥云碑刻》。

3078 龚谟夫妇墓碑

撰者张惟寅，乾隆二十一年（1756），高 122 cm×宽 58 cm，碑立于弥渡县。

见于《弥渡古代碑刻辑释》。

3079 捐建白井龙吟书院记

撰者郭存庄，乾隆二十一年（1756），碑立于大姚县。

著录于（乾隆）《白盐井志》。

3080 开山喇嘛僧立叙遗言碑

撰者李樾，乾隆二十一年（1756），高 96 cm×宽 53 cm（拓片），碑立于丽江市。

见于《纳西族地区历代碑刻辑录与研究》。

3081 牟溪冲其它禁断碑记

乾隆二十一年（1756），高 150 cm×宽 85 cm，碑立于玉溪市。

见于《玉溪碑刻选集》。

3082 青华洞冷然亭记

撰者谢圣纶，乾隆二十一年（1756）。

著录于（乾隆）《滇黔志略》。

3083 小芭茅村封山碑

乾隆二十一年（1756），高 210 cm×宽 85 cm，碑立于曲靖市。

见于《陆良历代石刻注解与研究》。

3084 小渔嘴观音寺功德碑记

撰者艾文焕，乾隆二十一年（1756），高 148 cm×宽 81 cm×厚 14 cm，碑立于通海县。

见于《通海历代碑刻集》。

3085 修建开化府儒学明伦堂捐金碑记

撰者汤大宾，乾隆二十一年（1756），碑立于文山市。

著录于（民国）《续修文山县志》。

3086 宜良县学宫永远碑记（一）

撰者张大森，刻工官有德，乾隆二十一年（1756），碑立于宜良县。

著录于（民国）《宜良县志》。

3087 张我学暨夫人宋氏合墓碑

乾隆二十一年（1756），碑立于师宗县。

见于《师宗县文物志》。

3088 赵城文昌宫碑记

撰者赵城，乾隆二十一年（1756），高 216 cm×宽 84 cm，碑立于通海县。

见于《通海历代碑刻集》。

3089 指云寺开山喇嘛僧遗言碑记

正书，乾隆二十一年（1756），碑立于丽江市。

著录于《新纂云南通志·金石考》。

3090 重建文庙残碑

正书，撰者江筠，乾隆二十一年（1756），碑立于文山市。

著录于（乾隆）《开化府志》。

3091 重建西洋江乐安桥碑记

撰者蒋衡，乾隆二十一年（1756），碑立于广南县。

著录于（道光）《广南府志稿》。

3092 重修昭通府学牌坊碑记

撰者沈生遴，乾隆二十一年（1756），碑立于昭通市。

著录于（民国）《昭通志稿》。

3093 □洋溪海水例碑记

书者董灏，刻工董玉楚，青石，楷书，乾隆二十二年(1757),高 140 cm × 宽 75 cm，碑立于祥云县。

见于《大理丛书·金石篇》。

3094 表功祠记

撰者叶观国，乾隆二十二年（1757），碑立于巍山县。

著录于（乾隆）《续修蒙化直隶厅志》。

3095 龚渤龚老太君墓碑

撰者苏霖渤，乾隆二十二年（1757），高 122 cm × 宽 58 cm，碑立于弥渡县。

见于《弥渡古代碑刻辑释》。

3096 祭祀碑

撰者杜启元，乾隆二十二年（1757），高 92 cm × 宽 60 cm × 厚 7 cm，碑立于宾川县。

见于《宾川丛书·金石篇》。

3097 时余及王氏墓碑

撰者葛俊起，乾隆二十二年（1757），高 122 cm × 宽 58 cm，碑立于弥渡县。

见于《弥渡古代碑刻辑释》。

3098 士家村公山碑记

乾隆二十二年（1757），碑立于大理市。

见于《大理凤仪古碑文集》。

3099 观音会功德碑记

乾隆二十二年（1757），高 137 cm × 宽 67 cm，碑立于通海县。

见于《通海历代碑刻集》。

3100 毛国用墓碑

乾隆二十二年（1757），碑立于师宗县。

见于《师宗县文物志》。

3101 中营福良寺田亩碑记

撰者宋宝林，书者宋宝林，砂石，乾隆二十二年（1757），高 160 cm × 宽 67 cm，碑立于宜良县。

见于《宜良碑刻增补本》（下）。

3102 重建瓔珞山碑记

撰者潘师洛，刻工李润，乾隆二十二年（1757），高 186 cm × 宽 79 cm，碑立于宜良县。

见于《宜良碑刻增补本》（上）。

3103 翠崖亭记

撰者谢圣纶，乾隆二十三年（1758），碑立于维西县。

著录于（乾隆）《滇黔志略》。

3104 高第先生墓表

撰者李堂旨，书者杨济，大理石，楷书，乾隆二十三年(1758),高 165 cm × 宽 80 cm，碑立于大理市。

见于《大理丛书·金石篇》。

3105 荣褒行实碑

乾隆二十三年（1758），高 178 cm × 宽 75 cm，碑立于祥云县。

见于《祥云金石》。

3106 高第先生西逝诔词

撰者杨济，书者杨济，大理石，楷书，乾隆二十三年(1758),高 160 cm × 宽 80 cm，碑立于大理市。

见于《大理丛书·金石篇》。

3107 河西香云寺观音殿碑

撰者谷如冈，书者江有猷，正书，乾隆二十三年（1758），碑立于腾冲市。

著录于《新纂云南通志·金石考》。

3108 牛震墓志铭

撰者杨龙藻，乾隆二十三年（1758），高 84 cm × 宽 55 cm，碑立于隆阳区。

见于《隆阳碑铭石刻》。

3109 孝子赵和墓碑

撰者甘岳，书者赵淳，乾隆二十三年（1758），碑立于禄丰县。

著录于（光绪）《云南通志》。

3110 重修朝天宫碑记

撰者谭五格，乾隆二十三年（1758）。

见于《云南道教碑刻辑录》。

3111 左官屯、葛家村村规民约碑

乾隆二十三年（1758），高 118 cm × 宽 55 cm × 厚 6 cm，碑立于隆阳区。

见于《隆阳碑铭石刻》。

3112 左官屯、西山村立丛防盗碑

乾隆二十三年（1758），高 115 cm × 宽 53 cm，碑立于保山市。

见于《保山碑刻》。

3113 改建明伦堂捐金碑记

撰者汤大宾，正书，乾隆二十四年（1759），碑立于文山市。

著录于《新纂云南通志·金石考》。

3114 东岳宫灯油功德碑引

乾隆二十四年（1759），高 67 cm × 宽 44 cm × 厚 3.5 ~ 4.2 cm，碑立于弥渡县。

见于《弥渡古代碑刻辑释》。

3115 “从来门户头人在所难免”碑

乾隆二十四年（1759），高 143 cm × 高 68 cm，碑立于官渡区。

见于《羊甫村志》。

3116 干河堡观音寺重修碑记

撰者王宣，刻工陈诰，乾隆二十四年（1759），高 100 cm × 宽 55 cm，碑立于曲靖市。

见于《陆良历代石刻注解与研究》。

3117 虹溪文昌宫碑文

乾隆二十四年（1759），高 125 cm × 宽 68 cm，碑立于弥勒市。

见于《弥勒文物志》。

3118 三乡弘嗣殿常住碑记

撰者沈文伯，书者沈文伯，楷书，乾隆二十四年（1759），高 45 cm × 宽 125 cm × 厚 2 cm，碑立于禄丰县。

见于《楚雄历代碑刻》。

3119 法灵寺苍晓禅师行实记

撰者体芳，刻工朱明梓，楷书，乾隆二十四年（1759），高 134 cm × 宽 70 cm，碑立于元谋县。

见于《楚雄历代碑刻》。

3120 太守刘公重修郡城记

撰者王敬天，乾隆二十四年（1759），碑立于凤庆县。

著录于（光绪）《续修顺宁府志》。

注：时间记载有出入，又记乾隆二十六年（1761）。

3121 通彻和尚墓志

乾隆二十四年（1759），碑立于弥勒市。

见于《弥勒文物志》。

3122 万古昭垂

乾隆二十四年（1759），碑立于江川区。

见于《云南林业文化碑刻》。

3123 万寿宫碑记

乾隆二十四年（1759），高 166 cm × 宽 67 cm，碑立于曲靖市。

见于《陆良历代石刻注解与研究》。

3124 重建龙江桥碑记

撰者翁甲，正书，乾隆二十四年（1759），碑立于腾冲市。

著录于《新纂云南通志·金石考》。

3125 重修黄泥坡大路碑

撰者欧文安，乾隆二十四年（1759），碑立于昭通市。

见于《鲁甸碑刻》。

3126 北塘碑记

撰者周麟峰，书者周麟峰，正书，乾隆二十五年（1760），碑立于江川区。

著录于《新纂云南通志·金石考》。

3127 凤仪北汤天董氏宗族新建祠记

大理石，楷书，乾隆二十五年（1760），高 98 cm × 宽 52 cm，碑立于大理市。

见于《大理丛书·金石篇》。

3128 新建祠记

乾隆二十五年（1760），高 133 cm × 宽 71.5 cm × 厚 5.5 cm，碑立于大理市。

见于《大理凤仪古碑文集》。

3129 文昌关望宫碑记

撰者苏潮，乾隆二十五年（1760），碑立于弥渡县。

见于《弥渡古代碑刻辑释》。

3130 海堤碑记

撰者王以宽，乾隆二十五年（1760），碑立于呈贡区。

著录于（光绪）《呈贡县志》。

3131 合揆墓表

撰者傅为詝，乾隆二十五年（1760），高 120 cm × 宽 60 cm，碑立于玉溪市。

见于《玉溪碑刻选集》。

3132 火君碑

乾隆二十五年（1760），碑立于石屏县。

著录于（民国）《石屏县志》。

3133 己梯某氏彝汉文墓碑

乾隆二十五年（1760），高 67 cm × 宽 37 cm，碑立于武定县。

见于《武定探秘》。

3134 朱子治家格言碑

书者杨重谷，乾隆二十五年（1760），碑立于姚安县。

著录于（民国）《姚安县志》。

3135 重修天化室碑

乾隆二十五年（1760），碑立于姚安县。

著录于（民国）《姚安县志》。

3136 开浚白龙山泉水利碑记

撰者杨重谷，书者杨重谷，砂岩，楷书，乾隆二十五年（1760），高 154 cm × 宽 87 cm，碑立于姚安县。

著录于（民国）《姚安县志》。

3137 普洱建魁星阁序

撰者刘轼，乾隆二十五年（1760），碑立于普洱市。

著录于（道光）《普洱府志》。

3138 玄龙寺重建弥罗宫并置香火田记

撰者孙嗣勋，乾隆二十五年（1760），高 130 cm × 宽 64 cm。

见于《云南道教碑刻辑录》。

3139 葛中选神道碑

撰者张凤翮，青石，乾隆二十五年（1760）重立，高 199 cm × 宽 93 cm，碑立于通海县。

见于《玉溪碑刻选集》。

3140 灵谷墓铭

乾隆二十六年（1761），碑立于楚雄市。

见于《紫溪山志》。

3141 阿克贤裔□□迟夫妇合葬墓碑

乾隆二十六年（1761），碑立于武定县。

见于《武定探秘》。

3142 阿乌村陈毓瑞袁氏诰封碑

乾隆二十六年（1761），高 143 cm × 内阔 50 cm × 厚 16 cm，高 204 cm × 外阔 84 cm × 厚 16 cm，碑立于弥勒市。

见于《弥勒文物志》。

3143 府宪刘公重建新城碑

撰者邱之均，乾隆二十六年（1761），碑立于凤庆县。

著录于（民国）《顺宁县志初稿》。

3144 解守神道碑

乾隆二十六年（1761），高 376 cm × 宽 64 cm，碑立于通海县。

见于《通海历代碑刻集》。

3145 刘靖题诗碑

撰者刘靖，乾隆二十六年（1761），碑立于凤庆县。

著录于（民国）《顺宁县志初稿》。

3146 明巡抚徐公神道碑

正书，乾隆二十六年（1761），碑立于通海县。

著录于《新纂云南通志·金石考》。

3147 钦赐王氏为宜人诰命碑

楷书，乾隆二十六年（1761），高 150 cm × 宽 52 cm，碑立于大理市。

见于《大理丛书·金石篇》。

注：原碑已佚，拓片藏今云南省大理市图书馆。

3148 清待赠逸士段公元配董氏合寿志

撰者□新明，乾隆二十六年（1761），碑立于大理市。

见于《大理凤仪古碑文集》。

3149 题贵阳司马殉节杨公及少君佟夫人墓石刻

撰者刘靖，书者刘如鏵，正书，乾隆二十六年（1761），碑立于凤庆县。

著录于《新纂云南通志·金石考》。

3150 璎珞山重立功德碑记

撰者甘邵棠，乾隆二十六年（1761），高 175 cm × 宽 84 cm，碑立于宜良县。

见于《宜良碑刻增补本》（上）。

3151 钟清彦去思碑

乾隆二十六年（1761），碑立于新平县。

著录于（道光）《新平县志》。

3152 宝峰禅师重兴九莲寺碑记

撰者王贤，书者张雷，正书，乾隆二十七年（1762），碑立于宾川县。

著录于《新纂云南通志·金石考》。

3153 洪桥三教寺常住碑记

乾隆二十七年（1762），高 155 cm × 宽 78 cm × 厚 11 cm，碑立于宣威市。

见于《宣威县文物志》。

3154 楷空紫珽墓铭

撰者普证，砂岩，乾隆二十七年（1762），高 59 cm × 宽 32 cm，碑立于楚雄市。

见于《紫溪山志》。

3155 寂空紫玳墓铭

撰者普证，大理石，乾隆二十七年（1762），高 59 cm × 宽 32 cm，碑立于楚雄市。

见于《紫溪山志》。

3156 旌表孝友李又师墓表

撰者孙人龙，书者苏学，正书，乾隆二十七年（1762），碑立于晋宁区。

著录于《新纂云南通志·金石考》。

3157 拉里黑重修文昌宫碑记

撰者陈九思，乾隆二十七年（1762），高 126 cm × 宽 80 cm × 厚 16 cm，碑立于弥勒市。

见于《弥勒文物志》。

3158 铁封真一禅师行实记

撰者庆章，书者宗演，正书，乾隆二十七年（1762），碑立于西山区。

著录于《新纂云南通志·金石考》。

3159 万寿宫重修碑记

乾隆二十七年（1762），高 164 cm×宽 67 cm，碑立于会泽县。

见于《会泽县文物志》。

3160 新安大魁楼记

撰者李联元，正书，乾隆二十七年（1762），碑立于新平县。

著录于《新纂云南通志·金石考》。

3161 续建武科乡会试题名碑序

撰者吴元念，乾隆二十七年（1762），碑立于建水县。

见于《遗留在建水碑刻中的文明记忆》。

3162 杨氏李孺人墓志

乾隆二十七年（1762），高 170 cm×宽 210 cm，碑立于弥勒市。

见于《弥勒文物志》。

3163 玉皇阁斗会记

撰者傅元福，书者段宏道，正书，乾隆二十七年（1762），碑立于富民县。

著录于《新纂云南通志·金石考》。

3164 元江军民知府佛德碑

乾隆二十七年（1762），碑立于新平县。

著录于（民国）《新平县志》。

3165 重建临建两庠科甲题名碑记

撰者吴元念，乾隆二十七年（1762），碑立于建水县。

见于《遗留在建水碑刻中的文明记忆》。

3166 重修富邑城垣碑记

撰者胡琭，正书，乾隆二十七年（1762），碑立于富民县。

著录于《新纂云南通志·金石考》。

3167 重修黑龙洞碑记

撰者项兆龙，乾隆二十七年（1762），高 110 cm×宽 60 cm，碑立于施甸县。

见于《施甸县志》。

3168 重修紫溪寺碑记

撰者陶以敬，刻工张凤翔、杨国选、靳光祖，乾隆二十七年（1762），高 146 cm×宽 63 cm，碑立于曲靖市。

著录于（民国）《陆良县志稿》。

3169 傅府尊德政去思碑记

撰者游方震，乾隆二十七年（1762），碑立于昭通市。

著录于（民国）《昭通志稿》。

3170 皇清待赠郡庠显考董公之墓

撰者杨畴天，乾隆二十七年（1762），碑立于大理市。

见于《大理凤仪古碑文集》。

3171 重立永遵

乾隆二十七年（1762），碑立于宾川县。

见于《宾川丛书·金石篇》。

3172 重修福德山古溪寺中殿碑

撰者李栩，刻工李瑞云，乾隆二十七年（1762），高 68 cm×宽 103 cm，碑立于官渡区。

见于《云溪、永丰村志》。

3173 平川河头村水利碑记

刻工张士相，乾隆二十七年（1762），高 123 cm×宽 80 cm×厚 23 cm，碑立于宾川县。

见于《宾川丛书·金石篇》。

3174 靖安哨新建茶房碑记

砂石，乾隆二十八年（1763），高 160 cm×宽 60 cm，碑立于宜良县。

见于《宜良碑刻增补本》（下）。

3175 师问忠墓志铭

撰者姚鼐，乾隆二十八年（1763），碑立于弥渡县。

见于《弥渡古代碑刻辑释》。

3176 革宪革弊

砂石，乾隆二十八年（1763），碑立于弥勒市。

见于《红河州不可移动文物大全》。

3177 永革杂派碑

乾隆二十八年（1763），碑立于泸西县。

见于《红河州文物志》。

3178 亘古如斯碑

刻工罗大朝、钟之来，乾隆二十八年（1763），高 196 cm×宽 75 cm×厚 15 cm，碑立于会泽县。

见于《娜姑镇文物志》。

3179 河阳宿江川二绝

撰者刘藻，刻工刘携，乾隆二十八年（1763），高 187 cm×宽 110 cm，碑立于玉溪市。

著录于（民国）《江川县志》。

3180 金阙选仙吕大真人降笔

撰者吕洞宾，乾隆二十八年（1763）。

见于《云南道教碑刻辑录》。

3181 靖安哨诉讼碑记（一）

乾隆二十八年（1763），高 165 cm×宽 64 cm，碑立于宜良县。

见于《宜良碑刻增补本》（下）。

注：原碑无名，碑名系编者依碑文内容所拟。

3182 郡主祠碑记

撰者郭存庄，乾隆二十八年（1763），碑立于大姚县。

著录于（光绪）《续修白盐井志》。

3183 土桥山顶活佛寺和尚墓志

乾隆二十八年（1763），高 110 cm×宽 68 cm×厚 16 cm，碑立于弥勒市。

见于《弥勒文物志》。

注：时间又记为乾隆七年（1742），待考。

3184 湾子寨证德庵重修碑记

撰者李尧畤，乾隆二十八年（1763），高 170 cm×宽 70 cm，碑立于弥勒市。

见于《弥勒文物志》。

3185 新设顺宁县创建衙署碑记

撰者陆继夔，乾隆二十八年（1763），碑立于凤庆县。

著录于（民国）《顺宁县志初稿》。

3186《宿江川》诗刻

撰者刘藻，书者刘藻，行书，乾隆二十八年（1763），碑立于江川区。

著录于《新纂云南通志·金石考》。

3187《游孤山寺》诗刻

撰者李□，隶书，乾隆二十八年（1763），碑立于江川区。

著录于《新纂云南通志·金石考》。

3188 重修龙神庙水塘义学碑记

撰者傅圣，乾隆二十八年（1763），碑立于昭通市。

著录于《恩安县志稿》。

3189 姚铭护林碑

刻工毕秀乐，乾隆二十九年（1764），碑立于武定县。

见于《云南林业文化碑刻》。

3190 白井大王庙功德碑记

撰者张鉴圣，乾隆二十九年（1764），碑立于大姚县。

著录于（光绪）《续修白盐井志》。

3191 常平仓春粜秋籴碑

乾隆二十九年（1764），高 179 cm×宽 63 cm×厚 11 cm，碑立于丽江市。

见于《丽江历代碑刻辑录与研究》。

3192 大龙泉碑记

撰者李鹄，乾隆二十九年（1764），碑

立于玉溪市。

著录于（道光）《续修易门县志》。

3193 李开泰懋森墓志铭

撰者赵可随，书者赵可随，乾隆二十九年（1764），碑立于腾冲市。

著录于《新纂云南通志·金石考》。

3194 李太君墓志

乾隆二十九年（1764），高 170 cm，碑立于弥勒市。

见于《红河州不可移动文物大全》。

3195 铺田村大寺碑记

乾隆二十九年（1764），高 156 cm × 宽 79 cm × 厚 13 cm，碑立于弥勒市。

见于《弥勒文物志》。

3196 西龙潭开闸口水利碑

乾隆二十九年（1764），高 130 cm × 宽 68 cm，碑立于鹤庆县。

见于《鹤庆碑刻辑录》。

3197 紫峨山华严寺重立松坪田庄碑记

砂岩，乾隆二十九年（1764），高 120 cm × 宽 73 cm × 厚 20 cm，碑立于楚雄市。

见于《威楚遗韵》。

3198 新建镇岭桥碑记

撰者张志超，乾隆三十年（1765），碑立于大姚县。

著录于（光绪）《续修白盐井志》。

3199 阿索夫妇墓碑

乾隆三十年（1765），高 60 cm × 宽 32 cm，碑立于武定县。

见于《武定探秘》。

3200 鼎建会馆助金录名

乾隆三十年（1765），碑立于弥勒市。

见于《弥勒文物志》。

3201 个旧厂小普陀岩记

撰者王文治，书者王文治，正书，乾隆三十年（1765），碑立于个旧市。

著录于《新纂云南通志·金石考》。

3202 捐入文昌宫田粮碑记

刻工代升元，乾隆三十年（1765），高 160 cm × 宽 80 cm × 厚 18 cm，碑立于弥勒市。

见于《弥勒文物志》。

3203 魁斗阁置常住碑记

撰者闵端仪，书者张恪德，大理石，楷书，乾隆三十年（1765），高 129 cm × 宽 62 cm，碑立于大理市。

见于《大理丛书·金石篇》。

3204 南斗会碑记

撰者陈濬，刻工时文科，青石，乾隆三十年（1765），高 100 cm × 宽 60 cm，碑立于宜良县。

见于《宜良碑刻增补本》（下）。

3205 普渡庵增建落成碑

乾隆三十年（1765），高 75 cm × 宽 45 cm × 厚 10 cm，碑立于东川市。

见于《东川市文物志》。

3206 题三圣宫碑

撰者刘德成，乾隆三十年（1765），碑立于维西县。

著录于（民国）《维西县志》。

3207 万户主乡规碑记（二）

乾隆三十年（1765），高 113 cm × 宽 70 cm，碑立于宜良县。

见于《宜良碑刻增补本》（下）。

3208 万户庄乡规碑

乾隆三十年（1765），高 150 cm × 宽 60 cm，碑立于宜良县。

见于《云南林业文化碑刻》。

3209 万宗铺彝族凤氏祖茔墓碑

乾隆三十年（1765），高 60 cm × 宽 32 cm，碑立于武定县。

见于《彝文石刻译选》。

3210 **王文治游秀山诗刻石**

撰者王文治，乾隆三十年（1765），高44 cm×宽110 cm，碑立于玉溪市。

见于《玉溪碑刻选集》。

3211 **王喆墓志**

乾隆三十年（1765），碑立于蒙自市。

见于《红河州不可移动文物大全》。

3212 **修建财神殿碑记**

乾隆三十年（1765）。

见于《云南道教碑刻辑录》。

3213 **演公和尚塔碑**

正书，乾隆三十年（1765），碑立于富民县。

著录于《新纂云南通志·金石考》。

3214 **永映寺碑记**

撰者李承恩，乾隆三十年（1765），碑立于腾冲市。

见于《腾冲名碑集释》。

3215 **真武山四至碑记**

正书，乾隆三十年（1765），碑立于大关县。

著录于《新纂云南通志·金石考》。

3216 **重修城隍庙记**

撰者郑倗自，乾隆三十年（1765），高100 cm×宽60 cm，碑立于玉溪市。

见于《玉溪碑刻选集》。

3217 **城东筑堤防水碑记**

撰者殷王臣，乾隆三十一年（1766），碑立于宜良县。

著录于（乾隆）《宜良县志》。

3218 **黑羊村筑堤聚水记**

撰者王诵芬，乾隆三十一年（1766），碑立于宜良县。

著录于（乾隆）《宜良县志》。

3219 **均摊力役碑**

乾隆三十一年（1766），高 105 cm×宽65 cm，碑立于通海县。

见于《通海历代碑刻集》。

3220 **安上全下**

撰者杨学淳，乾隆三十一年（1766），高139 cm×宽57 cm，碑立于大理市。

见于《大理凤仪古碑文集》。

3221 **双马槽碑记**

撰者杨学淳，书者杨学淳，楷书，乾隆三十一年（1766），高137 cm×宽55 cm，碑立于大理市。

见于《大理丛书·金石篇》。

3222 **寺庙田产废除檀越名色敕谕石刻**

正书，乾隆三十一年（1766），碑立于剑川县。

著录于《新纂云南通志·金石考》。

3223 **阿乌村程善墓志铭**

撰者李永辉，乾隆三十二年（1767），高116 cm×宽53 cm，碑立于弥勒市。

见于《弥勒文物志》。

3224 **桂显芳墓志铭**

乾隆三十二年（1767），碑立于昭通市。

见于《鲁甸碑刻》。

3225 **鲁甸箐门前李琦祖碑序**

乾隆三十二年（1767），碑立于昭通市。

见于《鲁甸碑刻》。

3226 **美师寿基**

撰者指南，大理石，乾隆三十二年（1767），高90 cm×宽54 cm，碑立于楚雄市。

见于《紫溪山志》。

3227 青苗会碑记

乾隆三十二年（1767），高 136 cm × 宽 67 cm。

见于《云南道教碑刻辑录》。

3228 赛焕章墓志铭

撰者马膺瑞，乾隆三十二年（1767），碑立于昭通市。

见于《鲁甸碑刻》。

3229 玉阁经会公捐积存常住永留应办会用碑记

撰者孟弘猷，乾隆三十二年（1767），高 163 cm × 宽 65 cm，碑立于隆阳区。

见于《隆阳碑铭石刻》。

3230 重修地龙沟碑记

乾隆三十二年（1767），碑立于弥勒市。

见于《弥勒文物志》。

3231 奎乡南楼小序

撰者汪浩存，乾隆三十二年（1767），碑立于彝良县。

著录于（光绪）《镇雄州志》。

3232 德光禅师行实碑记

撰者袁铉，乾隆三十三年（1768），高 70 cm × 宽 212 cm，碑立于宜良县。

见于《宜良碑刻增补本》（下）。

3233 落雁修路碑记

乾隆三十三年（1768），碑立于盐津县。

见于《盐津县志》。

3234 南楼碑记

撰者汪浩存，乾隆三十三年（1768），碑立于镇雄县。

著录于（乾隆）《镇雄州志》。

3235 蓬莱知县杨新甫如柏墓表

撰者袁文典，乾隆三十三年（1768），碑立于保山市。

著录于《新纂云南通志·金石考》。

3236 王恭极秀山诗刻石

撰者王恭极，乾隆三十三年（1768），高 37 cm × 宽 109 cm，碑立于通海县。

见于《通海历代碑刻集》。

3237 修建虚凝庵碑记

乾隆三十三年（1768）。

著录于《新纂云南通志·金石考》。

3238 张若渟题秀山诗刻石

撰者张若渟，乾隆三十三年（1768），高 37 cm × 宽 101 cm，碑立于通海县。

见于《通海历代碑刻集》。

3239 重修水月寺碑记

撰者许昭来，乾隆三十三年（1768），高 125 cm × 宽 65 cm，碑立于宜良县。

见于《宜良碑刻增补本》（上）。

3240 李聚贤神道碑

乾隆三十三年（1768），高 160 cm × 宽 60 cm × 厚 18 cm，碑立于弥渡县。

见于《弥渡古代碑刻辑释》。

3241 永遵执照碑

乾隆三十三年（1768），高 82 cm × 宽 52 cm，碑立于弥渡县。

见于《弥渡古代碑刻辑释》。

3242 重修五龙寺碑记

撰者杨铭敬，乾隆三十三年（1768），高 147 cm × 宽 76 cm。

见于《云南道教碑刻辑录》。

3243 重修五显庙碑记

撰者杨铭敬，乾隆三十三年（1768），碑立于建水县。

见于《遗留在建水碑刻中的文明记忆》。

3244 **大树园记**

撰者傅恒，乾隆三十四年（1769），碑立于腾冲市。

著录于（乾隆）《云南腾越州志》。

3245 **副官村文昌宫碑记**

撰者吴绳祖，乾隆三十四年（1769），碑立于永善县。

著录于（嘉庆）《永善县志略》。

3246 **故天营摩崖石刻（五）**

乾隆三十四年（1769），碑立于武定县。

见于《武定探秘》。

3247 **祭山川风雨神文刻石**

撰者傅恒、阿桂、阿里衮，刻工蒋曰杞，乾隆三十四年（1769），碑立于腾冲市。

著录于《新纂云南通志·金石考》。

3248 **三道水村三教殿碑**

乾隆三十四年（1769），高 56 cm×宽 94 cm，碑立于弥勒市。

见于《弥勒文物志》。

3249 **修燕子洞记**

撰者傅为詝，书者杨士琅，正书，乾隆三十四年（1769），碑立于开远市。

著录于《新纂云南通志·金石考》。

3250 **永免杂派碑记**

乾隆三十四年（1769），高 133 cm×宽 65 cm×厚 12 cm，碑立于师宗县。

见于《师宗县文物志》。

3251 **游龙泉记**

撰者王昶，乾隆三十四年（1769），碑立于保山市。

著录于《新纂云南通志·金石考》。

3252 **重建学宫龙江桥记**

正书，乾隆三十四年（1769），碑立于腾冲市。

著录于《新纂云南通志·金石考》。

3253 **祭阵亡将士文刻石**

撰者傅恒、阿桂、阿里衮，刻工蒋曰杞，乾隆三十四年（1769），碑立于腾冲市。

著录于《新纂云南通志·金石考》。

3254 **碧龙庵万古祀田碑记**

撰者项兆龙，乾隆三十五年（1770），长 170 cm×宽 90 cm，碑立于隆阳区。

见于《隆阳碑铭石刻》。

3255 **菜家地马祖人马鳞炽墓铭**

撰者谭士毅，乾隆三十五年（1770），碑立于昭通市。

见于《鲁甸碑刻》。

3256 **东岳宫水例记**

乾隆三十五年（1770），高 177 cm×宽 88 cm，碑立于祥云县。

见于《祥云金石》。

3257 **大堡子永革派拨短夫碑**

乾隆三十五年（1770），高 103 cm×宽 50 cm，碑立于曲靖市。

见于《陆良历代石刻注解与研究》。

3258 **李有田锦玉墓志铭**

撰者赵可随，书者赵可随，乾隆三十五年（1770），碑立于腾冲市。

著录于《新纂云南通志·金石考》。

3259 **普龙生捐碑**

乾隆三十五年（1770），高 110 cm×宽 66 cm×厚 15 cm，碑立于弥勒市。

见于《弥勒文物志》。

3260 **文昌宫义学碑文**

撰者王道隆，乾隆三十五年（1770），碑立于昭通市。

著录于（民国）《盐津县志》。

3261 者甸四家村重修石牛坡大桥志

乾隆三十五年（1770），高 110 cm × 宽 66 cm × 厚 15 cm，碑立于弥勒市。

见于《弥勒文物志》。

3262 镇雄城隍庙记

撰者饶梦铭，乾隆三十五年（1770），碑立于昭通市。

著录于（乾隆）《镇雄州志》。

3263 重建昙华寺大殿碑记

撰者施培应，书者陈谦，正书，乾隆三十五年（1770），碑立于盘龙区。

著录于《新纂云南通志·金石考》。

3264 重修学宫记

撰者吴楷，乾隆三十五年（1770），碑立于腾冲市。

著录于（光绪）《腾越厅志稿》。

3265 竹园肖公庙碑

撰者李承道，乾隆三十五年（1770），高 134 cm × 宽 67 cm × 厚 16 cm，碑立于弥勒市。

见于《弥勒文物志》。

3266 左副都御史傅岩溪先生为詝墓表

撰者蔡新，乾隆三十五年（1770），碑立于建水县。

著录于（光绪）《云南通志》。

3267 草堂记

撰者王昶，乾隆三十六年（1771），碑立于腾冲市。

著录于（乾隆）《云南腾越州志》。

3268 福都义学碑记

乾隆三十六年（1771），高 66 cm × 宽 97 cm × 厚 12 cm，碑立于普洱市。

见于《思茅地区文物志》。

3269 观音会叙

撰者弘农氏，乾隆三十六年（1771），碑立于建水县。

见于《遗留在建水碑刻中的文明记忆》。

3270 马王庙碑

乾隆三十六年（1771），碑立于师宗县。

见于《师宗县文物志》。

3271 王九锡自序碑

撰者王九锡，乾隆三十六年（1771），高 110 cm × 宽 53 cm × 厚 13 cm，碑立于会泽县。

见于《娜姑镇文物志》。

3272 新开大石桥堰塘碑记

乾隆三十六年（1771），高 154 cm × 宽 78 cm，碑立于宜良县。

见于《宜良碑刻增补本》（上）。

3273 燕子洞置常住叙

撰者杨洲，乾隆三十六年（1771），高 116 cm × 宽 76 cm，碑立于建水县。

见于《遗留在建水碑刻中的文明记忆》。

3274 永昌王氏家庙碑

撰者王昶，乾隆三十六年（1771），碑立于隆阳区。

著录于《永昌府志》。

3275 章堡村永减额夫碑记

刻工董士俊，乾隆三十六年（1771），高 130 cm × 宽 78 cm，碑立于宜良县。

见于《宜良碑刻增补本》（下）。

3276 重修本境土主庙碑记

乾隆三十六年（1771），高 170 cm × 宽 67 cm，碑立于宜良县。

见于《宜良碑刻增补本》（上）。

3277 重修腾越州神勇关帝庙碑记

撰者吴楷，乾隆三十六年（1771），碑

立于腾冲市。

著录于（乾隆）《云南腾越州志》。

3278 重修涌金梵刹碑记

乾隆三十六年（1771），高 140 cm×宽 80 cm，碑立于通海县。

见于《通海历代碑刻集》。

3279 城隍庙碑记

撰者吴楷，书者吴楷，正书，乾隆三十七年（1772），碑立于腾冲市。

著录于《新纂云南通志·金石考》。

3280 化渔村赏免额夫碑记

乾隆三十七年（1772），高 103 cm×宽 50 cm，碑立于宜良县。

见于《宜良碑刻增补本》（下）。

3281 进士刘君墓表

撰者王昶，乾隆三十七年（1772），碑立于保山市。

著录于《新纂云南通志·金石考》。

3282 禁革铜厂陋规碑

乾隆三十七年（1772），碑立于永善县。

著录于（嘉庆）《永善县志略》。

3283 清乾隆重修土主庙碑

撰者徐世美，乾隆三十七年（1772），高 174 cm×宽 89 cm，碑立于宜良县。

见于《宜良碑刻增补本》（上）。

注：草甸土官村土主庙系列碑刻。

3284 土主庙碑记

刻工施秀川，乾隆三十七年（1772），高 160 cm×宽 60 cm，碑立于宜良县。

见于《宜良碑刻增补本》（下）。

3285 义田说

撰者段铨璋，乾隆三十七年（1772），碑立于腾冲市。

著录于（乾隆）《云南腾越州志》。

3286 游兴龙寺记

撰者吴楷，乾隆三十七年（1772），碑立于腾冲市。

著录于（乾隆）《云南腾越州志》。

3287 重建腾越州义学记

撰者段铨璋，乾隆三十七年（1772），碑立于腾冲市。

著录于（康熙）《永昌府志》。

3288 重修华严寺记

撰者陈文灿，书者蔡名琦，正书，乾隆三十七年（1772），碑立于腾冲市。

著录于《新纂云南通志·金石考》。

3289 重修禄劝城碑记

撰者鲁大宗，乾隆三十七年（1772），碑立于禄劝县。

著录于（民国）《禄劝县志》。

3290 重修肇腾土主庙碑记

撰者吴楷，乾隆三十七年（1772），碑立于腾冲市。

著录于（乾隆）《云南腾越州志》。

3291 宗丞罗公墓志铭

撰者窦光鼐，乾隆三十七年（1772），碑立于石屏县。

著录于（嘉庆）《滇系》。

3292 城隍庙碑记

撰者李发源，乾隆三十八年（1773），碑立于永善县。

著录于（嘉庆）《永善县志略》。

3293 鼎建通明阁碑记

乾隆三十八年（1773），高 120 cm×宽 60 cm。

见于《云南道教碑刻辑录》。

3294 迁建长洞乡土主庙碑记

撰者余辅臣，乾隆三十八年（1773），高 19 cm × 宽 64 cm，碑立于腾冲市。

见于《腾冲名碑集释》。

3295 太和寺功德碑记

撰者李徵，书者赵启宇，刻工杨子超，红砂石，楷书，乾隆三十八年（1773），高 198 cm × 宽 89 cm，碑立于云龙县。

见于《大理丛书·金石篇》。

3296 性老禅师墓铭

撰者董芳，乾隆三十八年（1773），碑立于楚雄市。

见于《紫溪山志》。

3297 宾川盐税碑

乾隆三十九年（1774），高 132 cm × 宽 84 cm，碑立于宾川县。

见于《大理丛书·金石篇》。

3298 洱河祠碑记

楷书，乾隆三十九年（1774），高 74 cm × 宽 37 cm，碑立于大理市。

见于《大理丛书·金石篇》。

注：原碑已佚。

3299 越翁尊师寿量塔铭

撰者普证，大理石，乾隆三十九年（1774），高 30 cm × 宽 37 cm，碑立于楚雄市。

见于《威楚遗韵》。

3300 一行德舟寿塔

撰者超贤，大理石，乾隆三十九年（1774），高 45 cm × 宽 36 cm，碑立于楚雄市。

见于《威楚遗韵》。

3301 弘越师寿量塔志

撰者严正身，书者指南，乾隆三十九年（1774），碑立于楚雄市。

见于《威楚遗韵》。

3302 捐置奎乡书院学田碑记

乾隆三十九年（1774），碑立于镇雄县。

著录于（乾隆）《镇雄州志》。

3303 马常文昌宫常住田碑记

撰者吴楷，乾隆三十九年（1774），高 232 cm × 宽 81 cm，碑立于腾冲市。

见于《腾冲名碑集释》。

3304 盘江渡碑记

撰者张珊，刻工杨开宗、杨兴宗、杨荣宗、杨耀宗、杨成用，砂石，乾隆三十九年（1774），高 108 cm × 宽 53 cm，碑立于宜良县。

见于《宜良碑刻增补本》（下）。

3305 普全寺无名碑

撰者汪朝銮，乾隆三十九年（1774），残高 134 cm × 宽 69 cm，碑立于施甸县。

见于《姚关镇志》。

3306 文昌会叙

撰者刘培元，乾隆三十九年（1774），高 104 cm × 宽 80 cm。

见于《云南道教碑刻辑录》。

3307 燕子洞主君会碑记

乾隆三十九年（1774），高 110 cm × 宽 63 cm。

见于《云南道教碑刻辑录》。

3308 永除流弊碑记

乾隆三十九年（1774），碑立于开远市。

见于《开远文物志》。

3309 永州府知府石屏朱龙坡煐墓志铭

撰者崔述，乾隆三十九年（1774），碑立于石屏县。

著录于（民国）《石屏县志》。

3310 **重修执翁杨氏宗谱墓志源流序铭**

撰者王之雄，乾隆三十九年（1774），民国三十六年（1947）重立，高 120 cm × 宽 64 cm，碑立于祥云县。

见于《祥云碑刻》。

3311 **昆明县义学碑记**

撰者徐文元，乾隆四十年（1775），高 165 cm × 宽 65 cm，碑立于西山区。

见于《西山区文物志》。

3312 **林泉居士传**

撰者赵可随，书者赵可随，乾隆四十年（1775），碑立于腾冲市。

著录于《新纂云南通志·金石考》。

3313 **龙祠置田宅序**

乾隆四十年（1775），碑立于禄丰县。

见于《楚雄彝族自治州文物志》。

3314 **巍宝山文昌宫新建魁神金甲殿碑志**

大理石，楷书，乾隆四十年（1775），高 63 cm × 宽 53 cm，碑立巍山县。

见于《大理丛书·金石篇》。

3315 **为开河有得粮田贻患邻邑事碑记**

刻工宗贤，乾隆四十年（1775），高 240 cm × 宽 98 cm，碑立于宜良县。

见于《宜良碑刻增补本》（上）。

注：原碑无名，碑名系编者依碑文内容所拟。

3316 **新建普济桥碑记**

撰者徐文明，乾隆四十年（1775），碑立于宜良县。

著录于（民国）《宜良县志》。

注：原碑已佚。

3317 **修建土地祠碑记**

乾隆四十年（1775）。

见于《云南道教碑刻辑录》。

3318 **秀麓书院碑记**

撰者陈朝书，乾隆四十年（1775），高 185 cm × 宽 75 cm，碑立于通海县。

见于《通海历代碑刻集》。

3319 **仪山种树记**

撰者陈振齐，乾隆四十年（1775），碑立于大理市。

著录于（道光）《赵州志》。

3320 **永丰寺开山祖师行实碑记**

书者缪焞，行书，乾隆四十年（1775），碑立于五华区。

著录于《新纂云南通志·金石考》。

3321 **张太君赵氏孝行碑**

撰者余辅臣，书者余辅臣，乾隆四十年（1775），碑立于腾冲市。

著录于《新纂云南通志·金石考》。

3322 **楚雄文母刘太孺人墓表**

撰者钱沛，乾隆四十一年（1776），碑立于昆明市。

著录于（嘉庆）《滇系》。

3323 **东河水碑**

撰者袁文典，乾隆四十一年（1776），碑立于隆阳区。

见于《隆阳碑铭石刻》。

3324 **飞来寺玄坛祖师碑记**

乾隆四十一年（1776），碑立于师宗县。

见于《师宗县文物志》。

3325 **桧溪文昌阁记**

撰者饶梦铭，乾隆四十一年（1776），碑立于昭通市。

著录于《永善县志略》。

3326 皇恩千古碑

乾隆四十一年（1776），高 157 cm×宽 68 cm×厚 14 cm，碑立于弥勒市。

见于《弥勒文物志》。

3327 南甸园记

撰者吴楷，乾隆四十一年（1776），碑立于腾冲市。

著录于（乾隆）《云南腾越州志》。

3328 前后殿宇官士军民功德碑记

刻工杨十、傅士和，乾隆四十一年（1776），高 151 cm×宽 82 cm。

见于《云南道教碑刻辑录》。

3329 溪老师翁寿墓铭

撰者同举，大理石，乾隆四十一年（1776），高 70 cm×宽 42 cm，碑立于楚雄市。

见于《威楚遗韵》。

3330 清圆寂沩仰宗体戒实行禅师上德下依寿塔

撰者超贤，书者行昭，乾隆四十一年（1776），碑立于楚雄市。

见于《威楚遗韵》。

3331 苏椿仁爱碑

乾隆四十一年（1776），碑立于新平县。

著录于（道光）《新平县志》。

3332 文昌帝君阴骘文

撰者沈德新，乾隆四十一年（1776），高 160 cm。

见于《云南道教碑刻辑录》。

3333 文溪寿墓铭

撰者同举，乾隆四十一年（1776）。

见于《紫溪山志》。

3334 五薇堂记

撰者王銮，乾隆四十一年（1776），碑立于思茅区。

著录于（道光）《普洱府志》。

3335 重修碧龙庵常住碑记

撰者李荃，乾隆四十一年（1776），高 144 cm×宽 90 cm，碑立于隆阳区。

见于《隆阳碑铭石刻》。

3336 重修观音寺功德碑

乾隆四十一年（1776），高 189 cm×宽 81.5 cm×厚 15 cm，碑立于通海县。

见于《通海历代碑刻集》。

3337 重修龙江露桥碑记

撰者吴楷，乾隆四十一年（1776），碑立于腾冲市。

著录于（乾隆）《云南腾越州志》。

3338 重修社稷风雨雷云坛碑记

撰者吴楷，乾隆四十一年（1776），碑立于腾冲市。

著录于（乾隆）《云南腾越州志》。

3339 重修腾越龙江社仓碑记

撰者吴楷，乾隆四十一年（1776），碑立于腾冲市。

著录于（乾隆）《云南腾越州志》。

3340 重修腾越西盟寺碑记

撰者吴楷，乾隆四十一年（1776），碑立于腾冲市。

著录于（乾隆）《云南腾越州志》。

3341 宝洪山新村大村减免额夫碑记

乾隆四十二年（1777），高 150 cm×宽 60 cm，碑立于宜良县。

见于《宜良碑刻增补本》（下）。

3342 楚雄府姚州学正袁文康敕封碑

乾隆四十二年（1777），高 189 cm×宽 66 cm×厚 9 cm，碑立于隆阳区。

见于《隆阳碑铭石刻》。

3343 黑龙潭龙泉观唐梅碑跋

撰者裴宗锡，乾隆四十二年（1777），高 112 cm×宽 55 cm×厚 10 cm，碑立于盘龙区。

见于《云南林业文化碑刻》。

3344 缉麻义学碑记

撰者檀萃，正书，乾隆四十二年（1777），碑立于禄劝县。

著录于（民国）《禄劝县志》。

3345 龙泉观古梅记

撰者李侍尧，乾隆四十二年（1777），高 112 cm×宽 55 cm×厚 10 cm，碑立于盘龙区。

著录于《新纂云南通志·金石考》。

3346 奈母过彝文碑

乾隆四十二年（1777），高 87 cm×宽 57 cm，碑立于武定县。

见于《探寻文明的踪迹——楚雄州第三次全国文物普查纪实》。

3347 耐姆窝彝族那氏墓志铭

乾隆四十二年（1777），高 87 cm×宽 57 cm，碑立于武定县。

见于《武定探秘》。

3348 普济寺大喇嘛纪略碑

撰者李樾，书者杨道淳，正书，乾隆四十二年（1777），碑立于丽江市。

著录于《新纂云南通志·金石考》。

3349 水麦田村奉天诰命碑

乾隆四十二年（1777），高 290 cm×宽 90 cm，碑立于曲靖市。

见于《陆良历代石刻注解与研究》。

3350 腾越州题名碑记

撰者吴楷，乾隆四十二年（1777），碑立于腾冲市。

著录于《新纂云南通志·金石考》。

3351 湾子村减免额夫碑记

撰者欧阳东，刻工胡天顺，乾隆四十二年（1777），高 130 cm×宽 53 cm，碑立于宜良县。

见于《宜良碑刻增补本》（下）。

3352 香海山记

撰者檀萃，书者檀萃，乾隆四十二年（1777），碑立于禄劝县。

著录于（民国）《禄劝县志》。

3353 小渡口豁免额夫碑记

乾隆四十二年（1777），高 124 cm×宽 75 cm，碑立于宜良县。

见于《宜良碑刻增补本》（下）。

注：原碑无名，碑名系编者依碑文内容所拟。

3354 新建培风寺碑记

撰者吴大勋，乾隆四十二年（1777），碑立于丽江市。

著录于（光绪）《丽江府志稿》。

3355 修建腾越州廨记

撰者吴楷，正书，乾隆四十二年（1777），碑立于腾冲市。

著录于（乾隆）《云南腾越州志》。

3356 游燕子洞记题后

撰者傅为詝，乾隆四十二年（1777），碑立于建水县。

见于《遗留在建水碑刻中的文明记忆》。

3357 重修明巡抚邹公应龙祠碑记

撰者张大本，正书，乾隆四十二年（1777），碑立于宾川县。

著录于《新纂云南通志·金石考》。

3358 重修祈永寺碑记

撰者王允德，乾隆四十二年（1777），

高 94 cm × 宽 44 cm。

见于《云南道教碑刻辑录》。

3359《游燕子洞》诗刻

撰者赵希充，乾隆四十三年（1778），碑立于开远市。

著录于《新纂云南通志·金石考》。

3360 大海碑记（轮放大海水规碑记）

乾隆四十三年（1778），高 158 cm × 宽 58 cm，碑立于隆阳区。

见于《隆阳碑铭石刻》。

3361 桂香书院租息碑

刻工胡绍廷，乾隆四十三年（1778），碑立于大理市。

著录于（民国）《大理县志稿》。

3362 皇明敕封世袭锦衣卫纳永阶墓碑序

撰者孙云鹤，书者孙云鹤，乾隆四十三年（1778），高 121 cm × 宽 60 cm，碑立于通海县。

见于《通海县志》（1992）。

3363 马站左所新村军产执照碑

撰者吴楷，乾隆四十三年（1778），高 104 cm × 宽 49 cm，碑立于腾冲市。

见于《腾冲名碑集释》。

3364 通济桥碑记

正书，乾隆四十三年（1778），碑立于通海县。

著录于《新纂云南通志·金石考》。

3365 重修大慈寺碑记

乾隆四十三年（1778），碑立于元谋县。

著录于（乾隆）《元谋县志》。

3366 重修泮池捐赀碑记

撰者侯荣春，乾隆四十三年（1778），碑立于昭通市。

著录于（民国）《昭通志稿》。

3367 腾越协改设腾越镇题名碑记

撰者吴楷，乾隆四十四年（1779），碑立于腾冲市。

著录于《新纂云南通志·金石考》。

3368 嶍峨周愚溪公墓志铭

撰者高凤翥，乾隆四十四年（1779），碑立于峨山县。

著录于（嘉庆）《滇系》。

3369 陈松去思碑

乾隆四十四年（1779），碑立于新平县。

著录于（道光）《新平县志》。

3370 积储以应公用急需碑记

撰者三槐、王冕、沐平，刻工董士俊，乾隆四十四年（1779），高 150 cm × 宽 68 cm，碑立于宜良县。

见于《宜良碑刻增补本》（下）。

注：原碑无名，碑名系编者依碑文内容所拟。

3371 开归陈许道愚溪先生周公于智墓志铭

撰者高凤翥，乾隆四十四年（1779），碑立于峨山县。

著录于《新纂云南通志·金石考》。

3372 明义士翼叔陈老先生墓碑

撰者李士杨，书者张士英，大理石，楷书，乾隆四十四年（1779），碑立于巍山县。

著录于《新纂云南通志·金石考》。

3373 清世祖条教生员卧碑

乾隆四十四年（1779），高 70 cm × 长 130 cm，碑立于宣威市。

见于《宣威县文物志》。

3374 乡约碑记

乾隆四十四年（1779），高 92 cm × 宽

57 cm，碑立于西山区。

见于《云南林业文化碑刻》。

3375 小王寺田产永禁侵盗告示碑

大理石，楷书，乾隆四十四年（1779），高 100 cm × 宽 64 cm × 厚 5.5 cm，碑立于弥渡县。

见于《大理丛书 · 金石篇》。

3376 修东沟碑记

撰者束尉章，书者赵定九，正书，乾隆四十四年（1779），高 200 cm × 宽 200 cm，碑立于禄丰县。

著录于《新纂云南通志 · 金石考》。

3377 修太平桥碑记

撰者陈□，乾隆四十四年（1779），碑立于新平县。

著录于（道光）《新平县志》。

3378 贞源和尚行实记

乾隆四十四年（1779），碑立于昆明市。

著录于《新纂云南通志 · 金石考》。

3379 重修凌虚阁碑记

撰者刘表，书者刘表，正书，乾隆四十四年（1779），碑立于富民县。

著录于《新纂云南通志 · 金石考》。

3380 护松碑

撰者张文昆，书者姜熊，楷书，乾隆四十五年（1780），高 96 cm × 宽 46 cm × 厚 5 cm，碑立于大理市。

见于《云南林业文化碑刻》。

3381 捐置书院膏火碑记

撰者徐图南，乾隆四十五年（1780），碑立于嵩明县。

著录于（光绪）《续修嵩明州志》。

3382 螺峰书院膏火谷记

撰者宋昌琤，正书，乾隆四十五年（1780），碑立于昆明市。

著录于《新纂云南通志 · 金石考》。

3383 钦命刊立雍正训饬士子文卧碑

楷书，乾隆四十五年（1780），高 78 cm × 宽 170 cm，碑立于剑川县。

见于《大理丛书 · 金石篇》。

3384 功德碑记

乾隆四十五年（1780），碑立于大理市。

见于《大理凤仪古碑文集》。

3385 上谕碑记

乾隆四十五年（1780），高 118 cm × 宽 67 cm，碑立于宜良县。

见于《宜良碑刻增补本》（上）。

3386 水碓村北圣宫重修碑记

撰者王少宾，乾隆四十五年（1780），高 102 cm × 宽 52 cm，碑立于弥勒市。

见于《弥勒文物志》。

3387 赵波萨墓志

乾隆四十五年（1780），高 100 cm × 宽 50 cm，碑立于元阳县。

见于《红河州不可移动文物大全》。

3388 奉督抚司道永禁道观杂派明文碑

撰者赵镇，楷书，乾隆四十六年（1781），高 219 cm × 宽 72 cm，碑立于巍山县。

见于《大理丛书 · 金石篇》。

3389 禁树碑记

乾隆四十六年（1781），高 184 cm × 宽 72 cm × 厚 14 cm，碑立于陆良县。

见于《陆良历代石刻注解与研究》。

3390 捐免学田钱粮碑

乾隆四十六年（1781），碑立于大理市。

著录于（民国）《大理县志稿》。

3391 鹿城西紫溪山封山护持龙泉碑序

砂岩，楷书，乾隆四十六年（1781），高 147 cm × 宽 55 cm × 厚 14.6 cm，碑立于楚雄市。

见于《紫溪山志》。

3392 名庄玉龙两村水例碑记

乾隆四十六年（1781），碑立于大理市。

见于《大理海东风物志续编》。

3393 桃源峡彝文摩崖

撰者东麻，乾隆四十六年（1781），高 60 cm × 宽 85 cm，碑立于元谋县。

见于《楚雄彝族自治州文物志》。

3394 杨元琦巡检令朝阳恤民仁爱碑

乾隆四十六年（1781），碑立于新平县。

著录于（道光）《新平县志》。

3395 响水沟碑记（一）

青石，乾隆四十七年（1782），高 135 cm × 宽 69 cm，碑立于宜良县。

见于《宜良碑刻增补本》（上）。

3396 响水沟碑记（二）

撰者张预度，刻工阮大名，青石，乾隆四十七年（1782），高 135 cm × 宽 74 cm，碑立于宜良县。

见于《宜良碑刻增补本》（上）。

注：原碑无名，碑名系编者依碑文内容所拟。

3397 烈女庐二姑墓碑

撰者朱璋，乾隆四十七年（1782），碑立于禄丰县。

著录于（光绪）《云南通志》。

3398 王宪伯墓志

撰者刘养预，乾隆四十七年（1782），碑立于永仁县。

见于《楚雄历代碑刻》。

3399 进士王宪伯行述碑

撰者王世璜。书者杨德容，乾隆四十七年（1782），碑立于永仁县。

见于《楚雄历代碑刻》。

3400 开创德义院碑记

撰者闵端仪，书者杨维宽，大理石，楷书，乾隆四十七年（1782），高 138.5 cm × 宽 56.3 cm，碑立于大理市。

见于《大理丛书 · 金石篇》。

3401 “想杨普头名村普照名寺”碑

撰者李翔，乾隆四十七年（1782），高 116 cm × 宽 64 cm，碑立于官渡区。

见于《羊甫村志》。

3402 重修薇溪山龙神祠碑记

撰者陈文灿，乾隆四十七年（1782），碑立于楚雄市。

著录于（宣统）《楚雄县志》。

3403 龙祠置田宅序碑

楷书，乾隆四十七年（1782），高 60 cm × 宽 117 cm，碑立于禄丰县。

见于《中国文物地图集 · 云南分册》。

3404 棉花行条规碑

乾隆四十七年（1782），约高 146 cm × 宽 87 cm，碑立于昆明市。

见于《云南史料丛刊》（第十三卷）。

3405 普车河桥碑记

青石，楷书，乾隆四十七年（1782），高 170 cm × 宽 42 cm，碑立于东川市。

见于《东川市文物志》。

3406 三教寺石碑

乾隆四十七年（1782），碑立于陇川县。

见于《云南省德宏傣族景颇族不可移动文物名录》。

注：时代又有记乾隆四十二年（1777），待考。

3407 石屏州学正李怡堂苏学墓志铭

撰者刘经传，乾隆四十七年（1782），碑立于晋宁区。

著录于（道光）《昆阳州志》。

3408 太和龙尾甸新开水利记

撰者王孝治，楷书，乾隆四十七年（1782），高 165 cm × 宽 95 cm，碑立于大理市。

见于《大理丛书·金石篇》。

3409 严禁残颓交通碑

楷书，乾隆四十七年（1782），高 118 cm × 宽 66 cm，碑立于云龙县。

见于《大理丛书·金石篇》。

3410 重修新兴学宫碑记

撰者蒋继勋，乾隆四十七年（1782），碑立于玉溪市。

著录于（道光）《澄江府志》。

3411 保护公山碑记

楷书，乾隆四十八年（1783），高 132 cm × 宽 92 cm × 厚 20 cm，碑立于剑川县。

见于《大理丛书·金石篇》。

3412 补修虚凝庵碑

撰者司世昌，乾隆四十八年（1783）。

见于《云南道教碑刻辑录》。

3413 鼎建灵宝塔功德碑记

撰者王向极，楷书，乾隆四十八年（1783），高 220 cm × 宽 100 cm，碑立于剑川县。

见于《大理丛书·金石篇》。

3414 重建古溪寺阁楼碑

乾隆四十八年（1783），高 80 cm × 宽 142 cm，碑立于官渡区。

见于《云溪、永丰村志》。

3415 重修关圣殿记碑

撰者戴晟晓峰，书者李绅，大理石，楷书，乾隆四十八年（1783），高 79 cm × 宽 45 cm，碑立于洱源县。

见于《大理洱源县碑刻辑录》。

3416 个旧关圣宫碑记

撰者陈世烈，书者张九功，正书，乾隆四十八年（1783），碑立于个旧市。

著录于《新纂云南通志·金石考》。

3417 龙泉沟序

乾隆四十八年（1783），高 112 cm × 宽 51 cm，碑立于宜良县。

见于《宜良碑刻增补本》（上）。

3418 名书玉笈

撰者李清微、李来相，乾隆四十八年（1783），高 120 cm × 宽 68 cm。

见于《云南道教碑刻辑录》。

3419 墓碣

乾隆四十八年（1783），碑立于峨山县。

著录于《新纂云南通志·金石考》。

3420 宁阳书院记

撰者周鉴，正书，乾隆四十八年（1783），碑立于华宁县。

著录于《新纂云南通志·金石考》。

3421 石佛寺重建碑记

撰者陈旭，乾隆四十八年（1783），高 225 cm × 宽 90 cm，碑立于曲靖市。

见于《陆良历代石刻注解与研究》。

3422 天受禅兄墓志

撰者指南，大理石，乾隆四十八年（1783），高 76 cm × 宽 53 cm，碑立于楚雄市。

见于《紫溪山志》。

3423 西三宝源厂重修西岳庙记

撰者张炳文，刻工张学礼，乾隆四十八年（1783），高 160 cm × 宽 60 cm × 厚 17 cm，碑立于弥勒市。

见于《弥勒文物志》。

3424 先师庙田租碑

乾隆四十八年（1783），碑立于大理市。

著录于（民国）《大理县志稿》。

3425 新阁丈出余田拨充公用碑记

撰者陈锡翰，乾隆四十八年（1783），高 142 cm × 宽 85 cm，碑立于玉溪市。

见于《玉溪碑刻选集》。

3426 永尊不易斋戏条规

乾隆四十八年（1783），高 83 cm × 宽 50 cm × 厚 11 cm，碑立于通海县。

见于《通海历代碑刻集》。

3427 赵琼墓志铭

乾隆四十八年（1783），阔 360 cm × 高 380 cm，碑立于会泽县。

见于《娜姑镇文物志》。

3428 重建南甸营关帝庙碑记

撰者王成忠，正书，乾隆四十八年（1783），碑立于腾冲市。

著录于《新纂云南通志・金石考》。

3429《灵谷涵春》诗

撰者贾荣泰，乾隆四十九年（1784），碑立于开远市。

著录于《新纂云南通志》。

3430 拨置济贫义田碑记

撰者宣世涛，乾隆四十九年（1784），高 194 cm × 宽 79 cm × 厚 9 cm，碑立于隆阳区。

见于《隆阳碑铭石刻》。

3431 创修大罗城六溪河石桥碑记

撰者魏玲，乾隆四十九年（1784），高 138 cm × 宽 68 cm × 厚 17 cm，碑立于宾川县。

见于《宾川丛书・金石篇》。

3432 诰封龙虎将军李清宇墓

乾隆四十九年（1784），碑立于弥渡县。

见于《弥渡古代碑刻辑释》。

3433 何家祠堂建祠修谱碑

乾隆四十九年（1784），长 130 cm × 宽 85 cm × 厚 18 cm，碑立于会泽县。

见于《会泽县文物志》。

3434 建月台碑序

撰者那文凤，乾隆四十九年（1784），碑立于西山区。

见于《云南林业文化碑刻》。

3435 重建日新书院碑记

撰者吴楷，乾隆四十九年（1784），碑立于大姚县。

著录于《新纂云南通志・金石考》。

3436 开宁寺玉皇阁常住碑记

撰者朱启隆，刻工德崇，楷书，乾隆四十九年（1784），高 80 cm × 宽 58 cm，碑立于禄丰县。

见于《楚雄历代碑刻》。

3437 新建狗街渡桥碑记

撰者李淳，乾隆四十九年（1784），碑立于宜良县。

著录于（民国）《宜良县志》。

3438 修建法明寺碑志

撰者段如川，乾隆四十九年（1784），高 271 cm × 宽 106 cm，碑立于通海县。

见于《通海历代碑刻集》。

3439 业师素怀王公并配张孺人墓志

撰者钱沣，乾隆四十九年（1784）。

著录于（嘉庆）《滇系》。

3440 重修大波浪桥碑记

刻工杨卜美，红砂石，楷书，乾隆四十

九年（1784），高 160 cm×宽 65 cm，碑立于云龙县。

见于《大理丛书·金石篇》。

3441 重修玄武祖师殿碑序

撰者吴承伯，乾隆四十九年（1784），高 55 cm×宽 80 cm，碑立于宣威市。

见于《宣威县文物志》。

3442 重修诸天寺增建大士圣殿记

撰者汪东鉴，书者杨鸣岐，楷书，乾隆五十年（1785），高 160 cm×宽 76 cm，碑立于禄丰县。

见于《楚雄历代碑刻》。

3443 阿□勒希贡夫妇合葬墓碑

乾隆五十年（1785），碑立于武定县。

见于《武定探秘》。

3444 傣文译者贺坦巴那翻译碑文

乾隆五十年（1785），高 300 cm×宽 150 cm，碑立于普洱市。

见于《思茅地区文物志》。

3445 德政碑

乾隆五十年（1785），碑立于新平县。

著录于（道光）《新平县志》。

3446 抚仙湖水利檄帖刻石

正书，乾隆五十年（1785），碑立于澄江县。

著录于《新纂云南通志·金石考》。

3447 界址碑记

乾隆五十年（1785），高 100 cm×宽 80 cm×厚 15 cm，碑立于元阳县。

见于《红河州不可移动文物大全》。

3448 灵官庙碑序

砂石，乾隆五十年（1785），高 58 cm×宽 132 cm，碑立于宜良县。

见于《宜良碑刻增补本》（下）。

3449 批准分设玉苗村义馆碑记

乾隆五十年（1785），高 146 cm×宽 64 cm，碑立于玉溪市。

见于《玉溪碑刻选集》。

3450 万寿宫谷租碑记

撰者沈文藻，乾隆五十年（1785）。

见于《云南道教碑刻辑录》。

3451 阿直郎村严禁私挖山场碑

乾隆五十年（1785），碑立于弥渡县。

见于《弥渡古代碑刻辑释》。

3452 出示晓喻事碑

乾隆五十年（1785），碑立于弥渡县。

见于《弥渡古代碑刻辑释》。

3453 李延凤墓志碑

撰者李人龙，乾隆五十年（1785），高 49 cm×宽 84 cm，碑立于弥渡县。

见于《弥渡古代碑刻辑释》。

3454 炼铁乡宝月庵碑记碑

撰者张拨萃，书者张拨萃，大理石，楷书，乾隆五十年（1785），碑立于洱源县。

见于《大理洱源县碑刻辑录》。

3455 文昌宫碑记

撰者刘炳南，书者刘江，刻工江振，大理石，楷书，乾隆五十年（1785），高 123 cm×宽 62 cm×厚 3.5 cm，碑立于弥渡县。

见于《大理丛书·金石篇》。

3456 西庄义田碑记

乾隆五十年（1785），碑立于弥渡县。

见于《弥渡古代碑刻辑释》。

3457 移建魁星阁碑记（一）

撰者李淳，乾隆五十年（1785），碑立于宜良县。

著录于（民国）《宜良县志》。

注：原碑已佚。

3458 乙巳封印后一日诣黑龙潭赏梅诗

撰者刘秉恬，书者刘秉恬，乾隆五十年（1785），高 68 cm × 宽 86 cm，碑立于盘龙区。

见于《云南林业文化碑刻》。

3459 重修玉皇阁碑记

撰者杨自强，乾隆五十年（1785），高 138 cm × 宽 73 cm，碑立于通海县。

见于《通海历代碑刻集》。

3460《迁移宜良学宫》诗刻

撰者刘秉恬，刻工李淳，行书，乾隆五十一年（1786），碑立于宜良县。

著录于《新纂云南通志·金石考》。

3461 宜良新建黉宫碑记

撰者曹锡龄，书者陈达，乾隆五十一年（1786），高 270 cm × 宽 117 cm，碑立于宜良县。

著录于（民国）《宜良县志》。

注：原碑已佚。

3462 禄丰西灵寺记

撰者束兆鹏，乾隆五十一年（1786），碑立于禄丰县。

著录于《新纂云南通志·金石考》。

3463 毕□夫妇之墓

乾隆五十一年（1786），碑立于武定县。

见于《武定探秘》。

3464 摆拉十三湾封山碑记

乾隆五十一年（1786），高 88 cm × 宽 50 cm × 厚 16 cm，碑立于楚雄市。

见于《云南林业文化碑刻》。

3465 灿翁昌公大禅师德业记并铭

撰者正定，书者赵良辅，乾隆五十一年（1786），碑立于宜良县。

著录于《新纂云南通志·金石考》。

3466 大理寺少卿周亦园先生于礼墓表

撰者罗典，书者钱沣，正书，乾隆五十一年（1786），碑立于峨山县。

著录于《新纂云南通志·金石考》。

3467 大学碑记

撰者李淳敬，乾隆五十一年（1786），高 194 cm × 宽 220 cm，碑立于宜良县。

见于《宜良碑刻增补本》（上）。

3468 富村块泽河建桥碑记

撰者唐典，刻工立达、邹□海、富振，乾隆五十一年（1786），高 160 cm × 宽 78 cm，碑立于曲靖市。

见于《曲靖石刻》。

3469 龙陵文昌宫碑记

撰者释元高，乾隆五十一年（1786），碑立于龙陵县。

著录于《新纂云南通志》。

3470 泸江渡江西公田碑记

乾隆五十一年（1786），高 180 cm × 宽 85 cm，碑立于保山市。

见于《保山碑刻》。

3471 期颐大寿杨母刘孺人墓铭

撰者谷际岐，乾隆五十一年（1786），碑立于大理市。

著录于（民国）《大理县志稿》。

注：时间又有记载为嘉庆元年（1796），待查。

3472“升斗”题刻

乾隆五十一年（1786），长 114 cm × 宽 66 cm × 高 52 cm，碑立于宾川县。

见于《宾川丛书·金石篇》。

3473 三角塘碑记

乾隆五十一年（1786），高 162 cm × 宽 68 cm，碑立于宜良县。

见于《宜良碑刻增补本》（上）。

3474 绍廷杉树岗碑

乾隆五十一年（1786），碑立于绥江县。

见于《云南林业文化碑刻》。

3475 诉常平仓谷碑记

撰者唐琨，乾隆五十一年（1786），残高 160 cm × 宽 60 cm，碑立于施甸县。

见于《姚关镇志》。

3476 文昌宫碑

乾隆五十一年（1786），碑立于龙陵县。

著录于（民国）《龙陵县志》。

3477 移建学宫碑记

撰者李淳，乾隆五十一年（1786），高 270 cm × 宽 118 cm，碑立于宜良县。

著录于（嘉庆）《滇系》。

3478 重修彩云阁记

撰者李淳，乾隆五十一年（1786），碑立于宜良县。

著录于（嘉庆）《滇系》。

3479 重修蒙化四城楼记

撰者曹锡龄，乾隆五十一年（1786），碑立于巍山县。

著录于（光绪）《云南通志》。

3480 百祥寺重修碑记

撰者陈蕴萃，刻工杨宗鹏，乾隆五十二年（1787），高 70 cm × 宽 190 cm，碑立于宜良县。

见于《宜良碑刻增补本》（上）。

3481 普畲墓志铭

撰者指南，乾隆五十二年（1787），碑立于楚雄市。

见于《紫溪山志》。

3482 苍悬禅师墓铭

撰者同立，乾隆五十二年（1787），碑立于楚雄市。

见于《紫溪山志》。

3483 放水规矩碑

乾隆五十二年（1787），碑立于弥勒市。

见于《弥勒文物志》。

3484 界址碑

刻工张子成，乾隆五十二年（1787），碑立于师宗县。

见于《云南林业文化碑刻》。

3485 金家营义渡碑记

撰者夏克生，乾隆五十二年（1787），碑立于宜良县。

见于《宜良碑刻增补本》（下）。

3486 内阁典籍蒙自尹佐平先生均墓志铭

撰者钱文昕，乾隆五十二年（1787），碑立于蒙自市。

著录于《新纂云南通志·金石考》。

3487 盘龙寺记事碑

乾隆五十二年（1787），高 148 cm × 宽 52 cm × 厚 15 cm，碑立于会泽县。

见于《娜姑镇文物志》。

3488 新建朝阳寺碑记

撰者陶尧文，乾隆五十二年（1787），高 200 cm × 宽 76 cm，碑立于曲靖市。

见于《陆良历代石刻注解与研究》。

3489 修唐河东州刺史王公仁求墓记

撰者王昶，书者甄叡，刻工冯丽先，隶书，乾隆五十二年（1787），高 135 cm × 宽 63 cm，碑立于安宁市。

见于《安宁温泉摩崖石刻古碑集》。

3490 雪堂书院碑记

撰者段琦，乾隆五十二年（1787），高 207 cm × 宽 80 cm，碑立于宜良县。

见于《宜良碑刻增补本》（上）。

3491 游龙泉观观梅记

撰者谭尚忠，乾隆五十二年（1787），高 82 cm × 宽 168 cm。

见于《云南道教碑刻辑录》。

3492 众姓碑记

乾隆五十二年（1787），高 135 cm×宽 79 cm×厚 12 cm，碑立于师宗县。

见于《师宗县文物志》。

3493 祝寿碑

撰者武绳祖，乾隆五十二年（1787），高 170 cm×宽 70 cm，碑立于玉溪市。

见于《玉溪碑刻选集》。

3494 黄草哨田亩租石定额碑

乾隆五十二年（1787），高 68 cm×宽 67 cm，碑立于祥云县。

见于《祥云碑刻》。

3495 许姓源流世系图

乾隆五十二年（1787），高 140 cm×宽 74 cm，碑立于大理市。

见于《大理凤仪古碑文集》。

3496 执照

乾隆五十二年（1787），高 118 cm×宽 64 cm，碑立于祥云县。

见于《祥云金石》。

3497 六贤祠碑

撰者王昶，书者刘璇，乾隆五十三年（1788），碑立于五华区。

著录于《新纂云南通志·金石考》。

3498 双龙桥小引碑记

乾隆五十三年（1788），高 140 cm×宽 67 cm，碑立于宜良县。

见于《宜良碑刻增补本》（下）。

3499 石屏禁私凿青鱼湾地洞碑

乾隆五十三年（1788），长 105 cm×宽 54.5 cm×厚 9 cm，碑立于石屏县。

见于《红河州文物志》。

3500 文翁师爷墓赞

撰者澄方，大理石，乾隆五十三年（1788），高 88 cm×宽 55 cm，碑立于楚雄市。

见于《紫溪山志》。

3501 云南布政使署记

撰者王昶，乾隆五十三年（1788）。

著录于《新纂云南通志·金石考》。

3502 重建永昌杨文宪公祠堂碑

撰者王昶，乾隆五十三年（1788），碑立于保山市。

著录于《新纂云南通志·金石考》。

3503 周于礼公墓志铭

撰者程启佑，乾隆五十三年（1788），高 108 cm×宽 59 cm，碑立于玉溪市。

见于《玉溪碑刻选集》。

3504 陈啸泸公墓志铭

撰者钱沣，乾隆五十四年（1789），碑立于建水县。

著录于（民国）《续修建水县志稿》。

3505 大沟水寸碑记

乾隆五十四年（1789），碑立于腾冲市。

见于《云南乡规民约大观》（上）。

3506 段公讳文正墓序并录世谱叙

撰者曹兆麟，楷书，乾隆五十四年（1789），高 84 cm×宽 50 cm，碑立于楚雄市。

见于《楚雄历代碑刻》。

3507 二忠碑记

撰者汪应绶，书者刘澍，正书，乾隆五十四年（1789）。

著录于《新纂云南通志·金石考》。

3508 功垂万世碑

乾隆五十四年（1789），碑立于宣威市。

见于《宣威县文物志》。

3509 **关帝庙碑记**

乾隆五十四年（1789），碑立于马关县。

著录于（民国）《马关县志》。

3510 **奎阁碑记**

红砂石，乾隆五十四年（1789），高130 cm×宽 80 cm，碑立于云龙县。

见于《大理丛书·金石篇》。

3511 **来凤山土主庙碑记**

书者金鉴，正书，乾隆五十四年（1789），碑立于腾冲市。

著录于《新纂云南通志·金石考》。

3512 **漫撒新建石屏会馆记**

撰者卢镦，乾隆五十四年（1789）。

见于《云南道教碑刻辑录》。

3513 **迁请观音大士入朝阳小引碑记**

乾隆五十四年（1789），高 45 cm×宽80 cm，碑立于宜良县。

见于《宜良碑刻增补本》（上）。

3514 **溶湖陈氏祠堂祀田碑序**

撰者陈鹏，乾隆五十四年（1789），高155 cm×宽 75 cm，碑立于通海县。

见于《通海历代碑刻集》。

3515 **山后厂碑记**

乾隆五十四年（1789），高 139 cm×宽55 cm，碑立于玉溪市。

见于《玉溪碑刻选集》。

3516 **顺荡井奎阁碑记**

撰者张敏，楷书，乾隆五十四年（1789），高 143 cm×宽 84 cm，碑立于云龙县。

见于《大理丛书·金石篇》。

3517 **万户庄（朝阳寺）植林护林碑**

乾隆五十四年（1789），高 160 cm×宽60 cm，碑立于宜良县。

见于《云南林业文化碑刻》。

3518 **元音大师墓志**

撰者指南，乾隆五十四年（1789），碑立于楚雄市。

见于《紫溪山志》。

3519 **泽流不朽碑**

撰者马膺瑞，乾隆五十四年（1789），碑立于昭通市。

见于《鲁甸碑刻》。

3520 **中和荆竹寨大沟水寸碑记**

撰者陈起龙、陈起元，乾隆五十四年（1789），高 114 cm×宽 59 cm，碑立于于腾冲市。

见于《腾冲名碑集释》。

3521 **种树碑记**

乾隆五十四年（1789），高 110 cm×宽60 cm，碑立于宜良县。

见于《宜良碑刻增补本》（下）。

3522 **永泉海塘碑记**

撰者杨鹤鸣，乾隆五十五年（1790），高 98 cm×宽 60 cm。碑立于弥渡县。

见于《弥渡古代碑刻辑释》。

3523 **万寿宫谷租碑记**

乾隆五十五年（1790），碑立于大理市。

见于《大理凤仪古碑文集》。

3524 **楚圣宫重建戏楼碑**

青石，楷书，乾隆五十五年（1790），高 160 cm×宽 73 cm，碑立于宣威市。

见于《宣威县文物志》。

3525 **飞来寺新修关圣宫碑记**

乾隆五十五年（1790），碑立于师宗县。

见于《师宗县文物志》。

3526 **重建胜峰山法慧禅院缘由碑**

撰者向云翔，乾隆五十五年（1790），碑立于姚安县。

著录于（民国）《姚安县志》。

3527 封山合同碑记

砂岩，楷书，乾隆五十五年（1790），高 70 cm×宽 45 cm×厚 8 cm，碑立于楚雄市。

见于《云南林业文化碑刻》。

3528 高宗赐寿民杨天禄诗刻

书者董诰，正书，乾隆五十五年（1790），碑立于蒙自市。

著录于《新纂云南通志·金石考》。

3529 开挖海菜沟碑记

乾隆五十五年（1790），碑立于鹤庆县。

见于《鹤庆碑刻辑录》。

3530 募修潞江荡锡喧双虹桥记

撰者陈孝升，乾隆五十五年（1790），碑立于隆阳区。

著录于（乾隆）《云南腾越州志》。

3531 南甸营关帝庙创置香火田产碑记

撰者陈谟，正书，乾隆五十五年（1790），碑立于腾冲市。

著录于《新纂云南通志·金石考》。

3532 太和宫灯油会功德碑记

乾隆五十五年（1790），高 98 cm×宽 60 cm。

见于《云南道教碑刻辑录》。

3533 王腾云府君墓碑

乾隆五十五年（1790）。碑立于昭通市。

见于《鲁甸碑刻》。

3534 响水沟碑记（三）

刻工罗发富，乾隆五十五年（1790），高 135 cm×宽 75 cm，碑立于宜良县。

见于《宜良碑刻增补本》（上）。

3535 重修腾越学宫碑记

撰者屠述濂，乾隆五十五年（1790），碑立于腾冲市。

著录于（乾隆）《云南腾越州志》。

3536 朝阳洞碑

乾隆五十六年（1791），高 130 cm×宽 63 cm×厚 12 cm，碑立于宣威市。

见于《宣威县文物志》。

3537 甸阳镇东岳庙碑记

乾隆五十六年（1791），残高 98 cm×宽 54 cm，碑立于施甸县。

见于《施甸碑铭录》。

3538 捐资新修蒙姑坡桥路碑

撰者蔡世忱，乾隆五十六年（1791），高 151 cm×宽 75 cm×厚 22 cm，碑立于会泽县。

见于《会泽县文物志》。

3539 来凤书院改建碑记

撰者屠述濂，乾隆五十六年（1791），碑立于腾冲市。

著录于（乾隆）《云南腾越州志》。

3540 榕城书院记

撰者饶梦铭，乾隆五十六年（1791），碑立于宣威市。

著录于（道光）《宣威州志》。

3541 无极县知县杨晴轩先生中选墓志铭

撰者屠绅，乾隆五十六年（1791），碑立于寻甸县。

著录于《新纂云南通志·金石考》。

3542 新建云郡会馆碑记

撰者赵清，乾隆五十六年（1791），高 172 cm×宽 77 cm，碑立于腾冲市。

见于《腾冲名碑集释》。

3543 鱼鼓村裁汰夫役碑记

青石，乾隆五十六年（1791），高 170 cm×宽 80 cm，碑立于宜良县。

见于《宜良碑刻增补本》(下)。

3544 照古轮当门户碑序

撰者李东域，刻工杨发魁，乾隆五十六年(1791)，高152 cm×宽63 cm，碑立于宜良县。

见于《宜良碑刻增补本》(下)。

3545 重修崇圣寺塔记

撰者杨长桂，大理石，楷书，乾隆五十六年(1791)，高180 cm×宽83 cm×厚12 cm，碑立于大理市。

著录于《新纂云南通志·金石考》。

3546“阖村会议贴借乡约”长碑记

乾隆五十七年(1792)，碑立于呈贡区。

见于《呈贡历史建筑及碑刻选》。

3547 飞来寺重修关圣殿碑记

乾隆五十七年(1792)，碑立于师宗县。

见于《师宗县文物志》。

3548 建水刘节妇曾氏墓表

撰者张玉树，乾隆五十七年(1792)，碑立于建水县。

著录于(民国)《续修建水县志稿》。

3549 刘公桥路碑

撰者蔡世忱，乾隆五十七年(1792)，长151 cm×宽78.5 cm×厚16.5 cm，碑立于会泽县。

见于《会泽县文物志》。

3550 蒙自平定碑

青石，楷书，乾隆五十七年(1792)，高205 cm×宽80 cm×厚15 cm，碑立于蒙自市。

见于《红河州文物志》。

3551 三圣宫常住碑记

撰者林净，乾隆五十七年(1792)，高186 cm×宽89 cm，碑立于通海县。

见于《通海历代碑刻集》。

注：碑应两次形成，首次刻于乾隆十二年(1747)，二次刻于乾隆五十七年(1792)。

3552 杨茂周孺人墓铭

撰者马步青，乾隆五十七年(1792)，碑立于昭通市。

见于《鲁甸碑刻》。

3553 移建永保书院碑记

撰者袁文典，乾隆五十七年(1792)，碑立于隆阳区。

见于《隆阳碑铭石刻》。

3554 整饬建水乡会试田记

撰者张玉树，乾隆五十七年(1792)，碑立于建水县。

著录于(雍正)《建水州志》。

3555 重建腾越副儒学署碑文

撰者屠述濂，正书，乾隆五十七年(1792)，碑立于腾冲市。

著录于《新纂云南通志·金石考》。

3556 重修三官庙香火功德碑记

刻工董贤，乾隆五十七年(1792)，高158 cm×宽100 cm，碑立于宜良县。

见于《宜良碑刻增补本》(下)。

3557 重修石龙寺碑记

撰者钱沣，乾隆五十七年(1792)，碑立于呈贡区。

见于《云南道教碑刻辑录》。

3558 重修虚凝庵添置常住碑

撰者缪汇泽，乾隆五十七年(1792)。

见于《云南道教碑刻辑录》。

3559 粮条夫役碑

撰者杨照怀，乾隆五十七年(1792)，高66 cm×宽134 cm，碑立于官渡区。

见于《云溪、永丰村志》。

3560 募化功德碑

撰者叶拜，乾隆五十七年(1792)，高

129 cm×宽 103 cm，碑立于祥云县。

见于《祥云金石》。

3561 尊经阁功德碑

乾隆五十七年（1792），高 169 cm×宽 86 cm，碑立于祥云县。

见于《祥云金石》。

3562 新建壬子桥碑记

乾隆五十八年（1793），高 154 cm×宽 74 cm×厚 19 cm，碑立于宾川县。

见于《宾川丛书·金石篇》。

3563 大凹革青龙寺碑

刻工杨见如，乾隆五十八年（1793），高 124 cm×宽 64 cm×厚 14 cm，碑立于弥勒市。

见于《弥勒文物志》。

3564 黑尔禁革陋规碑记

乾隆五十八年（1793），高 102 cm×宽 47 cm×厚 13 cm，碑立于师宗县。

见于《师宗县文物志》。

3565 详准童生免府试记

撰者王子音，乾隆五十八年（1793），碑立于大姚县。

著录于（光绪）《续修白盐井志》。

3566 灵源书院记

撰者王子音，乾隆五十八年（1793），碑立于大姚县。

著录于（光绪）《续修白盐井志》。

3567 南头应役碑记

刻工杨宗鹏，乾隆五十八年（1793），高 190 cm×宽 80 cm，碑立于宜良县。

见于《宜良碑刻增补本》（下）。

3568 溥济沟序

撰者张钜，乾隆五十八年（1793），高 225 cm×宽 100 cm，碑立于宜良县。

见于《宜良碑刻增补本》（上）。

3569 益善增长

乾隆五十八年（1793），高 120 cm×宽 70 cm。

见于《云南道教碑刻辑录》。

3570 城西堰塘记

撰者钱沣，乾隆五十九年（1794）。

著录于《新纂云南通志·金石考》。

3571 斗会碑

楷书，乾隆五十九年（1794），高 161 cm×宽 60 cm，碑立于禄丰县。

见于《中国文物地图集·云南分册》。

3572 社稷坛记

撰者王子音，乾隆五十九年（1794），碑立于大姚县。

著录于（光绪）《续修白盐井志》。

3573 苏氏宗祠碑记

撰者苏桐，书者苏溥霖，楷书，乾隆五十九年（1794），高 166 cm×宽 70 cm×厚 25 cm，碑立于双柏县。

见于《楚雄历代碑刻》。

3574 捐增祭需卷金程费记

撰者王子音，乾隆五十九年（1794），碑立于大姚县。

著录于（光绪）《续修白盐井志》。

3575 灵源箐碑

乾隆五十九年（1794），碑立于永胜县。

著录于（光绪）《续修永北直隶厅志》。

3576 泸西永社冒滥碑

乾隆五十九年（1794），高 167 cm×宽 66 cm，碑立于泸西县。

见于《红河州文物志》。

3577 芒东观音寺石碑

乾隆五十九年（1794），碑立于陇川县。

见于《云南省德宏傣族景颇族不可移动文物名录》。

3578 **明指挥佥事李公镇雄墓碑**

正书，乾隆五十九年（1794），碑立于腾冲市。

著录于《新纂云南通志·金石考》。

3579 **宋项村石碑**

乾隆五十九年（1794），碑立于陇川县。

见于《云南省德宏傣族景颇族不可移动文物名录》。

3580 **详准奉批轮举设局应办夫马碑记**

撰者张起洨，乾隆五十九年（1794），碑立于呈贡区。

著录于（光绪）《呈贡县志》。

3581 **矣腊驿站碑（二）**

乾隆五十九年（1794），高 230 cm×宽 135 cm×厚 16 cm，碑立于师宗县。

见于《师宗县文物志》。

3582 **云津寺碑序**

撰者孙德远，乾隆五十九年（1794），碑立于建水县。

见于《遗留在建水碑刻中的文明记忆》。

3583 **云庙碑记**

撰者张汝霖，书者王朝清，正书，乾隆五十九年（1794），碑立于个旧市。

著录于《新纂云南通志·金石考》。

3584 **张堡村义学碑记**

撰者李书吉，乾隆五十九年（1794），高 150 cm×宽 70 cm，碑立于宜良县。

见于《宜良碑刻增补本》（上）。

3585 **武家屯村规石柱铭文**

乾隆六十年（1795），碑立于隆阳区。

见于《隆阳碑铭石刻》。

3586 **车田村包揽加收讼案碑记**

乾隆六十年（1795），高 165 cm×宽 63 cm，碑立于宜良县。

见于《宜良碑刻增补本》（下）。

3587 **奉天承运碑**

乾隆六十年（1795），碑立于昭通市。

见于《鲁甸碑刻》。

3588 **高山堡福龙潭碑记**

撰者杜钧，乾隆六十年（1795），高 120 cm×宽 52 cm，碑立于曲靖市。

见于《陆良历代石刻注解与研究》。

3589 **举人张九韶大成妻蔡孺人墓志铭**

撰者赵司城，书者赵司城，乾隆六十年（1795），碑立于腾冲市。

著录于《新纂云南通志·金石考》。

3590 **举人张九韶大成墓志铭**

撰者尹壮图，书者尹壮图，乾隆六十年（1795），碑立于腾冲市。

著录于《新纂云南通志·金石考》。

3591 **腊姐石碑**

乾隆六十年（1795），碑立于陇川县。

见于《云南省德宏傣族景颇族不可移动文物名录》。

3592 **三基田村大龙潭分水碑**

乾隆六十年（1795），高 194 cm×宽 64 cm，碑立于曲靖市。

见于《陆良历代石刻注解与研究》。

3593 **为公禁护林碑**

乾隆六十年（1795），碑立于普洱市。

见于《云南林业文化碑刻》。

3594 **武家屯村规石柱铭文**

乾隆六十年（1795），出土部分 229 cm，底面长 30 cm×宽 25 cm，碑立于隆阳区。

见于《隆阳碑铭石刻》。

3595 **仙龙坝外封山碑**

乾隆六十年（1795），碑立于南华县。

见于《云南林业文化碑刻》。

3596 小新村大龙潭龙王会碑记

撰者赵九德，乾隆六十年（1795），高112 cm × 宽 70 cm，碑立于通海县。

见于《通海历代碑刻集》。

3597 新建朝斗功德碑记

撰者李时睿，乾隆六十年（1795），高170 cm × 宽 73 cm，碑立于腾冲市。

见于《腾冲名碑集释》。

3598 永禁积弊碑

楷书，乾隆六十年（1795），高 200 cm × 宽 90 cm，碑立于师宗县。

见于《师宗县文物志》。

3599 增生张九功妻吴孺人墓志铭

撰者赵司城，书者赵司城，乾隆六十年（1795），碑立于腾冲市。

著录于《新纂云南通志·金石考》。

3600 增庠生张九功观成墓表

撰者高清，乾隆六十年（1795），碑立于腾冲市。

著录于《新纂云南通志·金石考》。

3601 赵珑翁墓赞石刻

乾隆六十年（1795），碑立于腾冲市。

著录于《新纂云南通志·金石考》。

3602 重修观音堂记

撰者邹渭，书者邹渭，楷书，乾隆六十年（1795），高 65 cm × 宽 61 cm，碑立于宣威市。

见于《宣威县文物志》。

3603 重修古溪寺新增常住碑

撰者杨师孔，刻工毕增荣，乾隆年间（1736—1795），高 185 cm × 宽 85 cm，碑立于官渡区。

见于《云溪、永丰村志》。

3604 天目山密云寺灯油碑

撰者黎著明，乾隆初年（1736—1750），碑立于弥渡县。

见于《弥渡古代碑刻辑释》。

3605 安乡玉象山先生立宪墓表

撰者倪蜕，乾隆年间（1736—1795），乾隆初年，碑立于建水县。

著录于《新纂云南通志》。

3606 树海歌（诗）碑

撰者赵翼，乾隆三十一年至乾隆三十五年（1766—1770），碑立于屏边县。

见于《云南林业文化碑刻》。

3607 燃点香灯小引碑

乾隆年间（1736—1795），长 62 cm × 宽35 cm × 厚 9 cm，碑立于会泽县。

见于《会泽县文物志》。

3608 岔河界碑（一）

乾隆年间（1736—1795），高 90 cm × 宽40 cm × 厚 25 cm，碑立于绿春县。

见于《红河州不可移动文物大全》。

3609 建水燕子洞摩崖题刻

乾隆年间（1736—1795），约 500 平方米，碑立于建水县。

见于《红河州文物志》。

3610 重修乡贤杨象山先生祠堂记

撰者徐以宽，乾隆年间（1736—1795），碑立于隆阳区。

著录于（道光）《永昌府志》。

3611 试卷田碑

撰者蒋振阅，乾隆年间（1736—1795），碑立于石屏县。

著录于（民国）《石屏县志》。

3612 留槱园记

撰者周于礼，乾隆年间（1736—1795），碑立于峨山县。

著录于（嘉庆）《滇系》。

3613 重建喜祇园碑记

乾隆年间（1736—1795），碑立于丽江市。

著录于（光绪）《丽江府志》。

3614 方伯刘公介亭墓表

撰者蒋祖培，乾隆年间（1736—1795），碑立于永胜县。

著录于（光绪）《续修永北直隶厅志》。

3615 管石碑盐场大师裕亭先生问忠墓志铭

撰者姚鼐，乾隆年间（1736—1795），碑立于弥渡县。

著录于（嘉庆）《滇系》。

3616 广济桥记

撰者俞允中，乾隆年间（1736—1795），碑立于嵩明县。

著录于（嘉庆）《滇系》。

3617 关帝圣迹图重刻迁置序

撰者钱沣，乾隆年间（1736—1795）。

见于《云南道教碑刻辑录》。

3618 怀远知县太和杨景山炘墓表

撰者官思晋，乾隆年间（1736—1795），碑立于大理市。

著录于（民国）《大理县志稿》。

3619 建联珠桥题名记

撰者傅为詧，乾隆年间（1736—1795），碑立于建水县。

著录于（光绪）《云南通志》。

3620 山东监察御史马锦文墓碑

乾隆年间（1736—1795），碑立于云龙县。

著录于《新纂云南通志·金石考》。

3621 双塘灵泉记

撰者马培元，乾隆年间（1736—1795），碑立于宜良县。

著录于（嘉庆）《滇系》。

3622 岁贡张滥溪凌云墓志

撰者冯集梧，乾隆年间（1736—1795），碑立于华宁县。

著录于《新纂云南通志·金石考》。

3623 于园记

撰者杨履宽，乾隆年间（1736—1795），碑立于宾川县。

著录于（嘉庆）《滇系》。

3624 赵亘舆先生城自撰墓志铭

撰者赵亘舆，乾隆年间（1736—1795），碑立于通海县。

著录于《新纂云南通志·金石考》。

3625 重修城隍祠记

撰者何其伟，乾隆年间（1736—1795），碑立于石屏县。

著录于（乾隆）《石屏州志》等。

3626 重修魁阁明伦堂记

撰者段琦，乾隆年间（1736—1795）。

见于《云南道教碑刻辑录》。

3627 改祀龙洞神祀碑记

撰者佟国英，乾隆年间（1736—1795），碑立于昭通市。

著录于（民国）《昭通志稿》。

3628 路南关圣帝君圣诞碑记

撰者段琦，乾隆年间（1736—1795），碑立于玉溪市。

著录于（道光）《澄江府志》。

3629 镇雄州奎阁碑记

撰者何发祥，乾隆年间（1736—1795），碑立于昭通市。

著录于（乾隆）《镇雄州志》。

3630 重修太和宫前楼碑记

撰者黄瀜，乾隆年间（1736—1795）。

著录于（道光）《晋宁州志》。

3631 重至澄江郡治记

撰者裴宗锡，乾隆年间（1736—1795）。

著录于（道光）《澄江府志》。

3632 重建妙高山永照净土精舍碑记

乾隆年间（1736—1795），碑立于宾川县。

著录于（民国）《宾川县志稿》。

3633 重建安丰井关圣庙记

撰者郭存庄，乾隆年间（1736—1795），碑立于大姚县。

著录于（乾隆）《白盐井志》。

3634 重建妙华寺序

撰者杨熺，乾隆年间（1736—1795），碑立于大姚县。

著录于（乾隆）《白盐井志》。

3635 新建文昌殿桂香楼记

撰者赵淳，乾隆年间（1736—1795），碑立于禄丰县。

著录于（乾隆）《琅盐井志》。

3636 捐建白井社稷山川诸坛记

撰者郭存庄，乾隆年间（1736—1795），碑立于大姚县。

著录于（乾隆）《白盐井志》。

3637 劝募捐修关圣庙疏引

撰者罗仰锜，乾隆年间（1736—1795），碑立于双柏县。

著录于（乾隆）《碍嘉志草书》。

3638 迁建奎阁碑

撰者张鸿恩，乾隆年间（1736—1795），碑立于姚安县。

著录于（道光）《姚州志》。

3639 岁修田亩记

撰者魏宝国，乾隆年间（1736—1795），碑立于禄丰县。

著录于《新纂云南通志·金石考》。

3640 改建二神祠记

撰者郭存庄，乾隆年间（1736—1795），碑立于大姚县。

著录于（乾隆）《白盐井志》。

3641 南关楼武帝香火碑记

撰者张志超，乾隆年间（1736—1795），碑立于大姚县。

著录于（光绪）《续修白盐井志》。

3642 土祠古柏诗刻

撰者萧山，乾隆年间（1736—1795），碑立于禄丰县。

著录于《新纂云南通志·金石考》。

3643 发窝富如山夫妻合葬墓志

乾隆年间（1736—1795），高 90 cm × 宽 50 cm，碑立于武定县。

见于《楚雄彝族自治州文物志》。

3644 莲公塔铭

乾隆年间（1736—1795），碑立于楚雄市。

见于《威楚遗韵》。

3645 重修癸成坝碑记

乾隆年间（1736—1795），碑立于师宗县。

见于《窦氏族谱》。

嘉庆年间

3646 河西县东乡兴仁海东二村乡约夫马碑

撰者杨□成，嘉庆元年（1796），高 149.5 cm × 宽 83.5 cm，碑立于通海县。

见于《通海历代碑刻集》。

3647 莲池碑记

嘉庆元年(1796),高 52 cm×宽 130 cm,碑立于宜良县。

见于《宜良碑刻增补本》(下)。

3648 期颐大寿杨母刘妇人墓志铭

撰者谷际岐,嘉庆元年(1796),碑立于大理市。

著录于《大理县志》。

3649 西洱村兴修水利碑记

嘉庆元年(1796),高 110 cm×宽 68 cm,碑立于弥勒市。

见于《弥勒文物志》。

3650 小古城马料河沿线分水明示碑

嘉庆元年(1796),高 80 cm×宽 55 cm,碑立于呈贡区。

见于《呈贡历史建筑及碑刻选》。

3651 学政全书碑记

嘉庆元年(1796),高 80 cm×宽 55 cm,碑立于弥勒市。

见于《弥勒文物志》。

3652 永保书院田亩碑记

撰者庆玉,嘉庆元年(1796),碑立于隆阳区。

著录于(道光)《永昌府志》。

3653 永革违例冒考碑

撰者郑炳泰,嘉庆元年(1796),高 172 cm×宽 86 cm×厚 20 cm,碑立于弥勒市。

见于《弥勒文物志》。

3654 御制训饬士子文碑

嘉庆元年(1796),高 80 cm×宽 160 cm×厚 16 cm,碑立于弥勒市。

著录于(乾隆)《弥勒州志》。

3655 朱五慜之墓

嘉庆元年(1796),碑立于元谋县。

见于《武定探秘》。

3656 官武宁建文峰塔序

撰者朱圣哲,嘉庆元年(1796),碑立于通海县。

著录于(道光)《通海县志》。

3657 斗会租石碑记

嘉庆二年(1797),高 156 cm×宽 56 cm,碑立于曲靖市。

见于《陆良历代石刻注解与研究》。

3658 奉上革弊碑

嘉庆二年(1797),高 153 cm×宽 70 cm,碑立于玉溪市。

见于《玉溪碑刻选集》。

3659 海门桥诗碑

撰者任珑、任璇,嘉庆二年(1797),高 196 cm×宽 94 cm,碑立于玉溪市。

见于《玉溪碑刻选集》。

3660 界鱼石歌

撰者任钟岐,嘉庆二年(1797),高 198 cm×宽 95 cm,碑立于玉溪市。

见于《玉溪碑刻选集》。

3661 举人杨栗亭先生履宽墓志铭

撰者尹壮图,嘉庆二年(1797),碑立于大理市。

著录于(民国)《大理县志稿》。

3662 蒙自修补所城碑

撰者杨环,青石,楷书,嘉庆二年(1797),高 200 cm×宽 84 cm,碑立于蒙自市。

见于《红河州文物志》。

3663 尹壮图游记诗刻碑

撰者尹壮图,青石,行楷,嘉庆二年(1797),长 97 cm×宽 62 cm×厚 11 cm,碑立于开远市。

见于《红河州不可移动文物大全》。

3664 朔然禅师寿量碑志

撰者曹邦良，楷书，嘉庆二年（1797），高 76 cm × 宽 53 cm，碑立于楚雄市。

见于《楚雄历代碑刻》。

3665 天相李太翁墓志铭并序

撰者朱绍增，嘉庆二年（1797），碑立于丽江市。

见于《丽江历代碑刻辑录与研究》。

3666 王姓井泉碑记

刻工时应选，嘉庆二年（1797），高 47 cm × 宽 76 cm，碑立于宜良县。

见于《宜良碑刻增补本》（下）。

3667 新建桥神庙小引碑记

撰者李节民，刻工吴秀，嘉庆二年（1797），高 74 cm × 宽 132 cm，碑立于宜良县。

见于《宜良碑刻增补本》（下）。

3668 周厚庵邑侯免官价碑记

撰者陈达，刻工王永泰，正书，嘉庆二年（1797），高 200 cm × 宽 100 cm，碑立于宜良县。

著录于（民国）《宜良县志》。

3669 永定桥碑记

正书，嘉庆二年（1797），碑立于富民县。

著录于《新纂云南通志・金石考》。

3670 重修建造万寿宫碑记

撰者周熊，刻工杨口口，嘉庆二年（1797），高 197 cm × 宽 80 cm，碑立于宜良县。

见于《宜良碑刻增补本》（下）。

3671 合营重修庆元寺碑记

撰者李根，嘉庆二年（1797），高 115 cm × 宽 51 cm，碑立于宾川县。

见于《宾川丛书・金石篇》。

3672 合族宗祠重修碑记

撰者朱槐，嘉庆二年（1797），高 96 cm × 宽 55 cm × 厚 14 cm，碑立于宾川县。

见于《宾川丛书・金石篇》。

3673 呈详移建学宫批案碑

嘉庆三年（1798），高 210 cm × 宽 90 cm，碑立于玉溪市。

见于《玉溪碑刻选集》。

3674 斗姥阁功德碑记

撰者林钟月，嘉庆三年（1798）。

见于《云南道教碑刻辑录》。

3675 个旧会议厂规碑记

嘉庆三年（1798）。

见于《云南史料丛刊》（第十三卷）。

3676 国学张敬纯天叙墓志铭

撰者赵文荪，书者赵文荪，嘉庆三年（1798），碑立于腾冲市。

著录于《新纂云南通志・金石考》。

3677 江川区移建文庙碑

正书，嘉庆三年（1798），碑立于江川区。

著录于《新纂云南通志・金石考》。

3678 柯东乡会学庄田山碑记

嘉庆三年（1798），碑立于保山市。

著录于（道光）《永昌府志》。

3679 李品荣墓志铭

撰者赵文荪，书者赵文荪，嘉庆三年（1798），碑立于腾冲市。

著录于《新纂云南通志・金石考》。

3680 刘渊然书镇天符

嘉庆三年（1798），高 58 cm × 宽 120 cm。

见于《云南道教碑刻辑录》。

3681 龙王庙碑叙

撰者侯宁邦，嘉庆三年（1798），碑立于腾冲市。

见于《云南乡规民约大观》(上)。

3682 南诏碑亭记

撰者李亨，楷书，嘉庆三年（1798），高 124 cm×宽 136 cm，碑立于大理市。

见于《大理丛书·金石篇》。

3683 魏文瑞先生墓志铭

撰者窦晟，楷书，嘉庆三年（1798），高 88 cm×宽 54 cm，碑立于南华县。

见于《楚雄历代碑刻》。

3684 西布甸严禁私自开采硝矿告示碑

嘉庆三年(1798)，高 110 cm×宽 63 cm×厚 12 cm，碑立于马关县。

见于《马关县第三次全国文物普查资料集·边关印迹》。

3685 羊鸟里奉县主许太老爷示永禁派累碑记

嘉庆三年(1798)，高 78 cm×宽 146 cm。

见于《云南道教碑刻辑录》。

3686 杨学新墓志铭

撰者赵文苏，书者赵文苏，嘉庆三年（1798），碑立于腾冲市。

著录于《新纂云南通志·金石考》。

3687 义安桥水分碑记（一）

书者李永馨，刻工沈建中、沈建林、王顺、杨富，青石，嘉庆三年(1798)，高 190 cm×宽 72 cm，碑立于宜良县。

见于《宜良碑刻增补本》(上)。

3688 张敬吉天禄墓志铭

撰者赵文苏，书者赵文苏，嘉庆三年（1798），碑立于腾冲市。

著录于《新纂云南通志·金石考》。

3689 重修后龙寺碑记

撰者钱沣，嘉庆三年（1798），碑立于呈贡区。

见于《呈贡历史建筑及碑刻选》。

注：2013 年 8 月被盗。

3690 追泐刘渊然书符篆·戊午冬日上龙泉观咏唐梅

撰者华国才，砂石，嘉庆三年（1798），高 190 cm×宽 88 cm×厚 17 cm，碑立于盘龙区。

见于《官渡区志》。

3691 租舍龙王庙碑记

撰者乐楼，嘉庆三年(1798)，高 110 cm×宽 67 cm×厚 16 cm，碑立于弥勒市。

见于《弥勒文物志》。

3692 秀山封山护林碑记

楷书，青石，嘉庆四年(1799)，高 63 cm×宽 112 cm，碑立于石屏县。

著录于《石屏县志》。

3693 东林胜境小官庙常住碑记

嘉庆四年(1799)，高 185 cm×宽 64 cm，碑立于隆阳区。

见于《隆阳碑铭石刻》。

3694 普贤寺迁庄罗汉记（碑阴）

刻工李云登，嘉庆四年（1799），碑立于西山区。

见于《中国地方志佛道教文献汇纂·诗文碑刻卷》(西南·云南)。

3695 阮继冕神道碑记

嘉庆四年(1799)，高 170 cm×宽 70 cm，碑立于宜良县。

见于《宜良碑刻增补本》(下)。

注：是碑为宜良县内仅见一通满文碑，也是现存不多之神道碑。

3696 矣渡常住碑记

嘉庆四年(1799),高145 cm×宽70 cm，碑立于玉溪市。

见于《玉溪碑刻选集》。

3697 矣腊驿站碑（一）

楷书，嘉庆四年（1799），高 180 cm×宽72 cm，碑立于师宗县。

见于《师宗县文物志》。

3698 矣腊遵示勒石通告碑

楷书，嘉庆四年（1799），高 180 cm×宽92 cm，碑立于师宗县。

见于《师宗县文物志》。

3699 重修龙泉观玉皇殿小引

撰者唐一魁，刻工苏朝富，嘉庆四年（1799）。

见于《云南道教碑刻辑录》。

3700 本府断案碑记

嘉庆四年（1799），高116 cm×宽60 cm×厚20 cm，碑立于宾川县。

见于《宾川丛书·金石篇》。

3701 赤石崖观音寺碑记

撰者杨上达，书者杨上达，楷书，嘉庆四年（1799），高115 cm×宽64 cm，碑立于宾川县。

见于《宾川丛书·金石篇》。

3702《为黑龙潭梅花作阑干纪事》诗刻

撰者张度，书者桂馥，嘉庆五年(1800)，高90 cm×宽65 cm，碑立于盘龙区。

著录于《新纂云南通志·金石考》。

3703 复修霖雨桥记

撰者彭龄，书者桂馥，隶书，嘉庆五年（1800），碑立于盘龙区。

著录于《新纂云南通志·金石考》。

3704 李绳其祖武墓志铭

撰者赵司城，书者赵司城，嘉庆五年（1800），碑立于腾冲市。

著录于《新纂云南通志·金石考》。

3705 临安府建水五次题名碑记

撰者江浚源，嘉庆五年（1800），碑立于建水县。

见于《遗留在建水碑刻中的文明记忆》。

3706 朋普小寨清真寺恩德碑记

嘉庆五年（1800），高84 cm×宽54 cm×厚20 cm，碑立于弥勒市。

见于《弥勒文物志》。

3707 寿佛寺碑记

撰者谢景章，嘉庆五年（1800），碑立于马关县。

著录于（民国）《马关县志》。

3708 修观音堂并暂驻亭碑记

撰者邹渭，嘉庆五年（1800），高162 cm×宽92 cm×厚12 cm，碑立于宣威市。

见于《宣威县文物志》。

3709 尹进廷墓志铭

撰者赵文苏，书者赵文苏，嘉庆五年（1800），碑立于腾冲市。

著录于《新纂云南通志·金石考》。

3710 云岩寺常住田碑记

嘉庆五年（1800），高 226 cm×宽120 cm，碑立于玉溪市。

见于《玉溪碑刻选集》。

3711 赵争一暨妻黄氏墓志铭

撰者赵文苏，书者赵文苏，嘉庆五年（1800）。

著录于《新纂云南通志·金石考》。

3712 重修关圣宫碑记

嘉庆五年(1800),高165 cm×宽71 cm。

见于《云南道教碑刻辑录》。

3713 师氏家谱总序碑

撰者师范，嘉庆五年（1800），碑立于

弥渡县。

见于《弥渡古代碑刻辑释》。

3714 鼎建鸡足山传衣寺碑记

刻工照古重，正书，嘉庆六年（1801），碑立于宾川县。

著录于《新纂云南通志·金石考》。

3715 金家营重修新建土主庙碑记

撰者韩唐，刻工王永泰，嘉庆六年（1801），碑立于宜良县。

见于《宜良碑刻增补本》（上）。

3716 经庄本主神庙碑记

楷书，嘉庆六年（1801），高 92 cm × 宽 58 cm，碑立于大理市。

见于《大理丛书·金石篇》

3717 莲池碑记

嘉庆六年（1801），碑立于宜良县。

著录于（民国）《宜良县志》。

3718 刘真人符刻石

书者刘渊然，正书，嘉庆六年（1801），碑立于盘龙区。

著录于《新纂云南通志·金石考》。

3719 龙门慈云洞香炉诗刻

撰者那文凤，嘉庆六年（1801），高 38 cm × 宽 42 cm，碑立于西山区。

见于《西山区志》。

3720 陕西会馆功德碑

嘉庆六年（1801），长 132 cm × 宽 95 cm × 厚 17 cm，碑立于会泽县。

见于《会泽县文物志》。

3721 士金街观音寺碑文

嘉庆六年（1801），高 164 cm × 宽 94 cm × 厚 16 cm，碑立于弥勒市。

见于《弥勒文物志》。

3722 张再铭墓志铭

撰者赵文荪，书者赵文荪，嘉庆六年（1801），碑立于腾冲市。

著录于《新纂云南通志·金石考》。

3723 重修奎星书院碑记

撰者杨维，楷书，嘉庆六年（1801），高 141 cm × 宽 45 cm，碑立于大理市。

见于《大理丛书·金石篇》。

3724 重修观音殿新建禅堂碑记

撰者吴聊荣，嘉庆六年（1801），高 108 cm × 宽 70 cm，碑立于宜良县。

见于《宜良碑刻增补本》（上）。

3725 重增满月寺常住碑记

撰者杨鸣凤，书者杨鸣凤，正书，嘉庆六年（1801），残高 80 cm × 宽 50 cm，碑立于大理市。

见于《大理丛书·金石篇》。

3726 紫溪山丁家徐家封山碑记

砂岩，楷书，嘉庆六年（1801），高 70 cm × 宽 49 cm × 厚 10 cm，碑立于楚雄市。

见于《楚雄历代碑刻》。

3727 遵照碑

红砂石，楷书，嘉庆六年（1801），高 141 cm × 宽 66 cm × 厚 9 cm，碑立于剑川县。

见于《大理丛书·金石篇》。

3728 板桥、凤溪哨民公文归属断案碑

嘉庆七年（1802），高 163 cm × 宽 60 cm，碑立于保山市。

见于《保山碑刻》。

3729 积庆寺碑记碑

嘉庆七年（1802），碑立于洱源县。

见于《大理洱源县碑刻辑录》。

3730 府县合免应差瓷器碑

青石，嘉庆七年（1802），高 130 cm × 宽 68 cm，碑立于保山市。

见于《保山碑刻》。

3731 断案碑记

撰者杨春萃，嘉庆七年（1802），高 150 cm × 宽 60 cm，碑立于隆阳区。

见于《隆阳碑铭石刻》。

3732 鸡足山石钟寺律主法天大和尚中兴首传寺联灯碑记

撰者行鉴，书者本立，楷书，嘉庆七年（1802），高 81 cm × 宽 60 cm，碑立于宾川县。

见于《大理丛书・金石考》。

3733 石钟寺法天和尚碑记

撰者行鉴，书者本立，刻工杨渊，正书，嘉庆七年（1802），高 163 cm × 宽 72 cm × 厚 12 cm，碑立于宾川县。

著录于《新纂云南通志・金石考》。

3734 开浚通济沟记

正书，嘉庆七年（1802），碑立于江川区。

著录于《新纂云南通志・金石考》。

3735 埜山派三代禅僧合墓碑

撰者海清湛，书者沙湛、海清湛，大理石，嘉庆七年（1802），高 61 cm × 宽 46 cm，碑立于楚雄市。

见于《紫溪山志》。

3736 莲峰庵碑记

撰者赵步云，书者赵步云，刻工赵步云，楷书，嘉庆七年（1802），高 68 cm × 宽 82 cm，碑立于禄丰县。

著录于《新纂云南通志・金石考》。

3737 马龙学正番聚堂其奎墓志铭

撰者赵文莽，书者赵文莽，嘉庆七年（1802），碑立于腾冲市。

著录于《新纂云南通志・金石考》。

3738 那比渡纪行记

撰者查枢，嘉庆七年（1802），碑立于永善县。

著录于（嘉庆）《永善县志略》。

3739 庆九会增置田租功德碑记

撰者牛昂，嘉庆七年（1802），高 138 cm × 宽 88 cm 碑立于通海县。

见于《通海历代碑刻集》。

3740 忠灵墓

嘉庆七年（1802），碑立于中甸县。

著录于（光绪）《云南通志》。

3741 重修温泉寺碑记（二）

撰者贾文超，书者贾文超，刻工陈镇国，青石，嘉庆七年（1802），高 63 cm × 宽 140 cm，碑立于宜良县。

见于《宜良碑刻增补本》（上）。

3742 平彝碑记

撰者觉罗琅玕，嘉庆八年（1803），高 170 cm × 宽 100 cm，碑立于丽江市。

著录于（光绪）《丽江府志》。

3743 姆保发恩夫妇墓碑

撰者呗涛，嘉庆八年（1803），高 50 cm × 宽 38 cm，碑立于武定县。

见于《彝文石刻译选》。

3744 清世袭同知高配忝墓志

撰者杨勃，楷书，嘉庆八年（1803），高 63 cm × 宽 40 cm，碑立于姚安县。

见于《楚雄历代碑刻》。

3745 尝稽藏典所载

撰者祖正，刻工续继，嘉庆八年（1803），碑立于元谋县。

见于《威楚遗韵》。

3746 番国华妻节孝李氏墓志铭

撰者赵文莽，书者赵文莽，嘉庆八年（1803），碑立于腾冲市。

著录于《新纂云南通志・金石考》。

3747 **奉宪明文禁革需索碑**

大理石，楷书，嘉庆八年（1803），高127 cm×宽63 cm，碑立于弥渡县。

见于《大理丛书·金石篇》。

3748 **上宪部文碓硙陋规永行禁革碑**

大理石，楷书，嘉庆八年（1803），高59 cm×宽39 cm，碑立于弥渡县。

见于《大理丛书·金石篇》。

3749 **沈伍营永济塘碑记**

撰者李继晟，嘉庆八年（1803），高160 cm×宽67 cm，碑立于宜良县。

见于《宜良碑刻增补本》（上）。

3750 **土官村其它乡规碑记**

撰者李继晟，刻工李□□、胡□□，嘉庆八年（1803），高162 cm×宽62 cm，碑立于宜良县。

见于《宜良碑刻增补本》（下）。

3751 **新修东岳宫碑记**

撰者解新元，正书，嘉庆八年（1803），碑立于腾冲市。

著录于《新纂云南通志·金石考》。

3752 **永远遵守碑**

大理石，楷书，嘉庆八年（1803），高186.5 cm×宽104.6 cm×厚5 cm，碑立于大理市。

见于《大理丛书·金石篇》。

3753 **元和宫捐田记**

嘉庆八年（1803），碑立于晋宁区。

著录于《新纂云南通志·金石考》。

3754 **重修海潮碑序**

撰者王尚卿，书者王尚卿，嘉庆八年（1803），碑立于师宗县。

见于《师宗县文物志》。

3755 **重修文昌宫义馆碑文**

撰者贾明道，嘉庆八年（1803），碑立于盐津县。

著录于（民国）《盐津县志》。

3756 **朝阳寺碑记**

撰者程宗孟，嘉庆九年（1804），高133 cm×宽72 cm，碑立于施甸县。

见于《施甸碑铭录》。

3757 **水例碑记**

砂岩，楷书，嘉庆九年（1804），高92 cm×宽45 cm，碑立于楚雄市。

见于《楚雄历代碑刻》。

3758 **重建妙峰山德云寺碑记**

撰者元位，书者姜德位，楷书，嘉庆九年（1804），高186 cm×宽48 cm，碑立于大姚县。

见于《楚雄历代碑刻》。

3759 **彻庸及诸名流诗刻碑**

撰者彻庸、文震孟、张彬、陶珽，嘉庆九年（1804），碑立于姚安县。

著录于（民国）《姚安县志》。

3760 **干河堡观音寺功德碑记**

撰者吴芳兰，嘉庆九年（1804），高180 cm×宽53 cm，碑立于曲靖市。

见于《陆良历代石刻注解与研究》。

3761 **普洱郡八景诗刻**

撰者香东，草书，嘉庆九年（1804），碑立于普洱市。

著录于《新纂云南通志·金石考》。

3762 **曲江文庙碑记**

撰者欧阳春，书者凌云、沈标书，正书，嘉庆九年（1804），碑立于建水县。

著录于《新纂云南通志·金石考》。

3763 **邵怀远将军墓志铭**

撰者陶尧文，书者王巩，楷书，嘉庆九年（1804），高144 cm×宽64 cm×厚30 cm，碑立于曲靖市。

见于《陆良历代石刻注解与研究》。

3764 新建土主寺前殿两厢碑叙

撰者李雄飞，刻工杜占春，嘉庆九年（1804），高 64 cm × 宽 130 cm，碑立于宜良县。

见于《宜良碑刻增补本》（下）。

3765 新建文星阁碑记

嘉庆九年（1804），高 165 cm × 宽 60 cm。

见于《云南道教碑刻辑录》。

3766 重修后殿碑序

撰者李雄飞，刻工杜占春，嘉庆九年（1804），高 60 cm × 宽 108 cm，碑立于宜良县。

见于《宜良碑刻增补本》（上）。

3767 重修水映寺碑

撰者李鸣吉，书者段含章，正书，嘉庆九年（1804），碑立于腾冲市。

著录于《新纂云南通志 · 金石考》。

3768 竹园文昌宫记

撰者赵联炳，嘉庆九年（1804），碑立于弥勒市。

著录于《新纂云南通志 · 金石考》。

3769 以垂永久

嘉庆九年（1804），高 124 cm × 宽 79 cm × 厚 15 cm，碑立于宾川县。

见于《宾川丛书 · 金石篇》。

3770 灰窑张姓山场案判决碑

撰者陈亭献，嘉庆十年（1805），高 213 cm × 宽 68 cm，碑立于隆阳区。

见于《隆阳碑铭石刻》。

3771 剑川积庆观常住碑记

撰者何亮星、何列星，书者何列星，楷书，嘉庆十年（1805），高 136 cm × 宽 74 cm，碑立于剑川县。

见于《大理丛书 · 金石篇》。

3772 开辟麻栗坡街碑志

嘉庆十年（1805），高 85 cm × 宽 67 cm，碑立于麻栗坡县。

见于《麻栗坡县志》。

3773 李钟翠墓志铭

撰者赵司城，书者赵司城，嘉庆十年（1805），碑立于腾冲市。

著录于《新纂云南通志 · 金石考》。

3774 论水碑记

嘉庆十年（1805），高 90 cm × 宽 40 cm，碑立于隆阳区。

见于《隆阳碑铭石刻》。

3775 募设施棺会碑记

撰者杨荟文，嘉庆十年（1805）。

著录于（道光）《普洱府志》。

3776 息讼碑记

楷书，嘉庆十年（1805），高 115 cm × 宽 66 cm，碑立于泸水市。

见于《大理丛书 · 金石篇》。

3777 由旺少保山种树记

撰者沈宗海，嘉庆十年（1805），碑立于施甸县。

著录于《永昌府文征》。

3778 重修龙泉观北极大殿、雷神殿山门碑记

嘉庆十年（1805），高 48 cm × 宽 126 cm。

见于《云南道教碑刻辑录》。

3779 小西庄栗树庄矣者蓬水利碑记

嘉庆十年（1805），高 122 cm × 65 cm，碑立于弥渡县。

见于《弥渡古代碑刻辑释》。

3780 阿喇贴木耳墓碑（2 块）

楷书，嘉庆十一年（1806），高 108 cm × 宽 64 cm × 厚 9 cm，碑立于通海县。

见于（1992）《通海县志》。

3781 本主大爷圣殿重修碑记

撰者张昱丽，书者杨绍贤，楷书，嘉庆十一年（1806），高 110 cm × 宽 50 cm，碑立于洱源县。

见于《大理丛书·金石篇》。

3782 柴家营新筑永济塘碑序

撰者杨□，嘉庆十一年（1806），高 173 cm × 宽 95 cm，碑立于宜良县。

见于《宜良碑刻增补本》（上）。

3783 柴家营永济塘按田捐银碑记

撰者周廷懋，刻工张文德、张文贵，嘉庆十一年（1806），高 163 cm × 宽 70 cm，碑立于宜良县。

见于《宜良碑刻增补本》（上）。

3784 禅创修碑记

撰者云峰普，嘉庆十一年（1806），碑立于官渡区。

见于《云南金石目略初稿》。

3785 老马街子庙貌巍峨碑

嘉庆十一年（1806），高 144 cm × 宽 60 cm，碑立于曲靖市。

见于《陆良历代石刻注解与研究》。

3786 重修佛严寺增置常住记

撰者倪士元，书者宝馨，正书，嘉庆十一年（1806）。

见于《云南金石目略初稿》。

3787 大波那街钱文升斗戥秤碑

刻工余宗培，嘉庆十一年（1806），碑立于祥云县。

见于《祥云金石》。

3788 龚家路记

刻工刘技北、□正通，嘉庆十一年（1806），高 180 cm × 宽 80 cm，碑立于曲靖市。

见于《曲靖石刻》。

3789 禅本悟塔铭

撰者正定，嘉庆十二年（1807），碑立于昆明市。

见于《中国地方志佛道教文献汇纂·诗文碑刻卷》（西南·云南）。

3790 董世梁暨妻杨氏墓志铭

撰者赵文荪，嘉庆十二年（1807），碑立于腾冲市。

见于《中国地方志佛道教文献汇纂·诗文碑刻卷》（西南·云南）。

3791 优免碑记

楷书，嘉庆十二年（1807），高 152 cm × 宽 60 cm × 厚 20 cm，碑立于大姚县。

见于《楚雄历代碑刻》。

3792 公建金川寺众姓乐捐功德碑

嘉庆十二年（1807），高 152 cm × 宽 74 cm × 厚 18 cm，碑立于元谋县。

见于《威楚遗韵》。

3793 皇清待诏赠勤慎慈惠杨公讳京彦妣李何氏之墓志铭

大理石，嘉庆十二年（1807），碑立于大理市。

见于《大理丛书·金石篇》。

3794 临安府布告碑

楷书，嘉庆十二年（1807），高 154 cm × 宽 60 cm × 厚 14 cm，碑立于元阳县。

见于《红河州文物志》。

3795 陕西会馆功德碑

嘉庆十二年（1807），高 156 cm × 宽 80 cm，碑立于曲靖市。

见于《曲靖石刻》。

3796 陕西庙记事碑

嘉庆十二年（1807），长 159 cm × 宽 75 cm × 厚 13 cm，碑立于会泽县。

见于《会泽县文物志》。

3797 署云南曲靖府正堂加五级记录十次碑

嘉庆十二年（1807），高 300 cm × 宽 126 cm，碑立于曲靖市。

见于《曲靖石刻》。

3798 修建本寺碑记

刻工那存道，嘉庆十二年（1807），高 146 cm × 宽 80 cm。

见于《云南道教碑刻辑录》。

3799 游温泉记

嘉庆十二年（1807），碑立于安宁市。

著录于《安宁州志》。

3800 阿纳村护林封山碑

撰者杨溱，楷书，嘉庆十三年（1808），高 88 cm × 宽 88 cm，碑立于禄丰县。

见于《楚雄历代碑刻》。

3801 朱氏老孺人之墓

嘉庆十三年（1808），碑立于元谋县。

见于《武定探秘》。

3802 阿申夫妇墓铭

嘉庆十三年（1808），碑立于武定县。

见于《武定探秘》。

3803 垂裕后昆

嘉庆十三年（1808），碑立于祥云县。

见于《祥云碑刻》。

3804 禁赌碑记

嘉庆十三年（1808），高 137 cm × 宽 68 cm，碑立于宜良县。

见于《宜良碑刻增补本》（下）。

3805 雷神观音会碑记

嘉庆十三年（1808），高 98 cm × 宽 62 cm。

见于《云南道教碑刻辑录》。

3806 连然十景

撰者田龙利见氏，嘉庆十三年（1808），碑立于安宁市。

见于《云南林业文化碑刻》。

3807 芦山村独立碑

嘉庆十三年（1808），高 148 cm × 宽 51 cm，碑立于曲靖市。

见于《陆良历代石刻注解与研究》。

3808 上水洞分水闸楹联石刻

嘉庆十三年（1808），高 136 cm × 宽 46 cm × 厚 15 cm，碑立于会泽县。

见于《娜姑镇文物志》。

3809 下伍村捐置桂香书院膏火碑记

嘉庆十三年（1808），碑立于弥勒市。

见于《弥勒文物志》。

3810 新建殿阁捐修功德碑记（一）

撰者耿廷玑，刻工赵鲲，嘉庆十三年（1808），高 66 cm × 宽 138 cm，碑立于宜良县。

见于《宜良碑刻增补本》（上）。

3811 修职郎张也良墓志

撰者张也良，嘉庆十三年（1808），碑立于凤庆县。

著录于（民国）《顺宁县志初稿》。

3812 永护凤山碑

嘉庆十三年（1808），碑立于大理市。

见于《云南林业文化碑刻》。

3813 支锅山村独立碑记

嘉庆十三年（1808），高 170 cm × 宽 85 cm，碑立于曲靖市。

见于《陆良历代石刻注解与研究》。

3814 新泽金氏家族垂裕后昆碑记

嘉庆十三年（1808），碑立于祥云县。

见于《祥云金石》。

3815 周氏宗祠碑

撰者周瑶，嘉庆十四年（1809），碑立于弥渡县。

见于《弥渡古代碑刻辑释》。

3816 大人坟村独立永照碑

嘉庆十四年（1809），碑立于曲靖市。

见于《陆良历代石刻注解与研究》。

3817 东岳宫三月会碑

撰者刘清永，正书，嘉庆十四年（1809），碑立于腾冲市。

著录于《新纂云南通志·金石考》。

3818 封赠李蟠根祖父母碑

楷书，嘉庆十四年（1809），高 110 cm × 宽 58 cm，碑立于大理市。

见于《大理丛书·金石篇》。

3819 奉上垂示（甸高村山林断案碑）

撰者薛少濂，嘉庆十四年（1809），高 154 cm × 宽 111 cm，碑立于通海县。

见于《通海历代碑刻集》。

3820 个旧重修文昌宫碑记

撰者谈去矜，书者刘澍，正书，嘉庆十四年（1809），碑立于个旧市。

著录于《新纂云南通志·金石考》。

3821 护林碑

嘉庆十四年（1809），碑立于江川区。

见于《云南林业文化碑刻》。

3822 黄官营奉天诰命碑

撰者卢长龄，嘉庆十四年（1809），高 296 cm × 宽 94 cm，碑立于曲靖市。

见于《陆良历代石刻注解与研究》。

3823 济众塘碑记

撰者周廷模，嘉庆十四年（1809），高 162 cm × 宽 66 cm，碑立于宜良县。

见于《宜良碑刻增补本》（上）。

3824 乡规民约碑

撰者赵锡侯，书者杨焞，刻工尹文，青砂石，嘉庆十四年（1809），高 97 cm × 宽 127 cm × 厚 8 cm，碑立于呈贡区。

著录于《呈贡县志》。

3825 续修文武圣宫碑记

嘉庆十四年（1809），碑立于宣威市。

见于《宣威县文物志》。

3826 玉光碑记

嘉庆十四年（1809），高 110 cm × 宽 50 cm。

见于《云南道教碑刻辑录》。

3827 重修新兴武侯祠记

撰者洪其照，嘉庆十四年（1809），碑立于玉溪市。

著录于（道光）《澄江府志》。

3828 护林碑

嘉庆十五年（1810），碑立于建水县。

见于《云南林业文化碑刻》。

3829 回新土司衙门告示碑

嘉庆十五年（1810），碑立于建水县。

见于《遗留在建水碑刻中的文明记忆》。

3830 禁挖矿石碑

嘉庆十五年（1810），碑立于昭通市。

见于《鲁甸碑刻》。

3831 禁止损坏锁水塔告示碑

嘉庆十五年（1810），高 80 cm × 宽 50 cm，碑立于玉溪市。

见于《玉溪碑刻选集》。

3832 侍尉将军杨勋墓铭

撰者李钟景，嘉庆十五年（1810），碑立于大理市。

著录于（民国）《大理县志稿》。

3833 重建永宁碑记

嘉庆十五年（1810），碑立于宾川县。

见于《宾川丛书·金石篇》。

3834 先室雷孺人圹记

撰者李文耕，嘉庆十五年（1810）。

著录于《新纂云南通志·金石考》。

3835 小马料田关圣庙碑记

嘉庆十五年（1810），高 112 cm × 宽 60 cm × 厚 11 cm，碑立于弥勒市。

见于《弥勒文物志》。

3836 重建腾越天后宫修观音阁记

撰者许亨超，嘉庆十五年（1810），碑立于腾冲市。

见于《云南道教碑刻辑录》。

3837 重修巍山青霞观碑纪

撰者姚凤仪，楷书，嘉庆十五年（1810），高 193 cm × 宽 86 cm，碑立于巍山县。

见于《大理丛书·金石篇》。

3838 重修马王庙碑记

撰者郭怀，嘉庆十五年（1810），碑立于大关县。

著录于（民国）《大关县志稿》。

3839 "悠久无疆"碑

嘉庆十六年（1811），碑立于师宗县。

见于《师宗县文物志》。

3840 文庙田地房产碑记

撰者甘岳，嘉庆十六年（1811），碑立于大姚县。

著录于（光绪）《续修白盐井志》。

3841 大乘彻睿墓铭

撰者澄亮，嘉庆十六年（1811），高 73 cm × 宽 45 cm，碑立于楚雄市。

见于《威楚遗韵》。

3842 寂光无公大和尚行实塔铭

撰者祖善，刻工张国，嘉庆十六年（1811），高 34 cm × 宽 40 cm，碑立于大姚县。

见于《楚雄历代碑刻》。

3843 安澜桥碑记

撰者饶仁修，楷书，嘉庆十六年（1811），高 134 cm × 宽 64 cm，碑立于双柏县。

见于《楚雄历代碑刻》。

3844 江城五禁牛宗碑

嘉庆十六年（1811），高 103 cm × 宽 50 cm × 厚 1 cm，碑立于玉溪市。

见于《江城哈尼族、彝族自治县志》。

3845 江城一碗水牛宗碑

嘉庆十六年（1811），高 98 cm × 宽 53 cm × 厚 1 cm，碑立于玉溪市。

见于《江城哈尼族、彝族自治县志》。

3846 来凤书院示士诗石刻

撰者赵文苏，嘉庆十六年（1811），碑立于腾冲市。

著录于《新纂云南通志·金石考》。

3847 李氏宗祠碑记

撰者赵文苏，书者赵文苏，嘉庆十六年（1811），碑立于腾冲市。

著录于《新纂云南通志·金石考》。

3848 龙华寺方丈遂南和尚塔铭

撰者高因培，嘉庆十六年（1811），高 94 cm × 宽 64 cm，碑立于姚安县。

见于《威楚遗韵》。

3849 盘龙寺功德碑

嘉庆十六年（1811），高 121 cm × 宽 61 cm × 厚 15 cm，碑立于会泽县。

见于《娜姑镇文物志》。

3850 三多塘碑记

撰者欧阳道瀛，嘉庆十六年（1811），碑立于昭通市。

著录于（民国）《昭通志稿》。

3851 **诗人董勿轩灼文墓碑**

撰者刘大绅，书者何星文，正书，嘉庆十六年（1811），碑立于华宁县。

著录于《新纂云南通志·金石考》。

3852 **书阮福墓**

撰者陆以庄，嘉庆十六年（1811），碑立于鹤庆县。

见于《鹤庆碑刻辑录》。

3853 **重建南城碑记**

撰者刘彰宽，书者麟瑞，嘉庆十六年（1811），碑立于凤庆县。

著录于（民国）《顺宁县志初稿》。

3854 **周母罗太夫人墓志**

撰者龙文，嘉庆十六年（1811），碑立于昭通市。

著录于（民国）《大关县志》。

3855 **萧祠执照碑**

嘉庆十六年（1811），长 136 cm × 宽 68 cm，碑立于祥云县。

见于《祥云金石》。

3856 **本寨藏公堂布卷公约**

嘉庆十七年（1812），碑立于香格里拉县。

见于《云南乡规民约大观》（上）。

3857 **白羊厂严禁健讼碑**

楷书，嘉庆十七年（1812），高 119 cm × 宽 67 cm，碑立于云龙县。

见于《大理丛书·金石篇》。

3858 **寂光定翁和尚舍利塔铭**

撰者沙玉，嘉庆十七年（1812），高 29 cm × 宽 36 cm，碑立于楚雄市。

见于《紫溪山志》。

3859 **林家大石头夫马碑记**

嘉庆十七年（1812），高 93 cm × 宽 56 cm，碑立于通海县。

见于《通海历代碑刻集》。

3860 **南涧清真寺新旧租石田形坐落四至钱粮数目总碑**

大理石，楷书，嘉庆十七年（1812），高 148 cm × 宽 64 cm，碑立于南涧县。

见于《大理丛书·金石篇》。

3861 **师荔扉先生传碑**

撰者张登瀛，书者石本龄，正书，嘉庆十七年（1812），高 96 cm × 宽 52 cm，碑立于弥渡县。

著录于《新纂云南通志·金石考》。

3862 **斯邓夫妇之墓**

嘉庆十七年（1812），碑立于武定县。

见于《武定探秘》。

3863 **叶梅圃神道碑序**

撰者万起魁，正书，嘉庆十七年（1812），碑立于文山市。

著录于（民国）《续修文山县志》。

3864 **永垂不朽**

嘉庆十七年（1812），高 100 cm × 宽 55 cm，碑立于砚山县。

见于《云南林业文化碑刻》。

3865 **增加学额碑序**

撰者李上桃，嘉庆十七年（1812），碑立于昭通市。

著录于（民国）《昭通志稿》。

3866 **张善墓志**

楷书，嘉庆十七年（1812），高 55 cm × 宽 70 cm，碑立于禄丰县。

见于《中国文物地图集·云南分册》。

3867 **地理望云庵重修赞碑铭**

嘉庆十八年（1813），高 67 cm × 宽 139 cm，碑立于施甸县。

见于《施甸碑铭录》。

3868 斗姥阁雷祖殿常住碑记

撰者马本源，嘉庆十八年（1813）。

见于《云南道教碑刻辑录》。

3869 赣县知县陈鲲池先生万里墓志铭

撰者崔述，嘉庆十八年（1813），碑立于石屏县。

著录于（民国）《石屏县志》。

3870 兰坪财神宫碑记

嘉庆十八年（1813），高 65 cm × 宽 56 cm。

见于《云南道教碑刻辑录》。

3871 乐马厂清真寺碑记

嘉庆十八年（1813），碑立于昭通市。

见于《鲁甸碑刻》。

3872 南昌村永青寺碑

嘉庆十八年（1813），高 122 cm × 宽 60 cm，碑立于曲靖市。

见于《陆良历代石刻注解与研究》。

3873 清敕宣德郎高公讳配汞暨陈老安人墓志

撰者杨勃，嘉庆十八年（1813），高 73 cm × 宽 48 cm，碑立于大理市。

见于《大理丛书·金石篇》。

3874 山西村修建祠寺总序

撰者段镖，书者杨汝柽，大理石，楷书，嘉庆十八年（1813），高 110 cm × 宽 74 cm，碑立于大理市。

见于《大理丛书·金石篇》。

3875 文会碑记

撰者安时中，刻工杨芳，嘉庆十八年（1813），高 60 cm × 宽 133 cm，碑立于宜良县。

见于《宜良碑刻增补本》（下）。

3876 新置腾阳会馆碑记

撰者水其沂，嘉庆十八年（1813），高 177 cm × 宽 75 cm，碑立于隆阳区。

见于《隆阳碑铭石刻》。

3877 轩辕会庆诞碑记

嘉庆十八年（1813），高 97 cm × 宽 62 cm。

见于《云南道教碑刻辑录》。

3878 永丰寺雨庵和尚行述记

书者姚纯，行书，嘉庆十八年（1813），碑立于昆明市。

著录于《新纂云南通志·金石考》。

3879 张氏杜卖文契

嘉庆十八年（1813），高 179 cm × 宽 81 cm，碑立于通海县。

见于《通海历代碑刻集》。

3880 重修高明寺碑记

撰者王万清、陈嗣昌，青石，嘉庆十八年（1813），高 145 cm × 宽 60 cm，碑立于宜良县。

见于《宜良碑刻增补本》（上）。

3881 夹石洞户役碑记

嘉庆十八年（1813），高 116 cm × 宽 62 cm，碑立于弥渡县。

见于《弥渡古代碑刻辑释》。

3882 永世流芳

撰者段应宜，嘉庆十八年（1813），碑立于大理市。

见于《大理凤仪古碑文集》。

3883 余成起神道碑

嘉庆十八年（1813），高 180 cm × 宽 62 cm × 厚 17 cm，碑立于弥渡县。

见于《弥渡古代碑刻辑释》。

3884 佐力丛修理赤水江末段碑记

撰者李振铎，大理石，楷书，嘉庆十九年（1814），残高 59 cm × 宽 48 cm，碑立于弥渡县。

见于《弥渡古代碑刻辑释》。

3885 浦贝杨姓家庙戒赌碑记

嘉庆十九年（1814），碑立于易门县。

著录于《易门县志》。

3886 圆寂比丘具授菩萨大戒沙门恩师上明下振讳悟扬和尚寿量塔

撰者清开，嘉庆十九年（1814），碑立于楚雄市。

见于《威楚遗韵》。

3887 那土司府总理彝族张有能夫妇合墓碑

嘉庆十九年（1814），高 52 cm × 宽 35 cm，碑立于武定县。

见于《武定探秘》。

3888 三善塘碑

撰者陈嗣昌，书者陈嗣昌，刻工李润，青石，嘉庆十九年（1814），高 192 cm × 宽 70 cm，碑立于宜良县。

见于《宜良碑刻增补本》（上）。

3889 施绍斋封翁暨妻李氏墓志铭

撰者赵文苏，嘉庆十九年（1814），碑立于腾冲市。

著录于《新纂云南通志・金石考》。

3890 巍山新建依云阁碑记

撰者姚凤仪，嘉庆十九年（1814），高 130 cm × 宽 69 cm，碑立于巍山县。

见于《云南道教碑刻辑录》。

3891 文庙公田碑记

正书，嘉庆十九年（1814），碑立于江川区。

著录于《新纂云南通志・金石考》。

3892 武乡会试题名碑记

撰者薛绍濂，嘉庆十九年（1814），碑立于建水县。

见于《遗留在建水碑刻中的文明记忆》。

3893 新建打渔村玉皇阁碑记

撰者水其沂，嘉庆十九年（1814），高 180 cm × 宽 86 cm，碑立于隆阳区。

见于《隆阳碑铭石刻》。

3894 中天寺重修玉皇阁佛殿碑记

撰者寸秀升，书者寸秀升，嘉庆十九年（1814），碑立于腾冲市。

著录于《新纂云南通志・金石考》。

3895 仲宣氏功德碑

撰者林开，嘉庆十九年（1814），高 93 cm × 宽 63 cm，碑立于通海县。

见于《通海历代碑刻集》。

3896 重建龙神祠序

正书，嘉庆十九年（1814），碑立于普洱市。

著录于《新纂云南通志・金石考》。

3897 公送岁修碑记

嘉庆二十年（1815），碑立于祥云县。

见于《祥云碑刻》。

3898 元阳临安府布告碑

楷书，嘉庆二十年（1815），高 145 cm × 宽 58 cm × 厚 13 cm，碑立于元阳县。

见于《红河州文物志》。

3899 核桃冲村彝族普氏家族立封山护林碑

嘉庆二十年（1815），碑立于建水县。

见于《云南林业文化碑刻》。

3900 旌表节孝李母卢氏传碑

撰者赵文苏，书者赵文苏，嘉庆二十年（1815），碑立于腾冲市。

著录于《新纂云南通志・金石考》。

3901 厘定县学童试卷金田庄记碑

撰者赵国辅，嘉庆二十年（1815），碑立于丽江市。

见于《纳西族地区历代碑刻辑录与研究》。

3902 “从来善事之起也”碑

嘉庆二十年（1815），高 128 cm × 宽 60 cm，碑立于官渡区。

见于《云溪、永丰村志》。

3903 李诚墓志铭

撰者李遵贤，嘉庆二十年（1815），碑立于腾冲市。

著录于《新纂云南通志·金石考》。

3904 文庠张九峰集成墓志铭

撰者赵庆荪，书者赵庆荪，嘉庆二十年（1815），碑立于腾冲市。

著录于《新纂云南通志·金石考》。

3905 学金功德碑记

撰者杨恂，大理石，楷书，嘉庆二十年（1815），高 83 cm × 宽 48 cm，碑立于弥渡县。

见于《弥渡古代碑刻辑释》。

3906 重修大罗城济川桥碑

撰者吴恕恒，嘉庆二十年（1815），高 144 cm × 宽 70 cm × 厚 20 cm，碑立于宾川县。

见于《宾川丛书·金石篇》。

3907 重修太保山石坊南庑碑记

撰者袁昶，嘉庆二十年（1815），高 107 cm × 宽 7 cm，碑立于隆阳区。

见于《隆阳碑铭石刻》。

3908 补思夫妇之墓

嘉庆二十一年（1816），碑立于武定县。

见于《武定探秘》。

3909 甘露寺开山和尚性通墓碑文

撰者源晟，嘉庆二十一年（1816），碑立于腾冲市。

见于《腾冲名碑集释》。

3910 旌表节孝和母杨太君墓志铭

撰者杨宣，嘉庆二十一年（1816），碑立于丽江市。

见于《丽江历代碑刻辑录与研究》。

3911 开化府文山县洒戛龙护林碑·告示谕谋燕翼

嘉庆二十一年（1816），高 110 cm × 宽 80 cm，碑立于文山市。

见于《云南林业文化碑刻》。

3912 李义中德舆墓志铭

撰者赵文荪，书者赵文荪，嘉庆二十一年（1816），碑立于腾冲市。

著录于《新纂云南通志·金石考》。

3913 莲房书院田房记

撰者何愚，嘉庆二十一年（1816），碑立于广南县。

著录于（道光）《广南府志》。

3914 清明会碑记

撰者长洪氏，嘉庆二十一年（1816），长 123 cm × 宽 61 cm × 厚 23 cm，碑立于会泽县。

见于《会泽县文物志》。

3915 师人塘堤碑

撰者张应祥，嘉庆二十一年（1816），碑立于昭通市。

见于《鲁甸碑刻》。

3916 文学李渊中德涵墓志铭

撰者赵文荪，书者赵文荪，嘉庆二十一年（1816），碑立于腾冲市。

著录于《新纂云南通志·金石考》。

3917 萧祠僧梦卧庐咏云泉梅花记

撰者刘大绅，嘉庆二十一年（1816），碑立于宜良县。

著录于（民国）《宜良县志》。

3918 尹发尧暨妻何氏墓志铭

撰者赵贻荪，嘉庆二十一年（1816），碑立于腾冲市。

著录于《新纂云南通志·金石考》。

3919 玉溪书院碑记

撰者梅占春，青石，楷书，嘉庆二十一年（1816），高 155 cm × 宽 120 cm，碑立于华宁县。

见于《玉溪碑刻选集》。

3920 传衣寺中兴碑记

撰者觉照，书者佛心，正书，嘉庆二十二年（1817），碑立于宾川县。

著录于《新纂云南通志·金石考》。

3921 泽远流长碑

嘉庆二十二年（1817），大理石，高 149 cm × 宽 63 cm，碑立于洱源县。

见于《大理洱源县碑刻辑录》。

3922 洱海行诗碑

撰者宋湘，刻工杨浩，大理石，行书，嘉庆二十二年（1817），高 38 cm × 宽 136 cm，碑立于大理市。

见于《大理丛书·金石篇》。

3923 萂村里裁汰保正碑

嘉庆二十二年（1817），碑立于宾川县。

见于《宾川丛书·金石篇》。

3924 皇明诰授扬威将军功绩世系碑

撰者傅天禄，嘉庆二十二年（1817），碑立于曲靖市。

见于《曲靖石刻》。

3925 先师圣诞碑记

撰者李钟瑞，嘉庆二十二年（1817），碑立于大姚县。

著录于（光绪）《续修白盐井志》。

3926 灵通寺碑序

砂岩，嘉庆二十二年（1817），高 68 cm × 宽 68 cm × 厚 8 cm，碑立于禄丰县。

见于《威楚遗韵》。

3927 龙陵重建关帝庙碑

撰者方振奎，嘉庆二十二年（1817）。

见于《云南道教碑刻辑录》。

3928 糯粗木梳井大桥碑

嘉庆二十二年（1817），高 68 cm × 宽 44 cm × 厚 15 cm，碑立于弥勒市。

见于《弥勒文物志》。

3929 神通王丹诗联刻

书者王丹，嘉庆二十二年（1817），碑立于富民县。

著录于《新纂云南通志·金石考》。

3930 通海县解家营村寺庙所置产业碑序

嘉庆二十二年（1817），碑立于通海县。

见于《云南林业文化碑刻》。

3931 吴道士新开石室记

撰者戴絅孙，嘉庆二十二年（1817），碑立于西山区。

著录于（光绪）《云南通志》。

3932 姚陵合境积垫邦门户碑

楷书，嘉庆二十二年（1817），高 164 cm × 宽 62 cm，碑立于禄丰县。

见于《中国文物地图集·云南分册》。

3933 正觉寺大和大师行状碑记

撰者王定柱，书者源耀，正书，嘉庆二十二年（1817），碑立于西山区。

著录于《新纂云南通志·金石考》。

3934 重修龙泉观功德碑记

嘉庆二十二年（1817），高 60 cm × 宽 118 cm。

见于《云南道教碑刻辑录》。

3935 赋足民安碑

刻工杨发科，嘉庆二十三年（1818），高 126 cm × 宽 60 cm × 厚 16 cm，碑立于弥勒市。

见于《弥勒文物志》。

3936 富州重修观音寺碑记

撰者许尔健，书者许尔健，嘉庆二十三年（1818），碑立于富宁县。

著录于《新纂云南通志·金石考》。

3937 皇明进士应诰承德郎郑澄墓碑序

嘉庆二十三年（1818），高 158 cm×宽 58 cm，碑立于宜良县。

见于《宜良碑刻增补本》（下）。

3938 杨柳箐葛贤卿墓志

撰者王镜，嘉庆二十三年（1818），碑立于弥勒市。

见于《弥勒文物志》。

3939 吉乐封山碑

嘉庆二十三年（1818），高 78 cm×宽 56 cm，碑立于楚雄市。

见于《云南林业文化碑刻》。

3940 禁砍树木合同碑记

嘉庆二十三年（1818），高 70 cm×宽 50 cm，碑立于富民县。

见于《云南林业文化碑刻》。

3941 景东直隶厅严禁土官科派告示碑

嘉庆二十三年（1818），高 125 cm×宽 83 cm×厚 10 cm，碑立于普洱市。

见于《思茅地区文物志》。

3942 乐舞塘三教寺碑记

撰者赵文荪，书者赵文荪，嘉庆二十三年（1818），碑立于腾冲市。

著录于《新纂云南通志·金石考》。

3943 灵源宫关圣殿碑记

撰者嵩禄，书者嵩禄，正书，嘉庆二十三年（1818），碑立于普洱市。

著录于（道光）《普洱府志》。

3944 麦凹里独立永记碑

嘉庆二十三年（1818），高 191 cm×宽 63 cm，碑立于曲靖市。

见于《陆良历代石刻注解与研究》。

3945 腾冲陈家巷陈氏宗族碑

撰者陈应魁、陈应元，嘉庆二十三年（1818），高 193 cm×宽 63 cm，碑立于保山市。

见于《保山碑刻》。

3946 腾越南甸营修建城垣碑记

撰者张应熊，嘉庆二十三年（1818），碑立于腾冲市。

著录于《新纂云南通志·金石考》。

3947 修建石膏箐盐井灵源宫关圣殿碑记

撰者嵩禄，书者嵩禄，正书，嘉庆二十三年（1818），碑立于普洱市。

著录于《新纂云南通志·金石考》。

3948 鱼他得村大寺碑

撰者段佩琼，刻工谭如珍、黄殿纯，嘉庆二十三年（1818），高 112 cm×宽 65 cm×厚 12 cm，碑立于弥勒市。

见于《弥勒文物志》。

3949 竹园板凳寨村民立封山碑

嘉庆二十三年（1818），碑立于弥勒市。

见于《云南林业文化碑刻》。

3950 八寨盐课碑

嘉庆二十四年（1819），高 200 cm×宽 120 cm，碑立于马关县。

见于《马关县第三次全国文物普查资料集·边关印迹》。

3951 八寨碑记

撰者张蜃楼，嘉庆二十四年（1819），碑立于马关县。

著录于（民国）《马关县志》。

3952 白龙潭云龙寺“永远遵守”碑记

嘉庆二十四年（1819），碑立于呈贡区。

见于《呈贡历史建筑及碑刻选》。

3953 保场三沟碑记

撰者李祖成，嘉庆二十四年（1819），高 127 cm × 宽 54 cm，碑立于施甸县。

见于《施甸碑铭录》。

3954 大董村三教寺改建碑记

撰者赵诒荪，嘉庆二十四年（1819），高 176 cm × 宽 66 cm，碑立于腾冲市。

见于《腾冲名碑集释》。

3955 法土窝彝族李氏祖茔墓碑

嘉庆二十四年（1819），高 60 cm × 宽 38 cm，碑立于武定县。

见于《彝文石刻译选》。

3956 飞来寺石帖

嘉庆二十四年（1819），长 255 cm × 宽 70 cm，碑立于师宗县。

见于《师宗县文物志》。

3957 龙泉塘碑记

撰者杨金，书者黄秉礼，正书，嘉庆二十四年（1819），碑立于宜良县。

著录于《新纂云南通志·金石考》。

3958 卢皓捐助科考碑

撰者卢皓，嘉庆二十四年（1819），高 188 cm × 宽 86 cm，碑立于通海县。

见于《通海历代碑刻集》。

3959 潞江安抚司线祖绥母敕封碑

嘉庆二十四年（1819），高 170 cm × 宽 72 cm × 厚 10 cm，碑立于隆阳区。

见于《隆阳碑铭石刻》。

3960 太白碑记

嘉庆二十四年（1819），高 96 cm × 宽 58 cm，碑立于通海县。

见于《通海历代碑刻集》。

3961 万寿宫告成恭序

撰者何愚，嘉庆二十四年（1819），碑立于广南县。

著录于（道光）《广南府志》。

3962 重建凌云塔记

撰者程含章，嘉庆二十四年（1819），碑立于普洱市。

著录于《景东直隶厅志》。

3963 重修龙泉观功德碑记

撰者杨桂森，刻工苏茂、苏朝正、苏朝印，嘉庆二十四年（1819）。

见于《云南道教碑刻辑录》。

3964 规范家畜投税碑

嘉庆二十四年（1819），高 125 cm × 宽 64 cm × 厚 5 cm，碑立于宾川县。

见于《宾川丛书·金石篇》。

3965 崇礼乡公立碑

嘉庆二十五年（1820），高 152 cm × 宽 69 cm × 厚 11 cm，碑立于会泽县。

见于《娜姑镇文物志》。

3966 鼎建莲花寺功德碑记

撰者倪琇，书者姚铨，嘉庆二十五年（1820），碑立于昆明市。

著录于《新纂云南通志·金石考》。

3967 番氏宗祠碑记

撰者赵诒荪，书者赵诒荪，嘉庆二十五年（1820），碑立于腾冲市。

著录于《新纂云南通志·金石考》。

3968 山东济南府知府滇洲张公墓志铭

撰者王以衔，嘉庆二十五年（1820），碑立于晋宁区。

著录于（道光）《晋宁州志》。

3969 李母陈孺人墓志铭

撰者赵诒荪，书者赵诒荪，嘉庆二十五

年（1820），碑立于腾冲市。

著录于《新纂云南通志·金石考》。

3970 厉祭坛记

撰者伊里布，正书，嘉庆二十五年（1820），碑立于腾冲市。

著录于《新纂云南通志·金石考》。

3971 明故处士王公黑紫墓志

撰者洪铨，嘉庆二十五年（1820），碑立于凤庆县。

著录于（民国）《顺宁县志初稿》。

3972 明武德将军许希鲁墓碑

撰者郭尚先，书者郭尚先，正书，嘉庆二十五年（1820），碑立于宜良县。

著录于《新纂云南通志·金石考》。

3973 南斗会碑

撰者张登瀛，嘉庆二十五年（1820）。

见于《云南道教碑刻辑录》。

3974 腾越周济贫民碑记

撰者伊里布，嘉庆二十五年（1820），碑立于腾冲市。

著录于（民国）《腾冲县志稿》。

3975 陕西延安府宜川县知县赵廷俊及妻尹氏诰封碑

嘉庆二十五年（1820），大理石，楷书，高 140 cm × 宽 70 cm，碑立于大理市。

见于《大理丛书·金石篇》。

3976 修梁王山路功德碑

撰者曾鏧，嘉庆二十五年（1820），高 85 cm × 宽 60 cm，碑立于祥云县。

见于《祥云碑刻》。

3977 杨公神道碑

砂岩，楷书，嘉庆二十五年（1820），高 320 cm × 宽 80 cm，碑立于禄丰县。

见于《探寻文明的踪迹——楚雄州第三次全国文物普查纪实》。

3978 主君会功德碑记

楷书，嘉庆二十五年（1820），高 61 cm × 宽 48 cm，碑立于弥渡县。

著录于（民国）《弥渡县志稿》。

3979 重修南城魁阁记

撰者黄中理，嘉庆年间（1796—1820），碑立于姚安县。

著录于（道光）《姚州志》。

3980 无名氏塔铭

撰者卜丕绪，书者沙玉，大理石，嘉庆年间（1796—1820），高 30 cm × 宽 38 cm，碑立于楚雄市。

见于《紫溪山志》《威楚遗韵》。

3981 澄阳先农坛碑记

撰者王善垲，嘉庆年间（1796—1820）。

见于《云南道教碑刻辑录》。

3982 崇文阁记

撰者马煐，嘉庆年间（1796—1820）。

见于《云南道教碑刻辑录》。

3983 翠竹庵置田碑记

撰者李熙龄，嘉庆年间（1796—1820）。

见于《云南道教碑刻辑录》。

3984 重修龙泉观亭阁记

撰者景谦，嘉庆年间（1796—1820），高 48 cm × 宽 136 cm。

见于《云南道教碑刻辑录》。

3985 重修息息庵并添建文昌魁星阁楼记

撰者冯晋锡，嘉庆年间（1796—1820），碑立于鹤庆县。

著录于（民国）《鹤庆县志》。

道光年间

3986 于斯万年·永禁野火杂人以护山林以厚民生碑记

石灰石，道光元年（1821），高 74 cm×宽 50 cm×厚 10 cm，碑立于鹤庆县。

见于《云南林业文化碑刻》。

3987 元江县修庙馆而立之乡规碑

青石，道光元年（1821），碑立于元江县。

见于《云南林业文化碑刻》。

3988 道光年间水利碑

道光元年（1821），碑立于祥云县。

见于《祥云碑刻》。

3989 奉天敕命碑

道光元年（1821），高 123 cm×宽 67 cm，碑立于洱源县。

见于《大理洱源县碑刻辑录》。

3990 奋武将军马金瑞之墓碑文

撰者马腾霄，书者登昆沐，道光元年（1821），碑立于昭通市。

见于《鲁甸碑刻》。

3991 心翁塔铭

撰者沙玉，大理石，道光元年（1821），高 29 cm×宽 31 cm，碑立于楚雄市。

见于《威楚遗韵》。

3992 瑞远禅师墓志

撰者茂庵，大理石，道光元年（1821），高 60 cm×宽 50 cm，碑立于楚雄市。

见于《紫溪山志》。

3993 罡瑞墓铭

撰者海清湛，道光元年（1821），碑立于楚雄市。

见于《紫溪山志》。

3994 洪黄氏施送香火岁修碑

道光元年（1821），高 53 cm×宽 90 cm，碑立于通海县。

见于《通海历代碑刻集》。

3995 护林厚民生碑记

道光元年（1821），碑立于鹤庆县。

见于《鹤庆碑刻辑录》。

3996 三台寺大悲像募疏

撰者范图南，书者范图南，正书，道光元年（1821），碑立于马关县。

著录于《新纂云南通志·金石考》。

3997 修蒜村□达黑龙潭道路功德碑记

道光元年（1821），高 79 cm×宽 147 cm。

见于《云南道教碑刻辑录》。

3998 严禁挖辟秀山高石碑

道光元年（1821），高 66 cm×宽 56 cm，碑立于通海县。

见于《通海历代碑刻集》。

3999 元江直隶州（广裕）告示

道光元年（1821），碑立于元江县。

见于《云南道教碑刻辑录》。

4000 扎塘碑记

撰者丁午中，道光元年（1821），高 215 cm×宽 90 cm，碑立于通海县。

见于《通海历代碑刻集》。

4001 重修龙吟书院记

撰者罗其玮，道光元年（1821），碑立于大姚县。

著录于（光绪）《续修白盐井志》。

4002 重修乡会桥碑记

撰者张秉鉴，道光元年（1821），碑立于建水县。

见于《遗留在建水碑刻中的文明记忆》。

4003 杜家庄兴元寺建盖功德碑记

撰者杜仲鲲，道光二年（1822），高

170 cm × 宽 70 cm，碑立于隆阳区。

见于《隆阳碑铭石刻》。

4004　番母官孺人墓志铭

撰者赵诒荪，书者赵诒荪，道光二年（1822），碑立于腾冲市。

著录于《新纂云南通志·金石考》。

4005　龚簪岩墓碑

撰者倪琇，道光二年（1822），高 122 cm 宽 58 cm，碑立于弥渡县。

见于《弥渡古代碑刻辑释》。

4006　禁毙牛判钱陋习以除积弊碑记

道光二年（1822），高 181 cm × 宽 62 cm，碑立于宜良县。

见于《宜良碑刻增补本》（下）。

4007　开沟尾碑记

撰者傅于敏，道光二年（1822），碑立于丘北县。

著录于（民国）《邱北县志》。

4008　培风书院记

撰者何愚，道光二年（1822），碑立于广南县。

著录于（道光）《广南府志》。

4009　朋普街地藏寺碑记

道光二年（1822），高 120 cm × 宽 60 cm，碑立于弥勒市。

见于《弥勒文物志》。

4010　撒芝贤墓铭

撰者马登昆，道光二年（1822），碑立于昭通市。

见于《鲁甸碑刻》。

4011　杉木笼汛千总解羽高鸿墓志铭

撰者赵庆荪，书者赵庆荪，道光二年（1822），碑立于腾冲市。

著录于《新纂云南通志·金石考》。

4012　腾越屯防记

撰者胡启荣，道光二年（1822），碑立于腾冲市。

著录于（光绪）《永昌府志》。

4013　文昌宫碑记

撰者何愚，道光二年（1822），碑立于广南县。

著录于（道光）《广南府志》。

4014　邬氏总派图碑

道光二年（1822），碑立于禄丰县。

见于《楚雄彝族自治州文物志》。

4015　永昌府潞江塘子寨驿站告示碑

撰者宋湘，道光二年（1822），高 110 cm × 宽 52 cm，碑立于隆阳区。

见于《隆阳碑铭石刻》。

4016　赵振新暨妻番氏墓志铭

撰者赵兰荪，书者赵兰荪，道光二年（1822），碑立于腾冲市。

著录于《新纂云南通志·金石考》。

4017　芷湾宋公德政颂并序

撰者范仕义，书者范仕义，道光二年（1822），碑立于保山市。

著录于《新纂云南通志·金石考》。

4018　种松碑

撰者宋湘，大理石，草书，道光二年（1822），高 195 cm × 宽 135 cm，碑立于大理市。

著录于《新纂云南通志·金石考》。

4019　重修老鲁关圣庙碑记

道光二年（1822），高 88 cm × 宽 104 cm，碑立于玉溪市。

见于《玉溪碑刻选集》。

4020　重修真觉寺碑记

撰者朱学宗，道光二年（1822），碑立于嵩明县。

著录于（民国）《嵩明县志》。

4021 重修桂香书院前后楼碑记

撰者李蟠根，道光二年（1822），碑立于大理市。

著录于（民国）《大理县志稿》。

4022 种松碑记

撰者宋湘，道光三年（1823），高 159 cm × 宽 66 cm × 厚 7 cm，碑立于隆阳区。

见于《隆阳碑铭石刻》。

4023 广福寺告示（主持遵奉严禁两山树木牲畜）碑

道光三年（1823），碑立于泸西县。

著录于《泸西县志》。

4024 虹溪惜字碑

道光三年（1823），高 110 cm × 宽 60 cm × 厚 10 cm，碑立于弥勒市。

见于《弥勒文物志》。

4025 金泉山赋

撰者杨和清，书者李腾鲲，道光三年（1823），碑立于禄丰县。

著录于《新纂云南通志 · 金石考》。

4026 生童考试府连院碑

正书，道光三年（1823），碑立于腾冲市。

著录于《新纂云南通志 · 金石考》。

4027 他郎新建文庙序

撰者王定柱，道光三年（1823），碑立于普洱市。

著录于（道光）《普洱府志》。

4028 望鹤轩道人王阴旭墓铭

撰者姚凤仪，道光三年（1823）。

见于《云南道教碑刻辑录》。

4029 新建香林寺碑记

道光三年（1823），碑立于师宗县。

见于《师宗县文物志》。

4030 永保书院碑记

撰者宋湘，道光三年（1823），碑立于隆阳区。

著录于（道光）《永昌府志》。

4031 云南城守营员弁捐帮碑记

道光三年（1823），碑立于昆明市。

著录于《新纂云南通志 · 金石考》。

4032 旧莫汤盆护林告白碑记

撰者陆崇高，道光四年（1824），长 93 cm × 宽 54 cm × 厚 20 cm，碑立于广南县。

著录于《广南县志》。

4033 大唐敕封天童国师始祖伽罗尤董公暨配蒙氏墓碑

撰者董作哲，书者董作哲，正书，道光四年（1824），碑立于宾川县。

著录于《新纂云南通志 · 金石考》。

4034 健如禅师塔志

撰者澄溪，大理石，道光四年（1824），碑立于楚雄市。

见于《威楚遗韵》。

4035 妙峰山重建牌楼记

撰者刘荣黼，道光四年（1824），碑立于大姚县。

见于《妙峰山志》。

4036 高维藩寿基志叙

撰者曾铭，大理石，楷书，道光四年（1824），高 91 cm × 宽 53 cm，碑立于姚安县。

见于《楚雄历代碑刻》。

4037 德配陈夫人碑叙

撰者高维潘，大理石，楷书，道光四年（1824），高 73 cm × 宽 43 cm，碑立于姚安县。

见于《楚雄历代碑刻》。

4038 胜峰山法慧寺历代禅师行实碑

撰者郑钟蕚，道光四年（1824），碑立于姚安县。

著录于（民国）《姚安县志》。

4039 重修香山寺碑记

撰者李寿庚，书者李寿庚，刻工伍得寿，砂岩，楷书，道光四年（1824），高 122 cm × 宽 90 cm，碑立于元谋县。

见于《楚雄历代碑刻》。

4040 印灵禅师墓志

撰者福慧，道光四年（1824），碑立于楚雄市。

见于《紫溪山志》。

4041 法州墓志铭

撰者海清湛，道光四年（1824），碑立于楚雄市。

见于《紫溪山志》。

4042 放生池碑记

撰者凌光斗，道光四年（1824），碑立于永善县。

著录于（嘉庆）《永善县志略》。

4043 高桥村乡约碑记

道光四年（1824），碑立于安宁市。

见于《八街镇高桥村志》。

4044 国学尚毓才登秀墓志铭

撰者赵诒荪，书者赵诒荪，道光四年（1824），碑立于腾冲市。

著录于《新纂云南通志·金石考》。

4045 明千户指挥佥事镇守鲁魁仍辖大理二关酋长事务李和穆墓铭

楷书，道光四年（1824），高 78 cm × 宽 60 cm，碑立于双柏县。

见于《大理丛书·金石篇》。

注：永乐年间已立碑，道光年间后人又重立墓铭。

4046 内阁中书晋宁李达泉衢墓志铭

撰者李文耕，道光四年（1824）。

著录于（道光）《晋宁州志》。

4047 普全寺常住碑记

撰者蒋垠、董沐，道光四年（1824），高 129 cm × 宽 72 cm，碑立于施甸县。

见于《姚关镇志》。

4048 清道光修土主庙碑

撰者葛兆楷，道光四年（1824），高 205 cm × 宽 82 cm，碑立于宜良县。

见于《宜良碑刻增补本》（上）。

注：草甸土官村土主庙系列碑刻。

4049 仁政碑

道光四年（1824），高 144 cm × 宽 66 cm × 厚 16 cm，碑立于丽江市。

见于《丽江历代碑刻辑录与研究》。

4050 新建青云桥记

撰者杨名飏，红砂石，楷书，道光四年（1824），高 129 cm × 宽 64 cm，碑立于云龙县。

见于《大理丛书·金石篇》。

4051 永免供给碑

道光四年（1824），碑立于师宗县。

见于《师宗县文物志》。

4052 中元会记

撰者广福，道光四年（1824），高 130 cm × 宽 60 cm。

见于《云南道教碑刻辑录》。

4053 重建龙泉观文昌殿碑记

撰者杨桂森，书者胡煦，道光四年（1824），碑立于盘龙区。

著录于《新纂云南通志·金石考》。

4054 重修筹边楼记

撰者李诚，道光四年（1824），碑立于新平县。

著录于（道光）《新平县志》。

4055 本寨老中青公民应遵守的公判布卷

道光五年（1825），碑立于香格里拉县。

见于《云南乡规民约大观》（上）。

4056 禁伐松株碑

刻工张文彩，道光五年（1825），高 109 cm × 宽 81 cm × 厚 18 cm，碑立于祥云县。

见于《祥云金石》。

4057 八寨乡革弊条规通告碑

道光五年（1825），高 189 cm × 宽 97 cm × 厚 15 cm，碑立于师宗县。

见于《师宗县文物志》。

4058 正师方丈和尚碑铭

撰者海清湛，书者界宗，大理石，道光五年（1825），高 60 cm × 宽 50 cm，碑立于楚雄市。

见于《威楚遗韵》。

4059 汉宾老和尚墓铭

撰者悟指宗，书者悟指宗，大理石，道光五年（1825），高 52 cm × 宽 32 cm，碑立于楚雄市。

见于《威楚遗韵》。

4060 补俄普瑙夫妇合葬墓碑

道光五年（1825），高 60 cm × 宽 28 cm，碑立于武定县。

见于《彝文石刻译选》。

4061 甸苴关粮户依照旧制纳粮批示

道光五年（1825），高 220 cm × 宽 102 cm，碑立于玉溪市。

见于《玉溪碑刻选集》。

4062 考零稍富夫妇墓碑

道光五年（1825），碑立于武定县。

见于《武定探秘》。

4063 己梯彝族凤如龙彝文墓志铭

道光五年（1825），高 52 cm × 宽 30 cm，碑立于武定县。

见于《武定探秘》。

4064 一舟、海钟合墓铭

撰者界宗，道光五年（1825），碑立于楚雄市。

见于《紫溪山志》。

4065 告示碑

道光五年（1825），高 109 cm × 宽 81 cm，碑立于祥云县。

见于《祥云碑刻》。

4066 合会玉阁功德碑记

正书，道光五年（1825），高 88 cm × 宽 53 cm，碑立于大理市。

见于《大理丛书・金石篇》。

4067 更建副官村龙神祠碑记

撰者卢钧，道光五年（1825），碑立于永善县。

著录于（嘉庆）《永善县志略》。

4068 龙关新建玉阁记

撰者章庆云，书者马咸，正书，道光五年（1825），高 67 cm × 宽 114 cm，碑立于大理市。

见于《大理丛书・金石篇》。

4069 如真墓志铭

撰者沙湛，道光五年（1825），碑立于楚雄市。

见于《紫溪山志》。

4070 上甲功德碑记

道光五年（1825），高 163 cm × 宽 62 cm，碑立于宜良县。

见于《宜良碑刻增补本》（下）。

4071 水晶宫碑

道光五年（1825），高 120 cm × 宽 60 cm。

见于《云南道教碑刻辑录》。

4072 宋湘题苍洱风光碑

撰者宋湘，大理石，道光五年（1825），高 165 cm × 宽 68 cm，碑立于大理市。

见于《大理丛书 · 金石篇》。

4073 孙家营公浚淤泥河碑记

撰者孙福基，刻工张荣，道光五年（1825），高 60 cm × 宽 104 cm，碑立于宜良县。

见于《宜良碑刻增补本》（上）。

4074 祥云县文峰村护林碑（劝谕植树禁伐林木碑）

书者俞恩泉，刻工张文彩，道光五年（1825），碑立于祥云县。

见于《云南林业文化碑刻》。

4075 杨云亭士模墓志铭

撰者赵庆荪，书者赵庆荪，道光五年（1825），碑立于腾冲市。

著录于《新纂云南通志 · 金石考》。

4076 永禁籍用布匹碑记

道光五年（1825），高 115 cm × 宽 67 cm，碑立于鹤庆县。

见于《鹤庆碑刻辑录》。

4077 赵尚贤墓志铭

道光五年（1825），碑立于师宗县。

见于《师宗县文物志》。

4078 种树碑记

撰者陈廷焴，道光五年（1825），高 122 cm × 宽 48 cm，碑立于保山市。

著录于（道光）《永昌府志》。

4079 程近仁石联

撰者程近仁，刻工正照，道光六年（1826），碑立于大理市。

著录于《新纂云南通志 · 金石考》。

4080 夫马粮差碑记

道光六年（1826），高 126 cm × 宽 67 cm，碑立于弥勒市。

见于《弥勒文物志》。

4081 禁讯卡弁兵勒收杉板捐碑记

道光六年（1826），高约 100 cm × 宽 60 cm，碑立于文山市。

见于《云南林业文化碑刻》。

4082 佘荣佘进夫妇合葬墓碑

撰者硕呗莫，道光六年（1826），高 60 cm × 宽 34 cm，碑立于武定县。

见于《彝文石刻译选》。

4083 土官村小河口堰塘放水章程碑

道光六年（1826），高 137 cm × 宽 76 cm，碑立于宜良县。

见于《宜良碑刻增补本》（上）。

4084 新果河村独立碑

道光六年（1826），高 188 cm × 宽 80 cm，碑立于曲靖市。

见于《陆良历代石刻注解与研究》。

4085 玉案山风雨碑

道光六年（1826），碑立于西山区。

著录于（民国）《昆明县志》。

4086 张全甲墓志铭

撰者郭曛，道光六年（1826），高 80 cm × 宽 47 cm，碑立于隆阳区。

见于《隆阳碑铭石刻》。

4087 王氏宗祠碑记

撰者周缤浣，道光六年（1826），高 125 cm × 宽 60 cm，碑立于弥渡县。

见于《弥渡古代碑刻辑释》。

4088 光禄寺署正董鹤溪越墓表

撰者王崧，道光七年（1827），碑立于大理市。

著录于（光绪）《云南通志》。

4089 河西文武庙祀典碑

道光七年（1827），高 104 cm×宽 65 cm×厚 9.5 cm，碑立于通海县。

见于《通海历代碑刻集》。

4090 捐建法白西济石桥记

撰者萧炳椿，道光七年（1827），碑立于广南县。

著录于（道光）《广南府志稿》。

4091 昆明黑龙潭阮元咏唐梅诗碑

撰者阮元，青石，行楷，道光七年（1827），高 138 cm×宽 65 cm×厚 6 cm，碑立于盘龙区。

见于《云南林业文化碑刻》。

4092 李灿章品焕墓志铭

撰者赵怡荪，书者赵怡荪，道光七年（1827），碑立于腾冲市。

著录于《新纂云南通志·金石考》。

4093 李即园墓表

撰者刘大绅，道光七年（1827），碑立于昆明市。

著录于《新纂云南通志·金石考》。

4094 临江府功德碑

道光七年（1827），高 163 cm×宽 90 cm。

见于《云南道教碑刻辑录》。

4095 灵峰寺碑记

道光七年（1827），碑立于澄江县。

见于《云南林业文化碑刻》。

4096 龙神祠碑记

撰者何辅龙，青石，正书，道光七年（1827），高 146 cm×宽 74 cm×厚 20 cm，碑立于师宗县。

见于《师宗县文物志》。

4097 落雁忠烈宫碑文

撰者徐文光，道光七年（1827），碑立于盐津县。

著录于（民国）《盐津县志》。

4098 阮元题“小兰津”诗碑

撰者阮元，道光七年（1827），高 195 cm×宽 80 cm×厚 8 cm，碑立于隆阳区。

见于《隆阳碑铭石刻》。

4099 阮元题永昌府怡园匾

撰者阮元，道光七年（1827），高 80 cm×宽 185 cm，碑立于保山市。

见于阮元《揅经室集》。

4100 新建财神庙碑记

撰者陈晓，书者陈晓，刻工岳有应，大理石，楷书，道光七年（1827），高 140 cm×宽 83 cm×厚 12 cm，碑立于元谋县。

见于《楚雄历代碑刻》。

4101 祀龙箐护林碑

砂岩，楷书，道光七年（1827），高 80 cm×宽 40 cm，碑立于永仁县。

见于《云南林业文化碑刻》。

4102 同高舍利塔铭

撰者悟旨，道光七年（1827）。

见于《紫溪山志》。

4103 小屯村灵峰寺碑记

道光七年（1827），高 140 cm×宽 70 cm。碑立于玉溪市。

见于《玉溪碑刻选集》。

4104 修东河碑记

撰者陈廷焴，正书，道光七年（1827），高 247 cm×宽 87 cm，碑立于隆阳区。

著录于《永昌府志》。

4105 永垂不朽

道光七年（1827），高约 80 cm×宽约 40 cm，碑立于永仁县。

见于《云南林业文化碑刻》。

4106 游黑龙潭看唐梅二律

道光七年(1827),高110 cm×宽68 cm。
见于《云南道教碑刻辑录》。

4107 赠东山寺僧鹤照序

撰者李文培，刻工鹤照，道光七年(1827)，长95 cm×高45 cm×厚12 cm，碑立于宣威市。
著录于（民国）《宣威县志》。

4108 重修黄矿厂朝阳寺大殿两耳楼碑文

撰者彭惟恭，书者彭惟恭，大理石，楷书，道光七年(1827)，高110 cm×宽55 cm，碑立于弥渡县。
见于《大理丛书·金石篇》。

4109 重修桂香书院碑记

撰者李诚，正书，道光七年(1827)，碑立于新平县。
著录于（道光）《新平县志》。

4110 重修永昌长桥碑记

撰者蒋爙，书者戴圣培，正书，道光七年(1827)，碑立于建水县。
著录于《新纂云南通志·金石考》。

4111 黄草哨门差碑

道光七年(1827)，高63 cm×宽37 cm，碑立于祥云县。
见于《祥云金石》。

4112《大学之道》全章石刻

书者束本培，正书，道光八年(1828)，碑立于文山市。
著录于《新纂云南通志·金石考》。

4113《游九峰山》诗刻

撰者曹耀新，正书，道光八年(1828)，碑立于富民县。
著录于《新纂云南通志·金石考》。

4114 程端谷营减免夫役碑记

刻工李文学，道光八年(1828)，高160 cm×宽66 cm，碑立于宜良县。
见于《宜良碑刻增补本》(下)。

4115 番母杨孺人墓志铭

撰者赵诒荪，书者赵诒荪，道光八年(1828)，碑立于腾冲市。
著录于《新纂云南通志·金石考》。

4116 福建天上宫

道光八年(1828)。
见于《云南道教碑刻辑录》。

4117 皇清待赠乡题醇厚盈溪李公暨李老孺人墓志铭

撰者李先伍，大理石，楷书，道光八年(1828)，高82 cm×宽46 cm，碑立于弥渡县。
见于《大理丛书·金石篇》。

4118 练昌奎星阁碑记

撰者杨兴泰，刻工张洧，道光八年(1828)，高147 cm×宽67 cm，碑立于祥云县。
见于《祥云金石》。

4119 李氏祖茔墓志铭

撰者杨昌，道光八年(1828)，碑立于丽江市。
见于《丽江历代碑刻辑录与研究》。

4120 龙泉观道人与杨灿家墓地界址纠纷

青石，道光八年(1828)，高79 cm×宽147 cm，碑立于盘龙区。
见于《云南林业文化碑刻》。

4121 世德远孚碑

书者李先伍，大理石，楷书，道光八年(1828)，高82 cm×宽46 cm，碑立于弥渡县。
见于《大理丛书·金石篇》。

4122 通海县新蒙乡天子庙内存石碑记

道光八年(1828)，碑立于通海县。

见于《云南林业文化碑刻》。

4123 义安桥水分碑记（二）

刻工张登云、张兆有、陈友，道光八年（1828），高158 cm×宽58 cm，碑立于宜良县。

见于《宜良碑刻增补本》（上）。

4124 义和赍碑记

书者周惠南，刻工杨世凤，道光八年（1828），碑立于宜良县。

见于《宜良碑刻增补本》（下）。

4125 永定桥观大水歌

撰者曹耀新，正书，道光八年（1828），碑立于富民县。

著录于《新纂云南通志·金石考》。

4126 云南府昆明县事关于龙泉观道人与杨灿家墓地界址谕告

撰者朱为，道光八年（1828），高 80 cm×宽 147 cm，碑立于昆明市。

见于《云南道教碑刻辑录》。

4127 张元良宽仁墓志铭

撰者赵兰荪，书者赵兰荪，道光八年（1828），碑立于腾冲市。

著录于《新纂云南通志·金石考》。

4128 掌鸠河合同碑记

道光八年（1828），碑立于禄劝县。

见于《云南乡规民约大观》（上）。

4129 真庆观古名真武祠碑记

撰者杨本萃，道光八年（1828）。

见于《云南道教碑刻辑录》。

4130 重修老君山碑引

撰者代应垣，道光八年（1828），高150 cm×宽81 cm，碑立于祥云县。

见于《祥云碑刻》。

4131 重修西来寺碑

道光八年（1828），高233 cm×宽110 cm×厚20 cm，碑立于会泽县。

见于《会泽县文物志》。

4132 圣旨碑

大理石，楷书，道光八年（1828），高113 cm×宽52 cm，碑立于洱源县。

见于《大理洱源县碑刻辑录》。

4133 济焊芭蕉至德龙神碑

道光八年（1828），高157 cm×宽82 cm，碑立于洱源县。

见于《大理洱源县碑刻辑录》。

4134 李富墓志

道光八年（1828），高82 cm×宽46 cm，碑立于弥渡县。

见于《弥渡古代碑刻辑释》。

4135 李禹川先生墓表

撰者王崧，道光九年（1829）。

著录于（光绪）《续云南通志稿》。

4136 岁贡李万川树尌墓表

撰者王崧，道光九年（1829），碑立于大理市。

著录于（光绪）《续云南通志稿》。

4137 威远新建黉宫记

撰者李登□，道光九年（1829），碑立于普洱市。

著录于（道光）《普洱府志》。

4138 续迁建文庙碑记

撰者欧声振，道光九年（1829），碑立于玉溪市。

著录于《续修易门县志》。

4139 直纳碑记

道光九年（1829），高110 cm×宽55 cm，碑立于通海县。

见于《通海历代碑刻集》。

4140 重修腾越学宫碑记

正书，道光九年（1829），碑立于腾冲市。

著录于《新纂云南通志·金石考》。

4141 清水河古沟水规碑

道光九年（1829），高 107 cm × 宽 58 cm，碑立于祥云县。

见于《祥云金石》。

4142 上宪明文残碑

道光九年（1829），高 96 cm × 宽 66 cm × 厚 20 cm，碑立于宾川县。

见于《宾川丛书·金石篇》。

4143 演戏碑序

道光十年（1830），高 187 cm × 宽 80 cm × 厚 7.3 cm，碑立于隆阳区。

见于《隆阳碑铭石刻》。

4144 陈公墓志序

撰者刘德融，道光十年（1830），高 80 cm × 宽 44 cm，碑立于隆阳区。

见于《隆阳碑铭石刻》。

4145 崇祀乡贤举人王存轩先生向极墓志铭

撰者杨丽拙，道光十年（1830），碑立于剑川县。

著录于《新纂云南通志·金石考》

4146 公建池西享堂置买坟地募引

撰者王崧，道光十年（1830）。

著录于《新纂云南通志·金石考》。

4147 钱南园先生墓志铭

撰者程含章，道光十年（1830）。

著录于《新纂云南通志·金石考》。

4148 示记碑

道光十年（1830），高 112 cm × 宽 64 cm × 厚 12 cm，碑立于丽江市。

见于《丽江历代碑刻辑录与研究》。

4149 腾越边防记

撰者周澍，道光十年（1830），碑立于腾冲市。

著录于（光绪）《腾越厅志稿》。

4150 邬氏祖谱序碑

撰者刘沛玉，书者邬定国，楷书，道光十年（1830），高 117 cm × 宽 97 cm，碑立于禄丰县。

见于《楚雄历代碑刻》。

4151 通慧湛然禅师墓志铭

撰者源耀，书者源耀，砂岩，道光十年（1830），高 93 cm × 宽 51 cm，碑立于元谋县。

见于《威楚遗韵》。

4152 瓦哲永垂村规碑

青石，道光十年（1830），高 99 cm × 宽 54 cm × 厚 10 cm，碑立于弥渡县。

见于《大理丛书·金石篇》。

4153 文林郎杨兰谷芳枝墓表

撰者程含章，道光十年（1830），碑立于大理市。

著录于《新纂云南通志·金石考》。

4154 修路碑记（狗碑）

道光十年（1830），碑立于师宗县。

见于《师宗县文物志》。

4155 杨孺人墓表

撰者程含章，道光十年（1830），碑立于大理市。

著录于《新纂云南通志·金石考》。

4156 尹富开配杨孺人墓志铭

撰者赵赐绂，书者赵赐绂，道光十年（1830），碑立于腾冲市。

著录于《新纂云南通志·金石考》。

4157 尹富科墓志铭

撰者赵赐绂，书者赵赐绂，道光十年（1830），碑立于腾冲市。

著录于《新纂云南通志·金石考》等。

4158 永济塘碑

刻工李富春，道光十年（1830），高205 cm×宽 65 cm，碑立于宜良县。

见于《宜良碑刻》。

4159 重修郡城西门楼垣碑记

撰者陈昌运，书者李廷福，正书，道光十年（1830），碑立于文山市。

著录于（民国）《续修文山县志》。

4160 大董村三教寺碑记

撰者赵诒荪，书者赵诒荪，道光十一年（1831），碑立于腾冲市。

著录于《新纂云南通志·金石考》。

4161 福建廷平府上通判后补知府程承休墓志铭

撰者廖敦行，道光十一年（1831），碑立于景东县。

著录于（民国）《景东县志稿》。

4162 龙首关奎星阁碑记

撰者徐培恒，大理石，楷书，道光十一年（1831），高 100 cm×宽 65 cm，碑立于大理市。

见于《大理丛书·金石篇》。

4163 孟县知县呈贡秦月溪福照墓志铭

撰者周起滨，道光十一年（1831），碑立于呈贡区。

著录于《新纂云南通志·金石考》。

4164 星宿桥坊石刻

道光十一年（1831），碑立于禄丰县。

著录于《新纂云南通志·金石考》。

4165 普顺墓志铭

撰者界满，道光十一年（1831），碑立于楚雄市。

见于《紫溪山志》。

4166 重摩华亭山大圆觉寺碑

撰者述律杰，书者散散，刻工李天才，道光十一年（1831）重刻，碑立于西山区。

著录于《新纂云南通志·金石考》。

4167 太官庄村封山碑

道光十一年（1831），高 195 cm×宽69 cm，碑立于曲靖市。

见于《陆良历代石刻注解与研究》。

4168 香林寺买入香火田地碑记

道光十一年（1831），碑立于师宗县。

见于《师宗县文物志》。

4169 砚山县法依寨护林碑（永垂不朽碑）

道光十一年（1831），高 100 cm×宽80 cm，碑立于砚山县。

见于《云南林业文化碑刻》。

4170 永昌府学记

撰者董国华，道光十一年（1831），碑立于隆阳区。

著录于（光绪）《永昌府志》。

4171 永定乡规民约碑

道光十一年（1831），碑立于凤庆县。

见于《云南林业文化碑刻》。

4172 车田贲友置产办学碑记

撰者龚朝凤，道光十一年（1831），高156 cm×宽 72 cm，碑立于宜良县。

见于《宜良碑刻增补本》（上）。

4173 观音寺重勒功德碑记

刻工杨斋，道光十一年（1831），高100 cm×宽 58 cm×厚 15 cm，碑立于宾川县。

见于《宾川丛书·金石篇》。

4174 陈敬墓志碑文（上下两块）

道光十二年（1832），残高 86 cm × 宽 42 cm，碑立于普洱市。

见于《思茅地区文物志》。

4175 道光十二年圣旨碑

道光十二年（1832），高 134 cm × 宽 54 cm，碑立于洱源县。

见于《大理洱源县碑刻辑录》。

4176 放生池功德碑记

撰者刘荣黼，道光十二年（1832），碑立于大姚县。

著录于《新纂云南通志·金石考》。

4177 修建星宿桥碑记

撰者赵容恭，书者赵容恭，楷书，道光十二年（1832），高 330 cm × 宽 95 cm（中部 3 通），高 260 cm × 宽 86 cm（两侧各 3 通），碑立于禄丰县。

著录于《新纂云南通志·金石考》。

4178 勐卯安抚使衎衿墓碑

道光十二年（1832），碑立于瑞丽市。

见于《云南省德宏傣族景颇族不可移动文物名录》。

4179 水塘村惠利功德赍碑记

撰者适体，刻工祝（妄）槐，道光十二年（1832），高 126 cm × 宽 53 cm × 厚 15 cm，碑立于呈贡区。

见于《呈贡历史建筑及碑刻选》。

4180 万寿宫观音碑记

道光十二年（1832），高 110 cm × 宽 54 cm，碑立于会泽县。

见于《会泽县文物志》。

4181 小王寺源流碑序

撰者周缤文，书者周缤文，大理石，楷书，道光十二年（1832），高 106 cm × 宽 46 cm，碑立于弥渡县。

见于《大理丛书·金石篇》。

4182 严禁霸收甸苴关香火功德碑记

道光十二年（1832），高 168 cm × 宽 86 cm，碑立于玉溪市。

见于《玉溪碑刻选集》。

4183 迤东义地功德碑记

撰者王凤岐，道光十二年（1832），高 204 cm × 宽 71 cm，碑立于隆阳区。

见于《隆阳碑铭石刻》。

4184 重修慈云洞吴道士功行碑记

撰者沈朝阳，书者谷瑛，正书，道光十二年（1832），碑立于西山区。

著录于《新纂云南通志·金石考》。

4185 重修龙泉寺圣母殿碑记

撰者沈乙贵，刻工达允，道光十二年（1832），高 60 cm × 宽 114 cm。

见于《云南道教碑刻辑录》。

4186 重修堰塘碑记

撰者赵体敬，书者赵体敬，青石，道光十二年（1832），高 164 cm × 宽 78 cm，碑立于宜良县。

见于《宜良碑刻增补本》（上）。

4187 周桂亭佑文墓志铭

撰者赵诒荪，书者赵诒荪，道光十二年（1832），碑立于腾冲市。

著录于《新纂云南通志·金石考》。

4188 安乐寺永垂万古碑

撰者吴嗣伯，道光十三年（1833），碑立于隆阳区。

见于《隆阳碑铭石刻》。

4189 静乐庵碑记

撰者方琮，书者宗孔，刻工李文杨，道光十三年（1833），碑立于禄丰县。

著录于《新纂云南通志·金石考》。

4190 餐霞王扁夫人合传

撰者方琮，道光十三年（1833），碑立于禄丰县。

著录于《新纂云南通志·金石考》。

4191 关圣宫碑

刻工刘凤仪，道光十三年（1833），高129 cm×宽 67 cm。

见于《云南道教碑刻辑录》。

4192 晋宁象山书院并序

撰者汪之旭，行书，道光十三年（1833），长 133 cm×宽 62 cm，碑立于晋宁区。

著录于《新纂云南通志·金石考》。

4193 蒙化直隶厅严禁市缠积弊告示碑

大理石，楷书，道光十三年（1833），高 81 cm×宽 62 cm，碑立于祥云县。

见于《大理丛书·金石篇》。

4194 岁贡寸墀轩秀升墓志铭

撰者赵诒荪，书者赵诒荪，道光十三年（1833），碑立于腾冲市。

著录于《新纂云南通志·金石考》。

4195 汪家寨佤族曩氏先祖碑

道光十三年（1833），高 185 cm×宽75 cm，碑立于腾冲市。

见于《腾冲名碑集释》。

4196 文学李义熙茂春墓志铭

撰者赵锡爵，书者赵锡爵，道光十三年（1833），碑立于腾冲市。

著录于《新纂云南通志·金石考》。

4197 祥云永垂不朽碑

行楷，道光十三年（1833），高 80 cm×宽 60 cm，碑立于祥云县。

见于《祥云碑刻》。

4198 规范计量碑

道光十三年（1833），碑立于弥渡县。

见于《弥渡古代碑刻辑释》。

4199 马街戥秤升斗钱文碑

道光十三年（1833），高 82 cm×宽 61 cm×厚 14 cm，碑立于祥云县。

见于《祥云金石》。

4200 亚尼杜氏源流碑记

撰者魏国英，道光十三年（1833），高97 cm×宽 32 cm，碑立于玉溪市。

见于《玉溪碑刻选集》。

4201 杨公暨德配闵□墓志

撰者李樾，道光十三年（1833），碑立于丽江市。

见于《丽江历代碑刻辑录与研究》。

4202 移修泮池碑记

撰者水其沂，道光十三年（1833），碑立于隆阳区。

见于《隆阳碑铭石刻》。

4203 重修黉宫及迁建各祠宇碑

撰者王垲，道光十三年（1833），碑立于姚安县。

著录于（道光）《姚州志》。

4204 重修白衣庵碑

楷书，道光十三年（1833），高 146 cm×宽 54 cm，碑立于禄丰县。

见于《中国文物地图集·云南分册》。

4205 洞宫寺碑铭

撰者王以敬，刻工张志高、潘元新，道光十四年（1834），高 90 cm×宽 70 cm×厚15 cm，碑立于普洱市。

见于《方国瑜文集》（第 4 辑）。

4206 关帝庙重修及新建戏台碑记

道光十四年（1834），高 180 cm×宽104 cm×厚 14 cm，碑立于师宗县。

见于《师宗县文物志》。

4207 重修龙箐水例碑记

楷书，道光十四年（1834），高 55 cm × 宽 60 cm × 厚 2 cm，碑立于楚雄市。

见于《楚雄历代碑刻》。

4208 吉氏捐资建祠序

撰者魏藩，书者魏程，楷书，道光十四年（1834），高 50 cm × 宽 88 cm，碑立于南华县。

见于《楚雄历代碑刻》。

4209 景东直隶厅驿站告示碑

楷书，道光十四年（1834），高 135 cm × 宽 105 cm × 厚 10 cm，碑立于普洱市。

见于《思茅地区文物志》。

4210 敕命呈贡县教谕杨綍生母张氏为孺人碑铭

楷书，道光十四年（1834），高 130 cm × 宽 62 cm，碑立于大理市。

见于《大理丛书·金石篇》。

4211 陇川宣抚司多廷侯诰命

正书，道光十四年（1834），碑立于腾冲市。

著录于《新纂云南通志·金石考》。

4212 重修万寿山无穷大和尚祖塔序

撰者龚政，书者龚政，刻工张鉴，楷书，道光十四年（1834），高 130 cm × 宽 80 cm，碑立于武定县。

见于《楚雄历代碑刻》。

4213 武举杨慎修守身墓诗刻石

道光十四年（1834），碑立于腾冲市。

著录于《新纂云南通志·金石考》。

4214 杨本程祖父母诰封碑

道光十四年（1834），高 132 cm × 宽 64 cm × 厚 12 cm，碑立于丽江市。

见于《丽江历代碑刻辑录与研究》。

4215 诰封碑（一）

道光十四年（1834），高 169 cm × 宽 64 cm × 厚 7 cm，碑立于大理市。

见于《大理凤仪古碑文集》。

4216 诰封碑（二）

道光十四年（1834），高 169 cm × 宽 64 cm × 厚 7 cm，碑立于大理市。

见于《大理凤仪古碑文集》。

4217 重建家祠记

撰者欧声振，书者欧声振，正书，道光十四年（1834）。

著录于《新纂云南通志·金石考》。

4218 海莱塘何有贵墓志

道光十五年（1835），碑立于弥勒市。

见于《弥勒文物志》。

4219 寂然禅师寿塔铭

大理石，道光十五年（1835），高 80 cm × 宽 50 cm，碑立于楚雄市。

见于《威楚遗韵》。

4220 李泽甫膺国墓志铭

撰者赵诒荪，书者赵诒荪，道光十五年（1835），碑立于腾冲市。

著录于《新纂云南通志·金石考》。

4221 万宗铺凤氏祖茔彝文碑

道光十五年（1835），高 46 cm × 宽 34 cm，碑立于武定县。

见于《武定探秘》。

4222 清李二之墓碑

道光十五年（1835），碑立于武定县。

见于《武定探秘》。

4223 沙铺村汉夷人等乡规碑

道光十五年（1835），高 45 cm × 宽 35 cm，碑立于玉溪市。

见于《玉溪碑刻选集》。

4224 沙槃舍利塔铭

撰者界宗，道光十五年（1835），碑立于楚雄市。

见于《紫溪山志》。

4225 铁柱庙记功德碑序

撰者彭鸾，书者彭鸾，楷书，大理石，道光十五年（1835），高 137 cm × 宽 68 cm，碑立于弥渡县。

见于《大理丛书 · 金石篇》。

4226 火甲碑记

撰者杨启泰，道光十五年（1835），高 107 cm × 宽 56 cm，碑立于宾川县。

见于《宾川丛书 · 金石篇》。

4227 乡规碑记

楷书，道光十五年（1835），高 61 cm × 宽 41 cm，碑立于洱源县。

见于《大理丛书 · 金石篇》。

4228 小渡口义渡碑记

道光十五年（1835），高 162 cm × 宽 71 cm，碑立于宜良县。

见于《宜良碑刻增补本》（下）。

4229 新修宜良县学宫碑记

撰者吴均，道光十五年（1835），碑立于宜良县。

著录于（民国）《宜良县志》。

注：碑已无存。

4230 重修宜良文庙碑记

撰者吴均，书者吴均，正书，道光十五年（1835），碑立于宜良县。

著录于《新纂云南通志 · 金石考》。

4231 宣威州岁科童试入册章程碑记

撰者王遇晋，道光十五年（1835），碑立于宣威市。

著录于（道光）《宣威州志》。

4232 杨府君墓表

撰者司鸿范，道光十五年（1835），碑立于嵩明县。

著录于（民国）《嵩明县志》。

4233 朱嶟父亲朱林诰封碑

道光十五年（1835），高 159 cm × 宽 79 cm，碑立于通海县。

见于《通海历代碑刻集》。

4234 朱嶟祖父朱国琮诰封碑

道光十五年（1835），高 165 cm × 宽 79 cm，碑立于通海县。

见于《通海历代碑刻集》。

4235 朱嶟祖父朱巨鳌诰封碑

道光十五年（1835），高 162 cm × 宽 79 cm，碑立于通海县。

见于《通海历代碑刻集》。

4236 垂芳后世

道光十六年（1836），碑立于丘北县。

见于《云南林业文化碑刻》。

4237 国子监司业广西学政楚雄池龠庭先生墓志记

撰者吕璜，道光十六年（1836），碑立于楚雄市。

著录于（宣统）《楚雄县志》。

4238 青龙寨士庶积谷以充夫役碑记

道光十六年（1836），高 94 cm × 宽 51 cm，碑立于玉溪市。

见于《玉溪碑刻选集》。

4239 同心共济

撰者杨荫棠，书者杨荫棠，道光十六年（1836），高 85 cm × 宽 55 cm × 厚 15 cm，碑立于江川区。

见于《云南林业文化碑刻》。

4240 重修妙光寺梵刹碑

撰者毛德辉，道光十六年（1836），碑立于姚安县。

著录于（民国）《姚安县志》。

4241 重建楚雄府武庙碑记

撰者年关亮，道光十六年（1836），高142 cm×宽 72 cm，碑立于楚雄市。

著录于（宣统）《楚雄县志》。

4242 永顺乡规

刻工吴业先，道光十六年（1836），碑立于元谋县。

见于《云南乡规民约大观》（上）。

4243 中营福良寺功德碑

撰者方灿东，刻工李品一，道光十六年（1836），高 60 cm×宽 110 cm，碑立于宜良县。

见于《宜良碑刻增补本》（下）。

4244 炼登乡乡规民约碑

道光十七年（1837），碑立于云龙县。

见于《云南乡规民约大观》（上）。

4245 长新乡乡规民约碑

楷书，道光十七年（1837），高 101 cm×宽 49 cm，碑立于云龙县。

见于《大理丛书·金石篇》。

4246 李璜神道碑（一式两通）

道光十七年（1837），高 137 cm×宽 65 cm×厚 12 cm，光绪七年（1881）重刻，高 175 cm×宽 75 cm×厚 18 cm，碑立于师宗县。

见于《师宗县文物志》。

4247 明诰扶印指挥他喇都碑

道光十七年（1837），高 188 cm×宽 65 cm，碑立于曲靖市。

见于《陆良历代石刻注解与研究》。

4248 平坝街立石碑

道光十七年（1837），碑立于文山市。

见于《云南林业文化碑刻》。

4249 普济寺大喇嘛纪略

撰者李樾，书者杨道淳，正书，木质，道光十七年（1837），高约 80 cm×宽约 120 cm，碑立于丽江市。

见于《丽江志苑》第七期。

4250 王梅林留别诗刻

撰者王夔，书者刘晋康，正书，道光十七年（1837），碑立于腾冲市。

著录于《新纂云南通志·金石考》。

4251 显祖考戴公健亭太府君墓

道光十七年（1837），碑立于西山区。

见于《西山区文物志》。

4252 刑部主事剑川欧阳米楼墓志铭

撰者戴絅孙，道光十七年（1837），碑立于剑川县。

著录于《新纂云南通志·金石考》。

4253 修建天后宫三圣殿碑记

撰者王夔，书者郭大汾，正书，道光十七年（1837），碑立于腾冲市。

著录于《新纂云南通志·金石考》。

4254 尹亹源文达墓志铭

撰者赵庆荪，书者赵庆荪，道光十七年（1837），碑立于腾冲市。

著录于《新纂云南通志·金石考》。

4255 尹文达妻李氏墓志铭

撰者赵诒荪，书者赵诒荪，道光十七年（1837），碑立于腾冲市。

著录于《新纂云南通志·金石考》。

4256 应纳钱粮银米除弊规定碑

道光十七年（1837），碑立于腾冲市。

见于《腾冲名碑集释》。

4257 重修七局村龙神祠碑记

撰者武康臣，书者施光灿，刻工杨有发、杨淇，楷书，道光十七年（1837），高 69 cm×宽 96 cm，碑立于禄丰县。

见于《楚雄历代碑刻》。

4258 何公神道残碑

撰者林则徐，书者林则徐，青石，楷书，道光十八年（1838），高 235 cm×宽 92 cm×厚 18 cm，碑立于师宗县。

见于《师宗县文物志》。

4259 举人杨履宽配杨孺人墓志铭

撰者杨名飏，道光十八年（1838），碑立于大理市。

著录于（民国）《大理县志稿》。

4260 弥渡府张示

道光十八年（1838），宽 36 cm×高 60 cm，碑立于弥渡县。

见于《弥渡古代碑刻辑释》。

4261 老寨三圣殿碑记

青石，道光十八年（1838），高 141 cm×宽 83 cm×厚 24 cm，碑立于师宗县。

见于《师宗县文物志》。

4262 李元臣盛唐墓志铭

撰者赵兰荪，书者赵兰荪，道光十八年（1838），碑立于腾冲市。

著录于《新纂云南通志·金石考》。

4263 潘氏宗祠碑记

楷书，道光十八年（1838），高 113 cm×宽 37 cm，碑立于禄丰县。

见于《楚雄历代碑刻》。

4264 山西武乡县知县王乐山先生墓志铭

撰者黎讷，道光十八年（1838），碑立于洱源县。

著录于《新纂云南通志·金石考》。

4265 上下达村合并办学碑记

道光十八年（1838），高 113 cm×宽 56 cm，碑立于宜良县。

见于《宜良碑刻增补本》（上）。

4266 玉如和尚修整胜峰山垂石碑

撰者甘荣昌，道光十八年（1838），碑立于姚安县。

著录于（民国）《姚安县志》。

4267 天然寿基志铭

撰者纯瑛，道光十八年（1838），碑立于楚雄市。

见于《紫溪山志》。

4268 王烈女墓碣

道光十八年（1838），碑立于东川区。

著录于（光绪）《云南通志》。

4269 文学张佩芳嗣艺墓志铭

撰者赵庆荪，书者赵庆荪，道光十八年（1838），碑立于腾冲市。

著录于《新纂云南通志·金石考》。

4270 云龙早（左）氏家谱碑（3 方）

撰者左大雄，书者李德明，楷书，道光十八年（1838），民国二十三年（1934）重修，高 68 cm×宽 47 cm，碑立于云龙县。

见于《大理丛书·金石篇》。

4271 重修白衣阁添补香灯买置租石功德碑记

撰者段绎元，书者段世模，红砂石，楷书，道光十八年（1838），高 125 cm×宽 70 cm，碑立于云龙县。

见于《大理丛书·金石篇》。

4272 重修迎龙寺功德碑记

道光十八年（1838），高 97 cm×宽 61 cm，碑立于呈贡区。

见于《呈贡历史建筑及碑刻选》。

4273 重修云南省城碑记

撰者伊里布，书者颜伯焘，正书，道光十八年（1838）。

著录于《新纂云南通志·金石考》。

4274 罗衣岛合境遵示封山碑记

道光十九年（1839），高 160 cm×宽 77 cm×厚 8 cm，碑立于易门县。

著录于《易门县志》。

4275 窦欲峻墓表

撰者潘世恩，书者朱士彦，正书，道光十九年（1839），主碑高 177 cm×宽 90 cm，次碑高 177 cm×宽 55 cm，碑立于师宗县。

见于《师宗县文物志》。

4276 汉满文碑

道光十九年（1839），碑立于姚安县。

著录于（民国）《姚安县志》。

4277 虎头仙迹四绝碑

撰者杨名飏，楷书，道光十九年（1839），高 43 cm×宽 79 cm，碑立于云龙县。

见于《大理丛书·金石篇》。

4278 李家营村规民生碑

道光十九年（1839），高 46 cm×宽 71 cm，碑立于玉溪市。

见于《玉溪碑刻选集》。

4279 莲花山墓地产权碑

楷书，道光十九年（1839），高 122 cm×宽 65 cm，碑立于大理市。

见于《大理丛书·金石篇》。

4280 蟠龙洞歌

撰者黄士瀛，道光十九年（1839），碑立于普洱市。

著录于（道光）《普洱府志》。

4281 前所村独立碑

道光十九年（1839），高 193 cm×宽 70 cm，碑立于曲靖市。

见于《陆良历代石刻注解与研究》。

4282 山场合同永为碑记

楷书，道光十九年（1839），高 110 cm×宽 70 cm，碑立于禄丰县。

见于《云南林业文化碑刻》。

4283 上绮罗新生邑耕牛山厂四至碑记

撰者黄恩缙，道光十九年（1839），高 131 cm×宽 57 cm×厚 12 cm，碑立于腾冲市。

见于《腾冲名碑集释》。

4284 石门八景及登虎头山诗碑

撰者杨名飏，书者杨名飏，草书，道光十九年（1839），高 70 cm×宽 100 cm，碑立于云龙县。

见于《大理丛书·金石篇》。

注：原碑已佚，拓片藏今云南省大理市博物馆。

4285 王崧墓碑序

撰者阮元，青石，行书，道光十九年（1839），高 40 cm×宽 85 cm，碑立于洱源县。

见于《大理丛书·金石篇》。

4286 王崧墓志铭碑

道光十九年（1839），高 40 cm×宽 85 cm，碑立于洱源县。

见于《大理洱源县碑刻辑录》。

4287 文庠祝鸿升上进墓志铭

撰者赵庆荪，书者赵庆荪，道光十九年（1839），碑立于腾冲市。

见于《腾冲金石目存》。

4288 重疏水城碑记

撰者李德生，道光十九年（1839），碑立于玉溪市。

著录于（道光）《续修易门县志》。

4289 重修众安桥功德碑记

撰者盛雯，书者盛雯，正书，道光十九年（1839），碑立于保山市。

著录于《新纂云南通志·金石考》。

4290 *大理移居西昌马氏产权诉讼碑

撰者马尚麟，道光二十年（1840），高155 cm×宽 88 cm，碑立于西昌市。

见于《大理丛书·金石篇》。

注：据《大理丛书·金石篇》载，此批碑刻主要记录大理居民移居西昌后的情况，为大理地区人民迁徙提供资料，故录入以供参考。

4291 番自艾配杨孺人墓志铭

撰者赵兰荪，书者赵兰荪，道光二十年（1840），碑立于腾冲市。

著录于《新纂云南通志·金石考》。

4292 观音堂告示碑

楷书，道光二十年（1840），高 120 cm×宽 65 cm，碑立于宣威市。

见于《宣威县文物志》。

4293 永警于斯碑

楷书，道光二十年（1840），高 110 cm×宽 47 cm，碑立于禄丰县。

见于《楚雄历代碑刻》。

4294 哨地界址

道光二十年（1840），高 126 cm×宽65 cm×厚 4 cm，碑立于武定县。

见于《云南林业文化碑刻》。

4295 集资办学捐金碑

楷书，道光二十年（1840），高 220 cm×宽 76 cm，碑立于禄丰县。

见于《中国文物地图集·云南分册》。

4296 禁火种树碑记

撰者周澍，道光二十年（1840），高 85 cm×宽 40 cm×厚 14 cm，碑立于腾冲市。

见于《腾冲名碑集释》。

4297 明午哨双龙桥碑记

刻工李庆陵、李万、戴思发、傅友，道光二十年（1840），高 126 cm×宽 64 cm×厚16 cm，碑立于弥勒市。

见于《弥勒文物志》。

4298 迁建黉宫碑记

道光二十年（1840），碑立于镇雄县。

著录于（光绪）《镇雄州志》。

4299 棠阴待渡碑记

撰者严廷珏，道光二十年（1840），碑立于玉溪市。

著录于（道光）《续修易门县志》。

4300 新建廉贞观所置常住碑记

撰者杨斌绣，道光二十年（1840），碑立于凤庆县。

著录于（民国）《顺宁县志初稿》。

4301 遵照护山碑

道光二十年（1840），高 90 cm×宽54 cm，碑立于大理市。

见于《大理凤仪古碑文集》。

4302 杨昌之父母诰封碑

道光二十年（1840），高 135 cm×宽60 cm，碑立于丽江市。

见于《纳西族地区历代碑刻辑录与研究》。

4303 杨定熙墓碑

撰者康士吉，道光二十年（1840），碑立于昭通市。

见于《鲁甸碑刻》。

4304 长兄国楠先生墓碣

撰者李国科，书者李国科，正书，道光二十年（1840），碑立于腾冲市。

著录于《新纂云南通志·金石考》。

4305 重修五凤楼记

撰者萧立甲，书者萧立甲，正书，道光二十年（1840），碑立于西畴县。

著录于《新纂云南通志·金石考》。

4306 蕨市坪乡规碑

道光二十一年（1841），高 95 cm × 宽 80 cm，碑立于剑川县。

见于《云南林业文化碑刻》。

4307 圣母殿碑

道光二十一年（1841），碑立于洱源县。

见于《大理洱源县碑刻辑录》。

4308 龙王庙碑记

撰者张文治，道光二十一年（1841），高 166 cm × 宽 80 cm，碑立于宾川县。

见于《宾川丛书·金石篇》。

4309 架木革村护林碑

道光二十一年（1841），高 85 cm × 宽 50 cm，碑立于丘北县。

见于《云南林业文化碑刻》。

4310 大庙义学碑文

撰者谭启瑜，道光二十一年（1841），碑立于昭通市。

著录于（民国）《盐津县志》。

4311 吕祖真迹碑记

撰者华日来，道光二十一年（1841），碑立于五华区。

著录于《新纂云南通志·金石考》。

4312 南东乡轮充乡约碑记

书者段嘉绶，刻工刘福基，青石，道光二十一年（1841），高 198 cm × 宽 72 cm，碑立于宜良县。

见于《宜良碑刻增补本》（下）。

4313 迁移黉宫碑记

撰者沈致中，道光二十一年（1841），碑立于普洱市。

见于《思茅地区文物志》。

4314 大我士寺碑

撰者何联珠、熊恩沛，书者何联珠、熊恩沛，楷书，道光二十一年（1841），高 87 cm × 宽 52 cm，碑立于大理市。

见于《大理丛书·金石篇》。

注：原碑已佚。

4315 重建吕阁碑记

砂岩，行楷，道光二十一年（1841），高 200 cm × 宽 81 cm × 厚 11 cm，碑立于楚雄市。

见于《楚雄历代碑刻》。

4316 心傅禅师墓志

撰者大惠，道光二十一年（1841），碑立于楚雄市。

见于《紫溪山志》。

4317 增置日新书院膏火田记

撰者刘荣黼，道光二十一年（1841），碑立于大姚县。

著录于《新纂云南通志·金石考》。

4318 云南府罗次县正堂告示

大理石，楷书，道光二十一年（1841），高 70 cm × 宽 82 cm，碑立于禄丰县。

见于《楚雄历代碑刻》。

4319 同达墓赞

撰者大惠，道光二十一年（1841），碑立于楚雄市。

见于《紫溪山志》。

4320 文学李含馨桂传墓志铭

撰者赵庆荪，道光二十一年（1841），碑立于腾冲市。

著录于《新纂云南通志·金石考》。

4321 小哨箐重修龙头桥功德碑

撰者保先烈，道光二十一年（1841），高 200 cm × 宽 81 cm × 厚 13 cm，碑立于呈贡区。

见于《呈贡历史建筑及碑刻选》。

4322 宜良县给宝洪山报国寺帖石刻

正书，道光二十一年（1841），碑立于宜良县。

著录于《新纂云南通志·金石考》。

4323 云龙寺题名记

撰者荆尔祯，道光二十一年（1841）。

见于《云南道教碑刻辑录》。

4324 重建文明阁记

撰者杨际泰、杨荫棠，道光二十一年（1841）。

见于《云南道教碑刻辑录》。

4325 重修老郎宫众姓功德碑

撰者罗焜，刻工那与朝，道光二十一年（1841）。

见于《云南道教碑刻辑录》。

4326 宗弟弥青德配朱夫人墓表

撰者嘉珉，道光二十一年（1841），碑立于昭通市。

著录于（民国）《昭通县志稿》。

4327 者后封山育林碑

道光二十二年（1842），高 65 cm×宽 48 cm，碑立于景东县。

见于《思茅地区文物志》。

4328 雅户乡规民约碑

道光二十二年（1842），碑立于麒麟区。

见于《曲靖石刻》。

4329 常南喷沙氏夫妇合葬墓碑

道光二十二年（1842），高 65 cm×宽 40 cm，碑立于武定县。

见于《彝文石刻译选》。

4330 大摆集村恩垂不朽碑

道光二十二年（1842），高 205 cm×宽 60 cm，碑立于曲靖市。

见于《陆良历代石刻注解与研究》。

4331 关帝庙功德碑

道光二十二年（1842），高 135 cm×宽 72 cm×厚 12 cm，碑立于会泽县。

见于《娜姑镇文物志》。

4332 后冲村永垂不朽碑

道光二十二年（1842），高 141 cm×宽 57 cm，碑立于曲靖市。

见于《陆良历代石刻注解与研究》。

4333 建修黄龙山土主寺功德叙

撰者黄际昌，道光二十二年（1842），碑立于嵩明县。

著录于（民国）《嵩明县志》。

4334 景东县者后乡石岩村封山碑

道光二十二年（1842），高 65 cm×宽 48 cm，碑立于景东县。

见于《云南林业文化碑刻》。

4335 龙潭五村乡规民约碑

青石，正书，道光二十二年（1842），高 24.1 cm×宽 26 cm，碑立于西山区。

见于《云南林业文化碑刻》。

4336 木的黑彝族李氏祖茔墓碑

道光二十二年（1842），高 65 cm×宽 40 cm，碑立于武定县。

见于《彝文石刻译选》。

4337 木氏历代宗谱碑

道光二十二年（1842），高 167 cm×宽 72.5 cm×厚 16 cm，碑立于丽江市。

见于《丽江历代碑刻辑录与研究》。

4338 迁建学宫告成记

撰者张宽，道光二十二年（1842），碑立于昭通市。

著录于（光绪）《镇雄州志》。

4339 迁建学宫记

撰者恒文，道光二十二年（1842），碑立于昭通市。

著录于（光绪）《镇雄州志》。

4340 乡规碑

道光二十二年（1842），碑立于大理市。

见于《大理海东风物志续编》。

4341 乡规十戒碑

道光二十二年（1842），高 110 cm × 宽 50 cm，碑立于曲靖市。

见于《曲靖石刻》。

4342 张正方问仁墓志铭

撰者赵兰荪，书者赵兰荪，道光二十二年（1842），碑立于腾冲市。

著录于《新纂云南通志 · 金石考》。

4343 重修老郎宫碑记

道光二十二年（1842）。

见于《云南道教碑刻辑录》。

4344 民间防盗碑

道光二十三年（1843），碑立于禄劝县。

见于《彝学探微》。

4345 魁阁碑记碑

撰者徐培恒、方卓，书者赵念祖，楷书，道光二十三年（1843），高 136 cm × 宽 69 cm，碑立于洱源县。

见于《大理洱源县碑刻辑录》。

4346 永丰庵重修碑

道光二十三年（1843），高 70 cm × 宽 170 cm，碑立于官渡区。

见于《云溪、永丰村志》。

4347 阿苏鲁墓碑

道光二十三年（1843），高 66 cm × 宽 32 cm，碑立于施甸县。

见于《施甸碑铭录》。

4348 楚雄府镇南州正堂加三级纪录六次又记大功二次景

道光二十三年（1843），碑立于南华县。

见于《威楚遗韵》。

4349 高富林夫妇合葬墓碑

道光二十三年（1843），高 50 cm × 宽 38 cm，碑立于武定县。

见于《彝文石刻译选》。

4350 妙光寺规约碑

撰者澄经，道光二十三年（1843），碑立于姚安县。

著录于（民国）《姚安县志》。

4351 重修妙光寺碑

道光二十三年（1843），碑立于姚安县。

著录于（民国）《姚安县志》。

4352 重建南泉寺碑记（二）

道光二十三年（1843），碑立于南华县。

见于（2006）《南华县志》。

4353 捐金赎铺永续香火碑记

撰者甘岳，道光二十三年（1843），碑立于大姚县。

著录于（光绪）《续修白盐井志》。

4354 土官田永垂不朽种树护林碑

道光二十三年（1843），碑立于江川区。

见于《云南林业文化碑刻》。

4355 兴蒙护河告示碑

道光二十三年（1843），高 91 cm × 宽 61.5 cm × 厚 8 cm，碑立于通海县。

见于《通海历代碑刻集》。

4356 重修祠堂碑记

撰者保先烈，刻工李万培，道光二十三年（1843），高 150 cm × 宽 80 cm，碑立于宜良县。

见于《宜良碑刻增补本》（下）。

4357 重修万寿宫碑记

撰者白佩珩，道光二十三年（1843），碑立于通海县。

见于《通海历代碑刻集》。

4358 **重修西来寺碑记**

道光二十三年（1843），高 170 cm×宽 81 cm×厚 14 cm，碑立于会泽县。

见于《会泽县文物志》。

4359 **编排保甲缉盗安良碑**

红砂石，楷书，道光二十四年（1844），高 135 cm×宽 57 cm，碑立于云龙县。

见于《大理丛书・金石篇》。

4360 **道光甲辰年碑**

大理石，楷书，道光二十四年（1844），高 112 cm×宽 62 cm，碑立于洱源县。

见于《大理洱源县碑刻辑录》。

4361 **洞经会功德碑记**

楷书，道光二十四年（1844），高 50 cm，碑立于禄丰县。

见于《楚雄历代碑刻》。

4362 **伙甲章程碑记**

书者张燧，楷书，道光二十四年（1844），高 146 cm×宽 74 cm，碑立于大理市。

见于《大理丛书・金石篇》。

注：原碑已佚。

4363 **明硕德居士施君墓志右陪碑**

砂石，楷书，道光二十四年（1844），高 66 cm×宽 48 cm，碑立于剑川县。

见于《大理丛书・金石篇》。

4364 **童生应试章程碑**

道光二十四年（1844），高 120 cm×宽 73 cm，碑立于宣威市。

见于《曲靖石刻》。

4365 **文昌宫碑序**

撰者李伯山，道光二十四年（1844），碑立于马关县。

著录于（民国）《马关县志》。

4366 **文峰寺告示碑**

道光二十四年（1844），高 83 cm×宽 57 cm×厚 18 cm，碑立于丽江市。

见于《丽江历代碑刻辑录与研究》。

4367 **武庙万寿亭侯碑记**

道光二十四年（1844），碑立于大关县。

著录于（民国）《大关县志稿》。

4368 **西核村山场碑记**

道光二十四年（1844），碑立于富民县。

见于《云南林业文化碑刻》。

4369 **下任家营、许家营、大梅子村、小梅子村四村乡约碑记陈金声敬手丹书**

刻工尹训，道光二十四年（1844），高 167 cm×宽 70 cm，碑立于宜良县。

见于《宜良碑刻增补本》（下）。

4370 **重修黑井大龙祠碑记**

撰者萧榕，书者萧榕，楷书，道光二十四年（1844），高 69 cm×宽 95 cm，碑立于禄丰县。

见于《楚雄历代碑刻》。

4371 **白打公议寨规永垂**

道光二十五年（1845），碑立于开远市。

见于《开远市志》。

4372 **阿乌村石桥碑记**

撰者周文煌，刻工李本名，道光二十五年（1845），高 186 cm×宽 64 cm×厚 16 cm，碑立于弥勒市。

见于《弥勒文物志》。

4373 **褒奖前文林郎张训为朝议大夫诰命碑**

楷书，道光二十五年（1845），高 152 cm×宽 60 cm，碑立于大理市。

见于《大理丛书・金石篇》。

4374 **紫顶芦云霞公祖师墓铭**

撰者澄亮，行书，道光二十五年（1845），高 80 cm × 宽 56 cm，碑立于楚雄市。

见于《楚雄历代碑刻》。

4375 润峰和尚墓铭

撰者周汝春，大理石，道光二十五年（1845），高 68 cm × 宽 46 cm，碑立于楚雄市。

见于《紫溪山志》。

4376 大丰禅师墓志

撰者澄亮，大理石，道光二十五年（1845），高 88 cm × 宽 55 cm，碑立于楚雄市。

见于《紫溪山志》。

4377 封禁护林碑（合州封禁乾阳山树木碑记）

书者何晏昌，青石，楷书，道光二十五年（1845），高 109 cm × 宽 65 cm × 厚 14 cm，碑立于石屏县。

见于《云南林业文化碑刻》。

4378 诰封大参丞偕李恭人墓志铭

撰者徐保泰，书者肇泉，楷书，道光二十五年（1845），高 92 cm × 宽 59 cm，碑立于洱源县。

见于《大理丛书・金石篇》。

注：原碑已佚，拓片藏今云南省图书馆。

4379 何辅龙墓表

撰者林则徐，道光二十五年（1845），高 175 cm × 宽 92 cm，碑立于曲靖市。

见于《曲靖石刻》。

4380 界霞墓志铭

道光二十五年（1845），碑立于楚雄市。

见于《紫溪山志》。

4381 禁放牲畜以安农事碑

道光二十五年（1845），碑立于通海县。

见于《通海历代碑刻集》。

4382 禁止吏目等官延揽词讼告示碑

道光二十五年（1845），高 82 cm × 宽 55 cm，碑立于玉溪市。

见于《玉溪碑刻选集》。

4383 明月大村建学馆功德碑记

道光二十五年（1845），高 160 cm × 宽 70 cm，碑立于宜良县。

见于《宜良碑刻增补本》（上）。

4384 桃笑山真武观增塑神像功德碑记

撰者周熙，道光二十五年（1845），高 60 cm × 宽 120 cm。

见于《云南道教碑刻辑录》。

4385 万寿宫碑记

撰者广和，书者广和，正书，道光二十五年（1845），碑立于富民县。

著录于《新纂云南通志・金石考》。

4386 移建神祇坛碑记

撰者黎恂，道光二十五年（1845），碑立于大姚县。

著录于《新纂云南通志・金石考》。

4387 文星塔碑

撰者曾希孔，道光二十五年（1845），碑立于姚安县。

著录于（民国）《姚安县志》。

4388 重建南山寺序

撰者陈学诗，道光二十五年（1845），高 230 cm × 宽 77 cm，碑立于通海县。

见于《通海历代碑刻集》。

4389 重修太和宫二天门碑记

撰者刘正德，书者邱振权，正书，道光二十五年（1845）。碑立于盘龙区。

著录于《新纂云南通志・金石考》。

4390 **遵示永垂碑**

道光二十五年（1845），高 174 cm × 宽 63 cm，碑立于曲靖市。

见于《陆良历代石刻注解与研究》。

4391 **何傅岩封翁墓志铭**

撰者唐鉴，道光二十六年（1846），碑立于师宗县。

著录于《新纂云南通志·金石考》。

4392 **河东公文碑记**

撰者李绍唐，道光二十六年（1846），高 92 cm × 宽 62 cm，碑立于弥渡县。

见于《大理丛书·金石篇》。

4393 **恒公河碑记（一）**

书者王廷杰，刻工李珍，青石，道光二十六年（1846），高 200 cm × 宽 84 cm，碑立于宜良县。

见于《宜良碑刻增补本》（上）。

4394 **明忠义薛尔望先生墓表**

撰者吴存义，书者倪应颐，道光二十六年（1846），碑立于盘龙区。

著录于《新纂云南通志·金石考》。

4395 **何辅龙神道碑**

撰者林则徐，道光二十六年（1846），碑立于盘龙区。

著录于《新纂云南通志·金石考》。

4396 **皮坡寨封树碑记**

道光二十六年（1846），碑立于开远市。

见于《开远市志》（1996）。

4397 **中元会功德碑记**

撰者陈万春，书者罗有恒，细泥岩，楷书，道光二十六年（1846），高 90 cm × 宽 96 cm，碑立于禄丰县。

见于《楚雄历代碑刻》。

4398 **索其毕摩夫妇合葬墓碑**

道光二十六年（1846），高 55 cm × 宽 30 cm，碑立于武定县。

见于《彝文石刻译选》。

4399 **腾场渡碑记**

撰者赵连城，道光二十六年（1846），高 70 cm × 宽 40 cm，碑立于施甸县。

见于《施甸县志》（1997）。

4400 **万福寺重修碑记**

道光二十六年（1846），高 56 cm × 宽 94 cm，碑立于弥勒市。

见于《弥勒文物志》。

4401 **已梯彝族凤氏祖茔墓碑**

道光二十六年（1846），高 55 cm × 宽 30 cm，碑立于武定县。

见于《彝文石刻译选》。

4402 **赵守戎忠烈记**

撰者王发越，道光二十六年（1846），碑立于保山市。

著录于《永昌府志》。

4403 **高富林原配夫人墓碑**

道光二十六年（1846），高 62 cm × 宽 42 cm，碑立于武定县。

见于《彝文石刻译选》。

4404 **重修萧公祠碑**

道光二十六年（1846），高 81 cm × 宽 48 cm，碑立于姚安县。

见于《中国文物地图集·云南分册》。

4405 **重修寻甸州关帝庙记**

撰者徐思庄，书者徐思庄，正书，道光二十六年（1846），碑立于寻甸县。

著录于《新纂云南通志·金石考》。

4406 朱星街禁赌防盗碑

道光二十七年（1847），高 134 cm × 宽 64 cm，碑立于保山市。

见于《保山碑刻》。

4407 白衣阁新置常住碑

红砂石，楷书，道光二十七年（1847），残高 70 cm × 宽 70 cm，碑立于云龙县。

见于《大理丛书 · 金石考》。

4408 必多庵大哨山碑志

道光二十七年（1847），高 70 cm × 宽 68 cm × 厚 9 cm，碑立于元谋县。

见于《探寻文明的踪迹——楚雄州第三次全国文物普查纪实》。

4409 除弊振风碑

道光二十七年（1847），碑立于腾冲市。

见于《腾冲名碑集释》。

4410 狄武襄庙碑记

撰者翁祖烈，道光二十七年（1847），碑立于广南县。

著录于（道光）《广南府志稿》。

4411 江川新建钟秀书院记

撰者李熙龄，道光二十七年（1847），碑立于玉溪市。

著录于（道光）《澄江府志》。

4412 来凤蹊合村告白护林碑

红砂岩，楷书，道光二十七年（1847），高 44 cm × 宽 33 cm × 厚 7 cm，碑立于宾川县。

见于《大理丛书 · 金石篇》。

4413 万朔村义学碑

书者李鸿宝，刻工董文选，道光二十七年（1847），碑立于呈贡区。

著录于《呈贡县志》。

4414 乡规民约碑

道光二十七年（1847），碑立于腾冲市。

见于《云南林业文化碑刻》。

4415 新起关圣诞碑序

撰者周绍生，道光二十七年（1847）。

见于《云南道教碑刻辑录》。

4416 学古禅师行实碑记

撰者贾文超、段琦，书者许士贤，青石，道光二十七年（1847），高 78 cm × 宽 220 cm，碑立于宜良县。

见于《宜良碑刻增补本》（下）。

4417 朱海者暨夫人孟氏合墓碑

道光二十七年（1847），碑立于师宗县。

见于《师宗县文物志》。

4418 遵示勒石碑

道光二十七年（1847），高 157 cm × 宽 58 cm，碑立于曲靖市。

见于《陆良历代石刻注解与研究》。

4419 皇清待赠董公讳琅董母辛氏之寿基

撰者杨有声，道光二十七年（1847），碑立于大理市。

见于《大理风仪古碑文集》。

4420 泰国寺赏牡丹碑记

道光二十七年（1847），碑立于大理市。

见于《大理风仪古碑文集》。

4421 施化理夫妇墓志碑

书者郭礼图，楷书，道光二十八年（1848），碑立于洱源县。

见于《大理洱源县碑刻辑录》。

4422 团田乡绿叶村乡规民约

道光二十八年（1848），碑立于墨江县。

见于《墨江哈尼族自治县志》。

4423 倡建钟秀书院序

撰者刘邵高，正书，道光二十八年（1848），碑立于江川区。

著录于《新纂云南通志·金石考》。

4424 何辅龙墓表

撰者贺长龄，书者祁隽藻，大理石，道光二十八年（1848），高 370 cm × 宽 375 cm；主碑高 175 cm × 宽 92 cm；次碑高 175 cm × 宽 56 cm；次碑高 175 cm × 宽 62 cm，碑立于师宗县。

见于《师宗县文物志》。

4425 何傅岩先生墓碣

撰者窦垿，正书，道光二十八年（1848），碑立于师宗县。

著录于《新纂云南通志·金石考》。

4426 英灵寿量塔铭

撰者纯瑛，书者纯瑛，道光二十八年（1848），碑立于楚雄市。

见于《紫溪山志》。

4427 甲会碑记

行楷，道光二十八年（1848），碑立于禄丰县。

见于《楚雄历代碑刻》。

4428 重修武定城楼记

撰者福瑞，道光二十八年（1848），碑立于武定县。

著录于（光绪）《武定直隶州志》。

4429 联保乡规民约碑

大理石，楷书，道光二十八年（1848），高 60 cm × 宽 100 cm，碑立于禄丰县。

见于《禄丰县志》（1997）。

4430 维护市场秩序碑

大理石，楷书，道光二十八年（1848），高 60 cm × 宽 83 cm，碑立于禄丰县。

见于《禄丰县志》（1997）。

4431 重修白衣庵序

道光二十八年（1848），碑立于禄丰县。

见于《禄丰出土清代维护市场秩序的碑刻》。

4432 回蹬关土巡检一世祖杨宝墓志

撰者杨春蔚，楷书，道光二十八年（1848），高 96 cm × 宽 60 cm（主碑），碑立于禄丰县。

见于《楚雄历代碑刻》。

4433 拉里黑隋氏碑记

道光二十八年（1848），碑立于弥勒市。

见于《弥勒文物志》。

4434 兰坪魁星阁功德碑记

道光二十八年（1848），高 75 cm × 宽 54 cm。

见于《云南道教碑刻辑录》。

4435 丽江象山封山护林植树石碑——永远遵守

道光二十八年（1848），高 175 cm × 宽 75 cm，碑立于丽江市。

见于《云南林业志资料》。

4436 三属会馆馆规碑

道光二十八年（1848），高 67 cm × 宽 127 cm，碑立于隆阳区。

见于《隆阳碑铭石刻》。

4437 善始善终碑

道光二十八年（1848），高 177 cm × 宽 63 cm，碑立于鹤庆县。

见于《鹤庆碑刻辑录》。

4438 始祖考妣合墓志

撰者徐湛然，道光二十八年（1848），高 165 cm × 宽 98 cm，碑立于曲靖市。

见于《曲靖石刻》。

4439 文学许顺斋法圣墓志铭

撰者赵赐绶，书者赵赐绶，道光二十八年（1848），碑立于腾冲市。

见于《腾冲金石目存》。

4440 游洱海浩然阁宴集临水亭记

撰者王发越，大理石，楷书，道光二十八年（1848），高 64 cm × 宽 104 cm，碑立于大理市。

著录于（民国）《大理县志稿》。

4441 御史寻甸杨石臣先生铭柱墓志铭

撰者黄琮，道光二十八年（1848），碑立于寻甸县。

著录于《新纂云南通志·金石考》。

4442 张云际凤翱墓志铭

撰者赵兰荪，书者赵兰荪，道光二十八年（1848），碑立于腾冲市。

著录于《新纂云南通志·金石考》。

4443 敕赠文林郎戈嘉泉先生墓表

撰者龚宝莲，刻工戈尚志，道光二十九年（1849），高 147 cm × 宽 48 cm，碑立于隆阳区。

见于《隆阳碑铭石刻》。

4444 诰授朝议大夫陕西兴安府知府秀峰赵公墓志铭

撰者林则徐，刻工杨钟璧、钱均，道光二十九年（1849），高 150 cm × 宽 70 cm，碑立于大理市。

著录于（民国）《大理县志稿》。

4445 桂香书院增置田亩租息碑记

道光二十九年（1849），碑立于大理市。

著录于（民国）《大理县志稿》。

4446 和顺乡两朝科甲题名录序

撰者尹祖澜，正书，道光二十九年（1849），碑立于腾冲市。

著录于《新纂云南通志·金石考》。

4447 临沧东岳庙功德碑记

道光二十九年（1849），高 98 cm × 宽 112 cm。

见于《云南道教碑刻辑录》。

4448 容光禅师碑志

撰者刘荣黼，书者李蟠根，正书，道光二十九年（1849），碑立于华宁县。

著录于《新纂云南通志·金石考》。

4449 禁戒匪盗碑

楷书，道光二十九年（1849），高 87 cm × 宽 45 cm，碑立于楚雄市。

见于《楚雄市第三次全国文物普查不可移动文物名录》《中国文物地图集·云南分册》。

4450 天台寺重建三官殿功德序

撰者梁国栋，书者梁国栋，大理石，楷书，道光二十九年（1849），高 58 cm × 宽 90 cm，碑立于牟定县。

见于《楚雄历代碑刻》。

4451 清思墓志

撰者界恒，道光二十九年（1849），碑立于楚雄市。

见于《紫溪山志》。

4452 太保（山）种树小引

撰者盛育华，书者戈尚志，道光二十九年（1849），高 120 cm × 宽 60 cm，碑立于保山市。

见于《隆阳碑铭石刻》。

4453 头邑村沈氏祠堂碑记

撰者沈宗贤，书者瑞芝，大理石，楷书，道光二十九年（1849），高 80 cm × 宽 52 cm，碑立于弥渡县。

见于《大理丛书·金石篇》。

4454 活契碑记

道光二十九年（1849），高 125 cm × 宽 65 cm，碑立于弥渡县。

见于《弥渡古代碑刻辑释》。

4455 密兰村夫马公碑记

刻工彭大成，道光二十九年（1849），

高 125 cm×宽 65 cm，碑立于弥渡县。

见于《弥渡古代碑刻辑释》。

4456 雪山居士马文龙墓碣

道光二十九年（1849），碑立于丽江市。

著录于《新纂云南通志·金石考》。

4457 邑堵（哨冲区）合寨碑

道光二十九年（1849），碑立于石屏县。

见于《云南林业文化碑刻》。

4458 凿云华洞达天阁记

撰者杨汝兰，道光二十九年（1849），高 80 cm×宽 170 cm，碑立于西山区。

见于《西山区文物志》。

4459 真如沙门之碑

撰者刘荣黼，书者李蟠根，刻工王现，楷书，道光二十九年（1849），高 191 cm×宽 97 cm，碑立于祥云县。

见于《祥云碑刻》。

4460 庄子村水规记

道光二十九年（1849），碑立于牟定县。

见于《云南乡规民约大观》（上）。

4461 沙平墓志铭

撰者王衍丰，道光二十九年（1849），碑立于楚雄市。

见于《紫溪山志》。

4462 丹凤书院考棚碑

撰者李光谦，青石，道光三十年（1850），高 93 cm×长 118 cm×厚 12 cm，碑立于师宗县。

见于《师宗县文物志》。

4463 都鲁凹纪略碑

道光三十年（1850），高 133 cm×宽 55 cm，碑立于昌宁县。

见于《云南林业文化碑刻》。

4464 封山护林永定章程（双柏憩嘉水源保护碑）

楷书，道光三十年（1850），高 156 cm×76 cm×厚 13 cm，碑立于双柏县。

见于《楚雄历代碑刻》。

4465 协济永平县夫马章程碑

书者张占玫，红砂石，楷书，道光三十年（1850），高 188 cm×宽 53 cm，碑立于云龙县。

见于《大理丛书·金石篇》。

4466 总账碑记

道光三十年（1850），高 144 cm×宽 70 cm×厚 20 cm，碑立于宾川县。

见于《宾川丛书·金石篇》。

4467 五台山大寺残碑

撰者尹丕，道光三十年前后（1850 前后），碑立于弥渡县。

见于《弥渡古代碑刻辑释》。

4468 募修三官神龛引

撰者傅□□，道光三十年（1850），高 92 cm×宽 56 cm。

见于《云南道教碑刻辑录》。

4469 棠海、阿赖两村山界碑

砂岩，道光三十年（1850），碑立于禄丰县。

见于《探寻文明的踪迹——楚雄州第三次全国文物普查纪实》。

4470 郑达亭墓碑

撰者万振鸿，道光三十年（1850），碑立于昭通市。

见于《鲁甸碑刻》。

4471 重建永济桥碑序（一）

青石，道光三十年（1850），高 124 cm×

宽 60 cm，碑立于宜良县。

见于《宜良碑刻增补本》（下）。

4472 重修三清阁石洞摩崖

撰者何桂清，书者何桂清，行书，道光三十年（1850），碑立于西山区。

著录于《新纂云南通志·金石考》。

4473 重修文庙碑记

撰者犹自东，道光三十年（1850），碑立于昭通市。

著录于（民国）《巧家县志稿》。

4474 周裕国墓志铭

撰者赵兰荪，书者赵兰荪，道光三十年（1850），碑立于腾冲市。

著录于《新纂云南通志·金石考》。

4475 关帝灵验记

撰者王发越，道光年间（1821—1850），碑立于大姚县。

著录于（光绪）《续修白盐井志》。

4476 徐道兴墓碑

撰者李天锡、黄朝干，青石，道光年间（1821—1850），残长 50 cm × 宽 40 cm × 厚 50 cm，碑立于师宗县。

见于《师宗县文物志》。

4477 关帝行宫碑记

撰者杨文光，道光年间（1821—1850），碑立于牟定县。

著录于（道光）《定远县志》。

4478 土主灵应记

撰者罗宪章，道光年间（1821—1850），碑立于大姚县。

著录于（光绪）《续修白盐井志》。

4479 土主庙香火房始末附记

撰者甘岳，道光年间（1821—1850），碑立于大姚县。

著录于（光绪）《续修白盐井志》。

4480 华山四叔和尚寿量塔铭

撰者杨贵，书者杨贵，楷书，道光年间（1821—1850），高 30 cm × 宽 40 cm，碑立于楚雄市。

见于《楚雄历代碑刻》。

4481 重修光法寺武侯桥碑记

撰者万昕，道光年间（1821—1850），碑立于牟定县。

著录于（道光）《定远县志》。

4482 卫太守墓碑

撰者吴嘉思，道光年间（1821—1850），碑立于姚安县。

著录于（民国）《姚安县志》。

4483 创建玉皇阁碑记

撰者辛联玮，道光年间（1821—1850），碑立于昭通市。

著录于（民国）《昭通志稿》。

4484 府署魁星亭记

撰者张润，道光年间（1821—1850），碑立于昭通市。

著录于（民国）《昭通志稿》。

4485 黑龙潭识记

撰者阮元，道光年间（1821—1850）。

见于《云南道教碑刻辑录》。

4486 华藏寺藏经楼记

撰者李应绶，道光年间（1821—1850），碑立于澄江县。

著录于（道光）《澄江府志》。

4487 史皇祠记

撰者王冕，道光年间（1821—1850）。

著录于（道光）《续修易门县志》。

4488 **新建奎文阁碑记**

撰者钟作肃，道光年间（1821—1850），碑立于牟定县。

著录于（道光）《定远县志》。

4489 **清理南北社仓济贫租石记**

撰者陈廷焴，道光年间（1821—1850），碑立于隆阳区。

著录于（道光）《永昌府志》。

注：原碑已佚。

4490 **新建文星阁记**

撰者钟清彦，道光年间（1821—1850）。

著录于（道光）《新平县志》。

4491 **修建澄阳文昌庙碑记**

撰者李应绶，道光年间（1821—1850）。

著录于（道光）《澄江府志》。

4492 **宜袑庄蹻议**

撰者宋士璋，道光年间（1821—1850）。

见于《云南道教碑刻辑录》。

4493 **易门记**

撰者吴士伟，道光年间（1821—1850）。

著录于（道光）《续修易门县志》。

4494 **重建和顺乡三元宫前殿碑记**

撰者尹祖濂，道光年间（1821—1850）。

见于《云南道教碑刻辑录》。

4495 **重建三元宫碑记**

撰者王特晋，道光年间（1821—1850）。

著录于（道光）《晋宁州志》。

4496 **重建天后宫劝捐序**

撰者凌光斗，道光年间（1821—1850）。

著录于（嘉庆）《永善县志略》。

4497 **重建文昌宫碑记**

撰者谢锡位，道光年间（1821—1850），碑立于牟定县。

著录于（道光）《定远县志》。

4498 **重修滇省诸葛武侯庙记**

撰者阮元，道光年间（1821—1850）。

见于《云南道教碑刻辑录》。

4499 **重修华藏禅林大殿募引**

撰者李发甲，道光年间（1821—1850）。

著录于（道光）《澄江府志》。

4500 **重修万寿宫碑记**

撰者刘玉成，道光年间（1821—1850）。

著录于（道光）《晋宁州志》。

4501 **重修文昌魁星阁碑记**

撰者冯德祯，道光年间（1821—1850）。

著录于（道光）《晋宁州志》。

4502 **重修玉皇阁序**

撰者杨元升，道光年间（1821—1850）。

著录于（道光）《新平县志》。

4503 **鼎建大魁阁记**

撰者方熹，道光年间（1821—1850），碑立于新平县。

著录于（康熙）《新平县志》。

4504 **成蕴斋镇军德政诗刻**

撰者杨灼，道光年间（1821—1850），碑立于文山市。

著录于《新纂云南通志·金石考》。

4505 **敕赠文林郎征缅战士冯士卿衣冠冢墓表**

撰者姚元之，道光年间（1821—1850），碑立于鹤庆县。

著录于（民国）《鹤庆县志》。

4506 **火星碑**

道光年间（1821—1850），碑立于马龙区。

著录于《新纂云南通志·金石考》。

4507 开化文庙记

撰者周炳，道光年间（1821—1850），碑立于文山市。

著录于（道光）《开化府志》。

4508 马场义学碑记

道光年间（1821—1850），碑立于师宗县。

见于《师宗县文物志》。

4509 太保山玉皇阁石缸铭

撰者盛毓华，道光年间（1821—1850），碑立于隆阳区。

见于《隆阳碑铭石刻》。

4510 照鹤墓碑

道光年间（1821—1850），高 90 cm × 宽 60 cm × 厚 13 cm，碑立于宣威市。

见于《宣威县文物志》。

4511 苏氏祖茔碑记

撰者郑祖荣，道光年间（1821—1850），高 180 cm × 宽 160 cm，碑立于宜良县。

见于《宜良碑刻增补本》（下）。

4512 杭嘉湖海防道窦松溪先生欲峻墓表

撰者唐鉴，道光年间（1821—1850），碑立于罗平县。

著录于《新纂云南通志·金石考》。

4513 玉环同知杨丹山先生墓志

撰者林则徐，道光年间（1821—1850），碑立于凤庆县。

著录于（光绪）《续修顺宁府志》。

咸丰年间

4514 安乐寺常住田地碑记

撰者彭松毓，咸丰元年（1851），碑立于隆阳区。

见于《隆阳碑铭石刻》。

4515 宝威山希公和尚行状

撰者程旬，刻工李士魁，咸丰元年（1851），碑立于昆明市。

见于《中国地方志佛道教文献汇纂·诗文碑刻卷》（西南·云南）。

4516 凤铺也墓碑

咸丰元年（1851），高 58 cm × 宽 34 cm，碑立于武定县。

见于《武定探秘》。

4517 奉示永免应磁器碑

撰者周锡桐，咸丰元年（1851），高 130 cm × 宽 57 cm，碑立于隆阳区。

见于《隆阳碑铭石刻》。

4518 故母李太孺人墓志

咸丰元年（1851），高 90 cm × 宽 54 cm，碑立于隆阳区。

见于《隆阳碑铭石刻》。

4519 元阳禁砍森林碑

撰者邓明清，咸丰元年（1851），高 65 cm × 宽 50 cm，碑立于元阳县。

见于《红河州文物志》。

4520 宣抚使多维墓表

正书，咸丰元年（1851），碑立于陇川县。

著录于《新纂云南通志·金石考》。

4521 普贤寺碑记

正书，咸丰元年（1851），碑立于西山区。

著录于《新纂云南通志·金石考》。

4522 通问上人塔铭

撰者程旬，书者昌钰，正书，咸丰元年（1851）。

著录于《新纂云南通志·金石考》。

4523 文学尹一德嗣伊墓志铭

撰者赵赐绶，书者赵赐绶，咸丰元年（1851），碑立于腾冲市。

著录于《新纂云南通志·金石考》。

4524 巡检司老街水利息讼碑

咸丰元年（1851），高 126 cm × 宽 70 cm × 厚 16 cm，碑立于弥勒市。

见于《弥勒文物志》。

4525 杨升庵祠诗刻

撰者谢琼，书者石泉，正书，咸丰元年（1851），碑立于西山区。

著录于《新纂云南通志·金石考》。

4526 永远护山碑记

咸丰元年（1851），碑立于大理市。

见于《云南林业文化碑刻》。

4527 重修龙门桥功德碑赋并序

撰者何金润、杨明，咸丰元年（1851），高 100 cm × 宽 80 cm × 厚 15 cm，碑立于宾川县。

见于《宾川丛书·金石篇》。

4528 月涛寺“永垂不朽”碑记

咸丰元年（1851），碑立于师宗县。

见于《师宗县文物志》。

4529 重修黄泥坡江底大道碑

撰者江堃，楷书，咸丰元年（1851），高 161 cm × 宽 38 cm，碑立于鲁甸县。

见于《鲁甸碑刻》。

4530 重修普贤寺功德碑记

咸丰元年（1851），碑立于西山区。

见于《中国地方志佛道教文献汇纂·诗文碑刻卷》（西南·云南）。

4531 诰授昭武都尉镜堂贤弟大人荣墓铭

撰者唐敦培，书者吴世涵，咸丰二年（1852），碑立于丽江市。

见于《丽江历代碑刻辑录与研究》。

4532 吉来村永禁赌博碑

咸丰二年（1852），高 89 cm × 宽 50 cm × 厚 13 cm，碑立于丽江市。

见于《纳西族地区历代碑刻辑录与研究》。

4533 举贡童生卷金碑

撰者杨觐，正书，咸丰二年（1852），碑立于腾冲市。

著录于《新纂云南通志·金石考》。

4534 罗次县正堂严禁苛派告示

楷书，咸丰元、二、三、四年（1851—1854），高 63 cm × 宽 110 cm，碑立于禄丰县。

见于《楚雄历代碑刻》。

4535 李小五墓碑

咸丰二年（1852），碑立于元谋县。

见于《武定探秘》。

4536 李公墓碑

咸丰二年（1852），碑立于元谋县。

见于《武定探秘》。

4537 牛摩洞功德碑记

咸丰二年（1852），碑立于江川区。

见于《云南林业文化碑刻》。

4538 新日碑文

撰者金台，咸丰二年（1852），高 130 cm × 宽 70 cm，碑立于丘北县。

见于《云南林业文化碑刻》。

4539 徐乃明墓志铭

咸丰二年（1852），碑立于师宗县。

见于《师宗县文物志》。

4540 张树五士艺墓志铭

撰者赵兰荪，书者赵兰荪，咸丰二年

（1852），碑立于腾冲市。

著录于《新纂云南通志·金石考》。

4541 重建先农祠功德碑序

撰者马锡祥，咸丰二年（1852），高170 cm×宽 80 cm，碑立于玉溪市。

见于《玉溪碑刻选集》。

4542 重修碑记

撰者朱端儒，咸丰二年（1852），高140 cm×宽 54 cm，碑立于曲靖市。

见于《陆良历代石刻注解与研究》。

4543 重修东山庙碑志

撰者刘朝佐，咸丰二年（1852），碑立于鹤庆县。

见于《鹤庆碑刻辑录》。

4544 陇川宣抚使多维庵墓碣

正书，咸丰三年（1853），碑立于陇川县。

著录于《新纂云南通志·金石考》。

4545 路南州民和乡旧县合村公置义学碑记

撰者王体仁，刻工文士美，咸丰三年（1853），高 62 cm×宽 97 cm，碑立于宜良县。

见于《宜良碑刻增补本》（上）。

4546 明大学士王文毅公事实纪录

撰者何太和，书者何太和，刻工何太和，楷书，咸丰三年（1853），高 60 cm×宽120 cm，碑立于禄丰县。

著录于《新纂云南通志·金石考》。

4547 思腊永远碑记

咸丰三年（1853），高 77 cm×宽 46 cm，碑立于施甸县。

见于《施甸碑铭录》。

4548 万寿宫碑记（二）

咸丰三年（1853），高 160 cm×宽 72 cm，碑立于施甸县。

见于《施甸碑铭录》。

4549 重修罗汉山三清阁吕祖阁碑记

撰者杨际泰，书者樊合源，正书，咸丰三年（1853），碑立于西山区。

著录于《新纂云南通志·金石考》。

4550 署大理府赵州事

咸丰三年（1853），高 103 cm×宽 62 cm，碑立于大理市。

见于《大理风仪古碑文集》。

4551 德垂后裔

撰者段绍文，咸丰四年（1854），高99 cm×宽 63 cm，碑立于大理市。

见于《大理风仪古碑文集》。

4552 晓知禅师碑序

撰者张崇德，咸丰四年（1854），高 70 cm×宽 40 cm，碑立于楚雄市。

见于《楚雄历代碑刻》。

4553 花园彝族王氏祖茔墓碑

咸丰四年（1854），高 52 cm×宽 32 cm，碑立于武定县。

见于《彝文石刻译选》。

4554 阿吉树毕麻稍俄夫妇之墓

咸丰四年（1854），碑立于武定县。

见于《武定探秘》。

4555 创建施甸义学碑记

撰者彭嵩毓，咸丰四年（1854），高165 cm×宽 77 cm，碑立于施甸县。

见于《施甸县志》。

4556 大赐寿藏铭

撰者北山，咸丰四年（1854），碑立于楚雄市。

见于《紫溪山志》。

4557 李鸣皋鹤年墓志铭

撰者赵锡爵，书者赵锡爵，咸丰四年（1854），碑立于腾冲市。

著录于《新纂云南通志·金石考》。

4558 杨公讳育彦淑配向孺人合墓序

大理石，咸丰四年（1854），碑立于南涧县。

见于《大理丛书·金石篇》。

4559 粤东会馆碑记

咸丰四年（1854），高 137 cm × 宽 69 cm × 厚 17 cm，碑立于弥勒市。

见于《弥勒文物志》。

4560 张启凤配尚孺人墓志铭

撰者赵兰荪，书者赵兰荪，咸丰四年（1854），碑立于腾冲市。

著录于《新纂云南通志·金石考》。

4561 雉山书院膏火铺面碑记

撰者陈鸿玉，书者严昉，行书，咸丰四年（1854），碑立于宜良县。

著录于《新纂云南通志·金石考》。

4562 重建还鹤楼记

咸丰四年（1854），高 140 cm × 宽 88 cm，碑立于通海县。

见于《通海历代碑刻集》。

4563 重修观音阁及社仓碑记

撰者王凯，咸丰四年（1854），高 166 cm × 宽 70 cm，碑立于宜良县。

见于《宜良碑刻增补本》（上）。

4564 竹园上中两伍村奎星桥碑并序

咸丰四年（1854），高 126 cm × 宽 64 cm × 厚 6 cm，碑立于弥勒市。

见于《弥勒文物志》。

4565 “盖闻莫为之前”碑

撰者戴光华，刻工李尚才，咸丰五年（1855），高 65 cm × 宽 106 cm，碑立于官渡区。

见于《云溪、永丰村志》。

4566 皇清待赠董公国彦董母杨氏之寿基

撰者杨有声、熊恩沛，咸丰五年（1855），碑立于大理市。

见于《大理凤仪古碑文集》。

4567 均平水例碑

咸丰五年（1855），长 222 cm × 宽 83 cm，碑立于祥云县。

见于《祥云金石》。

4568 永远禁革碑

咸丰五年（1855），高 290 cm × 宽 95 cm，碑立于祥云县。

见于《祥云金石》。

4569 孟兰会记

咸丰五年（1855），高 99 cm × 宽 64 cm，碑立于大理市。

见于《大理凤仪古碑文集》。

4570 景谷芒宏佛寺石碑（傣文简译）

咸丰五年（1855），高 78 cm × 宽 41 cm，碑立于普洱市。

见于《思茅地区文物志》。

4571 靖边乡告状碑记

撰者鲍廙，咸丰五年（1855），高 122 cm × 宽 74 cm，碑立于施甸县。

见于《施甸碑铭录》。

4572 添修文昌宫碑记

撰者杨育沧，咸丰五年（1855）。

见于《云南道教碑刻辑录》。

4573 谢晓池墓志（2 块）

咸丰五年（1855），高 87 cm × 宽 52 cm，碑立于普洱市。

见于《思茅地区文物志》。

4574 杨升庵李中溪咏兴教寺海棠诗碑

撰者杨慎、李元阳，咸丰五年（1855），碑立于剑川县。

见于《大理丛书·金石篇》。

4575 有食上村村规民约碑

大理石，楷书，咸丰五年（1855），高38 cm×宽 67 cm，碑立于巍山县。

见于《大理丛书·金石篇》。

4576 重修云南垣碑记

书者张铸，正书，咸丰五年（1855）。

著录于《新纂云南通志·金石考》。

4577 慧光寺碑记

咸丰六年（1856），高 141 cm×宽 69 cm×厚 5 cm，碑立于大理市。

见于《大理风仪古碑文集》。

4578 佐力十二景碑

撰者李朴，青石，楷书，咸丰六年（1856），高 125 cm×80 cm，碑立于弥渡县。

见于《弥渡古代碑刻辑释》。

4579 永安村正俗碑记

咸丰六年（1856），碑立于云龙县。

见于《云南乡规民约大观》（上）。

4580 妙峰洁庵禅师行实碑

咸丰六年（1856），碑立于大姚县。

见于《妙峰山志》。

4581 咪哩莫山界碑

咸丰六年（1856），高 42 cm×宽 34 cm，碑立于武定县。

见于《彝文石刻译选》。

4582 李氏孺之墓

咸丰六年（1856），碑立于元谋县。

见于《武定探秘》。

4583 师范兴教寺诗碑

咸丰六年（1856），碑立于剑川县。

见于《大理丛书·金石篇》。

4584 诗冢记

咸丰六年（1856），碑立于西山区。

著录于（光绪）《云南通志》。

4585 永平县杉阳乡捐积街约公项碑序

楷书，青石，咸丰六年（1856），高 130 cm×宽 70 cm，碑立于永平县。

见于《大理丛书·金石篇》。

4586 植树碑

咸丰六年（1856），碑立于镇沅县。

见于《镇沅彝族哈尼族拉祜族自治县志》。

4587 刀忠谨墓志（两块）

咸丰七年（1857），高 41 cm×宽 24 cm，碑立于普洱市。

见于《思茅地区文物志》。

4588 李荣贵墓碑

撰者吴崇礼，咸丰七年（1857），高 90 cm×宽 50 cm×厚 8 cm，碑立于宾川县。

见于《宾川丛书·金石篇》。

4589 普沙摩崖碑

咸丰七年（1857），高 90 cm×宽 50 cm，碑立于石林县。

见于《镌字岩彝文摩崖释译》。

4590 文学李晓楼迎阳墓志铭

撰者赵锡绶，书者赵锡绶，咸丰七年（1857），碑立于腾冲市。

著录于《新纂云南通志·金石考》。

4591 永远告示碑

咸丰七年（1857），高 114 cm×宽 64 cm，碑立于鹤庆县。

见于《鹤庆碑刻辑录》。

4592 **云峰寺功德碑**

咸丰七年（1857），高 162 cm × 宽 83 cm × 厚 15 cm，碑立于会泽县。

见于《娜姑镇文物志》。

4593 **重建非幻庵碑记**

撰者杨金铠，咸丰七年（1857），碑立于鹤庆县。

著录于（民国）《鹤庆县志》。

4594 **铁峰庵诗摩崖**

撰者赵德昌，草书，咸丰八年（1858），碑立于五华区。

著录于《新纂云南通志・金石考》。

4595 **义冢墓**

咸丰九年（1859），碑立于石屏县。

著录于（民国）《石屏县志》。

4596 **乡规碑**

咸丰九年（1859），高 67 cm × 宽 35 cm，碑立于洱源县。

见于《大理洱源县碑刻辑录》。

4597 **泉关碑**

咸丰十年（1860），高 127 cm × 宽 158 cm，碑立于曲靖市。

见于《曲靖石刻》。

4598 **入州告禄安人墓表**

撰者禄维凯，咸丰十年（1860），碑立于镇雄县。

著录于（光绪）《镇雄州志》。

4599 **咸丰庚申马见屠城记碑**

咸丰十年（1860），高 133 cm × 宽 70 cm，碑立于禄丰县。

见于《探寻文明的踪迹——楚雄州第三次全国文物普查纪实》。

4600 **新建公输子祀碑记**

撰者刘瑞图，咸丰十年（1860），高 167 cm × 宽 77 cm，碑立于通海县。

见于《通海历代碑刻集》。

4601 **抱古流传碑**

咸丰十一年（1861），碑立于昭通市。

见于《鲁甸碑刻》。

4602 **创修白岩寺碑序**

撰者杨愚岩、杨烟台，咸丰十一年（1861），碑立于丽江市。

见于《纳西族地区历代碑刻辑录与研究》。

4603 **因远知政厅陈永祺墓**

咸丰十一年（1861），碑立于元江县。

著录于（民国）《元江志稿》。

4604 **明大学士王文毅公故里碑**

书者何太和，楷书，咸丰年间（1851—1861），高 210 cm × 宽 64 cm，碑立于禄丰县。

著录于《新纂云南通志・金石考》。

4605 **镇南州记**

撰者张辉煌，咸丰年间（1851—1861），碑立于南华县。

著录于（咸丰）《镇南州志》。

4606 **三层楼记**

撰者张辉煌，咸丰年间（1851—1861），碑立于南华县。

著录于（咸丰）《镇南州志》。

4607 **两旗斗阁记**

撰者张辉煌，咸丰年间（1851—1861），碑立于南华县。

著录于（咸丰）《镇南州志》。

4608 **吕阁四首有序**

撰者吴铭道，咸丰年间（1851—1861）。

见于《云南道教碑刻辑录》。

4609 **四符碑**

咸丰年间（1851—1861）。

见于《云南道教碑刻辑录》。

同治年间

4610 东保仲巴呼图克图欲吉汪修江地弘化碑

同治元年（1862），高 136 cm × 宽 79 cm × 厚 15 cm，碑立于丽江市。

见于《丽江历代碑刻辑录与研究》。

4611 耿屯堡大坟碑记

撰者耿兆麟，同治元年（1862），碑立于宣威市。

著录于《新纂云南通志·金石考》。

4612 吴家营大坟碑记

同治元年（1862），高 120 cm × 宽 56 cm，碑立于宜良县。

见于《宜良碑刻增补本》（下）。

4613 三圣宫碑记（一）

同治二年（1863），高 52 cm × 宽 100 cm，碑立于宜良县。

见于《宜良碑刻增补本》（上）。

4614 重建寂照庵碑记

撰者杨友莲，书者杨友莲，行书，同治二年（1863），高 100 cm × 宽 50 cm × 厚 2 cm，碑立于禄丰县。

见于《楚雄历代碑刻》。

4615 王埄妻烈妇苏氏墓志铭

撰者张其政，同治二年（1863），碑立于武定县。

著录于（光绪）《云南通志》。

4616 新建飞龙桥碑记

撰者李玉树，楷书，同治三年（1864），高 120 cm × 宽 60 cm，碑立于云龙县。

见于《大理丛书·金石篇》。

4617 重修赵州城碑记

撰者马仲山、宣侯甫，书者宣侯甫，大理石，楷书，同治三年（1864），高 150 cm × 宽 58 cm，碑立于大理市。

见于《大理丛书·金石篇》。

4618 康氏牒谱世系纪略碑记

撰者张政，同治三年（1864），第一块高 94 cm × 宽 54 cm；第二块高 92 cm × 宽 66 cm；第三块高 90 cm × 宽 66 cm。碑立于大理市。

见于《大理凤仪古碑文集》。

4619 富源县知县司马楠墓碣

同治四年（1865），碑立于富源县。

著录于（光绪）《云南通志》。

4620 江川宁州团练死节烈士墓表

撰者杨护，书者赵鸿仪，正书，同治四年（1865），碑立于江川区。

著录于《新纂云南通志·金石考》。

4621 烈女赵怀英墓志

撰者吴开泰，同治四年（1865），碑立于宣威市。

著录于（光绪）《云南通志》。

4622 水利碑记

同治四年（1865），高 91.5 cm × 宽 59.5 cm，碑立于大理市。

见于《大理丛书·金石篇》。

4623 亚尼村丁华耆墓志

同治四年（1865），高 73 cm × 宽 32 cm，碑立于玉溪市。

见于《玉溪碑刻选集》。

4624 印天禅师行实碑记

撰者王体仁、陈鸣玉，书者赵良，刻工李起金，大理石，行草，同治四年（1865），高 74 cm × 宽 122 cm，碑立于宜良县。

见于《宜良碑刻增补本》（下）。

4625 云峰寺田产晓谕碑

同治四年(1865),高 110 cm×宽 53 cm,碑立于会泽县。

见于《云南道教碑刻辑录》。

4626 重建关圣宫大殿碑记

同治四年(1865),高 98 cm×宽 59.7 cm,碑立于大理市。

见于《大理丛书·金石篇》。

4627 重修古石祠碑序

楷书,同治四年(1865),高 108 cm×宽 57 cm,碑立于巍山县。

见于《大理丛书·金石篇》。

4628 “钦加道街署云南屯田粮储分巡云武地方兼管水利道张为”碑

同治四年(1865),宽 108 cm×高 68 cm,碑立于官渡区。

见于《羊甫村志》。

4629 香山庙序

撰者李漪,同治五年(1866),碑立于弥渡县。

见于《弥渡古代碑刻辑释》。

4630 李母张孺人墓刻

撰者段瑞光,书者赵体诚,正书,同治五年(1866),碑立于宜良县。

著录于《新纂云南通志·金石考》。

4631 潞西市回贤护林石碑

同治五年(1866),碑立于芒市。

见于《云南林业文化碑刻》。

4632 万春山上师敬闻方丈大和尚墓志

大理石,同治五年(1866),高 83 cm×宽 50 cm,碑立于禄丰县。

见于《威楚遗韵》。

4633 新建挖色城池碑记

大理石,楷书,同治五年(1866),高 160 cm×宽 80 cm,碑立于大理市。

见于《大理丛书·金石篇》。

注:碑刻为嘉靖六年(1527)《创建太和县学文庙记碑》碑阴。

4634 忠昭墓碑

撰者杨兰寿,同治五年(1866),高 112 cm×宽 70 cm(拓片),碑立于丽江市。

见于《纳西族地区历代碑刻辑录与研究》。

4635 续修飞龙桥碑记

撰者李芳园,同治六年(1867),高 133 cm×宽 68 cm,碑立于大理市。

见于《大理丛书·金石篇》。

4636 高绍夫妇墓碑

同治七年(1868),高 72 cm×宽 45 cm,碑立于武定县。

见于《彝文石刻译选》。

4637 分多彝族王氏祖茔墓碑

同治七年(1868),高 66 cm×宽 38 cm,碑立于武定县。

见于《彝文石刻译选》。

4638 韩氏爱庐记

撰者甘雨,同治七年(1868),碑立于姚安县。

著录于《新纂云南通志·金石考》。

4639 罗以沟彝文碑

同治七年(1868),砂石,高 84 cm×宽 40 cm,碑立于武定县。

见于《探寻文明的踪迹——楚雄州第三次全国文物普查纪实》。

4640 甲兰沟彝族李氏祖茔墓碑

同治七年（1868），高 72 cm × 宽 45 cm，碑立于武定县。

见于《彝文石刻译选》。

4641 吴国榜生圹志铭

撰者吴德昭，同治七年（1868），碑立于昭通市。

著录于（民国）《绥江县志》。

4642 新滩溪增修文武宫、魁星阁两庑碑记

撰者黄灼京，同治七年（1868），碑立于昭通市。

著录于（民国）《绥江县志》。

4643 重建白坛神庙碑

撰者杨荫新，书者李荫墀，红砂石，楷书，同治七年（1868），高 142 cm × 宽 69 cm，碑立于剑川县。

著录于《新纂云南通志·金石考》。

4644 宜良县吴家营忠义祠记

撰者岑毓英，同治八年（1869），碑立于宜良县。

著录于《新纂云南通志·金石考》。

4645 重修涌金寺碑记

撰者徐韵怀，同治八年（1869），高 185 cm × 宽 82 cm，碑立于通海县。

见于《通海历代碑刻集》。

4646 白云寺常住碑记（一）

同治九年（1870），碑立于施甸县。

见于《姚关镇志》。

注：原碑已佚。

4647 矣木古彝族凤氏祖茔墓碑

刻工成教，同治九年（1870），高 52 cm × 宽 28 cm，碑立于武定县。

见于《彝文石刻译选》。

4648 庚申楚城陷碑记

同治九年（1870），碑立于楚雄市。

著录于（宣统）《楚雄县志》。

4649 黄鳌墓表

同治九年（1870），碑立于隆阳区。

见于《隆阳碑铭石刻》。

4650 勒石毁林碑

同治九年（1870），高 70 cm × 宽 50 cm，碑立于永仁县。

见于《云南林业文化碑刻》。

4651 渔课告示碑

同治九年（1870），高 55 cm × 58 cm，碑立于通海县。

见于《通海历代碑刻集》。

4652 重修大板井碑序

撰者王鸣岐，同治九年（1870），碑立于建水县。

见于《遗留在建水碑刻中的文明记忆》。

4653 国朝恩例

同治九年（1870），高 63 cm × 宽 104 cm，碑立于大理市。

见于《大理凤仪古碑文集》。

4654 皇清敕授文林郎乡题文端享七十八寿菊村李老夫子墓志铭

撰者孙绳武，同治九年（1870），碑立于弥渡县。

见于《弥渡古代碑刻辑释》。

4655 芭蕉乡封山碑文

同治十年（1871），碑立于通海县。

见于《云南林业文化碑刻》。

4656 抬沟修路护山栽木碑记

撰者王廷杰，刻工吴云，同治十年（1871），高 56 cm × 宽 95 cm，碑立于宜良县。

见于《宜良碑刻增补本》（下）。

4657 太平桥记

正书，同治十年（1871），碑立于丽江市。

著录于《新纂云南通志·金石考》。

4658 乡保碑记

撰者王丕钦，同治十年（1871），高144 cm×宽 86 cm，碑立于通海县。

见于《通海历代碑刻集》。

4659 以庄羊街碑记

同治十年（1871），碑立于师宗县。

见于《师宗县文物志》。

4660 永垂久远

同治十年（1871），碑立于江川区。

见于《云南林业文化碑刻》。

4661 重建小南门碑

撰者李德丛，同治十年（1871），碑立于姚安县。

著录于（民国）《姚安县志》。

4662 公立水案碑志

同治十一年（1872），高 200 cm×宽77 cm，碑立于隆阳区。

见于《隆阳碑铭石刻》。

4663 皇清诰授修职郎例赠文林郎白盐井训导张君基志铭

撰者赵晌，同治十一年（1872），碑立于昭通市。

著录于（光绪）《镇雄州志》。

4664 海珠老和尚碑赞

撰者曹丕元，书者曹丕元，行书，同治十一年（1872），高 70 cm×宽 50 cm，碑立于牟定县。

见于《威楚遗韵》。

4665 捐置乡约新公田碑

撰者邓焕章，刻工李珍，楷书，同治十一年（1872），高 120 cm×宽 60 cm，碑立于东川市。

见于《东川市文物志》。

4666 文公河岁修水规章程碑

青石，刻工张自诚，同治十一年（1872），高 175 cm×宽 65 cm，碑立于宜良县。

见于《宜良碑刻增补本》（上）。

4667 巡抚岑公德政石刻

同治十一年（1872），碑立于通海县。

著录于《新纂云南通志·金石考》。

4668 江川县《永垂久远》禁伐碑

同治十二年（1873），碑立于江川区。

见于《云南林业文化碑刻》。

4669 岑、杨二公生祠碑

楷书，同治十二年（1873），高 66 cm×宽 55 cm，碑立于大理市。

见于《大理丛书·金石篇》。

注：刻于《百二山河》碑阴。

4670 杜厚庵墓志铭碑

撰者李滮，同治十二年（1873），碑立于弥渡县。

见于《弥渡古代碑刻辑释》。

4671 浪穹县西界碑

青石，楷书，同治十二年（1873），高67 cm×宽 35 cm，碑立于洱源县。

见于《大理洱源县碑刻辑录》。

4672 改建大理寺院记

撰者岑毓英，同治十二年（1873），碑立于大理市。

著录于（光绪）《云南通志》。

4673 改建大理太和学宫碑记

撰者岑毓英，同治十二年（1873），碑立于大理市。

著录于（民国）《大理县志稿》。

4674 禁止浇风恶俗规约碑

大理石，楷书，同治十二年（1873），高 52 cm×宽 80 cm，碑立于牟定县。

见于《楚雄历代碑刻》。

4675 云南巡抚岑毓英告示

楷书，同治十二年（1873），高 94 cm×宽 73 cm，碑立于姚安县。

见于《楚雄历代碑刻》。

4676 杨武愍公德政颂

撰者彭子祥，正书，同治十二年（1873），碑立于永仁县。

著录于《新纂云南通志·金石考》。

4677 张太封翁讳世勋墓志

撰者尹建中，书者王均，同治十二年（1873），碑立于楚雄市。

见于《楚雄张家湾“张氏墓志”集释》。

4678 诰封建威将军张公士进墓志

撰者尹建中，书者张微庸，同治十二年（1873），碑立于楚雄市。

见于《楚雄张家湾“张氏墓志”集释》。

4679 蒋能封赠碑

楷书，同治十二年（1873），高 135 cm×宽 68 cm，碑立于鹤庆县。

见于《大理丛书·金石篇》。

4680 蒋宗汉与妻施氏诰封碑

楷书，同治十二年（1873），高 140 cm×宽 68 cm，碑立于鹤庆县。

见于《大理丛书·金石篇》。

注：原碑已佚，拓片藏今大理市博物馆。

4681 蒋宗汉祖父母诰封碑

楷书，同治十二年（1873），高 185 cm×宽 77 cm，碑立于鹤庆县。

见于《大理丛书·金石篇》。

注：原碑已佚，拓片藏今大理市博物馆。

4682 马洒王兼和墓志铭

同治十二年（1873），高 96 cm×宽 77 cm，碑立于马关县。

见于《马关县第三次全国文物普查资料集·边关印迹》。

4683 潘忠毅公祠记

撰者沈寿榕，同治十二年（1873），碑立于五华区。

著录于（光绪）《云南通志》。

4684 清杨玉科题神洲渡石壁铭并序石碑

撰者杨玉科，同治十二年（1873），长 116.5 cm×宽 73 cm×高 3.5 cm，碑立于临沧市。

见于《临沧可移动文物精粹》。

4685 松山小黑冲权属碑

同治十二年（1873），碑立于江川区。

见于《云南林业文化碑刻》。

4686 唐天宝战士冢碑记

撰者岑毓英，同治十二年（1873），碑立于大理市。

著录于（光绪）《云南通志》。

4687 卧碑

同治十二年（1873），碑立于石屏县。

著录于（民国）《石屏县志》。

4688 新建敷文书院碑记

撰者岑毓英，同治十二年（1873），碑立于大理市。

著录于（民国）《大理县志稿》。

4689 永昌府为革除辛街验布打戳之弊告示碑

撰者钟念祖，同治十二年（1873），高 78 cm×宽 40 cm，碑立于隆阳区。

见于《隆阳碑铭石刻》。

4690 重建九峰书院记

撰者张执中，书者张顺安，正书，同治十二年（1873），碑立于富民县。

著录于《新纂云南通志·金石考》。

4691 重修文宫碑记

撰者刘云章，刻工张发甲、张寿元、张有福，同治十二年（1873），高 130 cm×宽 74 cm，碑立于曲靖市。

见于《曲靖石刻》。

4692 重修五华山武侯祠记

撰者沈寿榕，同治十二年（1873），碑立于五华区。

著录于（光绪）《云南通志》。

4693 敕建劳文毅公祠记

撰者岑毓英，正书，同治十三年（1874），碑立于五华区。

著录于《新纂云南通志·金石考》。

4694 永定章程

楷书，同治十三年（1874），高 106 cm×宽 62 cm，碑立于双柏县。

见于《楚雄历代碑刻》。

4695 同治帝诰封王氏四代圣旨碑

楷书，同治十三年（1874），高 114 cm×宽 34 cm，碑立于双柏县。

见于《楚雄历代碑刻》。

4696 李氏宗祠碑

撰者李德丛，同治十三年（1874），碑立于姚安县。

著录于（民国）《姚安县志》。

4697 李宏开墓志铭

撰者蒋宗汉，行书，同治十三年（1874），高 70 cm×宽 40 cm，碑立于永仁县。

见于《楚雄历代碑刻》。

4698 龙神祠重修碑记

撰者岑毓英，正书，同治十三年（1874），碑立于五华区。

著录于《新纂云南通志·金石考》。

4699 十六条碑

同治十三年（1874），碑立于石屏县。

著录于（民国）《石屏县志》。

4700 肃清迤西重建点苍圣应峰麓观音寺序碑

撰者杨玉科，楷书，同治十三年（1874），高 107 cm×宽 30 cm，碑立于大理市。

见于《大理丛书·金石篇》。

注：原碑已佚。

4701 太和合邑官绅士庶公白

同治十三年（1874），高 107 cm×宽 30 cm，碑立于大理市。

见于《大理丛书·金石篇》。

注：原碑已佚。

4702 赵琪墓志铭

撰者谢生春，同治十三年（1874），第一次修建，光绪二十九年（1904），第二次续建，阔 480 cm×高 400 cm，碑立于会泽县。

见于《娜姑镇文物志》。

4703 游天生桥摩崖

撰者唐澍，同治十三年（1874），高 56.5 cm×宽 63.5 cm，碑立于弥渡县。

见于《弥渡古代碑刻辑释》。

4704 新建两粤会馆碑记

撰者陈泰琨，同治十三年（1874），碑立于凤庆县。

著录于（民国）《顺宁县志初稿》。

4705 新修武庙碑记

撰者祁士兰，同治十三年（1874）。

见于《云南道教碑刻辑录》。

4706 养济院碑记

同治十三年（1874），长 120 cm × 宽 294 cm × 厚 12 cm。碑立于会泽县。

见于《会泽县文物志》。

4707 玉皇阁碑（一）

撰者岑毓英，同治十三年（1874），长 95 cm × 宽 50 cm，碑立于施甸县。

见于《施甸碑铭录》。

4708 忠孝节义殉者万骨之冢碑

撰者杨景修，大理石，楷书，同治十三年（1874），高 147 cm × 宽 69 cm × 厚 8 cm，碑立于弥渡县。

见于《大理丛书·金石篇》。

4709 重修武庙碑记

同治十三年（1874），碑立于建水县。

见于《遗留在建水碑刻中的文明记忆》。

4710 耿屯合堡受长发者害老少形魂之总墓碑

撰者耿兆联，同治年间（1862—1874），高 100 cm × 宽 125 cm，高 100 cm × 宽 70 cm（两块），碑立于宣威市。

见于《宣威县文物志》。

4711 明清杨氏题名录

同治年间（1862—1874），大理石，楷书，高 53 cm × 宽 100 cm，碑立于大理市。

见于《大理丛书·金石篇》。

4712 募修邵甸黑龙潭庙碑记

撰者叶如桐，同治年间（1862—1874），碑立于嵩明县。

著录于（民国）《嵩明县志》。

4713 万清寺功德碑

同治年间（1862—1874），高 194 cm × 宽 79 cm，碑立于曲靖市。

见于《陆良历代石刻注解与研究》。

4714 修建药王庙碑记

撰者祝钟俊，同治年间（1862—1874）。

见于《云南道教碑刻辑录》。

4715 重建凤溪寺碑记

撰者王春，同治年间（1862—1874）。

见于《云南道教碑刻辑录》。

4716 重修城隍庙碑记

撰者汪煦，同治年间（1862—1874）。

著录于（康熙）《嵩明州志》。

4717 重修城隍庙碑文

撰者李明鍌，同治年间（1862—1874）。

著录于（光绪）《呈贡县志》。

4718 重修魁阁叙

撰者李如琮，同治年间（1862—1874）。

著录于（光绪）《镇雄州志》。

4719 重修杨林关夫子庙碑记

撰者蔡毓荣，同治年间（1862—1874）。

著录于（康熙）《嵩明州志》。

4720 重修杨林文宫桂香楼阁碑记

撰者蔡毓荣，同治年间（1862—1874）。

见于《云南道教碑刻辑录》。

4721 重修大觉寺小引

撰者程光祖，同治年间（1862—1874），碑立于陆良县。

著录于（民国）《陆良县志稿》。

光绪年间

4722 郭庭顺墓志铭

光绪元年（1875），高 190 cm × 宽 68 cm，碑立于曲靖市。

见于《陆良历代石刻注解与研究》。

4723 豁免大西练销售棉布厘金碑

光绪元年（1875），高 100 cm × 宽 50 cm，碑立于腾冲市。

见于《腾冲名碑集释》。

4724 **丽江府指云寺告示碑**

光绪元年（1875），高 108 cm×宽 46 cm（拓片），碑立于丽江市。

见于《纳西族地区历代碑刻辑录与研究》。

4725 **重修多依厂报恩寺序略**

撰者石润芷，光绪元年（1875），高 100 cm×宽 60 cm，碑立于弥渡县。

见于《弥渡古代碑刻辑释》。

4726 **纳税碑**

青石，光绪元年（1875），高 66 cm×宽 105 cm，碑立于个旧市。

见于《红河探奇——红河州文物古迹图录》。

4727 **普济寺府照碑**

青石，光绪元年（1875），高 112 cm×宽 48 cm，碑立于丽江市。

见于《丽江历代碑刻辑录与研究》。

4728 **通省文武官会试卷金碑**

撰者岑毓英，光绪元年（1875）。

著录于（光绪）《云南通志》。

4729 **孝子高蟾墓碑**

撰者李端棻，光绪元年（1875），碑立于马龙区。

著录于（光绪）《云南通志》。

4730 **袁聂氏族善行碑记**

撰者王文彬，刻工李金，光绪元年（1875），高 76 cm×宽 106 cm，碑立于宜良县。

见于《宜良碑刻增补本》（上）。

4731 **云龙盐课碑**

撰者杨应骆，楷书，光绪元年（1875），高 117 cm×宽 58 cm，碑立于云龙县。

见于《大理丛书·金石篇》。

4732 **张曜墓碑**

撰者施化，书者周执中，光绪元年（1875），碑立于师宗县。

见于《师宗县文物志》。

4733 **镇宁寺田亩碑**

楷书，光绪元年（1875），高 65 cm×宽 98 cm，碑立于大理市。

见于《大理丛书·金石篇》。

4734 **钟灵书院碑记**

光绪元年（1875），高 206 cm×宽 70 cm，碑立于曲靖市。

见于《陆良历代石刻注解与研究》。

4735 **重修净源寺前楼记**

撰者张执中，书者张执中，正书，光绪元年（1875），碑立于富民县。

著录于《新纂云南通志·金石考》。

4736 **重修文庙碑记**

撰者秦福源，光绪元年（1875），碑立于呈贡区。

著录于（光绪）《呈贡县志》。

4737 **重修永安桥碑**

撰者王应熊，刻工张得才，楷书，光绪元年（1875），稿 164 cm×宽 84 cm，碑立于鲁甸县。

见于《鲁甸碑刻》。

4738 **钱粮章程碑**

光绪元年（1875），碑立于楚雄市。

著录于（宣统）《楚雄县志》。

4739 **西云书院地产碑**

大理石，楷书，光绪元年（1875）或光绪二年（1876），高 136 cm×宽 83 cm，碑立于大理市。

见于《大理丛书·金石篇》。

4740 **大脉地把总魏纯墓碑**

撰者郭怀礼，光绪二年（1876），碑立于武定县。

著录于（光绪）《云南通志》。

4741 个旧三义庙叙

撰者刘铦，书者尹仲杰，正书，光绪二年（1876），碑立于个旧市。

著录于《新纂云南通志·金石考》。

4742 重建华严寺小引

撰者李德丛，书者胡体元，楷书，光绪二年（1876），高 83 cm × 宽 50 cm，碑立于姚安县。

著录于（民国）《姚安县志》。

4743 李应绶墓志

大理石，楷书，光绪二年（1876），高 95 cm × 宽 61 cm，碑立于禄丰县。

见于《中国文物地图集·云南分册》。

4744 建盖城隍庙地券碑

楷书，光绪二年（1876），高 93 cm × 宽 59 cm，碑立于禄丰县。

见于《中国文物地图集·云南分册》。

4745 李凤祥生母墓表

光绪二年（1876），高 92 cm × 宽 45 cm（碑一），高 45 cm × 宽 80 cm（碑二），碑立于隆阳区。

见于《隆阳碑铭石刻》。

4746 李凤祥生母赏封碑

光绪二年（1876），高 138 cm × 宽 75 cm，碑立于隆阳区。

见于《隆阳碑铭石刻》。

4747 丽江县修路碑

撰者和圣基，光绪二年（1876），高 95 cm × 宽 61 cm（拓片），碑立于丽江市。

见于《纳西族地区历代碑刻辑录与研究》。

4748 七伙头协济木和夫马碑记

撰者朱百梅，光绪二年（1876），高 168 cm × 宽 64 cm，碑立于隆阳区。

见于《隆阳碑铭石刻》。

4749 晓谕苛派事碑

光绪二年（1876），高 65 cm × 宽 130 cm，碑立于宜良县。

见于《宜良碑刻增补本》（下）。

4750 修建中和书院始末序

撰者杨景修，光绪二年（1876），高 147 cm × 宽 69 cm × 厚约 10 cm，碑立于大理市。

见于《大理丛书·金石篇》。

4751 翼园碑

撰者杨景修，楷书，光绪二年（1876），高 50 cm × 宽 123 cm，碑立于弥渡县。

见于《大理丛书·金石篇》。

4752 玉龙书院告示碑

楷书，光绪二年（1876），高 50 cm × 宽 123 cm，碑立于大理市。

见于《大理丛书·金石篇》。

4753 本主庙中殿排川重修碑记

光绪二年（1876），高 118 cm × 宽 69 cm，碑立于宾川县。

见于《宾川丛书·金石篇》。

4754 董友弟墓志铭

光绪二年（1876），高 95 cm × 宽 58 cm，碑立于祥云县。

见于《祥云金石》。

4755 修万人冢并建忠孝节义祠序

撰者石润芷，光绪二年（1876），碑立于弥渡县。

见于《弥渡古代碑刻辑释》。

4756 重封双马槽碑记

光绪二年（1876），碑立于大理市。

见于《大理凤仪古碑文集》。

4757 张曜诰封碑

光绪二年（1876），碑立于师宗县。

见于《师宗县文物志》。

4758 赵公墓志铭

撰者杨斌，光绪二年（1876），碑立于昭通市。

著录于（民国）《昭通县志稿》。

4759 重建大理文庙碑记

撰者张沄卿，光绪二年（1876），碑立于大理市。

著录于（民国）《大理县志稿》。

4760 重建凤溪寺碑记

撰者王春，书者杨生秀，刻工李承基，光绪二年（1876），碑立于嵩明县。

著录于（光绪）《续修嵩明州志》。

4761 重修观音塘殿阁碑记

撰者赵时俊，书者赵时俊，大理石，楷书，光绪二年（1876），高 150 cm×宽 74 cm，碑立于大理市。

见于《大理丛书·金石篇》。

4762 重修石钟寺常住碑记

楷书，光绪二年（1876），高 122 cm×宽 54 cm，碑立于剑川县。

见于《大理丛书·金石篇》。

4763 重修龙泉观碑记

撰者张保和，光绪二年（1876），高 170 cm×宽 68 cm。

见于《云南道教碑刻辑录》。

4764 重修绿瓦寺雷神殿两厢碑记

撰者钟洙，光绪二年（1876），高 97 cm×宽 63 cm。

见于《云南道教碑刻辑录》。

4765 重修玉皇阁记

正书，光绪二年（1876），碑立于龙陵县。

著录于《新纂云南通志·金石考》。

4766 奏修复书院筹发生童膏火立案事由记

正书，光绪二年（1876）。

著录于《新纂云南通志·金石考》。

4767 白衣庵历代田产租佃主持碑

光绪三年（1877），碑立于禄丰县。

见于《禄丰出土清代维护市场秩序的碑刻》。

4768 城隍庙纪功碑记

撰者刘凤苞，光绪三年（1877），碑立于凤庆县。

著录于（光绪）《续修顺宁府志》。

4769 改建关帝庙记

撰者吴怡，书者段铠，正书，光绪三年（1877），碑立于永胜县。

著录于（光绪）《续修顺宁府志》。

4770 改建学宫记

撰者郭怀礼，光绪三年（1877），碑立于武定县。

著录于（光绪）《武定直隶州志》。

4771 招北永安寺改路碑记

光绪三年（1877），高 140 cm×宽 62 cm，碑立于弥勒市。

见于《弥勒文物志》。

4772 观音塘告示碑

大理石，楷书，光绪三年（1877），高 117 cm×宽 75 cm，碑立于大理市。

见于《大理丛书·金石篇》。

4773 荒年减租

撰者郑扬芳，光绪三年（1877），碑立于呈贡区。

著录于（光绪）《呈贡县志》。

4774 九气台礦历碑

大理石，楷书，光绪三年（1877），高 85 cm×宽 41.5 cm，碑立于洱源县。

见于《大理丛书·金石篇》。

4775 龙陵厅卷金碑记

正书，光绪三年（1877），碑立于龙陵县。

著录于《新纂云南通志·金石考》。

4776 龙泉观长春正派第十二世都纪赵法师讳和沛墓碑

撰者张有光，刻工杨濡石，光绪三年（1877），高 110 cm×宽 58 cm。

见于《云南道教碑刻辑录》。

4777 万古如新护林碑

光绪三年（1877），碑立于江川区。

见于《云南林业文化碑刻》。

4778 文学尹一德妻许孺人墓志铭

撰者赵锡侯，书者赵锡侯，光绪三年（1877），碑立于腾冲市。

著录于《新纂云南通志·金石考》。

4779 西云书院序

撰者杨玉科，光绪三年（1877），高 250 cm×宽 190 cm，碑立于大理市。

见于《大理丛书·金石篇》。

4780 移建盐龙王庙碑记

撰者沈寿榕，光绪三年（1877），碑立于昆明市。

著录于（光绪）《云南通志》。

4781 义馆序碑

撰者李彦，光绪三年（1877），高 60 cm×宽 48 cm，碑立于玉溪市。

见于《玉溪碑刻选集》。

4782 永北关帝庙碑记

撰者吴恺，书者吴恺，正书，光绪三年（1877），碑立于永胜县。

著录于《新纂云南通志·金石考》。

4783 重建黑龙桥碑记

撰者熊昭镜，光绪三年（1877），碑立于大理市。

著录于（光绪）《云南通志》。

4784 重修松华坝闸开挖盘龙江金汁河并新建各桥碑记

撰者崔尊彝，光绪三年（1877），碑立于盘龙区。

著录于（光绪）《云南通志》。

4785 古永昭忠祠碑记

撰者刘光焕，光绪四年（1878），碑立于腾冲市。

著录于《新纂云南通志·金石考》。

4786 稽查蒲缥街漏税厘告示碑

撰者邹馨兰，光绪四年（1878），高 114 cm×宽 45 cm，碑立于隆阳区。

见于《隆阳碑铭石刻》。

4787 警示碑

光绪四年（1878），高 100 cm×宽 70 cm×厚 15 cm，碑立于丽江市。

见于《丽江历代碑刻辑录与研究》。

4788 老厂护林碑

光绪四年（1878），碑立于会泽县。

见于《会泽县文物志》。

4789 梨花坞修复碑记

撰者程绍伊，光绪四年（1878），残高 95 cm×宽 57 cm，碑立于隆阳区。

见于《隆阳碑铭石刻》。

4790 凤厦保彝汉文墓碑

光绪四年（1878），高 59 cm×宽 38 cm，碑立于武定县。

见于《武定探秘》。

4791 卧龙老人寿藏自序

撰者甘雨，光绪四年（1878），碑立于姚安县。

著录于《新纂云南通志·金石考》。

4792 修建学宫大成殿记

撰者陈谧，光绪四年（1878），碑立于镇雄县。

著录于（光绪）《镇雄州志》。

4793 圆通寺主持碑

楷书，光绪四年（1878），高 173 cm×宽 63 cm，碑立于禄丰县。

见于《中国文物地图集·云南分册》。

4794 忠烈振威将军卓元魁公墓碑

光绪四年（1878），碑立于腾冲市。

著录于《新纂云南通志·金石考》。

4795 忠义四象碑

撰者邱灏，光绪四年（1878），碑立于临沧市。

著录于《顺宁府志》。

4796 重建昭忠祠碑记

撰者陈宗海，光绪四年（1878），碑立于腾冲市。

著录于《新纂云南通志·金石考》。

4797 重修城隍庙记

撰者吴怡，光绪四年（1878），碑立于昭通市。

著录于（民国）《昭通志稿》。

4798 重修万寿宫碑

光绪四年（1878）。

见于《云南道教碑刻辑录》。

4799 邹馨兰题赠杨炳材联

撰者邹馨兰，光绪四年（1878），高 41 cm×宽 100 cm，碑立于保山市。

见于《保山碑刻》。

4800 重修财神宫叙

撰者杨嘉栋，光绪四年（1878），高 94 cm×宽 57 cm×厚 8 cm，碑立于宾川县。

见于《宾川丛书·金石篇》。

4801 重修文宫春秋楼碑记

撰者尹建中，光绪四年（1878），高 133 cm×宽 64 cm，碑立于大理市。

见于《大理凤仪古碑文集》。

4802 安姓籍贯源流碑序

撰者李耀廷，光绪五年（1879），高 145 cm×33 cm，碑立于寻甸县。

见于《昆明诗词楹联碑文集粹》。

4803 “钦命督理云南屯田粮储分巡云武地方兼管水利道崔为”碑

光绪五年（1879），宽 84 cm×高 56 cm，碑立于官渡区。

见于《羊甫村志》。

4804 诰命之宝碑

大理石，楷书，光绪五年（1879），高 92 cm×宽 64 cm，碑立于洱源县。

见于《大理洱源县碑刻辑录》。

4805 光绪五年圣旨碑（一）

大理石，楷书，光绪五年（1879），高 66 cm×宽 32 cm，碑立于洱源县。

见于《大理洱源县碑刻辑录》。

4806 光绪五年圣旨碑（二）

大理石，楷书，光绪五年（1879），高 67 cm×宽 35 cm，碑立于洱源县。

见于《大理洱源县碑刻辑录》。

4807 例赠佐职郎乡饮大宾岁贡进士景坡老夫子教思碑志

撰者李滮，光绪五年（1879），碑立于弥渡县。

见于《弥渡古代碑刻辑释》。

4808 补修普洱府城记

撰者沈寿榕，书者沈寿榕，正书，光绪五年（1879），碑立于普洱市。

著录于《新纂云南通志·金石考》。

4809 橄榄站夫役判碑

撰者李育生，光绪五年（1879），高158 cm×宽 60 cm，碑立于腾冲市。

见于《腾冲名碑集释》。

4810 垢甸村段氏家谱碑

光绪五年（1879），高 97 cm×宽 44 cm，碑立于曲靖市。

见于《陆良历代石刻注解与研究》。

4811 故彭城刘公墓碑

光绪五年（1879），高 64 cm×宽 48 cm。

见于《云南道教碑刻辑录》。

4812 光绪圣旨碑

楷书，光绪五年（1879），高 64 cm×宽34 cm，碑立于洱源县。

见于《大理丛书·金石篇》。

4813 清真古寺碑

撰者何际盛，光绪五年（1879），高170 cm×宽 17 cm，碑立于曲靖市。

见于《曲靖石刻》。

4814 三元宫重修碑

刻工李珍，光绪五年（1879），高 120 cm×宽 60 cm×厚 20 cm，碑立于东川市。

见于《东川市文物志》。

4815 山后厂兴学功德碑记

光绪五年（1879），高 143 cm×宽 54 cm，碑立于玉溪市。

见于《玉溪碑刻选集》。

4816 万户庄钱氏宗谱碑序

撰者钱在昌，光绪五年（1879），高175 cm×宽 51 cm，碑立于宜良县。

见于《宜良碑刻增补本》（下）。

4817 新建昭忠祠碑记

撰者秦福源，光绪五年（1879），碑立于呈贡区。

著录于（光绪）《呈贡县志》。

4818 殉节司狱张绍平偕妻王氏、妾袁氏、妹浣英墓表

撰者陈宗海，光绪五年（1879），碑立于腾冲市。

著录于《新纂云南通志·金石考》。

4819 永垂不朽碑记

光绪五年（1879），高 63 cm×宽 69 cm×厚 13 cm，碑立于丽江市。

见于《丽江历代碑刻辑录与研究》。

4820 云鹤楼记

撰者赵鹤龄，光绪五年（1879），高159 cm×宽 56 cm，碑立于鹤庆县志。

著录于《鹤庆县志》。

4821 重建关圣宫正殿开支碑

光绪五年（1879），碑立于凤庆县。

著录于（民国）《顺宁县志初稿》。

4822 重建刘祖祠碑记

光绪五年（1879），高 200 cm×宽 70 cm。

见于《云南道教碑刻辑录》。

4823 重建文昌宫序

撰者刘铦，书者尹仲杰，正书，光绪五年（1879），碑立于个旧市。

著录于《新纂云南通志·金石考》。

4824 重修矿神庙记

撰者升泰，光绪五年（1879）。

著录于（光绪）《云南通志》。

4825 重修通迎桥碑记

光绪五年（1879），碑立于禄丰县。

见于《楚雄彝族自治州文物志》。

4826 重修武庙小引

撰者邹国祺，正书，光绪五年（1879），碑立于富民县。

著录于《新纂云南通志·金石考》。

4827 重修永昌川主庙并塑神像叙

撰者莫朝华，光绪五年（1879），高168 cm×宽 58 cm，碑立于隆阳区。

见于《隆阳碑铭石刻》。

4828 祖师柴真人墓碑

光绪五年（1879），高 54 cm×宽 42 cm。

见于《云南道教碑刻辑录》。

4829 袁慎夫先生墓表

撰者夏廷燮、刘凤苞，书者孙骏，正书，光绪五年（1879），碑立于巍山县。

著录于《新纂云南通志·金石考》。

4830 梓里金龙桥落成碑

光绪六年（1880），碑立于丽江市。

见于《丽江历代碑刻辑录与研究》。

4831 文公河岁修水规章程碑

刻工张自诚，光绪六年（1880），高175 cm×宽 65 cm，碑立于宜良县。

见于《宜良碑刻》。

4832 葆元亭碑记

撰者陈昌龄，正书，光绪六年（1880），碑立于文山市。

著录于（民国）《续修文山县志》。

4833 大平地土主庙记事碑

刻工张有，光绪六年（1880）。

见于《云南道教碑刻辑录》。

4834 改机碑记

大理石，楷书，光绪六年（1880），高110 cm×宽 68 cm，碑立于巍山县。

见于《大理丛书·金石篇》。

4835 开化地藏寺碑记

撰者陈昌龄，正书，光绪六年（1880），碑立于文山市。

著录于（民国）《续修文山县志》。

4836 三圣宫晓谕碑

光绪六年（1880），高 156 cm×宽 72 cm×厚 13 cm，碑立于会泽县。

见于《娜姑镇文物志》。

4837 土主庙界址碑记

光绪六年（1880），碑立于富民县。

见于《云南林业文化碑刻》。

4838 为将弥渡街市升斗钱文交入书院永垂告示碑

大理石，楷书，光绪六年（1880），高83 cm×宽 49 cm，碑立于弥渡县。

见于《大理丛书·金石篇》。

4839 新建南山观音寺碑记

撰者陈思诚，书者车发骏，楷书，光绪六年（1880），高 110 cm×宽 69 cm，碑立于剑川县。

见于《大理丛书·金石篇》。

4840 修路捕虎碑

光绪六年（1880），碑立于普洱市。

著录于《新纂云南通志·金石考》。

4841 重修顺郡城垣楼阁并建龙神庙碑

撰者邓瑶，光绪六年（1880），碑立于凤庆县。

著录于（民国）《顺宁县志初稿》。

4842 番母胡氏墓志铭

撰者赵端礼，书者赵端礼，光绪七年（1881），碑立于腾冲市。

著录于《新纂云南通志·金石考》。

4843 和耀曾之叔父母诰封碑

青石，光绪七年（1881），高 150 cm×宽 70 cm×厚 17 cm，碑立于丽江市。

见于《丽江历代碑刻辑录与研究》。

4844 本城约旧章碑记

青石，楷书，光绪七年（1881），长 157 cm×宽 81 cm×厚 20 cm，碑立于祥云县。

见于《祥云碑刻》。

4845 活水山人董际之盛周墓表

撰者赵端礼，书者赵端礼，光绪七年（1881），碑立于腾冲市。

著录于《新纂云南通志·金石考》。

4846 三元洞题额记

撰者郭怀礼，光绪七年（1881），碑立于文山市。

著录于（民国）《续修文山县志》。

4847 腾越卷金功德碑记

光绪七年（1881），碑立于腾冲市。

著录于《新纂云南通志·金石考》。

4848 文林郎杨衍绪墓志铭

撰者吴棠，书者刘琨，楷书，光绪七年（1881），高 78 cm×宽 47 cm，碑立于楚雄市。

见于《楚雄历代碑刻》。

4849 喜古盘龙洞落成记

撰者郭怀礼，光绪七年（1881），碑立于文山市。

著录于（民国）《续修文山县志》。

4850 新建汪公祠碑记

撰者邓瑶，光绪七年（1881），碑立于凤庆县。

著录于（民国）《顺宁县志初稿》。

4851 养济院碑记

光绪七年（1881），碑立于隆阳区。

著录于《永昌府志》。

注：原碑已佚。

4852 义渡碑

光绪七年（1881），碑立于新平县。

著录于（民国）《新平县志》。

4853 鱼泽坡水库护林碑（永垂不朽）

光绪七年（1881），高 91 cm×宽 40 cm，碑立于砚山县。

见于《云南林业文化碑刻》。

4854 赵春楼先生端仁墓志铭

撰者董大纯，光绪七年（1881），碑立于腾冲市。

著录于《新纂云南通志·金石考》。

4855 镇龙桥碑

撰者陈宗海，光绪七年（1881），碑立于腾冲市。

著录于《新纂云南通志·金石考》。

4856 重建来凤书院碑记

撰者陈宗海，光绪七年（1881），碑立于腾冲市。

著录于《新纂云南通志·金石考》。

4857 重建万寿宫碑记

撰者陈宗海，光绪七年（1881），碑立于腾冲市。

著录于《新纂云南通志·金石考》。

4858 重修法缘梵刹碑志

撰者王元吉，书者王元吉，楷书，光绪七年（1881），高 83 cm×宽 50 cm，碑立于姚安县。

见于《楚雄历代碑刻》。

4859 重修夹象石桥碑记

撰者陈宗海，光绪七年（1881），碑立于腾冲市。

著录于《新纂云南通志·金石考》。

4860 重修三清阁碑记

光绪七年（1881），碑立于西山区。

著录于《新纂云南通志·金石考》。

4861 重修腾越学宫碑记

撰者陈宗海，光绪七年（1881），碑立于腾冲市。

著录于《新纂云南通志·金石考》。

4862 重修准提阁记

撰者赵钟璨，光绪七年（1881）。

见于《云南道教碑刻辑录》。

4863 戒赌碑

撰者李翰香，楷书，光绪八年（1882），高 120 cm × 宽 81 cm，碑立于洱源县。

见于《洱源县志》。

4864 “永垂千古”碑

光绪八年（1882），碑立于师宗县。

见于《师宗县文物志》。

4865 安插耿马纪略诗碑并序

撰者周范，光绪八年（1882），碑立于凤庆县。

著录于（民国）《顺宁县志初稿》。

4866 东川十景碑记

撰者蔡元燮，刻工卜云，光绪八年（1882），长 136 cm × 宽 80 cm × 厚 8 cm，碑立于会泽县。

见于《会泽县文物志》。

4867 凤山书院记

撰者王堃，光绪八年（1882），碑立于澄江县。

著录于《新纂云南通志·金石考》。

4868 诰授振威将军前护理腾越总镇刘公资美光焕寿域志铭

撰者陈宗海，书者李文益，光绪八年（1882），碑立于腾冲市。

著录于《新纂云南通志·金石考》。

4869 光绪八年他郎抚彝府碑

光绪八年（1882），高 102 cm × 宽 70 cm，碑立于普洱市。

见于《思茅地区文物志》。

4870 皇清建修观音、文殊、普贤、药王、文武财神佛罩碑记

光绪八年（1882），高 145 cm × 宽 78 cm，碑立于隆阳区。

见于《隆阳碑铭石刻》。

4871 司狱张公绍平祠碑记

撰者陈宗海，光绪八年（1882），碑立于腾冲市。

著录于《新纂云南通志·金石考》。

4872 腾越同知王秀毓墓碑

光绪八年（1882），碑立于腾冲市。

著录于《新纂云南通志·金石考》。

4873 小村钱氏诰封碑

光绪八年（1882），高 206 cm × 宽 82 cm，碑立于曲靖市。

见于《陆良历代石刻注解与研究》。

4874 养济院碑记

光绪八年（1882），碑立于腾冲市。

著录于《新纂云南通志·金石考》。

4875 游击李玉堂墓碑

光绪八年（1882），碑立于腾冲市。

著录于《新纂云南通志·金石考》。

4876 增修曲江铁索桥记

撰者胡政举，正书，光绪八年（1882），碑立于建水县。

著录于（民国）《续修建水县志稿》。

4877 重修崇祯寺碑记

撰者邓瑶，光绪八年（1882），碑立于凤庆县。

著录于（民国）《顺宁县志初稿》。

4878 重修关帝庙碑记

撰者陈宗海，光绪八年（1882），碑立于腾冲市。

著录于《新纂云南通志·金石考》。

4879 重修温泉浴亭记

撰者蔡元燮，刻工卜云，光绪八年（1882），高 141 cm×宽 71.5 cm×厚 13 cm，碑立于会泽县。

著录于（光绪）《东川府续志》。

4880 重修宣威州城堡记

撰者凌应梧，光绪八年（1882），碑立于宣威市。

著录于（光绪）《云南通志》。

4881 文学邓川李香樵邦俊墓志铭

撰者杨琼，光绪八年（1882），碑立于洱源县。

著录于《新纂云南通志·金石考》。

4882 钦命冶铁铸锅告示

大理石，楷书，光绪九年（1883），高 94 cm×宽 94 cm×厚 4 cm，碑立于牟定县。

见于《楚雄历代碑刻》。

4883 元谋老城通饬晓谕碑

楷书，砂岩，光绪九年（1883），高 108 cm×宽 84 cm，碑立于元谋县。

见于《楚雄彝族自治州文物志》。

4884 裁革夫马告示碑

行书，光绪九年（1883），高 110 cm×宽 84 cm，碑立于元谋县。

见于《楚雄历代碑刻》。

4885 裁革通省夫马碑记

光绪九年（1883），高 140 cm×宽 173 cm，碑立于玉溪市。

见于《玉溪碑刻选集》。

4886 改建腾越社稷坛碑记

撰者陈宗海，光绪九年（1883）。

见于《云南道教碑刻辑录》。

4887 诰封奉直大夫若愚段公墓表

撰者何立言，大理石，楷书，光绪九年（1883），高 100 cm×宽 56 cm，碑立于洱源县。

见于《大理丛书·金石篇》。

4888 海镜书院碑记

光绪九年（1883），高 140 cm×宽 100 cm，碑立于玉溪市。

见于《玉溪碑刻选集》。

4889 丽江县石鼓里告示碑

光绪九年（1883），高 70 cm×宽 50 cm（拓片），碑立于丽江市。

见于《纳西族地区历代碑刻辑录与研究》。

4890 龙王庙楹联石刻

光绪九年（1883），高 224 cm×宽 40 cm×厚 30 cm，碑立于会泽县。

见于《娜姑镇文物志》。

4891 免差碑

刻工喻成龙，光绪九年（1883），高 130 cm×宽 76 cm，碑立于宣威市。

见于《宣威县文物志》。

4892 南阳吴怡诗刻

撰者吴怡，正书，光绪九年（1883），碑立于丽江市。

著录于《新纂云南通志·金石考》。

4893 普应元土舍碑文

光绪九年（1883），高 148 cm×宽 69 cm×厚 15 cm，碑立于建水县。

见于《遗留在建水碑刻中的文明记忆》。

4894 石鼓告示碑

光绪九年（1883），高 118 cm×宽 75 cm×厚 13 cm，碑立于丽江市。

见于《丽江历代碑刻辑录与研究》。

4895 **西布甸裁撤夫马局告示碑**

光绪九年（1883），高 125 cm × 宽 80 cm × 厚 18 cm，碑立于马关县。

见于《马关县第三次全国文物普查资料集·边关印迹》。

4896 **永平县杉木和乡革除陋规碑**

青石，楷书，光绪九年（1883），高 164 cm × 宽 67 cm × 厚 4 cm，碑立于永平县。

见于《大理丛书·金石篇》。

4897 **永远碑记**

光绪九年（1883），高 83 cm × 宽 53 cm × 厚 13 cm，碑立于丽江市。

见于《丽江历代碑刻辑录与研究》。

4898 **玉皇阁碑（二）**

撰者萧星云，光绪九年（1883），长 105 cm × 宽 60 cm，碑立于施甸县。

见于《施甸碑铭录》。

4899 **云贵总督、云南巡抚部院、布政使司为革除夫马告示碑**

撰者岑毓英，光绪九年（1883），高 166 cm × 宽 64 cm，碑立于隆阳区。

见于《隆阳碑铭石刻》。

4900 **栽种松树碑记（双廊阁红山种树碑）**

撰者杨景铭，书者杨云渭，大理石，楷书，光绪九年（1883），高 90 cm × 宽 53 cm，碑立于洱源县。

见于《大理丛书·金石篇》。

4901 **重建考棚碑记**

撰者陈宗海，光绪九年（1883），碑立于腾冲市。

见于《腾冲名碑集释》。

4902 **重建药王庙碑记**

撰者缪介臣，光绪九年（1883），高 136 cm × 宽 67 cm，碑立于盘龙区。

见于《云南道教碑刻辑录》。

4903 **重修万寿寺碑记**

撰者杨家桂，光绪九年（1883），高 129 cm × 宽 67 cm，碑立于大理市。

见于《祥云碑刻》。

4904 **节孝祠碑记**

撰者吴晴琦，光绪十年（1884），碑立于腾冲市。

著录于《新纂云南通志·金石考》。

4905 **隆江义塾永垂碑记**

撰者刘毓珂、秦述先，光绪十年（1884），碑立于隆阳区。

见于《隆阳碑铭石刻》。

4906 **万松寺公议禁止条例**

光绪十年（1884），高 137 cm × 宽 70 cm，碑立于玉溪市。

见于《玉溪碑刻选集》。

4907 **万松寺无名碑**

光绪十年（1884），碑立于玉溪市。

见于《古碑遗珍》。

4908 **云贵总督岑公彦卿德政石刻**

正书，光绪十年（1884），碑立于文山市。

著录于《新纂云南通志·金石考》。

4909 **重建和丰义仓碑记**

撰者陈灿，光绪十年（1884），碑立于楚雄市。

著录于（宣统）《楚雄县志》。

4910 **重建楚雄府思政楼碑记**

撰者陈灿，书者陈灿，楷书，光绪十年（1884），高 187 cm × 宽 69 cm，碑立于楚雄市。

著录于（宣统）《楚雄县志》。

4911 **重建笔架山三丰祠记**

撰者甘雨，光绪十年（1884），碑立于姚安县。

著录于（民国）《姚安县志》。

4912 重修关庙记

撰者赵时俊，光绪十年（1884），碑立于大理市。

著录于（民国）《大理县志稿》。

4913 重修万松山一阳宫碑序

撰者侯增福，光绪十年（1884），高125 cm×宽68 cm，碑立于玉溪市。

见于《玉溪碑刻选集》。

4914 重修文昌武帝庙碑记

撰者李明鍪，光绪十年（1884），碑立于呈贡区。

著录于（光绪）《呈贡县志》。

4915 重修永昌川庙古碑

光绪十年（1884），高207 cm×宽156.5 cm×厚7 cm，碑立于隆阳区。

见于《隆阳碑铭石刻》。

4916 准将夫马公钱改作蜜汁卷金公项告示碑

大理石，楷书，光绪十年（1884），高77 cm×宽46 cm，碑立于弥渡县。

见于《大理丛书·金石篇》。

4917 东川大庙碑

光绪十年(1884),高104 cm×宽63 cm，碑立于洱源县。

见于《大理洱源县碑刻辑录》。

4918 段先生墓碑

撰者赵时俊，光绪十年（1884），高95 cm×宽29 cm，碑立于洱源县。

见于《大理洱源县碑刻辑录》。

4919 大董阖练题名碑记

撰者张钟元，光绪十一年（1885），碑立于腾冲市。

见于《腾冲名碑集释》。

4920 东山寺常住碑记

撰者段朝勋，刻工潘士林，光绪十一年（1885），高153 cm×宽65 cm，碑立于施甸县。

见于《施甸碑铭录》。

4921 黑龙潭封山碑

光绪十一年（1885），碑立于巍山县。

见于《云南林业文化碑刻》。

4922 旌表义烈李杨氏墓碑

光绪十一年（1885），碑立于腾冲市。

著录于《新纂云南通志·金石考》。

4923 丽江县申明法纪碑

光绪十一年（1885），高102 cm×宽82 cm（拓片），碑立于丽江市。

见于《纳西族地区历代碑刻辑录与研究》。

4924 刘綎、邓子龙祠记

撰者陈宗海，光绪十一年（1885），碑立于腾冲市。

著录于《新纂云南通志·金石考》。

4925 重修中甸武庙碑记

撰者董良弼，光绪十一年（1885），碑立于中甸县。

著录于《新纂云南通志·金石考》。

4926 学校公田碑

光绪十一年（1885），碑立于凤庆县。

著录于（民国）《顺宁县志初稿》。

4927 张奎斗墓表

撰者杨金铠，光绪十一年（1885），碑立于鹤庆县。

著录于（民国）《鹤庆县志》。

4928 重修凤山武庙碑记

撰者杜涟，书者杜涟，大理石，楷书，光绪十一年（1885），高100 cm×宽62 cm，碑立于巍山县。

见于《巍山彝族回族自治县志》(1993)。

4929 重修龙江桥记

撰者陈宗海，光绪十一年（1885），碑立于腾冲市。

著录于《新纂云南通志·金石考》。

4930 重修天子土主殿序

撰者杨泽新，光绪十一年（1885），高164 cm×宽 55 cm，碑立于腾冲市。

见于《腾冲名碑集释》。

4931 重修文昌楼碑记

光绪十一年（1885），长 102 cm×宽53 cm×厚 5.5 cm，碑立于隆阳区。

见于《隆阳碑铭石刻》。

4932 本音杨氏门中历代宗亲昭穆考妣之神位

光绪十一年（1885），第一块高 110 cm×宽 71 cm，第二块高 98 cm×宽 61 cm，第三块高 98 cm×宽 62 cm，碑立于大理市。

见于《大理凤仪古碑文集》。

4933 和陈尧墀司马游天生桥原韵

撰者黄玉书，书者黄玉书，楷书，光绪十一年（1885），高 45 cm×宽 90 cm，碑立于弥渡县。

见于《弥渡古代碑刻辑释》。

4934 李占春墓志

撰者李萃、李秀绅、杨茂春、杨培恩，光绪十一年（1885），碑立于弥渡县。

见于《弥渡古代碑刻辑释》。

4935 游天生桥并序摩崖

撰者陈乔崧，楷书，光绪十一年（1885），高 56 cm×宽 121 cm，碑立于弥渡县。

见于《弥渡古代碑刻辑释》。

4936 重修天寿寺碑序

撰者张汝钦，光绪十一年（1885），高124 cm×宽 79 cm×厚 15 cm，碑立于宾川县。

见于《宾川丛书·金石篇》。

4937 葛仙会旧章碑文

光绪十二年（1886），碑立于曲靖市。

见于《曲靖市文物志》。

4938 杜湘神道碑

光绪十二年（1886），碑立于弥渡县。

见于《弥渡古代碑刻辑释》。

4939 伙甲夫马碑记

光绪十二年（1886），高 100 cm×宽68 cm，碑立于大理市。

见于《大理凤仪古碑文集》。

4940 建寺功德碑记

光绪十二年（1886），高 103 cm×宽68 cm，碑立于大理市。

见于《大理凤仪古碑文集》。

4941 重修制风塔碑记碑

撰者尹济汤，书者李秀蹊，大理石，楷书，光绪十二年（1886），高 61 cm×宽115 cm，碑立于大理市。

见于《大理洱源县碑刻辑录》。

4942 大羊街石碑

光绪十二年（1886），碑立于红河县。

见于《红河州不可移动文物大全》。

4943 吊唐天宝战士冢诗刻

撰者张思敬，书者高赞崧，刻工杨思康，正书，光绪十二年（1886），高 130 cm×宽74 cm，碑立于大理市。

著录于《新纂云南通志·金石考》。

4944 光绪封赠杨玉科谥号碑

大理石，楷书，光绪十二年（1886），高 210 cm×宽 70 cm，碑立于大理市。

见于《大理丛书·金石篇》。

4945 **九龙池序**

撰者冯万选，光绪十二年（1886），高100 cm×宽 70 cm，碑立于玉溪市。

见于《玉溪碑刻选集》。

4946 **弥勒寺碑记**

撰者蒋大志，光绪十二年（1886），高155 cm×宽 60 cm，碑立于施甸县。

见于《姚关镇志》。

4947 **上九会及孔庙祭祀功德碑**

撰者郭铎，光绪十二年（1886），高141 cm×宽 71 cm，碑立于通海县。

见于《通海历代碑刻集》。

4948 **武庙启圣宫新建碑文**

撰者何雄辉，光绪十二年（1886），碑立于昭通市。

著录于（民国）《昭通县志稿》。

4949 **新买培修川黔会馆碑记**

光绪十二年（1886），碑立于凤庆县。

著录于（民国）《顺宁县志初稿》。

4950 **义塾田记**

撰者吴绍伯，光绪十二年（1886），高125 cm×宽 66 cm，碑立于隆阳区。

见于《隆阳碑铭石刻》。

4951 **玉泉龙神祠铭**

撰者欧阳仪，光绪十二年（1886），碑立于丽江市。

著录于（光绪）《丽江府志》。

4952 **重建腾越镇题名碑记**

撰者丁槐，书者丁槐，正书，光绪十二年（1886），碑立于腾冲市。

著录于《新纂云南通志・金石考》。

4953 **重修潞江桥记**

撰者陈宗海，光绪十二年（1886），碑立于龙陵县。

著录于《腾越厅志稿》。

4954 **兵盘差支碑**

撰者朱洪章，光绪十三年（1887），高165 cm×宽 94 cm，碑立于鹤庆县。

见于《鹤庆碑刻辑录》。

4955 **个旧厂条规序碑**

光绪十三年（1887），高 63 cm×宽108 cm，碑立于个旧市。

见于《红河州文物志》。

4956 **建威将军朱绍宗暨一品夫人万氏合葬墓碑**

撰者杨本立，书者杨本立，光绪十三年（1887），主碑高 110 cm×宽 66 cm×厚14 cm，墓志铭两块高 105 cm×宽 37 cm，碑立于师宗县。

见于《师宗县文物志》。

4957 **敬节堂碑记**

撰者陈宗海，光绪十三年（1887），碑立于腾冲市。

著录于《新纂云南通志・金石考》。

4958 **李游击玉堂、马外委启华死事碑记**

撰者陈宗海，光绪十三年（1887），碑立于腾冲市。

著录于《新纂云南通志・金石考》。

4959 **练总门役碑**

光绪十三年（1887），高 150 cm×宽90 cm，碑立于玉溪市。

见于《玉溪碑刻选集》。

4960 **麻簸老媪墓志铭**

撰者张钟元，光绪十三年（1887），碑立于腾冲市。

见于《腾冲名碑集释》。

4961 **弥渡忠孝节义祠始末序碑**

撰者杨景修，大理石，楷书，光绪十三

年（1887），高 101.5 cm × 宽 84 cm，碑立于弥渡县。

见于《大理丛书 · 金石篇》。

4962 普圣寺功德碑记

光绪十三年（1887），高 135 cm × 宽 62 cm，碑立于施甸县。

见于《施甸碑铭录》。

4963 青龙桥题诗碑

撰者陈泰琨，光绪十三年（1887），碑立于凤庆县。

著录于（民国）《顺宁县志初稿》。

4964 续修武庙碑记

撰者贾汝让，光绪十三年（1887），碑立于禄丰县。

著录于（光绪）《罗次县志》。

4965 徐玫墓碑

光绪十三年（1887），碑立于师宗县。

见于《师宗县文物志》。

4966 续修城隍庙记

撰者贾汝让，光绪十三年（1887），碑立于禄丰县。

著录于（光绪）《罗次县志》。

4967 修建文庙碑记

撰者贾汝让，光绪十三年（1887），碑立于禄丰县。

著录于（光绪）《罗次县志》。

4968 姚安陈节母墓表

撰者甘叔贤，光绪十三年（1887），碑立于姚安县。

著录于《新纂云南通志 · 金石考》。

4969 一笑先生墓表

撰者赵藩，光绪十三年（1887），碑立于丽江市。

著录于《新纂云南通志 · 金石考》。

4970 永昌府、保山县关于禁革夫马局告示碑

撰者刘毓珂、秦述先，光绪十三年（1887），高 140 cm × 宽 52 cm，碑立于隆阳区。

见于《隆阳碑铭石刻》。

4971 育婴堂碑记

撰者陈宗海，光绪十三年（1887），碑立于腾冲市。

著录于《新纂云南通志 · 金石考》。

4972 指云寺常住田庄碑记

撰者李廷俊，光绪十三年（1887），高 96 cm × 宽 54 cm（拓片），碑立于丽江市。

见于《纳西族地区历代碑刻辑录与研究》。

4973 忠烈张子容先生镕墓表

撰者庞鸿恩，光绪十三年（1887），碑立于华宁县。

著录于《新纂云南通志 · 金石考》。

4974 重兴昆明书院碑记

光绪十三年（1887），碑立于五华区。

著录于《新纂云南通志 · 金石考》。

4975 重修铁索桥碑记

撰者胡政举，光绪十三年（1887），碑立于凤庆县。

著录于（民国）《顺宁县志初稿》。

4976 重修长庚桥记

撰者陈宗海，光绪十三年（1887），碑立于腾冲市。

著录于《新纂云南通志 · 金石考》。

4977 周烈妇死事碑记

撰者陈宗海，光绪十三年（1887），碑立于腾冲市。

著录于《新纂云南通志 · 金石考》。

4978 东关村孝子庙功德碑

光绪十四年（1888），高 81 cm × 宽 46 cm × 15 cm，碑立于丽江市。

见于《纳西族地区历代碑刻辑录与研究》。

4979 公议戒赌文

光绪十四年（1888），碑立于云龙县。

著录于《云龙县志》。

4980 规复杨太史祠波罗村田亩租石碑记

撰者徐兆松，书者徐兆松，正书，光绪十四年（1888），碑立于西山区。

著录于《新纂云南通志·金石考》。

4981 惠洽士林

撰者张纯仁，光绪十四年（1888），高 179 cm × 宽 83 cm，碑立于通海县。

见于《通海历代碑刻集》。

4982 李文秀墓碣

正书，光绪十四年（1888），碑立于腾冲市。

著录于《新纂云南通志·金石考》。

4983 妙光寺香火田山讼案碑

撰者黄耀忠，光绪十四年（1888），高 216 cm × 宽 66 cm，碑立于保山市。

见于《保山碑刻》。

4984 三棵松水事纠纷判决碑

撰者邹馨兰，光绪十四年（1888），高 160 cm × 宽 78 cm，碑立于施甸县。

见于《施甸碑铭录》。

4985 十六台文风塔记

撰者张尚志，正书，光绪十四年（1888），碑立于凤庆县。

著录于《新纂云南通志·金石考》。

4986 太官庄村无名碑

光绪十四年（1888），高 114 cm × 宽 51 cm，碑立于曲靖市。

见于《陆良历代石刻注解与研究》。

4987 香么所安根墓碑

撰者吴崇礼，光绪十四年（1888），高 170 cm × 宽 90 cm，碑立于祥云县。

见于《祥云碑刻》。

4988 新建望海楼碑记

撰者王善量，楷书，光绪十四年（1888），高 174 cm × 宽 68 cm，碑立于通海县。

见于《云南道教碑刻辑录》。

4989 许慧乡乔梓署鲁德政碑

光绪十四年（1888），碑立于昭通市。

见于《鲁甸碑刻》。

4990 移建文庙碑记

正书，光绪十四年（1888），碑立于文山市。

著录于《新纂云南通志·金石考》。

4991 张润之生母及妻诰封碑

光绪十四年（1888），高 130 cm × 宽 68 cm，碑立于玉龙县。

见于《丽江历代碑刻辑录与研究》。

4992 中元会功德碑记

光绪十四年（1888），正书，高 55 cm × 宽 90 cm，碑立于大理市。

见于《大理丛书·金石篇》。

4993 重修东山大庙碑序碑

撰者杨澍和，光绪十四年（1888），高 137 cm × 宽 70 cm，碑立于洱源县。

见于《大理洱源县碑刻辑录》。

4994 重修城隍庙记

撰者陈宗海，光绪十四年（1888），碑立于腾冲市。

著录于《新纂云南通志·金石考》。

4995 重修登瀛桥记

撰者胡政举，光绪十四年（1888），碑立于凤庆县。

著录于（民国）《顺宁县志初稿》。

4996 重修顺宁南门大桥记

撰者胡政举，正书，光绪十四年（1888），碑立于凤庆县。

著录于《新纂云南通志·金石考》。

4997 转移风化碑

撰者郑向阳，光绪十四年（1888），碑立于祥云县。

见于《祥云碑刻》。

4998 布铺阛行重新增广鼎建孚佑宫碑记

光绪十五年（1889），高 186 cm × 宽 85 cm。

见于《云南道教碑刻辑录》。

4999 太和村龙山书香公记碑（第一方）

撰者毕雨星，光绪十五年（1889），高 85 cm × 宽 51 cm，碑立于弥渡县。

见于《弥渡古代碑刻辑释》。

5000 恩留万载碑

光绪十五年（1889），高 110 cm × 宽 68 cm，碑立于曲靖市。

见于《曲靖石刻》。

5001 解决互争山界批示执照碑

光绪十五年（1889），碑立于广南县。

见于《云南林业文化碑刻》。

5002 启文塔碑记

撰者董世儒，书者董世儒，白石，光绪十五年（1889），高 90 cm × 宽 60 cm，碑立于宜良县。

著录于（民国）《宜良县志》。

5003 日新书院碑记

撰者李炘，光绪十五年（1889），碑立于大姚县。

著录于《新纂云南通志·金石考》。

5004 上沟塘子碑记

撰者陈荣黼，光绪十五年（1889），高 127 cm × 宽 56 cm，碑立于宜良县。

见于《宜良碑刻增补本》（上）。

5005 土主庙山照碑记

光绪十五年（1889），碑立于富民县。

见于《云南林业文化碑刻》。

5006 袁府君德洋墓志铭

撰者袁嘉穀，书者袁嘉穀，正书，光绪十五年（1889），碑立于石屏县。

著录于《新纂云南通志·金石考》。

5007 重建腾阳宝峰寺记

撰者黄槐清，书者黄槐清，正书，光绪十五年（1889），碑立于腾冲市。

著录于《新纂云南通志·金石考》。

5008 重修富民县学宫记

撰者刘瑞图，书者杜乔林，正书，光绪十五年（1889），碑立于富民县。

著录于《新纂云南通志·金石考》。

5009 重修通海县武庙碑

撰者王正坤，正书，光绪十五年（1889），碑立于通海县。

著录于《新纂云南通志·金石考》。

5010 重修万寿宫碑记

撰者李福谦，光绪十五年（1889）。

见于《云南道教碑刻辑录》。

5011 追赠岑毓英为太子太傅上谕碑

正书，光绪十五年（1889），碑立于昆明市。

著录于《新纂云南通志·金石考》。

5012 **倮施黑永垂不朽碑**

光绪十六年（1890），碑立于开远市。

见于《云南乡规民约大观》(上)。

5013 **崔有光墓志**

楷书，光绪十六年（1890），高 175×宽 70 cm，碑立于禄丰县。

见于《中国文物地图集·云南分册》。

5014 **丰备仓记**

正书，光绪十六年（1890），碑立于凤庆县。

著录于《新纂云南通志·金石考》。

5015 **建经古书院详文石刻**

正书，光绪十六年（1890）。

著录于《新纂云南通志·金石考》。

5016 **翼园花木碑**

光绪十六年（1890），碑立于弥渡县。

见于《弥渡古代碑刻辑释》。

5017 **建九龙池大观楼记**

撰者杨炳星，光绪十六年（1890），高 130 cm×宽 65 cm，碑立于玉溪市。

见于《玉溪碑刻选集》。

5018 **昆明孝女毕小凤碑**

撰者李坤，光绪十六年（1890）。

著录于《新纂云南通志·金石考》。

5019 **历次修建太和宫碑记**

撰者舒藻，书者李相，正书，光绪十六年（1890），高 146 cm×宽 64 cm，碑立于官渡区。

著录于《新纂云南通志·金石考》。

5020 **泉池分水告示碑**

撰者史建中，光绪十六年（1890），高 160 cm×宽 65 cm，碑立于隆阳区。

见于《隆阳碑铭石刻》。

5021 **胜境关大路碑记**

撰者韩再兰，光绪十六年（1890），高 96 cm×宽 56 cm，碑立于曲靖市。

见于《曲靖石刻》。

5022 **寿萱堂记**

撰者龙文，光绪十六年（1890），碑立于大关县。

著录于（民国）《大关县志》。

5023 **文昌帝君阴骘文**

光绪十六年（1890），碑立于丽江市。

见于《纳西族地区历代碑刻辑录与研究》。

5024 **卧佛寺诗碑**

撰者王衡昌，光绪十六年（1890），高 30 cm×宽 78 cm，碑立于隆阳区。

见于《隆阳碑铭石刻》。

5025 **五台木氏圣旨碑（一）**

光绪十六年（1890），高 157 cm×宽 61 cm×厚 14 cm，碑立于玉龙县。

见于《丽江历代碑刻辑录与研究》。

5026 **五台木氏圣旨碑（二）**

光绪十六年（1890），高 164 cm×宽 66 cm×厚 14 cm，碑立于玉龙县。

见于《丽江历代碑刻辑录与研究》。

5027 **晓谕觉正师徒住持温泉寺碑记**

光绪十六年（1890），高 58 cm×宽 115 cm，碑立于宜良县。

见于《宜良碑刻增补本》(上)。

5028 **修复丽江府治序**

撰者黄金衔，正书，光绪十六年（1890），碑立于丽江市。

著录于《新纂云南通志·金石考》。

5029 重建东寺文笔塔暨忠爱金碧三坊碑记

撰者金汉青，书者张向宸，青石，楷书，光绪十六年（1890），高 150 cm×宽 135 cm，碑立于五华区。

见于《五华区志》。

5030 重修观音寺碑记

撰者尹福海，光绪十六年（1890），高 94 cm×宽 65 cm，碑立于大理市。

见于《大理丛书·金石篇》。

5031 重修红云清微两殿碑记

光绪十六年（1890），高 57 cm×宽 80 cm，碑立于通海县。

见于《通海历代碑刻集》。

5032 重修盘陀石碑

撰者赵廉若，光绪十六年（1890），碑立于凤庆县。

著录于（民国）《顺宁县志初稿》。

5033 鲍氏祠堂碑记

撰者邬凤昌，书者邬凤昌，刻工李文科、□元，砂岩，光绪十七年（1891），高 120 cm×宽 95 cm，碑立于禄丰县。

见于《楚雄历代碑刻》。

5034 卑张氏历代先灵昭穆考妣之香席

光绪十七年（1891），碑立于武定县。

见于《寻觅千年罗婺》。

5035 筹建经古书院奏议碑

正书，光绪十七年（1891），碑立于昆明市。

著录于《新纂云南通志·金石考》。

5036 大龙潭严禁开山炸石告示摩崖石刻

光绪十七年（1891），高 80 cm×宽 60 cm，碑立于马关县。

见于《马关县第三次全国文物普查资料集·边关印迹》。

5037 皇清待赠乡题慈慎张母李孺人碑志

撰者罗问仁，书者邓席珍，光绪十七年（1891），大理石，高 69 cm×宽 32 cm，碑立于大理市。

见于《大理丛书·金石篇》。

5038 大东绍兴桥碑

光绪十七年（1891），碑立于丽江市。

见于《纳西族地区历代碑刻辑录与研究》。

5039 玉皇阁叙

撰者杜嘉嵘，光绪十七年（1891），碑立于弥渡县。

见于《弥渡古代碑刻辑释》。

5040 张泰墓碑

撰者杨景修，光绪十七年（1891），碑立于弥渡县。

见于《弥渡古代碑刻辑释》。

5041 张于冈墓碑

撰者杨景修，光绪十七年（1891），碑立于弥渡县。

见于《弥渡古代碑刻辑释》。

5042 举人石屏卫子莹家琇墓表

撰者朱庭珍，光绪十七年（1891），碑立于石屏县。

著录于《新纂云南通志·金石考》。

5043 明公于玖妻杨孺人墓志铭

撰者明钟琦，光绪十七年（1891），碑立于腾冲市。

著录于《新纂云南通志·金石考》。

5044 明雷尚书故里碑

书者严天骏，正书，光绪十七年（1891），碑立于玉溪市。

著录于《新纂云南通志·金石考》。

5045 盘龙村慈云寺复修碑记

撰者陈万钟，光绪十七年（1891），高164 cm×宽94 cm×厚16 cm，碑立于弥勒市。

见于《弥勒文物志》。

5046 藤桥常住碑记

撰者张懿尔，书者张懿尔，大理石，楷书，光绪十七年（1891），高120 cm×宽57 cm，碑立于漾濞县。

见于《大理丛书·金石篇》。

5047 永清寺碑记

撰者徐嘉绅，书者徐毓芳，光绪十七年（1891），碑立于师宗县。

见于《师宗县文物志》。

5048 章堡村植柏碑记

撰者崔寿仁，光绪十七年（1891），碑立于宜良县。

著录于（民国）《宜良县志》。

注：原碑已佚。

5049 镇沅直隶军民府词讼案件告示碑

光绪十七年（1891），高130 cm×宽80 cm×厚10 cm，碑立于普洱市。

见于《思茅地区文物志》。

5050 重建玉皇阁序

撰者沈鸿猷，光绪十七年（1891），高57 cm×宽93 cm，碑立于通海县。

见于《通海历代碑刻集》。

5051 重修双龙桥碑记

光绪十七年（1891），碑立于晋宁区。

见于《晋宁文史资料选辑·文物专辑》（第十七辑）。

5052 重修武庙碑记

撰者王墀，光绪十七年（1891）。

见于《云南道教碑刻辑录》。

5053 功德碑记

撰者李绍廷，光绪十七年（1891），高80 cm×宽47 cm，碑立于大理市。

见于《大理凤仪古碑文集》。

5054 上寨村护林碑

光绪十八年（1892），高196 cm×宽80 cm，碑立于丘北县。

见于《云南林业文化碑刻》。

5055 东山彝族乡恩多摩乍村护林碑

光绪十八年（1892），碑立于祥云县。

见于《云南林业文化碑刻》。

5056 恩多摩鲊水例碑

光绪十八年（1892），高85 cm×宽49 cm，碑立于祥云县。

见于《祥云金石》。

5057 董氏族谱碑

大理石，楷书，光绪十八年（1892），高91 cm×宽91 cm，碑立于大理市。

见于《大理丛书·金石篇》。

5058 董氏本音图略叙

光绪十八年（1892），碑立于大理市。

见于《大理凤仪古碑文集》。

注：光绪十八年立7块，后2块1991立。

5059 恩贡赵康庵先生赐侯墓志铭

撰者张寅亮，光绪十八年（1892），碑立于腾冲市。

著录于《新纂云南通志·金石考》。

5060 恩旌百岁王岷品暨妻李氏墓志铭

撰者明钟琦，光绪十八年（1892），碑立于腾冲市。

著录于《新纂云南通志·金石考》。

5061 谷孺人鲁太君墓志

光绪十八年（1892），碑立于弥勒市。

见于《弥勒文物志》。

5062 鹤阳开河碑记

撰者杨金和，刻工曹郁昌，光绪十八年（1892），第一块高 135 cm×宽 80 cm，第二块高 145 cm×宽 81 cm，碑立于鹤庆县。

见于《鹤庆碑刻辑录》。

5063 李氏世业农用铁器碑记

撰者李国仲，光绪十八年（1892），高 162 cm×宽 67 cm，碑立于保山市。

著录于《新纂云南通志·金石考》。

5064 李翁永甲墓志铭

撰者赵端礼，光绪十八年（1892），碑立于腾冲市。

著录于《新纂云南通志·金石考》。

5065 光绪十八年十月穀旦游盘龙山记

光绪十八年（1892），碑立于玉溪市。

见于《古碑遗珍》。

5066 罗次河丰裕桥碑

撰者邹馨兰，楷书，光绪十八年（1892），碑立于禄丰县。

著录于《新纂云南通志·金石考》。

5067 吕静斋先生德教碑

撰者谢文翘，光绪十八年（1892），碑立于昭通市。

著录于（民国）《昭通县志稿》。

5068 弥勒寺碑记

光绪十八年（1892），碑立于凤庆县。

著录于（民国）《顺宁县志初稿》。

5069 文天祥墨迹刻石

刻工杨凤仪，光绪十八年（1892），高 109 cm×宽 62 cm，碑立于大理市。

见于《大理丛书·金石篇》。

5070 息宰妙华寺义学碑记

撰者杨煜星，刻工王镛，光绪十八年（1892），高 157 cm×宽 90 cm×厚 16 cm，碑立于弥勒市。

见于《弥勒文物志》。

5071 永入碑记

光绪十八年（1892），高 196 cm×宽 80 cm，碑立于丘北县。

见于《云南林业文化碑刻》。

5072 游盘龙山记碑

撰者刘安科，书者覃宝珩，正书，光绪十八年（1892），高 39 cm×宽 78 cm，碑立于晋宁区。

著录于《新纂云南通志·金石考》。

5073 游三元洞诗摩崖

撰者石鸿韶、李忠鉴、陈灿，正书，行书，光绪十八年（1892），宣统二年（1910），碑立于文山市。

著录于《新纂云南通志·金石考》。

5074 赵氏墓群诰封碑（一）

光绪十八年（1892），碑立于会泽县。

见于《娜姑镇文物志》。

5075 赵氏墓群诰封碑（二）

光绪十八年（1892），碑立于会泽县。

见于《娜姑镇文物志》。

5076 镇边直隶厅给李通明的山照

光绪十八年（1892），碑立于西勐县。

见于（1997）《西勐佤族自治县志》。

5077 重建柏树庙碑记

撰者张星明，书者杨煜东，刻工何阿五，光绪十八年（1892），高 135 cm×宽 63 cm，碑立于鹤庆县。

见于《鹤庆碑刻辑录》。

5078 水利碑记

光绪十八年（1892），高 85 cm×宽 49 cm，碑立于祥云县。

见于《祥云碑刻》。

5079 凤山书院诗碑

撰者张坦、罗瑞图、郭洪恩等，楷书，光绪十九年（1893），高 66 cm × 宽 130 cm，碑立于澄江县。

见于《玉溪碑刻选集》。

5080 古大人墓碑

光绪十九年（1893），高 138 cm × 宽 50 cm，碑立于曲靖市。

见于《陆良历代石刻注解与研究》。

5081 谷美墓志

光绪十九年（1893），碑立于弥勒市。

见于《弥勒文物志》。

5082 晋宁训导蔡芳春墓志铭

撰者杨琼，光绪十九年（1893），碑立于大理市。

著录于《新纂云南通志·金石考》。

5083 旧站紫金殿（奎阁）石匾

撰者陈钫，大理石，楷书，光绪十九年（1893），高 52 cm × 宽 153 cm，碑立于祥云县。

见于《大理丛书·金石篇》。

5084 来复堂碑记

撰者黄金衔，正书，光绪十九年（1893），碑立于丽江市。

著录于《新纂云南通志·金石考》。

5085 历朝题名格式

大理石，光绪十九年（1893），碑立于丽江市。

见于《大理丛书·金石篇》。

5086 丽江科考卷金碑

光绪十九年（1893），高 95 cm × 宽 50 cm × 厚 17 cm，碑立于丽江市。

见于《大理丛书·金石篇》。

5087 龙沛然督办昭鲁河工赈务德政碑

光绪十九年（1893），碑立于昭通市。

见于《鲁甸碑刻》。

5088 蒙化常平仓储用度碑

楷书，光绪十九年（1893），高 137 cm × 宽 60 cm，碑立于巍山县。

见于《大理丛书·金石篇》。

5089 免派鱼鸭碑

光绪十九年（1893），高 100 cm × 宽 53 cm，碑立于呈贡区。

见于《呈贡历史建筑及碑刻选》。

5090 南安州正堂告示

大理石，楷书，光绪十九年（1893），高 77 cm × 宽 45 cm，碑立于楚雄市。

见于《楚雄历代碑刻》。

5091 王君观政墓志铭

撰者陈荣昌，光绪十九年（1893），碑立于通海县。

著录于《新纂云南通志·金石考》。

5092 文会碑序（一）

撰者陈文蔚，书者陈文蔚，刻工杨发义，白石，光绪十九年（1893），高 172 cm × 宽 80 cm，碑立于宜良县。

见于《宜良碑刻增补本》（上）。

5093 文武宫无名碑

撰者陈钫，光绪十九年（1893），高 143 cm × 宽 52 cm，碑立于祥云县。

见于《祥云碑刻》。

5094 世袭巡检李尊闻妣师张氏墓碑

光绪十九年（1893），碑立于弥渡县。

见于《弥渡古代碑刻辑释》。

5095 四甲地学金公序碑

撰者彭雅堂，光绪十九年（1893），高 80 cm × 宽 50 cm，碑立于弥渡县。

见于《弥渡古代碑刻辑释》。

5096 乡饮大宾明公子隽妻李宜人墓志铭

撰者赵端礼，书者赵端礼，光绪十九年（1893），碑立于腾冲市。

著录于《新纂云南通志·金石考》。

5097 新建玉屏书院碑记

撰者杨金铠，书者赵鹤龄，刻工杨朝卿，光绪十九年（1893），高 215 cm × 宽 96 cm × 厚 16 cm，碑立于鹤庆县。

著录于（民国）《鹤庆县志》。

5098 熊母杨恭人墓志铭

撰者赵端礼，书者赵端礼，光绪十九年（1893），碑立于腾冲市。

著录于《新纂云南通志·金石考》。

5099 永封大箐

光绪十九年（1893），碑立于禄劝县。

见于《禄劝彝族苗族自治县林业志》。

5100 谕祭岑毓英文

正书，光绪十九年（1893）。

著录于《新纂云南通志·金石考》。

5101 云南按察使题名碑

刻工岑毓宝，正书，光绪十九年（1893）。

著录于《新纂云南通志·金石考》。

5102 张立三志庶墓志铭

撰者赵端礼，光绪十九年（1893），碑立于腾冲市。

著录于《新纂云南通志·金石考》。

5103 真庆观天君圣诞功德碑

光绪十九年（1893），高 60 cm × 宽 110 cm。

见于《云南道教碑刻辑录》。

5104 重建金泉山殿字碑

撰者包昭，书者杨壬林，光绪十九年（1893），碑立于禄丰县。

著录于《新纂云南通志·金石考》。

5105 重修文武二宫观音阁碑

撰者陈子庚，大理石，楷书，光绪十九年（1893），高 49 cm × 宽 153 cm，碑立于祥云县。

见于《大理丛书·金石篇》。

5106 重修玉皇阁序

撰者张琦，光绪十九年（1893），高 95 cm × 宽 63 cm，碑立于大理市。

见于《大理丛书·金石篇》。

5107 重修云龙山大殿面楼序

正书，光绪十九年（1893），碑立于龙陵县。

著录于《新纂云南通志·金石考》。

5108 岑毓英重次邓子龙题天宝战士冢原韵二首

光绪二十年（1894）重立，高 150 cm × 宽 70 cm，碑立于大理市。

见于《大理丛书·金石篇》。

5109 复古碑

光绪二十年（1894），高 48 cm × 宽 37 cm × 厚 8 cm，碑立于丽江市。

见于《丽江历代碑刻辑录与研究》。

5110 旌表节孝董母赵安人墓表

撰者赵端礼，书者赵端礼，光绪二十年（1894），碑立于腾冲市。

著录于《新纂云南通志·金石考》。

5111 李氏诰封碑

撰者李启先，光绪二十年（1894），碑立于昭通市。

见于《鲁甸碑刻》。

5112 丽江养济院记

撰者钱鸿逵，书者张鹏翼，正书，光绪二十年（1894），碑立于丽江市。

著录于《新纂云南通志·金石考》。

5113　灵泉碑

撰者马维骐，书者马维骐，光绪二十年（1894）。

著录于《新纂云南通志·金石考》。

5114　龙王会网户鱼课碑记

撰者黄廷魁，光绪二十年（1894），高168 cm×宽76 cm，碑立于通海县。

见于《通海历代碑刻集》。

5115　四川补用道刘仲鸿先生家逵墓志铭

撰者陈荣昌，光绪二十年（1894），碑立于华宁县。

著录于《新纂云南通志·金石考》。

5116　新成堰记

光绪二十年（1894），碑立于祥云县。

见于《祥云碑刻》。

5117　修理萧祠捐款开支碑

光绪二十年（1894），碑立于凤庆县。

著录于（民国）《顺宁县志初稿》。

5118　巡检司德万村马兴文墓志

撰者聂凤冈，光绪二十年（1894），高98 cm×宽30 cm，碑立于弥勒市。

见于《弥勒文物志》。

5119　严加禁止毁坝事缘碑记

光绪二十年（1894），高 160 cm×宽80 cm，碑立于弥勒市。

见于《弥勒文物志》。

5120　杨泽新先生夫妇墓志铭

撰者寸开泰，光绪二十年（1894），高110 cm×宽41 cm，碑立于腾冲市。

见于《腾冲名碑集释》。

5121　禹门寺汤东岩墓志

撰者赵藩，光绪二十年（1894），碑立于弥勒市。

见于《弥勒文物志》。

5122　张凤锦墓志铭

撰者戴鸿慈，光绪二十年（1894），高126 cm×宽58 cm，碑立于隆阳区。

见于《隆阳碑铭石刻》。

5123　肇启来裔——乡学碑记

撰者王以忠，光绪二十年（1894），碑立于祥云县。

见于《祥云碑刻》。

5124　忠义广东知县尹虞龙先生艺墓志铭

撰者寸辅清，光绪二十年（1894），碑立于腾冲市。

著录于《新纂云南通志·金石考》。

5125　重建大观楼碑记

撰者舒藻，刻工那秀，光绪二十年（1894），碑立于西山区。

著录于《新纂云南通志·金石考》。

5126　重修飞凤山活佛寺碑记

撰者马驷良，楷书，光绪二十年（1894），高99 cm×宽60 cm，碑立于姚安县。

著录于（民国）《姚安县志》。

5127　重修落水洞碑记

撰者何亮标，光绪二十年（1894），高149 cm×宽76 cm×厚17 cm，碑立于通海县。

著录于《通海县志》。

5128　重修腾阳会馆碑记

撰者董友兰，光绪二十年（1894），高200 cm×宽70 cm，碑立于隆阳区。

见于《隆阳碑铭石刻》。

5129　重修万寿亭记

撰者陈云霖，书者陈云霖，正书，光绪

二十年（1894），碑立于富民县。

著录于《新纂云南通志·金石考》。

5130 遵谕勒石碑

光绪二十年（1894），高 120 cm × 宽 60 cm，碑立于曲靖市。

见于《陆良历代石刻注解与研究》。

5131 本寨军民防火公约

光绪二十一年（1895），碑立于香格里拉县。

见于《云南乡规民约大观》（上）。

5132 大罗城水例碑记

光绪二十一年（1895），高 164 cm × 宽 68 cm × 厚 22 cm，碑立于宾川县。

见于《宾川丛书·金石篇》。

5133 创修石路碑记

撰者赵耀基，光绪二十一年（1895），高 124 cm × 宽 60 cm，碑立于鹤庆县。

见于《鹤庆碑刻辑录》。

5134 半个阱山权碑

光绪二十一年（1895），高 90 cm × 宽 60 cm，碑立于西山区。

见于《云南林业文化碑刻》。

5135 陈朴夫墓志铭

撰者苏忠廷，书者黄泽馨，正书，光绪二十一年（1895），碑立于富民县。

著录于《新纂云南通志·金石考》。

5136 董氏宗谱碑记

撰者董维成，光绪二十一年（1895），长 56 cm × 宽 34 cm（上块），长 53 cm × 宽 34 cm（下块），碑立于鹤庆县。

见于《鹤庆碑刻辑录》。

5137 董隐君小亭先生大纯墓志铭

撰者黄炳堃，光绪二十一年（1895），碑立于腾冲市。

著录于《新纂云南通志·金石考》。

5138 维静上人成道记

撰者刘光裕，书者刘光裕，楷书，光绪二十一年（1895），碑立于武定县。

见于《楚雄历代碑刻》。

5139 诰封建威将军前腾越镇总兵徐公联魁墓志铭

撰者甘季贤，光绪二十一年（1895），碑立于姚安县。

著录于《新纂云南通志·金石考》。

5140 诰封吴炳春碑记

光绪二十一年（1895），高 190 cm × 宽 70 cm，碑立于宜良县。

见于《宜良碑刻增补本》（下）。

5141 管众碑

撰者郭映光，刻工唐朝祯，青石，光绪二十一年（1895），高 148 cm × 宽 55 cm × 厚 18 cm，碑立于师宗县。

见于《师宗县文物志》。

5142 含山陆公德成墓表

撰者李坤，光绪二十一年（1895）。

著录于《新纂云南通志·金石考》。

5143 伙头收粮章程

撰者郭映光，刻工唐朝祯，光绪二十一年（1895），碑立于师宗县。

见于《师宗县文物志》。

5144 马油坪重建义学记

撰者甘孟贤，书者毕凤藻，楷书，光绪二十一年（1895），高 80 cm × 宽 49 cm，碑立于姚安县。

著录于（民国）《姚安县志》。

5145 谨将重建义馆序

撰者骆朝相，书者骆朝相，刻工张正，楷书，光绪二十一年（1895），高 85 cm × 宽 50 cm，碑立于姚安县。

见于《楚雄历代碑刻》。

5146 绥丰堤记

撰者钱登熙，书者钱登熙，正书，光绪二十一年（1895），碑立于寻甸县。

著录于《新纂云南通志·金石考》。

5147 体仁善堂碑记

撰者陈荣昌，光绪二十一年（1895）。

著录于《新纂云南通志·金石考》。

5148 杨武愍公祠堂记（4通）

撰者张廷燎，书者张廷燎，楷书，光绪二十一年（1895），高 127 cm×宽 67 cm，碑立于大理市。

著录于《新纂云南通志·金石考》。

5149 永定公帮碑记

撰者谢景春，光绪二十一年（1895），高 117 cm×宽 62 cm，碑立于鹤庆县。

见于《鹤庆碑刻辑录》。

5150 永丰营重修凤山义学碑记

撰者赵汝霖，刻工李永成，光绪二十一年（1895），高 150 cm×宽 62 cm，碑立于宜良县。

见于《宜良碑刻增补本》（上）。

5151 张守信等诉讼堂判碑

楷书，光绪二十一年（1895），高 95 cm×宽 52 cm，碑立于祥云县。

见于《大理丛书·金石篇》。

5152 重建文峰塔记

撰者钱登熙，书者钱登熙，正书，光绪二十一年（1895），碑立于寻甸县。

著录于《新纂云南通志·金石考》。

5153 谨将重建义馆序

书者骆朝相，书者骆朝相，刻工张正，楷书，光绪二十一年（1895），高 85 cm×宽 50 cm，碑立于姚安县。

见于《楚雄历代碑刻》。

5154 重建赵氏宗祠碑记

撰者赵端礼，书者赵端礼，正书，光绪二十一年（1895），碑立于腾冲市。

著录于《新纂云南通志·金石考》。

5155 重建尊经阁碑记

撰者龚发举，书者沈从贤，正书，光绪二十一年（1895），碑立于文山市。

著录于（民国）《续修文山县志》。

5156 重修财神殿功德碑记

光绪二十一年（1895），高 185 cm×宽 72 cm，碑立于隆阳区。

见于《隆阳碑铭石刻》。

5157 周城合村重修银相寺功德碑叙

撰者段凌云，书者段汝钦，楷书，光绪二十一年（1895），高 105 cm×宽 73 cm，碑立于大理市。

见于《大理丛书·金石篇》。

5158 本音杨氏门中历代宗亲昭穆考妣之香位

光绪二十一年（1895），第一块高 103 cm×宽 65 cm，第二块高 98 cm×宽 65 cm，第三块高 98 cm×宽 65 cm，碑立于大理市。

见于《大理凤仪古碑文集》等。

5159 白云寺无名碑

撰者陈文锦，光绪二十二年（1896），碑立于施甸县。

著录于《姚关镇志》。

5160 封翁寸恩普光照墓志铭

撰者黄炳堃，光绪二十二年（1896），碑立于腾冲市。

著录于《新纂云南通志·金石考》。

5161 新建启明桥碑

撰者李芝山，光绪二十二年（1896），碑立于禄丰县。

著录于（民国）《姚安县志》。

5162 凤成佘助夫妇墓碑

光绪二十二年（1896），高 68 cm×宽 45 cm，碑立于武定县。

见于《彝文石刻译选》。

5163 普农稍紫夫妇之墓

光绪二十二年（1896），碑立于武定县。

见于《武定探秘》。

5164 甘诚正先生墓表

撰者陈荣昌，光绪二十二年（1896），碑立于姚安县。

著录于《新纂云南通志·金石考》。

5165 经正书院藏书记

撰者李坤，书者李坤，正书，光绪二十二年（1896）。

著录于《新纂云南通志·金石考》。

5166 菊村李老先生墓碑

楷书，光绪二十二年（1896），高 72 cm×宽 35 cm，碑立于弥渡县。

见于《大理丛书·金石篇》。

5167 马氏宗祠碑

撰者董跃文，石灰石，楷书，光绪二十二年（1896），高 173 cm×宽 91 cm，碑立于安宁市。

见于《安宁市文物志》。

5168 排营万人冢碑记

撰者袁绍魁，光绪二十二年（1896），高 123 cm×宽 56 cm×厚 4 cm，碑立于宾川县。

见于《宾川丛书·金石篇》。

5169 仁和里李氏宗祠残碑

光绪二十二年（1896），碑立于弥渡县。

见于《弥渡古代碑刻辑释》。

5170 重修飞来寺募序（2 块）

刻工杨成选，光绪二十二年（1896），高 111 cm×宽 73 cm，碑立于大理市。

见于《大理凤仪古碑文集》。

5171 考棚工程碑记

书者林葆恒，正书，光绪二十二年（1896）。

著录于《新纂云南通志·金石考》。

5172 傈僳族余氏孺人墓铭

光绪二十二年（1896），高 52 cm×宽 35 cm，碑立于腾冲市。

见于《腾冲名碑集释》。

5173 林冈墓志铭

撰者刘树堂，光绪二十二年（1896），碑立于隆阳区。

见于《隆阳碑铭石刻》。

5174 龙王会鸦船粮碑记

撰者戴永清，光绪二十二年（1896），高 193 cm×宽 87.5 cm，碑立于通海县。

见于《通海历代碑刻集》。

5175 鲁甸文屏清真寺碑记

光绪二十二年（1896），碑立于昭通市。

见于《鲁甸碑刻》。

5176 魏露亭泽润墓志铭

撰者杨琼，光绪二十二年（1896），碑立于洱源县。

著录于《新纂云南通志·金石考》。

5177 新建普洱府宏远书院记

撰者陈灿，光绪二十二年（1896），碑立于保山市。

著录于（光绪）《普洱府志》。

5178 重建阁名环秀亭叙

撰者张俭，光绪二十二年（1896），高 130 cm×宽 55 cm，碑立于隆阳区。

见于《隆阳碑铭石刻》。

5179 重兴珂里庄序碑

大理石，楷书，光绪二十二年（1896），高 134 cm × 宽 67 cm × 厚 6.7 cm，碑立于大理市。

见于《大理丛书 · 金石篇》。

5180 重修昭通府署记

撰者林绍年，光绪二十二年（1896），碑立于昭通市。

著录于（民国）《昭通志稿》。

5181 “赠腾越良医刘虞民先生序”刻石

撰者黄炳堃，书者黄炳堃，隶书，光绪二十三年（1897），碑立于腾冲市。

著录于《新纂云南通志 · 金石考》。

5182 永垂不朽碑

光绪二十三年（1897），汉白玉，楷书，高 59 cm × 宽 45 cm × 厚 9.5 cm，碑立于丽江市。

见于《丽江历代碑刻辑录与研究》。

5183 高古马大士碑记

青石，光绪二十三年（1897），高 125 cm × 宽 68 cm，碑立于宜良县。

见于《宜良碑刻增补本》（上）。

5184 鹤庆重修文庙碑记

撰者杨金鉴，书者赵鹤龄，刻工杨朝卿，楷书，光绪二十三年（1897），高 150 cm × 宽 90 cm，碑立于鹤庆县。

见于《大理丛书 · 金石篇》。

5185 鹤庆重修文庙大成殿碑

刻工何锡沛、李联芳、李福兴，楷书，光绪二十三年（1897），高 72 cm × 宽 108 cm，碑立于鹤庆县。

见于《大理丛书 · 金石篇》。

5186 可保村四甲义学公产碑记

撰者赵汝霖，刻工李，光绪二十三年（1897），高 104 cm × 宽 61 cm，碑立于宜良县。

见于《宜良碑刻增补本》（上）。

5187 昆明县署梅花诗刻

撰者刘安科、李坤、朱庭珍，行书，光绪二十三年（1897），碑立于昆明市。

著录于《新纂云南通志 · 金石考》。

5188 朋普老文昌宫启文书院碑记

光绪二十三年（1897），高 110 cm × 宽 66 cm × 厚 16 cm，碑立于弥勒市。

见于《弥勒文物志》。

5189 岁贡赵德生圣昌墓诗石刻

撰者赵端礼，光绪二十三年（1897），碑立于腾冲市。

著录于《新纂云南通志 · 金石考》。

5190 太和赵厚德怀忠墓志铭

撰者杨琼，光绪二十三年（1897），碑立于大理市。

著录于《新纂云南通志 · 金石考》。

5191 新建岑襄勤公祠堂并三迤会馆碑记

撰者罗瑞图，书者王炽，正书，光绪二十三年（1897）。

著录于《新纂云南通志 · 金石考》。

5192 新仁里乡规碑

光绪二十三年（1897），高 23 cm × 宽 177 cm × 厚 2 cm，碑立于剑川县。

见于《剑川县志》。

5193 修弥渡通川河记

撰者凌应梧，书者凌应梧，大理石，楷书，光绪二十三年（1897），高 169 cm × 宽 78 cm × 厚 5.5 cm，碑立于弥渡县。

见于《大理丛书 · 金石篇》。

5194 学规碑记

光绪二十三年（1897），高 153 cm × 宽 90 cm，碑立于祥云县。

见于《祥云碑刻》。

5195 重修南熏桥碑记

光绪二十三年（1897），高 112 cm × 宽

68 cm，碑立于宾川县。

见于《宾川丛书·金石篇》。

5196 杨玉科故里碑

光绪二十三年（1897），高 156 cm×宽 69 cm×厚 16 cm，碑立于丽江市。

见于《丽江历代碑刻辑录与研究》。

5197 玉龙关西温凉泉铭并序

撰者刘安科，书者李玉振，楷书，光绪二十三年（1897），高 56.5 cm×宽 97 cm，碑立于大理市。

见于《大理丛书·金石篇》。

5198 赠刘虞民序

撰者黄炳堃，光绪二十三年（1897），碑立于保山市。

见于《永昌府文征》。

5199 重建报恩寺功德碑记

撰者杨桂清，刻工尹亮亭，光绪二十三年（1897），高 174 cm×宽 73 cm，碑立于宜良县。

见于《宜良碑刻增补本》（上）。

5200 重修明伦堂记

撰者黄毓崧，书者李兴华，正书，光绪二十三年（1897），碑立于晋宁区。

著录于《新纂云南通志·金石考》。

5201 重修南薰桥碑记

撰者黎元熙，书者黎元熙，大理石，楷书，光绪二十三年（1897），高 112 cm×宽 68 cm，碑立于宾川县。

见于《宾川丛书·金石篇》。

5202 重修省垣考栅记

撰者姚文倬，书者林绍年，正书，光绪二十三年（1897）。

著录于《新纂云南通志·金石考》。

5203 重修万寿宫碑记

撰者曹衍瀚，光绪二十三年（1897），碑立于凤庆县。

著录于（民国）《顺宁县志初稿》。

5204 重修佛能庵碑叙

撰者张芳华，刻工方天贵，光绪二十三年（1897），高 147 cm×宽 36 cm×厚 20 cm，碑立于宾川县。

见于《宾川丛书·金石篇》。

5205 太和村龙山书香公记碑（第二方）

光绪二十三年（1897），高 70 cm×宽 46 cm，碑立于弥渡县。

见于《弥渡古代碑刻辑释》。

5206 龙祠碑

楷书，光绪二十四年（1898），高 72 cm×宽 112 cm，碑立于禄丰县。

见于《中国文物地图集·云南分册》。

5207 白盐井重修孔仙桥记

撰者陈荣昌，光绪二十四年（1898），碑立于大姚县。

著录于《新纂云南通志·金石考》。

5208 刀心亭墓表（2 块）

光绪二十四年（1898），高 35 cm×宽 90 cm，碑立于普洱市。

见于《思茅地区文物志》。

5209 史联元墓及诰封碑

光绪二十四年（1898），高 220 cm×宽 90 cm，碑立于禄丰县。

见于《楚雄彝族自治州文物志》。

5210 昆阳州学正李名远时华教泽碑

撰者武之铭，正书，光绪二十四年（1898），碑立于禄丰县。

著录于《新纂云南通志·金石考》。

5211 苏相公墓表

撰者陈本礼，书者陈本礼，楷书，光绪二十四年（1898），高 72 cm×宽 40 cm，碑立于南华县。

见于《楚雄历代碑刻》。

5212 段钟泰墓志

撰者许镇乾，书者许镇乾，光绪二十四年（1898），高 86 cm × 宽 48 cm，碑立于南华县。

见于《楚雄历代碑刻》。

5213 规复嵩阳书院碑记

撰者陈庚明，书者庆元，隶书，光绪二十四年（1898），碑立于嵩明县。

著录于（民国）《嵩明县志》。

5214 禾街善后事宜记序碑

撰者王泽春，大理石，楷书，光绪二十四年（1898），高 95.5 cm × 宽 61.5 cm，碑立于祥云县。

见于《大理丛书·金石篇》。

5215 和庚吉之外祖父母诰封碑

汉白玉，楷书，光绪二十四年（1898），高 150 cm × 宽 73 cm × 厚 19 cm，碑立于玉龙县。

见于《丽江历代碑刻辑录与研究》。

5216 剑川尹氏宗族碑

大理石，楷书，光绪二十四年（1898），高 94 cm × 宽 58 cm，碑立于剑川县。

见于《大理丛书·金石篇》。

5217 南山里告示碑

光绪二十四年（1898），高 83 cm × 宽 77 cm，碑立于丽江市。

见于《丽江历代碑刻辑录与研究》。

5218 宁洱县义学碑记

正书，光绪二十四年（1898），碑立于普洱市。

著录于《新纂云南通志·金石考》。

5219 宁邑议举四十分担租记

撰者陈灿，书者陈灿，正书，光绪二十四年（1898），碑立于普洱市。

著录于《新纂云南通志·金石考》。

5220 普洱府宏远书院记

撰者陈灿，书者陈灿，正书，光绪二十四年（1898），碑立于普洱市。

著录于（光绪）《普洱府志稿》。

5221 万古昭常

光绪二十四年（1898），碑立于祥云县。

见于《祥云碑刻》。

5222 西林寺碑记

光绪二十四年（1898），碑立于元谋县。

著录于（乾隆）《元谋县志》。

5223 详准补修庙宇桥梁道路公款碑记

撰者江海清，光绪二十四年（1898），碑立于大姚县。

著录于（光绪）《续修白盐井志》。

5224 新建回龙河文澜桥碑序

撰者梁之彦，书者王建邦，正书，光绪二十四年（1898），碑立于剑川县。

著录于《新纂云南通志·金石考》。

5225 新建嵩明州考棚碑

撰者贺宗章，书者贺宗章，隶书，光绪二十四年（1898），碑立于嵩明县。

著录于（民国）《嵩明县志》。

5226 赠嵩明士子书

撰者贺宗章，光绪二十四年（1898），碑立于嵩明县。

著录于（民国）《嵩明县志》。

5227 张霞溪拜斗台碑

光绪二十四年（1898）。

著录于《新纂云南通志·金石考》。

5228 澄清亭记

撰者陈宗海，书者陈宗海，正书，光绪二十五年（1899），碑立于普洱市。

著录于《新纂云南通志·金石考》。

5229 杜母杨孺人墓志铭

撰者杨琼，光绪二十五年（1899），碑立于大理市。

著录于《新纂云南通志·金石考》。

5230 诰授武德骑尉寸蔚林怀全墓志铭

撰者赵端礼，书者赵端礼，光绪二十五年（1899），碑立于腾冲市。

著录于《新纂云南通志·金石考》。

5231 建威将军墓碑

撰者李嘉生，刻工李云昌，光绪二十五年（1899），高 100 cm × 宽 50 cm，碑立于曲靖市。

见于《曲靖石刻》。

5232 丽江鲁甸里甸头村叩山封山碑

光绪二十五年（1899），碑立于丽江市。

见于《云南林业文化碑刻》。

5233 沙灯文昌宫“永垂不朽”碑

撰者段文，光绪二十五年（1899），高 140 cm × 宽 60 cm × 厚 10 cm，碑立于隆阳区。

见于《隆阳碑铭石刻》。

5234 石梯乡大中寨奘房功德碑

光绪二十五年（1899），高 127 cm × 宽 61 cm，碑立于隆阳区。

见于《隆阳碑铭石刻》。

5235 四伙头共同修理大栗哨塘房事务告示碑

撰者吴申佑，光绪二十五年（1899），高 166 cm × 宽 66 cm × 厚 8 cm，碑立于隆阳区。

见于《隆阳碑铭石刻》。

5236 文学赵缙甫生睿墓志铭

撰者赵端礼，书者赵端礼，光绪二十五年（1899），碑立于腾冲市。

著录于《新纂云南通志·金石考》。

5237 新建虹溪书院碑记

撰者黄华，光绪二十五年（1899），高 195 cm（已残缺 13 cm）× 宽 75 cm × 厚 17 cm，碑立于弥勒市。

见于《弥勒文物志》。

5238 新建镇江庙碑记

撰者寸增高，书者寸时泰，大理石，楷书，光绪二十五年（1899），高 111 cm × 宽 68.5 cm × 厚 2.5 cm，碑立于鹤庆县。

见于《鹤庆碑刻辑录》。

5239 银河桥功德引碑

撰者段星照，书者张国昭，楷书，光绪二十五年（1899），高 143 cm × 宽 64 cm，碑立于鹤庆县。

见于《大理丛书·金石篇》。

注：原碑已佚。

5240 永革后弊碑

光绪二十五年（1899），高 171 cm × 宽 66 cm，碑立于曲靖市。

见于《陆良历代石刻注解与研究》。

5241 喻芝禅师重修昙华寺碑

撰者李相，书者钱登熙，正书，光绪二十五年（1899），碑立于盘龙区。

著录于《新纂云南通志·金石考》。

5242 张济三大成墓志铭

撰者赵端礼，书者赵端礼，光绪二十五年（1899），碑立于腾冲市。

著录于《新纂云南通志·金石考》。

5243 贞女叶氏墓碑

撰者吴树械，书者吴树械，正书，光绪二十五年（1899），碑立于文山市。

著录于（民国）《续修文山县志》。

5244 酬勋祠碑记

撰者杨桂清，书者邱占莲，白石，光绪

二十五年（1899），高 52 cm × 宽 95 cm，碑立于宜良县。

见于《宜良碑刻增补本》（上）。

5245 重建大成书院碑

撰者胡寿荣，书者胡寿荣，光绪二十五年（1899），碑立于姚安县。

著录于（民国）《姚安县志》。

5246 重建龙泉书院记

撰者石鸿韶，光绪二十五年（1899），高 243 cm × 宽 90 cm，碑立于楚雄市。

著录于（宣统）《楚雄县志》。

5247 重修地藏寺碑记

光绪二十五年（1899），高 130 cm × 宽 65 cm，碑立于弥勒市。

见于《弥勒文物志》。

5248 太和龙山村书香公告示碑

光绪二十五年（1899），高 90 cm × 宽 58 cm，碑立于弥渡县。

见于《弥渡古代碑刻辑释》。

5249《昙华寺看牡丹杜鹃》诗石刻

撰者林绍平，书者林绍平，行书，光绪二十六年（1900），碑立于盘龙区。

著录于《新纂云南通志·金石考》。

5250《游西山》诗摩崖

撰者施有奎，书者陈荣昌，行书，光绪二十六年（1900），碑立于西山区。

著录于《新纂云南通志·金石考》。

5251 合村公山松岭碑记

光绪二十六年（1900），高 66 cm × 宽 44 cm，碑立于洱源县。

见于《云南林业文化碑刻》。

5252 重修宫殿创制碓磨田产碑记

撰者马渊，光绪二十六年（1900），第一块高 86 cm × 宽 64 cm，第二块高 89 cm × 宽 58 cm，碑立于大理市。

见于《大理凤仪古碑文集》。

5253 蚌卡不准抽收事案告示碑

光绪二十六年（1900），高 110 cm × 宽 66 cm × 厚 7 cm，碑立于马关县。

见于《马关县第三次全国文物普查资料集·边关印迹》。

5254 参将李云德政石刻

正书，光绪二十六年（1900），碑立于江城县。

著录于《新纂云南通志·金石考》。

5255 明伦堂碑

撰者江命职，光绪二十六年（1900），碑立于禄丰县。

著录于《新纂云南通志·金石考》。

5256 朝阳寺碑

撰者刘荣相，光绪二十六年（1900），碑立于禄丰县。

著录于《新纂云南通志·金石考》。

5257 凤厦故彝汉文墓碑

光绪二十六年（1900），高 63 cm × 宽 42 cm，碑立于武定县。

见于《武定探秘》。

5258 虹溪石牌坊诰封王笃生文

撰者清德宗，光绪二十六年（1900），高 68 cm × 宽 110 cm × 厚 20 cm，碑立于弥勒市。

见于《弥勒文物志》。

5259 虹溪石牌坊诰封王勋业文

撰者清德宗，光绪二十六年（1900），高 68 cm × 宽 110 cm × 厚 20 cm，碑立于弥勒市。

见于《弥勒文物志》。

5260 虹溪石牌坊诰封王炽文

撰者清德宗，光绪二十六年（1900），高 68 cm×宽 110 cm×厚 20 cm，碑立于弥勒市。

见于《弥勒文物志》。

5261 虹溪书院租数田亩坐落碑记

光绪二十六年（1900），高 195 cm×宽 75 cm×厚 17 cm，碑立于弥勒市。

见于《弥勒文物志》。

5262 牛和二氏合茔记碑

撰者赵智，光绪二十六年（1900），碑立于丽江市。

见于《纳西族地区历代碑刻辑录与研究》。

5263 潘母杨孺人墓志碑铭

撰者杨琼，光绪二十六年（1900），碑立于洱源县。

著录于《新纂云南通志·金石考》。

5264 三圣庵访寂静比丘尼碑记

撰者黄膺，书者黄膺，光绪二十六年（1900），碑立于官渡区。

著录于《新纂云南通志·金石考》。

5265 上水洞晓谕碑

光绪二十六年（1900），高 160 cm×宽 80 cm×厚 12 cm，碑立于会泽县。

见于《娜姑镇文物志》。

5266 尉家坟独立碑

光绪二十六年（1900），高 125 cm×宽 53 cm，碑立于曲靖市。

见于《陆良历代石刻注解与研究》。

5267 详定虹溪书院义学章程

撰者李培元，光绪二十六年（1900），高 80 cm×宽 120 cm，碑立于弥勒市。

见于《弥勒文物志》。

5268 谢仁斋府君墓志铭

撰者彭松森，光绪二十六年（1900），碑立于元江县。

著录于（民国）《元江志稿》。

5269 重建将军庙正殿功德碑

楷书，光绪二十六年（1900），高 138 cm×宽 65 cm，碑立于大理市。

见于《大理丛书·金石篇》。

5270 重修点苍山中和寺碑记

撰者杨琼，光绪二十六年（1900），碑立于大理市。

著录于《新纂云南通志·金石考》。

5271 重修谷女寺碑文

大理石，楷书，光绪二十六年（1900），高 83 cm×宽 53.5 cm，碑立于弥渡县。

见于《大理丛书·金石篇》。

5272 重修谷女寺观音阁序

撰者杨轸，楷书，光绪二十六年（1900），高 76 cm×宽 54 cm，碑立于弥渡县。

见于《大理丛书·金石篇》。

5273 白棕棚一同碑

光绪二十七年（1901），碑立于开远市。

见于《云南乡规民约大观》（上）。

5274 南熏桥功德碑

撰者李春芳，光绪二十七年（1901），高 122 cm×宽 85 cm，碑立于宾川县。

见于《宾川丛书·金石篇》。

5275 大理学府教授许苛山先生墓表

撰者钱用中，光绪二十七年（1901），碑立于石屏县。

著录于（民国）《石屏县志》。

5276 鼎新桥刻石

正书，光绪二十七年（1901），碑立于丽江市。

著录于《新纂云南通志·金石考》。

5277 旌表节孝李母黄恭人墓表

撰者赵端礼，书者贺宗章，分书，光绪二十七年（1901），碑立于腾冲市。

著录于《新纂云南通志·金石考》。

5278 昆明王烈妇张太淑人墓表

撰者陈荣昌，光绪二十七年（1901），碑立于保山市。

著录于《新纂云南通志·金石考》。

5279 灵荫寺祖碑

光绪二十七年（1901），高 106 cm×宽 45 cm，碑立于曲靖市。

见于《陆良历代石刻注解与研究》。

5280 那庵寺碑记

光绪二十七年（1901），高 164 cm×宽 92 cm×厚 16 cm，碑立于弥勒市。

见于《弥勒文物志》。

5281 重修毛氏宗祠碑记序

撰者毛子骥，书者毛扬曾，楷书，光绪二十七年（1901），高 61 cm×宽 64 cm，碑立于大姚县。

见于《楚雄历代碑刻》。

5282 三纲碑

撰者黄启凤、星岩甫，光绪二十七年（1901），碑立于姚安县。

著录于（民国）《姚安县志》。

5283 五山区中寨公众碑

光绪二十七年（1901），碑立于弥勒市。

见于《云南林业文化碑刻》。

5284 修双龙桥阁序

撰者薛金书，刻工赵继福，光绪二十七年（1901），碑立于建水县。

见于《遗留在建水碑刻中的文明记忆》。

5285 许母李孺人墓志铭

撰者赵端礼，书者赵端礼，光绪二十七年（1901），碑立于腾冲市。

著录于《新纂云南通志·金石考》。

5286 羊龙潭水利碑序

光绪二十七年（1901），碑立于鹤庆县。

见于《鹤庆碑刻辑录》。

5287 义济碑记

青石，楷书，光绪二十七年（1901），高 210 cm×宽 73 cm，碑立于祥云县。

见于《大理丛书·金石篇》。

5288 永远禁止碑

光绪二十七年（1901），碑立于鹤庆县。

见于《鹤庆碑刻辑录》。

5289 昭通发现孟碑及昭通沿革记

撰者胡国桢，光绪二十七年（1901），碑立于大关县。

著录于（民国）《大关县志》。

5290 重建白马庙碑

撰者杨金鉴，光绪二十七年（1901），碑立于鹤庆县。

见于《鹤庆碑刻辑录》。

5291 朱方铭摩崖

撰者黄膺，书者黄膺，正书，光绪二十七年（1901），碑立于文山市。

著录于《新纂云南通志·金石考》。

5292 国朝赵州弥渡举人题名碑

光绪二十七年后（1901），碑立于弥渡县。

见于《弥渡古代碑刻辑释》。

5293 金雉城先生墓表

撰者罗赞元，光绪二十七（1901），碑立于石林县。

著录于（民国）《路南县志》。

5294《昆池饯别图序并诗》摩崖

撰者陈荣昌，书者陈荣昌，行书，光绪二十八年（1902），碑立于西山区。

著录于《新纂云南通志·金石考》。

5295《万卷楼》诗刻

撰者黄膺，行书，光绪二十八年（1902），碑立于双江县。

著录于《新纂云南通志·金石考》。

5296 邑亮大王碑序

撰者孙子绥，光绪二十八年（1902）。

见于《云南道教碑刻辑录》。

5297 倡置义田序

撰者李元清，书者杨学义，正书，光绪二十八年（1902），碑立于通海县。

著录于《新纂云南通志·金石考》。

5298 春源陈公祖宗海大人去思碑

大理石，楷书，光绪二十八年（1902），高 157 cm×宽 67 cm×厚 13 cm，碑立于丽江市。

见于《丽江历代碑刻辑录与研究》。

5299 戴酒问奇亭记

撰者彭锟，光绪二十八年（1902），碑立于临沧市。

著录于（光绪）《续修顺宁府志》。

5300 戴酒问奇亭铭

撰者黄膺，书者黄膺，正书，光绪二十八年（1902），碑立于临沧市。

著录于《新纂云南通志·金石考》。

5301 滇南退吏诗摩崖

撰者李经羲，书者李经羲，正书，光绪二十八年（1902），碑立于西山区。

著录于《新纂云南通志·金石考》。

5302 庚子仲冬游黑龙潭观梅饯赵樾村之秦中留别诗

撰者李经羲，光绪二十八年（1902），高 50 cm×宽 122 cm，碑立于盘龙区。

见于《云南林业文化碑刻》。

5303 访杨隐君记

撰者陈庚明，光绪二十八年（1902），碑立于嵩明县。

著录于（民国）《嵩明县志》。

5304 观音山护林碑

光绪二十八年（1902），高 86 cm×宽 54 cm，碑立于洱源县。

见于《大理洱源县碑刻辑录》。

5305 将军桥碑记

撰者松塄，书者奎华，楷书，光绪二十八年（1902），高 162 cm×宽 82 cm，碑立于楚雄市。

见于《楚雄历代碑刻》。

5306 聚奎楼碑记

撰者罗瑞图，正书，光绪二十八年（1902）。

著录于《新纂云南通志·金石考》。

5307 普川鲁墓志铭

撰者普廷魁，楷书，光绪二十八年（1902），高 70 cm×宽 34 cm，碑立于牟定县。

见于《楚雄历代碑刻》。

5308 杨晋歹彝文墓志铭

光绪二十八年（1902），高 69 cm×宽 34 cm，碑立于武定县。

见于《武定探秘》。

5309 李元甲墓志

光绪二十八年（1902），碑立于禄丰县。

见于《中国文物地图集·云南分册》。

5310 刘锟及夫人诰封碑

光绪二十八年（1902），高 228 cm×宽 94 cm，碑立于会泽县。

见于《会泽县文物志》。

5311 盘河坎石栏记

撰者彭树勋，光绪二十八年（1902），碑立于文山市。

著录于（民国）《续修文山县志》。

5312 石鼓判照碑

光绪二十八年（1902），高 112 cm×宽 56 cm×厚 12 cm，碑立于丽江市。

见于《纳西族地区历代碑刻辑录与研究》。

5313 夏正寅题夏文奇墓志

撰者夏正寅，大理石，楷书，光绪二十八年（1902），高 67 cm×宽 47 cm，碑立于南华县。

见于《大理丛书·金石篇》。

5314 夏文奇墓志碑

光绪二十八年（1902），碑立于弥渡县。

见于《弥渡古代碑刻辑释》。

5315 小果村水利告示碑

光绪二十八年（1902），高 78 cm×宽 51 cm，碑立于洱源县。

见于《大理洱源县碑刻辑录》。

5316 新建五夫子祠碑记

撰者龚发举，书者龚发举，正书，光绪二十八年（1902），碑立于文山市。

著录于（民国）《续修文山县志》。

5317 续修三迤会馆碑记

正书，光绪二十八年（1902）。

著录于《新纂云南通志·金石考》。

5318 玄天阁碑记

撰者赵文煜，书者赵文煜，正书，光绪二十八年（1902），高 136 cm×宽 66 cm×厚 13 cm，碑立于丽江市。

著录于《新纂云南通志·金石考》。

5319 杨升庵墨迹碑

撰者杨慎，草书，光绪二十八年（1902），高 142 cm×宽 75 cm，碑立于南涧县。

见于《大理丛书·金石篇》。

5320 云鹤楼石刻楹联（一）

撰者杨金和，光绪二十八年（1902），碑立于鹤庆县。

见于《鹤庆碑刻辑录》。

5321 至圣殿重修碑记

撰者黄玉书，大理石，楷书，光绪二十八年（1902），高 95 cm×宽 60 cm，碑立于弥渡县。

见于《大理丛书·金石篇》。

5322 重修甸心河碑记

光绪二十八年（1902），碑立于嵩明县。

著录于（民国）《嵩明县志》。

5323 庆云书院之光绪二十八年碑

光绪二十八年（1902），高 100 cm×宽 49 cm，碑立于洱源县。

见于《大理洱源县碑刻辑录》。

5324 明授忠勇都骑尉邹国祚李安人墓碑

撰者邹忠荩，光绪二十八年（1902）（重立），碑立于弥渡县。

见于《弥渡古代碑刻辑释》。

5325 白盐井历任提举题名碑

撰者文源，楷书，光绪二十九年（1903），高 167 cm×宽 93 cm，碑立于大姚县。

著录于（光绪）《续修白盐井志》。

5326 荡平倮寇纪功碑

撰者萧泽春，光绪二十九年（1903），碑立于临沧市。

著录于《顺宁府志》。

5327 放鹤去寻三岛客

光绪二十九年（1903），高 45 cm × 宽 90 cm，碑立于彝良县。

见于《云南林业文化碑刻》。

5328 封山育林告示碑

光绪二十九年（1903），碑立于弥渡县。

见于《云南林业文化碑刻》。

5329 宾川州扩修古底水潭文

光绪二十九年（1903），高 74 cm × 宽 42 cm，碑立于宾川县。

见于《宾川丛书·金石篇》。

5330 封山告示碑

大理石，楷书，光绪二十九年（1903），高 99 cm × 宽 61 cm，碑立于弥渡县。

见于《弥渡古代碑刻辑释》。

5331 命案碑

光绪二十九年（1903），高 148 cm × 宽 110 cm × 厚 19 cm，碑立于祥云县。

见于《祥云金石》。

5332 欧阳升鲁老孺人行述

撰者欧阳同春，光绪二十九年（1903），碑立于弥渡县。

见于《弥渡古代碑刻辑释》。

5333 欧阳升墓志

撰者邹祥和、邹云阶、杨钟秀、杨朝用，光绪二十九年（1903），碑立于弥渡县。

见于《弥渡古代碑刻辑释》。

5334 复修皈依寺碑记

光绪二十九年（1903），高 110 cm × 宽 68 cm × 厚 15 cm，碑立于弥勒市。

见于《弥勒文物志》。

5335 黄公浚筑河防碑记

撰者李崇阶，光绪二十九年（1903），碑立于洱源县。

著录于（光绪）《浪穹县志略》。

5336 剑川州新建校士馆记

撰者赵藩，书者赵式铭，正书，光绪二十九年（1903），碑立于剑川县。

著录于《新纂云南通志·金石考》。

5337 旌表节孝李母迟太夫人墓表

撰者赵熙，光绪二十九年（1903），碑立于昭通市。

著录于（民国）《昭通县志稿》。

5338 李氏祖茔彝文墓碑

光绪二十九年（1903），高 56 cm × 宽 44 cm，碑立于武定县。

见于《武定探秘》。

5339 李永甲墓志铭

撰者赵端礼，光绪二十九年（1903），碑立于腾冲市。

著录于《新纂云南通志·金石考》。

5340 乡饮大宾明公子隽于朗墓志铭

撰者周廷珍，光绪二十九年（1903），碑立于腾冲市。

著录于《新纂云南通志·金石考》。

5341 萧锡之先生德政碑

撰者谢崇基，光绪二十九年（1903），碑立于昭通市。

著录于（民国）《昭通县志稿》。

5342 新桃园林栽树法

光绪二十九年（1903），高 90 cm × 宽 130 cm，碑立于彝良县。

见于《云南林业文化碑刻》。

5343 新瓦房新建关圣宫碑记

光绪二十九年（1903），高 140 cm × 宽 84 cm，碑立于弥勒市。

见于《弥勒文物志》。

5344 徐氏重建古山寺并捐置田租碑

撰者甘孟贤，光绪二十九年（1903），碑立于姚安县。

著录于（民国）《姚安县志》。

5345 杨家祠堂记事碑

光绪二十九年（1903），高 70 cm × 宽 97 cm，碑立于禄丰县。

见于《探寻文明的踪迹——楚雄州第三次全国文物普查纪实》。

5346 重建腾越玄天宫碑记

撰者张松林，光绪二十九年（1903）。

见于《云南道教碑刻辑录》。

5347 重建元天宫碑记

撰者张松林，书者袁熙蓉，正书，光绪二十九年（1903），碑立于腾冲市。

著录于《新纂云南通志·金石考》。

5348 重修恩波楼记

撰者谢崇基，光绪二十九年（1903），碑立于昭通市。

著录于（民国）《昭通县志稿》。

5349 重修恩波楼记

撰者张赓飏，光绪二十九年（1903），碑立于昭通市。

著录于（民国）《昭通县志稿》。

5350 重修猛板□庙序

撰者蒋世芳，光绪二十九年（1903），碑立于临沧市。

著录于（民国）《镇康县志初稿》。

5351 重修新譌

光绪二十九年（1903），高 87 cm × 宽 48 cm，碑立于曲靖市。

见于《曲靖石刻》。

5352 重修土主财神庙碑

光绪二十九年（1903），碑立于昭通市。

见于《鲁甸碑刻》。

5353 永垂不朽碑

光绪三十年（1904），高 148 cm × 宽 110 cm，碑立于祥云县。

见于《祥云碑刻》。

5354 云州“村规民约”石碑

撰者罗谨规，光绪三十年（1904），碑立于临沧市。

见于《云南林业文化碑刻》。

5355 安石村公私树木规约碑

光绪三十年（1904），高 92 cm × 宽 60 cm，碑立于玉溪市。

见于《玉溪碑刻选集》。

5356 戴永清父母诰封碑

光绪三十年（1904），高 175 cm × 宽 75 cm × 厚 15 cm，碑立于通海县。

见于《通海历代碑刻集》。

5357 封山护蓄树株告示碑

光绪三十年（1904），高 92 cm × 宽 60 cm，碑立于通海县。

见于《通海历代碑刻集》。

5358 封翁周子朴墓志铭

撰者赵端礼，书者赵端礼，光绪三十年（1904），碑立于腾冲市。

著录于《新纂云南通志·金石考》。

5359 改建顺宁太和会馆碑记

撰者周宗洛，光绪三十年（1904），碑立于凤庆县。

著录于（民国）《顺宁县志初稿》。

5360 耿毓珍墓表

撰者韦履洁，光绪三十年（1904），高165 cm×宽 84 cm，碑立于隆阳区。

见于《隆阳碑铭石刻》。

5361 虹溪王兴斋炽墓表

撰者李坤，光绪三十年（1904），碑立于泸西县。

著录于《新纂云南通志·金石考》。

5362 虹溪王兴斋炽墓志铭

撰者李坤，光绪三十年（1904），碑立于泸西县。

著录于《新纂云南通志·金石考》。

5363 虹溪王兴斋炽墓表

撰者陈荣昌，光绪三十年（1904），碑立于泸西县。

著录于《新纂云南通志·金石考》。

5364 侯公上清一门殉难处

光绪三十年（1904），碑立于凤庆县。

著录于（民国）《顺宁县志初稿》。

5365 雩虹桥修路碑记

光绪三十年（1904），高 144 cm×宽56 cm，碑立于隆阳区。

见于《隆阳碑铭石刻》。

5366 禁止砍伐公山树木碑

青石，楷书，光绪三十年（1904），高96 cm×宽 44 cm，碑立于官渡区。

见于《官渡区志》（1999）。

5367 乐耕堤水利碑记

光绪三十年（1904），碑立于祥云县。

见于《祥云碑刻》。

5368 汉邑合村重修文宫序

光绪三十年（1904），高 80 cm×宽 56 cm×厚 9 cm，碑立于宾川县。

见于《宾川丛书·金石篇》。

5369 弥溪怀安桥碑

撰者马驷良，光绪三十年（1904），碑立于姚安县。

著录于（民国）《姚安县志》。

5370 牛平龙母万氏墓志铭

撰者廖维熊，光绪三十年（1904），碑立于弥勒市。

见于《弥勒文物志》。

5371 岁贡明怀之配刘孺人墓志铭

撰者赵端礼，书者赵端礼，光绪三十年（1904），碑立于腾冲市。

著录于《新纂云南通志·金石考》。

5372 喜洲紫云山寺三圣殿功德碑

书者杨乔，大理石，楷书，光绪三十年（1904），高 98.5 cm×宽 48.5 cm，碑立于大理市。

见于《大理丛书·金石篇》。

5373 杨柯墓碣

撰者杨琼，光绪三十年（1904），碑立于洱源县。

著录于《新纂云南通志·金石考》。

5374 尹母黄孺人墓志铭

撰者赵端礼，光绪三十年（1904），碑立于腾冲市。

著录于《新纂云南通志·金石考》。

5375 永立戒赌碑文

书者黄庆平，大理石，楷书，光绪三十年（1904），高 70 cm×宽 40 cm，碑立于大理市。

见于《大理丛书·金石篇》。

5376 云南县水例碑

楷书，光绪三十年（1904），高 110 cm×宽63 cm，碑立于祥云县。

见于《祥云碑刻》。

5377 重修南津桥碑志

光绪三十年（1904），碑立于隆阳区。

见于《隆阳碑铭石刻》。

5378 黄联村皇本水例碑

光绪三十年（1904），碑立于祥云县。

见于《祥云金石》。

5379 培补储水堤告示碑

光绪三十年（1904），高 74 cm × 宽 42 cm，碑立于宾川县。

见于《宾川丛书·金石篇》。

5380 永远禁止擅改弥渡城河告示碑

光绪三十年（1904），高 183 cm × 宽 78 cm × 厚 10 cm，碑立于弥渡县。

见于《弥渡古代碑刻辑释》。

5381 恩袭云骑尉彭馨园暨朱氏墓志

撰者罗问仁，光绪三十年（1904），碑立于弥渡县。

见于《弥渡古代碑刻辑释》。

5382 皇清恩赍寿员董公大人毓秀老孺人黄氏寿基

撰者杨廷鸿，光绪三十年（1904），碑立于大理市。

见于《大理凤仪古碑文集》。

5383 阿卢洞记

撰者解一经，青石，正书，光绪三十一年(1905),高 164 cm × 宽 100 cm × 厚 15 cm，碑立于泸西县。

著录于（康熙）《广西府志》。

5384 阿喜里鹤文村培风桥序

正书，光绪三十一年（1905），碑立于丽江市。

著录于《新纂云南通志·金石考》。

5385 宾川县水利碑记

大理石，楷书，光绪三十一年（1905）重立，高 124 cm × 宽 78 cm，碑立于宾川县。

见于《大理丛书·金石篇》。

5386 同知衔署大理府赵州事

光绪三十一年（1905），高 78 cm × 宽 48 cm，碑立于大理市。

见于《大理凤仪古碑文集》。

5387 诚款培风塔记

草书，光绪三十一年（1905），碑立于丽江市。

著录于《新纂云南通志·金石考》。

5388 初建初公坊记

撰者李世昌，正书，光绪三十一年（1905），碑立于玉溪市。

著录于《新纂云南通志·金石考》。

5389 蒋壮勤公碑铭

撰者赵耀基，光绪三十一年（1905），碑立于鹤庆县。

见于《滇南碑传集》。

5390 昆明戴筠帆先生墓表

撰者陈荣昌，光绪三十一年（1905）。

著录于《新纂云南通志·金石考》。

5391 罗平学堂创始记

撰者陶大浚，光绪三十一年（1905），碑立于罗平县。

著录于（民国）《罗平县志》。

5392 派分龙门村汉回牙祭碑记

光绪三十一年（1905），高 180 cm × 宽 110 cm，碑立于玉溪市。

见于《玉溪碑刻选集》。

5393 迁葬嵩山寺僧埜竹禅师塔铭

撰者李坤，光绪三十一年（1905），碑立于五华区。

著录于《新纂云南通志·金石考》。

5394　**清登仕郎刘公善廷墓志**

撰者周应锟，光绪三十一年（1905），碑立于大关县。

著录于（民国）《大关县志》。

5395　**升署思恩府知府孙君采臣神道碑**

撰者袁嘉穀，光绪三十一年（1905）。

著录于《新纂云南通志·金石考》。

5396　**岁贡李雨农先生恩周墓志铭**

撰者杨涧富，书者董友兰，光绪三十一年（1905），碑立于腾冲市。

著录于《新纂云南通志·金石考》。

5397　**唐天宝随李宓征南殉节参谋张公墓碑**

撰者熊辰昶，书者李庚明，正书，光绪三十一年（1905），碑立于大理市。

著录于《新纂云南通志·金石考》。

5398　**新平节孝总坊题字石刻**

撰者詹坦，书者杨本芳，行书，光绪三十一年（1905），碑立于新平县。

著录于《新纂云南通志·金石考》。

5399　**修建南山培风塔碑记**

撰者字福宝，书者木坤，正书，光绪三十一年（1905），碑立于丽江市。

著录于《新纂云南通志·金石考》。

5400　**永安桥记**

撰者高璞山，光绪三十一年（1905），碑立于鹤庆县。

见于《鹤庆碑刻辑录》。

5401　**玉鼓村刘家祠堂碑**

撰者张明德，书者张廷俊，白石，光绪三十一年（1905），高 110 cm×宽 60 cm，碑立于宜良县。

见于《宜良碑刻增补本》（下）。

5402　**重建振远亭碑记**

撰者蒋焘，光绪三十一年（1905），碑立于嵩明县。

著录于（民国）《嵩明县志》。

5403　**重修安顺桥记**

光绪三十一年（1905），碑立于大关县。

著录于（民国）《大关县志稿》。

5404　**重修鸣凤山太和宫碑记**

撰者陈鹍，光绪三十一年（1905），高 163 cm×宽 68 cm。

见于《云南道教碑刻辑录》。

5405　**乡规**

光绪三十二年（1906），碑立于红塔区。

见于《北城志》。

5406　**弥渡乡贤菊村李公神道碑**

光绪三十二年（1906），高 140 cm×宽 60 cm，碑立于弥渡县。

见于《弥渡古代碑刻辑释》。

5407　**弥渡乡贤荔扉师公神道碑**

光绪三十二年（1906），高 160 cm×宽 60 cm，碑立于弥渡县。

见于《弥渡古代碑刻辑释》。

5408　**弥渡乡贤苏海门神道碑**

光绪三十二年（1906），高 140 cm×宽 60 cm，碑立于弥渡县。

见于《弥渡古代碑刻辑释》。

5409　**大水渼护林石碑**

石灰石，光绪二十九年（1903）印照，光绪三十二年（1906）立，长约 150 cm×宽 65 cm×厚 12 cm，碑立于鹤庆县。

见于《云南林业文化碑刻》。

5410　**大坪子千秋永固碑记**

光绪三十二年（1906），高 112 cm×宽 57 cm，碑立于施甸县。

见于《施甸碑铭录》。

5411　**恩贡段邦俊用章墓志铭**

撰者段琼，光绪三十二年（1906），碑

立于洱源县。

著录于《新纂云南通志·金石考》。

5412 傅国公征南落永昌之碑序

光绪三十二年（1906），高 173 cm×宽 65 cm，碑立于隆阳区。

见于《隆阳碑铭石刻》。

5413 虎山碑记

撰者董澄澍，书者杨恩溥，大理石，楷书，光绪三十二年（1906），高 96 cm×宽 57 cm，碑立于云龙县。

见于《大理丛书·金石篇》。

5414 黄廷瓒墓志铭

撰者赵端礼，书者赵端礼，光绪三十二年（1906），碑立于腾冲市。

著录于《新纂云南通志·金石考》。

5415 蒋壮勤公祠堂碑记

撰者杨金鉴，书者黄致中，青石，楷书，光绪三十二年（1906），高 61 cm×宽 88 cm，碑立于鹤庆县。

见于《大理丛书·金石篇》。

5416 鲁甸李君墓志铭

撰者陈荣昌，光绪三十二年（1906），碑立于鲁甸县。

著录于《新纂云南通志·金石考》。

5417 弥渡乡贤神道碑

正书，光绪三十二年（1906），碑立于弥渡县。

著录于《新纂云南通志·金石考》。

5418 重修北山塔记

光绪三十二年（1906），碑立于大理市。

见于《大理凤仪古碑文集》。

5419 重修北川塔记

撰者熊辰昶，书者熊辰昶，大理石，行书，光绪三十二年（1906），高 58 cm×宽 90 cm，碑立于大理市。

见于《大理丛书·金石篇》。

5420 抽牲税法碑

光绪三十二年（1906），碑立于宾川县。

见于《宾川丛书·金石篇》。

5421 缅宁厅革除土司弊政禁约碑

光绪三十二年（1906），碑立于双江县。

见于《双江拉祜族佤族布朗族傣族自治县民族志》。

5422 壬午举人明相讳钟琦墓诗刻石

撰者赵端礼，光绪三十二年（1906），碑立于腾冲市。

著录于《新纂云南通志·金石考》。

5423 无名碑

光绪三十二年（1906），碑立于武定县。

见于《武定探秘》。

5424 小新村筹款开办学堂高石碑

光绪三十二年（1906），高 141 cm×宽 70 cm，碑立于通海县。

见于《通海历代碑刻集》。

5425 谢宇俊题“小兰津”诗碑

撰者谢宇俊，光绪三十二年（1906），高 80 cm×宽 100 cm，碑立于隆阳区。

见于《隆阳碑铭石刻》。

5426 移建洱源聚宝桥记

撰者田亮勋，正书，光绪三十二年（1906），碑立于洱源县。

著录于《新纂云南通志·金石考》。

5427 义济善事碑

光绪三十二年（1906），高 211 cm×宽 73 cm，碑立于祥云县。

见于《祥云碑刻》。

5428 永卓水松牧养利序

撰者周凤岐，大理石，楷书，光绪三十

二年（1906），高 60 cm × 宽 40 cm，碑立于大理市。

见于《大理丛书·金石篇》。

5429 重建云泉寺碑记

撰者张霖，光绪三十二年（1906），碑立于楚雄市。

著录于（宣统）《楚雄县志》。

5430 重修白腊寺记

撰者陶大濬，光绪三十二年（1906），碑立于罗平县。

著录于（民国）《罗平县志》。

5431 重修崇圣宫记

撰者陶大濬，光绪三十二年（1906），碑立于罗平县。

著录于（民国）《罗平县志》。

5432 重修德源桥碑记

撰者曾屏閭，正书，光绪三十二年（1906），碑立于洱源县。

著录于《新纂云南通志·金石考》。

5433 重修桂香殿记

撰者张璪，光绪三十二年（1906），碑立于新平县。

著录于（民国）《续修新平县志》。

5434 重修寻甸州关帝庙碑记

光绪三十二年（1906），碑立于寻甸县。

著录于《新纂云南通志·金石考》。

5435 祖考李公讳嗣璋府君大人之墓碑文

光绪三十二年（1906），碑立于昭通市。

见于《鲁甸碑刻》。

5436 皇清恩赍八品寿员李公占春之墓

撰者李春山，光绪三十二年（1906），碑立于大理市。

见于《大理凤仪古碑文集》。

5437 弥渡乡贤龚渤神道碑

光绪三十二年（1906），高 140 cm × 宽 60 cm，碑立于弥渡县。

见于《弥渡古代碑刻辑释》。

5438 弥渡乡贤谷际歧神道碑

光绪三十二年（1906），高 140 cm × 宽 60 cm，碑立于弥渡县。

见于《弥渡古代碑刻辑释》。

5439 白华“永远遵照”碑

光绪三十三年（1907），高 93 cm × 宽 66 cm × 14 cm，碑立于丽江市。

见于《纳西族地区历代碑刻辑录与研究》。

5440 杜厚庵神道碑

光绪三十三年（1907），碑立于弥渡县。

见于《弥渡古代碑刻辑释》。

5441 白云寺常住碑记（二）

光绪三十三年（1907），碑立于施甸县。

著录于《姚关镇志》。

注：原碑已佚。

5442 曹烈妇墓志铭

撰者饶起敬，光绪三十三年（1907），碑立于昭通市。

著录于（民国）《昭通县志稿》。

5443 陈芝珊先生墓志

撰者张维宗，光绪三十三年（1907），碑立于大关县。

著录于（民国）《大关县志》。

5444 大树村乡规民约碑文

光绪三十三年（1907），高 98 cm × 宽 60 cm，碑立于弥勒市。

见于《弥勒文物志》。

5445 诰封奉直大夫杨君樊墓志铭

撰者寸开泰，书者王开国，光绪三十三年（1907），碑立于腾冲市。

著录于《新纂云南通志·金石考》。

5446 贵阳陈公灿纪念碑

撰者袁嘉榖，书者陈荣昌，正书，光绪三十三年（1907）。

著录于《新纂云南通志·金石考》。

5447 明雷尚书神道碑

书者严天骏，正书，光绪三十三年（1907），碑立于玉溪市。

著录于《新纂云南通志·金石考》。

5448 龙井甘泉记

光绪三十三年（1907）。

见于《云南道教碑刻辑录》。

5449 万德禁赌碑

楷书，光绪三十三年（1907），高 88 cm×宽 58 cm，碑立于武定县。

见于《楚雄历代碑刻》。

5450 龙潭碑

楷书，光绪三十三年（1907），高 115 cm×宽 67 cm，碑立于禄丰县。

见于《中国文物地图集·云南分册》。

5451 新建腾越关道署碑记

撰者关以镛，书者罗其勋，正书，光绪三十三年（1907），碑立于腾冲市。

著录于《新纂云南通志·金石考》。

5452 许子庄敬中墓志铭

撰者赵端礼，书者赵端礼，光绪三十三年（1907），碑立于腾冲市。

著录于《新纂云南通志·金石考》。

5453 重修关圣宫碑记

撰者郭鼎甲，光绪三十三年（1907）。

见于《云南道教碑刻辑录》。

5454 重修界明桥碑记

撰者吴振勋，光绪三十三年（1907），碑立于腾冲市。

见于《腾冲名碑集释》。

5455 重修金鸡寺小引

撰者杨棫材，光绪三十三年（1907），高 60 cm×宽 30 cm，碑立于怒江州。

见于《云南道教碑刻辑录》。

5456 麻栗坡县大王庙颂扬植树造林碑（麻栗坡大王庙杉木碑）

撰者罗起云，光绪三十四年（1908），高 130 cm×宽 80 cm×厚 15 cm，碑立于麻栗坡县。

见于《云南林业文化碑刻》。

5457 邓川学宫迁建碑记

撰者杨琼，光绪三十四年（1908），碑立于洱源县。

著录于《新纂云南通志·金石考》。

5458 过新兴高仓明雷尚书祠读新碑记

撰者孙崇纬，光绪三十四年（1908），高 100 cm×宽 70 cm，碑立于玉溪市。

见于《玉溪碑刻选集》。

5459 禁止东营开取土石告示

光绪三十四年（1908），高 173 cm×宽 75 cm，碑立于玉溪市。

见于《玉溪碑刻选集》。

5460 旌表节孝石母刘孺人墓志铭

撰者赵端礼，书者赵端礼，光绪三十四年（1908），碑立于腾冲市。

著录于《新纂云南通志·金石考》。

5461 圆通寺怀古留别诗碣

撰者黄膺，楷书，光绪三十四年（1908），高 67 cm×宽 100 cm，碑立于武定县。

著录于《新纂云南通志·金石考》。

5462 举人甘应篪先生仲贤圹志

撰者甘德明，光绪三十四年（1908），

碑立于姚安县。
著录于《新纂云南通志·金石考》。

5463 昆明李夫人墓志铭

撰者陈荣昌，光绪三十四年（1908），碑立于泸西县。
著录于《新纂云南通志·金石考》。

5464 雷尚书祠碑记

撰者孙纬，正书，光绪三十四年（1908），碑立于普洱市。
著录于《新纂云南通志·金石考》。

5465 李文学神位碑

楷书，光绪三十四年（1908），高 49 cm×宽 39.5 cm，碑立于弥渡县。
见于《大理丛书·金石篇》。

5466 妙姑彝族万古常昭碑

光绪三十四年（1908），碑立于祥云县。
见于《祥云金石》。

5467 重修德源桥碑记碑

撰者杨琼，光绪三十四年（1908），高 113 cm×宽 77 cm，碑立于洱源县。
见于《大理洱源县碑刻辑录》。

5468 明故太子少保经筵讲官文渊阁大学士礼部尚书雷公石庵神道碑

撰者严天骏，光绪三十四年（1908），高 120 cm×宽 23 cm，碑立于玉溪市。
见于《玉溪碑刻选集》。

5469 沙村改造二圣宫本主祠碑记

撰者杨纯珍，书者杨纯珍，大理石，楷书，光绪三十四年（1908），高 157 cm×宽 69 cm，碑立于大理市。
见于《大理丛书·金石篇》。

5470 万氏始祖碑

光绪三十四年（1908），高 102 cm×宽 62 cm，碑立于宜良县。
见于《宜良碑刻增补本》（下）。

5471 武德骑尉马开勋碑文

光绪三十四年（1908），碑立于昭通市。
见于《鲁甸碑刻》。

5472 仙人洞记

撰者陈荣昌，光绪三十四年（1908），碑立于昭通市。
见于《鲁甸碑刻》。

5473 先妣周太夫人墓志铭

撰者陈荣昌，光绪三十四年（1908）。
著录于《新纂云南通志·金石考》。

5474 先考府君墓志铭

撰者李坤，光绪三十四年（1908）。
见于《思亭文钞》。

5475 向日桥记

撰者彭继志，青石，楷书，光绪三十四年（1908），高 110 cm×宽 57 cm×厚 24 cm，碑立于丽江市。
见于《丽江历代碑刻辑录与研究》。

5476 新建遂通桥碑记

撰者谢宇俊，光绪三十四年（1908），高 138 cm×宽 82 cm，碑立于施甸县。
著录于《施甸县志》。

5477 修复华严寺记

撰者赵端礼，书者赵端礼，光绪三十四年（1908），碑立于腾冲市。
著录于《新纂云南通志·金石考》。

5478 秀山吟

撰者赵金鉴，光绪三十四年（1908），高 66 cm×宽 44 cm，碑立于通海县。
见于《通海历代碑刻集》。

5479 殉难举人李实生先生含英墓志铭

撰者李治，光绪三十四年（1908），碑立于腾冲市。

著录于《新纂云南通志·金石考》。

5480 鬻琴碑

撰者孙琼，光绪三十四年（1908），高200 cm×宽80 cm，碑立于曲靖市。

见于《曲靖石刻》。

5481 重修普济桥碑记

光绪三十四年（1908），高 61 cm×宽88 cm，碑立于宜良县。

见于《宜良碑刻增补本》（下）。

5482 募修龙泉寺小引

撰者黄炳堃，光绪十四年至十六年（1888—1890），碑立于普洱市。

著录于（民国）《景东县志稿》。

5483 重修龙神祠碑记

撰者陈灿，光绪年间（1875—1908），碑立于楚雄市。

著录于（宣统）《楚雄县志》。

5484 丰裕桥坊石刻

撰者王文韶，光绪年间（1875—1908），碑立于禄丰县。

著录于《新纂云南通志·金石考》。

5485 五华书院新建潘忠毅公祠碑

撰者张钊纮，光绪年间（1875—1908），碑立于五华区。

见于《新纂云南通志·金石考》。

5486 省会各河堤植树，始于元赛典赤

光绪年间（1875—1908）。

见于《云南林业志资料》。

5487 造林护林碑

光绪年间（1875—1908），碑立于鹤庆县。

见于《云南林业文化碑刻》。

5488 梅花寨火龙宫记碑

撰者许稚梁，光绪年间（1875—1908），高 110 cm×宽 60 cm×厚 13 cm，碑立于弥勒市。

见于《弥勒文物志》。

5489 清残光绪“改土归流诗”石碑

光绪年间（1875—1908），长 44 cm×宽8 cm×高 78 cm，碑立于永德县。

见于《临沧可移动文物精粹》。

5490 北社文昌宫租记

撰者陈廷焴，光绪年间（1875—1908），碑立于保山市。

著录于（光绪）《永昌府志》。

5491 苍山庙钟馗造像碑

撰者罗思举，光绪年间（1875—1908），高 148 cm×宽 64 cm。

见于《云南道教碑刻辑录》。

5492 城隍庙碑记

撰者陈龙章，光绪年间（1875—1908）。

见于《云南道教碑刻辑录》。

5493 魁星阁田租记

撰者朱照垣，光绪年间（1875—1908）。

见于《云南道教碑刻辑录》。

5494 龙泉寺租记

撰者张凤锦，光绪年间（1875—1908）。

见于《云南道教碑刻辑录》。

5495 智灯寺无名碑

撰者王泽春，光绪年间（1875—1908），高 91 cm×宽 59 cm，碑立于祥云县。

见于《祥云碑刻》。

5496 募建魁阁引

撰者赵之瑧，光绪年间（1875—1908）。

著录于（民国）《龙陵县志》。

5497 **培修元宝山记**

撰者何耀先，光绪年间（1875—1908），碑立于昭通市。

著录于（民国）《昭通志稿》。

5498 **威雄土主灵应颂**

撰者久自荣，光绪年间（1875—1908），碑立于大姚县。

著录于（光绪）《续修白盐井志》。

5499 **文昌祠记**

撰者杨金鉴，光绪年间（1875—1908），高 105 cm×宽 66 cm，碑立于鹤庆县。

见于《云南道教碑刻辑录》。

5500 **武侯祠租记**

撰者陈廷焴，光绪年间（1875—1908）。

见于《云南道教碑刻辑录》。

5501 **修建龙神祠碑记**

撰者王家辙，光绪年间（1875—1908）。

著录于（民国）《续修建水县志稿》。

5502 **杨家桥设立街场重建财神庙碑序**

撰者王沂渊，光绪年间（1875—1908）。

著录于（民国）《嵩明县志》。

5503 **玉皇阁田租附纪于后**

撰者陈廷焴，光绪年间（1875—1908）。

见于《云南道教碑刻辑录》。

5504 **玉皇阁义田册籍记**

撰者陈廷焴，光绪年间（1875—1908）。

著录于（道光）《永昌府志》。

5505 **缘狮洞半字连珠诗碑**

撰者董景山，光绪年间（1875—1908），高 38 cm×宽 52 cm。

见于《云南道教碑刻辑录》。

5506 **增修文昌前楼碑记**

撰者傅雍和，光绪年间（1875—1908）。

见于《云南道教碑刻辑录》。

5507 **重修东岳庙碑**

撰者陈廷焴，光绪年间（1875—1908）。

著录于（道光）《永昌府志》。

5508 **重修太保山魁阁募引**

撰者袁文典，光绪年间（1875—1908）。

见于《云南道教碑刻辑录》。

5509 **重修腾越火神庙记**

撰者陈宗海，光绪年间（1875—1908），碑立于腾冲市。

见于《云南道教碑刻辑录》。

5510 **重修腾越龙神祠碑记**

撰者陈宗海，光绪年间（1875—1908），碑立于腾冲市。

见于《云南道教碑刻辑录》。

5511 **重修文昌宫碑记**

撰者钮嗣杰，光绪年间（1875—1908）。

见于《云南道教碑刻辑录》。

5512 **重修武庙碑记**

撰者马肇成，光绪年间（1875—1908）。

见于《云南道教碑刻辑录》。

5513 **重修养济院新增田谷碑记**

撰者张凤锦，光绪年间（1875—1908）。

见于《云南道教碑刻辑录》。

5514 **重修关圣庙碑记**

撰者吴圻，光绪年间（1875—1908）。

见于《云南道教碑刻辑录》。

5515 **彩云观游记**

撰者李识韩，光绪年间（1875—1908），碑立于丘北县。

著录于（民国）《邱北县志》。

5516 新建红崖彩云书院序碑

撰者叶如桐，光绪年间（1875—1908），碑立于弥渡县。

见于《弥渡古代碑刻辑释》。

5517 玉龙桥功德碑

光绪年间（1875—1908），高 186 cm×宽 80 cm×厚 24 cm，碑立于丽江市。

见于《丽江历代碑刻辑录与研究》。

宣统年间

5518 建修龙沟河堤记

砂岩，楷书，宣统元年（1909），高 191 cm×宽 67 cm，碑立于禄丰县。

见于《楚雄历代碑刻》。

5519 安庆堤碑

撰者李良年，宣统元年（1909），高 470 cm×宽 430 cm，碑立于禄丰县。

见于《楚雄彝族自治州文物志》。

5520 拔贡杨济生先生富涧墓志铭

撰者寸开泰，书者寸开泰，宣统元年（1909），碑立于腾冲市。

著录于《新纂云南通志·金石考》。

5521 敕赠七品孺人例貤赠淑人杨母寸孺人之墓

撰者陈荣昌，宣统元年（1909），碑立于鹤庆县。

见于《鹤庆碑刻辑录》。

5522 告示

宣统元年（1909），高 69 cm×宽 58 cm，碑立于大理市。

见于《大理风仪古碑文集》。

5523 皇清例赠太学董公讳国后寿基

撰者杨廷鸿，宣统元年（1909），碑立于大理市。

见于《大理风仪古碑文集》。

5524 黄埧暨欧阳孺人墓志碑

撰者李元阳，宣统元年（1909），高 67 cm×宽 42 cm，碑立于弥渡县。

见于《弥渡古代碑刻辑释》。

5525 永垂不朽

撰者王人龙，宣统元年（1909），高 67 cm×宽 40 cm，碑立于祥云县。

见于《祥云金石》。

5526 高头甸范科名墓志

撰者姜春藻，宣统元年（1909），碑立于弥勒市。

见于《弥勒文物志》。

5527 和槐妻木氏墓碑

撰者木年炯，宣统元年（1909），第一块高 68 cm×宽 38 cm，第二、三块高 62 cm×宽 25 cm，碑立于丽江市。

见于《纳西族地区历代碑刻辑录与研究》。

5528 节妇李徐氏墓碑

撰者邹毅洪，书者徐价，正书，宣统元年（1909），碑立于文山市。

著录于（民国）《续修文山县志》。

5529 昆明王静斋道生墓志铭

撰者李坤，宣统元年（1909）。

著录于《新纂云南通志·金石考》。

5530 南经庄重建本主祠碑记

撰者李枝发、言廷甫，书者言廷甫，大理石，楷书，宣统元年（1909），高 90 cm×宽 58 cm，碑立于大理市。

见于《大理丛书·金石篇》。

注：原碑已佚，拓片藏今云南省大理州博物馆。

5531 邵襄政墓志铭

撰者李正纲，宣统元年（1909），高 80 cm×宽 50 cm，碑立于隆阳区。

见于《隆阳碑铭石刻》。

5532 王正雅德政石刻

宣统元年（1909），碑立于马关县。

著录于《新纂云南通志·金石考》。

5533 西毛营义学碑记

撰者许克诚，刻工钱兆福，宣统元年（1909），高 65 cm×宽 105 cm，碑立于宜良县。

见于《宜良碑刻增补本》（上）。

5534 先王考府君墓志铭

撰者孙季坤，宣统元年（1909）。

著录于《新纂云南通志·金石考》。

5535 小龙洞口放水石槽碑（一）

宣统元年（1909），高 55 cm×宽 76 cm，碑立于宜良县。

见于《宜良碑刻增补本》（上）。

5536 小新村修沟放水碑志

宣统元年（1909），高 83 cm×宽 45 cm，碑立于通海县。

见于《通海历代碑刻集》。

5537 云龙寺碑

宣统元年（1909），碑立于龙陵县。

著录于（民国）《龙陵县志》。

5538 云南省议会碑记

撰者陈荣昌，书者陈荣昌，正书，宣统元年（1909）。

著录于《新纂云南通志·金石考》。

5539 增修连厂桥记

撰者甘孟贤，宣统元年（1909），高 90 cm×宽 36 cm，碑立于姚安县。

著录于（民国）《姚安县志》。

5540 赠建威将军李鸿武墓表

撰者袁嘉穀，宣统元年（1909），碑立于晋宁区。

著录于《新纂云南通志·金石考》。

5541 赵会楼先生墓志铭

撰者寸辅清，书者寸辅清，宣统元年（1909），碑立于腾冲市。

著录于《新纂云南通志·金石考》。

5542 重修得胜桥碑

宣统元年（1909），高 145 cm×宽 66 cm×厚 12 cm，碑立于会泽县。

见于《娜姑镇文物志》。

5543 朱母丁太夫人墓碑

撰者陈荣昌，宣统元年（1909），碑立于石屏县。

著录于（民国）《石屏县志》。

5544 铸钱成佛碑

正书，宣统元年（1909），碑立于龙陵县。

著录于《新纂云南通志·金石考》。

5545 族兄昆山先生怀玉墓碣铭

撰者李根源，宣统元年（1909），碑立于腾冲市。

著录于《新纂云南通志·金石考》。

5546 永远遵守护林碑

宣统二年（1910），高 110 cm×宽 62 cm×厚 19 cm，碑立于江川区。

见于《云南林业文化碑刻》。

5547 观音寺封山告示碑

宣统二年（1910），碑立于西山区。

见于《云南林业文化碑刻》。

5548 茶花寺常住碑记

宣统二年（1910），高 145 cm×宽 68 cm，碑立于施甸县。

著录于《姚关镇志》。

5549 傅忠壮公故里碑

书者赵藩，宣统二年（1910），碑立于五华区。

著录于《新纂云南通志·金石考》。

5550 傅忠壮公墓碣

书者李坤，宣统二年（1910）。

著录于《新纂云南通志·金石考》。

5551 龚尚书碑

撰者田亮勋，宣统二年（1910），碑立于凤庆县。

著录于（民国）《顺宁县志初稿》。

5552 国学李文盛先生墓志铭

撰者李根源，书者革孚言，正书，宣统二年（1910），碑立于腾冲市。

著录于《新纂云南通志·金石考》。

5553 胡二峰先生读书处

书者陈泽霈，宣统二年（1910），碑立于腾冲市。

著录于《新纂云南通志·金石考》。

5554 昆明观音寺封山育林告示碑

宣统二年（1910），碑立于西山区。

见于《云南林业文化碑刻》。

5555 勒石永久碑

宣统二年（1910），高 205 cm × 宽 77 cm，碑立于曲靖市。

见于《陆良历代石刻注解与研究》。

5556 石洞村孔孝纲墓志铭

撰者王运谦，宣统二年（1910），高 120 cm × 宽 70 cm × 厚 12 cm，碑立于弥勒市。

见于《弥勒文物志》。

5557 石屏袁封君墓碑

撰者陈荣昌，宣统二年（1910），碑立于石屏县。

著录于（民国）《石屏县志》。

5558 是亦池歌

撰者王成章，书者王锡章，宣统二年（1910），高 80 cm × 宽 260 cm，碑立于丽江市。

见于《纳西族地区历代碑刻辑录与研究》。

5559 王焕宇德教碑

汉白玉，楷书，宣统二年（1910），高 137 cm × 宽 60 cm，碑立于丽江市。

见于《丽江历代碑刻辑录与研究》。

5560 回龙村旧庙碑记（2 通）

撰者罗廷辉，宣统二年（1910），碑立于宾川县。

见于《宾川丛书·金石篇》。

5561 西平侯沐英世系传碑

书者欧阳渠，刻工李根源，正书，宣统二年（1910）。

著录于《新纂云南通志·金石考》。

5562 晓谕讼费碑

宣统二年（1910），高 205 cm × 宽 76 cm，碑立于曲靖市。

见于《曲靖石刻》。

5563 轩勒村石碑

宣统二年（1910），碑立于陇川县。

见于《云南省德宏傣族景颇族不可移动文物名录》。

5564 永远遵守禁令碑

楷书，宣统二年（1910），高 110 cm × 宽 75 cm × 厚 9 cm，碑立于武定县。

见于《中国文物地图集·云南分册》。

5565 矣赤丹彝村山神碑

宣统二年（1910），高 52 cm × 宽 36 cm，碑立于武定县。

见于《彝文石刻译选》。

5566 玉皇阁碑（三）

宣统二年（1910），长 80 cm × 宽 50 cm，碑立于施甸县。

见于《施甸碑铭录》。

5567 袁府君德洋墓表

撰者陈荣昌，宣统二年（1910），碑立于石屏县。

著录于《新纂云南通志·金石考》。

5568 张炳朝墓碑记

撰者陆玑图，宣统二年（1910），高 66 cm×宽 44 cm，碑立于施甸县。

见于《施甸碑铭录》。

5569 重修善堂碑记

撰者谢文翘，宣统二年（1910），碑立于昭通市。

著录于（民国）《昭通县志稿》。

5570 重修玉阁碑记

撰者赵本源，宣统二年（1910），高 200 cm×宽 65 cm，碑立于隆阳区。

见于《隆阳碑铭石刻》。

5571 阿昌族村村规民约

宣统三年（1911），碑立于陇川县。

见于《云南乡规民约大观》（上）。

5572 保护山林碑

撰者陈治鸿，宣统三年（1911），长 132 cm×宽 76 cm，碑立于江川区。

见于《云南林业文化碑刻》。

5573 兵燹扰攘碑记

撰者张学礼，书者赵国祥，正书，宣统三年（1911），碑立于江川区。

著录于《新纂云南通志·金石考》。

5574 恩安李公墓志铭

撰者陈荣昌，宣统三年（1911），碑立于昭通市。

著录于《新纂云南通志·金石考》。

5575 高黎贡山摩崖

隶书，宣统三年（1911），碑立于腾冲市。

著录于《新纂云南通志·金石考》。

5576 诰封资政大夫四川天全州知州顾公墓表

撰者杨兆麟，书者杨兆麟，正书，宣统三年（1911）。

著录于《新纂云南通志·金石考》。

5577 耿氏宜人墓表

撰者刘炳蔚，宣统三年（1911），高 155 cm×宽 64 cm，碑立于隆阳区。

见于《隆阳碑铭石刻》。

5578 河西县正堂的布告

宣统三年（1911），碑立于建水县。

见于《遗留在建水碑刻中的文明记忆》。

5579 河西县正堂纪录六次徐为□□□□□□事

宣统三年（1911）。

见于《云南道教碑刻辑录》。

5580 九保沿革记

撰者李根源，书者贺宗章，隶书，宣统三年（1911），碑立于腾冲市。

著录于《新纂云南通志·金石考》。

5581 林母吴太夫人墓表

撰者江蕴琛，宣统三年（1911），碑立于隆阳区。

见于《隆阳碑铭石刻》。

5582 定西岭碑

撰者李根源，书者赵藩，大理石，楷书，宣统三年（1911），高 146 cm×宽 73 cm，碑立于弥渡县。

见于《弥渡古代碑刻辑释》。

5583 小国公营

宣统三年（1911），碑立于大理市。

见于《大理凤仪古碑文集》。

5584 蛉南维新桥记

撰者李宝书，宣统三年（1911），碑立于大姚县。

著录于《新纂云南通志·金石考》。

5585 明儒吴执斋协卿先生故里碑

撰者李根源，宣统三年（1911），碑立于腾冲市。

著录于《新纂云南通志·金石考》。

5586 明孙清愍公传

撰者庞垲，书者陈汝昌，正书，宣统三年（1911）。

著录于《新纂云南通志·金石考》。

5587 四川三台县知县朱君雨亭墓志铭

撰者王人文，书者王人文，正书，宣统三年（1911），碑立于华宁县。

著录于《新纂云南通志·金石考》。

5588 孙继鲁《明史·本传》

书者袁嘉穀，正书，宣统三年（1911）。

著录于《新纂云南通志·金石考》。

5589 向湖村赵氏宗族碑记

撰者赵藩，书者赵藩，楷书，宣统三年（1911），高 189 cm×宽 70 cm，碑立于剑川县。

见于《大理丛书·金石篇》。

5590 小东山功德碑记

撰者董李郁，刻工董金润，宣统三年（1911），碑立于鹤庆县。

见于《鹤庆碑刻辑录》。

5591 重刻华严寺碑记

撰者胡璇，书者森林，刻工李根源，宣统三年（1911），碑立于腾冲市。

著录于《新纂云南通志·金石考》。

5592 重修金龙桥碑记

宣统三年（1911），碑立于剑川县。

著录于《新纂云南通志·金石考》。

5593 重修孙清愍公墓记

撰者袁嘉穀，书者陈荣昌，正书，宣统三年（1911）。

著录于《新纂云南通志·金石考》。

5594 李公懋贤墓碑

撰者颖樟，正书，宣统三年（1911），碑立于腾冲市。

著录于《新纂云南通志·金石考》。

5595 李孺人墓碣

撰者赵藩，正书，宣统三年（1911），碑立于玉溪市。

著录于《新纂云南通志·金石考》。

5596 明永历帝窦妃墓碑

撰者李根源，正书，宣统三年（1911），碑立于腾冲市。

著录于《新纂云南通志》。

5597 团田乡护林防火石刻碑

宣统年间（1909—1911），碑立于墨江县。

见于《云南林业文化碑刻》。

5598 游盘龙山记

撰者杨佩，宣统年间（1909—1911）。

见于《云南道教碑刻辑录》。

时间未定

5599 腊撒寨土主庙石碑

清代（1644—1911），碑立于陇川县。

见于《云南省德宏傣族景颇族不可移动文物名录》。

5600 续定积谷章程告示

清代（1644—1911），高 61 cm×宽 132 cm，碑立于临沧市。

见于《临沧可移动文物精粹》等。

5601 清乾隆缅宁（禁革轿役）青石碑

清代（1644—1911），高 61 cm×宽 132 cm，碑立于临沧市。

见于《临沧可移动文物精粹》。

5602 威镇一方碑刻

清代（1644—1911），高 90 cm × 宽 90 cm × 厚 20 cm，碑立于元阳县。

见于《红河州不可移动文物大全》。

5603 马子云墓碑

撰者吴存义，清代（1644—1911），碑立于丽江市。

见于《纳西族地区历代碑刻辑录与研究》。

5604 重修葆元洞碑记

清代（1644—1911），碑立于宣威市。

见于《宣威县文物志》。

5605 担当书法木匾

木质，草书，清代（1644—1911），高 130 cm × 宽 47 cm，碑立于洱源县。

见于《大理洱源县碑刻辑录》。

5606 妙明诗碑

撰者妙明，清代（1644—1911），高 150 cm × 宽 70 cm × 厚 15 cm，碑立于丽江市。

见于《纳西族地区历代碑刻辑录与研究》。

5607 邓川乡贤坊

清代（1644—1911），碑立于洱源县。

见于《大理洱源县碑刻辑录》。

5608 邓川乡贤坊之明代科举贤人碑

清代（1644—1911），高 58 cm × 宽 175 cm，碑立于洱源县。

见于《大理洱源县碑刻辑录》。

5609 邓川乡贤坊之乡贤坊铭碑

清代（1644—1911），碑立于洱源县。

见于《大理洱源县碑刻辑录》。

5610 诰授奉直大夫松岩段君生圹铭

撰者何立言，清代（1644—1911），高 95 cm × 宽 62 cm，碑立于洱源县。

见于《大理洱源县碑刻辑录》。

5611 程子听箴碑

楷书，清代（1644—1911），高 97 cm × 宽 144 cm，碑立于鹤庆县。

见于《大理丛书 · 金石篇》等。

5612 创建龙潭庙碑记

撰者崔乃镛，清代（1644—1911），碑立于东川区。

著录于（乾隆）《东川府志》。

5613 馗画像及题铭刻石

清代（1644—1911），高 148 cm × 宽 64 cm，碑立于大理市。

见于《大理丛书 · 金石篇》。

5614 告城隍文

撰者陆绍闳，清代（1644—1911）。

见于《云南道教碑刻辑录》。

5615 关夫子大桥庙碑记

撰者魏荩臣，清代（1644—1911）。

见于《云南道教碑刻辑录》。

5616 颢穹宫碑记

撰者陈其力，清代（1644—1911），碑立于通海县。

见于《云南道教碑刻辑录》。

5617 景帝非正祀辨

撰者吴楷，清代（1644—1911），碑立于腾冲市。

著录于《云南腾越州志》。

5618 九灵龙王庙记

撰者义宁，清代（1644—1911），碑立于东川市。

著录于（乾隆）《东川府志》。

5619 栖鹤楼记

清代（1644—1911），高 175 cm × 宽 63 cm，碑立于巍山县。

见于《云南道教碑刻辑录》。

5620 文昌祠记

撰者吴自肃，清代（1644—1911）。
著录于（康熙）《云南通志》。

5621 新建路南州魁神阁引

撰者陈可，清代（1644—1911）。
著录于（道光）《晋宁州志》。

5622 新建玉皇阁前楹碑记

撰者黄瀜，清代（1644—1911）。
见于《云南道教碑刻辑录》。

5623 新迁武安王庙碑

撰者安康，清代（1644—1911）。
著录于（康熙）《河阳县志》。

5624 移建城隍庙碑记

撰者崔乃镛，清代（1644—1911）。
见于《云南道教碑刻辑录》。

5625 移建文昌宫魁阁于华宜寨序

撰者方桂，清代（1644—1911）。
见于《云南道教碑刻辑录》。

5626 游铜瓦寺记

撰者张九钺，清代（1644—1911）。
见于《云南道教碑刻辑录》。

5627 游巍宝山赋

撰者张纲，清代（1644—1911）。
见于《云南道教碑刻辑录》。

5628 玉台山东岳庙碑记

撰者潘士秀，清代（1644—1911）。
著录于（康熙）《元江府志》。

5629 重建东岳庙碑记

撰者丁炜，清代（1644—1911）。
著录于（康熙）《建水州志》。

5630 重建关圣宫大殿记

撰者朱源淳，清代（1644—1911）。
著录于（道光）《晋宁州志》。

5631 重建文昌宫碑记

撰者赵之随，清代（1644—1911）。
见于《云南道教碑刻辑录》。

5632 重修城隍庙记

撰者章履成，清代（1644—1911）。
著录于（康熙）《元江府志》。

5633 重修古盟台诸葛武侯祠碑记

撰者程苊，清代（1644—1911）。
见于《云南道教碑刻辑录》。

5634 重修关帝庙碑记

撰者马汝为，清代（1644—1911），碑立于元江县。
著录于（康熙）《元江府志》。

5635 重修金鳌山大茶庵碑记

撰者姚谐，清代（1644—1911）。
著录于（康熙）《元江府志》。

5636 重修龙潭神祠记

撰者义宁，清代（1644—1911）。
著录于（乾隆）《东川府志》。

5637 重修圣母殿序

撰者王昌祉，清代（1644—1911）。
见于《云南道教碑刻辑录》。

5638 重修南关土主庙碑记

撰者张大森，清代（1644—1911）。
著录于（乾隆）《宜良县志》。

5639 重修万寿寺碑记

撰者单世，清代（1644—1911）。
著录于（康熙）《元江府志》。

5640 **重修万寿寺中殿碑记**

撰者李鸿霔，清代（1644—1911）。
著录于（康熙）《元江府志》。

5641 **重修文星阁记**

撰者李濒，清代（1644—1911）。
著录于（康熙）《建水州志》。

5642 **重修兴龙寺募疏**

撰者杨梦诰，清代（1644—1911）。
著录于（乾隆）《续编路南州志》。

5643 **重修元极宫落成赋**

撰者彭翥，清代（1644—1911）。
见于《云南道教碑刻辑录》。

5644 **重修真武庙碑记**

撰者李相，清代（1644—1911）。
著录于（康熙）《元江府志》。

5645 **改修九峰书院碑记**

撰者李东壁，清代（1644—1911），碑立于祥云县。
著录于（光绪）《云南县志》。

5646 **重修永定桥叙**

撰者张同登，清代（1644—1911），碑立于祥云县。
著录于（光绪）《云南县志》。

5647 **挹霞老人德教碑序**

撰者彭文铨，清代（1644—1911），高96 cm×宽65 cm，碑立于弥渡县。
见于《弥渡古代碑刻辑释》。

5648 **城隍庙序**

撰者高士朗，清代（1644—1911）。
著录于（民国）《宜良县志》。

5649 **改修景星新建亭宇碑记**

撰者张肇兴，清代（1644—1911）。
见于《云南道教碑刻辑录》。

5650 **关外文昌宫碑记**

撰者张如翼，清代（1644—1911），碑立于大姚县。
著录于（光绪）《续修白盐井志》。

5651 **罗次县题名记**

撰者罗元琦，清代（1644—1911），碑立于禄丰县。
著录于《新纂云南通志·金石考》。

5652 **谕琅井始教纺织约**

撰者沈鼒，清代（1644—1911），碑立于禄丰县。
著录于（康熙）《琅盐井志》。

5653 **重修永康桥碑记**

撰者沈鼒，清代（1644—1911），碑立于禄丰县。
著录于（康熙）《琅盐井志》。

5654 **怀勋和尚墓志**

撰者石群玉，清代（1644—1911），碑立于禄丰县。
见于《云南金石目略初稿》。

5655 **道恒和尚墓志铭**

撰者张及第，清代（1644—1911），碑立于禄丰县。
见于《云南金石目略初稿》。

5656 **新铸圣庙祭器序**

撰者张彦绅，清代（1644—1911），碑立于牟定县。
著录于（康熙）《定远县志》。

5657 **新建镇西楼碑记**

撰者张彦绅，清代（1644—1911），碑立于牟定县。
著录于（康熙）《定远县志》。

5658 **新建县署碑记**

撰者张彦绅，清代（1644—1911），碑立于牟定县。

著录于（康熙）《定远县志》。

5659 **新建西南城楼碑记**

撰者张彦绅，清代（1644—1911），碑立于牟定县。

著录于（康熙）《定远县志》。

5660 **新建文峰塔记**

撰者张彦绅，清代（1644—1911），碑立于牟定县。

著录于（康熙）《定远县志》。

5661 **新建明伦碑记**

撰者张彦绅，清代（1644—1911），碑立于牟定县。

著录于（康熙）《定远县志》。

5662 **陈氏墓碑**

清代（1644—1911），高 100 cm × 宽 73 cm，碑立于牟定县。

著录于《新纂云南通志·金石考》等。

5663 **黑盐井修路记**

撰者沈懋价，清代（1644—1911），碑立于禄丰县。

著录于（康熙）《黑盐井志》。

5664 **重修永定桥碑记**

撰者陈一敬，清代（1644—1911），碑立于牟定县。

著录于（康熙）《定远县志》。

5665 **邹邑侯遗爱碑记**

撰者吴楷，清代（1644—1911），碑立于大姚县。

著录于《新纂云南通志·金石考》等。

5666 **游狮山寺诗刻**

撰者吕春，清代（1644—1911），高 40 cm × 宽 80 cm，碑立于武定县。

著录于《新纂云南通志·金石考》等。

5667 **李魁梧将军墓志**

撰者陈元，行楷，清代（1644—1911），高 75 cm × 宽 35 cm，碑立于楚雄市。

见于《楚雄历代碑刻》。

5668 **南城奎星阁序**

撰者陈元，清代（1644—1911），碑立于南华县。

著录于（光绪）《镇南州志略》。

5669 **见性山碑记**

撰者陈元，清代（1644—1911），碑立于南华县。

著录于（康熙）《镇南州志》。

5670 **镇川桥记**

撰者陈元，清代（1644—1911），碑立于南华县。

著录于（康熙）《楚雄府志》。

5671 **华山大师无量寿塔序**

楷书，清代（1644—1911），高 29 cm × 宽 41 cm，碑立于楚雄市。

见于《楚雄历代碑刻》。

5672 **高宗禹墓志**

撰者曾铭，书者谢时丰，楷书，清代（1644—1911），高 66 cm × 宽 37 cm，碑立于姚安县。

见于《楚雄历代碑刻》。

5673 **姚西洋派文明山重建文星塔惜字库碑记**

撰者陈廷杰，楷书，清代（1644—1911），高 77 cm × 宽 35 cm，碑立于姚安县。

见于《楚雄历代碑刻》。

5674 **奇峰寺碑记**

撰者来度，清代（1644—1911），碑立于禄丰县。

著录于（康熙）《琅盐井志》。

5675 **鼎建西来寺碑记**

撰者来度，清代（1644—1911），碑立于禄丰县。

著录于（康熙）《琅盐井志》。

5676 **华峰山雪梅庵严修大师行实**

撰者道验，书者道让，楷书，清代（1644—1911），高 180 cm×宽 67 cm，碑立于牟定县。

著录于《新纂云南通志·金石考》。

5677 **虎街母虎日历碑**

清代（1644—1911），高 32 cm×宽 22 cm，碑立于南华县。

见于《彝文石刻译选》。

5678 **游白龙寺记**

撰者甘仲贤，清代（1644—1911），碑立于南华县。

著录于（光绪）《镇南州志略》。

5679 **顾舆山诗刻**

撰者顾舆山，行书，清代（1644—1911），高 40 cm×宽 107 cm，碑立于武定县。

著录于《新纂云南通志·金石考》。

5680 **狮山寺寻梅诗刻**

撰者何星文，草书，高 33 cm×宽 100 cm，清代（1644—1911），碑立于武定县。

著录于《新纂云南通志·金石考》。

5681 **狮山梅石亭记**

撰者何星文，行书，高 33 cm×宽 80 cm，清代（1644—1911），碑立于武定县。

著录于《新纂云南通志·金石考》。

5682 **族曾祖士雅公墓表**

撰者甘雨，清代（1644—1911），碑立于姚安县。

著录于《新纂云南通志·金石考》。

5683 **至德寺碑**

撰者高奣映，清代（1644—1911），碑立于姚安县。

著录于（民国）《姚安县志》。

5684 **仓圣祠碑记**

撰者张诞，清代（1644—1911），碑立于南华县。

著录于（咸丰）《镇南州志》。

5685 **重修魁阁明伦堂记**

撰者杨爆，清代（1644—1911），碑立于大姚县。

著录于（民国）《盐丰县志》。

5686 **新建石羊关帝祠记**

撰者契应东，清代（1644—1911），碑立于大姚县。

著录于（乾隆）《白盐井志》。

5687 **元谋县重修学宫碑记**

撰者王弘任，清代（1644—1911），碑立于元谋县。

著录于（康熙）《元谋县志》。

5688 **元谋县义学碑记**

撰者王弘任，清代（1644—1911），碑立于元谋县。

著录于（康熙）《元谋县志》。

5689 **始建元阳米仓记**

撰者王弘任，清代（1644—1911），碑立于元谋县。

著录于（康熙）《元谋县志》。

5690 **龙翔寺碑记**

撰者王弘任，清代（1644—1911），碑立于元谋县。

著录于（康熙）《元谋县志》。

5691 **彩霞堂记**

撰者王弘任，清代（1644—1911），碑立于元谋县。

著录于（康熙）《元谋县志》。

5692 新修儒学碑记

撰者莫舜鼐，清代（1644—1911），碑立于元谋县。

著录于（康熙）《元谋县志》。

5693 新建永福桥记

撰者莫舜鼐，清代（1644—1911），碑立于元谋县。

著录于（康熙）《元谋县志》。

5694 新建崇义桥记

撰者莫舜鼐，清代（1644—1911），碑立于元谋县。

著录于（康熙）《元谋县志》。

5695 新建城隍庙碑记

撰者莫舜鼐，清代（1644—1911），碑立于元谋县。

著录于（康熙）《元谋县志》。

5696 坦园书屋记

撰者莫舜鼐，清代（1644—1911），碑立于元谋县。

著录于（康熙）《元谋县志》。

5697 明伦堂记

撰者莫舜鼐，清代（1644—1911），碑立于元谋县。

著录于（康熙）《元谋县志》。

5698 大慈寺记

撰者莫舜鼐，清代（1644—1911），碑立于元谋县。

著录于（康熙）《元谋县志》。

5699 雪堂记

撰者马之鹏，清代（1644—1911），碑立于元谋县。

著录于（康熙）《元谋县志》。

5700 雷应山修路募引

撰者马之鹏，清代（1644—1911），碑立于元谋县。

著录于（康熙）《元谋县志》。

5701 鲍华亭先生墓志

撰者刘钟璟，清代（1644—1911），碑立于南华县。

著录于（民国）《镇南县志》。

5702 盐宪刘公修理白井路道德政碑

撰者刘邦瑞，清代（1644—1911），碑立于大姚县。

著录于（乾隆）《白盐井志》。

5703 重修楚雄庙学记

撰者梁文煊，清代（1644—1911），碑立于楚雄市。

著录于（康熙）《楚雄府志》。

5704 修建泮池桥棚记

撰者梁松龄，清代（1644—1911），碑立于牟定县。

著录于（道光）《定远县志》。

5705 禄劝州文昌宫碑记

撰者李之骥，清代（1644—1911），碑立于武定县。

著录于（康熙）《武定府志》。

5706 重修琅井学宫碑记

撰者李国义，清代（1644—1911），碑立于禄丰县。

著录于（乾隆）《琅盐井志》。

5707 狮山书院记

撰者郭怀礼，清代（1644—1911），碑立于武定县。

著录于（光绪）《武定直隶州志》。

5708 捐建白井社仓记

撰者郭存庄，清代（1644—1911），碑立于大姚县。

著录于（乾隆）《白盐井志》。

5709 捐建白井关隘记

撰者郭存庄，清代（1644—1911），碑立于大姚县。

著录于（乾隆）《白盐井志》。

5710 近思阁记

撰者管棆，清代（1644—1911），碑立于大姚县。

著录于（乾隆）《白盐井志》。

5711 退思堂记

撰者顾岱，清代（1644—1911），碑立于武定县。

著录于（康熙）《武定府志》。

5712 痘神祠记

撰者高其佩，清代（1644—1911），碑立于姚安县。

著录于（道光）《姚州志》。

5713 修理各处隘口遵批查议事

撰者郭存庄，清代（1644—1911），碑立于大姚县。

著录于（光绪）《续修白盐井志》。

5714 重建龙川书院记

撰者甘仲贤，清代（1644—1911），碑立于南华县。

著录于（光绪）《镇南州志略》。

5715 刘太翁仰青大夫墓志铭

撰者甘仲贤，清代（1644—1911），碑立于南华县。

著录于（民国）《镇南县志》。

5716 游鹦鹉山记

撰者甘雨，清代（1644—1911），碑立于南华县。

著录于（光绪）《镇南州志略》。

5717 养节堂从祀节烈记

撰者甘孟贤，清代（1644—1911），碑立于姚安县。

著录于（民国）《姚安县志》。

5718 刘稼书外翰墓志

撰者甘孟贤，清代（1644—1911），碑立于姚安县。

著录于（民国）《姚安县志》。

5719 吴梅仙先生墓志

撰者甘孟贤，清代（1644—1911），碑立于姚安县。

著录于（民国）《姚安县志》。

5720 刘子荣茂材寿序

撰者甘孟贤，清代（1644—1911），碑立于姚安县。

著录于（民国）《姚安县志》。

5721 修浚蜻蛉河工碑

撰者甘孟贤，清代（1644—1911），碑立于姚安县。

著录于（民国）《姚安县志》。

5722 光绪丙午丁未姚州救荒碑

撰者甘孟贤，清代（1644—1911），碑立于姚安县。

著录于（民国）《姚安县志》。

5723 点苍石歌

撰者甘孟贤，清代（1644—1911），碑立于姚安县。

著录于（民国）《姚安县志》。

5724 殉难举人私谥忠愍曾松乔先生希孔墓表

撰者甘孟贤，清代（1644—1911），碑立于姚安县。

著录于《新纂云南通志·金石考》。

5725 游三层楼记

撰者甘叔贤，清代（1644—1911），碑立于南华县。

著录于（光绪）《镇南州志略》。

5726 黄孝子墓志

撰者甘季贤，清代（1644—1911），碑立于姚安县。

著录于（民国）《姚安县志》。

5727 重建学宫记

撰者甘季贤，清代（1644—1911），碑立于南华县。

著录于（光绪）《镇南州志略》。

5728 游南州第一泉记

撰者甘季贤，清代（1644—1911），碑立于南华县。

著录于（光绪）《镇南州志略》。

5729 重修南馆义学记

撰者甘韶，清代（1644—1911），碑立于大姚县。

著录于（光绪）《续修白盐井志》。

5730 续修周小卜将军墓园记

撰者甘德柄，清代（1644—1911），碑立于姚安县。

著录于（民国）《姚安县志》。

5731 重修杨文烈公墓志

撰者杜均，清代（1644—1911），碑立于楚雄市。

著录于（宣统）《楚雄县志》。

5732 重修楚雄府城碑记

撰者杜均，清代（1644—1911），碑立于楚雄市。

著录于（宣统）《楚雄县志》。

5733 观风告示

撰者丁士可，清代（1644—1911），碑立于姚安县。

著录于（康熙）《姚州志》。

5734 重建姚安府堂记

撰者丁士可，清代（1644—1911），碑立于姚安县。

著录于（康熙）《姚州志》。

5735 御制训饬士子文

清代（1644—1911），碑立于楚雄市。

著录于（嘉庆）《楚雄县志》。

5736 协记普溯夫马碑

清代（1644—1911），碑立于大姚县。

著录于（道光）《大姚县志》。

5737 武功将军平阶亲翁大人墓志

撰者李维述，清代（1644—1911），碑立于楚雄市。

见于《楚雄张家湾“张氏墓志”集释》。

5738 朱太夫人墓志铭

撰者尹建中，清代（1644—1911），碑立于楚雄市。

见于《楚雄张家湾“张氏墓志”集释》。

5739 诰封夫人张母井太夫人墓志

撰者尹建中，清代（1644—1911），碑立于楚雄市。

见于《楚雄张家湾“张氏墓志”集释》。

5740 嫂康夫人墓志

撰者杨春富，书者洪福，清代（1644—1911），碑立于楚雄市。

见于《楚雄张家湾“张氏墓志”集释》。

5741 洒巴乡樟木子树护林碑

砂岩，清代（1644—1911），碑立于楚雄市。

见于《极为珍稀的楚雄几块林业碑》。

5742 **伍舍翁夫妇墓志铭并赞**

撰者邵钟勋，楷书，清代（1644—1911），高 67 cm × 宽 40 cm，碑立于牟定县。

著录于《新纂云南通志·金石考》。

5743 **募修白马山传经寺疏**

撰者刘荣黼，清代（1644—1911），碑立于牟定县。

著录于（道光）《定远县志》。

5744 **重建云泉寺碑记**

撰者崇谦，清代（1644—1911），碑立于楚雄市。

著录于（宣统）《楚雄县志》。

5745 **重修明大学士杨文烈公墓碑铭**

撰者崇谦，清代（1644—1911），碑立于楚雄市。

著录于（宣统）《楚雄县志》。

5746 **修来青寺引**

撰者李铨，清代（1644—1911），碑立于楚雄市。

见于《楚雄历代诗文选》。

5747 **修迤西大道引**

撰者李铨，清代（1644—1911），碑立于禄丰县。

著录于（康熙）《广通县志》。

5748 **广通县新铺修路建桥碑记**

撰者李铨，清代（1644—1911），碑立于禄丰县。

著录于（康熙）《广通县志》。

5749 **昌公阇黎塔铭**

书者沙玉，清代（1644—1911），碑立于楚雄市。

见于《威楚遗韵》。

5750 **寿佛寺碑记**

撰者甘岳，清代（1644—1911），碑立于大姚县。

著录于（光绪）《续修白盐井志》。

5751 **玲秀老禅师塔墓志**

撰者王安庭，书者王安庭，清代（1644—1911），碑立于大姚县。

著录于《妙峰山志》。

5752 **心造庵碑记**

撰者严一诏，清代（1644—1911），碑立于大姚县。

著录于（光绪）《续修白盐井志》。

5753 **重建白莲寺序**

撰者杨爊，清代（1644—1911），碑立于大姚县。

著录于（民国）《盐丰县志》。

5754 **在方大兄禅师塔墓志**

撰者王芝庭，清代（1644—1911），碑立于大姚县。

见于《妙峰山志》。

5755 **宝华圣泉**

撰者孙复，清代（1644—1911），高 40 cm × 宽 55 cm，碑立于禄丰县。

见于《威楚遗韵》。

5756 **修净居庵记**

撰者马光，清代（1644—1911），碑立于禄丰县。

著录于（康熙）《罗次县志》。

5757 **兴隆寺常住香火田记**

撰者汪士进，清代（1644—1911），碑立于禄丰县。

著录于（乾隆）《琅盐井志》。

5758 **归善寺碑记**

撰者周蔚，清代（1644—1911），碑立于禄丰县。

著录于（康熙）《琅盐井志》。

5759 祭器碑记

撰者周蔚，清代（1644—1911），碑立于禄丰县。

著录于（康熙）《琅盐井志》。

5760 筹井楼记

撰者周蔚，清代（1644—1911），碑立于禄丰县。

著录于（康熙）《琅盐井志》。

5761 重真庵碑记

撰者朱启隆，清代（1644—1911），碑立于禄丰县。

著录于（乾隆）《琅盐井志》。

5762 一真庵碑记

撰者朱启隆，清代（1644—1911），碑立于禄丰县。

著录于（康熙）《琅盐井志》。

5763 武功将军苏斯洋墓志

撰者杨渤，楷书，清代（1644—1911），高 70 cm×宽 37 cm，碑立于双柏县。

见于《楚雄历代碑刻》。

5764 万寿山无穷大和尚塔铭

撰者张凤翔，书者杨彦钟，楷书，清代（1644—1911），碑立于武定县。

见于《楚雄历代碑刻》。

5765 故天营摩崖石刻（二）

撰者李宗唐，书者李宗唐，清代（1644—1911），碑立于武定县。

见于《武定探秘》。

5766 赵子骧诗刻

撰者赵子骧，草书，清代（1644—1911），碑立于姚安县。

著录于（民国）《姚安县志》。

5767 抚彝府方山静德寺庄田租佃公判碑

砂岩，楷书，清代（1644—1911），高 60 cm×宽 70 cm，碑立于永仁县。

见于《楚雄历代碑刻》。

5768 重修镇南州文庙碑记

撰者岑鹤，清代（1644—1911），碑立于南华县。

著录于（康熙）《楚雄府志》。

5769 修大村沟坝碑记

清代（1644—1911），碑立于禄丰县。

著录于（康熙）《禄丰县志》。

5770 重修新仓大有仓碑记

撰者牛奂，清代（1644—1911），碑立于楚雄市。

著录于（宣统）《楚雄县志》。

5771 重修府县学宫碑序

撰者牛奂，清代（1644—1911），碑立于楚雄市。

著录于（宣统）《楚雄县志》。

5772 新建凤山书院碑记

撰者牛奂，清代（1644—1911），碑立于楚雄市。

著录于（宣统）《楚雄县志》。

5773 重修杨文烈公祠记

撰者陈文灿，清代（1644—1911），碑立于楚雄市。

著录于（嘉庆）《楚雄县志》。

5774 心如和尚塔铭

撰者清淘，撰者清淘，清代（1644—1911），高 28 cm×宽 30 cm，碑立于楚雄市。

见于《紫溪山志》。

5775 灵鹫山水月幢记

撰者学蕴，清代（1644—1911），碑立于禄丰县。

著录于（康熙）《广通县志》。

5776 画先真一大师塔铭

撰者超仁，书者普照，刻工孟仰贤，清代（1644—1911），高 394 cm，碑立于元谋县。

见于《威楚遗韵》。

5777 清庠彦驰赠二品诰授镇威将军高祖张公文正之墓

清代（1644—1911），碑立于楚雄市。

见于《神山圣境》。

5778 杞栽彝族毕氏世系碑

清代（1644—1911），高 90 cm × 宽 50 cm × 厚 9 cm，碑立于禄丰县。

见于《探寻文明的踪迹——楚雄州第三次全国文物普查纪实》。

5779 杞栽勒品乡草溪井保甲划分判决碑

清代（1644—1911），高 132 cm × 宽 68 cm，碑立于禄丰县。

见于《探寻文明的踪迹——楚雄州第三次全国文物普查纪实》。

5780 开山檀越姚公之墓铭

撰者学蕴，清代（1644—1911），碑立于大姚县。

见于《妙峰山志》。

5781 复迁文庙碑记

撰者周自岐，清代（1644—1911），碑立于南华县。

著录于（咸丰）《镇南州志》。

5782 重修城隍庙碑记

撰者刘起凤，清代（1644—1911）。

著录于（民国）《嵩明县志》。

5783 重修白石谷大使衙署记

撰者周煌，清代（1644—1911），碑立于大姚县。

著录于（乾隆）《白盐井志》。

5784 龙吟书院详定膏火章程碑记

撰者郑永龄，清代（1644—1911），碑立于大姚县。

著录于（光绪）《续修白盐井志》。

5785 重建学宫记

撰者郑山，清代（1644—1911），碑立于大姚县。

著录于（乾隆）《白盐井志》。

5786 修接风脉碑记

撰者章民望，清代（1644—1911），碑立于禄丰县。

著录于（康熙）《罗次县志》。

5787 重建文殊寺募化引

撰者张宗义，清代（1644—1911），碑立于牟定县。

著录于（道光）《定远县志》。

5788 重修金沙江姜驿至龙街渡口道路碑

砂岩，楷书，清代（1644—1911），高 150 cm × 宽 70 cm，碑立于元谋县。

见于《中国文物地图集 · 云南分册》。

5789 李玉林墓志

楷书，清代（1644—1911），碑立于禄丰县。

见于《中国文物地图集 · 云南分册》。

5790 何相国墓志

楷书，清代（1644—1911），高 297 cm × 宽 80 cm，碑立于禄丰县。

见于《中国文物地图集 · 云南分册》。

5791 罗川宝山寺记

撰者张翊，清代（1644—1911），碑立于禄丰县。

著录于（康熙）《广通县志》。

5792 南安州义学记

撰者张伦至，清代（1644—1911），碑立于双柏县。

著录于（康熙）《南安州志》。

5793 **修义仓即京仓碑记**

撰者张敷，清代（1644—1911），碑立于楚雄市。

著录于（宣统）《楚雄县志》。

5794 **瑞应桥碑记**

撰者张璧，清代（1644—1911），碑立于南华县。

著录于（康熙）《镇南州志》。

5795 **建洪济桥修路碑记**

撰者杨毓昌，清代（1644—1911），碑立于双柏县。

著录于（康熙）《南安州志》。

5796 **鼎建弘济桥碑记**

撰者杨谊远，清代（1644—1911），碑立于双柏县。

著录于（康熙）《南安州志》。

5797 **呈请复学设官**

撰者杨璇，清代（1644—1911），碑立于禄丰县。

著录于（康熙）《黑盐井志》。

5798 **重修中渡桥碑记**

撰者张嘉颖，清代（1644—1911），碑立于楚雄市。

著录于（康熙）《楚雄府志》。

5799 **卢公义学碑记**

撰者杨眀，清代（1644—1911），碑立于楚雄市。

著录于（康熙）《楚雄府志》。

5800 **济渡桥记**

撰者杨书，清代（1644—1911），碑立于楚雄市。

著录于（康熙）《楚雄府志》。

5801 **定远县公田碑记**

撰者许应元，清代（1644—1911），碑立于牟定县。

著录于（道光）《定远县志》。

5802 **游雷应山记**

撰者熊载，清代（1644—1911），碑立于元谋县。

著录于（康熙）《元谋县志》。

5803 **罗次县题名碑**

撰者谢曾祚，清代（1644—1911），碑立于禄丰县。

著录于（康熙）《罗次县志》。

5804 **复盘龙寺募盐记**

撰者夏宗尧，清代（1644—1911），碑立于禄丰县。

著录于（康熙）《黑盐井志》。

5805 **新建尊经阁记**

撰者夏宗尧，清代（1644—1911），碑立于大姚县。

著录于（光绪）《续修白盐井志》。

5806 **修城碑记**

撰者喜崇，清代（1644—1911），碑立于大姚县。

著录于（道光）《大姚县志》。

5807 **石三湾记**

撰者吴道南，清代（1644—1911），碑立于楚雄市。

著录于（康熙）《楚雄府志》。

5808 **新建中学堂落成记**

撰者文源，清代（1644—1911），碑立于大姚县。

著录于（光绪）《续修白盐井志》。

5809 **山天书院碑记**

撰者王孙滄，清代（1644—1911），碑立于双柏县。

著录于（康熙）《楚雄府志》。

5810 **新建节孝祠记**

撰者王铨，清代（1644—1911），碑立于大姚县。

著录于（光绪）《续修白盐井志》。

5811 **重修学宫碑记**

撰者王清贤，清代（1644—1911），碑立于武定县。

著录于（康熙）《武定府志》。

5812 **忠惠合祠记**

撰者王清贤，清代（1644—1911），碑立于武定县。

著录于（康熙）《武定府志》。

5813 **拖梯水道碑记**

撰者王清贤，清代（1644—1911），碑立于禄劝县。

著录于（康熙）《武定府志》。

5814 **斯立楼记**

撰者王清贤，清代（1644—1911），碑立于武定县。

著录于（康熙）《武定府志》。

5815 **谁辟峰记**

撰者王清贤，清代（1644—1911），碑立于武定县。

著录于（康熙）《武定府志》。

5816 **劝修武定府学引**

撰者王清贤，清代（1644—1911），碑立于武定县。

著录于（康熙）《武定府志》。

5817 **独得轩集饮记**

撰者王清贤，清代（1644—1911），碑立于武定县。

著录于（康熙）《武定府志》。

5818 **东园记**

撰者王清贤，清代（1644—1911），碑立于武定县。

著录于（康熙）《武定府志》。

5819 **补天泉记**

撰者王清贤，清代（1644—1911），碑立于武定县。

著录于（康熙）《武定府志》。

5820 **提举郭公新建白井社仓记**

撰者王基成，清代（1644—1911），碑立于大姚县。

著录于（乾隆）《白盐井志》。

5821 **新建生成馆记**

撰者王策，清代（1644—1911），碑立于禄丰县。

著录于（康熙）《黑盐井志》。

5822 **修建义学碑记**

撰者王秉煌，清代（1644—1911），碑立于禄丰县。

著录于（康熙）《罗次县志》。

5823 **镇南州储桢书院碑记**

撰者万贞元，清代（1644—1911），碑立于南华县。

著录于（康熙）《楚雄府志》。

5824 **修大石桥募薄序**

撰者万听，清代（1644—1911），碑立于牟定县。

著录于（道光）《定远县志》。

5825 **大成井记**

撰者万听，清代（1644—1911），碑立于牟定县。

著录于（道光）《定远县志》。

5826 **迁建学宫碑记**

撰者佟世佑，清代（1644—1911），碑立于武定县。

著录于（康熙）《武定府志》。

5827 金江源流记

撰者檀萃，清代（1644—1911），碑立于武定县。

著录于（光绪）《武定直隶州志》。

5828 修琅井运盐要道碑记

撰者孙元相，清代（1644—1911），碑立于禄丰县。

著录于（乾隆）《琅盐井志》。

5829 节孝祠记

撰者孙元相，清代（1644—1911），碑立于禄丰县。

著录于（乾隆）《琅盐井志》。

5830 移修泮池碑记

撰者水其沂，清代（1644—1911），碑立于牟定县。

著录于（道光）《定远县志》。

5831 卢公义田碑记

撰者邱峤，清代（1644—1911），碑立于楚雄市。

著录于（康熙）《楚雄府志》。

5832 会基关传舍记

撰者彭如璋，清代（1644—1911），碑立于牟定县。

著录于（道光）《定远县志》。

5833 重修定边县学记

撰者马天选，清代（1644—1911），碑立于楚雄市。

著录于（康熙）《楚雄府志》。

5834 吊参政杨文烈公畏知

撰者马天选，清代（1644—1911），碑立于楚雄市。

著录于（宣统）《楚雄县志》。

5835 修学宫殿宇礼乐器记

撰者马春藻，清代（1644—1911），碑立于大姚县。

著录于（道光）《大姚县志》。

5836 详添膏火章程碑记

撰者吕调阳，清代（1644—1911），碑立于大姚县。

著录于（光绪）《续修白盐井志》。

5837 设桂香阁祭需修金记

撰者罗庆崧，清代（1644—1911），碑立于大姚县。

著录于（光绪）《续修白盐井志》。

5838 大石淜记

撰者陆宗郑，清代（1644—1911），碑立于姚安县。

著录于（光绪）《姚州志》。

5839 大姚县辖十马编里改正碑记

撰者陆应儿，清代（1644—1911），碑立于大姚县。

著录于（道光）《大姚县志》。

5840 重修凤山书院碑记

撰者卢询，清代（1644—1911），碑立于楚雄市。

著录于（宣统）《楚雄县志》。

5841 义学碑记

撰者卢询，清代（1644—1911），碑立于楚雄市。

著录于（宣统）《楚雄县志》。

5842 州西沙桥驿凤鸣书院碑序

撰者李毓兰，清代（1644—1911），碑立于南华县。

著录于（光绪）《镇南州志略》。

5843 驱逐常应运改土归流编甲文

撰者李廷宰，清代（1644—1911），碑立于武定县。

著录于（光绪）《武定直隶州志》。

5844 青龙桥记

撰者李廷谦，清代（1644—1911），碑立于楚雄市。

见于（宣统）《楚雄县志》。

5845 楚雄朱大夫小传

撰者李廷谦，清代（1644—1911），碑立于楚雄市。

著录于（嘉庆）《楚雄县志》。

5846 重建文明塔记

撰者李庆元，清代（1644—1911），碑立于牟定县。

著录于（道光）《定远县志》。

5847 安丰安乐二闸序

撰者李青献，清代（1644—1911），碑立于牟定县。

著录于（道光）《定远县志》。

5848 新建明伦堂学署碑记

撰者李千子，清代（1644—1911），碑立于禄丰县。

著录于（康熙）《罗次县志》。

5849 一叶亭记

撰者李镜，清代（1644—1911），碑立于楚雄市。

著录于（康熙）《楚雄府志》。

5850 平成闸记

撰者李德丛，清代（1644—1911），碑立于牟定县。

著录于（道光）《定远县志》。

5851 琅井记

撰者李苾，清代（1644—1911），碑立于禄丰县。

著录于（康熙）《琅盐井志》。

5852 移建风云雷雨山川城隍坛记

撰者黎恂，清代（1644—1911），碑立于大姚县。

著录于（道光）《大姚县志》。

5853 修筑县城记

撰者黎恂，清代（1644—1911），碑立于大姚县。

著录于（道光）《大姚县志》。

5854 观音寺古柏记

撰者柯法，清代（1644—1911），碑立于大姚县。

著录于（道光）《大姚县志》。

5855 卢公重修明伦堂碑记

撰者江朝宗，清代（1644—1911），碑立于楚雄市。

著录于（康熙）《楚雄府志》。

5856 重建学宫碑记

撰者简高，清代（1644—1911），碑立于禄丰县。

著录于（康熙）《琅盐井志》。

5857 重修文峰塔记

撰者黄中理，清代（1644—1911），碑立于姚安县。

著录于（道光）《姚州志》。

5858 提举刘公重修学宫碑记

撰者滑士麟，清代（1644—1911），碑立于大姚县。

著录于（乾隆）《白盐井志》。

5859 重修儒学记

撰者胡项，清代（1644—1911），碑立于禄丰县。

著录于（康熙）《广通县志》。

5860 修温泉女塘疏

撰者何清，清代（1644—1911），碑立于禄丰县。

著录于（康熙）《罗次县志》。

5861 **渠翁草堂记**

撰者何兰汀，清代（1644—1911），碑立于大姚县。

著录于（道光）《大姚县志》。

5862 **谒副使杨畏知祠**

撰者冯甦，清代（1644—1911），碑立于楚雄市。

著录于（宣统）《楚雄县志》。

5863 **建文帝遁迹狮山记**

撰者冯甦，清代（1644—1911），碑立于武定县。

著录于（康熙）《武定府志》。

5864 **南安州新建山天书院碑记**

撰者方愿善，清代（1644—1911），碑立于双柏县。

著录于（康熙）《南安州志》。

5865 **提举刘公捐修白井街道德政碑**

撰者樊仲琇，清代（1644—1911），碑立于大姚县。

著录于（乾隆）《白盐井志》。

5866 **鼎建妥稍河永安桥碑记**

撰者杜皖，清代（1644—1911），见于双柏县。

著录于（康熙）《南安州志》。

5867 **重修三教堂土主庙碑序**

清代（1644—1911），碑立于安宁市。

见于《云南道教碑刻辑录》。

5868 **重修武侯祠兼修杨武愍公祠及书院募引**

撰者施世英，清代（1644—1911），碑立于大理市。

见于《云南道教碑刻辑录》。

5869 **重修玉皇阁碑记**

撰者朱国昌，清代（1644—1911）。

著录于（民国）《续修建水县志稿》。

5870 **朱家阁吴道士凿石通路处**

撰者罗观恩，清代（1644—1911）。

见于《云南道教碑刻辑录》。

5871 **邓川州奉道府厅明文碑**

清代（1644—1911），碑立于宾川县。

著录于《云南通志》。

5872 **董氏始祖开宗记**

清代（1644—1911），高 99 cm × 宽 58 cm，碑立于大理市。

见于《大理丛书·金石篇》。

5873 **安丰楼碑记**

撰者佟镇，清代（1644—1911），碑立于鹤庆县。

著录于（康熙）《鹤庆府志》。

5874 **兵部侍郎告示碑**

大理石，楷书，清代（1644—1911），高 84 cm × 宽 59.5 cm × 厚 8.3 cm，碑立于大理市。

见于《大理丛书·金石篇》。

5875 **浒溪桥记**

撰者周钺，清代（1644—1911），碑立于宾川县。

著录于（雍正）《宾川州志》。

5876 **倡捐义仓引**

撰者凌光斗，清代（1644—1911），碑立于永善县。

著录于（嘉庆）《永善县志略》。

5877 **飞龙桥诗刻**

撰者张筠、杨文奎、字廷章、杨开甲、杨泗清，清代（1644—1911），碑立于云龙县。

著录于《新纂云南通志·金石考》。

5878 **改建九司大石桥记**

撰者孟廷对，清代（1644—1911），碑立于建水县。

著录于（雍正）《建水州志》。

5879 **贵州县丞萧彭年先椿墓志**

正书，清代（1644—1911），碑立于盐津县。

著录于《新纂云南通志·金石考》。

5880 **华亭山记**

撰者戴絅孙，清代（1644—1911），碑立于西山区。

著录于（光绪）《云南通志》。

5881 **寄园帖**

刻工虞世璎，清代（1644—1911）。

著录于《新纂云南通志·金石考》。

5882 **剑川新松村白族段氏祖茔世系碑**

大理石，楷书，高 72 cm × 宽 47 cm，清代（1644—1911），碑立于大理市。

见于《大理丛书·金石篇》。

注：正碑已佚，仅存左右陪碑。

5883 **金王斋尚书暨妻萧氏墓志铭**

撰者赵端礼，清代（1644—1911），碑立于腾冲市。

著录于《新纂云南通志·金石考》。

5884 **晋宁重建奎星阁记**

撰者黄毓崧，清代（1644—1911），碑立于晋宁区。

著录于《新纂云南通志·金石考》。

5885 **九龙祠龙王庙碑**

刻工岑毓宝，清代（1644—1911），碑立于五华区。

著录于《新纂云南通志·金石考》。

5886 **康熙御制诗刻**

清代（1644—1911），碑立于五华区。

著录于《新纂云南通志·金石考》。

5887 **李怀兴暨妻杨氏墓志铭**

撰者赵端礼，清代（1644—1911），碑立于腾冲市。

著录于《新纂云南通志·金石考》。

5888 **刘霈玉联刻**

清代（1644—1911），草书。

著录于《新纂云南通志·金石考》。

5889 **刘树基生圹志（2 块）**

正书，清代（1644—1911），碑立于镇南县。

著录于《新纂云南通志》。

5890 **禄劝县知县李世琛死节碑记**

撰者王秉安，清代（1644—1911），碑立于禄劝县。

著录于《新纂云南通志·金石考》。

5891 **罗汉壁记**

撰者戴絅孙，清代（1644—1911），碑立于西山区。

著录于（光绪）《云南通志》。

5892 **清知州昆明简寅卿先生墓志铭**

撰者陈荣昌，书者陈荣昌，清代（1644—1911）。

著录于《新纂云南通志·金石考》。

5893 **壬午举人明相韩先生钟琦墓志铭**

撰者寸开泰，清代（1644—1911），碑立于腾冲市。

著录于《新纂云南通志·金石考》。

5894 **师贞桥碑**

撰者岑毓英，清代（1644—1911），碑立于盐津县。

著录于《新纂云南通志·金石考》。

5895 岁贡鲍毓英墓志铭

撰者刘钟璟，正书，清代（1644—1911），碑立于镇南县。

著录于《新纂云南通志·金石考》。

5896 岁贡张彬墓志铭

撰者李蟠根，清代（1644—1911），碑立于大理市。

著录于《新纂云南通志·金石考》。

5897 武庠尹开泰三阳墓志铭

撰者赵端礼，清代（1644—1911），碑立于腾冲市。

著录于《新纂云南通志·金石考》。

5898 新河水碾记

撰者义宁，清代（1644—1911），碑立于东川区。

著录于（乾隆）《东川府志》。

5899 新建龙华书院碑记

撰者王秉韬，清代（1644—1911），碑立于沾益区。

著录于（光绪）《沾益州志》。

5900 新建中河石桥碑记

撰者曾旭，清代（1644—1911），碑立于建水县。

著录于（康熙）《建水州志》。

5901 新开永润沟碑记

撰者王虎臣，清代（1644—1911），碑立于玉溪市。

著录于《新兴州志》。

5902 新筑堤坝碑记

撰者刘维世，清代（1644—1911），碑立于石屏县。

著录于（乾隆）《石屏州志》。

5903 修同缘桥碑记

撰者黄鹤鸣，清代（1644—1911），碑立于建水县。

著录于（雍正）《建水州志》。

5904 秀峰庵塔题字

清代（1644—1911），碑立于云龙县。

著录于《新纂云南通志·金石考》。

5905 杨解元墓碣

撰者赵藩，正书，清代（1644—1911），碑立于玉溪市。

著录于《新纂云南通志·金石考》。

5906 杨觐光暨妻李氏墓志铭

撰者赵端礼，清代（1644—1911），碑立于腾冲市。

著录于《新纂云南通志·金石考》。

5907 杨林九女同时死节碑记

撰者胡绪昌，清代（1644—1911），碑立于嵩明县。

著录于（光绪）《续修嵩明州志》。

5908 云贵总督岑毓英德政碑

清代（1644—1911），碑立于澄江县。

著录于《新纂云南通志·金石考》。

5909 重建大观楼前记

撰者马如龙，清代（1644—1911），碑立于西山区。

著录于《新纂云南通志·金石考》。

5910 重建寿国庵功德并追溯先代源流行师碑记

撰者陈瑞图，清代（1644—1911），碑立于嵩明县。

著录于（民国）《嵩明县志》。

5911 重修陈所渡桥碑记

撰者李淳，清代（1644—1911），碑立于宜良县。

著录于（民国）《宜良县志》。

5912 重修黄宝村大石坝记

撰者马翰琼，清代（1644—1911），碑立于宜良县。

著录于（民国）《宜良县志》。

5913 重修见龙石桥碑记

撰者杨镐，清代（1644—1911），碑立于建水县。

著录于（雍正）《建水州志》。

5914 重修临安府庙学碑记

撰者刘彪，清代（1644—1911），碑立于建水县。

著录于（康熙）《建水州志》。

5915 重修临安府学宫碑记

撰者黄明，清代（1644—1911），碑立于建水县。

著录于（康熙）《建水州志》。

5916 重修文庙碑记

撰者丁序琨，清代（1644—1911），碑立于建水县。

著录于（雍正）《建水州志》。

5917 重修仙鹤桥碑记

撰者郑元昕，正书，清代（1644—1911），碑立于晋宁区。

著录于《新纂云南通志·金石考》。

5918 重修永平县文庙碑

撰者姚孔鍹，清代（1644—1911），碑立于永平县。

著录于（乾隆）《永昌府志》。

5919 州守长洲周公去思碑记

撰者曾辉祖，清代（1644—1911），碑立于宾川县。

著录于（雍正）《宾川州志》。

◆ 民 国

5920 哀乌斯藏辞并序碑

撰者熊廷权，青石，楷书，民国元年（1912），高 150 cm × 宽 55 cm × 厚 12 cm，碑立于丽江市。

见于《丽江纳西族自治县志》。

5921 博南山碑

撰者赵藩，书者欧阳椝，青石，楷书，民国元年（1912），高 132 cm × 宽 70 cm × 厚 10 cm，碑立于永平县。

见于《大理丛书·金石篇》。

5922 都督府布告

撰者卢铸，民国元年（1912），高 190 cm × 宽 70 cm，碑立于隆阳区。

见于《隆阳碑铭石刻》。

5923 洱海临水亭诗碑

撰者赵藩，书者赵藩，楷书，民国元年（1912），高 40 cm × 宽 57 cm，碑立于大理市。

见于《大理丛书·金石篇》。

5924 二赵先生教思碑

撰者寸辅清，民国元年（1912），碑立于腾冲市。

见于《腾冲名碑集释》。

5925 府君琦公讳璘号叔敏之墓

民国元年（1912），碑立于凤庆县。

著录于（民国）《顺宁县志初稿》。

5926 高黎贡山风口古道诗碑

撰者赵藩，民国元年（1912），高 181 cm × 宽 68 cm，碑立于腾冲市。

见于《腾冲名碑集释》。

5927 告别平彝绅士碑

撰者陈铸，民国元年（1912），高 60 cm × 宽 90 cm，碑立于曲靖市。

见于《曲靖石刻》。

5928 功德碑记

民国元年(1912),高 140 cm×宽 74 cm，碑立于祥云县。

见于《祥云碑刻》。

5929 禾甸街石拱桥功德碑记

刻工段丕元，民国元年（1912），高 140 cm×宽 74 cm，碑立于祥云县。

见于《祥云金石》。

5930 鸡山绝顶放歌诗碑

撰者大错和尚，刻工李根源，楷书，民国元年（1912），高 43 cm×宽 63 cm，碑立于宾川县。

见于《大理丛书·金石篇》。

5931 鸡足山石钟寺诗碑

撰者大错和尚，刻工李根源，行书，民国元年（1912），高 40 cm×宽 59 cm，碑立于宾川县。

见于《大理丛书·金石篇》。

5932 郑和故里碑

撰者李根源，书者李根源，民国元年（1912），碑立于南华县。

见于《南华县志》(2006)。

5933 建杨文烈公祠堂令碑

楷书，民国元年(1912)，碑立于楚雄市。

见于《云南金石目略初稿》。

5934 剿苏三宝碑全文

撰者陈毓庆，民国元年（1912），高 60 cm×宽 49 cm×厚 4 cm，碑立于普洱市。

见于《思茅地区文物志》。

5935 来宾石塔

民国元年（1912），碑立于宣威市。

见于《宣威县文物志》。

5936 礼葬杨振鸿电文石刻

撰者蔡锷，民国元年（1912），碑立于隆阳区。

见于《隆阳碑铭石刻》。

5937 刘綎、邓子龙诗

刻工李根源，民国元年（1912），高 67 cm×宽 167 cm，碑立于隆阳区。

见于《隆阳碑铭石刻》。

5938 明五人功烈碑

撰者张文光，民国元年（1912），高 200 cm×宽 60 cm，碑立于腾冲市。

见于《腾冲名碑集释》。

5939 墨江赵鹤清题词碑文

撰者赵鹤清，民国元年（1912），高 140 cm×宽 70 cm×厚 1 cm，碑立于普洱市。

见于《思茅地区文物志》。

5940 墨江赵鹤清题诗碑

撰者赵鹤清，民国元年（1912），高 67 cm×宽 67 cm，碑立于普洱市。

见于《思茅地区文物志》。

5941 青水堰塘润泽海碑记

刻工段文滨，民国元年（1912），高 160 cm×宽 90 cm，碑立于祥云县。

见于《祥云碑刻》。

5942 秋帆遗诗

撰者杨振鸿，民国元年（1912），高 132 cm×宽 67 cm，碑立于隆阳区。

见于《隆阳碑铭石刻》。

5943 杨振鸿遗诗碑

撰者杨振鸿，民国元年（1912），高 157 cm×宽 66 cm，碑立于保山市。

见于《保山碑刻》。

5944 通玄洞石刻

民国元年（1912），碑立于师宗县。

见于《师宗县文物志》。

5945　万华馆诗碑

撰者赵藩，民国元年（1912），高 183.5 cm×宽 68 cm，碑立于腾冲市。

见于《腾冲名碑集释》。

5946　杨秋帆先生事略

撰者李根源，民国元年（1912），高 208 cm×宽 63 cm，碑立于腾冲市。

见于《云南贵州辛亥革命资料》。

5947　杨振鸿墓表

撰者赵藩，民国元年（1912），高 267 cm×宽 75 cm，碑立于隆阳区。

见于《隆阳碑铭石刻》。

5948　云南军政府旌恤杨振鸿布告

撰者卢铸，民国元年（1912），高 198 cm×宽 73 cm，碑立于保山市。

见于《蔡松坡集》。

5949　赠正都尉彭君蓂墓表

撰者李根源，民国元年（1912），碑立于隆阳区。

见于《隆阳碑铭石刻》。

5950　赵藩诗碑

撰者赵藩，民国元年（1912），高 68 cm×宽 67 cm，碑立于隆阳区。

见于《隆阳碑铭石刻》。

5951　赵州正堂为豁免陋规告示碑

大理石，楷书，民国元年（1912），高 75 cm×宽 46 cm×厚 6 cm，碑立于大理市。

见于《大理丛书·金石篇》。

5952　振武将军王公墓志铭

撰者孙光庭，民国元年（1912），高 320 cm×宽 300 cm，碑立于宣威市。

见于《宣威县文物志》。

5953　革除陋规碑

撰者张汉皋，民国元年（1912），碑立于凤庆县。

著录于（民国）《顺宁县志初稿》。

5954　明死节户部尚书顺宁龚公祠祀碑

撰者赵藩，刻工张君，民国元年（1912），碑立于凤庆县。

著录于（民国）《顺宁县志初稿》。

5955　和氏族谱序碑

撰者李樾，民国二年（1913），高 110 cm×宽 69 cm（拓片），碑立于丽江市。

见于《纳西族地区历代碑刻辑录与研究》。

5956　本音董氏门中历代老少合族宗亲考妣之香位

民国二年（1913），高 106 cm×宽 186 cm，碑立于大理市。

见于《大理凤仪古碑文集》。

5957　勒石永遵碑

撰者陈桢，民国二年（1913），高 81 cm×宽 49 cm，碑立于弥渡县。

见于《弥渡古代碑刻辑释》。

5958　黄腾霄先生墓志铭

撰者赵和清，书者赵和清，大理石，楷书，民国二年（1913），高 82 cm×宽 50 cm，碑立于姚安县。

见于《楚雄历代碑刻》。

5959　陆军协都尉李杰士岐山墓表

撰者李正纲，书者周和平，民国二年（1913），高 148 cm×宽 47 cm，碑立于隆阳区。

见于《隆阳碑铭石刻》。

5960　弥祉八士村告示碑

民国二年（1913），碑立于弥渡县。

见于《云南林业文化碑刻》。

5961　木本水源杨姓宗谱源流碑序

撰者杨国桂，民国二年（1913）重立，碑立于祥云县。

著录于《祥云县志》。

5962　石鼓乡乡规并序碑

撰者周暐，民国二年（1913），高 92 cm × 宽 65 cm，碑立于丽江市。

见于《纳西族地区历代碑刻辑录与研究》。

5963　嵩明崇正乡小学校教员子哲胡君纪念碑文

撰者赵藩，民国二年（1913），碑立于嵩明县。

著录于（民国）《嵩明县志》。

5964　小古城马料河沿线分水岭碑

民国二年（1913），高 160 cm × 宽 80 cm，碑立于呈贡区。

见于《呈贡历史建筑及碑刻选》。

5965　杨公馨亭寿基序

撰者王以忠，民国二年（1913），碑立于祥云县。

见于《祥云碑刻》。

5966　云南文教司出示太和宫庙产晓谕碑

民国二年（1913），高 58 cm × 宽 82 cm。

见于《云南道教碑刻辑录》。

5967　封山碑记

民国三年（1914），高 85 cm × 宽 55 cm，碑立于石林县。

见于《路南彝族自治县志》。

5968　昔马黄桑坡护林公约

民国三年（1914），碑立于盈江县。

见于《云南林业文化碑刻》。

5969　大额衣武姓墓志铭

撰者陈宝鹏，民国三年（1914），碑立于弥勒市。

见于《弥勒文物志》。

5970　高牧水利碑

民国三年（1914），碑立于祥云县。

见于《祥云碑刻》。

5971　古滇名士孙髯翁先生之墓

民国三年（1914），碑立于弥勒市。

见于《弥勒文物志》。

5972　鹤庆县公议永远禁宰耕牛碑记

民国三年（1914），高 150 cm × 宽 60 cm × 厚 14.5 cm，碑立于鹤庆县。

见于《鹤庆碑刻辑录》。

5973　黑树林执照碑

民国三年（1914），碑立于红河县。

见于《云南林业文化碑刻》。

5974　黄兴题“曲石寄庐”匾

撰者黄兴，民国三年（1914），高 42 cm × 宽 100 cm，碑立于保山市。

见于《黄兴年谱长编》。

5975　丽江商业劝工会记

撰者和庚吉，民国三年（1914），高 191 cm × 宽 80 cm × 厚 15 cm，碑立于丽江市。

见于《云南省志 · 工商行政管理志》。

5976　本音各姓门中历代宗祖老幼之灵位

民国三年（1914），高 96 cm × 宽 64 cm，碑立于大理市。

见于《大理凤仪古碑文集》。

5977　师氏家谱自序碑

民国三年（1914），大理石，楷书，高 76 cm × 宽 43 cm，碑立于弥渡县。

见于《弥渡古代碑刻辑释》。

5978 师氏原始记谨案碑

民国三年（1914），碑立于弥渡县。

见于《弥渡古代碑刻辑释》。

5979 小牧舍高伍屯水例碑

刻工高伍屯，民国三年（1914），碑立于祥云县。

见于《祥云金石》。

5980 牛丛碑

刻工黄顺清，民国三年（1914），碑立于寻甸县。

见于《昆明诗词楹联碑文集粹》。

5981 商办云南耀龙电灯公司工程纪略碑

民国三年（1914），碑立于西山区。

见于《西山区文物志》。

5982 杨氏宗祠重修记

撰者杨烈炘，书者杨汉清，大理石，楷书，民国三年（1914），高 78 cm × 宽 53 cm，碑立于剑川县。

见于《大理丛书 · 金石篇》。

5983 永禁以婿作子约碑

撰者师范，书者师乾，楷书，大理石，民国三年（1914），高 76 cm × 宽 47 cm，碑立于弥渡县。

见于《大理丛书 · 金石篇》。

5984 袁慎夫陪邑令汪小谷明府游东山阁记

撰者李步云，民国三年（1914），碑立于凤庆县。

著录于（民国）《顺宁县志初稿》。

5985 重修双桥哨永安桥碑记

撰者吴鑫，青石，楷书，民国三年（1914），高 117 cm × 宽 65 cm，碑立于祥云县。

见于《祥云碑刻》。

5986 和氏宗谱序（二）

撰者李樾，青石，民国三年（1914），高 113 cm × 宽 72 cm × 厚 12 cm，碑立于丽江市。

见于《和氏宗谱》。

5987 上赤石拱桥碑记

民国四年（1915），碑立于祥云县。

见于《祥云金石》。

5988 盐兴县黑井万春山释门主教大和尚寿藏志

撰者杨壬林，书者李长清，行书，民国四年（1915），高 80 cm × 宽 30 cm，碑立于禄丰县。

见于《楚雄历代碑刻》。

5989 创办钟秀学校序

撰者李培林，民国四年（1915），碑立于大姚县。

见于《云南金石目略初稿》。

5990 钟秀街记

撰者徐师，民国四年（1915），碑立于大姚县。

见于《云南金石目略初稿》。

5991 金碧街开市订名启刻石

撰者徐师，民国四年（1915），碑立于大姚县。

见于《云南金石目略初稿》。

5992 万春山幻然塔院碑幢序

撰者李正棻，书者李相家，行书，民国四年（1915），碑立于禄丰县。

见于《楚雄历代碑刻》。

5993 陈丕昌墓志序

撰者张启贤，书者张应泰，行楷，民国四年（1915），高 70 cm × 宽 38 cm，碑立于南华县。

见于《楚雄历代碑刻》。

5994 凤凰村乡规民约碑

民国四年（1915），碑立于弥勒市。

见于《弥勒文物志》。

注：原碑已佚。

5995 高头甸邓姓墓志

民国四年（1915），碑立于弥勒市。

见于《弥勒文物志》。

5996 光尊寺之山佃摆菜、新寨等处灌田亩水规碑记

撰者由人龙，民国四年（1915），高166 cm×宽 68 cm，碑立于隆阳区。

见于《隆阳碑铭石刻》。

5997 黑村大石洞公山案碑记

民国四年(1915),高 170 cm×宽 95 cm，碑立于玉溪市。

见于《玉溪碑刻选集》。

5998 李本忠墓志铭

撰者李煌，民国四年（1915），碑立于昭通市。

见于《鲁甸碑刻》。

5999 李有富墓志（2 块）

撰者杨新林，民国四年（1915），碑立于普洱市。

见于《思茅地区文物志》。

6000 石桥碑记

民国四年（1915），碑立于祥云县。

见于《祥云碑刻》。

注：原碑已佚。

6001 文明起点碑

撰者徐毓芳，书者孙鉴曾，青石，楷书，民国四年（1915），高 123 cm×宽 63 cm×厚 12 cm，碑立于师宗县。

见于《师宗县文物志》。

6002 新修宜良西关外马路碑记

撰者钱良骏，书者徐自立，刻工师本宽，青石，民国四年（1915），高 188 cm×宽78 cm，碑立于宜良县。

见于《宜良碑刻增补本》（下）。

6003 许名臣成仁处碑

撰者蔡锷，民国四年（1915），高 160 cm×宽 95 cm，碑立于玉溪市。

见于《玉溪碑刻选集》。

6004 指云寺纪念碑

青石，楷书，民国四年（1915），高 113 cm×宽 63 cm×厚 9 cm，碑立于玉龙县。

见于《丽江历代碑刻辑录与研究》。

6005 制举孝廉方正董广元文碑

大理石，楷书，民国四年（1915），高105 cm×宽 70 cm，碑立于大理市。

见于《大理丛书·金石篇》。

6006 呈贡知事苏为碑

民国五年（1916），碑立于呈贡区。

见于《呈贡历史建筑及碑刻选》。

6007 和氏宗谱序（一）

书者祖亮，青石，民国五年（1916），高 113 cm×宽 72 cm×厚 12 cm，碑立于丽江市。

见于《和氏宗谱》。

6008 修路功德碑

民国五年（1916），碑立于大理市。

见于《大理凤仪古碑文集》。

6009 纪功碑记

民国五年（1916），高 122 cm×宽 70 cm，碑立于玉溪市。

见于《玉溪地区民族志》。

6010 谨将大达村新沟□温沟二条规□大略勒石碑

民国五年（1916），高 100 cm × 宽 58 cm，碑立于大理市。

见于《大理丛书·金石篇》。

6011 靖安哨诉讼碑记（二）

砂石，民国五年（1916），高 136 cm × 宽 64 cm，碑立于宜良县。

见于《宜良碑刻增补本》（下）。

6012 清通议大夫大理静山张公之墓碑

书者赵藩，楷书，民国五年（1916），高 151 cm × 宽 64 cm，碑立于大理市。

见于《大理丛书·金石篇》。

注：原碑已佚。

6013 特奖四等嘉禾章云龙县知事葛为碑

红砂石，民国五年（1916），高 135 cm × 宽 70 cm，碑立于大理市。

见于《大理丛书·金石篇》。

6014 涂实斋墓碑铭

撰者彭衣言、刘钧，民国五年（1916），碑立于普洱市。

见于《思茅地区文物志》。

6015 文昌宫重修碑记

撰者李长兴，民国五年（1916），碑立于祥云县。

见于《祥云碑刻》。

6016 下回村回教纪功碑记

民国五年（1916），高 122 cm × 宽 70 cm，碑立于玉溪市。

见于《玉溪碑刻选集》。

6017 修建永国寺碑记

楷书，民国五年（1916），高 130 cm × 宽 70 cm，碑立于永平县。

见于《大理丛书·金石篇》。

6018 庾恩荣内务部证书碑全文

民国五年（1916），高 64 cm × 宽 53 cm，碑立于普洱市。

见于《思茅地区文物志》。

6019 兴化寺开山僧典品墓碑

民国五年（1916），高 100 cm，碑立于丽江市。

见于《纳西族地区历代碑刻辑录与研究》。

6020 杨福萃墓表

撰者赵藩，民国五年（1916），碑立于丽江市。

见于《纳西族地区历代碑刻辑录与研究》。

6021 云南高等审判厅民事判决碑

砂岩，楷书，民国五年（1916），高 180 cm × 宽 120 cm，碑立于元谋县。

见于《楚雄历代碑刻》。

6022 中流砥柱碑

撰者张鉴藻，民国五年（1916），高 120 cm × 宽 32 cm，碑立于曲靖市。

见于《曲靖石刻》。

6023 重建云南县钟鼓楼记

撰者路承熙，大理石，民国五年（1916），高 116 cm × 宽 81 cm，碑立于祥云县。

见于《祥云碑刻》。

6024 诸葛亮渡军处地名碑

书者杨玫，隶书、行书，民国五年（1916），高 160 cm × 宽 35 cm，碑立于洱源县。

见于《大理丛书·金石篇》。

6025 板桥哨四排集股种桑碑记

民国六年（1917），高 154 cm × 宽 52 cm，碑立于隆阳区。

见于《隆阳碑铭石刻》。

6026 杜文秀墓碑题衔

楷书，民国六年（1917），高 165 cm×宽 119 cm，碑立于大理市。

见于《大理丛书·金石篇》。

6027 本音段、李氏门中历代宗亲昭穆考妣位

民国六年（1917），碑立于大理市。

见于《大理凤仪古碑文集》。

6028 赵天子庙碑

撰者李翰香，书者徐炳，大理石，楷书，民国六年（1917），高 72 cm×宽 61 cm，碑立于洱源县。

见于《大理洱源县碑刻辑录》。

6029 集股种桑碑记

民国六年（1917），高 155 cm×宽 54 cm×厚 9 cm，碑立于隆阳区。

见于《隆阳碑铭石刻》。

6030 马公玉堂墓志序

撰者唐德铨，民国六年（1917），碑立于临沧市。

著录于（民国）《镇康县志初稿》。

6031 马连芳纪念碑记

刻工杨发王，白石，民国六年（1917），高 170 cm×宽 65 cm，碑立于宜良县。

见于《宜良碑刻增补本》（下）。

6032 牟定县建修永定铁索桥募捐启

大理石，楷书，民国六年（1917），高 92 cm×宽 60 cm，碑立于牟定县。

见于《楚雄历代碑刻》。

6033 判决易河、张石两屯其它争执碑记

民国六年（1917），高 96 cm×宽 60 cm，碑立于玉溪市。

见于《玉溪碑刻选集》。

6034 山场合同永为碑记

民国六年（1917），高 110 cm×宽 70 cm，碑立于禄丰县。

见于《云南林业文化碑刻》。

6035 钱泰丰墓志

撰者周缉光，书者张群，楷书，民国六年（1917），高 94 cm×宽 56 cm，碑立于南华县。

见于《楚雄历代碑刻》。

6036 申经碑记

民国六年（1917），碑立于玉溪市。

见于《古碑遗珍》。

6037 署马龙县知事云南陆军兵站长六等文虎章王公德元之纪念碑

撰者杨家盛，民国六年（1917），高 190 cm×宽 68 cm，碑立于曲靖市。

见于《曲靖石刻》。

6038 双济林功德碑

撰者彭上选，民国六年（1917），碑立于鹤庆县。

见于《鹤庆碑刻辑录》。

6039 新建退思轩记

撰者赵咏周，民国六年（1917），高 52 cm×宽 87 cm，碑立于通海县。

见于《通海历代碑刻集》。

6040 新庄村封山碑

民国六年（1917），高 72 cm×宽 62 cm，碑立于曲靖市。

见于《陆良历代石刻注解与研究》。

6041 续修智光寺碑记

民国六年（1917），碑立于祥云县。

见于《祥云碑刻》。

注：原碑已佚，存有手抄碑文。

6042 重修灵妙禅寺碑

撰者孙光庭，民国六年（1917），高190 cm×宽76 cm，碑立于曲靖市。

见于《曲靖石刻》。

6043 规复太史祠原置波罗村田亩租石碑记

撰者徐兆松，民国七年（1918），碑立于西山区。

见于《西山区文物志》。

6044 哈喇村何氏族谱碑序

青石，民国七年（1918），高 165 cm×宽70 cm，碑立于宜良县。

见于《宜良碑刻增补本》（下）。

6045 韩家屯葛氏祖籍遗流碑

撰者何余林，民国七年（1918），高90 cm×宽50 cm，碑立于隆阳区。

见于《隆阳碑铭石刻》。

6046 期努能罕能勒夫妇合葬墓碑

刻工盛希，民国七年（1918），高62 cm×宽40 cm，碑立于武定县。

见于《彝文石刻译选》。

6047 觉克多汶夫妇合墓碑

刻工盛希，民国七年（1918），高56 cm×宽38 cm，碑立于武定县。

见于《彝文石刻译选》。

6048 李恩松哲夫妇合葬墓碑

刻工盛教，民国七年（1918），高64 cm×宽42 cm，碑立于武定县。

见于《彝文石刻译选》。

6049 叽拉五村众姓户额本粮碑

楷书，民国七年（1918），高70 cm×宽40 cm，碑立于禄丰县。

见于《中国文物地图集·云南分册》。

6050 界鱼记

撰者周恒兆，青石，民国七年（1918），高130 cm×宽62 cm，碑立于玉溪市。

见于《玉溪碑刻选集》。

6051 鲁南“永守无替”告示碑

民国七年（1918），高83 cm×宽44.5 cm×厚11 cm，碑立于丽江市。

见于《纳西族地区历代碑刻辑录与研究》。

6052 南庄约学堂水碑记

撰者刘应元，书者刘应元，大理石，楷书，民国七年（1918），高70 cm×宽45 cm，碑立于巍山县。

见于《大理丛书·金石篇》。

6053 圆明寺诗碑

撰者王适，民国七年（1918），高 30 cm×宽50 cm，碑立于通海县。

见于《通海历代碑刻集》。

6054 重塑圣源圣像并修殿阁廊庑募引

撰者杨泰山，书者杨文时，楷书，民国七年（1918），高158 cm×宽83 cm，碑立于大理市。

见于《大理丛书·金石篇》。

6055 重修隆恩桥碑记

撰者李步云，民国七年（1918），碑立于凤庆县。

著录于（民国）《顺宁县志初稿》。

6056 保山县关于四川会馆客民掉换房产涉讼案判决碑

民国八年（1919），高162 cm×宽62 cm，碑立于隆阳区。

见于《隆阳碑铭石刻》。

6057 凤荣静敖夫妇合墓碑

刻工盛教，民国八年（1919），高70 cm×宽25 cm，碑立于武定县。

见于《彝文石刻译选》。

6058 曹氏家训碑

刻工李承泽，楷书，民国八年（1919），高 125 cm × 宽 53 cm，碑立于永仁县。

见于《楚雄历代碑刻》。

6059 符廷铨去思碑

民国八年（1919），碑立于新平县。

著录于（民国）《新平县志》。

6060 江尾村开凿篆塘碑记

撰者张怀仁，民国八年（1919），高 125 cm × 宽 61 cm × 厚 14 cm，碑立于呈贡区。

见于《呈贡历史建筑及碑刻选》。

6061 李君月如捐助兴文学校功德碑

撰者周暐，书者李承铎，青石，民国八年（1919），高 97 cm × 宽 73 cm × 上厚 13 cm × 下厚 23 cm，碑立于丽江市。

见于《丽江历代碑刻辑录与研究》。

6062 丽江县指云寺告示碑

民国八年（1919），高 81 cm × 宽 59 cm（拓片），碑立于丽江市。

见于《纳西族地区历代碑刻辑录与研究》。

6063 龙洞灵泉寺碑记

民国八年（1919），高 119 cm × 宽 73 cm，碑立于施甸县。

见于《施甸碑铭录》。

6064 梦拉山李氏墓表

撰者秦光玉，民国八年（1919），高 246 cm × 宽 90 cm × 厚 18 cm，碑立于呈贡区。

见于《云南政协报》。

6065 清处士美西王先生墓碑

大理石，楷书，民国八年（1919），高 80 cm × 宽 50 cm，碑立于祥云县。

见于《大理丛书·金石篇》。

注：原碑已佚。

6066 上赤罗姓起祖碑序

撰者杨家兴，民国八年（1919），碑立于祥云县。

见于《祥云碑刻》。

6067 四川会馆功德碑序

民国八年（1919），高 162 cm × 宽 62 cm，碑立于隆阳区。

见于《隆阳碑铭石刻》。

6068 西庄雨花庵分租碑记

撰者刘仲铭，民国八年（1919），高 157 cm × 宽 65.5 cm，碑立于保山市。

见于《保山碑刻》。

6069 杨福祯“诰封碑叙”

青石，楷书，刻工杨新城，民国八年（1919），高 128 cm × 宽 33 cm，碑立于宣威市。

见于《宣威县文物志》。

6070 盈江县昔马黄桑坡护林公约碑

民国八年（1919），碑立于盈江县。

见于《云南林业文化碑刻》。

6071 永垂不朽

民国八年（1919），高 126 cm × 宽 80 cm，碑立于西畴县。

见于《云南林业文化碑刻》。

6072 由旺小摆夷花桥碑记

民国八年（1919），高 132 cm × 宽 61 cm，碑立于施甸县。

见于《施甸碑铭录》。

6073 云南会城护国门碑记

撰者袁嘉穀，民国八年（1919），碑立于五华区。

见于《昆明诗词楹联碑文集粹》。

6074 云南省高等审判厅民事庭关于江川区——争山林案判决书碑文

民国八年（1919），高 97 cm×宽 51 cm×厚 10 cm，碑立于江川区。

见于《云南林业文化碑刻》。

6075 张封翁泗澡暨德配鲁大人七旬双庆序

撰者姚□，民国八年（1919），碑立于临沧市。

著录于（民国）《镇康县志初稿》。

6076 长安街建街碑记

撰者曹为，民国八年（1919），高 148 cm×宽 76 cm，碑立于施甸县。

见于《施甸碑铭录》。

6077 重修五龙寺记

撰者佴若愚，民国八年（1919），高 63 cm×宽 91 cm。

见于《云南道教碑刻辑录》。

6078 重修兴福寺记

撰者赵耀基，民国八年（1919），碑立于鹤庆县。

著录于（民国）《鹤庆县志》。

6079 前清恩赍寿元李公先生之墓

撰者杨肇桓，民国八年（1919），碑立于大理市。

见于《大理凤仪古碑文集》。

6080 创建登明楼碑记碑

撰者马晋侯，书者赵建林，大理石，楷书，民国九年（1920），高 98 cm×宽 65 cm，碑立于洱源县。

见于《大理洱源县碑刻辑录》。

6081 海湾德鸿坛碑序

民国九年（1920），碑立于洱源县。

见于《大理洱源县碑刻辑录》。

6082 宝姓起源碑记

撰者于春楹，民国九年（1920），碑立于祥云县。

见于《祥云碑刻》。

6083 杜买水目山僧业碑

民国九年（1920），碑立于祥云县。

见于《祥云碑刻》。

6084 皇清例赠武郎屯勇董公永兴大人之墓

撰者张保安，民国九年（1920），碑立于鹤庆县。

见于《鹤庆碑刻辑录》。

6085 清故文学农髯方府君墓表

撰者赵藩，书者赵藩，刻工毕钟，楷书，民国九年（1920），高 183 cm×宽 75 cm，碑立于晋宁区。

见于《大理丛书·金石篇》。

6086 山林场权执照碑

民国九年（1920），高 84 cm×宽 51 cm×厚 10 cm，碑立于江川区。

见于《云南林业文化碑刻》。

6087 圣露活佛之父墓志铭

撰者和庚吉、和诚，民国九年（1920），碑立于丽江市。

见于《丽江历代碑刻辑录与研究》。

6088 铜柱铭勋碑

青石，民国九年（1920），高 258 cm×宽 96 cm×厚 25 cm，碑立于师宗县。

见于《师宗县文物志》。

6089 下南庄赎水碑

撰者虞克昌，大理石，楷书，民国九年（1920），高 78 cm×宽 42 cm，碑立于巍山县。

见于《大理丛书·金石篇》。

6090 重修龙街桥序

撰者侯应，民国九年（1920），碑立于普洱市。

著录于（民国）《景东县志稿》。

6091 因远白族乡规

民国十年（1921），碑立于元江县。

见于《元江哈尼族彝族傣族自治县民族志》。

6092 保场四沟碑记

撰者赵重阳，民国十年（1921），高 124 cm × 宽 58 cm，碑立于施甸县。

见于《施甸碑铭录》。

6093 创建圣姥殿并装塑全堂佛像功德碑志

楷书，民国十年（1921），高 152 cm × 宽 75 cm × 厚 14 cm，碑立于宣威市。

见于《宣威县文物志》。

6094 护理知州林森棠忠魂冢墓表

撰者杨金铠，民国十年（1921），碑立于鹤庆县。

见于《鹤庆碑刻辑录》。

6095 李景山荐王右军书法贴

撰者李叶荫，民国十年（1921），高 142 cm × 宽 37 cm，碑立于保山市。

见于《保山碑刻》。

6096 施节母杨太孺人墓表

撰者陈荣昌，民国十年（1921），高 147 cm × 宽 75 cm，碑立于鹤庆县。

见于《鹤庆碑刻辑录》。

6097 迤东会馆告示碑

撰者符廷铨，楷书，民国十年（1921），高 174 cm × 宽 63 cm，碑立于隆阳区。

见于《隆阳碑铭石刻》。

6098 永远遵守

民国十年（1921），高 86 cm × 宽 55 cm × 厚 5 cm，碑立于元江县。

见于《云南林业文化碑刻》。

6099 长春派第十四代弟子谢传秘墓碑

撰者赵教让，民国十年（1921），高 168 cm × 宽 72 cm。

见于《云南道教碑刻辑录》。

6100 五十三村公田水利碑序（一）

撰者徐联钧，民国十年（1921），高 94 cm × 宽 64 cm，碑立于弥渡县。

见于《弥渡古代碑刻辑释》。

6101 五十三村公田水利碑序（二）

撰者徐联钧，民国十年（1921），高 94 cm × 宽 64 cm，碑立于弥渡县。

见于《弥渡古代碑刻辑释》。

6102 五十三村公田水利碑序（三）

撰者徐联钧，民国十年（1921），高 94 cm × 宽 56 cm，碑立于弥渡县。

见于《弥渡古代碑刻辑释》。

6103 五十三村公田水利碑序（四）

撰者徐联钧，民国十年（1921），高 94 cm8 宽 66 cm，碑立于弥渡县。

见于《弥渡古代碑刻辑释》。

6104 徐世昌题尹淑人墓表

撰者徐世昌，民国十一年（1922），高 95 cm × 宽 52 cm，碑立于保山市。

见于《保山碑刻》。

6105 保山知县为平息黄纸房等四村山场争讼案判词碑

民国十一年（1922），高 162 cm × 宽 62 cm，碑立于隆阳区。

见于《隆阳碑铭石刻》。

6106 保山祝公敬修墓志铭

撰者李曰垓，民国十一年（1922），高 85 cm × 宽 52 cm，碑立于施甸县。

见于《施甸碑铭录》。

6107 城塘村修阁

撰者叶万富，民国十一年（1922），高 74 cm × 宽 46 cm，碑立于祥云县。

见于《祥云碑刻》。

6108 寸开泰龙光台长联

撰者寸开泰，民国十一年（1922），高 52 cm × 宽 82 cm，碑立于腾冲市。

见于《腾冲县志》。

6109 寸开泰题尹太夫人墓赞

撰者寸开泰，民国十一年（1922），高 31 cm × 宽 81 cm，碑立于保山市。

见于《保山碑刻》。

6110 法依哨刘万墓志

刻工绍清，民国十一年（1922），碑立于弥勒市。

见于《弥勒文物志》。

6111 重修龙华山活佛寺碑记

撰者由云龙、李慎修，楷书，民国十一年（1922），高 99 cm × 宽 63 cm，碑立于姚安县。

著录于（民国）《姚安县志》。

6112 放鹊行

撰者周冠南，民国十一年（1922），碑立于双柏县。

见于《云南林业文化碑刻》。

6113 汉益州郡滇池县治故址碑

撰者袁嘉穀，民国十一年（1922），高 169 cm × 宽 75 cm，碑立于晋宁区。

见于《晋宁文史资料选辑 · 文物专辑》（第十七辑）。

6114 花椒寺碑

撰者符廷铨，民国十一年（1922），高 220 cm × 宽 80 cm，碑立于隆阳区。

见于《隆阳碑铭石刻》。

6115 黄纸房等四村山场契约碑记

民国十一年（1922），高 85 cm × 宽 64 cm，碑立于隆阳区。

见于《隆阳碑铭石刻》。

6116 建筑围墙变乱史略碑记

民国十一年（1922），高 100 cm × 宽 55 cm，碑立于元阳县。

见于《红河州不可移动文物大全》。

6117 禁赌碑

民国十一年（1922），高 60 cm × 宽 46 cm，碑立于玉溪市。

见于《玉溪碑刻选集》。

6118 黎元洪题尹夫人墓联

撰者黎元洪，民国十一年（1922），高 102 cm × 宽 17.5 cm，碑立于腾冲市。

见于《腾冲名联赏析》。

6119 刘楚湘重修龙光台募捐序

撰者刘楚湘，民国十一年（1922），高 53 cm × 宽 94 cm，碑立于腾冲市。

见于《刘楚湘诗文选》。

6120 民国待赠拟谥忠贞殉难文武兵练男女之墓碑

撰者杨森畅，大理石，楷书，民国十一年（1922），高 122 cm × 宽 87 cm × 厚 22 cm，碑立于宾川县。

见于《大理从书 · 金石篇》。

6121 张马沈陈氏历代考妣灵位碑

撰者饶学曾，民国十一年（1922），碑立于弥渡县。

见于《弥渡古代碑刻辑释》。

6122 众善奉行

民国十一年（1922），高 114 cm × 宽 88 cm × 厚 15 cm，碑立于宾川县。

见于《宾川丛书·金石篇》。

6123 王开国题诗观瀑七律

撰者王开国，刻工孟秋月，民国十一年（1922），高 47 cm × 宽 84 cm，碑立于保山市。

见于《保山碑刻》。

6124 西庄公山并松树碑志

撰者朱康，民国十一年（1922），民国十一年（1922），高 160 cm × 宽 66 cm × 厚 7 cm，碑立于隆阳区。

见于《隆阳碑铭石刻》。

6125 熊促周去思碑

民国十一年（1922），碑立于新平县。

著录于（民国）《新平县志》。

6126 秀林寨重建文昌宫碑序

撰者陈登荣，民国十一年（1922），高 206 cm × 宽 69 cm，碑立于隆阳区。

见于《隆阳碑铭石刻》。

6127 严家宗族民国十一年碑

民国十一年（1922），高 99 cm × 宽 83 cm，碑立于大理市。

见于《大理丛书·金石篇》。

6128 永平桥碑

民国十一年（1922），碑立于师宗县。

见于《师宗县文物志》。

6129 永平桥功德碑记

民国十一年（1922），碑立于师宗县。

见于《师宗县文物志》。

6130 永远遵守碑

民国十一年（1922），高 96 cm × 宽 60.5 cm × 厚 10 cm，碑立于丽江市。

见于《丽江历代碑刻辑录与研究》。

6131 赠映空和尚诗文碑

撰者朱德，民国十一年（1922），高 122 cm × 宽 55 cm，碑立于盘龙区。

见于《昆明诗词楹联碑文集粹》。

6132 赵德周先生墓志铭

撰者唐继尧，民国十一年（1922），碑立于凤庆县。

著录于（民国）《顺宁县志初稿》。

6133 赵藩撰重修龙光台小记

撰者赵藩，民国十一年（1922），高 49 cm × 宽 89 cm，碑立于保山市。

见于《保山碑刻》。

6134 重修龙光台募捐序

撰者刘楚湘，民国十一年（1922），高 53 cm × 宽 94 cm，碑立于腾冲市。

见于《刘楚湘诗文选》。

6135 周府君瑞年合卦山墓表

撰者周华宗，民国十一年（1922），碑立于昭通市。

著录于《大关县志》。

6136 祝敬修及夫人马氏墓碑

撰者顾品珍，民国十一年（1922），高 78 cm × 宽 56 cm，碑立于施甸县。

见于《施甸碑铭录》。

6137 龙光亭记

撰者吴璋，书者刘楚湘，正书，民国十一年（1922），碑立于腾冲市。

著录于（光绪）《腾越厅志稿》。

6138 板桥三教寺记

撰者杨林，民国十二年（1923），碑立于隆阳区。

见于《隆阳碑铭石刻》。

6139 补修湾桥序

撰者钟伟，民国十二年（1923），碑立于临沧市。

著录于（民国）《镇康县志初稿》。

6140 滇西都督大理提督张君墓

撰者李根源，书者于右任，大理石，草书，民国十二年（1923），高 112 cm × 宽 53 cm，碑立于腾冲市。

见于《大理丛书·金石篇》。

6141 东元护山执照碑

民国十二年（1923），高 102 cm × 宽 59.5 cm × 厚 13 cm，碑立于丽江市。

见于《纳西族地区历代碑刻辑录与研究》。

6142 抚仙星云两湖口碑记

撰者秦光第，民国十二年（1923），碑立于玉溪市。

见于《古碑遗珍》。

6143 故滇西都督大理提督总兵官陆军中将张君绍三墓志铭

撰者孙光庭，刻工孙仲渊，民国十二年（1923），高 60 cm × 宽 60 cm，碑立于大理市。

见于《大理丛书·金石篇》。

6144 故室张夫人墓志铭

撰者胡开云，民国十二年（1923），碑立于昭通市。

著录于《大关县志》。

6145 黎元洪题书

撰者黎元洪，民国十二年（1923），高 40 cm × 宽 162 cm，碑立于腾冲市。

见于《历代名人与腾冲》。

6146 李母张太孺人墓志铭

撰者李勋猷，民国十二年（1923），碑立于祥云县。

见于《祥云碑刻》。

6147 万古常存

民国十二年（1923），碑立于江川区。

见于《云南林业文化碑刻》。

6148 更审判决

民国十二年（1923），碑立于江川区。

见于《云南林业文化碑刻》。

6149 期常德仁夫妇合葬墓碑

刻工李教，民国十二年（1923），高 52 cm × 宽 30 cm，碑立于武定县。

见于《彝文石刻译选》。

6150 沙尼能德夫妇合墓碑

刻工李俄，民国十二年（1923），高 54 cm × 宽 34 cm，碑立于武定县。

见于《彝文石刻译选》。

6151 李增木增夫妇合墓碑（一）

民国十二年（1923），高 70 cm × 宽 40 cm，碑立于武定县。

见于《武定探秘》。

6152 李增木增夫妇合墓碑（二）

民国十二年（1923），高 67 cm × 宽 40 cm，碑立于武定县。

见于《武定探秘》。

6153 李峰姆觉合葬墓碑

民国十二年（1923），高 65 cm × 宽 40 cm，碑立于武定县。

见于《彝文石刻译选》。

6154 木柯（四川）阿娄凤实牟谷杨实夫妇之墓

民国十二年（1923），碑立于武定县。

见于《武定探秘》。

6155 李氏祖茔彝文碑

民国十二年（1923），高 56 cm × 宽 32 cm，碑立于武定县。

见于《武定探秘》。

6156 凤超耐拔夫妇墓

民国十二年（1923），碑立于武定县。

见于《武定探秘》。

6157 龙华塘存碑

民国十二年（1923），高 146 cm × 宽 60 cm，碑立于施甸县。

见于《施甸碑铭录》。

6158 木本水源碑杨氏宗谱源流碑序

撰者杨标建，民国十二年（1923），高 97 cm × 宽 66 cm，碑立于祥云县。

见于《祥云碑刻》。

6159 南山石桥碑记

民国十二年（1923），碑立于马关县。

著录于（民国）《马关县志》。

6160 清岁贡生享顺寿谥达成李福田墓志铭

撰者李向东，民国十二年（1923），碑立于祥云县。

见于《祥云碑刻》。

6161 唐继尧题赞邵孝子事迹碑

撰者唐继尧，民国十二年（1923），高 136 cm × 宽 68 cm，碑立于保山市。

见于《保山碑刻》。

6162 陶警吾墓志铭（一）

撰者赵舒怡、和钟□，民国十二年（1923），高 70 cm × 宽 30 cm，碑立于普洱市。

见于《思茅地区文物志》。

6163 陶烈妇墓志铭（二）

撰者陶士贤，民国十二年（1923），高 60 cm × 长 25 cm，碑立于普洱市。

见于《思茅地区文物志》。

6164 王美西先生墓志铭

撰者王德三，民国十二年（1923），碑立于祥云县。

见于《祥云碑刻》。

6165 王美西墓志铭

撰者濡廷，民国十二年（1923），碑立于祥云县。

见于《祥云金石》。

6166 吴昌硕题书

撰者吴昌硕，民国十二年（1923），高 40 cm × 宽 131 cm，碑立于保山市。

见于《书法保山》。

6167 杨根兰先生墓志

撰者刘炳蔚，民国十二年（1923），高 92 cm × 宽 50 cm，碑立于隆阳区。

见于《隆阳碑铭石刻》。

6168 杨书墓表

撰者刘体尧，民国十二年（1923），碑立于隆阳区。

见于《隆阳碑铭石刻》。

6169 张问德题书张文光墓联

撰者张问德，民国十二年（1923），高 100 cm × 宽 17 cm，碑立于腾冲市。

见于《大理丛书·金石篇》。

6170 重修天峰山老君殿并新建玉皇阁观音寺记

民国十二年（1923），高 90 cm × 宽 59 cm，碑立于祥云县。

见于《祥云碑刻》。

注：正面 4 块、两侧各为大小不等的 7 块，共 18 块。

6171 重修武圣宫序

撰者马良英，民国十二年（1923），碑立于昭通市。

见于《鲁甸碑刻》。

6172 方广经会序碑

大理石，楷书，民国十二年（1923），高 99 cm × 宽 48.2 cm × 厚 2.8 cm，碑立于大理市。

见于《大理丛书·金石篇》。

6173 和理及和光文墓志铭

撰者李怀璧，民国十三年（1924），碑

立于丽江市。

见于《纳西族地区历代碑刻辑录与研究》。

6174 创修宾兴楼序

撰者李荫华，民国十三年（1924），碑立于宾川县。

见于《宾川县志》。

6175 重建观音阁碑序碑

撰者杨之桢，大理石，楷书，民国十三年（1924），高 90 cm×宽 53 cm，碑立于洱源县。

见于《大理洱源县碑刻辑录》。

6176 建石屏中学校记

撰者陈钧，民国十三年（1924），碑立于石屏县。

著录于（民国）《石屏县志》。

6177 梨花坞诗

撰者曾泽生，民国十三年（1924），高 68 cm×宽 120 cm，碑立于隆阳区。

见于《隆阳碑铭石刻》。

6178 下五屯建修文龙塔碑记

撰者戴永清，书者戴永海，大理石，楷书，民国十三年（1924），高 39 cm×宽 70 cm，碑立于牟定县。

见于《楚雄历代碑刻》。

6179 李茂廷公墓志铭

撰者李澍培，书者李澍培，刻工杨开明，行书，民国十三年（1924），高 80 cm×宽 42 cm，碑立于永仁县。

见于《楚雄历代碑刻》。

6180 李琼暨夫人吕氏合墓碑

撰者窦居育，民国十三年（1924），碑立于师宗县。

见于《师宗县文物志》。

6181 利用堰塘碑记

民国十三年（1924），高 134 cm×宽 84 cm，碑立于祥云县。

见于《祥云碑刻》。

6182 兴华顺龙桥碑记

民国十三年（1924），高 167 cm×宽 75 cm，碑立于施甸县。

见于《施甸碑铭录》。

6183 熊庆来故居石刻（一）

民国十三年（1924），残高 39 cm×宽 57 cm×厚 14 cm，碑立于弥勒市。

见于《弥勒文物志》。

6184 熊庆来故居石刻（二）

民国十三年（1924），残高 39 cm×宽 70 cm×厚 14 cm，碑立于弥勒市。

见于《弥勒文物志》。

6185 修葺顺宁一带桥梁碑记

撰者胡作霖，民国十三年（1924），碑立于凤庆县。

著录于（民国）《顺宁县志初稿》。

6186 重修钟灵寺碑记

撰者任立纲，书者尹培仁，正书，民国十三年（1924），碑立于文山市。

著录于（民国）《续修文山县志》。

6187 路南县公署给示遵守事碑

民国十四年（1925），碑立于石林县。

见于《北山村志》。

6188 保山县知事董为息南上哨水碓沟北甲五姓公产争端批示

撰者董坊，民国十四年（1925），高 147 cm×宽 62 cm，碑立于隆阳区。

见于《隆阳碑铭石刻》。

6189 陈荣昌题寸孺人节孝坊歌

撰者陈荣昌，民国十四年（1925），高 60 cm×宽 109 cm，碑立于保山市。

见于《保山碑刻》。

6190 寸孺人节孝篇

撰者赵藩，民国十四年（1925），高60 cm×宽110 cm，碑立于腾冲市。

见于《腾冲名碑集释》。

6191 禁山碑记

撰者黄风书，书者黄风书，民国十四年（1925），碑立于江川区。

见于《云南林业文化碑刻》。

6192 开建碧云山祝国寺源流记

民国十四年（1925），高131 cm×宽38 cm，碑立于东川市。

见于《东川市文物志》。

6193 昆明市创施义务教育记

撰者龚自知，民国十四年（1925），碑立于大光县。

著录于（民国）《大关县志》。

6194 纳楼司署碑

书者蒋松华，汉白玉，民国十四年（1925），高130 cm×宽70 cm×厚15 cm，碑立于元阳县。

见于《红河州文物志》。

6195 辛亥革命关河同志蜀战殉难记

撰者赵瑞，民国十四年（1925），碑立于大光县。

著录于（民国）《大关县志》。

6196 新生邑乡规碑

民国十四年（1925），碑立于剑川县。

见于《云南林业文化碑刻》。

6197 永远禁山合同碑记

民国十四年（1925），碑立于江川区。

见于《云南林业文化碑刻》。

6198 玉龙桥碑

撰者张士勷，刻工张汝炯，民国十四年（1925），高170 cm×宽57 cm×厚10 cm，碑立于丽江市。

见于《丽江文史资料》（第十辑）。

6199 元江县风俗改良分会规约

民国十四年（1925），碑立于元江县。

见于《元江哈尼族彝族傣族自治县民族志》。

6200 重修天渡桥碑记

撰者王家修，书者彭裕，刻工却憋、杨暹，大理石，民国十四年（1925），高106 cm×宽58 cm，碑立于弥渡县。

见于《弥渡县志》（1993）。

6201 周府君瑞年合卦山墓表

撰者周华宗，民国十四年（1925），碑立于大关县。

著录于（民国）《大关县志》。

6202 永远决定水例碑文

砂石，楷书，民国十五年（1926），高160 cm×宽135 cm×厚10 cm，碑立于弥渡县。

见于《弥渡古代碑刻辑释》。

6203 创建圣姥殿碑志

民国十五年（1926），碑立于宣威市。

见于《宣威县文物志》。

6204 大地震惨状碑

撰者赵绍周，书者赵恩洋，大理石，楷书，民国十五年（1926），高48 cm×宽102 cm×厚5 cm，碑立于大理市。

见于《大理丛书·金石篇》。

6205 傅成贤笃夫妇合葬墓碑

民国十五年（1926），高52 cm×宽32 cm，碑立于武定县。

见于《彝文石刻译选》。

6206 凤成纠笃夫妇之墓

民国十五年（1926），碑立于武定县。

见于《武定探秘》。

6207 牟定县官村封山护林山规

民国十五年（1926），碑立于牟定县。

见于《云南林业文化碑刻》。

6208 官市堰志

民国十五年（1926），高 170 cm×宽 61 cm，碑立于隆阳区。

见于《隆阳碑铭石刻》。

6209 丽江郭氏墓志铭（3 则）

撰者李廷俊、鼎泰，民国十五年（1926），碑立于丽江市。

见于《纳西族地区历代碑刻辑录与研究》。

6210 戚家山村劝善碑

民国十五年（1926），高 194 cm×宽 87 cm，碑立于曲靖市。

见于《陆良历代石刻注解与研究》。

6211 绮罗三李功烈碑

撰者李根源，民国十五年（1926），高 135 cm×宽 62 cm，碑立于腾冲市。

见于《腾冲名碑集释》。

6212 宋柏行

撰者袁嘉穀，民国十五年（1926），高 50 cm×宽 82 cm，碑立于盘龙区。

见于《云南林业文化碑刻》。

6213 万人冢碑记

撰者何泽周，书者何泽周，青石，正书，民国十五年（1926），高 150 cm×宽 72 cm×厚 12 cm，碑立于师宗县。

见于《师宗县文物志》。

6214 修复榆城万寿宫记

大理石，楷书，民国十五年（1926），高 167 cm×宽 64 cm，碑立于大理市。

见于《大理丛书·金石篇》。

6215 续修东山寺碑记

撰者杨归儒，民国十五年（1926），碑立于凤庆县。

著录于（民国）《顺宁县志初稿》。

6216 于右任书绮罗三李功烈碑

撰者于右任，民国十五年（1926），高 135 cm×宽 62 cm，碑立于保山市。

见于《保山碑刻》。

6217 张溟洲祠堂记

撰者袁嘉穀，书者袁嘉穀，刻工毕钟，青石，楷书，民国十五年（1926），高 190 cm×宽 81 cm，碑立于晋宁区。

见于《晋宁文史资料选辑·文物专辑》（第十七辑）。

6218 赵会楼先生墓表

撰者金天羽，民国十五年（1926），碑立于腾冲市。

见于《腾冲名碑集释》。

6219 重修潞江惠人桥记

撰者杨希禹，民国十五年（1926），碑立于隆阳区。

见于《隆阳碑铭石刻》。

6220 万寿宫永期遵守碑

民国十六年（1927），高 122 cm×宽 60 cm，碑立于会泽县。

见于《会泽县文物志》。

6221 大云阁碑记

撰者彭隽，民国十六年（1927），高 150 cm×宽 88 cm，碑立于鹤庆县。

见于《鹤庆碑刻辑录》。

6222 李思暨鲁老孺人墓志铭碑

撰者欧阳映璞，民国十六年（1927），高 86 cm×宽 56 cm，碑立于弥渡县。

见于《弥渡古代碑刻辑释》。

6223 德格村冯氏家谱碑

民国十六年（1927），高 196 cm×宽 73 cm，碑立于曲靖市。

见于《陆良历代石刻注解与研究》。

6224 段三鑫墓碑

撰者由人龙，民国十六年（1927），高 80 cm×宽 40 cm，碑立于施甸县。

见于《施甸碑铭录》。

6225 何氏族谱世绪碑记（一）

民国十六年（1927），高 192 cm×宽 88 cm，碑立于宜良县。

见于《宜良碑刻增补本》（下）。

注：该碑现存五通。

6226 和继圣功德碑

和温，书者和文华，刻工段正辅、李天□，青石，民国十六年（1927），高 123.5 cm×宽 69 cm×厚 11 cm，碑立于丽江市。

见于《丽江历代碑刻辑录与研究》。

6227 李清华去思碑

民国十六年（1927），碑立于新平县。

著录于（民国）《新平县志》。

6228 李顺祺去思碑

民国十六年（1927），碑立于新平县。

著录于（民国）《新平县志》。

6229 陆军少将李成桢墓志铭

撰者徐自安，民国十六年（1927），碑立于腾冲市。

见于《腾冲名碑集释》。

6230 墨江惠贫义仓功德碑

撰者杨诚心，民国十六年（1927），高 188 cm×宽 84 cm×厚 6 cm，碑立于普洱市。

见于《思茅地区文物志》。

6231 南昌府重订规则缘起碑

民国十六年（1927），高 122 cm×宽 60 cm。

见于《云南道教碑刻辑录》。

6232 新平中学校成立碑记

撰者马太元，民国十六年（1927），碑立于新平县。

著录于（民国）《续修新平县志》。

6233 种福、增禄、延寿三座石拱桥修建功德碑

民国十六年（1927），碑立于丽江市。

见于《纳西族地区历代碑刻辑录与研究》。

6234 重修"永镇山川"四字记

撰者李文琴，刻工杨体仁，大理石，楷书，民国十六年（1927），高 140 cm×宽 120 cm，碑立于大理市。

见于《大理丛书·金石篇》。

6235 重修吕祖阁碑记

撰者李功轩，民国十六年（1927）。

见于《云南道教碑刻辑录》。

6236 重修寿佛寺节孝祠碑记

撰者杨金恒，书者曹兴周，青石，楷书，民国十六年（1927），高 132 cm×宽 60 cm，碑立于南涧县。

见于《大理丛书·金石篇》。

6237 祝云程先生诔

撰者周钟岳，民国十六年（1927），高 80 cm×宽 48 cm，碑立于施甸县。

见于《施甸碑铭录》。

6238 祝云程先生墓志铭

撰者李根源，书者男鸿基，民国十六年（1927），高 80 cm×宽 48 cm，碑立于施甸县。

见于《施甸碑铭录》。

6239 李氏祖茔彝文碑

民国十六年（1927），高 55 cm×宽 36 cm，碑立于武定县。

见于《武定探秘》。

6240 凤氏祖茔碑

民国十六年（1927），高 56 cm × 宽 34 cm，碑立于武定县。

见于《武定探秘》。

6241 安济桥碑记

民国十七年（1928），碑立于文山市。

著录于（民国）《续修文山县志》。

6242 陈谓西纪念碑

民国十七年（1928），碑立于师宗县。

见于《师宗县文物志》。

6243 分派夷寨负担碑记

民国十七年（1928），高 117 cm × 宽 68 cm，碑立于玉溪市。

见于《玉溪碑刻选集》。

6244 鹤庆县金墩街保护树木鸟兽六禁石埤

石灰石，民国十七年（1928），高 96 cm × 宽 66 cm × 厚 10 cm，碑立于鹤庆县。

见于《鹤庆碑刻辑录》。

6245 鹤庆县立中学校第一班同学纪念碑

民国十七年（1928），高 116 cm × 宽 75 cm，碑立于鹤庆县。

见于《鹤庆碑刻辑录》。

6246 李奉之记事碑

撰者李炳璋，民国十七年（1928），碑立于丽江市。

见于《纳西族地区历代碑刻辑录与研究》。

6247 丽江县修路功德碑

撰者杨受知，民国十七年（1928），高 126 cm × 宽 80 cm（拓片），碑立于丽江市。

见于《纳西族地区历代碑刻辑录与研究》。

6248 功德碑

民国十七年（1928），碑立于大理市。

见于《大理凤仪古碑文集》。

6249 前例授武信佐郎海门董公讳耀龙之寿基

撰者杨经正，民国十七年（1928），碑立于大理市。

见于《大理凤仪古碑文集》。

6250 重建邓川城碑序碑

撰者张锦濂，民国十七年（1928），高 132 cm × 宽 65 cm，碑立于洱源县。

见于《大理洱源县碑刻辑录》。

6251 刘炳蔚墓志铭

撰者聂肇纬，民国十七年（1928），残高 125 cm × 宽 63 cm，碑立于隆阳区。

见于《隆阳碑铭石刻》。

6252 禄丰高团长在嵩剿匪纪念石序

撰者司沂，民国十七年（1928），碑立于嵩明县。

著录于（民国）《嵩明县志》。

6253 马登昆墓志

撰者马兴援，书者马兴援，民国十七年（1928），碑立于昭通市。

见于《鲁甸碑刻》。

6254 芒市土司刻石立碑

民国十七年（1928），碑立于芒市。

见于《云南林业文化碑刻》。

6255 夏老孺人墓志

撰者杨明惠，民国十七年（1928），高 84 cm × 宽 50 cm，碑立于隆阳区。

见于《隆阳碑铭石刻》。

6256 重修飞龙桥碑记

撰者李攀桂，青砂石，楷书，民国十七年（1928），高 133 cm × 宽 67 cm，碑立于云龙县。

著录于《新纂云南通志·金石考》。

6257 重修肃恭庙碑记

撰者杨国桢，楷书，民国十七年（1928），高 35 cm × 宽 76 cm，碑立于洱源县。

见于《大理丛书·金石篇》。

6258 礼仪黑公墓志

撰者邓庶新，大理石，楷书，民国十七年（1928），高 65 cm × 宽 33 cm × 厚 7 cm，碑立于牟定县。

见于《楚雄历代碑刻》。

6259 世袭土州同段建东墓志并序

撰者余亲贤，书者唐秀山，行楷，民国十七年（1928），碑立于南华县。

见于《楚雄历代碑刻》。

6260 横水塘筑塘开沟修庙碑记

撰者许克襄，刻工杨家明、普云寿，民国十八年（1929），高 80 cm × 宽 140 cm，碑立于宜良县。

见于《宜良碑刻增补本》（上）。

6261 江仁斋先生故里碑

撰者李根源，民国十八年（1929），高 179 cm × 宽 70 cm，碑立于腾冲市。

见于《腾越文化览胜》。

6262 九龙池清查公产碑叙

撰者扬之纬，书者扬之纬，民国十八年（1929）。

见于《云南道教碑刻辑录》。

6263 九溪山万氏墓

民国十八年（1929），高 300 cm，碑立于泸西县。

见于《红河州不可移动文物大全》。

6264 龙象乾德政碑

民国十八年（1929），高 172 cm × 宽 70 cm × 厚 15 cm，碑立于元阳县。

见于《红河州不可移动文物大全》。

6265 石标序言

撰者张绍周，民国十八年（1929），碑立于祥云县。

见于《祥云碑刻》。

6266 大波那绣球山四甲张祖茔石标铭文

撰者张绍周，民国十八年（1929），碑立于祥云县。

见于《祥云金石》。

6267 兰若寺常住碑

刻工施炳惠，民国十八年（1929），高 130 cm × 宽 58 cm，碑立于洱源县。

见于《大理洱源县碑刻辑录》。

6268 映月宝塔碑

撰者张文灿，书者张文灿，大理石，楷书，民国十八年（1929），碑立于洱源县。

见于《大理洱源县碑刻辑录》。

6269 民国待赠余庆董公大人寿藏

撰者李春山，民国十八年（1929），碑立于大理市。

见于《大理凤仪古碑文集》。

6270 堂叔周绍甫先生墓表

撰者周华宗，民国十八年（1929），碑立于昭通市。

著录于《大光县志》。

6271 文山县喜古乡喜古本寨山神庙侧护林碑

民国十八年（1929），高 145 cm × 宽 73 cm，碑立于文山县。

见于《文山壮族苗族自治州林业志》。

6272　**夏鼎衣冠墓碑**

撰者张其鋆，民国十八年（1929），高100 cm×宽65 cm，碑立于曲靖市。

见于《曲靖石刻》。

6273　**重建曲靖公署碑**

民国十八年（1929），高 165 cm×宽126 cm，碑立于曲靖市。

见于《曲靖石刻》。

6274　**重修归化桥碑记**

撰者杨汝炎，民国十八年（1929），碑立于凤庆县。

著录于（民国）《顺宁县志初稿》。

6275　**重修太极顶玉皇阁功德碑记**

大理石，楷书，民国十八年（1929），高68 cm×宽33 cm，碑立于弥渡县。

见于《大理丛书·金石篇》。

6276　**祝国寺重修大龙潭祖师殿记**

撰者体桂和尚，民国十八年（1929），高131 cm×宽39 cm，碑立于东川市。

见于《东川市文物志》。

6277　**祝圣寺优昙华记**

撰者张璞，书者周琦，大理石，楷书，民国十八年（1929），高75 cm×宽106 cm，碑立于宾川县。

见于《大理丛书·金石篇》。

6278　**炼象盐行公会碑记**

撰者刘观海，书者邬少兰，刻工沐凤，民国十八年（1929），高115 cm×宽37 cm，碑立于禄丰县。

见于《楚雄历代碑刻》。

6279　**复修炼象关城碑记**

撰者刘观海，楷书，民国十八年（1929），高137 cm×宽45 cm，碑立于禄丰县。

见于《楚雄历代碑刻》。

6280　**清江苏巡抚陈公时夏故里碑**

撰者李根源，书者李根源，隶书，民国十八年（1929），高200 cm，碑立于元谋县。

见于《云南金石目略初稿》。

6281　**陆军中将李君谷丞墓志铭**

撰者袁嘉穀，书者袁丕佑，青石，民国十八年（1929），高135 cm×宽60 cm，碑立于宜良县。

见于《宜良碑刻增补本》（下）。

6282　**重修庆安堤第一段工程碑记**

撰者张籍，书者张籍，楷书，民国十九年（1930），高150 cm×宽63 cm×厚12 cm，碑立于禄丰县。

见于《楚雄历代碑刻》。

6283　**杨万明寿基序**

撰者欧国士，书者欧国士，大理石，楷书，民国十九年（1930），高80 cm×宽52 cm，碑立于南华县。

见于《楚雄历代碑刻》。

6284　**报恩茅庵记**

民国十九年（1930），碑立于宾川县。

见于《鸡足山志》。

6285　**会泽县育婴堂碑记**

民国十九年（1930），高 148 cm×宽72 cm×厚18 cm，碑立于会泽县。

见于《会泽县文物志》。

6286　**积善会**

撰者黄廷魁，民国十九年（1930），高79 cm×宽47.5 cm，碑立于通海县。

见于《通海历代碑刻集》。

6287　**建文峰塔碑**

撰者和玉琳，民国十九年（1930），高94 cm×宽40 cm×厚10 cm，碑立于丽江市。

见于《丽江历代碑刻辑录与研究》。

6288 剑川县长修复大堂及厅舍门壁记

撰者赵式铭，书者王岷松，刻工张子长，楷书，民国十九年（1930），高 149 cm × 宽 80 cm，碑立于剑川县。

见于《大理丛书·金石篇》。

6289 呈请查照以垂永久事碑

民国十九年（1930），高 70 cm × 宽 47 cm，碑立于弥渡县。

见于《弥渡古代碑刻辑释》。

6290 胡汉民题书楹联

撰者胡汉民，民国十九年（1930），碑立于宾川县。

见于《宾川丛书·金石篇》。

6291 马福祥撰书《杨母百岁坊文》刻石

撰者马福祥，民国十九年（1930），长 142 cm × 宽 57 cm × 厚 19 cm，碑立于宾川县。

见于《宾川丛书·金石篇》。

6292 民国待赠董公讳葆董母赵孺人之合墓

撰者李春山，民国十九年（1930），碑立于大理市。

见于《大理风仪古碑文集》。

6293 任可澄题书楹联诗石刻

撰者任可澄，民国十九年（1930），长 110 cm × 宽 10 cm × 厚 9 cm，碑立于宾川县。

见于《宾川丛书·金石篇》。

6294 茹欲立撰书楹联石刻

撰者茹欲立，民国十九年（1930），碑立于宾川县。

见于《宾川丛书·金石篇》。

6295 太平寺名石残匾

民国十九年（1930），碑立于官渡区。

见于《云溪、永丰村志》。

6296 谭延闿题书匾额楹联

撰者谭延闿，民国十九年（1930），长 166 cm × 宽 42 cm × 厚 12 cm，碑立于宾川县。

见于《宾川丛书·金石篇》。

6297 易大厂撰书楹联诗刻

撰者易孺，民国十九年（1930），长 110 cm × 宽 10 cm × 厚 9 cm，碑立于宾川县。

见于《宾川丛书·金石篇》。

6298 张氏族源及公田碑

民国十九年（1930），碑立于弥渡县。

见于《弥渡古代碑刻辑释》。

6299 章炳麟诗文匾额题刻

撰者章炳麟，民国十九年（1930），长 180 cm × 宽 56 cm × 厚 20 cm，碑立于宾川县。

见于《宾川丛书·金石篇》。

6300 李乐山墓志（2 块）

撰者邓青云，民国十九年（1930），高 140 cm × 宽 58 cm，碑立于普洱市。

见于《思茅地区文物志》。

6301 李母赵太夫人墓志铭

撰者李嘉言，民国十九年（1930），碑立于昭通市。

见于《鲁甸碑刻》。

6302 丽江基督教堂纪念碑

民国十九年（1930），高 69 cm × 宽 55 cm，碑立于丽江市。

见于《横断走廊高原山地的生态与族群》。

6303 龙湫泛月碑

撰者董永芠，民国十九年（1930），碑立于凤庆县。

著录于（民国）《顺宁县志初稿》。

6304　马文仲墓志铭

书者李嘉珍，民国十九年（1930），主碑高 79 cm × 宽 49 cm，碑立于师宗县。

见于《师宗县文物志》。

6305　仁厚伦序

撰者蒋世芳，民国十九年（1930），碑立于临沧市。

著录于（民国）《镇康县志初稿》。

6306　腾越茨竹隘守备左公孝臣殉难碑

撰者李根源，书者于右任，民国十九年（1930），高 118 cm × 宽 60 cm（拓片），碑立于腾冲市。

见于《历代名人与腾冲》。

6307　文会碑序（二）

撰者严绍曾，书者张维英，青石，民国十九年（1930），高 200 cm × 宽 85 cm，碑立于宜良市。

见于《宜良碑刻增补本》（上）。

6308　文会产业碑记

书者张维英，民国十九年（1930），高 67 cm × 宽 140 cm，碑立于宜良市。

见于《宜良碑刻增补本》（上）。

6309　重建古匡城外清真古寺碑记（一）

撰者马殿选，青石，民国十九年（1930），高 50 cm × 宽 12 cm，碑立于宜良市。

见于《宜良碑刻增补本》（上）。

6310　重建海门桥碑记

撰者秦光第，民国十九年（1930），高 181 cm × 宽 61 cm，碑立于玉溪市。

见于《玉溪碑刻选集》。

6311　重修猛拱关帝庙碑记

撰者李根源，民国十九年（1930），长 61 cm × 宽 46 cm，碑立于德宏市。

见于《云南道教碑刻辑录》。

6312　李曰垓双杉行诗碑

撰者李曰垓，行草，民国二十年（1931），高 160 cm × 宽 67 cm，碑立于腾冲市。

见于《保山碑刻》。

6313　李曰垓为腾冲图书馆题联

撰者李曰垓，民国二十年（1931），高 190 cm × 宽 35 cm，碑立于腾冲市。

见于《腾冲名联赏析》。

6314　保山县四区三段下四甲成立事务所碑序

民国二十年（1931），高 140 cm × 宽 67 cm，碑立于施甸县。

见于《施甸碑铭录》。

6315　段家璠墓志铭

民国二十年（1931），（三碑四柱墓）左右高 75 cm × 宽 43 cm，中碑高 80 cm × 宽 50 cm，碑立于施甸县。

见于《施甸碑铭录》。

6316　蒲缥何姓祖籍遗流碑

撰者韦乃廷，民国二十年（1931），高 168 cm × 宽 65 cm，碑立于隆阳区。

见于《隆阳碑铭石刻》。

6317　西洱村王国恩墓志

民国二十年（1931），碑立于弥勒市。

见于《弥勒文物志》。

6318　修理北津桥功德碑记

撰者李光甲，民国二十年（1931），高 170 cm × 宽 90 cm × 厚 10 cm，碑立于隆阳区。

见于《隆阳碑铭石刻》。

6319　征募重修先农坛序碑

民国二十年（1931），高 182 cm × 宽 63 cm，碑立于曲靖市。

见于《陆良历代石刻注解与研究》。

6320 重建保山澜沧江铁桥碑序

撰者赵道宽，书者李瑞，青石，楷书，民国二十年（1931），高 125 cm × 宽 60 cm × 厚 8 cm，碑立于永平县。

见于《隆阳碑铭石刻》。

6321 重修永昌太保山迤东会馆碑序

撰者赵道宽，书者傅家祥，民国二十年（1931），高 180 cm × 宽 75 cm，碑立于隆阳区。

见于《隆阳碑铭石刻》。

6322 祝太封翁暨丁太夫人墓志铭

撰者孔广乾，民国二十年（1931），（三碑四柱墓）左右高 74 cm × 宽 42 cm，中碑高 74 cm × 宽 46 cm，碑立于施甸县。

见于《施甸碑铭录》。

6323 祖宗会暨慈善掩骨会碑

撰者江子荫，民国二十年（1931），高 130 cm × 宽 74 cm，碑立于元阳县。

见于《红河州不可移动文物大全》。

6324 凤仪县北区飞来寺高级小学校成立纪年碑

撰者田浴，民国二十年（1931），高 65 cm × 宽 102 cm，碑立于大理市。

见于《大理凤仪古碑文集》。

6325 侯钟麓先生之行迹碑

大理石，楷书，民国二十年（1931），高 155 cm × 宽 69 cm，碑立于洱源县。

见于《大理洱源县碑刻辑录》。

6326 清故耋寿曾祖段公允金墓志铭

民国二十年（1931），碑立于宜良县。

见于《宜良碑刻增补本》（下）。

6327 石臼石钟合记

撰者张自明，民国二十年（1931），碑立于马关县。

著录于（民国）《马关县志》。

6328 民国二十年碑

大理石，楷书，民国二十年（1931）重修，高 155 cm × 宽 69 cm，碑立于洱源县。

见于《大理洱源县碑刻辑录》。

6329 创修水长观音阁普渡桥碑记

民国二十一年（1932），高 238 cm × 宽 99 cm × 厚 20 cm，碑立于宾川县。

见于《宾川丛书·金石篇》。

6330 李正贵墓碑

民国二十一年（1932），碑立于弥渡县。

见于《弥渡古代碑刻辑释》。

6331 修筑莲花塘碑记

撰者杨经正，民国二十一年（1932），高 102 cm × 宽 58 cm，碑立于大理市。

见于《大理凤仪古碑文集》。

6332 □□禹山石刻记

撰者赵道宽，民国二十一年（1932），长 86 cm × 宽 53 cm × 厚 5 cm，碑立于隆阳区。

见于《隆阳碑铭石刻》。

6333 董母李太恭人墓表

撰者陈荣昌，民国二十一年（1932），碑立于腾冲市。

见于《腾冲名碑集释》。

6334 沟坝纪念碑

撰者张鉴渠，民国二十一年（1932），高 185 cm × 宽 68 cm，碑立于曲靖市。

见于《曲靖石刻》。

6335 金母伏太夫人基表

撰者陈荣昌，民国二十一年（1932），高 120 cm × 宽 82 cm，碑立于玉溪市。

见于《玉溪碑刻选集》。

6336 经修马关县城水沟碑记

撰者张自明，民国二十一年（1932），碑立于马关县。

著录于（民国）《马关县志》。

6337 勘断辛家屯占河开地告示碑记

民国二十一年（1932），高 90 cm × 宽 72 cm，碑立于玉溪市。

见于《玉溪碑刻选集》。

6338 禄劝县官府竖立封山育林石碑

民国二十一年（1932），碑立于禄劝县。

见于《云南林业文化碑刻》。

6339 妙峰增造瑞莲池记

撰者甘德柄，民国二十一年（1932），碑立于大姚县。

见于《妙峰山志》。

6340 南古城建筑围墙碑记

撰者阮豫，刻工施世连，民国二十一年（1932），高 58 cm × 宽 96 cm，碑立于宜良县。

见于《宜良碑刻增补本》（下）。

6341 蒲缥六甲卖地造街碑记

民国二十一年（1932），高 135 cm × 宽 60 cm，碑立于隆阳区。

见于《隆阳碑铭石刻》。

6342 蒲缥赵绍孔祭产碑

撰者赵道宽，民国二十一年（1932），高 135 cm × 宽 60 cm，碑立于隆阳区。

见于《隆阳碑铭石刻》。

6343 前清例授登仕郎乡评谨厚享年六十二寿杨老先生利溥之墓表

撰者赵甲南，刻工杨锡，大理石，楷书，民国二十一年（1932），高 127 cm × 宽 70 cm，碑立于大理市。

见于《大理丛书·金石篇》。

6344 前永康州陈公文光夫妇殉难记

撰者纳汝珍，刻工李常德，民国二十一年（1932），长 83 cm × 宽 8 cm × 高 117 cm，碑立于临沧市。

著录于（民国）《镇康县志初稿》。

6345 太和宫历年修理功德碑记

撰者吴靖安，民国二十一年（1932），高 163 cm × 宽 68 cm。

见于《云南道教碑刻辑录》。

6346 文山、砚山、西畴三县交界处地界碑

民国二十一年（1932），高 196 cm × 宽 60 cm，碑立于文山市。

见于《文山壮族苗族自治州林业志》。

6347 雪坡岭山场碑记

书者张文源，楷书，民国二十一年（1932），高 80 cm × 宽 44 cm，碑立于大理市。

见于《大理丛书·金石篇》。

6348 砚山、西畴两县交界处地界碑

民国二十一年（1932），高 100 cm × 宽 60 cm，碑立于砚山县。

见于《文山壮族苗族自治州林业志》。

6349 玉龙村新建水碾碑记

撰者李增华，刻工沈世达、双有德，民国二十一年（1932），高 100 cm × 宽 66 cm，碑立于宜良县。

见于《宜良碑刻增补本》（上）。

6350 云南丽江李君汝哲墓志铭

撰者熊庆来，青石，楷书，民国二十一年（1932），高 118 cm × 宽 51 cm × 厚 9 cm，碑立于丽江市。

见于《丽江文史资料》（第 1 辑）。

6351 重修龙兴街碑记

撰者王开学，民国二十一年（1932），高 215 cm × 宽 124 cm，碑立于玉溪市。

见于《玉溪碑刻选集》。

6352 中峰山轮道禅师墓铭

撰者毕光斗，楷书，民国二十一年（1932），高 66 cm × 宽 38 cm，碑立于牟定县。

见于《楚雄历代碑刻》。

6353 妙峰增造瑞莲池记

撰者甘德柄，书者鹿承泽，民国二十一年（1932），碑立于大姚县。

见于《妙峰山志》。

6354 毕昌杰夫妇墓志铭

撰者毕光斗，书者毕昌选，楷书，民国二十二年（1933），高 100 cm × 宽 66 cm，碑立于牟定县。

见于《楚雄历代碑刻》。

6355 矣赤丹彝族李氏祖茔墓碑

民国二十二年（1933），高 56 cm × 宽 36 cm，碑立于武定县。

见于《彝文石刻译选》。

6356 苗族购置公产山林碑

民国二十二年（1933），高 100 cm × 宽 63 cm × 厚 10 cm，碑立于武定县。

见于《中国文物地图集 · 云南分册》。

6357 比丘尼妙净上人功行纪略碑

楷书，民国二十二年（1933），高 100 cm × 宽 53 cm，碑立于宾川县。

见于《大理丛书 · 金石篇》。

6358 呈贡殉难回民义冢碑记

撰者马观政，民国二十二年（1933），高 110 cm × 宽 50 cm，碑立于呈贡区。

见于《呈贡县志》（1992）。

6359 东元护山凭据碑

刻工白文典，民国二十二年（1933），高 102 cm × 宽 59.5 cm × 厚 13 cm，碑立于丽江市。

见于《纳西族地区历代碑刻辑录与研究》。

6360 格言碑

民国二十二年（1933），碑立于新平县。

著录于（民国）《新平县志》。

6361 鸡足山楞严塔碑铭

撰者周钟岳，书者陈荣昌，大理石，楷书，民国二十二年（1933），高 163 cm × 宽 85 cm，碑立于宾川县。

见于《大理丛书 · 金石篇》。

6362 清涧杨氏墓志铭（2 块）

撰者张大莫，民国二十二年（1933），高 60 cm × 宽 45 cm，碑立于祥云县。

见于《祥云碑刻》等。

6363 龙江高等学校建校碑记

撰者王嗣维，书者彭启定，民国二十二年（1933），碑立于腾冲市。

见于《腾冲名碑集释》。

6364 陆良南区建筑大麦冲经始落成碑

撰者陈汉弼，刻工张有仁、郭中山、郭金玺，民国二十二年（1933），高 230 cm × 宽 85 cm，碑立于曲靖市。

见于《曲靖石刻》。

6365 让解桥记

撰者李玉振，大理石，楷书，民国二十二年（1933），高 96 cm × 宽 64 cm，碑立于大理市。

见于《大理丛书 · 金石篇》。

6366 苏春池封翁暨德配朱太夫人墓表

撰者陈荣昌，书者陈荣昌，刻工陈硕甫，楷书，民国二十二年（1933），高 138 cm × 宽 88 cm，碑立于宾川县。

见于《大理丛书·金石篇》。

6367 修建马氏宗祠碑记碑

撰者马金墀，书者马锳，大理石，楷书，民国二十二年（1933），高 66 cm × 宽 95 cm，碑立于洱源县。

见于《大理洱源县碑刻辑录》。

6368 朱培德题书匾额楹联

撰者朱培德，民国二十二年（1933），长 110 cm × 宽 50 cm × 厚 14 cm，碑立于宾川县。

见于《宾川丛书·金石篇》。

6369 小鸡足山廿四景诗碑

大理石，楷书，书者黄萱，民国二十二年（1933），高 135 cm × 宽 80 cm，碑立于大理市。

见于《大理丛书·金石篇》。

6370 彝汉文墓碑群

民国二十二年（1933），高 86 cm × 宽 46 cm × 厚 10 cm，碑立于弥勒市。

见于《弥勒文物志》。

6371 饮水作池碑

撰者和泰昌，民国二十二年（1933），高 102 cm × 宽 80 cm，碑立于丽江市。

见于《纳西族地区历代碑刻辑录与研究》。

6372 重建鄂文端公遗爱坊碑记

撰者盛恩溥，民国二十二年（1933），高 178 cm × 宽 73 cm，碑立于曲靖市。

见于《曲靖石刻》。

6373 公立乡规碑记

撰者马俊卿，书者杜官万，民国二十三年（1934），碑立于鹤庆县。

见于《鹤庆碑刻辑录》。

6374 陈氏始祖观音政碑

民国二十三年（1934），碑立于石屏县。

著录于（民国）《石屏县志》。

6375 黄山公园记

撰者刁自诚，民国二十三年（1934），高 86 cm × 宽 58 cm，碑立于丽江市。

见于《丽江文史》（第六辑）。

6376 鸡足山楞严塔碑记

撰者杨荫南，书者袁嘉穀，大理石，楷书，民国二十三年（1934），高 130 cm × 宽 80 cm，碑立于宾川县。

著录于《鸡足山志》。

6377 建塔襄事人员街名碑记

撰者袁嘉穀，民国二十三年（1934），碑立于宾川县。

著录于《鸡足山志》。

6378 金龙桥岁修记书后碑

撰者赵耀基，书者张宗瑛，刻工洪发开，青石，民国二十三年（1934），高 120 cm × 宽 70 cm × 厚 10 cm，碑立于丽江市。

见于《丽江历代碑刻辑录与研究》。

6379 御赐壮勤易名碑

书者张宗瑛，青石，民国二十三年（1934）重修，高 120 cm × 宽 70 cm × 厚 10 cm，碑立于丽江市。

见于《丽江历代碑刻辑录与研究》。

6380 陶氏祠堂建立碑序

民国二十三年（1934），碑立于隆阳区。

见于《隆阳碑铭石刻》。

6381 题鸡足山八景诗碑

撰者虚云，刻工杨挺秀，民国二十三年（1934），高 64 cm × 宽 96 cm，碑立于宾川县。

见于《大理丛书·金石篇》。

6382 息讼碑

撰者施正坤，民国二十三年（1934），碑立于鹤庆县。

见于《鹤庆碑刻辑录》。

6383 小木公寨水规碑序

撰者袁恩锡，民国二十三年（1934），碑立于隆阳区。

见于《隆阳碑铭石刻》。

6384 修建第一区公所碑记

民国二十三年（1934），碑立于玉溪市。

见于《玉溪碑刻选集》。

6385 续修白云寺记事序

大理石，楷书，民国二十三年（1934），高 123 cm × 宽 64 cm × 厚 5.7 cm，碑立于弥渡县。

见于《大理丛书·金石篇》。

6386 白云寺功德碑

撰者王铭新，民国二十三年（1934），碑立于弥渡县。

见于《弥渡古代碑刻辑释》。

6387 白云寺功德千秋碑

撰者周经书，民国二十三年（1934），碑立于弥渡县。

见于《弥渡古代碑刻辑释》。

6388 白云寺诗碑

民国二十三年（1934），高 120 cm × 宽 68 cm，碑立于弥渡县。

见于《弥渡古代碑刻辑释》。

6389 布青阳匾额书刻

撰者布青阳，民国二十三年（1934），碑立于宾川县。

见于《宾川丛书·金石篇》。

6390 蔡元培题书匾额

撰者蔡元培，民国二十三年（1934），长 205 cm × 宽 58 cm × 厚 20 cm，碑立于宾川县。

见于《宾川丛书·金石篇》。

6391 陈□湖题书诗歌石刻

撰者陈□湖，民国二十三年（1934），长 140 cm × 宽 63 cm × 厚 20 cm，碑立于宾川县。

见于《宾川丛书·金石篇》。

6392 陈曾寿撰书诗歌石刻

撰者陈曾寿，民国二十三年（1934），长 106 cm × 宽 64 cm × 厚 14 cm，碑立于宾川县。

见于《宾川丛书·金石篇》。

6393 陈荣昌题书匾额诗刻

撰者陈荣昌，民国二十三年（1934），颜体楷书，长 110 cm × 宽 50 cm × 厚 14 cm，行书石刻长 146 cm × 宽 86 cm × 厚 20 cm。碑立于宾川县。

见于《宾川丛书·金石篇》。

6394 丁怀瑾题书诗歌石刻

撰者丁怀瑾，民国二十三年（1934），碑立于宾川县。

见于《宾川丛书·金石篇》。

6395 丁槐题匾额书刻

撰者丁槐，民国二十三年（1934），长 204 cm × 宽 56 cm × 厚 18 cm，碑立于宾川县。

见于《宾川丛书·金石篇》。

6396 法相庄严

民国二十三年（1934），高 169 cm × 宽 99 cm，碑立于宾川县。

见于《宾川丛书·金石篇》。

6397 黄孝纾撰书诗歌石刻

撰者黄孝纾，民国二十三年（1934），长 108 cm × 宽 66 cm × 厚 20 cm，碑立于宾川县。

见于《宾川丛书·金石篇》。

6398 建塔勷事人员衔名碑记

刻工杨远中，民国二十三年（1934），高 163 cm × 宽 99 cm，碑立于宾川县。

见于《宾川丛书·金石篇》。

6399 江庸撰书楹联石刻

撰者江庸，民国二十三年（1934），碑立于宾川县。

见于《宾川丛书·金石篇》。

6400 金汉鼎撰书楹联石刻

撰者金汉鼎，民国二十三年（1934），长 183 cm × 宽 33 cm，碑立于宾川县。

见于《宾川丛书·金石篇》。

6401 李根源题书匾额楹联

撰者李根源，民国二十三年（1934），碑立于宾川县。

见于《宾川丛书·金石篇》。

6402 李宣龚题书诗歌石刻

撰者李宣龚，民国二十三年（1934），长 106 cm × 宽 53 cm × 厚 14 cm，碑立于宾川县。

见于《宾川丛书·金石篇》。

6403 马聪题书百岁亭匾额

撰者马聪，民国二十三年（1934），长 110 cm × 宽 50 cm × 厚 14 cm，碑立于宾川县。

见于《宾川丛书·金石篇》。

6404 王有兰题书诗歌石刻

撰者王有兰，民国二十三年（1934），长 106 cm × 宽 64 cm × 厚 14 cm，碑立于宾川县。

见于《宾川丛书·金石篇》。

6405 吴良桐撰书楹联石刻

撰者吴良桐，民国二十三年（1934），长 110 cm × 宽 10 cm × 厚 9 cm，碑立于宾川县。

见于《宾川丛书·金石篇》。

6406 吴佩孚《杨老伯母太夫人百岁亭》诗碑

撰者吴佩孚，民国二十三年（1934），碑立于宾川县。

见于《宾川丛书·金石篇》。

6407 吴绍璘题匾额书刻

撰者吴绍璘，民国二十三年（1934），长 110 cm × 宽 50 cm × 厚 14 cm，碑立于宾川县。

见于《宾川丛书·金石篇》。

6408 夏敬观撰书诗歌石刻

撰者夏敬观，民国二十三年（1934），长 122 cm × 宽 72 cm × 厚 20 cm，碑立于宾川县。

见于《宾川丛书·金石篇》。

6409 伊立勋百岁亭匾额及贺诗

撰者伊立勋，民国二十三年（1934），长 106 cm × 宽 64 cm × 厚 20 cm，碑立于宾川县。

见于《宾川丛书·金石篇》。

6410 易培基题匾额书刻

撰者易培基，民国二十三年（1934），碑立于宾川县。

见于《宾川丛书·金石篇》。

6411 于右任撰书诗联

撰者于右任，民国二十三年（1934），诗碑长 144 cm × 宽 76 cm × 厚 25 cm，楹联长 183 cm × 宽 33 cm × 厚 33 cm，碑立于宾川县。

见于《宾川丛书·金石篇》。

6412 袁嘉榖题刻

撰者袁嘉榖，民国二十三年（1934），长 110 cm × 宽 50 cm × 厚 14 cm，长 110 cm × 宽 10 cm × 厚 9 cm，碑立于宾川县。

见于《宾川丛书·金石篇》。

6413 张耀曾撰书

撰者张耀曾，民国二十三年（1934），碑立于宾川县。

见于《宾川丛书·金石篇》。

6414　章炳麟撰黄葆戊书杨太夫人百岁歌诗序石刻

撰者章炳麟，民国二十三年（1934），长164 cm×宽92 cm×厚20 cm，碑立于宾川县。

见于《宾川丛书·金石篇》。

6415　赵舒怡撰书诗歌

撰者赵舒怡，民国二十三年（1934），碑立于宾川县。

见于《宾川丛书·金石篇》。

6416　周达撰书诗歌石刻

撰者周达，民国二十三年（1934），长73 cm×宽45 cm×厚13 cm，碑立于宾川县。

见于《宾川丛书·金石篇》。

6417　周钟岳题书匾额楹联

撰者周钟岳，民国二十三年（1934），长110 cm×宽 50 cm×厚 14 cm，楹联长157 cm×宽38 cm×厚14 cm，碑立于宾川县。

见于《宾川丛书·金石篇》。

6418　杨太封翁暨德配翟大人墓铭

民国二十三年（1934），碑立于临沧市。

著录于（民国）《镇康县志初稿》。

6419　重建海晏桥碑记

撰者秦光第，民国二十三年（1934），高184 cm×宽80 cm，碑立于玉溪市。

见于《玉溪碑刻选集》。

6420　前清登仕佐郎候选厅判授九品卫云山黄公寿藏记略

撰者杨树绩，民国二十四年（1935），碑立于弥渡县。

见于《弥渡古代碑刻辑释》。

6421　张光斗行略碑

撰者张之基，民国二十四年（1935），碑立于弥渡县。

见于《弥渡古代碑刻辑释》。

6422　张光斗墓志碑

撰者邓鸿逵，民国二十四年（1935），碑立于弥渡县。

见于《弥渡古代碑刻辑释》。

6423　成章季子绍尧家言

青石，楷书，民国二十四年（1935），（圆形）直径95 cm×厚15 cm，碑立于宣威市。

见于《宣威县文物志》。

6424　会泽附郭建碉碑记

民国二十四年（1935），长 180 cm×宽96 cm×厚18 cm，碑立于会泽县。

见于《会泽县文物志》。

6425　开凿抚仙星云两湖口工程记

撰者秦光第，刻工张知名，民国二十四年（1935），碑立于玉溪市。

见于《古碑遗珍》。

6426　明三保太监郑和传碑

撰者师范，民国二十四年（1935），碑立于晋宁区。

见于《晋宁文史资料选辑·文物专辑》（第十七辑）。

6427　母亲圹志铭文

撰者吴欲讷，民国二十四年（1935），高70 cm×宽43 cm，碑立于祥云县。

见于《祥云碑刻》。

6428　永昌王氏重修宗祠记

撰者王嗣敬，民国二十四年（1935），高173 cm×宽83 cm，碑立于隆阳区。

见于《隆阳碑铭石刻》。

6429　赠陆军中将鲁旅长之纪念

撰者刘安华，民国二十四年（1935），高235 cm×宽115 cm，碑立于玉溪市。

见于《玉溪碑刻选集》。

6430 赠陆军中将鲁旅长之纪文

撰者林森，民国二十四年（1935），高235 cm × 宽115 cm，碑立于玉溪市。

见于《玉溪碑刻选集》。

6431 赠陆军中将旅长梓枬鲁君墓表

撰者赵藩，刻工钱兴邦、钱钟良，民国二十四年（1935），高135 cm × 宽68 cm，碑立于玉溪市。

见于《玉溪碑刻选集》。

6432 郑和太公墓志铭跋

撰者夏光南，书者陈钟毓，红砂石，民国二十四年（1935），碑立于晋宁区。

见于《晋宁文史资料选辑 · 文物专辑》（第十七辑）。

6433 重建惠通桥碑记

撰者林筑品，民国二十四年（1935），高200 cm × 宽100 cm，碑立于保山市。

见于《隆阳碑铭石刻》。

6434 重修大板桥至大龙溪大路碑记

撰者李莲，民国二十四年（1935），碑立于鹤庆县。

见于《鹤庆碑刻辑录》。

6435 重修天峰山老君殿并新建玉皇阁观音寺记

民国二十四年（1935），高 80 cm × 宽50 cm，碑立于祥云县。

见于《云南道教碑刻辑录》。

6436 岑崔二公种树纪念碑

撰者龙云，民国二十五年（1936），碑立于昆明市。

见于《云南林业文化碑刻》。

6437 福利无疆 · 魏官山碑记

民国二十五年（1936），碑立于江川区。

见于《云南林业文化碑刻》。

6438 格咱境密参会议订立防匪防盗公约

民国二十五年（1936），碑立于香格里拉县。

见于《云南乡规民约大观》（上）。

6439 划时代的音乐家聂耳墓碑

撰者徐嘉瑞，书者朱光明，刻工刘广顺，民国二十五年（1936），高145 cm × 宽90 cm，碑立于西山区。

见于《玉溪碑刻选集》。

6440 汇东桥纪念碑记

撰者张大义，民国二十五年（1936），高120 cm × 宽105 cm，碑立于宜良县。

见于《宜良碑刻增补本》（下）。

6441 建筑汇溪桥及起盖学校原委碑志

撰者潘于和，书者郭钟皋，民国二十五年（1936），高110 cm × 宽70 cm，碑立于玉溪市。

见于《玉溪碑刻选集》。

6442 救济院组织成立并功德碑记

撰者郑永熙，民国二十五年（1936），高196 cm × 宽58 cm，碑立于隆阳区。

见于《隆阳碑铭石刻》。

6443 珂里庄产业执照碑

大理石，楷书，民国二十五年（1936），高134 cm × 宽67 cm × 厚6.7 cm，碑立于大理市。

见于《大理丛书 · 金石篇》。

6444 李文学殉难处纪念碑

大理石，楷书，民国二十五年（1936），高57 cm × 宽47 cm，碑立于南涧县。

见于《大理丛书 · 金石篇》。

6445 宋代难氏因公殒命合葬古墓

撰者李玉培，民国二十五年（1936），高150 cm × 宽70 cm × 厚17 cm，碑立于马关县。

见于《马关县第三次全国文物普查资料集·边关印迹》。

6446 堂叔周绍甫先生墓表

撰者周华宗，民国二十五年（1936），碑立于大关县。

著录于（民国）《大关县志》。

6447 万古流芳

民国二十五年（1936），高 175 cm×宽 80 cm，碑立于马关县。

见于《马关县第三次全国文物普查资料集·边关印迹》。

6448 永垂不朽

民国二十五年（1936），高 220 cm×宽 90 cm，碑立于马关县。

见于《马关县第三次全国文物普查资料集·边关印迹》。

6449 盈江县昔马某寨护林公约

民国二十五年（1936），碑立于盈江县。

见于《云南林业文化碑刻》。

6450 永垂填珉·魏官山东隅之南屏山与土官田拿执始末碑记

民国二十五年（1936），碑立于江川区。

见于《云南林业文化碑刻》。

6451 张樵夫妇墓志碑

撰者吴崇仁，书者刘润畴，民国二十五年（1936），高 227 cm×宽 82 cm×厚 16 cm，碑立于呈贡区。

见于《呈贡历史建筑及碑刻选》。

6452 重修明刘真人衣冠墓记

撰者李培炎，民国二十五年（1936），高 168 cm×宽 80 cm。

见于《云南道教碑刻辑录》。

6453 重修万松寺碑序

民国二十五年（1936），高 117 cm×宽 67 cm，碑立于玉溪市。

见于《玉溪碑刻选集》。

6454 黄瑞图先生生圹表

撰者由云龙，书者徐兆麟，楷书，民国二十五年（1936），高 62 cm×宽 50 cm，碑立于姚安县。

见于《楚雄历代碑刻》。

6455 杯湖亭记

撰者李鸿祥，书者陈古逸，民国二十六年（1937），高 156 cm×宽 70 cm，碑立于玉溪市。

见于《玉溪碑刻选集》。

6456 高山仰止颂碑

撰者杜希贤，民国二十六年（1937），高 166 cm×宽 66 cm×厚 10 cm，碑立于弥勒市。

见于《弥勒文物志》。

6457 和公表叔暨德配禾孺人墓志铭

书者和锡荣，民国二十六年（1937），碑立于丽江市。

见于《丽江历代碑刻辑录与研究》。

6458 金平五家寨《迁城所》摩崖题记

行书，民国二十六年（1937），高 300 cm×宽 600 cm，碑立于金平县。

见于《红河州文物志》。

6459 赖功耀彩纪念碑

撰者王绅，民国二十六年（1937），碑立于丽江市。

见于《纳西族地区历代碑刻辑录与研究》。

6460 丽江县政府铁虹桥告示碑

正书，民国二十六年（1937），长 120 cm×宽 55 cm（拓片），碑立于丽江市。

见于《纳西族地区历代碑刻辑录与研究》。

6461　迁城所记

民国二十六年（1937），碑立于金平县。

见于《红河州不可移动文物大全》。

6462　张培远暨杜孺人墓志铭

撰者李宗炽，民国二十六年（1937），碑立于弥渡县。

见于《弥渡古代碑刻辑释》。

6463　太翁登云何公像赞

撰者张绅，民国二十六年（1937），残高 164 cm × 宽 63 cm，碑立于隆阳区。

见于《隆阳碑铭石刻》。

6464　腾冲图书馆碑记

撰者刘楚湘（正文）、李根源（跋），书者李根源，民国二十六年（1937），高 142 cm × 宽 181 cm，碑立于腾冲市。

见于《刘楚湘诗文选》。

6465　王氏宗支及重建祖祠勷助人名碑记

撰者王嗣敬，民国二十六年（1937），高 143 cm × 宽 60 cm，碑立于隆阳区。

见于《隆阳碑铭石刻》。

6466　徐公墓志

民国二十六年（1937），高 137 cm × 宽 68 cm，碑立于宜良县。

见于《宜良碑刻增补本》（下）。

6467　严中英题岩泉寺崖壁诗

撰者严中英，民国二十六年（1937），碑立于宜良县。

见于《宜良碑刻增补本》（上）。

6468　永昌王氏重修宗祠记

民国二十六年（1937），高 144 cm × 宽 60 cm，碑立于隆阳区。

见于《隆阳碑铭石刻》。

6469　云南省公署其它诉讼终审决定书碑记

刻工龚家存，民国二十六年（1937），高 150 cm × 宽 80 cm，碑立于宜良县。

见于《宜良碑刻增补本》（上）。

6470　重建灵照寺塔院碑记

撰者蔡□九，民国二十六年（1937），高 130 cm × 宽 60 cm，碑立于玉溪市。

见于《玉溪碑刻选集》。

6471　重修铁虹桥入出碑

刻工段在秋、洪发康，民国二十六年（1937），高 156 cm × 宽 78 cm × 厚 15 cm，碑立于丽江市。

见于《丽江历代碑刻辑录与研究》。

6472　重修祥云九峰山玉峰庵暨九峰公碑

撰者刘德修，刻工郑锡昌，民国二十六年（1937），高 154 cm × 宽 66.5 cm × 厚 20 cm，碑立于祥云县。

见于《祥云碑刻》。

6473　重修玉峰庵功德碑

民国二十六年（1937），碑立于祥云县。

见于《祥云金石》。

6474　修建安庆堤下段碑记

撰者孙天霖，楷书，民国二十六年（1937），高 271 cm × 宽 56 cm × 厚 17 cm，碑立于禄丰县。

见于《楚雄彝族自治州文物志》。

6475　畏岩

撰者李夔龙，魏体，民国二十六年（1937），高 150 cm × 宽 85 cm，碑立于禄丰县。

见于《楚雄彝族自治州文物志》。

6476　李氏祖茔彝文墓志铭碑

民国二十六年（1937），高 66 cm × 宽 34 cm，碑立于武定县。

见于《武定探秘》。

6477 修筑石龙街龙沟河北岸石堤记

撰者陈培松，书者陈培松，隶书，民国二十七年（1938），高 256 cm × 宽 79 cm × 厚 19 cm，碑立于禄丰县。

见于《楚雄历代碑刻》。

6478 黄人钦烈士墓志铭

撰者黄静媛、雷秀钟，书者雷秀钟，楷书，民国二十七年（1938），高 92 cm × 宽 50 cm，碑立于姚安县。

见于《楚雄历代碑刻》。

6479 武定中学碑

撰者龚自知，楷书，民国二十七年（1938），高 120 cm × 宽 60 cm，碑立于武定县。

见于《中国文物地图集・云南分册》。

6480 小海堰之两次堂谕碑记

撰者府廷铨、杨天理，民国二十七年（1938），高 182 cm × 宽 70 cm，碑立于隆阳区。

见于《保山碑刻》。

6481 抱母复兴桥碑文

民国二十七年（1938），高 89 cm × 宽 65 cm × 厚 7 cm，碑立于普洱市。

见于《思茅地区文物志》。

6482 创修石路碑记

撰者毛贡廷，民国二十七年（1938），高 113 cm × 宽 65 cm，碑立于鹤庆县。

见于《鹤庆碑刻辑录》。

6483 大唐天宝战士冢碑

楷书，篆书，民国二十七年重立（1938），高 163.5 cm × 宽 67 cm，碑立于大理市。

见于《大理丛书・金石篇》。

6484 二十一林场双树五村景德庵公山纪事碑

撰者王镇邦，民国二十七年（1938），高 117 cm × 宽 67 cm，碑立于玉溪市。

见于《玉溪碑刻选集》。

6485 格渣村万世不朽碑

民国二十七年（1938），高 162 cm × 宽 76 cm，碑立于曲靖市。

见于《陆良历代石刻注解与研究》。

6486 建修碑记碑

民国二十七年（1938），碑立于曲靖市。

见于《陆良历代石刻注解与研究》。

6487 观稼楼记

撰者丘廷和，刻工杨振虎，民国二十七年（1938），高 72 cm × 宽 50 cm。

见于《云南道教碑刻辑录》。

6488 老尖山道观功德碑

民国二十七年（1938），高 90 cm × 宽 55 cm × 厚 14 cm，碑立于会泽县。

见于《娜姑镇文物志》。

6489 老眉毛山村指路碑

民国二十七年（1938），高 43 cm × 宽 29 cm，碑立于曲靖市。

见于《陆良历代石刻注解与研究》。

6490 闵德儒先生墓志铭

撰者杨明睿，民国二十七年（1938），高 93.5 cm × 宽 52 cm，碑立于隆阳区。

见于《隆阳碑铭石刻》。

6491 清丈鹤庆县耕地记事碑

撰者丁嘉绩、李琥，民国二十七年（1938），（三块）第一块高 105 cm × 宽 69 cm，第二、三块高 120 cm × 宽 73 cm，碑立于鹤庆县。

见于《鹤庆县志》（1991）。

6492 彭秀齐鲁孺人墓碑

撰者舒荣，民国二十七年（1938），碑立于弥渡县。

见于《弥渡古代碑刻辑释》。

6493　赵姓合族重修祖祠碑记

民国二十七年（1938），高 77 cm × 宽 48 cm，碑立于大理市。

见于《大理凤仪古碑文集》。

6494　同登极乐匾

撰者呼图克图圣露，民国二十七年（1938），长 200 cm × 宽 66 cm，碑立于丽江市。

见于《纳西族地区历代碑刻辑录与研究》。

6495　汪星桥封翁墓表

撰者陈荣昌，书者陈荣昌，白石，民国二十七年（1938），碑身高 150 cm × 宽 88 cm，碑心高 125 cm × 宽 46 cm，碑立于宜良县。

见于《宜良碑刻增补本》（下）。

6496　宣威县清丈耕地记数

青石，民国二十七年（1938），高 148 cm × 宽 67 cm × 厚 15 cm，碑立于宣威市。

见于《宣威县文物志》。

6497　永明禅师劝戒杀放生文

大理石，楷书，民国二十七年（1938），高 135 cm × 宽 70 cm，碑立于大理市。

见于《大理丛书·金石篇》。

6498　云南省财政厅丽维清丈分处纪事碑

撰者杨育才、韩叶瀚，民国二十七年（1938），碑立于丽江市。

见于《纳西族地区历代碑刻辑录与研究》。

6499　重修祥城各街碑记

民国二十七年（1938），高 131 cm × 宽 57 cm，碑立于祥云县。

见于《祥云碑刻》。

6500　重修梓里金龙桥碑记

撰者张恺谨，书者熊文炳，青石，民国二十七年（1938），高 125 cm × 宽 74 cm × 厚 10 cm，碑立于丽江市。

见于《永胜文史资料选辑》（第 3 辑）。

6501　重修总山神庙功德碑记

刻工高崇云，民国二十七年（1938），高 100 cm × 宽 47 cm，碑立于宜良县。

见于《宜良碑刻增补本》（下）。

6502　永立不朽碑

民国二十八年（1939），碑立于怒江州。

见于《怒江傈僳族自治州文物志》。

6503　昆明黑龙潭龙泉观宋柏图碑题诗

撰者吴翼翚，民国二十八年（1939），高 127 cm × 宽 60 cm × 厚 24 cm，碑立于盘龙区。

见于《云南林业文化碑刻》。

6504　李根源、龙云题祝洪恩墓表

撰者李根源、龙云，民国二十八年（1939），高 80 cm × 宽 52 cm，碑立于保山市。

见于《保山碑刻》。

6505　李桂堂墓石狮基座铭文

撰者李直卿，民国二十八年（1939），高 38 cm × 宽 60 cm，碑立于宜良县。

见于《宜良碑刻增补本》（下）。

6506　龙公赏襄墓志记

撰者游绍斌，民国二十八年（1939），碑立于大关县。

著录于（民国）《大关县志》。

6507　民国政要撰阅祝洪恩墓志铭

撰者周钟岳，民国二十八年（1939），高 67 cm × 宽 43 cm，碑立于保山市。

见于《保山碑刻》。

6508　前清例授登仕佐郎乡评谨厚享年六十二寿显考杨公府君行述

撰者严鉴，大理石，楷书，民国二十八

年（1939），高 126 cm×宽 71 cm，碑立于大理市。

见于《大理丛书·金石篇》。

6509 小波那重修凌霄阁西阁并两厢漏阁序

民国二十八年（1939），高 100 cm×宽 62 cm，碑立于祥云县。

见于《祥云金石》。

6510 赤石崖观音寺碑记

撰者杨如轩，楷书，民国二十八年（1939），高 155 cm×宽 88 cm×厚 25 cm，碑立于宾川县。

见于《宾川丛书·金石篇》。

6511 三千亭记

撰者刘承功，民国二十八年（1939），碑立于绥江县。

著录于（民国）《绥江县志》。

6512 新建顺宁县图书馆叙碑

撰者景辉，民国二十八年（1939），碑立于凤庆县。

著录于（民国）《顺宁县志初稿》。

6513 修筑滇缅公路纪念歌碑

撰者王锡光，行书，民国二十八年（1939），高 133 cm×宽 80 cm×厚 5.5 cm，碑立于永平县。

见于《大理丛书·金石篇》。

6514 盈江县昔马河边乡护林公约

民国二十八年（1939），碑立于盈江县。

见于《云南林业文化碑刻》。

6515 永垂不朽碑

民国二十八年（1939），碑立于祥云县。

见于《祥云碑刻》。

6516 云南省教育厅训令碑

撰者龚自知，民国二十八年（1939），高 45 cm×宽 106 cm，碑立于腾冲市。

见于《腾冲名碑集释》。

6517 祝母段夫人墓志

撰者朱德，民国二十八年（1939），高 70 cm×宽 39 cm，碑立于施甸县。

见于《施甸碑铭录》。

6518 季弟耀箕墓志铭

撰者李耀商，民国二十八年（1939），碑立于丽江市。

见于《纳西族地区历代碑刻辑录与研究》。

6519 张氏宗祠续志碑记

撰者刘钫，楷书，民国二十八年（1939），高 39 cm×宽 80 cm，碑立于楚雄市。

见于《楚雄历代碑刻》。

6520 清明经进士李君桂堂墓志铭

撰者袁嘉谷，书者刘桂清，青石，民国二十八年（1939），高 113 cm×宽 43 cm，碑立于宜良县。

见于《宜良碑刻增补本》（下）。

6521 杨和林行状碑

撰者杨运生，行楷，民国二十九年（1940），高 40 cm×宽 40 cm，碑立于永仁县。

见于《楚雄历代碑刻》。

6522 杨和林墓志铭

撰者李时锴，行楷，民国二十九年（1940），高 83 cm×宽 42 cm×厚 4 cm，碑立于永仁县。

见于《楚雄历代碑刻》。

6523 康龙山名泉记题跋

撰者赵鹤清，民国二十九年（1940），碑立于姚安县。

见于《神山圣境》。

6524 1940镇康边事纪念碑

民国二十九年（1940），长 115.6 cm×宽 54 cm×厚 10.1 cm，碑立于镇康县。

见于《临沧可移动文物精粹》。

6525 成立洞经会捐功德碑序

撰者杨凤山，民国二十九年（1940），高 82 cm×宽 60 cm，碑立于鹤庆县。

见于《鹤庆碑刻辑录》。

6526 和公祠砖墙铸成记

撰者乔运亨，民国二十九年（1940），高 36 cm×宽 75 cm，碑立于丽江市。

见于《镇远县志》。

6527 石岩本主历史碑

撰者王璧，书者徐清培，大理石，楷书，民国二十九年（1940），高 96 cm×宽 59 cm，碑立于洱源县。

见于《大理洱源县碑刻辑录》。

6528 新建祖祠功德碑

民国二十九年（1940），碑立于大理市。

见于《大理凤仪古碑文集》。

6529 纪襄廷墓志

撰者董泽，民国二十九年（1940），高 40 cm×宽 68 cm，碑立于普洱市。

见于《思茅地区文物志》。

6530 抗战阵亡将士纪念碑

大理石，楷书，民国二十九年（1940），高 165 cm×宽 75 cm×厚 16 cm，碑立于丽江市。

见于《丽江历代碑刻辑录与研究》。

6531 莲花池陈圆圆画像碑

民国二十九年（1940），高 138 cm×宽 63 cm，碑立于五华区。

见于《五华区志》。

6532 刘君国威事略

撰者李文汉，民国二十九年（1940），碑立于嵩明县。

著录于（民国）《嵩明县志》。

6533 陆军少将仰丞李君墓志铭

撰者王翰馨，书者王愉广，民国二十九年（1940），高 102 cm×宽 186 cm，碑心高 135 cm×186 cm(三块并接)，碑立于宜良县。

见于《宜良碑刻增补本》（下）。

6534 陆军中将国民政府参议祝君皋如墓志铭

撰者周钟岳，民国二十九年（1940），高 67 cm×宽 43 cm，碑立于施甸县。

见于《施甸碑铭录》。

6535 陆军中将祝鸿恩墓表（2则）

撰者李根源、龙云，民国二十九年（1940），高 80 cm×宽 52 cm，碑立于施甸县。

见于《施甸碑铭录》。

6536 盛技士景升墓志铭

撰者李载仁，民国二十九年（1940），碑立于昭通市。

见于《鲁甸碑刻》。

6537 腾冲曲石陇西村青齐李氏族规

撰者李根源，民国二十九年（1940），高 160 cm×宽 72 cm，碑立于腾冲市。

见于《腾冲名碑集释》。

6538 新建大理史城镇苍逸图书馆记（3块）

撰者赵甲南，书者王仲杰，大理石，民国二十九年（1940），高 94 cm×宽 59 cm，碑立于大理市。

见于《大理丛书·金石篇》。

6539 修三级台纪念碑

撰者罗光珀，民国二十九年（1940），碑立于祥云县。

见于《祥云碑刻》。

6540 严母孙夫人墓志铭

大理石，民国二十九年（1940），高 60 cm × 宽 58.5 cm × 厚 4 cm，碑立于大理市。

见于《大理丛书·金石篇》。

6541 永丰营李氏宗族世绪碑记

白石，民国二十九年（1940），高 94 cm × 宽 140 cm，碑立于宜良县。

见于《宜良碑刻增补本》（下）。

注：是碑分碑右、碑中、碑左。

6542 云南建设厅、保山县为平息莽林寨、邹里屯二村争水案判决碑

民国二十九年（1940），高 170 cm × 宽 58 cm，碑立于隆阳区。

见于《隆阳碑铭石刻》。

6543 重建毗卢寺记

撰者王灿，民国二十九年（1940），高 246 cm × 宽 85 cm，碑立于腾冲市。

见于《腾冲名碑集释》。

6544 重修鲁甸县政府碑

撰者高淞，刻工潘朝甫，民国二十九年（1940），碑立于昭通市。

见于《鲁甸碑刻》。

6545 大理无为寺无名碑

撰者奚（赵）冠南，民国三十年（1941），高 60 cm × 宽 21 cm × 厚 2 cm，碑立于大理市。

见于《云南林业文化碑刻》。

6546 丹崖逸士经文先生暨德配杨孺人寿藏序

撰者赵宪章，民国三十年（1941），碑立于弥渡县。

见于《弥渡古代碑刻辑释》。

6547 国民政府策文碑

民国三十年（1941），高 136 cm × 宽 91 cm × 厚 27 cm，碑立于丽江市。

见于《丽江历代碑刻辑录与研究》。

6548 国民政府令

民国三十年（1941），高 126 cm × 宽 71 cm × 厚 26 cm，碑立于丽江市。

见于《中华民国史史料长编》。

注：疑上两碑为同一碑刻，碑铭、尺寸记载有出入。

6549 青玄寺碑记

撰者李宗黄，民国三十年（1941），高 150 cm × 宽 70 cm，碑立于鹤庆县。

见于《鹤庆碑刻辑录》。

6550 新建顺宁商会碑记

撰者杨香池，民国三十年（1941），碑立于凤庆县。

著录于（民国）《顺宁县志初稿》。

6551 新建盐井镇中心学校碑文

撰者杨文龙，民国三十年（1941），碑立于盐津县。

著录于（民国）《盐津县志》。

6552 杨中将竹君家传碑

撰者张嘉乐，大理石，楷书，民国三十年（1941），高 116 cm × 宽 53 cm，碑立于剑川县。

见于《大理丛书·金石篇》。

6553 李升堂墓志铭

撰者李国钧，书者杨如明，行书，民国三十年（1941），高 75 cm × 宽 45 cm，碑立于元谋县。

见于《楚雄历代碑刻》。

6554 李六次玉爸暨德配李孺人六次玉嫫二老孺人墓志

撰者李裴然，书者李裴然，行书，民国三十一年（1942），高 82 cm × 宽 47 cm，碑立于大姚县。

见于《楚雄历代碑刻》。

6555 河东州刺史王公仁求碑亭记

撰者陈诒书，书者陈诒书，民国三十一年（1942），碑立于安宁市。

见于《昆明诗词楹联碑文集粹》。

6556 第四区征实征购行政会议碑记

撰者郑崇贤，书者周维嵩，大理石，隶书，民国三十一年（1942），高 116 cm × 宽 69 cm，碑立于巍山县。

见于《大理丛书·金石篇》。

6557 告滇西父老书

撰者李根源，民国三十一年（1942），碑立于腾冲市。

见于《云南文史资料选辑·滇西抗战》（第 39 辑）。

6558 国立丽江师范学校创始碑记

撰者宗亮东，民国三十一年（1942），碑立于丽江市。

见于《纳西族地区历代碑刻辑录与研究》。

6559 国立丽江师范学校校舍奠基纪念碑

民国三十一年（1942），高 100 cm × 宽 60 cm（拓片），碑立于丽江市。

见于《纳西族地区历代碑刻辑录与研究》。

6560 和海楼先生暨黎夫人墓表、墓志铭

墓表撰者李根源、袁嘉穀（墓联），墓志铭撰者赵式铭，书者张宗瑛，民国三十一年（1942），高 120 cm × 宽 86 cm × 厚 12 cm，碑立于玉龙县。

见于《丽江历代碑刻辑录与研究》。

6561 丁氏族谱碑记

撰者丁石松，民国三十一年（1942），高 88 cm × 宽 54 cm × 厚 18 cm，碑立于宾川县。

见于《宾川丛书·金石篇》。

6562 南诏大义宁国杨干贞故里碑记

撰者丁怀谨，民国三十一年（1942），高 124 cm × 宽 64 cm，碑立于宾川县。

见于《宾川县志》（1997）。

6563 建筑回龙寺附设国民学校碑序

撰者朱聊第，民国三十一年（1942），高 123 cm × 宽 60 cm，碑立于宜良县。

见于《宜良碑刻增补本》（上）。

6564 金鸡寺接星台题刻

撰者杨振鹏，民国三十一年（1942）。

见于《云南道教碑刻辑录》。

6565 李根源作腾龙沦陷西行诗

撰者李根源，民国三十一年（1942），高 35 cm × 宽 59 cm，碑立于保山市。

见于《保山碑刻》。

6566 修建西浦公园记

撰者刘承功，楷书，民国三十一年（1942），高 117 cm × 宽 67 cm，碑立于玉溪市。

见于《玉溪碑刻选集》。

6567 “三村”民约通告

民国三十二年（1943），碑立于嵩明县。

著录于《嵩明县志》。

6568 答田岛书

撰者张问德，民国三十二年（1943），碑立于保山市。

见于《新编保山风物志》。

6569 甸惠渠水利碑刻

撰者张邦翰，民国三十二年（1943），高 168 cm × 宽 92 cm × 厚 16 cm，碑立于弥勒市。

见于《弥勒文物志》。

6570 发明护林碑

民国三十二年（1943），碑立于禄劝县。

见于《云南林业文化碑刻》。

6571 金平白石岩《抗日必胜》石刻

撰者黄修，民国三十二年（1943），高150 cm×宽94 cm，碑立于金平县。

见于《红河州文物志》。

6572 龙公渠纪念碑

撰者段克昌，书者徐自立，汉白玉，民国三十二年（1943），高250 cm×宽70 cm，碑立于宜良县。

见于《宜良碑刻增补本》（上）。

注：是碑分两面，碑阴南向、左向西。

6573 陆军第二预备师人物阵亡将士纪念塔碑

撰者黄杰，民国三十二年（1943），高132 cm×宽70 cm，碑立于大理市。

见于《大理丛书·金石篇》。

6574 邓川县政府训令碑

大理石，楷书，民国三十二年（1943），高94 cm×宽48 cm，碑立于洱源县。

见于《大理洱源县碑刻辑录》。

6575 谷西阿故里碑

民国三十二年（1943），高 135 cm×宽68 cm，碑立于弥渡县。

见于《弥渡古代碑刻辑释》。

6576 谷西阿先生墓碑

民国三十二年（1943），碑立于弥渡县。

见于《弥渡古代碑刻辑释》。

6577 罗母田太夫人墓表

撰者周华宗，民国三十二年（1943），碑立于昭通市。

著录于（民国）《大关县志》。

6578 民国处士高寿期颐穆公暨德配汤老孺人寿基叙

民国三十二年（1943），碑立于祥云县。

见于《祥云碑刻》。

6579 钱氏家谱碑

民国三十二年（1943），高 85 cm×宽53 cm×厚9 cm，碑立于元阳县。

见于《红河州不可移动文物大全》。

6580 清逸士显考耄寿郑公讳嘉猷墓志

民国三十二年（1943），碑立于宜良县。

见于《宜良碑刻增补本》（下）。

6581 修建马里铺学仓碑记

撰者郑崇贤，民国三十二年（1943），碑立于凤庆县。

著录于（民国）《顺宁县志初稿》。

6582 张天虚墓志铭

撰者郭沫若，楷书，民国三十二年（1943），（圆柱状）高120 cm×周长120 cm，碑立于西山区。

见于《昆明诗词楹联碑文集粹》。

6583 赵璞山先生纪念碑

撰者柳纯，书者柳纯，民国三十二年（1943），高 120 cm×宽 72 cm×厚 10 cm，碑立于普洱市。

见于《思茅地区文物志》。

6584 重修郭氏宗祠记

撰者郭光文，青石，楷书，民国三十二年（1943），高101 cm×宽71 cm×厚7 cm，碑立于玉溪市。

见于《玉溪碑刻选集》。

6585 重修黑龙潭庙宇并新建石桥碑记

撰者高直青，刻工毕成，民国三十二年（1943），高162 cm×宽56 cm。

见于《云南道教碑刻辑录》。

6586 张德润墓志铭并家谱序

见于张永禧，书者张永禧，楷书，民国

三十二年（1943），高 68 cm × 宽 38 cm，碑立于楚雄市。

见于《楚雄历代碑刻》。

6587　云南高等审判厅民事判决书碑记

民国三十三年（1944），高 56 cm × 宽 80 cm，碑立于宜良县。

见于《宜良碑刻增补本》（下）。

6588　马鹿塘水沟合同

民国三十三年（1944），碑立于金平县。

见于《云南乡规民约大观》（上）。

6589　补修登瀛桥记

撰者杨汝炎，民国三十三年（1944），碑立于凤庆县。

著录于（民国）《顺宁县志初稿》。

6590　才村重建题名坊记

大理石，楷书，民国三十三年（1944），碑立于大理市。

见于《大理丛书·金石篇》。

6591　曾县长绍三功德碑

民国三十三年（1944），高 114 cm × 宽 70 cm × 厚 16 cm，碑立于丽江市。

见于《纳西族地区历代碑刻辑录与研究》。

6592　大罗绮坪记

撰者杨大纯，民国三十三年（1944），碑立于腾冲市。

见于《腾冲名碑集释》。

6593　二十集团军腾冲会战概要

民国三十三年（1944），碑立于腾冲市。

见于《腾冲文史资料选集》（第 1 辑）。

6594　复兴桥碑记

撰者杨汝炎，民国三十三年（1944），碑立于凤庆县。

著录于（民国）《顺宁县志初稿》。

6595　江川县立初级中学成立记

撰者马人文，书者马家麟，楷书，民国三十三年（1944），高 268 cm × 宽 105 cm，碑立于玉溪市。

见于《玉溪碑刻选集》。

6596　抗日阵亡病故将士公墓碑记

撰者庾浩如，书者胡见瑞，民国三十三年（1944），碑立于施甸县。

见于（1997）《施甸县志》。

6597　抗战烈士纪念碑序（一）

撰者段克武，书者段国珍，刻工戴鸿贵、杨理枝，白石，民国三十三年（1944）。三级塔式建筑，底座两级为方形，第一级长 62 cm × 宽 62 cm × 高 55 cm，第二级长 58 cm × 宽 58 cm × 高 55 cm，第三级碑体呈三棱剑形，高约 250 cm，总高约 400 cm，碑立于宜良县。

见于《宜良碑刻增补本》（下）。

6598　抗战烈士纪念碑序（二）

撰者段克武，书者段国珍，刻工戴鸿贵、杨理枝，民国三十三年（1944），碑立于宜良县。

见于《宜良碑刻》。

6599　李自锦寿域志

民国三十三年（1944），碑立于隆阳区。

见于《隆阳碑铭石刻》。

6600　前清武庠生星垣杨老先生墓志铭

撰者陈有章，民国三十三年（1944），碑立于祥云县。

见于《祥云碑刻》。

6601　昔马双坡保告破坏森林案

民国三十三年（1944），碑立于盈江县。

见于《云南林业文化碑刻》。

6602　一九八师纪念塔碑

撰者刘金奎，民国三十三年（1944），高 120 cm × 宽 62 cm，碑立于腾冲市。

见于《腾冲文史资料选集》（第 1 辑）。

6603 一〇三师松山阵亡将士公墓

撰者谭国铎，民国三十三年（1944），高 203 cm × 宽 70 cm，碑立于腾冲市。

见于《铁血丰碑下滇缅抗战史料》。

6604 遗臭碑

撰者李权之，书者李权之，民国三十三年（1944），高 171 cm × 宽 63 cm，碑立于石林县。

见于《昆明诗词楹联碑文集粹》。

6605 陈抟像碑记

撰者王灿，民国三十四年（1945），高 56 cm × 宽 56 cm。

见于《云南道教碑刻辑录》。

6606 国民政府军事委员会布告

撰者蒋中正，民国三十四年（1945），高 167 cm × 宽 81 cm，碑立于保山市。

见于《腾冲名辑集释》。

6607 亏容甸土司孙镇南母亲墓志

民国三十四年（1945），高 85 cm × 宽 45 cm，碑立于红河县。

见于《红河州不可移动文物大全》。

6608 立煌营记

撰者于斌，民国三十四年（1945），碑立于隆阳区。

见于《隆阳碑铭石刻》。

6609 丽江实业家李公畅远纪念碑

撰者和世谷，书者和世谷，楷书，民国三十四年（1945），高 147 cm × 宽 61 cm × 厚 16 cm，碑立于丽江市。

见于《丽江历代碑刻辑录与研究》。

6610 民国县立中学捐资功德碑

民国三十四年（1945），碑立于丽江市。

见于《纳西族地区历代碑刻辑录与研究》。

6611 沙玛林墓碑记

撰者李根源，民国三十四年（1945），高 117 cm × 宽 43 cm，碑立于腾冲市。

见于《腾冲名碑集释》。

6612 山竹里三村小学校碑记

撰者董钜，书者秦开基（A 面）；撰者秦开基，书者秦开基（B、C、D 面），民国三十四年（1945），高 133 cm × 每面宽 38 cm（正立柱体），碑立于宜良县。

见于《宜良碑刻增补本》（上）。

6613 唐义士赤城段公传碑

撰者奚冠南，书者奚冠南，大理石，楷书，民国三十四年（1945），高 147 cm × 宽 69 cm，碑立于大理市。

见于《大理丛书 · 金石篇》。

6614 腾冲国殇墓园落成祭文

撰者张砺，民国三十四年（1945），高 167 cm × 宽 80.5 cm，碑立于腾冲市。

见于《腾越文化研究》（第 2 辑）。

6615 腾冲忠烈祠碑

撰者霍揆彰，民国三十四年（1945），高 167 cm × 宽 80 cm，碑立于腾冲市。

见于《腾冲文史资料选集》（第 1 辑）。

6616 郑老伯母李太夫人墓志铭（一）

撰者杨含光，民国三十四年（1945），高 60 cm × 宽 60 cm，碑立于宜良县。

见于《宜良碑刻增补本》（下）。

6617 永定铁索桥碑记

撰者刘崇先，书者王崇志，刻工孙祯祥、张正品，大理石，行书，民国三十四年（1945），高 94 cm × 宽 60 cm，碑立于牟定县。

见于《楚雄历代碑刻》。

6618 陆军少将由根云先生墓表

楷书，民国三十四年（1945），高 70 cm ×

宽 40 cm，碑立于姚安县。

见于《楚雄历代碑刻》。

6619 由人龙墓志

撰者陈明枢，大理石，民国三十四年（1945），碑立于姚安县。

见于《楚雄彝族自治州文物志》。

6620 陆军第二军滇西殉国将士纪念塔序

撰者王凌云，民国三十四年（1945），碑立于凤庆县。

著录于（民国）《顺宁县志初稿》。

6621 阿目苴十四代祀昭穆之祖碑

青石，楷书，民国三十五年（1946），高 101 cm × 宽 63 cm × 厚 11 cm，碑立于丽江市。

见于《丽江历代碑刻辑录与研究》。

6622 本音万氏门中历代内外老少宗亲之香席

民国三十五年（1946），高 99 cm × 宽 70 cm，碑立于大理市。

见于《大理风仪古碑文集》。

6623 保山县政府为平息龙泉池水利争讼堂谕碑记

撰者宋嘉晋，民国三十五年（1946），高 163 cm × 宽 72 cm × 厚 8 cm，碑立于隆阳区。

见于《隆阳碑铭石刻》。

6624 丙戌四十初度游九龙池遣兴

撰者严中英，民国三十五年（1946），高 80 cm × 宽 60 cm，碑立于玉溪市。

见于《玉溪碑刻选集》。

6625 创校四周年纪念碑

撰者宗亮东，民国三十五年（1946），碑立于丽江市。

见于《纳西族地区历代碑刻辑录与研究》。

6626 国立西南联合大学纪念碑

撰者冯友兰，书者罗庸，楷书，民国三十五年（1946），高 228 cm × 宽 88 cm，碑立于五华区。

见于《五华区志》（1995）。

6627 花枝格创建水闸校舍食厂造林记碑

民国三十五年（1946），高 170 cm × 宽 74 cm × 厚 14 cm，碑立于马关县。

见于《马关县第三次全国文物普查资料集 · 边关印迹》。

6628 花枝格值生水闸记碑

民国三十五年（1946），高 176 cm × 宽 74 cm × 厚 15 cm，碑立于马关县。

见于《马关县第三次全国文物普查资料集 · 边关印迹》。

6629 丽江太守熊公种青先生遗爱碑

撰者和庚吉，书者张宗瑛，大理石，隶书，民国三十五年（1946），高 94 cm × 宽 63 cm × 厚 12 cm，碑立于丽江市。

见于《丽江历代碑刻辑录与研究》。

6630 龙公渠管理处其它协会水规草案会呈件碑（一）

民国三十五年（1946），高 208 cm × 宽 80 cm，碑立于宜良县。

见于《宜良碑刻增补本》（上）。

6631 马学董王德馨复兴纪念碑

民国三十五年（1946），高 160 cm × 宽 97 cm × 厚 10 cm，碑立于东川市。

见于《东川市文物志》。

6632 菩提寺碑记

撰者王树森，书者王炳章，民国三十五

年（1946），高 99 cm × 宽 58 cm × 厚 7 cm，碑立于鹤庆县。

见于《鹤庆碑刻辑录》。

6633 修建燕子洞经历自叙

撰者段至罡，民国三十五年（1946），碑立于建水县。

见于《遗留在建水碑刻中的文明记忆》。

6634 严中英题九龙池诗碑

撰者严中英，民国三十五年（1946），高 60 cm × 宽 90 cm，碑立于宜良县。

见于《宜良碑刻增补本》（上）。

6635 宜良县龙公渠水份及水规碑

民国三十五年（1946），高 220 cm × 宽 80 cm，碑立于宜良县。

见于《宜良碑刻增补本》（上）。

6636 第八军阵亡将士公墓诗（一）

民国三十六年（1947），高 51 cm × 宽 95 cm，碑立于腾冲市。

见于《铁血丰碑下滇缅抗战史料》。

6637 第八军阵亡将士公墓诗（二）

民国三十六年（1947），高 50 cm × 宽 97 cm，碑立于腾冲市。

见于《铁血丰碑下滇缅抗战史料》。

6638 陆军第八军滇西战役阵亡将士公墓碑（一）

撰者白之瀚，书者吴绍璘，民国三十六年（1947），高 150 cm × 宽 80 cm，碑立于隆阳区。

见于《隆阳碑铭石刻》。

6639 陆军第八军滇西战役阵亡将士公墓碑（二、三）

民国三十六年（1947），高 55 cm × 宽 99 cm，碑立于隆阳区。

见于《隆阳碑铭石刻》。

6640 弥勒县政府新建建国楼序

撰者姜松龄，民国三十六年（1947），高 164 cm × 宽 80 cm，碑立于弥勒市。

见于《弥勒文物志》。

6641 公建本里中心学校校舍落成纪念标记

撰者白玉辉、书者杨锦鉴，撰者王廷英（第四块），民国三十六年（1947），高 63 cm × 宽 76 cm，碑立于丽江市。

见于《丽江历代碑刻辑录与研究》。

6642 黄心斋先生墓题额

撰者宋希濂，民国三十六年（1947），碑立于腾冲市。

见于《腾冲名碑集释》。

6643 计划兴办事业决议案

民国三十六年（1947），碑立于祥云县。

见于《祥云碑刻》。

6644 高氏祠堂序

撰者王彭文，民国三十六年（1947），高 120 cm × 宽 80 cm，碑立于弥渡县。

见于《弥渡古代碑刻辑释》。

6645 立永远杜卖草产山地树木文约

民国三十六年（1947），高 90 cm × 宽 60 cm × 厚 8 cm，碑立于宾川县。

见于《宾川丛书·金石篇》。

6646 永垂不朽碑

民国三十六年（1947），碑立于石林县。

见于《北山村志》。

6647 昆明市长曾恕怀颁布保护真庆观观产布告

撰者曾恕怀，民国三十六年（1947），高 114 cm × 宽 80 cm。

见于《云南道教碑刻辑录》。

6648 澜沧历任县官名录碑

撰者阎旭，民国三十六年（1947），高 45 cm × 宽 50 cm × 厚 2.5 cm，碑立于普洱市。

著录于《澜沧拉祜族自治县志》。

6649 梁金山之妻董氏墓志铭

撰者张先孝，民国三十六年（1947），高 120 cm × 宽 49 cm × 厚 8 cm，碑立于隆阳区。

见于《隆阳碑铭石刻》。

6650 清处士刘公积勋墓志铭

撰者周钟岳，民国三十六年（1947），碑立于丽江市。

见于《纳西族地区历代碑刻辑录与研究》。

6651 汤池五邑村王氏始祖灵位/宗族世绪碑

撰者王惠，刻工汤济葵，民国三十六年（1947），高 127 cm × 宽 60 cm，碑立于宜良县。

见于《宜良碑刻增补本》（下）。

注：该碑一套三通，分碑左、中、右。

6652 腾冲地方法院建址记

撰者陈品，民国三十六年（1947），碑立于腾冲市。

见于《腾冲名碑集释》。

6653 腾冲县立职业学校兴建校舍记

撰者尹明德、张鑫教，民国三十六年（1947），碑立于腾冲市。

见于《腾冲名碑集释》。

注：尹明德撰文于民国三十六年，张鑫教跋于民国三十七年。

6654 小石桥建校碑记

书者袁家修，青石，正书，民国三十六年（1947），高 103 cm × 宽 60 cm，碑立于师宗县。

见于《师宗县文物志》。

6655 兴修腾保公路碑记

撰者封维德，民国三十六年（1947），碑立于腾冲市。

见于《云南文史资料选辑》（第 37 辑）。

6656 修理海塘会议记录

民国三十六年（1947），碑立于祥云县。

见于《祥云碑刻》。

6657 徐毓芳墓志铭

民国三十六年（1947），碑立于师宗县。

见于《师宗县文物志》。

6658 学校纪念碑

撰者段锦章，民国三十六年（1947），高 174 cm × 宽 34 cm × 厚 10 cm，碑立于隆阳区。

见于《隆阳碑铭石刻》。

6659 云南省立腾越中学复兴碑记

撰者刘绍和，民国三十六年（1947），高 205 cm × 宽 80 cm，碑立于腾冲市。

见于《腾冲名碑集释》。

6660 云五罗公创办永平县立简易师范学校碑铭

撰者杨芷容，书者柳勋伟，大理石，楷书，民国三十六年（1947），高 162 cm × 宽 84 cm × 厚 4 cm，碑立于永平县。

见于《大理丛书·金石篇》。

6661 重修登瀛桥碑记

撰者张问德，民国三十六年（1947），碑立于凤庆县。

著录于（民国）《顺宁县志初稿》。

6662 重修圣源寺记

楷书，民国三十六年（1947），高 105 cm × 宽 72 cm，碑立于大理市。

见于《大理丛书·金石篇》。

6663 创办润之中学缘起

撰者李润之，民国三十七年（1948），高 165 cm × 宽 90 cm，碑立于玉溪市。

见于《玉溪碑刻选集》。

6664 封佩藩先生墓志铭

撰者刘楚湘，民国三十七年（1948），碑立于腾冲市。

见于《腾冲名碑集释》。

6665 鹤庆县立初级中学第二班同学毕业题名砥行碑记

撰者杨润基，民国三十七年（1948），高 145 cm × 宽 56 cm × 厚 10 cm，碑立于鹤庆县。

见于《鹤庆碑刻辑录》。

注：原碑已断为两截。

6666 弥勒县甸惠渠修沟用水规约

民国三十七年（1948），碑立于弥勒市。

见于《云南乡规民约大观》（上）。

6667 唐淮源将军庙碑

撰者刘文典，民国三十七年（1948），高 246 cm × 宽 112 cm，碑立于江川区。

见于《玉溪碑刻选集》。

6668 唐蓂赓先生故里碑

书者刘尧民，青石，楷书，民国三十七年（1948），长 134 cm × 宽 79 cm，碑立于会泽县。

见于《会泽县文物志》。

6669 腾冲县立女子中学复校碑文

撰者尹宗本，民国三十七年（1948），碑立于腾冲市。

见于《腾冲名碑集释》。

6670 万春山大和尚宽宏号秒光师兄传

撰者李宗禹，刻工萧金海，民国三十七年（1948），高 64 cm × 宽 33 cm。

见于《威楚遗韵》。

6671 修普渡桥记碑

撰者和庚吉，民国三十七年（1948），碑立于丽江市。

见于《丽江历代碑刻辑录与研究》。

6672 廿村公田碑记

民国三十七年（1948），碑立于弥渡县。

见于《弥渡古代碑刻辑释》。

6673 宜路陆联立三庠中学碑记

民国三十七年（1948），高 54 cm × 宽 216 cm，碑立于宜良县。

见于《宜良碑刻增补本》（上）。

6674 赵氏宗祠碑志

民国三十七年（1948），残长 45 cm × 宽 65 cm，碑立于东川市。

见于《东川市文物志》。

6675 重修县府西花厅碑记

撰者李广汉，民国三十七年（1948），碑立于昭通市。

见于《鲁甸碑刻》。

6676 朱提乡购置中心学校校舍碑

民国三十七年（1948），碑立于昭通市。

见于《鲁甸碑刻》。

6677 重修玉溪大桥记

撰者刘文典，刻工解家飞，民国三十七年（1948），高 145 cm × 宽 90 cm，碑立于玉溪市。

见于《玉溪碑刻选集》。

6678 追赠陆军上将、第三军军长唐淮源褒扬令

民国三十七年（1948），高 135 cm × 宽 100 cm，碑立于玉溪市。

见于《玉溪碑刻选集》。

6679　罗次县虎峰乡九年平马姓公山界限碑记

撰者马仕俊，民国三十七年（1948），碑立于禄丰县。

见于《云南林业文化碑刻》。

6680　宽宏墓志铭

撰者李宗禹，书者杨志先，刻工萧金海，楷书，民国三十七年（1948），高 64 cm×宽 33 cm，碑立于禄丰县。

见于《楚雄历代碑刻》。

6681　牟定县山寺名僧纪念碑记

撰者赵凤生，书者赵凤生，砂岩，楷书，民国三十七年（1948），高 68 cm×宽 39 cm，碑立于牟定县。

见于《楚雄历代碑刻》。

6682　改建呈贡县府碑记

撰者李良，民国三十八年（1949），碑立于呈贡区。

见于《呈贡历史建筑及碑刻选》。

6683　和顺感旧诗

撰者李根源，民国三十八年（1949），高 164 cm×宽 66 cm，碑立于腾冲市。

见于《腾冲名碑集释》。

6684　林母李太夫人墓志铭

撰者袁嘉穀，民国三十八年（1949），碑立于隆阳区。

见于《隆阳碑铭石刻》。

6685　林子健老先生墓志铭

撰者袁嘉穀，民国三十八年（1949），碑立于隆阳区。

见于《隆阳碑铭石刻》。

6686　罗绮坪古杉树诗刻一组

撰者李根源，刻工杨大纯，民国三十八年（1949），碑立于腾冲市。

见于《腾冲名碑集释》。

6687　石鼓双烈士墓碑

撰者范义田，书者尹启汤，楷书，民国三十八年（1949），高 200 cm×宽 245 cm，碑立于玉龙县。

见于《范义田文集》（上）。

6688　新民幼稚园记

撰者王子寿，书者景斌成，民国三十八年（1949），高 157 cm×宽 79 cm，碑立于玉溪市。

见于《玉溪碑刻选集》。

6689　杨蕴山先生寿藏暨德配赵孺人墓碑序

撰者范义田，书者桑文浩，民国三十八年（1949），碑立于丽江市。

见于《丽江历代碑刻辑录与研究》。

6690　大成村石麟登三圣宫购置香火田碑序

撰者张炳翼，民国三十八年（1949），碑立于宾川县。

见于《宾川志稿》。

6691　盈江县昔马黄桑坡护林公约碑

民国三十八年（1949），碑立于盈江县。

见于《云南林业文化碑刻》。

6692　重建保山清华大石桥碑记

撰者张达铭，民国三十八年（1949），高 202 cm×宽 74.5 cm，碑立于隆阳县。

见于《隆阳碑铭石刻》。

6693　百宰张氏祠堂再碑记

书者张成林，楷书，民国年间（1912—1949），高 36 cm×宽 66 cm，碑立于楚雄市。

见于《楚雄历代碑刻》。

6694 三元宫灵祖殿重建募捐功德碑

行书，民国年间（1912—1949），高150 cm×宽 25 cm，碑立于禄丰县。

见于《楚雄历代碑刻》。

6695 指房冲摩崖石刻

撰者周尚芳，民国年间（1912—1949），碑立于楚雄市。

见于《楚雄市第三次全国文物普查不可移动文物名录》。

6696 重修玉泉乡后海闸记

撰者郭燮熙，民国（1912—1949），碑立于南华县。

著录于（民国）《镇南县志》。

6697 重建城东西风水坊记

撰者郭燮熙，民国（1912—1949），碑立于南华县。

著录于（民国）《镇南县志》。

6698 镇南县立初级中学纪念标铭并序

撰者郭燮熙，民国（1912—1949），碑立于南华县。

著录于（民国）《镇南县志》。

6699 移建西云庵记

撰者郭燮熙，民国（1912—1949），碑立于南华县。

著录于（民国）《镇南县志》。

6700 重修永定桥记

撰者郭燮熙，民国（1912—1949），碑立于大姚县。

著录于（民国）《盐丰县志》。

6701 李区长瑞昌墓志铭

撰者郭燮熙，民国（1912—1949），碑立于大姚县。

著录于（民国）《盐丰县志》。

6702 改建龙山贤良祠记

撰者郭燮熙，民国（1912—1949），碑立于大姚县。

著录于（民国）《盐丰县志》。

6703 张母王太宜人墓志铭

撰者陈荣昌，民国（1912—1949），碑立于大姚县。

著录于（民国）《盐丰县志》。

6704 镇南郭公炳星墓志铭

撰者陈先濂，民国（1912—1949），碑立于南华县。

著录于（民国）《镇南县志》。

6705 改建龙泉公园记

撰者周继福，民国（1912—1949），碑立于楚雄市。

注：该碑经楚雄市文管所所长彭梅指引，访碑而得。

6706 和石衡先生暨夫人墓志铭

撰者李世宗，刻工张宏辉，民国（1912—1949），碑立于丽江市。

见于《纳西族地区历代碑刻辑录与研究》。

6707 和义墓志铭

撰者和文质，民国（1912—1949），碑立于丽江市。

见于《纳西族地区历代碑刻辑录与研究》。

6708 永康州长陈文光夫妇殉难纪念碑

民国（1912—1949），长 83 cm×宽 8 cm×高 117 cm，碑立于临沧市。

见于《临沧可移动文物精粹》。

6709 牟正宗墓志

民国（1912—1949），碑立于原阳县。

见于《红河州不可移动文物大全》。

6710 重修玉龙寺碑序

撰者萧陈纪，民国（1912—1949），碑立于景东县。

著录于（民国）《景东县志稿》。

6711　**汉黑水祠**

撰者唐继尧，民国（1912—1949）。
见于《云南道教碑刻辑录》。

6712　**积藏庵记**

撰者李若曲，民国（1912—1949）。
见于《云南道教碑刻辑录》。

6713　**金鸡寺龙神祠公德碑记**

民国（1912—1949）。
见于《云南道教碑刻辑录》。

6714　**来凤寺记**

撰者李根源，民国（1912—1949），高170 cm×宽 60 cm。
见于《云南道教碑刻辑录》。

6715　**娜姑龙王庙石刻**

民国（1912—1949）。
见于《云南道教碑刻辑录》。

6716　**南华宫建修戏楼西厢记**

撰者李泳祖，民国（1912—1949）。
著录于（民国）《大关县志稿》。

6717　**培修万寿宫殿宇戏楼两厢廊记**

民国（1912—1949）。
见于《云南道教碑刻辑录》。

6718　**三清观石友记**

撰者董钦，民国（1912—1949）。
见于《云南道教碑刻辑录》。

6719　**上街武庙楼碑记**

撰者罗光裕，民国（1912—1949）。
见于《云南道教碑刻辑录》。

6720　**天乙山记**

撰者李若曲，民国（1912—1949）。
见于《云南道教碑刻辑录》。

6721　**万安山天宁寺记**

撰者李若曲，民国（1912—1949）。
见于《云南道教碑刻辑录》。

6722　**游西山记**

撰者袁嘉穀，民国（1912—1949）。
见于《云南道教碑刻辑录》。

6723　**长春派第十五代弟子曾正林墓碑**

民国（1912—1949），高 168 cm×宽72 cm。
见于《云南道教碑刻辑录》。

6724　**马广文碑**

撰者赵藩，大理石，楷书，民国（1912—1949），高 96 cm×宽 63 cm，碑立于洱源县。
见于《大理洱源县碑刻辑录》。

6725　**善庵师公大和尚墓碑**

撰者董凤苞、董玉树，书者素忠，楷书，民国（1912—1949），高 79 cm×宽 50 cm，碑立于宾川县。
见于《宾川丛书·金石篇》。

6726　**陈鹤亭先生墓表**

撰者陈荣昌，民国（1912—1949），碑立于石屏县。
著录于（民国）《石屏县志》。

6727　**多胜楼记**

撰者张自明，民国年间（1912—1949），碑立于马关县。
著录于（民国）《马关县志》。

6728　**富通桥小亭记**

撰者谢栻，民国（1912—1949），碑立于富宁县。
著录于（民国）《富州县志》。

6729　**见田王君墓志**

撰者和庚吉，民国（1912—1949），碑立于丽江市。

见于《丽江历代碑刻辑录与研究》。

6730 李祖裕墓志铭

撰者张念祖，民国（1912—1949），碑立于玉龙县。

见于《丽江历代碑刻辑录与研究》。

6731 民国逸士金映澄墓志铭

撰者郑钊慕，书者苏焕敬，民国年间（1912—1949），碑立于宜良县。

见于《宜良碑刻增补本》（下）。

6732 重修毗雌江云津桥募引

撰者彭元，书者赵琨，民国年间（1912—1949），碑立于弥渡县。

见于《弥渡古代碑刻辑释》。

◆ 时间不详

6733 募修七宝寺引

碑立于禄丰县。

著录于（康熙）《琅盐井志》。

6734 玉龙寺碑记

撰者周育贤，碑立于禄丰县。

著录于（康熙）《罗次县志》。

6735 西来寺桥

碑立于牟定县。

见于《中国地方志佛道教文献汇纂·诗文碑刻卷（西南·云南）》。

6736 亦都莫李氏祖茔彝文碑

刻工□□，（主碑）高 63 cm × 宽 38 cm，（副碑）高 48 cm × 宽 24 cm，碑立于武定县。

见于《武定探秘》。

6737 万德铺彝文墓碑

高 37 cm × 宽 27 cm，碑立于武定县。

见于《武定探秘》。

6738 狮山正续寺梵文砖铭

碑立于武定县。

见于《武定探秘》。

6739 狮山寻梅并见茶花有引

碑立于武定县。

见于《武定探秘》。

6740 狮山寺（南兰吕春草）

碑立于武定县。

见于《武定探秘》。

注：拓片今存云南省图书馆

6741 李台稍定夫妇之墓

碑立于武定县。

见于《武定探秘》。

6742 李氏孺大人之墓

碑立于武定县。

见于《武定探秘》。

6743 故天营摩崖石刻（三）

撰者玉山道人，高 60 cm × 宽 60 cm，碑立于武定县。

见于《武定探秘》。

6744 故天营摩崖石刻（四）

撰者古髴节姜，行草，高 36 cm × 宽 36 cm，碑立于武定县。

见于《武定探秘》。

6745 曲布土司诗碑

撰者纳登克勒裔鲁麻，碑立于武定县。

见于《武定探秘》。

6746 张氏历代字辈自永居百宰远祖伏会公起字派碑

碑立于楚雄市。

见于《神山圣境》。

6747 百宰张氏宗祠家训并序碑记

碑立于楚雄市。
见于《神山圣境》。

6748 一枝书屋记

撰者张祝，碑立于元谋县。
著录于（康熙）《元谋县志》。

6749 禄劝州劝学记

撰者严谨，碑立于武定县。
著录于（康熙）《武定府志》。

6750 囤子仓玉润桥募薄序

撰者万国安，碑立于牟定县。
著录于（道光）《定远县志》。

6751 大江坡修建方桥小引

撰者唐绍文，碑立于牟定县。
著录于（道光）《定远县志》。

6752 灵鹫山碑记

撰者道隆，碑立于禄丰县。
著录于（康熙）《广通县志》。

6753 疏浚城河记

撰者史褒，碑立于牟定县。
著录于（道光）《定远县志》。

6754 详准按盐拔留膏火记

撰者李训，碑立于大姚县。
著录于（光绪）《续修白盐井志》。

6755 张文节公暨元配邹孺人合葬墓志铭

撰者丁维善，碑立于南华县。
著录于（民国）《镇南县志》。

6756 尚义题名记

撰者邓重，碑立于牟定县。
著录于（道光）《定远县志》。

6757 李母唐节妇墓志铭

撰者程仲愚，碑立于武定县。
著录于（康熙）《武定府志》。

6758 建魁阁序

碑立于南华县。
著录于（康熙）《镇南州志》。

6759 张钺碑

碑立于楚雄市。
著录于（宣统）《楚雄县志》。

6760 养济院记

碑立于武定县。
著录于（光绪）《武定直隶州志》。

6761 魏价侯先生暨德配毛孺人墓志铭

碑立于南华县。
著录于（民国）《镇南县志》。

6762 三公德政碑

碑立于楚雄市。
著录于（宣统）《楚雄县志》。

6763 马公遗爱碑

碑立于元谋县。
著录于（康熙）《元谋县志》。

6764 惠民仓碑记

碑立于牟定县。
著录于（道光）《定远县志》。

6765 桂香义馆碑记

碑立于大姚县。
著录于（光绪）《续修白盐井志》。

6766 贵阳潘公世德碑记

碑立于武定县。
著录于（康熙）《武定府志》。

6767 法幢寺碑记

碑立于元谋县。
著录于（乾隆）《元谋县志》。

6768 大河口船路桥碑示

碑立于牟定县。
著录于（乾隆）《琅盐井志》。

6769 大坟记

碑立于武定县。
著录于（光绪）《武定直隶州志》。

6770 毕谢碑记

碑立于元谋县。
著录于（康熙）《元谋县志》。

6771 重修广通县儒学记

撰者尹应衡，碑立于禄丰县。
著录于（康熙）《广通县志》。

6772 吉氏集资建祠序

见于《驿道沧桑》。

6773 李氏族规

碑立于江川县。
见于《云南乡规民约大观》(上)。

6774 竹基乡淑基堡光绪年间青规

碑立于师宗县。
见于《云南乡规民约大观》(上)。

6775 本寨藏公堂限制送礼的公约

碑立于香格里拉县。
见于《云南乡规民约大观》(上)。

6776 公众立约

碑立于香格里拉县。
见于《云南乡规民约大观》(上)。

6777 “常乐我净”梵文墓石刻（4块）

高 58 cm × 宽 44 cm。碑立于楚雄市。
见于《威楚遗韵》。

6778 “江天一览”题刻

撰者郭厘襄，高 136 cm × 宽 78 cm × 厚 18 cm，碑立于宾川县。
见于《宾川丛书·金石篇》。

6779 “敬惜字纸”题刻

长 75 cm × 宽 30 cm × 厚 18 cm，碑立于宾川县。
见于《宾川丛书·金石篇》。

6780 “刘氏双节歌”石刻

撰者胡旋吉，碑立于永平县。
著录于《新纂云南通志》。

6781 “宣化关见雪山”诗碑

撰者方沆，碑立于鹤庆县。
著录于《鹤庆县志》。

6782 “迎晖门”石刻题匾

长 115 cm × 宽 50 cm × 厚 18 cm，碑立于宾川县。
见于《宾川丛书·金石篇》。

6783 “忠义可风”民族英雄碑

碑立于凤庆县。
著录于（民国）《顺宁县志初稿》。

6784《白云庵》诗刻

撰者王元翰、阚祯兆、白圭、曹芝岸、曹灏、曹龙矿，碑立于建水县。
著录于《新纂云南通志》。

6785《次少保鄂公韵》诗刻

撰者冯补衮，碑立于洱源县。
著录于《新纂云南通志》。

6786《鄂府祥莲》诗刻

撰者冯补衮，碑立于洱源县。
著录于《新纂云南通志》。

6787《寄亭感事》诗刻

撰者王文治，碑立于通海县。

著录于《新纂云南通志・金石考》。

6788 龙潭秋月

撰者杨溥、李熙龄、单乾元、牛稔文、郑绍谦，碑立于普洱市。

著录于（道光）《普洱府志》。

6789《唐梅》诗刻

撰者犟经。

著录于《新纂云南通志・金石考》。

6790《唐梅花下小饮》石刻

撰者冯补衮，碑立于洱源县。

著录于《新纂云南通志・金石考》。

6791《腾越怀古》诗刻

撰者刘安科，碑立于腾冲市。

著录于《新纂云南通志・金石考》。

6792《游凤翔寺》诗刻石

撰者张继孟，碑立于澄江县。

著录于《新纂云南通志・金石考》。

6793《游卧佛寺》诗刻

撰者陈大纶，碑立于保山市。

著录于《新纂云南通志・金石考》。

6794《游长春观》诗刻

撰者阚祯兆，碑立于盘龙区。

著录于《新纂云南通志・金石考》。

6795《赠遍周上人》诗刻

撰者姜思睿，碑立于宾川县。

著录于《新纂云南通志・金石考》。

6796 □□寿宗碑志

碑立于鹤庆县。

见于《鹤庆碑刻辑录》。

6797 □髻龙王祠记

撰者胡僖，碑立于大理市。

著录于（乾隆）《赵州志》。

6798 阿打克山石碑

碑立于文山市。

著录于（光绪）《续云南通志稿》。

6799 阿海洛古姚公桥碑记

碑立于维西县。

著录于（民国）《维西县志》。

6800 阿猛十景游记

撰者王安清，碑立于文山市。

著录于（民国）《续修文山县志》。

6801 阿迷南游洞记

撰者王元翰，碑立于开远市。

著录于《新纂云南通志・金石考》。

6802 阿迷伍公崇祀乡贤序

撰者尹均，碑立于蒙自市。

著录于（宣统）《续修蒙自县志》。

6803 阿土官署大理府篆记略

撰者杨南金，碑立于洱源县。

著录于《重修邓川州志》。

6804 哀牢夫人墓碑

撰者段中庸，碑立于隆阳区。

著录于《永昌府志》。

6805 哀牢山北顶碑

碑立于保山市。

见于《中国地方志佛道教文献汇纂・诗文碑刻卷》（西南・云南）。

6806 哀牢山玉泉碑

碑立于保山市。

见于《中国地方志佛道教文献汇纂・诗文碑刻卷》（西南・云南）。

6807 艾道学云苍先生行实

撰者王致中，碑立于洱源县。
著录于《重修邓川州志》。

6808 安南里公捐义学田租碑记

撰者郝璞，碑立于文山市。
著录于（乾隆）《开化府志》。

6809 安宁梵字碑

碑立于安宁市。
著录于（康熙）《云南府志》。

6810 安泰墓碑

撰者赵良栋，碑立于晋宁区。
著录于《新纂云南通志·金石考》。

6811 安邑令曾公墓志铭

撰者许贺来，碑立于建水县。
著录于（康熙）《建水州志》。

6812 安于蕃墓碑

撰者安镇民，高 90 cm × 宽 60 cm，碑立于曲靖市。
见于《曲靖石刻》。

6813 按察使司廖含宏神道碑

碑立于澄江县。
著录于《新纂云南通志》。

6814 按察司题名记

撰者陈洙。
著录于（天启）《滇志》。

6815 昂氏迁移碑

见于《镌字岩彝文摩崖释译》。

6816 凹以路山水题名记

撰者缪彧，碑立于宣威市。
著录于（民国）《宣威县志稿》。

6817 八丰亭记

撰者谢圣纶，碑立于祥云县。
著录于（乾隆）《云南县志》。

6818 八景图记

撰者王□。
著录于（雍正）《阿迷州志》。

6819 八蜡庙记

撰者周钺，碑立于宾川县。
著录于（雍正）《宾川州志》。

6820 八祖和尚墓

见于《云南省德宏傣族景颇族不可移动文物名录》。

6821 巴陵赵氏捐置义渡记

撰者钱沣。
著录于（嘉庆）《滇系》。

6822 坝思桥碑记

碑立于元阳县。
见于《红河州不可移动文物大全》。

6823 罢谷山记

撰者何蔚文，碑立于洱源县。
著录于（光绪）《浪穹县志略》。

6824 霸文雄、罗秀之、王汝英忠义碑

碑立于新平县。
著录于《新纂云南通志》。

6825 白镴寺碑记

碑立于罗平县。
著录于（康熙）《罗平县志》。

6826 白马龙潭诗词碑（共 4 通）

撰者马子云、牛焘、桑映斗、杨仲魁、王成章，青石，楷书、行草，高 46 cm × 宽 49 cm，碑立于丽江市。
见于《丽江历代碑刻辑录与研究》。

6827 **白山岩潘氏山神碑**

高 200 cm × 宽 87 cm，碑立于楚雄市。
见于《探寻文明的踪迹——楚雄州第三次全国文物普查纪实》。

6828 **白塔山记**

撰者檀萃，碑立于禄劝县。
著录于（民国）《禄劝县志》。

6829 **白王墓碑**

碑立于腾冲市。
著录于《新纂云南通志·金石考》。

6830 **白盐井训导张君传**

撰者黄云鹄，碑立于镇雄县。
著录于（光绪）《镇雄州志》。

6831 **白邑村下支义偮碑记**

撰者任体道，碑立于嵩明县。
著录于（民国）《嵩明县志》。

6832 **白云山记**

撰者张翼。
著录于（乾隆）《蒙自县志》。

6833 **白云周氏墓内祖讳合墓数多原由说略**

碑立于弥渡县。
见于《弥渡古代碑刻辑释》。

6834 **白族火葬墓圹石梵文碑（一）**

高 40 cm × 宽 40—100 cm，碑立于大理市。
见于《大理丛书·金石篇》。
注：共有墓圹石 6 块。

6835 **白族火葬墓圹石梵文碑（二）**

高 48 cm × 宽 45 cm，碑立于大理市。
见于《大理丛书·金石篇》。
注：共有墓圹石 6 块，已佚，拓片藏今云南省图书馆。

6836 **白族火葬墓圹石梵文碑（三）**

高 59 cm × 宽 78 cm，碑立于大理市。
见于《大理丛书·金石篇》。
注：现存墓圹石 4 块。

6837 **白族火葬墓圹石梵文碑（四）**

高 53 cm × 宽 99 cm，碑立于大理市。
见于《大理丛书·金石篇》。
注：现存墓圹石 5 块。

6838 **白族火葬墓圹石梵文碑（五）**

第一碑高 60 cm × 宽 51 cm，第二碑高 48 cm × 宽 45 cm，第三碑高 59 cm × 宽 78 cm，第四、五碑高 53 cm × 宽 99 cm，第六、七碑高 60 cm × 宽 45 cm，碑立于大理市。
见于《大理丛书·金石篇》。
注：第六、七碑已佚，拓片藏今云南省博物馆。

6839 **白族火葬墓圹石梵文碑（六）**

高 60 cm × 宽 45 cm，碑立于大理市。
见于《大理丛书·金石篇》。
注：现存墓圹石 3 块。

6840 **百岁老人任氏墓碑**

碑立于石屏县。
著录于（民国）《石屏县志》。

6841 **百岁牌坊**

碑立于祥云县。
见于《祥云金石》。

6842 **板凳寨陈世昌墓碑**

高 280 cm × 宽 600 cm，碑立于弥勒市。
见于《弥勒文物志》。

6843 **板桥造涵洞勒碑序**

撰者朱若功，碑立于呈贡区。
著录于（雍正）《呈贡县志》。

6844 **邦傲石碑**

碑立于陇川县。
见于《云南省德宏傣族景颇族不可移动

文物名录》。

6845 **邦度尹氏祖墓群**

见于《云南省德宏傣族景颇族不可移动文物名录》。

6846 **邦角山官早先墓**

见于《云南省德宏傣族景颇族不可移动文物名录》。

6847 **帮中排氏山官双冢墓**

见于《云南省德宏傣族景颇族不可移动文物名录》。

6848 **榜眼及第刘某墓碑**

碑立于石屏县。
著录于《新纂云南通志・金石考》。

6849 **蚌峨龙潭记**

撰者王安清，碑立于文山市。
著录于（民国）《续修文山县志》。

6850 **宝泉坝碑记**

撰者彭时，碑立于祥云县。
著录于（正德）《云南志》。

6851 **宝相寺摩崖诗**

撰者王元英，碑立于剑川县。
著录于《新纂云南通志・金石考》。

6852 **宝秀水利碑记**

撰者萧廷对，碑立于石屏县。
著录于（康熙）《石屏州志》。

6853 **宝秀新河碑记**

撰者杨忠亮，碑立于石屏县。
著录于（康熙）《石屏州志》。

6854 **宝月山记**

撰者檀萃，碑立于禄劝县。
著录于（民国）《禄劝县志》。

6855 **宝云盘龙开山莲峰和尚塔碣**

正书，碑立于晋宁区。
著录于《新纂云南通志・金石考》。

6856 **保山经刻**

碑立于保山市。
见于《中国地方志佛道教文献汇纂・诗文碑刻卷》（西南・云南）。

6857 **保柱去思碑**

碑立于新平县。
著录于（道光）《新平县志》。

6858 **堡夫行**

撰者孙杰，碑立于呈贡区。
著录于（光绪）《呈贡县志》。

6859 **报国寺碑记**

撰者杨绳武，碑立于弥勒市。
著录于（乾隆）《弥勒州志》。

6860 **北山华严寺八蜡祠记**

撰者冯桂芳，碑立于建水县。
著录于（康熙）《建水州志》。

6861 **北胜州建楼碑记**

撰者彭之年，碑立于永胜县。
著录于（乾隆）《永北府志》。

6862 **北胜州判官赵护墓志铭**

撰者田节，高 160 cm × 宽 62 cm × 厚 20 cm，碑立于鹤庆县。
著录于（民国）《鹤庆县志》。

6863 **北义仓碑记**

撰者祝宏，碑立于建水县。
著录于（雍正）《建水州志》。

6864 **本村门役碑序**

撰者马廷辅，碑立于玉溪市。
见于《玉溪碑刻选集》。

6865 本音田氏门中历代内外昭穆考妣老少宗祖之灵位

碑立于大理市。
见于《大理凤仪古碑文集》。

6866 本音张氏合族历代老少宗亲之香位

高 100 cm × 宽 184 cm，碑立于大理市。
见于《大理凤仪古碑文集》。

6867 比丘尼普林祖师舍利宝塔记

撰者李录祖，碑立于大关县。
著录于（民国）《大关县志》。

6868 沘江路记

撰者王润，碑立于云龙县。
著录于（雍正）《云龙州志》。

6869 笔山书院记

撰者周铖，碑立于宾川县。
著录于（雍正）《宾川州志》。

6870 毕节县重修奎文阁记

撰者张大受。
著录于（嘉庆）《滇系》。

6871 碧波洞记

撰者吴绳祖，碑立于元江县。
著录于（光绪）《云南通志》。

6872 碧鸡颂

撰者杨慎，碑立于西山区。
见于《西山区文物志》。

6873 碧落甸死士冢碑铭并序

撰者陈先溶，碑立于石林县。
著录于（民国）《路南县志》。

6874 標楞寺置僧纪略

撰者李熊，碑立于洱源县。
见于《中国地方志佛道教文献汇纂·诗文碑刻卷》（西南·云南）。

6875 宾川南界碑

碑立于宾川县。
见于《宾川丛书·金石篇》。

6876 冰泉记

撰者李盛，碑立于开远市。
著录于《新纂云南通志·金石考》。

6877 兵备道沈朱二公惠政遗爱碑记

撰者陈善，碑立于祥云县。
著录于（万历）《赵州志》。

6878 拨粮碑记

撰者朱庆椿，碑立于晋宁区。
著录于（道光）《昆阳州志》。

6879 波漠村王氏家谱碑

高 92 cm × 宽 160 cm，碑立于曲靖市。
见于《陆良历代石刻注解与研究》。

6880 钵盂寺记

撰者李元阳，碑立于宾川县。
著录于（万历）《云南通志》。

6881 布龙村李氏祭祖碑

碑立于弥勒市。
见于《红河州不可移动文物大全》。

6882 布鲁罕碑

大理石，楷书，高 100 cm × 宽 40 cm × 厚 15 cm，碑立于大理市。
见于《大理丛书·金石篇》。

6883 采铜炼铜记

撰者倪慎修，碑立于巧家县。
著录于（民国）《巧家县志稿》

6884 采银太监墓碑

碑立于会泽县。
著录于《续东川府志》。

6885 **彩云楼记**

撰者王继文。
著录于（康熙）《云南府志》。

6886 **彩云桥记**

撰者李元阳，碑立于弥渡县。
著录于《新纂云南通志·金石考》。

6887 **彩云书院碑记**

撰者杨名飏，碑立于云龙县。
著录于（光绪）《云龙州志》。

6888 **蔡孺人墓志**

碑立于景东县。
著录于（民国）《景东县志稿》。

6889 **参将锦衣都指挥使沐公神道碑**

撰者林瀚。
著录于（正德）《云南志》。

6890 **参军洞记**

撰者伍泽槩。
著录于（道光）《开化府志》。

6891 **参议杨台峰墓志**

撰者包见捷，碑立于石屏县。
著录于（乾隆）《石屏州志》。

6892 **参政万公墓表**

撰者包见捷，碑立于建水县。
著录于（康熙）《建水州志》。

6893 **参政邹尧臣置学田碑记**

撰者陈谟，碑立于大理市。
著录于（乾隆）《赵州志》。

6894 **苍洱词石刻**

碑立于洱源县。
著录于《新纂云南通志·金石考》。

6895 **苍麓书院记**

撰者康承祖，碑立于大理市。
著录于（乾隆）《大理府志》。

6896 **曹公重修学庙碑记**

撰者刘彪，碑立于建水县。
著录于（康熙）《建水州志》。

6897 **曾公生祠记**

撰者许鎡，碑立于石屏县。
著录于（乾隆）《石屏州志》。

6898 **岔河界碑（二）**

楷书，高 90 cm×顶底宽 40 cm×中宽 70 cm，碑立于绿春县。
见于《红河州不可移动文物大全》。

6899 **差役碑（残碑）**

残高 60 cm×宽 63 cm，碑立于祥云县。
见于《祥云金石》。

6900 **常住田粮碑**

高 119 cm×宽 28 cm，碑立于洱源县。
见于《大理洱源县碑刻辑录》。

6901 **涌金厂记**

撰者檀萃。
著录于（光绪）《续修顺宁府志》。

6902 **倡捐劝修葫芦口铁索桥序**

撰者胡秀山，碑立于巧家县。
著录于（民国）《巧家县志稿》。

6903 **朝山碑**

碑立于宾川县。
见于《鸡足山志》。

6904 **潮澜桥碑记**

著录于（乾隆）《景东直隶厅志》。

6905 **陈伯常墓志序**

撰者朱灿英，碑立于建水县。

著录于（民国）《续修建水县志稿》。

6906 陈海楼履和墓联石刻

撰者顾莼，碑立于石屏县。
著录于（民国）《石屏县志》。

6907 陈节母志

撰者王绮珍，碑立于石屏县。
著录于（民国）《石屏县志》。

6908 陈景图府君及其配胡孺人墓志铭

撰者谢杕，碑立于富宁县。
著录于（民国）《富州县志》。

6909 陈母刘太夫人墓表

撰者陈荣昌，碑立于石屏县。
著录于（民国）《石屏县志》。

6910 陈权设治碑

碑立于维西县。
著录于（民国）《维西县志》。

6911 陈孝廉作城隍记

撰者许宪，碑立于大理市。
著录于（道光）《赵州志》。

6912 陈勋去思碑

碑立于新平县。
著录于（道光）《新平县志》。

6913 陈运泰墓志铭

撰者郑东兴，坊阔 296 cm × 高 206 cm，碑立于会泽县。
见于《娜姑镇文物志》。

6914 成谣祀说

撰者赵淳，碑立于大理市。
见于《中国地方志佛道教文献汇纂·诗文碑刻卷》（西南·云南）。

6915 呈贡县申详分水文

撰者刘世熼，碑立于呈贡区。
著录于（康熙）《呈贡县志》。

6916 诚恒敬讲义

撰者文祖尧，碑立于呈贡区。
著录于（康熙）《呈贡县志》。

6917 城隍祠碑记

撰者毛嶅，碑立于晋宁区。
著录于（道光）《晋宁州志》。

6918 城隍祠创修碑

碑立于维西县。
著录于（民国）《维西县志》。

6919 程海古碑

碑立于永胜县。
著录于（乾隆）《永北府志》。

6920 澄江知府李熙龄德政碑

碑立于澄江县。
著录于《新纂云南通志·金石考》。

6921 澄江府改建府治记

撰者晁必登。
著录于（正德）《云南志》。

6922 澄江府教授李竹溪墓表

撰者徐铎，碑立于晋宁区。
著录于（道光）《昆阳州志》。

6923 澄江路孔子庙记

撰者李思原。
著录于（正德）《云南志》。

6924 赤瑞湖记

撰者张汉，碑立于石屏县。
著录于（乾隆）《石屏州志》。

6925 敕封文林守一封挥墓碑

刻工马理，高 172 cm × 宽 63 cm，碑立于大理市。
见于《大理丛书·金石篇》。

6926 敕建鸡足名山全图云版题辞

高 85 cm × 宽 47 cm，碑立于宾川县。
见于《宾川丛书・金石篇》。

6927 敕赐义民华腾霄墓志铭

撰者杨一清。
著录于（嘉庆）《滇系》。

6928 敕授乡饮介宾段公新采老大人墓表

撰者段庚吉，书者段绣生，大理石，楷书，高 80 cm × 宽 45 cm，碑立于大理市。
见于《大理丛书・金石篇》。
注：主碑已佚，仅存左右陪碑。

6929 敕谕文题赠匾额碑

大理石，楷书，1914 年后，高 100 cm × 宽 70 cm，碑立于大理市。
见于《大理丛书・金石篇》。

6930 冲霄王墓断碑

碑立于剑川县。
著录于（万历）《云南通志》。

6931 崇圣寺碑记

撰者王度昭，碑立于洱源县。
著录于（光绪）《浪穹县志略》。

6932 崇祀开山矿王序

碑立于个旧市。
见于《红河州文物志》。

6933 崇正书院记

撰者郁容，碑立于建水县。
著录于（康熙）《蒙化府志》。

6934 筹办顺宁县卫生院募捐启

碑立于凤庆县。
著录于（民国）《顺宁县志初稿》。

6935 筹边楼记

撰者王立相，碑立于新平县。
著录于（康熙）《新平县志》。

6936 初建潜龙庵记

撰者高奋映，碑立于洱源县。
著录于（光绪）《浪穹县志略》。

6937 楚场盐道碑记

高 113 cm × 宽 56 cm，碑立于祥云县。
见于《祥云金石》。

6938 楚雄府牟定县新建儒学记

撰者邓重，碑立于牟定县。
著录于《新纂云南通志》。

6939 褚武烈公神道碑

撰者袁嘉穀，碑立于祥云县。
见于《祥云金石》。

6940 处士杨祥墓碣

碑立于安宁市。
著录于《滇绎》。

6941 川抚唐凤仪请立陇后疏

碑立于镇雄县。
著录于（光绪）《镇雄州志》。

6942 创鹤云寺纪略

撰者佟镇，碑立于鹤庆县。
著录于（康熙）《鹤庆府志》。

6943 重建鹤云寺记

撰者佟镇，碑立于鹤庆县。
著录于（民国）《鹤庆县志》。

6944 创建宝塔记

撰者方桂，碑立于禄劝县。
著录于（乾隆）《东川府志》。

6945 创建东川府石城记

撰者崔乃镛，碑立于东川区。
著录于（雍正）《东川府志》。

6946 创建开祥寺记

撰者李闻诗，碑立于鹤庆县。
著录于（民国）《鹤庆县志》。

6947 创建息息庵记

撰者李闻诗，碑立于鹤庆县。
著录于（民国）《鹤庆县志》。

6948 创建县城高等小学校讲堂记

撰者梅增荣，碑立于禄劝县。
著录于（民国）《禄劝县志》。

6949 创建义夫桥记

撰者秦树声，碑立于宣威市。
著录于（民国）《宣威县志稿》。

6950 创开通济沟碑记

撰者谢宗枋，碑立于禄劝县。
著录于（民国）《禄劝县志》。

6951 创西天寺记

撰者谭继尧。
著录于（天启）《滇志》。

6952 创修石路碑文

撰者�翮，碑立于昭通市。
著录于《恩安县志稿》。

6953 创修演武厅碑记

撰者马标，碑立于石林县。
著录于（民国）《路南县志》。

6954 吹台记

撰者张汉。
著录于（嘉庆）《滇系》。

6955 垂柳篇

撰者杨慎，碑立于大理市。
著录于《新纂云南通志・金石考》。

6956 春场碑

碑立于蒙自市。
著录于（光绪）《云南通志》。

6957 慈悲院记

撰者周于礼。
著录于《蒙自县志》。

6958 刺史徐德裕遗爱碑

碑立于镇雄县。
著录于（乾隆）《镇雄州志》。

6959 赐进士省务委员陈钧墓表

碑立于石屏县。
著录于（民国）《石屏县志》。

6960 赐进士万公咸燕墓碑

碑立于石屏县。
著录于（民国）《石屏县志》。

6961 赐进士总戎向逢春墓碑

碑立于石屏县。
著录于（民国）《石屏县志》。

6962 丛山石泉记

撰者李倬云，碑立于鹤庆县。
著录于（康熙）《鹤庆府志》。

6963 爨碑歌

撰者李琪，碑立于陆良县。
著录于（民国）《陆良县志稿》。

6964 爨王碑

撰者闾丘均，书者贾余绚，碑立于昆明市。
著录于（道光）《昆明县志》。

6965 爨云碑

碑立于陆良县。
著录于（万历）《云南通志》。

6966 崔公渠碑记

撰者张恒。
著录于（道光）《寻甸州志》。

6967 翠峰庵碑记

撰者郭斗，碑立于嵩明县。
著录于（康熙）《嵩明州志》。

6968 翠峰山记

撰者檀萃，碑立于禄劝县。
著录于（民国）《禄劝县志》。

6969 翠华寺适园记

撰者吴良桐，碑立于大关县。
著录于（民国）《大关县志》。

6970 翠岭屏风记

撰者王佩玮，碑立于广南县。
著录于（道光）《广南府志》。

6971 翠屏山记

撰者包嘉福，碑立于泸西县。
著录于《新纂云南通志·金石考》。

6972 翠松、般若二庵记

撰者冯时可，碑立于祥云县。
著录于（天启）《滇志》。

6973 存诚道人杨黼墓志

撰者李元阳，碑立于大理市。
著录于（乾隆）《大理府志》。

6974 存仁斋记

撰者陈文。
著录于（景泰）《云南图经志书》。

6975 大宝寺碑记

碑立于中甸县。
著录于《新纂云南通志·金石考》。

6976 大波那龙泉牌坊

碑立于祥云县。
见于《祥云金石》。

6977 大波那剩宝寺广场梵文碑（一）

残高 60 cm，碑立于祥云县。
见于《祥云金石》。

6978 大波那剩宝寺广场梵文碑（二）

高 85 cm × 宽 34 cm，碑立于祥云县。
见于《祥云金石》。

6979 大波那剩宝寺广场梵文碑（三）

高 98 cm × 宽 38 cm，碑立于祥云县。
见于《祥云金石》。

6980 大波那剩宝寺广场梵文碑（四）

高 106 cm × 宽 48 cm，碑立于祥云县。
见于《祥云金石》。

6981 大波那剩宝寺广场神道碑

高 175 cm × 宽 67 cm，碑立于祥云县。
见于《祥云金石》。

6982 大波那张中事迹碑

高 86 cm × 宽 52 cm，碑立于祥云县。
见于《祥云金石》。

6983 大成殿记

撰者郭松年。
著录于（景泰）《云南图经志书》。

6984 大成殿香灯碑记

撰者张日旼，碑立于宜良县。
著录于（乾隆）《宜良县志》。

6985 大慈碑记

碑立于临翔区。
著录于《新纂云南通志·金石考》。

6986 大德桥记

撰者孙大亨。
著录于（景泰）《云南图经志书》。

6987 大鼎山海潮寺题词

撰者袁履青，碑立于嵩明县。
著录于（民国）《嵩明县志》。

6988 大关县立民众教育馆记

撰者周华宗，碑立于大关县。
著录于（民国）《大关县志》。

6989 大观楼记

撰者王正生。
著录于（道光）《续修易门县志》。

6990 大海子神道碑

碑立于祥云县。
见于《祥云碑刻》。

6991　大理白族火葬墓圹四壁梵汉文碑

高 60 cm × 宽 45.5 cm，碑立于大理市。

见于《大理丛书·金石篇》。

注：墓圹石 4 块。

6992　大理府行记

撰者郭松年，碑立于大理市。

著录于（万历）《赵州志》。

6993　大理府儒学田记

撰者李元阳，碑立于大理市。

著录于（天启）《滇志》。

6994　大理府同知彭镜初墓表

撰者杨廉，碑立于大理市。

著录于（乾隆）《大理府志》。

6995　大理府新建督学试院记

撰者江和，碑立于大理市。

著录于（天启）《滇志》。

6996　大理府学尊经阁记

撰者杨士云，碑立于大理市。

著录于（乾隆）《大理府志》。

6997　大理国释氏戒净建绘高兴兰若篆烛碑并序

撰者杨德亨，青石，高 100 cm × 宽 55 cm，碑立于大理市。

见于《大理丛书·金石篇》。

6998　大理国通海□□墓碑

高 13.2 cm × 宽 10 cm，碑立于通海县。

见于《大理丛书·金石篇》。

6999　大理国通海郡丁卯碑

高 26 cm × 宽 29 cm × 厚 5 cm，碑立于通海县。

见于《大理丛书·金石篇》。

7000　大理建置居士碑记

碑立于大理市。

见于《中国地方志佛道教文献汇纂·诗文碑刻卷》（西南·云南）。

7001　大理路庙学残碑

高 57 cm × 宽 77 cm × 厚 17 cm，碑立于大理市。

见于《大理丛书·金石篇》。

7002　大理石屏记

撰者李果。

著录于（嘉庆）《滇系》。

7003　大理塔砖款识别

碑立于大理市。

著录于《新纂云南通志·金石考》。

7004　大理提督马飞雄碑文

碑立于昭通市。

见于《鲁甸碑刻》。

7005　大理先师庙碑

撰者赵傅弼，碑立于大理市。

著录于（乾隆）《大理府志》。

7006　大灵庙记

撰者王昇，碑立于五华区。

著录于（景泰）《云南图经志书》。

7007　大龙潭龙泉观碑记

撰者刘大绅，碑立于盘龙区。

著录于（宣统）《宁州志》。

7008　大明敕授锦衣护卫分兵总旗官徐来三先生墓志

碑立于祥云县。

著录于《祥云县志》。

7009　大明征南左参将都督胡公神道

碑立于保山市。

著录于《新纂云南通志·金石考》。

7010　大桥别墅记

撰者钟廷椿，碑立于绥江县。

著录于（民国）《绥江县志》。

7011 大人坟墓志

撰者俞赓唐，碑立于陆良县。
著录于（民国）《陆良县志稿》。

7012 大修海口新建屡丰闸记

撰者伊里布，碑立于西山区。
著录于（道光）《昆阳州志》。

7013 大修昆阳州城垣记

撰者朱庆椿，碑立于晋宁区。
著录于（道光）《昆阳州志》。

7014 大阅堂记

撰者徐成贞，碑立于昭通市。
著录于（宣统）《恩安县志》。

7015 大云寺旧碑

碑立于安宁市。
著录于（道光）《云南通志稿》。

7016 大智铺新设义塾记

撰者李文耕，碑立于晋宁区。
著录于（道光）《昆阳州志》。

7017 代理知州干君元忠骸冢墓表

撰者杨金铠，碑立于鹤庆县。
著录于（民国）《鹤庆县志》。

7018 代吴彤轩巡政重修南涧水宁桥记

撰者刘德绪。
著录于（乾隆）《续修蒙化直隶厅志》。

7019 代撰巧会二属请棚合同记

撰者李重华，碑立于巧家县。
著录于（光绪）《东川府续志》。

7020 戴珺公墓志铭

撰者郜文富，碑立于维西县。
著录于（民国）《维西县志》。

7021 戴氏家谱序

撰者戴光照，碑立于嵩明县。
著录于（民国）《嵩明县志》。

7022 戴氏俊章君墓志

撰者李翰湘，碑立于维西县。
著录于（民国）《维西县志》。

7023 澹一斋记

撰者江宏卫，碑立于曲靖市。
著录于（咸丰）《南宁县志》。

7024 德宗皇帝初次祭杨武愍公文

碑立于丽江市。
著录于（光绪）《丽江府志》。

7025 德宗皇帝二次祭杨武愍公文

碑立于丽江市。
著录于（光绪）《丽江府志》。

7026 德宗皇帝三次祭杨武愍公文

碑立于丽江市。
著录于（光绪）《丽江府志》。

7027 灯笼山除夕火记

撰者秦开业，碑立于文山市。
著录于（民国）《续修文山县志》。

7028 登石峰寺

撰者陆天麟。
著录于（嘉庆）《宁州志》。

7029 邓川乡贤坊之恩荣坊赓为铭曰碑

书者杨琼，碑立于洱源县。
见于《大理洱源县碑刻辑录》。

7030 邓川乡贤坊之国朝恩荣坊铭并序碑

碑立于洱源县。
见于《大理洱源县碑刻辑录》。

7031 邓川乡贤坊之国朝贡士碑

书者杨琼，碑立于洱源县。
见于《大理洱源县碑刻辑录》。

7032 邓川乡贤坊之国朝科举碑（一）

碑立于洱源县。
见于《大理洱源县碑刻辑录》。

7033 邓川乡贤坊之国朝科举碑（二）

碑立于洱源县。
见于《大理洱源县碑刻辑录》。

7034 邓川乡贤坊之明代历科得举者碑

碑立于洱源县。
见于《大理洱源县碑刻辑录》。

7035 邓川乡贤坊之明代乡贤贡士碑

书者杨琼，碑立于洱源县。
见于《大理洱源县碑刻辑录》。

7036 狄抒诚侯三夫人合传

撰者李从乾，碑立于罗平县。
著录于（民国）《罗平县志》。

7037 改建文庙碑记

撰者李从乾，碑立于罗平县。
著录于（民国）《罗平县志》。

7038 迪功郎襄阳丞伍公墓志铭

撰者王廷表。
著录于（嘉庆）《滇系》。

7039 嫡母李太夫人墓表

撰者李文，刻工杨汉清，碑立于嵩明县。
著录于（民国）《嵩明县志》。

7040 帝师碑

碑立于澄江县。
著录于《新纂云南通志》。

7041 第五区公建碑序

碑立于文山市。
著录于（民国）《续修文山县志》。

7042 滇海修攘备考图说序

撰者杨芳。
主要（康熙）《云南府志》。

7043 滇考记

撰者向岳，碑立于通海县。
著录于（乾隆）《续修河西县志》。

7044 点苍山记

撰者吴懋。
著录于（万历）《云南通志》。

7045 点苍山记

撰者安如山。
著录于（万历）《云南通志》。

7046 丁亥纪略

撰者李思楼，碑立于曲靖市。
著录于（咸丰）《南宁县志》。

7047 丁祭严饬碑文

撰者鄂尔泰。
著录于（雍正）《建水州志》。

7048 丁连然君神道碑

高 181 cm × 宽 67 cm，碑立于江川区。
著录于（道光）《云南通志稿》。

7049 丁彦墓志铭

撰者陈荣昌，碑立于鹤庆县。
著录于（民国）《鹤庆县志》。

7050 丁张烈妇碑

碑立于石屏县
著录于（民国）《石屏县志》。

7051 鼎建东岳庙碑记

撰者朱源淳，碑立于晋宁区。
著录于（道光）《晋宁州志》。

7052 鼎建慧照寺碑记

撰者王征，碑立于晋宁区。
著录于（道光）《晋宁州志》。

7053 鼎建灵怀院记

撰者何星文，碑立于洱源县。
著录于（康熙）《续修浪穹县志》。

7054 鼎建罗平学宫碑记

撰者尹嗣陟，碑立于罗平县。
著录于（康熙）《罗平州志》。

7055 改建罗平学宫碑记

撰者李从乾，碑立于罗平县。
著录于（康熙）《罗平州志》。

7056 鼎建嵩明州学宫记

撰者寿以仁，碑立于嵩明县。
著录于（康熙）《嵩明州志》。

7057 鼎建文昌祠记

撰者王镤。
著录于（康熙）《续修浪穹县志》。

7058 鼎建文昌宫记

碑立于曲靖市。
著录于（雍正）《马龙州志》。

7059 鼎建文庙碑记

撰者尹嗣陟，碑立于罗平县。
著录于（民国）《罗平县志》。

7060 鼎建学宫记

撰者朱朝藩，碑立于陆良县。
著录于（道光）《陆凉州志》。

7061 鼎建中峰山佛光寺碑记

撰者周文芮，碑立于嵩明县。
著录于（民国）《嵩明县志》。

7062 鼎建尊经阁碑记

撰者汪煦，碑立于嵩明县。
著录于（康熙）《嵩明州志》。

7063 鼎建尊经阁记

撰者孙人龙，碑立于大理市。
著录于（道光）《赵州志》。

7064 定边伯沐公神道碑

撰者胡濙。
著录于（万历）《云南通志》。

7065 定空上人塔铭

撰者马汝为，碑立于嵩明县。
著录于（光绪）《续修嵩明州志》。

7066 定远王神道碑

撰者杨士奇，碑立于牟定县。
著录于（天启）《滇志》。

7067 定远县儒学记

撰者杨慎，碑立于牟定县。
著录于（天启）《滇志》。

7068 东川府新建考院记

撰者蔡元燮。
著录于（光绪）《东川府续志》。

7069 东川改建学始末碑记

撰者孙绳，碑立于东川区。
著录于（雍正）《东川府志》。

7070 东川温泉记

撰者朱松，碑立于东川区。
著录于（乾隆）《东川府志》。

7071 东川义学记

撰者崔乃镛，碑立于东川区。
著录于（乾隆）《东川府志》。

7072 东华山碑记

碑记包嘉胤，碑立于泸西县。
著录于（乾隆）《广西府志》。

7073 东晋湖记

撰者韩枀，碑立于大理市。
著录于（道光）《赵州志》。

7074 东邻坟记

撰者余应祥。
著录于（嘉庆）《滇系》。

7075 东泉那公义田宅碑记

撰者谭继□，碑立于建水县。
著录于（康熙）《建水州志》。

7076 东山寺嵌壁石刻（两文）

《重修普陀岩观音阁募缘引》，撰者吴礎

之，书者孙应阳，刻工鹤照。《赠主持照鹤序》，撰者李文培，书者孙应阳，刻工鹤照。碑立于宣威市。

著录于（民国）《宣威县志稿》。

7077 东山香岩寺记

撰者缪月章，碑立于通海县。

著录于（康熙）《通海县志》。

7078 东西沟碑记

撰者毛振翧，碑立于开远市。

著录于（雍正）《阿迷州志》。

7079 东轩记

撰者赵元祚。

著录于（嘉庆）《滇系》。

7080 东岳宫创修碑

碑立于维西县。

著录于（民国）《维西县志》。

7081 东岳庙碑记

撰者江藻，碑立于陆良县。

著录于（民国）《陆良县志稿》。

7082 东照寺碑

撰者罗万全，碑立于澄江县。

著录于（道光）《澄江府志》。

7083 董氏忠孝堂记

撰者王奎，碑立于通海县。

著录于（道光）《通海县志》。

7084 董文山公墓志铭

撰者蔡世远，碑立于通海县。

著录于（道光）《通海县志》。

7085 董荘愍死节威楚序

撰者王奎。

著录于（嘉庆）《滇系》。

7086 洞经会碑记

残长 130 cm × 宽 66 cm，碑立于腾冲市。

见于《腾冲名碑集释》。

注：原碑无名，《洞经会碑记》为 20 世纪 80 年代腾冲县文物调查组所拟。

7087 洞经会序

撰者许邦寅，碑立于石屏县。

著录于（民国）《石屏县志》。

7088 洞庭湖游君山记

撰者高尌。

著录于（嘉庆）《滇系》。

7089 洞虚子墓志铭

撰者李绂，碑立于石屏县。

著录于（乾隆）《石屏州志》。

7090 豆沙关袁滋题名摩崖

撰者袁滋，楷书，碑立于大关县。

著录于（光绪）《云南通志》。

7091 独秀轩记

撰者王景常，碑立于通海县。

著录于（康熙）《通海县志》。

7092 读书堂法帖

刻工赵士麟，碑立于澄江县。

著录于《新纂云南通志·金石考》。

7093 杜大人德政碑

高 105 cm × 宽 64 cm，碑立于曲靖市。

见于《陆良历代石刻注解与研究》。

7094 杜使君抚夸园记

撰者倪蜕。

著录于（嘉庆）《滇系》。

7095 杜亚李醉柏亭记

撰者费暹，碑立于大理市。

著录于（道光）《赵州志》。

7096 渡龙桥记

撰者杨金和，碑立于鹤庆县。

见于《鹤庆碑刻辑录》。

7097 渡龙桥记

撰者洪儒，碑立于鹤庆县。
见于《鹤庆碑刻辑录》。

7098 段承恩墓表

碑立于晋宁区。
著录于（康熙）《晋宁州志》。

7099 段恭节公高选碑铭

碑立于剑川县。
著录于《新纂云南通志·金石考》。

7100 段母龚太安人墓志铭

撰者袁景伊，碑立于石屏县。
著录于（民国）《石屏县志》。

7101 段氏碑

碑立于凤庆县。
著录于（民国）《顺宁县志初稿》。

7102 段文瑞墓碑

碑立于澄江县。
著录于《新纂云南通志·金石考》。

7103 多宝寺高等国民学校成立记

撰者萧陈纪，碑立于景东县。
见于《中国地方志佛道教文献汇纂·诗文碑刻卷》（西南·云南）。

7104 朵美水阁诗碑

撰者刘慥、刘裔、蒋祖培、蒋祖寿、张悦、高第、赵鸿渐、黄恩锡，碑立于鹤庆县。
著录于《鹤庆县志》。

7105 俄亚村口东巴文石刻

高 88 cm × 宽 121.5 cm，碑立于丽江市。
见于《纳西族地区历代碑刻辑录与研究》。

7106 峨崀山茅庵石缸记

撰者彭松森，碑立于元江县。
著录于（民国）《元江志稿》。

7107 峨眉游记

撰者王元翰。
著录于（嘉庆）《滇系》。

7108 恩安诸葛碑

碑立于昭通市。
著录于（道光）《云南通志稿》。

7109 二龙山记

撰者檀萃，碑立于禄劝县。
著录于（民国）《禄劝县志》。

7110 二胜庵碑记

撰者杨伦，碑立于鹤庆县。
著录于（民国）《鹤庆县志》。

7111 二忠墓碑

碑立于石屏县。
著录于（民国）《石屏县志》。

7112 式男□住墓碑

砂石，行书，高 20.7 cm × 宽 20.5 cm，碑立于大理市。
见于《大理丛书·金石篇》。

7113 佴氏先茔表义碑记

撰者杨德沛，碑立于建水县。
著录于（雍正）《建水州志》。

7114 发给叛产执照碑

碑立于大理市。
著录于（民国）《大理县志稿》。

7115 法瑰山记

撰者檀萃，碑立于禄劝县。
著录于（民国）《禄劝县志》。

7116 法华寺碑

撰者古庭，碑立于安宁市。
著录于《新纂云南通志·金石考》。

7117 番泽纶墓志铭

撰者赵诏荪，碑立于腾冲市。
著录于《新纂云南通志·金石考》。

7118 **翻印金刚经记**

碑立于凤庆县。

著录于（民国）《顺宁县志初稿》。

7119 **樊巍墓表**

撰者庞大治，碑立于鹤庆县。

见于《鹤庆碑刻辑录》。

7120 **泛湖穷洱源碑**

撰者杨慎，碑立于洱源县。

著录于《新纂云南通志·金石考》。

7121 **范氏祖墓志**

高 250 cm × 宽 200 cm，碑立于弥勒市。

见于《红河州不可移动文物大全》。

7122 **范仕义吊邓子龙诗**

撰者范仕义，高 40 cm × 宽 56 cm，碑立于保山市。

见于《保山碑刻》。

7123 **范义田先生墓志**

撰者余嘉华，碑立于丽江市。

见于《纳西族地区历代碑刻辑录与研究》。

7124 **梵汉文碑**

高 112 cm × 宽 53 cm，碑立于洱源县。

见于《大理丛书·金石篇》。

7125 **梵文经幢**

高 20 cm × 宽 16 cm，碑立于祥云县。

见于《祥云金石》。

7126 **方池记**

撰者程封，碑立于石屏县。

著录于（民国）《石屏县志》。

7127 **方光瑀等诗摩崖**

撰者方光瑀，碑立于宜良县。

著录于《新纂云南通志·金石考》。

7128 **飞来寺塔记**

碑立于大理市。

著录于《新纂云南通志·金石考》。

7129 **分守大参伯姜公重修鹤庆府学庙记**

撰者查伟，碑立于鹤庆县。

著录于（光绪）《鹤庆州志》。

7130 **丰年洞记**

撰者戴清，碑立于广南县。

著录于（道光）《广南府志》。

7131 **冯公堤碑记**

撰者金冕，碑立于石林县。

著录于（民国）《路南县志》。

7132 **冯晋锡墓**

撰者姚元之，碑立于鹤庆县。

著录于（民国）《鹤庆县志》。

7133 **冯氏一门忠节墓志**

撰者嘉谟，碑立于蒙自市。

著录于（宣统）《续修蒙自县志》。

7134 **冯西生去思碑**

碑立于新平县。

著录于（道光）《新平县志》。

7135 **冯遇尧去思碑**

碑立于维西县。

著录于（民国）《维西县志》。

7136 **凤山书院记**

撰者李上清，碑立于普洱市。

著录于（道光）《普洱府志》。

7137 **奉敕赋送僧无极归大理寺序**

撰者金文徵，碑立于大理市。

见于《中国地方志佛道教文献汇纂·诗文碑刻卷》（西南·云南）。

7138 奉亲主人祠碑记

撰者喻思慥，碑立于寻甸县。
著录于（康熙）《寻甸州志》。

7139 奉挽许濂泉老先生诗碑

撰者叶松，高 133 cm × 宽 68 cm，碑立于大理市。
见于《大理丛书·金石篇》。

7140 奉政大夫□刺史绍梅丁大老爷德政碑

高 164 cm × 宽 68 cm × 厚 22 cm，碑立于宾川县。
见于《宾川丛书·金石篇》。

7141 奉直大夫刘公钟粹墓志

撰者周亲仁，书者王桢，正书，碑立于镇南县。
著录于《新纂云南通志·金石考》。

7142 佛顶尊胜佛母陀罗尼神咒

高 167 cm × 宽 58 cm，碑立于宾川县。
见于《宾川丛书·金石篇》。

7143 佛海精舍记

撰者王继文。
著录于（康熙）《云南府志》。

7144 夫马碑

高 133 cm × 宽 68 cm，碑立于祥云县。
见于《祥云金石》。

7145 夫马公田碑记

撰者马体健，碑立于晋宁区。
著录于（道光）《晋宁州志》。

7146 伏虎寺常住碑记

撰者许京元，碑立于华宁县。
著录于（嘉庆）《宁州志》。

7147 伏虎寺记

撰者张以任，碑立于华宁县。
著录于（嘉庆）《宁州志》。

7148 福来庵记

撰者钱沛。
著录于《新纂云南通志·金石考》。

7149 福佑村疏治漕溪河堤碑记

撰者秦泗滨，碑立于嵩明县。
著录于（民国）《嵩明县志》。

7150 福缘寺八观诗序

撰者李东昇，碑立于宣威市。
著录于（民国）《宣威县志稿》。

7151 抚仙湖记

撰者罗藻，碑立于江川区。
著录于《新纂云南通志》。

7152 抚彝碑记

撰者王佐，碑立于新平县。
著录于（康熙）《新平县志》。

7153 抚运碑

碑立于大理市。
著录于（道光）《云南通志稿》。

7154 府城育婴堂碑记

撰者翟枚吉，碑立于玉溪市。
著录于（道光）《澄江府志》。

7155 复详设立学校文

撰者漆扶助，碑立于宣威市。
著录于（道光）《宣威州志》。

7156 复修寂贤祠碑记

撰者欧阳重，碑立于建水县。
著录于（康熙）《建水州志》。

7157 复修前浪穹令王公生祠记

撰者黎讷，碑立于洱源县。
著录于（光绪）《浪穹县志略》。

7158 复修温泉记

撰者蹇念咸，楷书，碑立于会泽县。
著录于（光绪）《东川府续志》。

7159 傅公惠余堂碑记

撰者刘彪，碑立于建水县。
著录于（康熙）《建水州志》。

7160 富公选碑

碑立于石屏县。
著录于（民国）《石屏县志》。

7161 改河桥堤路记

撰者傅为詝，碑立于建水县。
著录于（民国）《续修建水县志稿》。

7162 改建东文山塔碑记

撰者周炳，碑立于文山市。
著录于（道光）《开化府志》。

7163 改建东文山塔三营捐金碑记

撰者陈瑞图，碑立于文山市。
著录于（道光）《开化府志》。

7164 改建开化府明伦堂碑记

撰者汤大宾，碑立于文山市。
著录于（道光）《开化府志》。

7165 改建魁星阁碑记

撰者杨普，碑立于嵩明县。
著录于（光绪）《续修嵩明州志》。

7166 改建孝廉村桥记

撰者赵鹤龄，碑立于鹤庆县。
见于《鹤庆碑刻辑录》。

7167 改建永北府学碑记

撰者石文晟，碑立于永胜县。
著录于（乾隆）《永北府志》。

7168 改蒙姑坡新路添建茶亭记

撰者廖瑛，碑立于巧家县。
著录于（乾隆）《东川府志》。

7169 改迁云南府儒学记

撰者黄琮。
著录于（天启）《滇志》。

7170 改元化寺为学庙记

撰者张志淳，碑立于鹤庆县。
著录于（民国）《鹤庆县志》。

7171 改州门方向记

撰者李时芳，碑立于石屏县。
著录于（乾隆）《石屏州志》。

7172 感通寺僧无极朝天集序

撰者黄元治，碑立于大理市。
见于《中国地方志佛道教文献汇纂·诗文碑刻卷》（西南·云南）。

7173 高□明墓碑

砂石，行书，高 45 cm × 宽 32.5 cm × 厚 6.5 cm，碑立于大理市。
见于《大理丛书·金石篇》。

7174 高甸村范志昌祖墓志

高 250 cm × 宽 590 cm，碑立于弥勒市。
见于《弥勒文物志》。

7175 高公辅政碑

撰者杨子云，碑立于大理市。
著录于《新纂云南通志·金石考》。
注：由《抚运碑》改刻。

7176 高公墓志碑

撰者许森，刻工杨俸，高 120 cm × 宽 41 cm × 厚 8 cm，碑立于洱源县。
见于《大理洱源县碑刻辑录》。

7177 高量成碑

碑立于楚雄市。
著录于（康熙）《楚雄府志》。

7178 高荣墓志铭

坊阔 310 cm × 高 270 cm，碑立于会泽县。
见于《娜姑镇文物志》。

7179 高泰墓碑

碑立于腾冲市。
著录于（道光）《云南通志稿》。

7180 高文良公神道碑

撰者袁枚。

著录于（嘉庆）《滇系》。

7181 高鈐题刻

碑立于安宁市。

著录于《新纂云南通志》。

7182 膏火碑记

撰者杨学涟，碑立于易门县。

著录于（道光）《续修易门县志》。

7183 告祭东桥河神文

撰者陈权。

著录于（雍正）《阿迷州志》。

7184 告山川文

撰者刘世熼，碑立于呈贡区。

著录于（雍正）《呈贡县志》。

7185 诰封段若愚墓表碑

撰者何立言，大理石，楷书，高 100 cm×宽 54 cm，碑立于洱源县。

见于《大理洱源县碑刻辑录》。

7186 诰封荣禄大夫上柱国兼太子太保咸阳侯晋上公祁公墓碑

碑立于巍山县。

著录于《新纂云南通志·金石考》。

7187 诰封扬威将军杨天植墓碑序

碑立于通海县。

见于《通海历代碑刻集》。

7188 诰封一品夫人王母李太夫人墓志铭

撰者袁嘉穀，高 74 cm×宽 57 cm×厚 12 cm，碑立于弥勒市。

见于《弥勒文物志》。

7189 诰封一品夫人王母李太夫人墓志铭

撰者陈荣昌，高 78 cm×宽 89 cm×厚 12 cm，碑立于弥勒市。

见于《弥勒文物志》。

7190 诰封一品夫人五世一堂袁母徐太夫人墓志铭

撰者陈荣昌，碑立于石屏县。

著录于（民国）《石屏县志》。

7191 诰封云南普洱总镇王公字子英大人之墓志

撰者孙光庭，碑立于宣威市。

见于《宣威县文物志》。

7192 诰封中议大夫乡饮大宾邑诸生杨友棠墓表

撰者杨金鉴、杨金铠，书者赵文治，碑立于鹤庆县。

著录于（民国）《鹤庆县志》。

7193 诰封资政大夫张竹轩先生暨舒夫人碑

碑立于石屏县。

著录于（民国）《石屏县志》。

7194 诰受武显将军杨公墓表

撰者谢崇基，碑立于昭通市。

著录于（民国）《昭通县志稿》。

7195 诰授奉政大夫知禄劝县事李君世琛死节碑记

撰者王秉安，碑立于禄劝县。

著录于（民国）《禄劝县志》。

7196 诰授通议大夫宗人府丞罗公祠堂记

撰者吴绍诗，碑立于石屏县。

著录于（民国）《石屏县志》。

7197 诰授中宪大夫窦公墓志铭

撰者唐鉴，碑立于罗平县。

著录于（民国）《罗平县志》。

7198　诰赠荣禄大夫袁公凝道墓表

碑立于石屏县。
著录于（民国）《石屏县志》。

7199　戈来濮世系源流铭

见于《昆明诗词楹联碑文集粹》。

7200　革弊碑

高 130 cm × 宽 63 cm × 厚 13 cm，碑立于宾川县。
见于《宾川丛书·金石篇》。

7201　格子吐蕃藏文碑

青石，高 158 cm × 宽 76 cm，碑立于丽江市。
见于《大理丛书·金石篇》。

7202　葛山杨先生墓表

撰者郑元昕，碑立于大理市。
著录于（民国）《大理县志稿》。

7203　个旧云庙改镶中层天井功德碑记

碑立于个旧市。
见于《红河州文物志》。

7204　给事中弘山杨公墓表

碑立于大理市。
著录于（民国）《大理县志稿》。

7205　庚戌年平蛮始末记

撰者方桂，碑立于东川区。
著录于（乾隆）《东川府志》。

7206　耕鸠先生传

撰者江宏卫，碑立于曲靖市。
著录于（咸丰）《南宁县志》。

7207　耕鸠铭

撰者江宏卫，碑立于曲靖市。
著录于（咸丰）《南宁县志》。

7208　工龙石桥创修碑

碑立于维西县。
著录于（民国）《维西县志》。

7209　公捐施棺记

碑立于易门县。
著录于（道光）《续修易门县志》。

7210　公龙桥碑记

撰者李翰湘，碑立于维西县。
著录于（民国）《维西县志》。

7211　公置文庙香火田庄碑记

撰者张端亮。
著录于（乾隆）《续修蒙化直隶厅志》。

7212　公筑河湾石堤碑记

撰者王立宪，碑立于建水县。
著录于（康熙）《建水州志》。

7213　宫秉刚先生纪略

撰者夏文广，碑立于曲靖市。
著录于（咸丰）《南宁县志》。

7214　宫墙永赖约

著录于（康熙）《续修浪穹县志》。

7215　恭肃严公神道碑

撰者李长春。
著录于（天启）《滇志》。

7216　龚母马太夫人墓志铭

撰者龚自知，碑立于大关县。
著录于（民国）《大关县志》。

7217　龚尚书碑

撰者赵藩，碑立于凤庆县。
著录于（民国）《顺宁县志初稿》。

7218　龚孝子碑铭

撰者王鲲，碑立于建水县。
著录于（康熙）《建水州志》。

7219 贡士刘振振墓表

撰者张汉，碑立于石屏县。
著录于（乾隆）《石屏州志》。

7220 贡士题名记

撰者徐凤舜，碑立于巍山县。
著录于（康熙）《蒙化府志》。

7221 贡士张葆孺墓表

撰者吕履恒，碑立于石屏县。
著录于（乾隆）《石屏州志》。

7222 贡禹先生大人暨牛夫人墓志铭

撰者周冠南，楷书，碑立于玉龙县。
见于《丽江历代碑刻辑录与研究》。

7223 孤山游记

撰者王元翰。
著录于（嘉庆）《滇系》。

7224 古柏山房记碑

碑立于石屏县。
著录于（民国）《石屏县志》。

7225 古城碑

著录于（道光）《云南通志稿》。

7226 古城大香会功德小引碑记（一）

高 140 cm × 宽 68 cm，碑立于宜良县。
见于《宜良碑刻增补本》（下）。

7227 古城文会碑序

撰者严廷中，碑立于宜良县。
著录于（民国）《宜良县志》。

7228 故大理路杨氏躬节仁义道济大师墓碑铭并序

撰者赵子元，大理石，楷书，高 100 cm × 宽 52 cm × 厚 15 cm，碑立于大理市。

见于《大理丛书·金石篇》。

7229 故广文戴公曙堂先生墓志铭

撰者罗其勋，碑立于嵩明县。
著录于（民国）《嵩明县志》。

7230 故南诏奉议大夫杨公墓碑

见于《滇中佛教》。

7231 故善士墓碑

碑立于石屏县。
著录于（民国）《石屏县志》。

7232 顾公衡斋纪念碑记

碑立于嵩明县。
著录于（民国）《嵩明县志》。

7233 关帝庙碑记

撰者蒋陈锡，碑立于寻甸县。
著录于（康熙）《寻甸州志》。

7234 关帝世系记

撰者冯景，碑立于弥勒市。
著录于《新纂云南通志》。

7235 关夫子大桥庙碑记

撰者阚祯兆，碑立于通海县。
著录于（康熙）《通海县志》。

7236 关夫子庙东岳宫新置常住田碑记

撰者程近仁，碑立于大理市。
著录于（乾隆）《赵州志》。

7237 关王庙碑

撰者廷秀，碑立于嵩明县。
著录于《新纂云南通志·金石考》。

7238 关壮缪祠记

撰者徐第，碑立于巍山县。
著录于（康熙）《蒙化府志》。

7239 观德亭记

撰者曹安，碑立于华宁县。

著录于（嘉庆）《宁州志》。

7240 观澜书院序

撰者张玉岳，碑立于蒙自市。
著录于（乾隆）《蒙自县志》。

7241 观瀑楼记

撰者王昶，碑立于腾冲市。
著录于（乾隆）《云南腾越州志》。

7242 观瀑亭记

撰者孔宗舜，碑立于宜良县。
著录于（乾隆）《宜良县志》。

7243 观音庵碑记

碑立于中甸县。
著录于《新纂云南通志》。

7244 观音像石刻

碑立于保山市。
见于《中国地方志佛道教文献汇纂·诗文碑刻卷》（西南·云南）。

7245 管长春墓表

撰者管学宣，碑立于石屏县。
著录于（乾隆）《石屏州志》。

7246 光华寺新建祖塔铭

撰者李时勋，碑立于嵩明县。
著录于（民国）《嵩明县志》。

7247 光禄大夫兵部尚书范公神道碑

撰者储大文。
著录于（嘉庆）《滇系》。

7248 光禄寺少卿杨公墓志铭

撰者袁枚。
著录于（嘉庆）《滇系》。

7249 广济桥碑记

撰者王佐，碑立于新平县。
著录于（康熙）《新平县志》。

7250 广南府城隍庙显灵碑记

撰者何愚，碑立于广南县。
著录于（道光）《广南府志》。

7251 广文先生碑

撰者周汝桐，碑立于石屏县。
著录于（民国）《石屏县志》。

7252 广西府迁学记

撰者王恩民，碑立于泸西县。
著录于（天启）《滇志》。

7253 广西左江道副使陈公鉴墓碑

碑立于石屏县。
著录于（民国）《石屏县志》。

7254 规定婚姻范围禁止血族结婚布告

撰者段绥滋。
著录于（民国）《中甸县志稿》。

7255 皈依寺碑记

撰者张继孟，碑立于弥勒市。
著录于（光绪）《云南通志》。

7256 贵阳贰守忠烈杨公墓表

撰者范溥，碑立于凤庆县。
著录于（雍正）《顺宁府志》。

7257 贵阳司马杨应鹗暨佟夫人忠烈双墓志

碑立于凤庆县。
著录于（民国）《顺宁县志初稿》。

7258 贵州按察司复斋李公传

撰者朱庆椿，碑立于晋宁区。
著录于（道光）《昆阳州志》。

7259 桂香殿碑记

撰者米璁，碑立于凤庆县。
著录于（雍正）《顺宁府志》。

7260 桂香阁碑记

撰者张旭，碑立于晋宁区。
著录于（道光）《昆阳州志》。

7261 **桂香书院普连溯佃民合建文宫碑记**

碑立于大理市。
著录于（民国）《大理县志稿》。

7262 **桂香书院请设膏火记**

撰者王初华。
著录于（道光）《续修易门县志》。

7263 **桂香楼记**

撰者赵淳，碑立于大理市。
著录于（道光）《赵州志》。

7264 **郭夫人虚墓碑记**

撰者宋应登，碑立于通海县。
著录于（康熙）《河西县志》。

7265 **国朝烈女马氏元姐墓**

撰者倪蜕。
著录于（光绪）《续云南通志稿》。

7266 **国朝赵州弥渡进士题名碑**

高 138 cm × 宽 72 cm，碑立于弥渡县。
见于《弥渡古代碑刻辑释》。

7267 **过华亭寺读方子及碑**

撰者邓原岳，碑立于西山区。
著录于《新纂云南通志 · 金石考》。

7268 **海河记**

撰者孙人龙，碑立于永胜县。
著录于（乾隆）《永北府志》。

7269 **海会寺重置常住记**

撰者吴元念，碑立于建水县。
著录于（民国）《续修建水县志稿》。

7270 **海口记**

撰者许伯衡，碑立于晋宁区。
著录于（道光）《昆阳州志》。

7271 **海口见龙记**

撰者秦颙，碑立于晋宁区。
著录于（道光）《昆阳州志》。

7272 **海口龙瑞雨见碑**

撰者李从纲，碑立于晋宁区。
著录于（道光）《昆阳州志》。

7273 **海墙记**

撰者萧茚，碑立于晋宁区。
著录于（道光）《昆阳州志》。

7274 **海清和尚为卢芽书铭**

撰者海清。
见于《紫溪山志》。

7275 **海天阁记**

撰者范承勋。
著录于（康熙）《云南府志》。

7276 **海欀楼记**

撰者唐尧官，碑立于晋宁区。
著录于（道光）《晋宁州志》。

7277 **汉碑铭**

碑立于安宁市。
著录于（道光）《云南通志稿》。

7278 **翰林侍讲许公贺来墓碑**

碑立于石屏县。
著录于（民国）《石屏县志》。

7279 **翰林院侍读王思训墓**

著录于（光绪）《续云南通志稿》。

7280 **合建府县两学文庙碑**

撰者刘骊，碑立于澄江县。
著录于（康熙）《河阳县志》。

7281 **合建府县两学文庙募引**

撰者黄元治，碑立于玉溪市。
著录于（道光）《澄江府志》。

7282 **何观音保墓碑**

砂石，高 77 cm × 宽 27 ~ 38 cm，碑立于通海县。

见于《大理丛书 · 金石篇》。

7283 何君世棣夫妻碑志铭

撰者段子番，碑立于祥云县。
见于《祥云碑刻》。

7284 何君佐之妻诰封碑文

碑立于盐津县。
著录于（民国）《盐津县志》。

7285 何其伟墓碑

碑立于石屏县。
著录于（民国）《石屏县志》。

7286 何有贵墓志

高 180 cm，碑立于弥勒市。
见于《红河州不可移动文物大全》。

7287 何恺墓碑

碑立于石屏县。
著录于（民国）《石屏县志》。

7288 何泽沛去思碑

碑立于新平县。
著录于（道光）《新平县志》。

7289 和公云亭墓志铭

撰者王廷英，碑立于丽江市。
见于《纳西族地区历代碑刻辑录与研究》。

7290 和海楼先生暨德配黎夫人墓志铭

撰者赵式铭，碑立于丽江市。
见于《丽江历代碑刻辑录与研究》。

7291 和君筱山暨德配木孺人墓志

撰者杨熙达，书者和奉先，碑立于丽江市。
见于《丽江历代碑刻辑录与研究》。

7292 和仲墓志

撰者倪惟钦、陈荣昌，碑立于丽江市。
见于《丽江历代碑刻辑录与研究》。

7293 河东徐家坟

见于《云南省德宏傣族景颇族不可移动文物名录》。

7294 河纳县碑

碑立于陆良县。
著录于（道光）《云南通志稿》。

7295 河南陕汝道检斋赵公传

撰者朱庆椿，碑立于晋宁区。
著录于（道光）《昆阳州志》。

7296 河阳游记

撰者赵士麟。
著录于（嘉庆）《滇系》。

7297 鹤庆府学庙碑记

撰者张志淳，碑立于鹤庆县。
著录于（光绪）《鹤庆州志》。

7298 鹤庆军民府城记

撰者施昱，碑立于鹤庆县。
见于《鹤庆碑刻辑录》。

7299 弘农氏□□墓碑

高 24.5 cm × 宽 18.5 cm，碑立于大理市。
见于《大理丛书·金石篇》。

7300 红龟山塔石刻

碑立于凤庆县。
著录于（民国）《顺宁县志初稿》。

7301 红叶楼记

撰者江宏卫，碑立于曲靖市。
著录于（咸丰）《南宁县志》。

7302 红优昙花记

撰者常安。
著录于（雍正）《云南通志》。

7303 虹溪王氏宗祠碑记

撰者袁嘉穀，碑立于弥勒市。
见于《弥勒文物志》。

7304 虹溪新建财神宫碑记

高 110 cm × 宽 68 cm。碑立于弥勒市。
见于《弥勒文物志》。

7305 鸿蒙室丛刻

刻工方玉润，碑立于陇州市。
著录于《新纂云南通志·金石考》。

7306 胡光庆诰封碑

碑立于维西县。
著录于（民国）《维西县志》。

7307 胡节烈妇碑记

撰者刘丛龙，碑立于陆良县。
著录于（民国）《陆良县志稿》。

7308 胡美兮倩墓志铭

撰者赵诏苏，碑立于腾冲市。
著录于《新纂云南通志·金石考》。

7309 胡母陈氏节记

著录于（雍正）《阿迷州志》。

7310 胡尚琏墓志铭

撰者王锡桐，碑立于维西县。
著录于（民国）《维西县志》。

7311 户部尚书忠定韩公墓志铭

撰者杨一清。
著录于（嘉庆）《滇系》。

7312 护明寺常住碑记

撰者李东，碑立于洱源县。
著录于（康熙）《续修浪穹县志》。

7313 花石山重修潮音阁记

撰者郭世荣，著录于景东县。
见于《中国地方志佛道教文献汇纂·诗文碑刻卷》（西南·云南）。

7314 华藏寺常住碑记

撰者董永芠，碑立于凤庆县。
著录于（雍正）《顺宁府志》。

7315 华藏寺三清阁碑记

撰者李应绶，碑立于洱源县。
著录于（道光）《澄江府志》。

7316 华藏寺游记碑

碑立于澄江县。
见于《中国地方志佛道教文献汇纂·诗文碑刻卷》（西南·云南）。

7317 华严庵常住田碑记

撰者罗大用，碑立于安宁市。
著录于（雍正）《安宁州志》。

7318 华严寺碑

撰者王宗，碑立于腾冲市。
著录于《新纂云南通志·金石考》。

7319 环青楼记

撰者方桂，碑立于东川区。
著录于（乾隆）《东川府志》。

7320 皇姑坟碣

碑立于广南县。
著录于《新纂云南通志》。

7321 皇清例赠登仕郎钦加五品花翎补用千总御马讳兴文之墓

高 224 cm，碑立于弥勒市。
见于《弥勒文物志》。

7322 黄葆戊撰书《致寿之源》石刻

撰者黄葆戊，碑立于宾川县。
见于《宾川丛书·金石篇》。

7323 黄草哨执照碑

高 69 cm × 宽 39 cm，碑立于祥云县。
见于《祥云金石》。

7324 黄烈妇志

撰者王绮珍，碑立于石屏县。
著录于（民国）《石屏县志》。

7325 黄烈女传碑

撰者杨周冕，碑立于弥渡县。
著录于《新纂云南通志·金石考》。

7326 黄母刘孺人墓志铭

撰者谢栻，碑立于富宁县。
著录于（民国）《富州县志》。

7327 黄孺人墓碑

撰者王元翰，碑立于华宁县。
著录于《新纂云南通志・金石考》。

7328 黄星海郡丞墓志

撰者彭显周，碑立于永胜县。
著录于（光绪）《续修永北直隶厅志》。

7329 隍祠田碑记

碑立于祥云县。
见于《祥云金石》。

7330 条滇黔事宜并庄田照旧归有司疏

撰者闵学洪，碑立于宣威市。
著录于（道光）《宣威州志》。

7331 回回营重建清真寺功德碑

碑立于呈贡区。
见于《呈贡历史建筑及碑刻选》。

7332 回龙寨杨氏宗族墓

见于《云南省德宏傣族景颇族不可移动文物名录》。

7333 回泉室常住碑记

撰者李倬云，碑立于鹤庆县。
著录于（民国）《鹤庆县志》。

7334 洄澜亭记

撰者蒋振阅，碑立于石屏县。
著录于（乾隆）《石屏州志》。

7335 会盟碑

碑立于官渡区。
著录于（道光）《昆明县志》。

7336 豁然亭辞

撰者杨士鹏，碑立于通海县。
著录于（乾隆）《续修河西县志》。

7337 活佛寺碑

碑立于凤庆县。
著录于（民国）《顺宁县志初稿》。

7338 火龙寺常住碑

撰者曾祺，碑立于安宁市。
见于《中国地方志佛道教文献汇纂・诗文碑刻卷》（西南・云南）。

7339 鸡街义仓田碑记

撰者尹宗梁，碑立于个旧市。
著录于（乾隆）《蒙自县志》。

7340 鸡山兰陀寺迦叶事迹碑

碑立于宾川县。
著录于《新纂云南通志・金石考》。

7341 鸡足华严寺常住碑

撰者寂定，碑立于宾川县。
著录于《新纂云南通志・金石考》。

7342 鸡足山大尊者饮光行记

撰者阮尚宾，碑立于宾川县。
著录于（康熙）《云南通志》。

7343 鸡足山禁谕碑

高 133 cm×宽 75 cm×厚 11 cm，碑立于宾川县。
见于《宾川丛书・金石篇》。

7344 积谷章程碑

碑立于大理市。
著录于（民国）《大理县志稿》。

7345 极乐寺联石刻

撰者马汝为，碑立于澄江县。
著录于《新纂云南通志・金石考》。

7346 纪北山夏游

撰者邹应扬，碑立于建水县。
著录于（民国）《续修建水县志稿》。

7347 纪功铁碑

著录于（道光）《云南通志稿》。

7348 纪念碑

著录于（乾隆）《滇黔志略》。

7349 济火纪功碑

高 55 cm × 宽 60 cm，碑立于大方县。
见于《镌字岩彝文摩崖释译》。

7350 祭虫文

撰者吴尚友，碑立于罗平县。
著录于（民国）《罗平县志》。

7351 祭董善初文

撰者黄元直，碑立于元江县。
著录于（民国）《元江志稿》。

7352 祭海口神文

撰者顾应祥，碑立于晋宁区。
著录于（道光）《昆阳州志》。

7353 祭和母李孺人文

撰者赵国瑾。
著录于（光绪）《丽江府志》。

7354 祭烈女杨氏文

撰者赵珙，碑立于洱源县。
著录于（康熙）《续修浪穹县志》。

7355 祭陇大恭应祥墓文

撰者禄维凯，碑立于镇雄县。
著录于（光绪）《镇雄州志》。

7356 祭落水洞文

撰者朱若功，碑立于呈贡区。
著录于（雍正）《呈贡县志》。

7357 祭前嵩明州知州殉难张公文

撰者胡绪昌，碑立于嵩明县。
著录于（民国）《嵩明县志》。

7358 祭无云韩公文

撰者陈宣，碑立于建水县。
著录于（康熙）《建水州志》。

7359 寄徧周上人书

楷书，高 125 cm × 宽 63 cm，碑立于宾川县。
见于《大理丛书·金石篇》。

7360 寄徧周大师书石刻

撰者龚一鹏，碑立于宾川县。
著录于《新纂云南通志·金石考》。
注：疑上两碑为同一块。

7361 寄贤祠碑记

撰者陈宣，碑立于建水县。
著录于（康熙）《建水州志》。

7362 寄园记

撰者汪锡彬，碑立于维西县。
著录于（民国）《维西县志》。

7363 寂空碑铭

见于《紫溪山志》。

7364 霁虹桥摩崖诗

撰者杨慎、张含，碑立于保山市。
著录于《新纂云南通志·金石考》。

7365 家口营忠义合冢碑记

撰者丁泰，碑立于鹤庆县。
著录于（民国）《鹤庆县志》。

7366 减免镇农村耆役记

撰者杜国英，碑立于晋宁区。
著录于（道光）《晋宁州志》。

7367 见龙桥记

碑立于建水县。
著录于（雍正）《建水州志》。

7368 建东南北三城楼记

撰者段復元，碑立于石屏县。
著录于（乾隆）《石屏州志》。

7369 建东桥引

撰者万士傑，碑立于开远市。
著录于（雍正）《阿迷州志》。

7370 建斗楼碑记

撰者李崇階，碑立于洱源县。
著录于（康熙）《续修浪穹县志》。

7371 建法华寺碑记

撰者罗万钟，碑立于富民县。
著录于（康熙）《富民县志》。

7372 建交水城碑记

撰者朱家民，碑立于沾益区。
著录于（光绪）《沾益州志》。

7373 建雷公祠碑记

撰者邹应龙，碑立于蒙自市。
著录于（乾隆）《蒙自县志》。

7374 建马龙州学记

撰者张棅，碑立于曲靖市。
著录于（雍正）《马龙州志》。

7375 建水张氏岁科试田碑记

碑立于建水县。
著录于（雍正）《建水州志》。

7376 建铁索桥募引

撰者刘文炳，碑立于华宁县。
著录于（嘉庆）《宁州志》。

7377 建文龙塔碑记

撰者何兰汀，碑立于大理市。
著录于（道光）《赵州志》。

7378 建文明坊记

撰者祖良范，碑立于陆良县。
著录于（民国）《陆良县志稿》。

7379 建新城记

撰者李元阳，碑立于鹤庆县。
著录于（康熙）《鹤庆府志》。

7380 建修黄龙山土圭寺功德叙

撰者黄际昌，碑立于嵩明县。
见于《中国地方志佛道教文献汇纂·诗文碑刻卷》（西南·云南）。

7381 建义学记

撰者朱衮，碑立于沾益区。
著录于（光绪）《沾益州志》。

7382 建置沿革碑

碑立于新平县。
著录于（民国）《续修新平县志》。

7383 建尊经阁记

撰者涂时相，碑立于石屏县。
著录于（乾隆）《石屏州志》。

7384 剑川李解元东儒墓铭

撰者杨慎。
著录于《新纂云南通志·金石考》。

7385 剑川新建儒学记

撰者许铭善，碑立于鹤庆县。
著录于（康熙）《鹤庆府志》。

7386 江川海门桥记

碑立于江川区。
著录于（康熙）《江川县志》。

7387 江津祭先公名宦文

撰者史旌贤，碑立于祥云县。
著录于（光绪）《云南县志》。

7388 江那萃文书院碑记

撰者田杰，碑立于文山市。
著录于（道光）《开化府志》。

7389 江西左布政使陈公龙光墓碑

碑立于石屏县。
著录于（民国）《石屏县志》。

7390 姜公弥患记

撰者杨南金，碑立于洱源县。
著录于（咸丰）《邓川州志》。

7391 姜公去思碑记

撰者杨慎，碑立于祥云县。
著录于（万历）《赵州志》。

7392 蕉山记

撰者檀萃，碑立于禄劝县。
著录于（民国）《禄劝县志》。

7393 皎渊碑

碑立于祥云县。
著录于（光绪）《云南县志》。

7394 节妇陈马氏节孝碑记

撰者龙文，碑立于大关县。
著录于（民国）《大关县志》。

7395 节妇何李氏墓

撰者吴宝箴，碑立于文山市。
著录于（民国）《续修文山县志》。

7396 节妇钱淑人传

碑立于曲靖市。
著录于（咸丰）《南宁县志》。

7397 节妇邵孺人墓志铭

撰者邵其德。
著录于（嘉庆）《滇系》。

7398 节寿吴母李孺人墓志铭

撰者檀萃，碑立于文山市。
著录于（道光）《开花府志》。

7399 节孝杜母杨孺人录记

撰者尹壮图，碑立于文山市。
著录于（道光）《开花府志》。

7400 节孝洪母任太孺人序

撰者周金然，碑立于晋宁区。
著录于（道光）《昆阳州志》。

7401 节孝吴芮氏记

撰者宫制锦，碑立于曲靖市。
著录于（咸丰）《南宁县志》。

7402 节斋杨处士室人李氏合墓

撰者李元阳，碑立于洱源县。
著录于（光绪）《浪穹县志略》。

7403 借荫轩记

撰者傅为詝，碑立于建水县。
著录于（民国）《续修建水县志稿》。

7404 金碧园记

碑立于澄江县。
著录于（康熙）《河阳县志》。

7405 金蝉关碑

高 50 cm × 宽 100 cm，碑立于西山区。
著录于（道光）《昆明县志》。

7406 金殿备碑

碑立于宾川县。
见于《鸡足山志》。

7407 金鼎山楼鹤观四园仙景序

碑立于景东县。
著录于（民国）《景东县志稿》。

7408 金鼎寺大铜炉

碑立于宾川县。
见于《中国地方志佛道教文献汇纂・诗文碑刻卷》（西南・云南）。

7409 金井庵行并序

撰者王思训。
见于《中国地方志佛道教文献汇纂・诗文碑刻卷》（西南・云南）。

7410 金龙寺碑记

撰者李傚，碑立于鹤庆县。
著录于（民国）《鹤庆县志》。

7411 金马山碑

著录于《新纂云南通志・金石考》。

7412 金屏室复修碑记

见于《滇中佛教》。

7413 金王斋尚书暨妻萧氏墓志铭

撰者赵端礼，碑立于腾冲市。
著录于《新纂云南通志·金石考》。

7414 金相寺唐碑

碑立于大理市。
著录于《新纂云南通志·金石考》。

7415 金雉城先生墓表

撰者罗赞元，碑立于石林县。
著录于（民国）《路南县志》。

7416 进士题名记

撰者周叙。
著录于（景泰）《云南图经志书》。

7417 进思斋记

撰者杨节，碑立于大理市。
著录于（乾隆）《大理府志》。

7418 晋宁风土记

撰者唐尧官，碑立于晋宁区。
著录于（乾隆）《晋宁州志》。

7419 晋宁军务夫役定例碑记

撰者李永仁，碑立于晋宁区。
著录于（道光）《晋宁州志》。

7420 晋宁州城新城记

撰者段承恩，碑立于晋宁区。
著录于（康熙）《晋宁州志》。

7421 晋宁州名宦祠碑记

撰者李枚，碑立于晋宁区。
著录于（康熙）《晋宁州志》。

7422 晋宁州新建泮池记

撰者彭纲。
著录于（正德）《云南志》。

7423 晋宁州新修儒学记

撰者黄道辰，碑立于晋宁区。
著录于（乾隆）《晋宁州志》。

7424 晋宁州重建关帝庙碑记

撰者唐尧官，碑立于晋宁区。
著录于（康熙）《晋宁州志》。

7425 晋宁州重修四通桥记

撰者黄明良，碑立于晋宁区。
著录于（康熙）《晋宁州志》。

7426 禁画夫子像详文

撰者朱若功，碑立于呈贡区。
著录于（雍正）《呈贡县志》。

7427 禁矿碑记

碑立于祥云县。
著录于（乾隆）《云南县志》。

7428 禁丽民火葬歌

撰者孙杰，碑立于呈贡区。
著录于（光绪）《呈贡县志》。

7429 禁止毁林开荒事碑

撰者李元阳，碑立于弥勒县。
见于《弥渡古代碑刻辑释》。

7430 禁止水葬天葬布告

撰者段绥滋。
著录于（民国）《中甸县志稿》。

7431 京林氏女□□墓碑

砂石，高 50 cm × 宽 31 cm，碑立于大理市。
见于《大理丛书·金石篇》。

7432 旌表节孝李谦妻李氏碑铭

撰者马标，碑立于石林县。
著录于（民国）《路南县志》。

7433 旌表乐善好施二品封职舒金和墓表

撰者赵藩，碑立于鹤庆县。
著录于（民国）《鹤庆县志》。

7434 旌忠碑记

撰者郑朝栋，碑立于昭通市。
著录于（乾隆）《镇雄州志》。

7435 景东试院记

撰者孙人龙，碑立于景东县。
著录于（乾隆）《景东直隶厅志》。

7436 景东文庙迁复旧址记

撰者茹仪凤，碑立于普洱市。
著录于（乾隆）《景东直隶厅志》。

7437 景忠祠记

撰者张汉，碑立于石屏县。
著录于（民国）《石屏县志》。

7438 净妙澄碑

撰者苏达，碑立于祥云县。
著录于（光绪）《云南县志》。

7439 净明院记

撰者郑颙。
著录于（正德）《云南志》。

7440 敬庵先生墓表

撰者杨士云，碑立于大理市。
著录于（民国）《大理县志稿》。

7441 敬思堂记

撰者程本立。
著录于（天启）《滇志》。

7442 敬思斋铭

撰者张适。
碑立于（万历）《云南通志》。

7443 敬一书院碑记

撰者徐瀛翥，碑立于玉溪市。
著录于《新兴州志》。

7444 大理国佛弟子议事布燮袁豆光敬造佛顶尊胜宝幢记

撰者段进全，碑立于盘龙区。
见于《大理丛书·金石篇》。

7445 靖安哨诉讼碑记（三）

刻工刘义，高 155 cm × 宽 70 cm，碑立于宜良县。
见于《宜良碑刻增补本》（下）。

7446 九峰山西华禅院记

撰者刘修贤，碑立于富民县。
著录于（康熙）《富民县志》。

7447 九龙池铭并序

撰者戴䌹孙，碑立于五华区。
见于《昆明诗词楹联碑文集粹》。

7448 九日宴瑞菊庄记

撰者蒋世芳，碑立于临沧市。
著录于（民国）《镇康县志初稿》。

7449 九天观水塘记

撰者曾所能，碑立于石屏县。
著录于（乾隆）《石屏州志》。

7450 九溪山方中子墓志

高 260 cm，碑立于泸西县。
见于《红河州不可移动文物大全》。

7451 菊村李公府君行略

撰者李作梅，碑立于弥渡县。
见于《弥渡古代碑刻辑释》。

7452 巨掌石碑

碑立于剑川县。
著录于（道光）《云南通志稿》。

7453 聚秀塔碑铭

碑立于祥云县。
著录于《新纂云南通志·金石考》。

7454 捐设义学田碑记

撰者黄士杰，碑立于东川区。
著录于（雍正）《东川府志》。

7455 捐置春秋祭祀田亩碑记

撰者周炳，碑立于马关县。

著录于（道光）《开化府志》。

7456 捐置监田碑记

撰者许弘勋。
著录于（康熙）《云南通志》。

7457 捐置学田租息碑

碑立于大理市。
著录于（民国）《大理县志稿》。

7458 捐置义田记

碑立于巍山县。
著录于（康熙）《定边县志》。

7459 镌字崖记

撰者檀萃。
著录于（嘉庆）《滇系》。

7460 郡伯谭公鼎建文笔碑记

撰者李东，碑立于大理市。
著录于（民国）《大理县志稿》。

7461 郡侯曹公德政碑记

碑立于石屏县。
著录于（乾隆）《石屏州志》。

7462 郡侯董公书院祠堂碑记

撰者曾昕，碑立于建水县。
著录于（民国）《续修建水县志稿》。

7463 郡侯俞公德政碑记

撰者徐汝霖，碑立于陆良县。
著录于（道光）《陆凉州志》。

7464 郡署浣云亭记

撰者张毓碧。
著录于（康熙）《云南府志》。

7465 重修学记

撰者莫让仁。
著录于（民国）《鹤庆县志》。

7466 浚路南黑龙潭水利记

撰者吴元孝，碑立于玉溪市。
著录于（乾隆）《续编路南州志》。

7467 浚治永昌水利记

撰者陈荣昌，书者霍薰，刻工陈一龙，碑立于保山市。
著录于《新纂云南通志·金石考》。

7468 卡莫摩崖石刻

见于《探寻文明的踪迹——楚雄州第三次全国文物普查纪实》。
注：彝族汉文石刻共 14 处。

7469 开柜子龙潭沟并请改他颇马为转龙马记

撰者李应荣，碑立于禄劝县。
著录于（民国）《禄劝县志》。

7470 开浚海口井筑新堤记

撰者何可及，碑立于剑川县。
著录于（康熙）《剑川州志》。

7471 开民困苦已极等事

撰者佟世雍。
著录于（康熙）《云南府志》。

7472 开拓狮子山碑记

撰者李玥，碑立于武定县。
著录于《狮子山志》。

7473 开修阿路林新路碑记

撰者贾琮，碑立于昭通市。
著录于（乾隆）《镇雄州志》。

7474 开阳书院惜字铭

撰者万重贫，碑立于文山市。
著录于（道光）《开化府志》。

7475 科第题名记

撰者吴光。
著录于（康熙）《云南通志》。

7476 科第题名记

撰者吴绍刚，碑立于巍山县。
著录于（康熙）《蒙化府志》。

7477 科甲题名碑记

撰者陈宣，碑立于建水县。
著录于（康熙）《建水州志》。

7478 科举田租记

碑立于保山市。
著录于（光绪）《永昌府志》。

7479 科目题名碑记

撰者李根云，碑立于大理市。
著录于（道光）《赵州志》。

7480 可贞堂记

撰者李东阳。
著录于（天启）《滇志》。

7481 孔明碑

著录于（道光）《云南通志稿》。

7482 孔明碑

碑立于龙陵县。
著录于（民国）《龙陵县志》。

7483 孔明碑

碑立于腾冲市。
著录于（光绪）《腾越厅志稿》。

7484 孔明碑

碑立于新平县。
著录于（民国）《续修新平县志》。

7485 孔雀寺碑

碑立于凤庆县。
著录于（民国）《顺宁县志初稿》。

7486 孔圣遗像碑

碑立于五华区。
著录于（道光）《昆明县志》。

7487 孔子神位碑

高 120 cm × 宽 60 cm × 厚 16 cm，碑立于呈贡区。

见于《呈贡历史建筑及碑刻选》。

7488 跨溪崇义庙碑序

碑立于文山市。
著录于（民国）《续修文山县志》。

7489 旷怡楼序

撰者李佩兰，碑立于祥云县。
见于《祥云碑刻》。

7490 魁阁山尹明德祖坟

撰者金天翊（右）、孙光庭（左），右碑高 185 cm × 宽 70 cm × 厚 4 cm；左碑长 188 cm × 宽 64 cm × 厚 4 cm。

见于《云南省德宏傣族景颇族不可移动文物名录》。

7491 魁阁圣母殿碑记

撰者胡敏，碑立于华宁县。
著录于（嘉庆）《宁州志》。

7492 魁阁遗址残碑

碑立于泸西县。
著录于（光绪）《云南通志》。

7493 昆明毛氏三节铭

撰者余承勋。
著录于（康熙）《云南通志》。

7494 昆尼庵记

撰者曾高捷，碑立于鹤庆县。

见于《中国地方志佛道教文献汇纂 · 诗文碑刻卷》（西南 · 云南）。

7495 昆阳碑

碑立于晋宁区。
著录于《新纂云南通志》。

7496 垃□奴墓碑

砂石，高 43 cm × 宽 27.5 cm × 厚 4.2 cm，碑立于大理市。

见于《大理丛书·金石篇》。

7497 腊撒土司盖朝选夫妇墓

见于《云南省德宏傣族景颇族不可移动文物名录》。

7498 来嘎扎定墓

见于《云南省德宏傣族景颇族不可移动文物名录》。

7499 来鹤亭记

撰者王绮珍，碑立于石屏县。

著录于（民国）《石屏县志》。

7500 赖氏家族女眷墓群

见于《云南省德宏傣族景颇族不可移动文物名录》。

7501 懒和尚诗刻

撰者懒和尚。

著录于《新纂云南通志·金石考》。

7502 瑯琊氏女□□墓碑

高 23 cm × 宽 21.5 cm，碑立于大理市。

见于《大理丛书·金石篇》。

7503 浪穹戎事记

撰者陈文锦，碑立于洱源县。

著录于（光绪）《浪穹县志略》。

7504 浪邑题名碑记

撰者吴嘉麒，碑立于洱源县。

著录于（康熙）《续修浪穹县志》。

7505 老君山记

撰者唐世楷，碑立于马关县。

著录于（民国）《马关县志》。

7506 乐善丁公墓表

撰者李希颜，碑立于巍山县。

著录于（康熙）《蒙化府志》。

7507 雷侯去思碑节略

撰者方良永，碑立于巍山县。

著录于（康熙）《蒙化府志》。

7508 雷尚书墓碣

碑立于玉溪市。

著录于《新纂云南通志·金石考》。

7509 梨花村马氏始祖马沐驷公暨合族灵位碑（一）

高 82 cm × 宽 142 cm，碑立于宜良县。

见于《宜良碑刻增补本》（下）。

7510 李必胜墓志

碑立于元阳县。

见于《红河州不可移动文物大全》。

7511 李春珍暨李孺人墓志

碑立于弥渡县。

见于《弥渡古代碑刻辑释》。

7512 李登富墓志铭

撰者苏腾龙，碑立于景东县。

著录于（民国）《景东县志稿》。

7513 李定国墓碣

碑立于普洱市。

著录于《新纂云南通志·金石考》。

7514 李根源墓志

高 175 cm × 宽 64 cm × 厚 4.5 cm。

见于《云南省德宏傣族景颇族不可移动文物名录》。

7515 李公楼记

撰者施昱，碑立于安宁市。

著录于（万历）《云南通志》。

7516 李华庵先生寿基序

碑立于祥云县。

见于《祥云金石》。

7517 李恢墓碑

碑立于澄江县。
著录于《新纂云南通志·金石考》。

7518 李节母潘孺人墓志

撰者邹毓棠，碑立于石林县。
著录于（民国）《路南县志》。

7519 李明碑

大理石，楷书，高 85 cm × 宽 48 cm × 厚 15 cm，碑立于大理市。
见于《大理丛书·金石篇》。

7520 李明益碑

大理石，楷书，高 117 cm × 宽 44 cm × 厚 19 cm，碑立于大理市。
见于《大理丛书·金石篇》。

7521 李母龙孺人墓志铭

撰者许为绋，碑立于石屏县。
著录于（民国）《石屏县志》。

7522 李母陇西太孺人墓志铭

撰者张嘉乐，碑立于维西县。
著录于（民国）《维西县志》。

7523 李母戎太夫人家传

撰者陈荣昌，碑立于嵩明县。
著录于（民国）《嵩明县志》。

7524 李母谢孺人墓志铭

撰者杨思诚，碑立于嵩明县。
著录于（民国）《嵩明县志》。

7525 李母徐孺人墓表

撰者王崧，碑立于洱源县。
著录于（光绪）《浪穹县志略》。

7526 李培暨罗孺人墓志

撰者黎厚德，碑立于维西县。
著录于（民国）《维西县志》。

7527 李清才墓志铭

碑立于昭通市。
见于《鲁甸碑刻》。

7528 李善人墓表

撰者杨怀玉，碑立于鹤庆县。
著录于（民国）《鹤庆县志》。

7529 李少华先生墓志铭

碑立于宣威市。
著录于（民国）《宣威县志稿》。

7530 李士云神道碑

碑立于维西县。
著录于（民国）《维西县志》。

7531 李氏宗族墓群

见于《云南省德宏傣族景颇族不可移动文物名录》。

7532 李思暨鲁孺人墓碑

撰者邓鸿逵，高 100 cm × 宽 66 cm，碑立于弥渡县。
见于《弥渡古代碑刻辑释》。

7533 李思墓志赞碑

高 86 cm × 宽 56 cm，碑立于弥渡县。
见于《弥渡古代碑刻辑释》。

7534 李塔传墓碑

砂石，行书，高 40.5 cm × 宽 26.5 cm，碑立于大理市。
见于《大理丛书·金石篇》。

7535 李闻诗墓志铭

撰者王弘祚，碑立于鹤庆县。
著录于（民国）《鹤庆县志》。

7536 李贤母周太孺人墓志铭

碑立于嵩明县。
著录于（民国）《嵩明县志》。

7537 **李贤生碑**

高 70 cm × 宽 53 cm × 厚 18 cm，碑立于大理市。

见于《大理五华楼新出元碑选录并考释》。

7538 **李贤宗墓碑**

大理石，楷书，高 70 cm × 宽 53 cm，碑立于大理市。

见于《大理丛书·金石篇》。

7539 **李孝子珺章墓志铭**

撰者李开仁，碑立于昭通市。

著录于（民国）《昭通县志稿》。

7540 **李星堦墓志文**

撰者赵彤章，碑立于维西县。

著录于（民国）《维西县志》。

7541 **李昱爱戴碑**

碑立于新平县。

著录于（道光）《新平县志》。

7542 **李占春墓志**

撰者萧陈纪，碑立于景东县。

著录于（民国）《景东县志稿》。

7543 **李枝连去思碑**

碑立于新平县。

著录于（道光）《新平县志》。

7544 **李灼彩暨王孺人墓志**

撰者赵秀叶，碑立于维西县。

著录于（民国）《维西县志》。

7545 **吏部侍郎赵士麟神道碑**

碑立于澄江县。

著录于《新纂云南通志》。

7546 **丽江金山寺僧募引**

撰者李翰湘，碑立于维西县。

著录于（民国）《维西县志》。

7547 **利济桥碑记**

撰者王特晋，碑立于晋宁区。

著录于（道光）《晋宁州志》。

7548 **利济桥记**

撰者段履富，碑立于鹤庆县。

见于《鹤庆碑刻辑录》。

7549 **连然万寿茶庵碑记**

撰者段曦，碑立于安宁市。

著录于（雍正）《安宁州志》。

7550 **涟漪桥亭序**

撰者金森，碑立于普洱市。

见于《思茅地区文物志》。

7551 **联珠桥记**

撰者傅为詝，碑立于建水县。

著录于（民国）《续修建水县志稿》。

7552 **梁明望去思碑**

碑立于新平县。

著录于（道光）《新平县志》。

7553 **两封太孺人晋太宜人杨太君墓志铭**

撰者陈仪，碑立于建水县。

著录于（民国）《续修建水县志稿》。

7554 **两事台记**

撰者周于礼，碑立于峨山县。

著录于（嘉庆）《滇系》。

7555 **廖墓段氏墓志**

碑立于景东县。

著录于（民国）《景东县志稿》。

7556 **烈妇丁宜人碑记**

撰者张榕荫，碑立于嵩明县。

著录于（光绪）《续修嵩明州志》。

7557 **烈妇井记**

撰者李文焘，碑立于新平县。

著录于（道光）《新平县志》。

7558 烈妇李云贞碑记

撰者陈度，碑立于普洱市。
著录于（光绪）《普洱府志稿》。

7559 烈妇朱赵氏墓

撰者王佩伟，碑立于文山市。
著录于（民国）《续修文山县志》。

7560 烈女朱西璧墓

撰者吴宝箴，碑立于文山市。
著录于（民国）《续修文山县志》。

7561 烈士碑记

碑立于玉溪市。
著录于《新纂云南通志·金石考》。

7562 林森堂墓表

撰者杨金铠，碑立于鹤庆县。
著录于（民国）《鹤庆县志》。

7563 临安府儒学新置圣朝祭器碑记

撰者丁炜，碑立于建水县。
著录于（康熙）《建水州志》。

7564 临安府重兴庙学记

撰者曾鼎，碑立于建水县。
著录于（景泰）《云南图经志书》。

7565 临安会馆建筑碑序

撰者杨灼，碑立于文山市。
著录于（民国）《续修文山县志》。

7566 临安新开石屏湖水利记

撰者陈宣。
著录于（正德）《云南志》。

7567 临米帖石刻

碑立于峨山县。
著录于《新纂云南通志·金石考》。

7568 麟凤书院序

撰者狄正鹄，碑立于景东县。
著录于（民国）《景东县志稿》。

7569 灵楼记

撰者赵元会，碑立于晋宁区。
著录于（道光）《昆阳州志》。

7570 灵泉建水万氏封山碑

碑立于蒙自市。
著录于（宣统）《续修蒙自县志》。

7571 万氏封山碑序

碑立于建水县。
著录于（民国）《续修建水县志稿》。

7572 灵山刊仙像石像功德碑

碑立于屏边县。
著录于《开化府志》。

7573 灵雨亭记

撰者胡庆元，碑立于广南县。
著录于（道光）《广南府志》。

7574 灵云山鼎建性海庵碑记

撰者梁招孟，碑立于嵩明县。
著录于（民国）《嵩明县志》。

7575 凌云塔记

撰者尹英图，碑立于景东县。
见于《中国地方志佛道教文献汇纂·诗文碑刻卷》（西南·云南）。

7576 刘邓二公祠记

撰者陈宗海，碑立于腾冲市。
见于《腾冲名碑集释》。

7577 刘都谏阡表

撰者杨慎，碑立于建水县。
著录于（雍正）《建水州志》。

7578 刘公锦山墓志铭

撰者梁友檍，碑立于元江县。
著录于（民国）《元江志稿》。

7579 刘公墓道碑

碑立于建水县。
著录于（民国）《续修建水县志稿》。

7580 **刘汉鼎捐送县城义塾碑记**

碑立于巧家县。
著录于（民国）《巧家县志稿》。

7581 **刘将军事略**

撰者方桂，碑立于东川区。
著录于（乾隆）《东川府志》。

7582 **刘坤墓志铭**

高 155 cm × 宽 96 cm，碑立于曲靖市。
见于《曲靖石刻》。

7583 **刘烈妇碑**

碑立于祥云县。
著录于（光绪）《云南县志》。

7584 **刘烈女墓**

著录于（光绪）《续云南通志稿》。

7585 **刘母涂太夫人墓志铭**

撰者李芳，碑立于元江县。
著录于（民国）《元江志稿》。

7586 **刘盘盂好志铭**

碑立于元江县。
著录于（民国）《元江志稿》。

7587 **刘席儒光文墓志**

撰者朱昕，碑立于永胜县。
著录于（光绪）《续修永北直隶厅志》。

7588 **留砚堂记**

撰者张汉，碑立于石屏县。
著录于（民国）《石屏县志》。

7589 **六雨孝廉周君墓志**

撰者赵城，碑立于通海县。
著录于（道光）《通海县志》。

7590 **龙见记**

碑立于石林县。
著录于（民国）《路南县志》。

7591 **龙马山遗碑**

撰者龙上登，碑立于文山市。
著录于（道光）《开化府志》。

7592 **龙门邑施姓世系残碑**

楷书，高 76 cm × 宽 39 cm 厚 12.6 cm，碑立于剑川县。
见于《大理丛书·金石篇》。

7593 **龙泉洞摩崖诗**

碑立于易门县。
著录于《新纂云南通志·金石考》。

7594 **龙泉井记**

碑立于宾川县。
著录于（雍正）《宾川州志》。

7595 **龙泉寺观鱼记**

撰者袁谨，碑立于凤庆县。
著录于（光绪）《续修顺宁府志》。

7596 **龙神祠记**

撰者唐扆衡，碑立于普洱市。
著录于（道光）《普洱府志》。

7597 **龙潭营龙门义馆碑记**

撰者顾恒详，碑立于嵩明县。
著录于（民国）《嵩明县志》。

7598 **龙头村刘国举墓志铭**

撰者杨立德，碑立于祥云县。
见于《祥云碑刻》。

7599 **龙王庙田租碑记**

碑立于开远市。
见于《红河州文物志》。

7600 **龙王庙重修碑记**

碑立于开远市。
见于《红河州文物志》。

7601 **龙尾城西第七驿有桥**

著录于《新纂云南通志·金石考》。

7602 龙杏林明经驹墓碑

碑立于石屏县。
著录于（民国）《石屏县志》。

7603 陇西修学记

撰者罗元琦。
著录于（嘉庆）《滇系》。

7604 楼坪碑

碑立于大理市。
著录于（光绪）《云南通志》。

7605 漏泽园碑记

撰者来谦鸣，碑立于建水县。
著录于（雍正）《建水州志》。

7606 卢俞氏墓志

撰者程光祖，碑立于陆良县。
著录于（民国）《陆良县志稿》。

7607 泸江桥碑记

撰者赵节，碑立于建水县。
著录于（雍正）《建水州志》。

7608 鲁干莫凤氏彝文墓碑志

见于《寻觅千年罗婺》。

7609 陆军少□衡斋顾公之墓志铭

撰者袁嘉谷，碑立于嵩明县。
著录于（民国）《嵩明县志》。

7610 陆守之去思碑序

碑立于大关县。
著录于（民国）《大关县志稿》。

7611 禄劝陈州牧建学碑记

撰者严似祖，碑立于禄劝县。
著录于（民国）《禄劝县志》。

7612 禄劝重修城垣添筑炮台记

撰者梅增荣，碑立于禄劝县。
著录于（民国）《禄劝县志》。

7613 禄劝州代篆周公去思碑记

撰者杨元祐，碑立于禄劝县。
著录于（民国）《禄劝县志》。

7614 禄劝州牧解士英墓碑

碑立于禄劝县。
著录于《新纂云南通志·金石考》。

7615 碌岩庙古迹记

撰者马徐珍，碑立于弥勒市。
著录于（康熙）《广西府志》。

7616 路南重修文笔序

撰者邹毓棠，碑立于石林县。
著录于（民国）《路南县志》。

7617 路南州始建学宫记

撰者邓原岳，碑立于石林县。
著录于（乾隆）《续编路南州志》。

7618 路南州守题名记

撰者李敬可，碑立于石林县。
著录于（乾隆）《续编路南州志》。

7619 路南州新建儒学记

撰者邓原岳，碑立于石林县。
著录于（天启）《滇志》。

7620 路南州重建学宫记

撰者曹应昌，碑立于石林县。
著录于（光绪）《路南州志》。

7621 乱后重修文庙记

撰者郭时郁，碑立于永胜县。
著录于（光绪）《续修永北直隶厅志》。

7622 轮流保正碑记

撰者刘大绅，碑立于华宁县。
著录于（宣统）《宁州志》。

7623 罗公祠碑记

撰者管学宣，碑立于石屏县。
著录于（乾隆）《石屏州志》。

7624 **罗谷山记**

撰者何文蔚，碑立于洱源县。
著录于《新纂云南通志》。

7625 **罗母郑太君墓志铭**

撰者鄂尔泰，碑立于石屏县。
著录于（乾隆）《石屏州志》。

7626 **罗平同乡会碑记**

撰者窦居焱，碑立于罗平县。
著录于（民国）《罗平县志》。

7627 **罗平州节爱堂记**

撰者程封，碑立于石屏县。
著录于（康熙）《石屏州志》。

7628 **罗时江记**

撰者尹任，碑立于洱源县。
著录于（咸丰）《邓川州志》。

7629 **罗新寨罗氏祖墓群**

见于《云南省德宏傣族景颇族不可移动文物名录》。

7630 **螺髻峰碑记**

撰者佟镇，碑立于鹤庆县。
著录于（康熙）《鹤庆府志》。

7631 **落岸义学记**

碑立于盐津县。
著录于《新纂云南通志·金石考》。

7632 **落恐土司墓葬碑记**

高 250 cm×宽 150 cm，碑立于红河县。
见于《红河州不可移动文物大全》。

7633 **落龙河碑**

碑立于呈贡区。
著录于《呈贡县志》。

7634 **吕公修城记**

撰者罗元琦，碑立于石屏县。
著录于（乾隆）《石屏州志》。

7635 **吕母李太君墓志**

撰者刘经传，碑立于石屏县。
著录于（民国）《石屏县志》。

7636 **麻姑厂新建西岳庙碑记**

撰者汤大宾，碑立于文山市。
著录于（乾隆）《开化府志》。

7637 **马宝七星剑**

碑立于祥云县。
著录于《新纂云南通志》。

7638 **马成龙去思碑**

碑立于新平县。
著录于（道光）《新平县志》。

7639 **马继龙慰留邓武桥诗**

撰者马继龙，高 50 cm×宽 65 cm，碑立于保山市。
见于《回族人物志》（明代）。

7640 **马敬立墓志铭**

撰者廖保堂，碑立于维西县。
著录于（民国）《维西县志》。

7641 **马龙州题名记**

撰者王经，碑立于曲靖市。
著录于（雍正）《马龙州志》。

7642 **马母侯太君墓序**

撰者苏渭生，碑立于新平县。
著录于（民国）《续修新平县志》。

7643 **马孺人墓志**

撰者杨运昌，碑立于维西县。
著录于（民国）《维西县志》。

7644 **马氏家族名人碑**

大理石，高 89 cm×宽 54 cm，碑立于洱源县。
见于《大理洱源县碑刻辑录》。

7645　马援铜柱

著录于《新纂云南通志·金石考》。

7646　麦冲小桃源记

撰者傅为詝，碑立于建水县。
著录于（民国）《续修建水县志稿》。

7647　麦宗摩崖

碑立于丽江市。
著录于《新纂云南通志·金石考》。

7648　满江邑庙碑记

撰者许宪，碑立于大理市。
著录于（道光）《赵州志》。

7649　曼岗旧印邦墓

见于《云南省德宏傣族景颇族不可移动文物名录》。

7650　芒杏村侯氏祖墓群

见于《云南省德宏傣族景颇族不可移动文物名录》。

7651　毛琢庵奏识序

撰者杨慎。
著录于（康熙）《云南府志》。

7652　蒙化房铺田亩归入书院碑记（共8块）

楷书，大理石，高98 cm×宽68 cm，碑立于巍山县。
见于《大理丛书·金石篇》。

7653　蒙化府儒学记

撰者周洪谟。
著录于（正德）《云南志》。

7654　蒙岳记

撰者檀萃，碑立于禄劝县。
著录于（嘉庆）《滇系》。

7655　蒙自白谦渠碑记

撰者包见捷，碑立于建水县。
著录于（民国）《续修建水县志稿》。

7656　蒙自抚瑞萧祠碑

青石，楷书，高205 cm×宽80 cm×厚15 cm，碑立于蒙自市。
见于《红河州文物志》。

7657　蒙自古碑

著录于（乾隆）《滇黔志略》。

7658　蒙自至圣先师孔子赞碑与颜子赞碑

书者张玉书，青石，楷书，高280 cm×宽134 cm×厚30 cm（孔子赞），高280 cm×宽134 cm×厚33 cm（颜子赞），碑立于蒙自市。
见于《红河州文物志》。

7659　勐科们氏宗族墓

见于《云南省德宏傣族景颇族不可移动文物名录》。

7660　孟升雷公墓表

撰者谢丕，碑立于巍山县。
著录于（康熙）《蒙化府志》。

7661　弥渡江西吉安府会馆碑记

撰者刘孟宏，碑立于大理市。
著录于（道光）《赵州志》。

7662　弥渡诸葛碑

碑立于弥渡县。
著录于《大理府志》。

7663　弥勒州公馆记

撰者马徐珍，碑立于弥勒市。
著录于（康熙）《广西府志》。

7664　弥勒州建学记

撰者袁懋功，碑立于弥勒市。
著录于（乾隆）《广西府志》。

7665　弥勒州儒学题名碑记

撰者朱燦英，碑立于弥勒市。
著录于（乾隆）《弥勒州志》。

7666　**弥勒州义学田碑记**

撰者朱玷，碑立于弥勒市。
著录于（乾隆）《弥勒州志》。

7667　**弥兴高土官碑铭**

见于《神山圣境》。

7668　**弥阳重建城隍庙碑记**

撰者王业，碑立于弥勒市。
著录于（乾隆）《弥勒州志》。

7669　**米芾行书诗刻**

砂石，行书，高 90 cm × 宽 170 cm × 厚 11 cm，碑立于呈贡区。
见于《呈贡县志》(1992)。

7670　**米广济墓碑**

碑立于昭通市。
见于《鲁甸碑刻》。

7671　**缅甸文铜钟**

碑立于临翔区。
见于《中国地方志佛道教文献汇纂·诗文碑刻卷》(西南·云南)。

7672　**缅宁诸葛碑**

著录于（道光）《云南通志稿》。

7673　**民国步兵中校王体元墓表**

撰者王崇矩，碑立于鹤庆县。
见于《鹤庆碑刻辑录》。

7674　**闵宗圣墓志铭**

撰者查伟，碑立于鹤庆县。
著录于（民国）《鹤庆县志》。

7675　**悯忠寺记**

撰者支渭兴。
著录于（景泰）《云南图经志书》。

7676　**名宦黄公四岳叙略**

撰者朱光鼎，碑立于宣威市。
著录于（道光）《宣威州志》。

7677　**名宦熊公守谦叙略**

撰者李东昇，碑立于宣威市。
著录于（道光）《宣威州志》。

7678　**明安化郡主墓碑记**

撰者梁金诏，书者梁金诏，正书，碑立于广南县。
著录于《新纂云南通志·金石考》。

7679　**明敕封荣禄大夫骠骑将军郄公墓碑**

著录于《新纂云南通志·金石考》。

7680　**明奉政大夫袁次公墓表**

撰者唐尧官，碑立于晋宁区。
著录于（道光）《晋宁州志》。

7681　**明副都御史子才唐公墓表**

撰者李元阳。
著录于（嘉庆）《滇系》。

7682　**明故贡士徐君墓志铭**

撰者唐尧官，碑立于晋宁区。
著录于（道光）《晋宁州志》。

7683　**明故蒙城知县刘公孺人合葬墓志铭**

撰者唐尧官，碑立于晋宁区。
著录于（道光）《晋宁州志》。

7684　**明国师少卿李公墓表**

撰者王浮，碑立于曲靖市。
著录于（咸丰）《南宁县志》。

7685　**明季修土主庙残碑**

高 135 cm × 宽 62 cm，碑立于宜良县。
见于《宜良碑刻增补本》(上)。

7686　**明经李茂天先生序**

撰者李钟侨，碑立于晋宁区。
著录于（道光）《昆阳州志》。

7687 明龙在田故里碑

刻工罗长华，碑立于石屏县。
著录于（民国）《石屏县志》。

7688 明罗西湖墓碑铭

撰者周铭冈，碑立于盐津县。
著录于（民国）《盐津县志》。

7689 明尚书雷跃龙故里碑

碑立于玉溪市。
著录于《新纂云南通志·金石考》。

7690 明太监王公讳承恩墓志铭

撰者杨在拜，碑立于弥勒市。
著录于《新纂云南通志》。

7691 明太子太师总督川湖江粤浙直等处卫国公胡一清墓志

撰者王育仁，碑立于陆良县。
著录于（民国）《陆良县志稿》。

7692 明唐时英墓志铭

撰者李元阳，碑立于富源县。
著录于（康熙）《平彝县志》。

7693 明特任广西府正堂始祖戴公讳时雍、夫人李氏墓

碑立于泸西县。
见于《红河州不可移动文物大全》。

7694 明威将军张鹍墓志铭

撰者李元阳，碑立于鹤庆县。
著录于（民国）《鹤庆县志》。

7695 明武德将军许氏始祖希鲁暨王氏墓志铭

撰者郭尚先，碑立于宜良县。
著录于（民国）《宜良县志》。

7696 明乡进士例授文林郎世袭云骑尉拟谥文庄先生寿山段公墓铭

撰者杨森，高 96 cm × 宽 56 cm，碑立于大理市。

见于《大理丛书·金石篇》。

7697 明孝廉李君墓表

撰者周爰访，碑立于晋宁区。
著录于（道光）《昆阳州志》。

7698 明赠指挥使贞义储公传

撰者倪蜕，碑立于曲靖市。
著录于（咸丰）《南宁县志》。

7699 明昭勇将军傅成爵墓

撰者傅徽猷，碑立于文山市。
著录于（民国）《续修文山县志》。

7700 明中宪大夫南京都察院右佥都御史萧公神道碑铭

撰者黄洪宪，碑立于建水县。
著录于（康熙）《建水州志》。

7701 鸣凤山记

撰者李竹虚，碑立于富源县。
著录于（光绪）《平彝县志》。

7702 摹刻右军草书

碑立于昆明市。
著录于《新纂云南通志·金石考》。

7703 摩诃嵯会盟碑

碑立于官渡区。
著录于《新纂云南通志·金石考》。

7704 摩崖碑

著录于（乾隆）《滇黔志略》。

7705 磨盘石战死诸将帅墓字碑

高 42 cm × 宽 135 cm，碑立于腾冲市。
见于《腾冲名碑集释》。

7706 摩崖古碑

碑立于永胜县。
著录于（光绪）《续修永北直隶厅志》。

7707 莫千户宗墓碑

碑立于石屏县。
著录于（民国）《石屏县志》。

7708 **莫氏宗祠碑**

碑立于石屏县。
著录于（民国）《石屏县志》。

7709 **默安定善祖师墓碑**

碑立于弥渡县。
见于《弥渡古代碑刻辑释》。

7710 **牟定县废光法寺碑**

碑立于牟定县。
著录于《新纂云南通志·金石考》。

7711 **夜郎太守母稚碑**

碑立于宣威市。
著录于（道光）《云南通志稿》。

7712 **木氏先茔碑**

碑立于石屏县。
著录于（民国）《石屏县志》。

7713 **木正源故里碑**

青石，高 180 cm × 宽 50 cm × 厚 10 cm，碑立于丽江市。
见于《丽江历代碑刻辑录与研究》。

7714 **沐公神道碑记**

撰者张志淳。
见于《昆明诗词楹联碑文集粹》。

7715 **募建宝塔启**

撰者茅如芝，碑立于禄劝县。
见于《中国地方志佛道教文献汇纂·诗文碑刻卷》（西南·云南）。

7716 **募建海晏桥小引**

撰者崔继衡，碑立于玉溪市。
著录于（道光）《澄江府志》。

7717 **募建南桥疏**

撰者朱朝藩，碑立于陆良县。
著录于（乾隆）《陆凉州志》。

7718 **募捐遵圣会小引**

撰者李诚，碑立于新平县。
著录于（道光）《新平县志》。

7719 **募新建三义庙功德引**

撰者孙美锦，碑立于宣威市。
著录于（道光）《宣威州志》。

7720 **募修城北武侯祠引**

撰者程封，碑立于曲靖市。
著录于（咸丰）《南宁县志》。

7721 **募修谷女寺引**

撰者许宪，碑立于弥渡县。
见于《弥渡古代碑刻辑释》。

7722 **募修河阳伏虎寺疏**

碑立于澄江县。
著录于（道光）《澄江府志》。

7723 **募修会麟桥引**

撰者王□恒，碑立于景东县。
著录于（民国）《景东县志稿》。

7724 **募修罗伍桥小引**

撰者陈鼎□，碑立于景东县。
著录于（民国）《景东县志稿》。

7725 **募修猛淋河桥小引**

撰者赵之琫，碑立于龙陵县。
著录于（民国）《龙陵县志》。

7726 **募修平彝卫学引**

碑立于富源县。
著录于（康熙）《平彝县志》。

7727 **募修三江口河道引**

撰者林中麟，碑立于洱源县。
著录于（光绪）《浪穹县志略》。

7728 **募修石屏北郊善觉寺疏**

撰者袁景伊，碑立于石屏县。
见于《中国地方志佛道教文献汇纂·诗文碑刻卷》（西南·云南）。

7729 **募修续华寺弁言**

撰者饶梦铭，碑立于宣威市。
著录于（道光）《宣威州志》。

7730 **募引飞来寺引**

撰者杜唐，碑立于大理市。
见于《中国地方志佛道教文献汇纂·诗文碑刻卷》（西南·云南）。

7731 **墓挽联**

撰者李勋猷，碑立于祥云县。
见于《祥云金石》。

7732 **那公珊瑚与夫人安氏墓志铭**

见于《寻觅千年罗婺》。

7733 **那烈愍公墓**

碑立于元江县。
著录于（民国）《元江志稿》。

7734 **南北二刹记**

撰者舒嘉猷。
著录于（民国）《鹤庆县志》。

7735 **南洞游记**

撰者王元翰。
著录于（雍正）《阿迷州志》。

7736 **南极仙翁石刻画像题词碑**

高 70 cm × 宽 38 cm，碑立于大理市。
见于《大理丛书·金石篇》。

7737 **南明洞天记**

撰者黄衷，碑立于建水县。
著录于（民国）《续修建水县志稿》。

7738 **南宁诸葛碑**

碑立于曲靖市。
著录于（道光）《云南通志稿》。

7739 **南社同仁寺田租记**

碑立于保山市。
著录于（光绪）《永昌府志》。

7740 **南无西方阿弥陀佛碑**

大理石，楷书，高 72 cm × 宽 52 cm，碑立于大理市。
见于《大理丛书·金石篇》。

7741 **南新河记**

撰者杨金和，碑立于鹤庆县。
著录于（1991）《鹤庆县志》。

7742 **南洋华侨机工抗日纪念碑文**

碑立于西山区。
见于《西山区文物志》。

7743 **南诏仓贮碑**

青麻石，高 57 cm × 宽 40 cm × 厚 12～15 cm，碑立于大理市。
见于《大理丛书·金石篇》。

7744 **曩连德死事碑**

撰者刘楚湘，碑立于腾冲市。
见于《刘楚湘诗文选》。

7745 **拟甫山记**

撰者雷应龙，碑立于巍山县。
著录于（康熙）《蒙化府志》。

7746 **宁寿寺大佛殿碑记**

撰者刘大绅，碑立于华宁县。
著录于《新纂云南通志·金石考》。

7747 **牛进忠墓志铭**

撰者牛书训，碑立于丽江市。
见于《丽江历代碑刻辑录与研究》。

7748 **牛坪龙氏墓志**

碑立于弥勒市。
见于《红河州不可移动文物大全》。

7749 **牛头寨清真寺碑**

碑立于昭通市。
见于《鲁甸碑刻》。

7750 **诺邓桥碑记**

撰者王泭，碑立于云龙县。
著录于（雍正）《云龙州志》。

7751 **潘凤德政碑**

碑立于新平县。
著录于（道光）《新平县志》。

7752 **盘安楼碑记**

碑立于丘北县。
著录于（民国）《邱北县志》。

7753 **盘龙禅庵诸人舍施长住记**

高 120 cm × 宽 71 cm，碑立于晋宁区。
见于《晋宁文史资料选辑·文物专辑》（第十七辑）。

7754 **盘龙山李根源祖母墓**

见于《云南省德宏傣族景颇族不可移动文物名录》。

7755 **盘龙寺探梅花十老唱和图记**

撰者陈崐，碑立于新平县。
著录于（道光）《新平县志》。

7756 **泮池石栏记**

撰者彭宣，碑立于大理市。
著录于（道光）《赵州志》。

7757 **培修文昌宫序**

撰者徐济川，碑立于盐津县。
著录于《新纂云南通志·金石考》。

7758 **培趾轩铭**

撰者田世容，碑立于凤庆县。
著录于（雍正）《顺宁府志》。

7759 **佩藩封茶神墓赞**

撰者陆滢，碑立于腾冲市。
见于《腾冲名碑集释》。

7760 **盆台记**

撰者熊兆镒，碑立于鹤庆县。
著录于（康熙）《鹤庆府志》。

7761 **彭公映山表兄军门大人墓志铭**

撰者王者瑞，碑立于玉龙县。
见于《丽江历代碑刻辑录与研究》。

7762 **彭母何太君墓志铭**

撰者何文选，碑立于元江县。
著录于（民国）《元江志稿》。

7763 **彭南池司马墓志铭**

撰者钱沣，碑立于巍山县。
著录于（嘉庆）《滇系》。

7764 **彭水主簿乐山吴君墓铭**

撰者杨慎，碑立于晋宁区。
著录于（道光）《昆阳州志》。

7765 **彭兆祥墓志**

撰者萧陈纪，碑立于景东县。
著录于（民国）《景东县志稿》。

7766 **毗尼庵碑记**

撰者曾高捷，碑立于鹤庆县。
见于《鹤庆碑刻辑录》。

7767 **平南纪略**

撰者蔡毓荣。
著录于（康熙）《云南府志》。

7768 **平章碑**

撰者支渭兴，碑立于大理市。
著录于《新纂云南通志·金石考》。

7769 **蒲门岁时花木记**

撰者赵资人，碑立于凤庆县。
著录于（民国）《顺宁县志初稿》。

7770 **普渡河记**

撰者檀萃，碑立于禄劝县。
著录于（民国）《禄劝县志》。

7771 **普花石刻**

著录于《新纂云南通志·金石考》。

7772 **普济泉记**

撰者马锡侯，碑立于文山市。
著录于（民国）《续修文山县志》。

7773 **普连溯桂香书院田亩伙头免役碑记**

碑立于大理市。
著录于（民国）《大理县志稿》。

7774 **普鲁海牙墓碑**

青石，碑立于石林县。
著录于《新纂云南通志·金石考》。

7775 **普陀游记**

撰者王元翰。
著录于（嘉庆）《滇系》。

7776 **普孝子传**

撰者程应熊，碑立于新平县。
著录于（康熙）《新平县志》。

7777 **普心上人塔铭**

撰者李铨，碑立于嵩明县。
著录于（光绪）《续修嵩明州志》。

7778 **普照寺昆卢阁碑记**

撰者杨慎，被立于晋宁区。
著录于（道光）《昆阳州志》。

7779 **瀑布溪摩崖诗**

撰者杨慎，碑立于大理市。
著录于《新纂云南通志·金石考》。

7780 **栖凤亭记**

撰者王臣。
著录于（正德）《云南志》。

7781 **倚苍山房序**

撰者蒋世芳，碑立于临沧市。
著录于（民国）《镇康县志初稿》。

7782 **栖贤山报恩寺梵刹碑**

撰者张志淳，碑立于保山市。
见于《中国地方志佛道教文献汇纂·诗文碑刻卷》（西南·云南）。

7783 **奇树记**

撰者王珹，碑立于华宁县。
著录于（嘉庆）《宁州志》。

7784 **麒麟山记**

撰者汤茂如，碑立于蒙自市。
著录于《新纂云南通志·金石考》。

7785 **千总张辟墓碑**

碑立于建水县。
著录于《新纂云南通志·金石考》。

7786 **迁澄江府治记**

撰者童玺，碑立于澄江县。
著录于（康熙）《云南通志》。

7787 **迁建汉寿亭□□碑记**

撰者杜兆□，碑立于曲靖市。
著录于（雍正）《马龙州志》。

7788 **迁建易门县治碑记**

撰者萧茽，碑立于易门县。
著录于（康熙）《云南府志》。

7789 **迁郡城记**

撰者童玺，著录于玉溪市。
著录于（道光）《澄江府志》。

7790 **迁学碑记**

撰者毛振翧，碑立于开远市。
著录于（雍正）《阿迷州志》。

7791 **迁巡抚都察院记**

撰者严清。
著录于（天启）《滇志》。

7792 **前清旌表张母李孺人墓志**

撰者周为桢，碑立于禄劝县。
著录于（民国）《禄劝县志》。

7793 **前清例赠文林郎司府君墓志铭**

撰者戴秉经，碑立于嵩明县。
著录于（民国）《嵩明县志》。

7794 前请敕授僧正传临济正宗二十世重建净土禅院大戒山门善庵

撰者董凤苞，碑立于宾川县。
著录于《鸡足山志》。

7795 前嵩明州刺史关公殉难碑记

撰者梁恩明，碑立于嵩明县。
著录于（光绪）《续修嵩明州志》。

7796 钱烈女小传

撰者萧九成，碑立于曲靖市。
著录于（咸丰）《南宁县志》。

7797 乾阳山赡田碑记

撰者管学宣，碑立于石屏县。
著录于（乾隆）《石屏州志》。

7798 潜龙庵记

撰者何星文，碑立于洱源县。
著录于（康熙）《续修浪穹县志》。

7799 黔国荣康沐公神道碑

撰者吴节。
著录于（万历）《云南通志》。

7800 黔宁王神道碑

撰者黄玉。
著录于（正德）《云南志》。

7801 荞甸记

撰者许伯衡，碑立于晋宁区。
著录于（道光）《昆阳州志》。

7802 秦国辅暨德配苟氏墓志铭

撰者李福保，碑立于维西县。
著录于（民国）《维西县志》。

7803 青龙山记

撰者刘琮，碑立于东川区。
著录于（乾隆）《东川府志》。

7804 青云桥碑记

撰者王会清，碑立于蒙自市。
著录于（宣统）《续修蒙自县志》。

7805 清赐进士出身诰授奉直大夫陈公晓苍先生墓志

撰者王宣，碑立于陆良县。
著录于（民国）《陆良县志稿》。

7806 清代诗人题咏大石寺

撰者李文靖、李兆、唐钦尧，碑立于普洱市。
见于《思茅地区文物志》。

7807 清诰授昭武都尉马日坤墓表

撰者候应中，碑立于景东县。
著录于（民国）《景东县志稿》。

7808 清华洞序

撰者陈肇基，碑立于富宁县。
著录于（民国）《富州县志》。

7809 清旌节寿妇凌母计孺人墓表

撰者梅鼎臣，碑立于陆良县。
著录于（民国）《陆良县志稿》。

7810 清例赠武略骑尉岳公倬云墓志铭

撰者程光祖，碑立于陆良县。
著录于（民国）《陆良县志稿》。

7811 清卢阁记

撰者吴堂，碑立于鹤庆县。
著录于（光绪）《鹤庆州志》。

7812 清罗长春故里碑

刻工罗长华，碑立于是石屏县。
著录于（民国）《石屏县志》。

7813 清宁庵续记

撰者尹调元，碑立于禄劝县。
著录于（民国）《禄劝县志》。

7814 清宁山记

撰者檀萃，碑立于禄劝县。
著录于（民国）《禄劝县志》。

7815 清水海记

撰者张恒。
著录于（道光）《寻甸州志》。

7816 清武翼都尉、武庠生孙雨亭先生墓志铭

撰者袁嘉谷，高 64 cm×宽 70 cm，碑立于玉溪市。
见于《玉溪碑刻选集》。

7817 清溪洞记

撰者李恩光，碑立于富源县。
著录于（光绪）《平彝县志》。

7818 清貤封武功将军恤祀昭忠祠候选知县李府君配张夫人合墓志铭

撰者赵藩，碑立于嵩明县。
著录于（民国）《嵩明县志》。

7819 请表彰杨佟氏节烈文

撰者杨卜臣，碑立于凤庆县。
著录于（民国）《顺宁县志初稿》。

7820 请设学疏

撰者年羹尧，著录于巧家县。
著录于（民国）《巧家县志稿》。

7821 请巡抚兼制东川疏

撰者邓渼，著录于巧家县。
著录于（民国）《巧家县志稿》。

7822 庆丰桥碑记

撰者彭辅周，碑立于沾益区。
著录于（光绪）《沾益州志》。

7823 庆引洱入宾功业碑记

碑立于宾川县。
见于《宾川丛书·金石篇》。

7824 筇竹寺云巷宗主塔铭

撰者袁豆光，碑立于五华区。
见于《中国地方志佛道教文献汇纂·诗文碑刻卷》（西南·云南）。

7825 琼岳山大寺碑

碑立于凤庆县。
著录于（民国）《顺宁县志初稿》。

7826 琼州同知南池彭公墓志铭

撰者钱沣，碑立于巍山县。
著录于《新纂云南通志》。

7827 秋夜游茈碧湖记

撰者高上昕，碑立于洱源县。
著录于（光绪）《浪穹县志略》。

7828 驱虎牒

碑立于富源县。
著录于（康熙）《平彝县志》。

7829 曲阜孔继炘诗

碑立于丽江市。
著录于《新纂云南通志》。

7830 曲江书院记

撰者王家辙，碑立于建水县。
著录于（民国）《续修建水县志稿》。

7831 曲江新城碑记

撰者雷跃龙，碑立于建水县。
著录于（民国）《续修建水县志稿》。

7832 曲靖府澄清三桥记

撰者彭纲。
著录于（正德）《云南志》。

7833 曲靖旧碑

碑立于曲靖市。
著录于（道光）《云南通志稿》。

7834 曲靖修学碑

撰者王枟，碑立于曲靖市。
著录于（咸丰）《南宁县志》。

7835 曲泉记

碑立于巍山县。
著录于（康熙）《定边县志》。

7836 曲州、靖州碑阙

碑立于曲靖市。
著录于《新纂云南通志・金石考》。

7837 去思祠记

撰者王尚用，碑立于寻甸县。
著录于（嘉靖）《寻甸府志》。

7838 劝盖碑记

碑立于弥勒市。
见于《红河州不可移动文物大全》。

7839 劝捐凤山书院膏火田引

撰者谢体仁，碑立于景谷县。
著录于（道光）《威远厅志》。

7840 劝捐修小河曲可铁索桥序

撰者胡秀山，碑立于巧家县。
著录于（民国）《巧家县志稿》。

7841 劝农亭记

撰者崔乃镛，碑立于东川区。
著录于（雍正）《东川府志》。

7842 劝学所碑记

撰者杨思诚，碑立于嵩明县。
著录于（民国）《嵩明县志》。

7843 劝育婴堂乐捐序

撰者李文培，碑立于宣威市。
著录于（道光）《宣威州志》。

7844 劝谕积贮示稿

碑立于罗平县。
著录于（康熙）《罗平县志》。

7845 劝种树说

碑立于永善县。
著录于（嘉庆）《永善县志略》。

7846 饶公去思碑记

撰者何发祥，碑立于镇雄县。
著录于（乾隆）《镇雄州志》。

7847 饶母徐氏墓志

撰者苏腾龙，碑立于景东县。
著录于（民国）《景东县志稿》。

7848 任祥公残碑

大理石，楷书，残高 30 cm × 宽 48 cm × 厚 13 cm，碑立于大理市。
见于《大理丛书・金石篇》。

7849 荣禄大夫太子太保刑部尚书见素林公墓志铭

撰者杨一清。
著录于（嘉庆）《滇系》。

7850 如川和尚墓碑第一碑

白石，高 60 cm × 宽 80 cm，碑立于宜良县。
见于《宜良碑刻增补本》（下）。

7851 如川和尚墓碑第二碑

撰者王翰馨，书者海果，刻工戴为成，高 60 cm × 宽 80 cm，碑立于宜良县。
见于《宜良碑刻增补本》（下）。

7852 儒学记

撰者包见捷，碑立于建水县。
著录于（康熙）《建水州志》。

7853 儒学新庙记

撰者李东儒，碑立于剑川县。
著录于（康熙）《剑川县志》。

7854 儒学新修杏坛碑记

撰者王佐，碑立于建水县。
著录于（雍正）《建水州志》。

7855 阮世美墓志铭

撰者马腾霄，碑立于昭通市。
见于《鲁甸碑刻》。

7856 瑞芝记

撰者韩桨，碑立于大理市。
著录于（道光）《赵州志》。

7857 箬溪顾公墓志铭

撰者王世贞。
著录于（嘉庆）《滇系》。

7858 三官庙记

撰者孟端，碑立于景谷县。
著录于（道光）《威远厅志》。

7859 三教寺碑记

撰者缪曾培，碑立于宣威市。
著录于（民国）《宣威县志稿》。

7860 三清洞记

著录于《新纂云南通志·金石考》。

7861 三圣庵碑记

撰者许弘勋。
见于《中国地方志佛道教文献汇纂·诗文碑刻卷》（西南·云南）。

7862 三台山记

撰者檀萃，碑立于禄劝县。
著录于（民国）《禄劝县志》。

7863 三台山真武阁碑记

撰者万中台，碑立于呈贡区。
著录于（康熙）《呈贡县志》。

7864 三滩掩骼记

撰者石峰。
著录于（嘉庆）《滇系》。

7865 僧释禅溜银如意

碑立于宾川县。
著录于《新纂云南通志·金石考》。

7866 沙湾路碑记

撰者吴尚友，碑立于罗平县。
著录于（康熙）《罗平州志》。

7867 山川总纪

撰者王迪吉，碑立于玉溪市。
著录于《新兴州志》。

7868 山东道御史博学鸿辞张公汉墓碑

碑立于石屏县。
著录于（民国）《石屏县志》。

7869 山脚营永公塘记

撰者李淳，碑立于宜良县。
著录于（民国）《宜良县志》。

7870 山亭记碑

撰者杨子云，碑立于安宁市。
著录于《新纂云南通志·金石考》。

7871 上达村龙泉山记

撰者杜湘，碑立于大理市。
著录于（道光）《赵州志》。

7872 上户昔僧侣墓

见于《云南省德宏傣族景颇族不可移动文物名录》。

7873 上淜王氏宗祠碑记

高 120 cm × 宽 75 cm × 厚 20 cm，碑立于祥云县。
见于《祥云金石》。

7874 少宰赵公抚浙六事图记

撰者毛际可，碑立于玉溪市。
著录于（道光）《澄江府志》。

7875 邵甸里置买州内公所碑记

碑立于嵩明县。
著录于（民国）《嵩明县志》。

7876 邵甸乡成立图书室募捐序

撰者杨思诚，碑立于嵩明县。
著录于（民国）《嵩明县志》。

7877 设立乩坛碑（共 2 块）

长 83 cm × 宽 55 cm，碑立于祥云县。
见于《祥云金石》。

7878 **设养济院记**

撰者王尚用，碑立于寻甸县。
著录于（嘉靖）《寻甸府志》。

7879 **设义学建文公祠碑记**

撰者朱干，别立于宜良县。
著录于（乾隆）《宜良县志》。

7880 **社稷坛记**

撰者王浟，碑立于云龙县。
著录于（雍正）《云龙州志》。

7881 **慎斋记**

撰者张纨。
著录于（景泰）《云南图经志书》。

7882 **省耕塘碑序**

撰者徐成贞，碑立于昭通市。
著录于（宣统）《恩安县志》。

7883 **圣慈阁记**

撰者方桂，碑立于东川区。
著录于（乾隆）《东川府志》。

7884 **圣庙新建捐岁引**

撰者万重篔，碑立于文山市。
著录于（道光）《开化府志》。

7885 **圣庙宜仍旧祀像谕**

撰者何邦渐，碑立于洱源县。
著录于（光绪）《浪穹县志略》。

7886 **圣祖仁皇帝训饬士子文**

著录于（道光）《开化府志》。

7887 **圣祖仁皇帝训饬士子文**

碑立于华宁县。
著录于（嘉庆）《宁州志》。

7888 **圣祖仁皇帝训饬士子文**

碑立于晋宁区。
著录于（乾隆）《晋宁州志》。

7889 **诗人任秋航先生墓碑**

碑立于石屏县。
著录于（民国）《石屏县志》。

7890 **狮云山记**

撰者李盛，碑立于开远市。
著录于《新纂云南通志·金石考》。

7891 **施棺会碑**

碑立于石屏县。
著录于（民国）《石屏县志》。

7892 **施棺所碑记**

撰者陈廷焴。
著录于（道光）《永昌府志》。

7893 **施棺所租记**

碑立于保山市。
著录于（光绪）《永昌府志》。

7894 **十八尼僧尽节序**

撰者乐恒。
著录于《新纂云南通志·金石考》。

7895 **十八寨察院明文**

高 168 cm×宽 70 cm×厚 15 cm，碑立于弥勒市。
见于《弥勒文物志》。

7896 **十二长官司碑**

碑立于祥云县。
见于《祥云碑刻》。

7897 **十公祠碑记**

撰者管学宣，碑立于石屏县。
著录于（民国）《石屏县志》。

7898 **石宝山灵泉寺摩崖诗**

撰者师范，碑立于剑川县。
著录于《新纂云南通志·金石考》。

7899 **石宝山奢摩陀碑记**

撰者庄维恒，碑立于鹤庆县。
见于《鹤庆龙华十八寺碑刻辑录》。

7900 石淙精舍记

撰者李梦阳，碑立于安宁市。
著录于（天启）《滇志》。

7901 石淙杨文襄公传

撰者雷跃龙，碑立于安宁市。
著录于（雍正）《安宁州志》。

7902 石舫记

撰者程封，碑立于石屏县。
著录于（民国）《石屏县志》。

7903 石鼓（10个）

碑立于通海县。
见于《通海历代碑刻集》。

7904 石鼓碣

高 231 cm × 宽 163 cm × 厚 54 cm，碑立于丽江市。
见于《麽些族考》。

7905 石花洞诗摩崖

撰者罗伦，碑立于保山市。
著录于《新纂云南通志·金石考》。

7906 石灰窖赵潼墓志

碑立于弥勒市。
见于《弥勒文物志》。

7907 石匠房摩崖石刻

长 135 cm × 宽 47 cm，碑立于会泽县。
见于《娜姑镇文物志》。

7908 石龙山记

撰者张芳誉，碑立于巍山县。
著录于（康熙）《蒙化府志》。

7909 石门山记

撰者李元阳，碑立于巍山县。
著录于（康熙）《蒙化府志》。

7910 石屏宝秀屯仓政记

撰者涂时相，碑立于石屏县。
著录于（康熙）《石屏州志》。

7911 石屏东乡作佳寨李志福之妻李氏志

撰者袁恩晖，碑立于石屏县。
著录于（民国）《石屏县志》。

7912 石屏罗君墓表

撰者姚鼐，碑立于石屏县。
著录于（民国）《石屏县志》。

7913 石屏罗孝廉南耕墓志铭

撰者江濬源，碑立于石屏县。
著录于（民国）《石屏县志》。

7914 石屏名胜记

撰者杨忠亮，碑立于石屏县。
著录于（乾隆）《石屏州志》。

7915 石屏南义仓碑记

撰者王光鼎，碑立于石屏县。
著录于（康熙）《石屏州志》。

7916 石屏土主庙功德碑

书者李仁君，碑立于石屏县。
著录于《新纂云南通志·金石考》。

7917 石屏许佥事墓志铭

撰者涂时相。
著录于（嘉庆）《滇系》。

7918 石屏杨公改葬墓表并铭

撰者陈寿祺，碑立于石屏县。
著录于（民国）《石屏县志》。

7919 石屏州海潮寺钟款

碑立于石屏县。
见于《中国地方志佛道教文献汇纂·诗文碑刻卷》（西南·云南）。

7920 石屏州水利记

撰者陈宣，碑立于石屏县。
著录于（民国）《石屏县志》。

7921 **石屏州西关铺社仓记**

撰者何其伟，碑立于石屏县。
著录于（乾隆）《石屏州志》。

7922 **石屏州修路碑记**

撰者薛昌，碑立于石屏县。
著录于（乾隆）《石屏州志》。

7923 **石屏州叶西厅遗爱碑记**

撰者赛玙，碑立于石屏县。
著录于（乾隆）《石屏州志》。

7924 **石桥碑记**

撰者段承钧，碑立于泸水市。
著录于（民国）《泸水志》。

7925 **石永直墓志**

碑立于凤庆县。
著录于（民国）《顺宁县志初稿》。

7926 **石云寺记**

撰者侯应中，碑立于景东县。
见于《中国地方志佛道教文献汇纂·诗文碑刻卷》（西南·云南）。

7927 **时赐墓志**

碑立于弥渡县。
见于《弥渡古代碑刻辑释》。

7928 **史万岁纪功碑**

著录于《新纂云南通志·金石考》。

7929 **始建路南州学宫记**

撰者邓元岳，碑立于玉溪市。
著录于（道光）《澄江府志》。

7930 **始祖王成公序**

撰者王国佐，碑立于祥云县。
见于《祥云碑刻》。

7931 **世袭百户侯新甲王公大人墓志铭碑**

撰者朱捷魁，碑立于弥渡县。
见于《弥渡古代碑刻辑释》。

7932 **世祖章皇帝卧碑**

碑立于华宁县。
著录于（道光）《开化府志》。

7933 **侍御云川高公墓志铭**

撰者李元阳，碑立于大理市。
著录于（乾隆）《大理府志》。

7934 **侍御中溪李公行状**

撰者李选。
著录于（嘉庆）《滇系》。

7935 **试田图籍序**

撰者包见捷。
著录于（康熙）《云南府志》。

7936 **适斋记**

撰者张含。
著录于（嘉庆）《滇系》。

7937 **释道兴碑**

高 25 cm × 宽 50 cm × 厚 17 cm，碑立于大理市。
见于《大理丛书·金石篇》。

7938 **释行忍墓碑**

砂石，行书，高 72 cm × 宽 42 cm × 厚 3.5 cm，碑立于通海县。
见于《大理丛书·金石篇》。

7939 **释戒超碑**

高 25 cm × 宽 50 cm × 厚 17 cm，碑立于大理市。
见于《大理丛书·金石篇》。
注：尺寸记载有出入。

7940 **寿藏识**

刻工俞康京，碑立于隆阳区。
见于《隆阳碑铭石刻》。

7941 **寿杜广文题耄耋图后**

撰者窦欲峻，碑立于罗平县。
著录于（民国）《罗平县志》。

7942 **寿山福海碑记**

碑立于昭通市。
著录于（民国）《绥江县志》。

7943 **书院田铺记**

碑立于保山市。
著录于（光绪）《永昌府志》。

7944 **疏浚二坝碑记**

撰者高昆，碑立于嵩明县。
著录于（民国）《嵩明县志》。

7945 **疏浚水洞碑**

撰者杨景程，碑立于鹤庆县。
著录于（民国）《鹤庆县志》。

7946 **输水碑记**

碑立于玉溪市。
著录于《新纂云南通志·金石考》。

7947 **署郡州篆司李彭公去思碑记**

撰者杨元祐，碑立于禄劝县。
著录于（民国）《禄劝县志》。

7948 **曙堂洪公祠记**

撰者张昶，碑立于沾益区。
著录于（光绪）《沾益州志》。

7949 **述嵩明中学**

撰者毕念祖，碑立于嵩明县。
著录于（民国）《嵩明县志》。

7950 **双壁桥栽莲记**

撰者罗凤章，碑立于罗平县。
著录于（民国）《罗平县志》。

7951 **双江勐勐镇墓碣**

著录于《新纂云南通志·金石考》。

7952 **双节坊题字**

碑立于腾冲市。
著录于《新纂云南通志·金石考》。

7953 **双节妇墓**

碑立于宜良县。
著录于（光绪）《续云南通志稿》。

7954 **双节堂记**

撰者谢迁，碑立于宜良县。
著录于（乾隆）《宜良县志》。

7955 **双井记**

著录于（乾隆）《滇黔志略》。

7956 **双龙寺碑记**

撰者杨金和，碑立于鹤庆县。
著录于（民国）《鹤庆县志》。

7957 **双龙寺大悲钟鼓门楼记**

撰者李鸿钧，碑立于鹤庆县。
见于《鹤庆碑刻辑录》。

7958 **双桥碑记**

著录于（雍正）《阿迷州志》。

7959 **水洞祠记**

撰者樊巍，碑立于鹤庆县。
见于《鹤庆碑刻辑录》。

7960 **水泉记**

撰者毛振翧，碑立于开远市。
著录于（雍正）《阿迷州志》。

7961 **水月寺常住田碑记**

撰者孙申之，碑立于石屏县。
著录于（乾隆）《石屏州志》。

7962 **水月寺记**

撰者涂时相，碑立于石屏县。
著录于（天启）《滇志》。

7963 **顺宁府题名记**

碑立于凤庆县。
著录于（雍正）《顺宁府志》。

7964 **顺宁府重建大堂碑记**

撰者范溥，碑立于凤庆县。
著录于（雍正）《顺宁府志》。

7965 **顺宁回乱笔记一则**

撰者杨金石，碑立于凤庆县。
著录于（民国）《顺宁县志初稿》。

7966 **顺宁教授许心葵重光墓碑**

碑立于石屏县。
著录于（民国）《石屏县志》。

7967 **顺宁石洞摩崖诗刻**

撰者李锡桐，碑立于凤庆县。
著录于《新纂云南通志·金石考》。

7968 **司母李孺人墓志铭**

碑立于嵩明县。
著录于（民国）《嵩明县志》。

7969 **司母余夫人墓志铭**

撰者何作揖，碑立于嵩明县。
著录于（民国）《嵩明县志》。

7970 **司氏家谱序**

撰者司镇，碑立于嵩明县。
著录于（民国）《嵩明县志》。

7971 **再续修司氏家谱序**

撰者司沂，碑立于嵩明县。
著录于（民国）《嵩明县志》。

7972 **思贤庐记**

撰者顾士琏，碑立于呈贡区。
著录于（康熙）《呈贡县志》。

7973 **思召堂记**

撰者郑颙。
著录于（景泰）《云南图经志书》。

7974 **四贤祠记**

撰者杨慎，碑立于建水县。
著录于（康熙）《建水州志》。

7975 **祀二忠记**

撰者张汉，碑立于石屏县。
著录于（乾隆）《石屏州志》。

7976 **泗源向先生记**

撰者董枢，碑立于通海县。
著录于（乾隆）《续修河西县志》。

7977 **松风水月石刻**

著录于（光绪）《云南通志》。

7978 **嵩明何有庵记**

撰者李元阳，碑立于嵩明县。
著录于（天启）《滇志》。

7979 **嵩明县崇正厢张君耀妻胡氏节孝碑记**

撰者杨思诚，碑立于嵩明县。
著录于（民国）《嵩明县志》。

7980 **嵩明谢烈妇李氏表颂**

撰者章炳麟，碑立于嵩明县。
著录于（民国）《嵩明县志》。

7981 **嵩明张氏七世同居记**

撰者陈庚明，碑立于嵩明县。
著录于（民国）《嵩明县志》。

7982 **嵩明州马旗屯义学碑记**

撰者管开阳，碑立于嵩明县。
著录于（康熙）《嵩明州志》。

7983 **嵩明州筑城记**

撰者陈大宾，碑立于嵩明县。
著录于（康熙）《云南府志》。

7984 **嵩阳书院教思碑记**

撰者张汉。
著录于（嘉庆）《滇系》。

7985 **宋儒范式心箴**

撰者范浚，高 66 cm × 宽 93 cm，碑立于通海县。

见于《通海历代碑刻集》。

7986 宋三将军将祠记

撰者涂耀龙。
著录于（嘉庆）《滇系》。

7987 宋樾轩主政荫东墓碑

碑立于石屏县。
著录于（民国）《石屏县志》。

7988 送高姬入祀节孝祠记

撰者何愚，碑立于广南县。
著录于（道光）《广南府志》。

7989 送介石文先生归滇序

撰者顾士琏，碑立于呈贡区。
著录于（雍正）《呈贡县志》。

7990 送岐山李君教授清平序

撰者李元阳，碑立于晋宁区。
著录于（道光）《昆阳州志》。

7991 送司理王尚吾终养还滇序

撰者郭子章。
著录于（乾隆）《蒙自县志》。

7992 苏详福碑

高 84 cm × 宽 62 cm × 厚 20 cm，碑立于大理市。
见于《大理丛书·金石篇》。

7993 速氏历代远宗近祖左昭石穆灵位碑记

高 92 cm × 宽 56 cm，碑立于宜良县。
见于《宜良碑刻增补本》（下）。

7994 岁荐宝山徐君墓铭

撰者何大龙，碑立于晋宁区。
著录于（道光）《昆阳州志》。

7995 岁进士吏部候选学博吕君墓志铭

撰者赛玙，碑立于石屏县。
著录于（民国）《石屏县志》。

7996 岁科两试卷金水利碑文

撰者李云龙，碑立于晋宁区。
著录于（乾隆）《晋宁州志》。

7997 岁修海口碑记

撰者周勋，碑立于石屏县。
著录于（乾隆）《石屏州志》。

7998 孙世华遗爱碑

碑立于新平县。
著录于（道光）《新平县志》。

7999 孙义官墓志铭

撰者朱之蕃，碑立于鹤庆县。
著录于（民国）《鹤庆县志》。

8000 所收各府功德银两总数碑

大理石，楷书，高 44.3 cm × 宽 32 cm，碑立于大理市。
见于《大理丛书·金石篇》。

8001 锁水阁记

撰者胡可京，碑立于开远市。
著录于（雍正）《阿迷州志》。

8002 他郎城隍庙碑记

撰者陶有容，碑立于普洱市。
著录于（道光）《普洱府志》。

8003 他郎观音山记

撰者张端，碑立于思茅区。
著录于（道光）《普洱府志》。

8004 太保山武侯祠诗

撰者盛毓华，高 40 cm × 宽 67 cm，碑立于隆阳区。
见于《隆阳碑铭石刻》。

8005 太和县儒学记

撰者周洪谟。
著录于（正德）《云南志》。

8006 太华山记

撰者戴䌹孙，碑立于西山区。
著录于《新纂云南通志·金石考》。

8007 太华山龙王庙祈雨题匾

撰者朱若功，碑立于呈贡区。
著录于（雍正）《呈贡县志》。

8008 太极山忠义祠记

撰者李培恩，碑立于弥渡县。
见于《弥渡古代碑刻辑释》。

8009 太平军经过板桥诲谕

碑立于宣威市。
著录于（民国）《宣威县志稿》。

8010 太平寺碑

撰者杨菘，碑立于官渡区。
著录于《云溪、永丰村志》。

8011 太平镇赵氏墓群

见于《云南省德宏傣族景颇族不可移动文物名录》。

8012 太仆寺卿刑部尚书吴宏业神道碑

碑立于澄江县。
著录于《新纂云南通志·金石考》。

8013 太仆寺少卿罗芙洲夫人碑

刻工袁益，碑立于石屏县。
著录于（民国）《石屏县志》。

8014 太师武僖公神道碑

撰者谢绶。
著录于（天启）《滇志》。

8015 太守崔公实政碑记

撰者赵淳，碑立于东川区。
著录于（雍正）《东川府志》。

8016 太爷坡记续增

撰者李尧畤。
著录于（乾隆）《广西府志》。

8017 太元宫铭

撰者李元阳，碑立于鹤庆县。
著录于（康熙）《鹤庆府志》。

8018 太子少保云贵总督岑宫保生祠补碑记

撰者张璬谨，碑立于镇雄县。
著录于（光绪）《镇雄州志》。

8019 太子岩记

撰者李倬云，碑立于鹤庆县。
著录于（康熙）《鹤庆府志》。

8020 太祖预制诗十八章石刻

碑立于大理市。
著录于《新纂云南通志·金石考》。

8021 谭仲泉自撰墓志

撰者谭仲泉，碑立于大关县。
著录于（民国）《大关县志》。

8022 汤池文昌宫记（一）

撰者李植，书者杨模，青石，高 35 cm×宽 60 cm，碑立于宜良县。
见于《宜良碑刻增补本》（上）。

8023 汤池义学租谷碑记

碑立于宜良县。
著录于（乾隆）《宜良县志》。
注：原碑已佚。

8024 唐大将军杨威墓碑

碑立于曲靖市。
著录于（光绪）《云南通志》。

8025 唐载阳墓志铭

撰者杜微之，阔 176 cm×高 222 cm，碑立于会泽县。
见于《娜姑镇文物志》。

8026 桃树河桥记

撰者李焜，碑立于鹤庆县。
见于《鹤庆碑刻辑录》。

8027 陶知府残碑

碑立于景东县。
著录于《新纂云南通志·金石考》。

8028 腾越文昌阁记

撰者陈彝典，碑立于腾冲市。
著录于《新纂云南通志·金石考》。

8029 提督德政碑

碑立于宣威市。
见于《宣威县文物志》。

8030 提督闽广云贵川湖等处兵饷太子太保兴国将军孔师成墓碑

正书，碑立于晋宁区。
著录于《新纂云南通志·金石考》。

8031 提督桑公祠记

撰者毕忠告，碑立于大理市。
著录于（乾隆）《大理府志》。

8032 提督张公墓表

碑立于丽江市。
著录于《新纂云南通志·金石考》。

8033 题甘耀轩听琴图

撰者俞学诚，碑立于陆良县。
著录于（民国）《陆良县志稿》。

8034 题九烈女碑

撰者戴光照，碑立于嵩明县。
著录于（民国）《嵩明县志》。

8035 题双忠墓

撰者冯遇尧，碑立于维西县。
著录于（民国）《维西县志》。

8036 题太华山佛严禅寺

撰者沐英，碑立于西山区。
著录于（景泰）《云南图经志书》。

8037 题太华寺一碧万顷阁

碑立于西山区。
著录于（景泰）《云南图经志书》。

8038 题西华寺壁

撰者杜惟馨，碑立于马龙区。
见于《中国地方志佛道教文献汇纂·诗文碑刻卷》（西南·云南）。

8039 题学碑记

撰者梁归彦，碑立于曲靖市。
著录于（雍正）《马龙州志》。

8040 题杨林九烈女碑记

撰者刘锐恒，碑立于嵩明县。
著录于（民国）《嵩明县志》。

8041 题叶杨二先生木主记

撰者周沆，碑立于洱源县。
著录于（光绪）《浪穹县志略》。

8042 题张退庵松鹤图记

撰者孙人龙。
著录于（乾隆）《续修蒙化直隶厅志》。

8043 题张御史梦鹤轩并引

撰者沐琮，碑立于华宁县。
著录于（嘉庆）《宁州志》。

8044 题之族兄暨德配吴夫人七秩寿序

撰者顾视高，碑立于嵩明县。
著录于（民国）《嵩明县志》。

8045 题中庆学庙壁

撰者文矩，碑立于五华区。
著录于（景泰）《云南图经志书》。

8046 体元先生大人教思纪念碑序

撰者李作梅，碑立于弥渡县。
见于《弥渡古代碑刻辑释》。

8047 天宝庵碑记

撰者李含和，碑立于鹤庆县。
著录于（民国）《鹤庆县志》。

8048 天生桥碑记

碑立于中甸县。
著录于《新纂云南通志·金石考》。

8049 天生桥记

撰者黄钟，碑立于大理市。
著录于（道光）《赵州志》。

8050 天王寺一点碑

碑立于建水县。
著录于（民国）《续修建水县志稿》。

8051 天王寺置租碑记

撰者李鼎望，碑立于建水县。
著录于（民国）《续修建水县志稿》。

8052 添建开化府属马白马达营记

撰者汤大宾，碑立于马关县。
著录于（乾隆）《开化府志》。

8053 调解碑

碑立于蒙自市。
见于《红河州不可移动文物大全》。

8054 贴贡碑记

撰者杨如龙，碑立于腾冲市。
著录于（康熙）《永昌府志》。

8055 听松楼记

撰者赵士圻，碑立于鹤庆县。
著录于《鹤庆县志》。

8056 通海郡杨氏保大之碑

砂石，行书，残高 36 cm × 宽 28 cm × 厚 cm，碑立于通海县。
见于《通海历代碑刻集》。

8057 通海县儒学记

撰者彭纲。
著录于（正德）《云南志》。

8058 通济桥记

撰者樊巍，碑立于鹤庆县。
见于《鹤庆碑刻辑录》。

8059 通济泉记

撰者何邦渐，碑立于洱源县。
著录于（康熙）《续修浪穹县志》。

8060 通逵谯楼记

撰者赵辂，碑立于曲靖市。
著录于（雍正）《马龙州志》。

8061 通政司参议钱沣墓

著录于（光绪）《续云南通志稿》。

8062 同年叶斗瞻修建祠堂落成记

撰者向僎，碑立于建水县。
著录于（民国）《续修建水县志稿》。

8063 同善所义会碑记

撰者王泷，碑立于玉溪市。
著录于《新兴州志》。

8064 同游太极洞碑记

碑立于鹤庆县。
见于《鹤庆碑刻辑录》。

8065 头邑村沈氏宗谱碑

碑立于弥渡县。
见于《弥渡古代碑刻辑释》。

8066 瑦琈山记

撰者檀萃，碑立于禄劝县。
著录于（民国）《禄劝县志》。

8067 土知府禄永明妻禄氏墓碑

碑立于东川区。
著录于《新纂云南通志》。

8068 退思堂记

撰者杨樊，碑立于石屏县。
著录于（乾隆）《石屏州志》。

8069 蜕翁生藏志

撰者倪蜕。
著录于《新纂云南通志·金石考》。

8070 拖姑马家大坟山马氏祖母碑文

碑立于昭通市。
见于《鲁甸碑刻》。

8071 万花溪矿议

撰者史旌贤，碑立于祥云县。
著录于（光绪）《云南县志》。

8072 万静永进士萧墓碑

碑立于石屏县。
著录于（民国）《石屏县志》。

8073 万人冢记

撰者韩锡章，碑立于大理市。
著录于（道光）《赵州志》。

8074 万善庵常住碑记

撰者周德荣，碑立于嵩明县。
著录于（民国）《嵩明县志》。

8075 万氏世德记

撰者顾莼，碑立于文山市。
著录于（道光）《开化府志》。

8076 万氏世节记

撰者顾莼，碑立于文山市。
著录于（道光）《开化府志》。

8077 万寿阁记

撰者郎嘉卿，碑立于石屏县。
著录于（乾隆）《石屏州志》。

8078 万寿宫碑记

撰者恒尤。
著录于（道光）《寻甸州志》。

8079 万寿亭碑记

撰者陈振斋，碑立于大理市。
著录于（道光）《赵州志》。

8080 万县教谕严公墓志

撰者潘镗，碑立于宜良县。
著录于（乾隆）《宜良县志》。

8081 万育及德配孺人墓志铭

撰者杨绰，书者杨绰，碑立于丽江市。
见于《丽江历代碑刻辑录与研究》。

8082 汪氏捐资创修几山书舍记

撰者黄耀枢，碑立于永胜县。
著录于（光绪）《续修永北直隶厅志》。

8083 亡妻刘氏墓志铭

撰者唐尧官，碑立于晋宁区。
著录于（道光）《晋宁州志》。

8084 王朝觐墓志铭碑

撰者李宣，碑立于弥渡县。
见于《弥渡古代碑刻辑释》。

8085 王承恩太监墓志

碑立于弥勒市。
见于《红河州不可移动文物大全》。

8086 王公墓志

撰者王茂芳，刻工王本，高 37 cm × 宽 38 cm，碑立于大理市。
见于《大理丛书·金石篇》。

8087 王国辅墓志铭

阔 204 cm × 高 222 cm，碑立于会泽县。
见于《娜姑镇文物志》。

8088 王骧誓江碑

碑立于腾冲市。
著录于《新纂云南通志·金石考》。

8089 王家营明墓群

碑立于呈贡区。
见于《呈贡历史建筑及碑刻选》。

8090 王烈妇碑记

撰者贾国疆，碑立于陆良县。
著录于（民国）《陆良县志稿》。

8091 王霖德政碑

碑立于新平县。
著录于（道光）《新平县志》。

8092 王满灵碑及墓志

高 75 cm × 宽 45 cm，碑立于大理市。
见于《大理丛书·金石篇》。

8093 王明经曰武墓志铭

撰者陈廷，碑立于新平县。
著录于（民国）《续修新平县志》。

8094 王弄里义学碑记

撰者朱兴燕，碑立于文山市。
著录于（乾隆）《开化府志》。

8095 王氏叙功碑

碑立于盐津县。
著录于《新纂云南通志·金石考》。

8096 王氏宗祠石碑刻记

撰者王以恒，碑立于建水县。
见于《遗留在建水碑刻中的文明记忆》。

8097 王文志诗碑

碑立于通海县。
著录于（光绪）《通海县续志》。

8098 王羲之书碑刻

碑立于保山市。
著录于《新纂云南通志·金石考》。

8099 王象山广宁政绩记

撰者倪蜕，碑立于建水县。
著录于（民国）《续修建水县志稿》。

8100 王孝子墓表

撰者傅为詝。
著录于（嘉庆）《滇系》。

8101 王邑侯斋英寿序

撰者王廷铮。
著录于（乾隆）《蒙自县志》。

8102 王应甲弟兄父子殉难记

撰者张仲模，碑立于绥江县。
著录于（民国）《绥江县志》。

8103 王用之仓圣会序

撰者许邦寅，碑立于石屏县。
著录于（民国）《石屏县志》。

8104 王御史夔龙墓碑

碑立于石屏县。
著录于（民国）《石屏县志》。

8105 王元翰墓表

撰者陈于廷。
著录于（嘉庆）《滇系》。

8106 王忠文祠墓记

撰者李默。
著录于（天启）《滇志》。

8107 王尊叱之坂石刻

著录于《新纂云南通志·金石考》。

8108 威远知事王君墓表

撰者熊宝泰。
著录于（嘉庆）《滇系》。

8109 微侍郎秦国辅墓志铭

撰者廖敦孝，碑立于维西县。
著录于（民国）《维西县志》。

8110 巍宝山龙潭殿文昌会残碑

大理石，楷书，残高 49.5 cm × 宽 65.5 cm，碑立于大理市。
见于《大理丛书·金石篇》。

8111 为老人会髯碑

撰者陈荣昌，长 155 cm × 宽 90 cm × 厚 26 cm，碑立于会泽县。
见于《会泽县文物志》。

8112 为美县尹王君墓志铭

撰者李源道。
著录于《新纂云南通志·金石考》。

8113 为通饬设立义学以育人材以培风化事

碑立于罗平县。
著录于（康熙）《罗平州志》。

8114 为王烈女徵诗文引

撰者张含章，碑立于罗平县。
著录于（民国）《罗平县志》。

8115 为永停轻赍之弊以实边储以恤民生事

碑立于罗平县。
著录于（康熙）《罗平州志》。

8116 为云海庵僧募修程海东岸路引

撰者江峤孙，碑立于永胜县。
著录于（乾隆）《永北府志》。

8117 卫书楼先生墓表

撰者陈荣昌，碑立于石屏县。
著录于（民国）《石屏县志》。

8118 魏明德政碑

碑立于新平县。
著录于（道光）《新平县志》。

8119 魏翥国爱戴碑

碑立于新平县。
著录于（道光）《新平县志》。

8120 文昌宫碑记

撰者吴宝林，碑立于呈贡区。
著录于（康熙）《呈贡县志》。

8121 文昌宫德政碑

碑立于维西县。
著录于（民国）《维西县志》。

8122 文昌宫学田碑记

碑立于弥勒市。
见于《红河州不可移动文物大全》。

8123 文昌宫置田记

撰者王崧，碑立于洱源县。
著录于（光绪）《浪穹县志略》。

8124 文昌社仓义田记

撰者张锦蕴，碑立于巍山县。
著录于（康熙）《蒙化府志》。

8125 文峰塔记

撰者史旌贤，碑立于祥云县。
著录于（乾隆）《云南县志》。

8126 文林郎陕西榆林县知县许先生墓碣铭

撰者李文敏，碑立于呈贡县。
著录于（民国）《呈贡县志》。

8127 文林郎乡大宾曾公墓志

撰者董玘，碑立于建水县。
著录于（康熙）《建水州志》。

8128 文庙碑记

撰者徐柄，碑立于镇雄县。
著录于（光绪）《镇雄州志》。

8129 文庙鼎新记

撰者何邦渐，碑立于洱源县。
著录于（康熙）《续修浪穹县志》。

8130 文庙记

撰者舒瑞龙。
著录于（道光）《寻甸州志》。

8131 文庙无头碑

碑立于祥云县。
见于《祥云碑刻》。

8132 文庙重修碑记

撰者张鸣铎。
著录于（道光）《寻甸州志》。

8133 文明坊碑记

撰者李鹏举。
著录于（乾隆）《广西府志》。

8134 文明阁序

撰者蒋世芳，碑立于临沧市。
助理员（民国）《镇康县志初稿》。

8135 文武官员军民人等至此下马碑

长 126 cm×宽 68 cm×厚 15 cm，碑立于宾川县。
见于《宾川丛书·金石篇》。

8136 文星桥碑记

撰者王鲁，碑立于新平县。
著录于（民国）《续修新平县志》。

8137 文秀甫君墓志铭

撰者王掞，碑立于元江县。

著录于（民国）《元江志稿》。

8138 文运日新

撰者张文渊，刻工张士相，高 100 cm×宽 54 cm×厚 60 cm，碑立于宾川县。

见于《宾川丛书·金石篇》。

8139 问梅亭记

撰者董永芰，碑立于凤庆县。

著录于（雍正）《顺宁府志》。

8140 卧碑

碑立于马龙区。

著录于（民国）《续修马龙县志》。

8141 卧龙石水沟碑记

碑立于镇雄县。

著录于（乾隆）《镇雄州志》。

8142 乌龙山清远庵碑记

撰者唐尧官，碑立于晋宁区。

著录于（道光）《晋宁州志》。

8143 无心偈

撰者鹤峋，碑立于宾川县。

著录于《新纂云南通志·金石考》。

8144 吴朝应去思碑

碑立于新平县。

著录于（道光）《新平县志》。

8145 吴三桂大周年号碑

碑立于蒙自市。

著录于（宣统）《续修蒙自县志》。

8146 梧山记

撰者张恒凤，碑立于寻甸县。

著录于《新纂云南通志·金石考》。

8147 梧州义田记

撰者陈鉴，碑立于石屏县。

著录于（民国）《石屏县志》。

8148 五次题名碑记

撰者江濬源，碑立于建水县。

著录于（民国）《续修建水县志稿》。

8149 五峰桥碑记

撰者王崇矩，碑立于鹤庆县。

见于《鹤庆碑刻辑录》。

8150 五峰山本光和尚行石

撰者方文英，碑立于陆良县。

著录于（民国）《陆良县志稿》。

8151 五峰书院碑记

撰者周书正，碑立于鹤庆县。

著录于（民国）《鹤庆县志》。

8152 五花山喜雨池记

撰者王志高，碑立于新平县。

著录于（民国）《续修新平县志》。

8153 五华书屋记

撰者郑颙。

著录于（景泰）《云南图经志书》。

8154 五华书院新建潘忠毅公祠碑

撰者张思敬，碑立于石屏县。

著录于（民国）《石屏县志》。

8155 五来堂记

撰者周炳，碑立于马关县。

著录于（道光）《开化府志》。

8156 五龙山记

撰者檀萃，碑立于宜良县。

著录于（民国）《禄劝县志》。

8157 五龙寺碑序（一）

高 140 cm×宽 52 cm，碑立于宜良县。

见于《宜良碑刻增补本》（上）。

注：是碑为一套上下两通，下一通已不存，故年款不详。据文中记叙所知，是碑当为乾隆晚期所制。

8158 **五山彝汉文墓碑群**

高 86 cm × 宽 46 cm × 厚 10 cm，碑立于弥勒市。

见于《红河州不可移动文物大全》。

8159 **五十三空桥记**

撰者王德超，碑立于鹤庆县。

见于《鹤庆碑刻辑录》。

8160 **武功将军马开科碑文**

碑立于昭通市。

见于《鲁甸碑刻》。

8161 **武侯碑**

碑立于曲靖市。

著录于（光绪）《云南通志》。

8162 **武侯台记**

碑立于巍山县。

著录于（康熙）《定边县志》。

8163 **武庙碑记**

撰者孔之裔，碑立于沾益区。

著录于（光绪）《沾益州志》。

8164 **武乡会题名碑记**

撰者王永义，碑立于建水县。

著录于（民国）《续修建水县志稿》。

8165 **武仪将军马一元之墓碑文**

撰者马腾霄，碑立于昭通市。

见于《鲁甸碑刻》。

8166 **西村西华寺十八罗汉像成记**

撰者杨御楫，碑立于宜良县。

著录于（民国）《宜良县志》。

8167 **西宕龙泉碑**

撰者董云汉，碑立于澄江县。

著录于（康熙）《河阳县志》。

8168 **西宕龙泉碑**

撰者杨应策，碑立于澄江县。

著录于（康熙）《河阳县志》。

8169 **西瓜说**

撰者饶启心，碑立于呈贡区。

著录于（光绪）《呈贡县志》。

8170 **西华寺中元会会田碑记**

撰者乐安仁，碑立于华宁县。

著录于（宣统）《宁州志》。

8171 **西来寺碑**

撰者王兆基，碑立于华宁县。

著录于（嘉庆）《宁州志》。

8172 **西林书院记**

撰者崔乃镛，碑立于东川区。

著录于（雍正）《东川府志》。

8173 **西南备边录序**

著录于（康熙）《云南府志》。

8174 **西南别墅记**

撰者龙文，碑立于大关县。

著录于（民国）《大关县志》。

8175 **西浦龙泉碑**

撰者童玺，碑立于澄江县。

著录于（康熙）《河阳县志》。

8176 **西至悟碑（功德）**

碑立于宾川县。

见于《鸡足山志》。

8177 **西竺寺功德碑记**

撰者李从资，书者李锦，楷书，高 12 cm × 宽 57 cm，碑立于云龙县。

见于《大理丛书・金石篇》。

8178 **希有和尚狮子窝记**

撰者时亮功，碑立于凤庆县。

见于《中国地方志佛道教文献汇纂・诗文碑刻卷》（西南・云南）。

8179 **息稼轩记**

撰者顾庆恩，碑立于石屏县。

著录于（乾隆）《石屏州志》。

8180　息宰皈依寺普名声受降碑

撰者张继孟，高 186 cm × 宽 92 cm × 厚 16 cm，碑立于弥勒市。
见于《弥勒文物志》。

8181　悉宜厂记

撰者檀萃，碑立于凤庆县。
著录于（光绪）《续修顺宁府志》。

8182　惜字会碑记

撰者李治，碑立于元江县。
著录于（道光）《新平县志》。

8183　惜字会记

撰者白映庚，碑立于晋宁区。
著录于（道光）《晋宁州志》。

8184　惜字会前后功德碑记

撰者杨元升，碑立于易门县。
著录于（道光）《续修易门县志》。

8185　犀牛洞记

撰者司鸿范，碑立于嵩明县。
著录于（民国）《嵩明县志》。

8186　溪口渡碑记

撰者王廷桂，碑立于镇雄县。
著录于（乾隆）《镇雄州志》。

8187　习杜祠堂记

撰者孙继鲁。
著录于（嘉庆）《滇系》。

8188　如是庵记

撰者王景常，碑立于峨山县。
著录于（天启）《滇志》。

8189　夏言诗石刻

碑立于五华区。
著录于（道光）《昆明县志》。

8190　夏因塘去思碑

碑立于新平县。
著录于（道光）《新平县志》。

8191　仙碑

碑立于镇雄县。
著录于（道光）《云南通志稿》。

8192　仙人迹记

碑立于巍山县。
著录于（康熙）《定边县志》。

8193　仙台山记

撰者檀萃，碑立于禄劝县。
著录于（民国）《禄劝县志》。

8194　咸阳王庙记

撰者赵子元。
著录于（景泰）《云南图经志书》。

8195　咸阳王庙铭

撰者王臣。
著录于（康熙）《云南府志》。

8196　涎泽记

撰者方文英，碑立于陆良县。
著录于（民国）《陆良县志稿》。

8197　县女崖记

撰者檀萃。
著录于（嘉庆）《滇系》。

8198　乡题勤慎润川彭公暨德配杨孺人世系行述墓志铭

撰者师坤，碑立于弥渡县。
见于《弥渡古代碑刻辑释》。

8199　乡丈碑

碑立于石屏县。
著录于（民国）《石屏县志》。

8200　香林寺记

撰者陈晟。
著录于（天启）《滇志》。

8201　香屏山记

撰者檀萃，碑立于禄劝县。
著录于（民国）《禄劝县志》。

8202 襄阳隆中卧龙冈记

撰者杨鲲。
著录于（嘉庆）《滇系》。

8203 详粮道免运积谷文

撰者刘世熼，碑立于呈贡区。
著录于（雍正）《呈贡县志》。

8204 详免学租银两碑记

撰者王特晋，碑立于晋宁区。
著录于（道光）《晋宁州志》。

8205 详请改建明伦堂作书院文

撰者饶梦铭，碑立于宣威市。
著录于（道光）《宣威州志》。

8206 详请设立学校文

撰者张汉，碑立于宣威市。
著录于（道光）《宣威州志》。

8207 详允鸡山直隶僧户碑

撰者张瑞扬，碑立于宾川县。
著录于《鸡足山志》。

8208 祥光残石

碑立于陆良县。
著录于《新纂云南通志·金石考》。

8209 祥瑞记

撰者陶大濬，碑立于罗平县。
著录于（民国）《罗平县志》。

8210 向晓楼先生墓志铭

撰者李滮，碑立于弥渡县。
见于《弥渡古代碑刻辑释》。

8211 向于宸引蒙心学直解

碑立于通海县。
著录于《新纂云南通志·金石考》。

8212 萧公生祠记

撰者涂时相，碑立于石屏县。
著录于（乾隆）《石屏州志》。

8213 萧许氏墓志铭

撰者李春华，碑立于景东县。
著录于（民国）《景东县志稿》。

8214 小厂许氏宗族墓

见于《云南省德宏傣族景颇族不可移动文物名录》。

8215 小瑞城祀田碑记

撰者许贺来，碑立于石屏县。
著录于（乾隆）《石屏州志》。

8216 孝经石刻

碑立于五华区。
著录于《新纂云南通志·金石考》。

8217 孝廉徐开元墓志铭

撰者王大懋，碑立于景东县。
著录于（民国）《景东县志稿》。

8218 孝女李保珍墓

撰者吴宝箴，碑立于文山市。
著录于（民国）《续修文山县志》。

8219 孝亲可厶残刻

刻工李文耕，碑立于晋宁区。
著录于《新纂云南通志·金石考》。

8220 孝子廉吏祀乡贤赵德宏墓碑

撰者李元阳，碑立于鹤庆县。
著录于（光绪）《鹤庆州志》。

8221 孝子王珪庐墓序

撰者郭镇，碑立于玉溪市。
著录于（道光）《澄江府志》。

8222 孝子许邦相墓石

碑立于石屏县。
著录于（民国）《石屏县志》。

8223 校士馆记

撰者王锠。
著录于（乾隆）《广西府志》。

8224 啸狮山翠峰庵序

撰者唐国珍，碑立于嵩明县。
著录于（民国）《嵩明县志》。

8225 啸云轩记

撰者熊兆镒，碑立于鹤庆县。
著录于（康熙）《鹤庆府志》。

8226 卸罗平县知事杨国柱继配保孺人墓志铭

撰者周为桢，碑立于禄劝县。
著录于（民国）《禄劝县志》。

8227 偰山游记

碑立于凤庆县。
著录于（民国）《顺宁县志初稿》。

8228 谢成举遗爱碑

碑立于新平县。
著录于（道光）《新平县志》。

8229 谢公祠小引

撰者杨景程，碑立于云龙县。
著录于（光绪）《云龙州志》。

8230 谢光宗去思碑

碑立于新平县。
著录于（道光）《新平县志》。

8231 谢孝子之忠碑记

撰者赵光，碑立于嵩明县。
著录于（民国）《嵩明县志》。

8232 㞱理翰碑

著录于《新纂云南通志·金石考》。

8233 㞱负丰碑

碑立于建水县。
著录于（民国）《续修建水县志稿》。

8234 新定夫马章程碑序

撰者唐湛春，碑立于昭通市。
著录于（民国）《昭通志稿》。

8235 新洄澜阁碑记

撰者陈先沅，碑立于石屏县。
著录于（民国）《石屏县志》。

8236 新建钵盂冲天生桥碑记

撰者刘联魁，碑立于华宁县。
著录于（嘉庆）《宁州志》。

8237 新建澄阳万寿宫引

撰者张圣治，碑立于玉溪市。
著录于（道光）《澄江府志》。

8238 新建崇正书院记

撰者郑绍谦，碑立于建水县。
著录于（民国）《续修建水县志稿》。

8239 新建催官阁记

撰者舒瑞龙。
著录于（道光）《寻甸州志》。

8240 新建登瀛桥碑记

撰者王缙，碑立于晋宁区。
著录于（道光）《晋宁州志》。

8241 新建高坝宁济桥碑记

撰者司沂，碑立于嵩明县。
著录于（民国）《嵩明县志》。

8242 新建关帝庙碑记

撰者义宁，碑立于东川区。
著录于（乾隆）《东川府志》。

8243 新建桂香阁暨书院记

撰者王纬，碑立于弥勒市。
著录于（乾隆）《弥勒州志》。

8244 新建河西学训遵署碑记

撰者杜国英，碑立于通海县。
著录于（乾隆）《续修河西县志》。

8245 新建河阳县儒学尊经阁记

撰者赵士麟，碑立于澄江县。
著录于（康熙）《河阳县志》。

8246 新建鹤庆府城记

撰者李元阳，碑立于鹤庆县。
著录于（天启）《滇志》。

8247 新建黉宫记

撰者李登瀛，碑立于景谷县。
著录于（道光）《威远厅志》。

8248 新建洄澜桥碑序

撰者孙松森，碑立于石屏县。
著录于（民国）《石屏县志》。

8249 新建教育局董事会碑记

碑立于嵩明县。
著录于（民国）《嵩明县志》。

8250 新建奎阁碑记

撰者刘世熿，碑立于呈贡区。
著录于（康熙）《呈贡县志》。

8251 新建联升桥碑序

撰者郑绍谦，碑立于建水县。
著录于（民国）《续修建水县志稿》。

8252 新建龙陵厅学记

撰者董国华，碑立于龙陵县。
著录于（光绪）《永昌府志》。

8253 新建罗平尊经阁碑记

撰者涂暾，碑立于罗平县。
著录于（康熙）《罗平县志》。

8254 新建鸣凤桥碑记

撰者李阜登，碑立于玉溪市。
著录于《新兴州志》。

8255 新建清贞寺大殿记

撰者吕缵先，碑立于石屏县。
著录于（乾隆）《石屏州志》。

8256 新建庆云书院碑记碑

大理石，楷书，高 105 cm×宽 50 cm，碑立于洱源县。
见于《大理洱源县碑刻辑录》。

8257 新建曲江桥武安王庙碑记

撰者范允临。
著录于（天启）《滇志》。

8258 新建仁德府庙学记

撰者张志淳，碑立于寻甸县。
著录于《新纂云南通志·金石考》。

8259 新建山川坛记

撰者张端亮，碑立于巍山县。
著录于（康熙）《蒙化府志》。

8260 新建双虹桥碑记

撰者夏治源，碑立于建水县。
著录于（民国）《续修建水县志稿》。

8261 新建水月庵碑记

撰者莫可及，碑立于呈贡区。
著录于（康熙）《呈贡县志》。

8262 新建嵩明高级小学校寝室碑记

撰者李文林，碑立于嵩明县。
著录于（民国）《嵩明县志》。

8263 新建天生桥记

撰者高仪，碑立于文山市。
著录于（道光）《开化府志》。

8264 新建魏公祠碑记

撰者许肇坤，碑立于东川区。
著录于（乾隆）《东川府志》。

8265 新建文昌祠序

撰者汤茂如。
著录于（乾隆）《蒙自县志》。

8266 新建文昌宫碑记

撰者蔡毓荣，碑立于晋宁区。
著录于（道光）《昆阳州志》。

8267 **新建文昌宫功德碑**

高 56 cm×宽 83 cm，碑立于大理市。
见于《大理凤仪古碑文集》。

8268 **新建文昌宫记**

撰者沈宁，碑立于文山市。
著录于（乾隆）《开化府志》。

8269 **新建文峰塔记**

撰者舒瑞龙。
著录于（道光）《寻甸州志》。

8270 **新建文华书院碑记**

撰者黄大鹤，碑立于巍山县。
著录于（乾隆）《续修蒙化直隶厅志》。

8271 **新建文庙碑记**

撰者蒋恒盈，碑立于峨山县。
著录于（康熙）《嶍峨县志》。

8272 **新建文庙碑记**

撰者杜珍，碑立于陆良县。
著录于（民国）《陆良县志稿》。

8273 **新建武安王庙碑记**

撰者杨钧，碑立于嵩明县。
著录于（康熙）《嵩明州志》。

8274 **新建西村桂香宫碑记**

撰者许士彦，碑立于宜良县。
著录于（民国）《宜良县志》。

8275 **新建县知县刘公墓碣**

撰者张玉树，碑立于华宁县。
著录于《新纂云南通志·金石考》。

8276 **新建新兴仙人坝碑记**

撰者张晅，碑立于玉溪市。
著录于（道光）《澄江府志》。

8277 **新建养济院记**

撰者王泔，碑立于云龙县。
著录于（雍正）《云龙州志》。

8278 **新建宜良文庙职官碑记**

砂石，高 62 cm×宽 132 cm，碑立于宜良县。
见于《宜良碑刻增补本》（上）。

8279 **新建易门普济堂碑记**

撰者严廷珏，碑立于易门县。
著录于（道光）《续修易门县志》。

8280 **新建迎恩地居仁书舍碑记**

撰者李旼，碑立于晋宁区。
著录于（道光）《昆阳州志》。

8281 **新建湛露坊碑记**

撰者徐正恩，碑立于玉溪市。
著录于《新兴州志》。

8282 **新建忠孝节烈祠记**

撰者朱若功，碑立于呈贡区。
著录于（雍正）《呈贡县志》。

8283 **新建忠孝节义祠记**

撰者吴怡，碑立于永胜县。
著录于（光绪）《续修永北直隶厅志》。

8284 **新建竹室记**

撰者张仲友，碑立于大关县。
著录于（民国）《大关县志》。

8285 **新建尊经阁碑记**

撰者方天葆，碑立于曲靖市。
著录于（咸丰）《南宁县志》。

8286 **新镌州舆图记**

撰者宴鹿鸣，碑立于石屏县。
著录于（乾隆）《石屏州志》。

8287 **新浚海口碑记**

撰者许贺来，碑立于石屏县。
著录于（乾隆）《石屏州志》。

8288 **新开东川子河筑青石涧堤工记**

撰者高上桂，碑立于洱源县。
著录于（咸丰）《邓川州志》。

8289 新开太和清溪记

撰者戴斯琯，碑立于大理市。
著录于（民国）《大理县志稿》。

8290 新辟石路记摩崖

撰者钱匡之，书者钱匡之，碑立于西山区。
著录于《新纂云南通志·金石考》。

8291 新平忠义碑

碑立于新平县。
著录于（民国）《续修新平县志》。

8292 新迁安宁关公祠记

撰者方沆，碑立于安宁市。
著录于（雍正）《安宁州志》。

8293 新迁雉山书院记

撰者李淳，碑立于宜良县。
著录于（民国）《宜良县志》。

8294 新设日新书院碑记

撰者义宁，碑立于东川区。
著录于（乾隆）《东川府志》。

8295 新设昭通府知事分防牛街建署碑记

撰者龚国用，碑立于镇雄县。
著录于（乾隆）《镇雄州志》。

8296 新亭记

撰者陈尧林，碑立于新平县。
著录于（民国）《续修新平县志》。

8297 新修鹤阳书院记

撰者王景绪，碑立于鹤庆县。
著录于（民国）《鹤庆县志》。

8298 新修江底路碑记

撰者胡承灏，碑立于罗平县。
著录于（康熙）《罗平州志》。

8299 新修泮池碑记

撰者周瑛，碑立于建水县。
著录于（康熙）《建水州志》。

8300 新修普惠桥碑记

撰者张泓，碑立于玉溪市。
著录于《新兴州志》。

8301 新修玉带河建锁水阁记

撰者舒瑞龙。
著录于（道光）《寻甸州志》。

8302 新修中溪书院南院记

撰者赵汝濂，碑立于大理市。
著录于（民国）《大理县志稿》。

8303 新造崩河坎石栏记

撰者周炳，碑立于文山市。
著录于（道光）《开化府志》。

8304 新造崩河坎石栏记

撰者王继文。
著录于（康熙）《云南府志》。

8305 新制学宫祭器碑记

撰者黄叔琪，碑立于普洱市。
著录于（乾隆）《景东直隶厅志》。

8306 新置海口田租碑记

撰者叶世芳，碑立于石屏县。
著录于（乾隆）《石屏州志》。

8307 新置送士子会试路费记

撰者李淳，碑立于宜良县。
著录于（民国）《宜良县志》。

8308 新置云南会馆记

撰者王宏祚。
著录于（嘉庆）《滇系》。

8309 新筑城墙碑志

撰者虞钺，碑立于中甸县。
著录于《中甸县志稿》。

8310 刑部司务严公合葬墓志铭

撰者吴兰，碑立于宜良县。
著录于（乾隆）《宜良县志》。

8311 刑科都给事中三贞刘公墓碣

撰者胡汝翼，碑立于建水县。
著录于（民国）《续修建水县志稿》。

8312 醒心亭记

撰者张铨，碑立于富宁县。
著录于（康熙）《富民县志》。

8313 兴修罪犯习艺所记

撰者陶大濬，碑立于罗平县。
著录于（民国）《罗平县志》。

8314 熊登云去思碑

碑立于新平县。
著录于（道光）《新平县志》。

8315 熊节妇墓志铭

撰者万重赟，碑立于文山市。
著录于（道光）《开化府志》。

8316 修北门桥路记

撰者傅为詝，碑立于建水县。
著录于（民国）《续修建水县志稿》。

8317 修不二禅林碑记

撰者赵珙，碑立于洱源县。
见于《中国地方志佛道教文献汇纂·诗文碑刻卷》（西南·云南）。

8318 修茶园沟山路引

撰者施肇乾，碑立于镇雄县。
著录于（光绪）《镇雄州志》。

8319 修城东路碑记

撰者陈钟虞，碑立于新平县。
著录于（民国）《续修新平县志》。

8320 修城隍庙引

撰者程封，碑立于曲靖市。
著录于（咸丰）《南宁县志》。

8321 修梵王宫碑记

撰者吴琏，碑立于晋宁区。
著录于（道光）《晋宁州志》。

8322 修飞来寺记

撰者柯暹，碑立于大理市。
著录于（乾隆）《赵州志》。

8323 修复云息庵记

撰者赵耀基，碑立于鹤庆县。
见于《鹤庆碑刻辑录》。

8324 修纪善桥碑记

撰者赵心得，碑立于龙陵县。
著录于（民国）《龙陵县志》。

8325 修建崇圣祠记

撰者赵淳，碑立于东川区。
著录于（乾隆）《东川府志》。

8326 修建滇南藩署记

撰者于三贤。
著录于（康熙）《云南府志》。

8327 修建东川文庙碑记

撰者崔乃镛，碑立于东川区。
著录于（雍正）《东川府志》。

8328 修建两街迎恩楼记

碑立于丘北县。
著录于（民国）《邱北县志》。

8329 修建启圣祠记

撰者李崇階，碑立于大理市。
著录于（乾隆）《大理府志》。

8330 修建腾越州廨并改建州判厅事归入州廨记

撰者吴楷，碑立于腾冲市。
著录于（乾隆）《云南腾越州志》。

8331 修建文庙碑记

撰者周炳，碑立于马关县。
著录于（民国）《马关县志》。

8332 修建仙台山王母殿募化功德启

撰者杨国柱，碑立于禄劝县。
著录于（民国）《禄劝县志》。

8333 修建兴隆寺左厢房暨龙王庙碑叙

碑立于石林县。
著录于《北山村志》。

8334 修建药王庙碑记

撰者祝钟俊，碑立于呈贡区。
著录于（康熙）《呈贡县志》。

8335 修建永昌北城垣各楼碑

撰者周化凤，碑立于保山市。
著录于（康熙）《永昌府志》。

8336 修建永昌南城垣各楼碑

撰者罗纶，碑立于保山市。
著录于（康熙）《永昌府志》。

8337 修建镇关彩虹两石桥碑

撰者张维宗，碑立于大关县。
著录于（民国）《大关县志》。

8338 修浚嘉丽泽河口碑记

撰者陈庚明，碑立于嵩明县。
著录于（民国）《嵩明县志》。

8339 修泮池记

撰者李元阳，碑立于鹤庆县。
著录于（民国）《鹤庆县志》。

8340 修泮池记

碑立于华宁县。
著录于（宣统）《宁州志》。

8341 修辟永昌道路碑

撰者周化凤，碑立于保山市。
著录于（康熙）《永昌府志》。

8342 修普应溪碑记

撰者许贺来，碑立于通海县。
著录于（乾隆）《续修河西县志》。

8343 修乾离洞记

撰者栗而璋，碑立于建水县。
著录于（民国）《续修建水县志稿》。

8344 修青石桥大路碑记

撰者吴宝林，碑立于嵩明县。
著录于（康熙）《嵩明县志》。

8345 修田沟石枧田碑记

撰者丁春，碑立于丘北县。
著录于（民国）《邱北县志》。

8346 修武庙碑记

撰者饶文琯，碑立于新平县。
著录于（民国）《续修新平县志》。

8347 修学记

撰者王致中，碑立于宾川县。
著录于（雍正）《宾川州志》。

8348 修学记

撰者唐文炳，碑立于华宁县。
著录于（宣统）《宁州志》。

8349 修学记

撰者杨师孔，碑立于石屏县。
著录于（乾隆）《石屏州志》。

8350 修亚泥河桥募引

撰者冯西生，碑立于新平县。
著录于（康熙）《新平县志》。

8351 修养济院碑记

撰者陈宗海，碑立于腾冲市。
著录于（康熙）《新平县志》。

8352 修永安桥碑记

撰者赵心得，碑立于龙陵县。
著录于（民国）《龙陵县志》。

8353 修永春河铁锁桥记

撰者李翰湘，碑立于维西县。
著录于（民国）《维西县志》。

8354 修赵州儒学记

撰者何俊，碑立于大理市。
著录于（乾隆）《赵州志》。

8355 **修筑广济沟堤埂记**

撰者梅增荣，碑立于禄劝县。

著录于（民国）《禄劝县志》。

8356 **修筑河堤碑记**

撰者刘彪，碑立于建水县。

著录于（康熙）《建水州志》。

8357 **修筑蜈蚣桥碑记**

撰者石梁，碑立于嵩明县。

著录于（民国）《嵩明县志》。

8358 **秀山斗阁碑记**

撰者董玘，书者董玘，碑立于通海县。

著录于《新纂云南通志·金石考》。

8359 **秀山郡大师张文宣彦碑**

高 51 cm×宽 49 cm×厚 14 cm，碑立于通海县。

见于《通海历代碑刻集》。

8360 **秀山郡释通允和尚合葬墓碑**

高 53 cm×宽 39 cm×厚 6.5 cm，碑立于通海县。

见于《通海历代碑刻集》。

8361 **秀山石刻**

碑立于石屏县。

著录于（民国）《石屏县志》。

8362 **虚武洞碑记**

撰者唐之夔，碑立于易门县。

著录于《新纂云南通志·金石考》。

8363 **徐公新设帮贡田亩碑记**

撰者朱篈，碑立于石屏县。

著录于（乾隆）《石屏州志》。

8364 **徐公政绩碑记**

撰者郑虎文。

著录于（嘉庆）《滇系》。

8365 **徐侯筑堤引泉创兴水利碑记**

撰者许贺来，碑立于石屏县。

著录于（乾隆）《石屏州志》。

8366 **徐氏捐乡试卷金学田碑记**

撰者张大森，碑立于宜良县。

著录于（乾隆）《宜良县志》。

8367 **许翰林学士应藻墓碑**

碑立于石屏县。

著录于（民国）《石屏县志》。

8368 **许弘勋诗摩崖**

撰者许弘勋，碑立于五华区。

著录于《新纂云南通志·金石考》。

8369 **许兰皋墓志**

高 320 cm，侧碑高 260 cm，碑立于石屏县。

见于《红河州不可移动文物大全》。

8370 **许銮坡墓许袁夫人墓**

碑立于石屏县。

著录于（民国）《石屏县志》。

8371 **许母李太君墓志铭**

撰者孙勷，碑立于石屏县。

著录于（乾隆）《石屏州志》。

8372 **许太夫人墓碑**

撰者袁嘉穀，碑立于石屏县。

著录于（民国）《石屏县志》。

8373 **许镃墓碑**

撰者陈灯，碑立于石屏县。

著录于（民国）《石屏县志》。

8374 **续立膏火碑记**

撰者徐迪行，碑立于沾益州。

著录于（光绪）《沾益州志》。

8375 **续修城隍庙记**

撰者朱光鼎，碑立于宣威市。

著录于（道光）《宣威州志》。

8376 续修古文昌宫记

撰者曾德纯，碑立于宣威市。
著录于（道光）《宣威州志》。

8377 续修长安桥碑设

碑立于嵩明县。
著录于（民国）《嵩明县志》。

8378 续赠王太□孺人墓表

撰者王永义，碑立于峨山县。
著录于（民国）《嶍峨县志》。

8379 宣武寨李煜堂墓志

撰者阵熙卿，碑立于弥勒市。
见于《弥勒文物志》。

8380 玄畅楼记

撰者程正谊，碑立于巍山县。
著录于（康熙）《蒙化府志》。

8381 薛朝龙德政碑

碑立于新平县。
著录于（道光）《新平县志》。

8382 学碑

撰者徐埏。
著录于（光绪）《续修嵩明州志》。

8383 学博李公兆旂墓表

撰者陈灯。
见于《中国地方志佛道教文献汇纂·诗文碑刻卷》（西南·云南）。

8384 学博文山李君乡饮记

撰者孙勷，碑立于晋宁区。
著录于（道光）《昆阳州志》。

8385 学博徐君墓志铭

撰者李应绶，碑立于晋宁区。
著录于（道光）《昆阳州志》。

8386 学宫碑

碑立于龙陵县。
著录于（民国）《龙陵县志》。

8387 学宫书院历年近事碑记

碑立于嵩明县。
著录于（民国）《嵩明县志》。

8388 学田碑

碑立于蒙自市。
著录于（宣统）《续修蒙自县志》。

8389 学田碑

撰者杨廷相，碑立于石屏县。
著录于（乾隆）《石屏州志》。

8390 学田碑

撰者彭之年，碑立于石屏永胜县。
著录于（乾隆）《永北府志》。

8391 雪山碑

著录于（道光）《云南通志稿》。

8392 雪山大夫墓表

撰者张含。
著录于（嘉庆）《滇系》。

8393 雪山书院记

撰者杨馝，碑立于丽江市。
著录于（乾隆）《丽江府志略》。

8394 雪山书院记并铭

撰者蔡嵩，碑立于丽江市。
著录于（乾隆）《丽江府志略》。

8395 雪山新峰记

撰者木增。
著录于（光绪）《丽江府志》。

8396 巡抚郑公靖寇安民碑

撰者朱逸民。
著录于（康熙）《云南通志》。

8397 训饬士子文

碑立于祥云县。

著录于（乾隆）《云南县志》。

8398 衙署供奉王公碑记

撰者高国鼎，碑立于罗平县。

著录于（民国）《罗平县志》。

8399 哑毒泉

碑立于凤庆县。

著录于（民国）《顺宁县志初稿》。

8400 哑泉碑

碑立于龙陵县。

著录于（民国）《龙陵县志》。

8401 延寿庵记

撰者陶瑞凤，碑立于马龙区。

著录于（雍正）《马龙州志》。

8402 延寿斋记

撰者龙文，碑立于大关县。

著录于（民国）《大关县志》。

8403 严禁夫役碑记

撰者鄂尔泰，碑立于镇雄县。

著录于（乾隆）《镇雄州志》。

8404 严禁滥索夫马碑

碑立于罗平县。

著录于（康熙）《罗平州志》。

8405 严禁派散烟户监碑

碑立于罗平县。

著录于（康熙）《罗平州志》。

8406 严禁私派锢弊碑

青石，楷书，高 142 cm×宽 45 cm×厚 11 cm，碑立于丽江市。

见于《云南史料丛刊》（第十三卷）。

8407 严母董太夫人墓碑

书者周钟岳，大理石，楷书，高 68.5 cm×宽 42 cm×厚 7 cm，碑立于大理市。

见于《大理丛书·金石篇》。

8408 严氏镇一公墓志

撰者李元阳，碑立于宜良县。

著录于（乾隆）《宜良县志》。

8409 岩洞记

撰者张汉，碑立于建水县。

著录于《新纂云南通志·金石考》。

8410 岩泉读书记

撰者徐松，碑立于宜良县。

著录于（乾隆）《宜良县志》。

8411 岩泉寺宜亭记

撰者永慧，碑立于宜良县。

著录于（民国）《宜良县志》。

8412 杨负图徵君墓志铭

撰者戴秉经，碑立于嵩明县。

著录于（民国）《嵩明县志》。

8413 杨武坝义馆碑记

撰者赵之良，碑立于新平县。

著录于（道光）《新平县志》。

8414 杨张耕先生时敏堂石刻

撰者蔡光纶，碑立于宜良县。

见于《中国地方志佛道教文献汇纂·诗文碑刻卷》（西南·云南）。

8415 阳宗周令川记

碑立于玉溪市。

著录于（道光）《澄江府志》。

8416 杨保大墓碑

砂石，行书，高 36 cm×宽 28 cm×厚 4.5 cm，碑立于通海县。

见于《大理丛书·金石篇》。

8417 杨成庆碑

大理石，楷书，高 105 cm × 宽 50 cm × 厚 20 cm，碑立于大理市。
见于《大理丛书·金石篇》。

8418 杨春象府君墓志铭

撰者徐亮，碑立于元江县。
著录于（民国）《元江志稿》。

8419 杨公寿藏之记

高 90 cm × 宽 55 cm，碑立于大理市。
见于《大理丛书·金石篇》。

8420 杨公佑之墓志

撰者刘庆云，碑立于嵩明县。
著录于（民国）《嵩明县志》。

8421 杨公玉峰巡边去思碑记

撰者于慎行，碑立于石屏县。
著录于（乾隆）《石屏州志》。

8422 杨固亭太尹墓志

撰者刘澍，碑立于永胜县。
著录于（光绪）《续修永北直隶厅志》。

8423 杨国华平贼碑

碑立于新平县。
著录于（道光）《新平县志》。

8424 杨家桥夫马碑记

撰者杨树声，碑立于嵩明县。
著录于（民国）《嵩明县志》。

8425 杨逵臣广文鸿膏墓碑

碑立于石屏县。
著录于（民国）《石屏县志》。

8426 杨老伯母百龄正庆

碑立于宾川县。
见于《宾川丛书·金石篇》。

8427 杨林鹿元书院碑记

撰者贾庚，碑立于嵩明县。
著录于（康熙）《嵩明州志》。

8428 杨林石牡丹记

撰者管夔元，碑立于嵩明县。
著录于（民国）《嵩明县志》。

8429 杨庆碑

大理石，楷书，高 80 cm × 宽 45 cm × 厚 22 cm，碑立于大理市。
见于《大理丛书·金石篇》。

8430 杨融甫先生墓志铭

撰者施有奎，碑立于石屏县。
著录于（民国）《石屏县志》。

8431 杨如轩撰张鑫书杨氏先庙碑

撰者杨如轩，碑立于宾川县。
见于《宾川丛书·金石篇》。

8432 杨汝河义举碑

碑立于江川区。
著录于《新纂云南通志·金石考》。

8433 杨升元去思碑

碑立于新平县。
著录于（道光）《新平县志》。

8434 杨生善碑

高 100 cm × 宽 40 cm × 厚 15 cm，碑立于大理市。
见于《大理丛书·金石篇》。

8435 杨生直碑

大理石，楷书，高 105 cm × 宽 49 cm × 厚 23 cm，碑立于大理市。
见于《大理丛书·金石篇》。

8436 杨绳武墓志

碑立于弥勒市。
见于《弥勒文物志》。

8437 杨氏二孝三节记

撰者杨一清，碑立于大理市。
著录于（天启）《滇志》、（乾隆）《大理府志》。

8438 杨氏墓志铭

撰者张大英，高 57 cm × 宽 42 cm，碑立于大理市。
见于《大理丛书·金石篇》。

8439 杨氏文秀小传

撰者王喆，碑立于文山市。
著录于（乾隆）《开化府志》。

8440 杨竦铭

碑立于腾冲市。
著录于（光绪）《腾越厅志稿》。

8441 杨太夫人百岁坊征诗文篇海内因作柏梁体长歌纪盛

碑立于宾川县。
见于《宾川丛书·金石篇》。

8442 杨同知开泰墓碑

碑立于石屏县。
著录于（民国）《石屏县志》。

8443 杨文定公神道碑

撰者袁枚。
著录于（嘉庆）《滇系》。

8444 杨文广驻师之所石刻

碑立于蒙自市。
著录于《新纂云南通志·金石考》。

8445 杨文襄公家祭田碑

碑立于安宁市。
著录于《新纂云南通志·金石考》。

8446 杨禧碑

高 87 cm × 宽 53 cm × 厚 21 cm，碑立于大理市。
见于《大理丛书·金石篇》。

8447 杨孝女事略记

撰者桂诗成，碑立于宜良县。
著录于（民国）《宜良县志》。

8448 杨孝子寻父骸记

撰者许宪，碑立于大理市。
著录于（道光）《赵州志》。

8449 杨药师生神道碑

大理石，楷书，高 110 cm × 宽 47 cm × 厚 16 cm，碑立于大理市。
见于《大理丛书·金石篇》。

8450 杨逾城珮碑

高 94 cm × 宽 49 cm，碑立于大理市。
见于《大理丛书·金石篇》。

8451 杨逾城实墓碑

楷书，高 81 cm × 宽 57 cm，碑立于大理市。
见于《大理丛书·金石篇》。

8452 杨稚莲广文浥膏墓碑

碑立于石屏县。
著录于（民国）《石屏县志》。

8453 杨朱二公祠堂记

撰者杨金鉴，碑立于鹤庆县。
著录于（民国）《鹤庆县志》。

8454 养济院义田记

撰者王泔，碑立于云龙县。
著录于（雍正）《云龙州志》。

8455 猺堆石刻

碑立于昭通市。
著录于（民国）《昭通县志稿》。

8456 瑶光台碑

撰者顾庆恩，碑立于澄江县。
著录于（康熙）《河阳县志》。

8457 埜喇墓碑

碑立于澄江县。
著录于（道光）《云南通志稿》。

8458 一品石残碑

碑立于丽江市。
著录于《新纂云南通志·金石考》。

8459 一相寺记

撰者史来信，碑立于鹤庆县。
著录于（民国）《鹤庆县志》。

8460 重修一相寺记

撰者舒嘉猷，碑立于鹤庆县。
著录于（民国）《鹤庆县志》。

8461 夷女六姐墓碑

碑立于建水县。
著录于《新纂云南通志·金石考》。

8462 宜民桥记

撰者王奎。
著录于（乾隆）《蒙自县志》。

8463 移建文庙官绅捐金碑记

撰者陈昌龄，碑立于文山市。
著录于（民国）《续修文山县志》。

8464 移井记

撰者蓝有光，碑立于建水县。
著录于（民国）《建水县志稿》。

8465 遗爱碑记

高 150 cm × 宽 61 cm，碑立于鹤庆县。
见于《鹤庆碑刻辑录》。

8466 彝良奎垣书院碑记

撰者蒋肇埊，碑立于镇雄县。
著录于（乾隆）《镇雄州志》。

8467 彝文石碑

高 84 cm × 宽 40 cm，碑立于会泽县。
见于《会泽县文物志》。

8468 以里堤路记

撰者张恒，碑立于东川区。
著录于（雍正）《东川府志》。

8469 迤西谷生双穗记

撰者李翰湘，碑立于维西县。
著录于（民国）《维西县志》。

8470 义材会续捐功德引

撰者万重贺，碑立于文山市。
著录于（道光）《开化府志》。

8471 义仓碑记

撰者罗钜璘，碑立于蒙自市。
著录于（乾隆）《蒙自县志》。

8472 义仓碑记

撰者胡秀山，碑立于巧家县。
著录于（民国）《巧家县志稿》。

8473 义渡记

撰者秦述先，碑立于新平县。
著录于（民国）《续修新平县志》。

8474 义妇杨把氏传

撰者宫制锦，碑立于曲靖市。
著录于（咸丰）《南宁县志》。

8475 义谷会记

撰者夏治源，碑立于建水县。
著录于（雍正）《建水州志》。

8476 义亭记

撰者唐尧官，碑立于晋宁区。
著录于（道光）《晋宁州志》。

8477 义学碑记

撰者薛祖顺，碑立于峨山县。
著录于（康熙）《嶍峨县志》。

8478 义学时敏堂记

撰者邹峄，碑立于宜良县。
著录于（乾隆）《宜良县志》。

8479 义置□庄碑记

撰者杜其骄，碑立于曲靖市。
著录于（雍正）《马龙州志》。

8480 **义冢碑记**

撰者李溯，碑立于建水县。
著录于（康熙）《建水州志》。

8481 **邑侯任公去思碑记**

撰者王宪，碑立于富源县。
著录于（康熙）《平彝县志》。

8482 **邑侯汪重修学海记**

撰者尹晋，碑立于蒙自市。
著录于（乾隆）《蒙自县志》。

8483 **佚名诗碑记**

高 190 cm × 宽 60 cm，碑立于宜良县。
见于《宜良碑刻增补本》(上)。

8484 **译史杨公碑**

大理石，楷书，高 93 cm × 宽 59 cm × 厚 22 cm，碑立于大理市。
见于《大理丛书·金石篇》。

8485 **易门县大、小龙泉摩崖**

碑立于易门县。
著录于《新纂云南通志·金石考》。

8486 **易田开渠记**

撰者熊应祥，碑立于晋宁区。
著录于（道光）《昆阳州志》。

8487 **益州太守碑**

著录于《新纂云南通志·金石考》。

8488 **益州太守城坝碑**

碑立于晋宁区。
著录于（光绪）《续云南通志稿》。

8489 **益州太守无名碑**

著录于（光绪）《续云南通志稿》。

8490 **逸圃子洗哈洒合葬墓**

碑立于泸西县。
见于《红河州不可移动文物大全》。

8491 **逸士碑**

碑立于石屏县。
著录于（民国）《石屏县志》。

8492 **银河桥碑**

撰者赵士圻，碑立于鹤庆县。
著录于（光绪）《鹤庆州志》。

8493 **尹善永墓碑**

砂石，高 23 cm × 宽 25 cm × 厚 2.5 cm，碑立于大理市。
见于《大理丛书·金石篇》。

8494 **饮水亭滋圃题诗慎夫作记**

碑立于凤庆县。
著录于（民国）《顺宁县志初稿》。

8495 **迎春寺祈雨诗刻**

撰者董旻，碑立于禄劝县。
著录于《新纂云南通志·金石考》。

8496 **应授孺人李太君墓志铭**

撰者李文耕，碑立于晋宁区。
著录于（道光）《昆阳州志》。

8497 **应役田记**

撰者杨学淳，碑立于大理市。
著录于（道光）《赵州志》。

8498 **应赠女林郎知安定县陈府君墓志铭**

撰者陈沆，碑立于石屏县。
著录于（乾隆）《石屏州志》。

8499 **应赠孺人许母裴太君墓**

碑立于石屏县。
著录于（民国）《石屏县志》。

8500 **拥翠山记**

撰者檀萃，碑立于禄劝县。
著录于（民国）《禄劝县志》。

8501 **雍正西南夷改流记**

碑立于大关县。

著录于（民国）《大关县志》。

8502 雍正新建大关厅城碑记

撰者张坦，碑立于大关县。
著录于（民国）《大关县志》。

8503 永北书院修脯膏火记

撰者李书吉，碑立于永胜县。
著录于（光绪）《续修永北直隶厅志》。

8504 永昌邵氏墓刻

碑立于保山市。
著录于《新纂云南通志·金石考》。

8505 永昌诸葛碑

著录于（道光）《云南通志稿》。

8506 永免羡银升科碑记

撰者杨国柱，碑立于禄劝县。
著录于（民国）《禄劝县志》。

8507 永平迁筑县城碑

撰者刘慥，碑立于永平县。
著录于（道光）《永昌府志》。

8508 永清亭序

撰者张元夔，碑立于宣威市。
著录于（道光）《宣威州志》。

8509 永胜东山摩崖

碑立于永胜县。
著录于《新纂云南通志·金石考》。

8510 永思庐记

撰者程一鹏，碑立于嵩明县。
著录于（康熙）《嵩明州志》。

8511 涌金寺碑

撰者述律杰，碑立于通海县。
著录于《新纂云南通志·金石考》。

8512 涌泉寺新建涌泉亭记

撰者方沆。
著录于（天启）《滇志》。

8513 优游堂记

撰者李元阳。
著录于（天启）《滇志》。

8514 游安宁温泉记

撰者李翰湘，碑立于维西县。
著录于（民国）《维西县志》。

8515 游苍洱记

撰者董学祖，碑立于大理市。
著录于（民国）《大理县志稿》。

8516 游赤壁记略

撰者袁温。
著录于（雍正）《阿迷州志》。

8517 游大龙潭记

撰者张自明，碑立于马关县。
著录于（民国）《马关县志》。

8518 游大松甸记

撰者施甘霖，碑立于洱源县。
著录于（光绪）《浪穹县志略》。

8519 游点苍山记

撰者李元阳，碑立于大理市。
著录于（乾隆）《大理府志》。

8520 游法华寺咏禹碑

撰者杨附郭，碑立于安宁市。
见于《中国地方志佛道教文献汇纂·诗文碑刻卷》（西南·云南）。

8521 游抚仙湖山记

撰者王元翰，碑立于江川县。
著录于（康熙）《江川县志》。

8522 游孤山记

撰者王元翰，碑立于华宁县。
著录于（嘉庆）《宁州志》。

8523 游谷鸟寺

撰者章曰慎，碑立于弥渡县。
见于《弥渡古代碑刻辑释》。

8524 **游海宝山记**

撰者唐尧官，碑立于晋宁区。
著录于（道光）《晋宁州志》。

8525 **游花甸记**

撰者李元阳，碑立于大理市。
著录于（乾隆）《大理府志》。

8526 **游火井记**

撰者李崇階。
著录于（嘉庆）《滇系》。

8527 **游鸡足山记**

撰者冯时可，碑立于宾川县。
著录于（天启）《滇志》。

8528 **游鸡足山记**

撰者李元阳，碑立于宾川县。
著录于（天启）《滇志》。

8529 **游鸡足山记**

撰者汪蛟，碑立于宾川县。
著录于（乾隆）《大理府志》。

8530 **游金焦两山记**

撰者高奣。
著录于（嘉庆）《滇系》。

8531 **游九顶山记**

撰者高奣。
著录于（万历）《云南通志》。

8532 **游九顶山记**

撰者王士性，碑立于大理市。
著录于（天启）《滇志》。

8533 **游九气台芘碧湖记**

撰者徐崇岳，大理石，楷书，高 68 cm×宽 60 cm，碑立于洱源县。
著录于（康熙）《续修浪穹县志》。

8534 **游龙淙洞记**

撰者李澄中。
著录于（康熙）《云南府志》。

8535 **游龙洞记**

撰者王廷桂，碑立于镇雄县。
著录于（乾隆）《镇雄州志》。

8536 **游盘山舞剑台记**

撰者李元阳。
著录于（嘉庆）《滇系》。

8537 **游清源洞记**

撰者徐宏祖，碑立于洱源县。
著录于（光绪）《浪穹县志略》。

8538 **游琼英东记**

撰者张肇兴，碑立于凤庆县。
著录于（民国）《顺宁县志初稿》。

8539 **游氏山庄记**

撰者杨名时。
著录于（嘉庆）《滇系》。

8540 **游水目寺记**

撰者史旌贤，碑立于祥云县。
著录于（乾隆）《云南县志》。

8541 **游天华山记**

撰者刘善瑀，碑立于祥云县。
著录于（光绪）《云南县志》。

8542 **游温泉记**

撰者杨一清，碑立于安宁市。
著录于（雍正）《安宁州志》。

8543 **游温泉记**

撰者李竹虚。
著录于（光绪）《平彝县志》。

8544 **游温泉记**

撰者张怀仁，碑立于龙陵县。
著录于（民国）《龙陵县志》。

8545 **游武夷山记**

撰者高奣，碑立于大理市。
著录于（嘉庆）《滇系》。

8546 游仙人洞记

撰者张自明，碑立于马关县。
著录于（民国）《马关县志》。

8547 游小孤山记

撰者傅为詝，碑立于建水县。
著录于（嘉庆）《滇系》。

8548 游兴隆寺记

撰者吴楷，碑立于保山市。
著录于（道光）《云南通志稿》。

8549 游兖州城南桃花园记

撰者黄麟趾。
著录于（嘉庆）《滇系》。

8550 游燕子洞记

撰者熊宝泰。
著录于（嘉庆）《滇系》。

8551 游宜兴二洞记

撰者杨一清。
著录于（嘉庆）《滇系》。

8552 游挹青阁记

撰者张自明，碑立于马关县。
著录于（民国）《马关县志》。

8553 游玉湖记

撰者杨昌，碑立于丽江市。
著录于（光绪）《丽江府志》。

8554 游云龙山记

撰者王景常。
著录于（天启）《滇志》。

8555 游云龙山记

撰者薛天培，碑立于建水县。
著录于（民国）《续修建水县志稿》。

8556 游云律洞记

撰者傅为詝，碑立于建水县。
著录于（雍正）《建水州志》。

8557 游支硎中峰记

撰者李果。
著录于（嘉庆）《滇系》。

8558 游钟灵山记

撰者保仲，碑立于寻甸县。
著录于（道光）《寻甸州志》。

8559 右甸龙津书院碑记

撰者黎学安，碑立于昌宁县。
著录于《新纂云南通志·金石考》。

8560 右军碑

碑立于永平县。
著录于（道光）《云南通志稿》。

8561 鱼潭坡诗刻

撰者莘芦聘，碑立于洱源县。
著录于《新纂云南通志·金石考》。

8562 娱蔗舫记

撰者丁应銮，碑立于石屏县。
著录于（民国）《石屏县志》。

8563 逾城太之碑

高 67 cm × 宽 28 cm × 厚 9 cm，碑立于通海县。
见于《通海历代碑刻集》。

8564 雨洗神碑残额

高 50 cm × 宽 35 cm，碑立于大理市。
著录于（民国）《大理县志稿》。

8565 禹碑

撰者杨慎，碑立于安宁市。
著录于（道光）《云南通志稿》。

8566 禹碑跋

撰者张含。
著录于（雍正）《安宁州志》。

8567 禹门寺常住碑记

撰者马徐珍，碑立于弥勒市。
著录于（康熙）《广西府志》。

8568 **玉峰山记**

撰者檀萃，碑立于禄劝县。
著录于（民国）《禄劝县志》。

8569 **玉峰寺摩崖二段**

碑立于祥云县。
著录于《新纂云南通志·金石考》。

8570 **玉皇阁碑记**

撰者杨思谦，碑立于洱源县。
著录于（康熙）《续修浪穹县志》。

8571 **御井亭记**

撰者杨庭，碑立于大理市。
著录于（乾隆）《赵州志》。

8572 **玉龙山记**

撰者马之龙，碑立于丽江市。
著录于（光绪）《丽江府志》。

8573 **玉手碑**

碑立于大理市。
著录于（道光）《云南通志稿》。

8574 **玉音楼庆云记**

撰者木增，碑立于丽江市。
著录于（光绪）《丽江府志》。

8575 **玉轴山记**

撰者檀萃，碑立于禄劝县。
著录于（民国）《禄劝县志》。

8576 **育德书社记**

撰者徐宏泰，碑立于巍山县。
著录于（康熙）《蒙化府志》。

8577 **育婴堂碑记**

撰者高铨，碑立于易门县。
著录于（道光）《续修易门县志》。

8578 **育婴堂记**

撰者石峰。
著录于（嘉庆）《滇系》。

8579 **浴安宁温泉序**

撰者杨慎。
著录于（康熙）《云南府志》。

8580 **御制碑文**

撰者清德宗，碑立于鹤庆县。
见于《鹤庆碑刻辑录》。

8581 **御制观音□跋**

撰者朱恭祯。
见于《中国地方志佛道教文献汇纂·诗文碑刻卷》（西南·云南）。

8582 **御制楞武愍公碑文**

碑立于丽江市。
著录于（光绪）《丽江府志》。

8583 **御制平定回部告成太学碑文**

碑立于沾益区。
著录于（光绪）《沾益州志》。

8584 **御制平定准噶尔告成太学碑文**

碑立于沾益区。
著录于（光绪）《沾益州志》。

8585 **御制训饬士子文**

著录于（康熙）《新平县志》。

8586 **御制训饬士子文**

碑立于罗平县。
著录于（康熙）《罗平州志》。

8587 **鬻琴碑**

撰者李恩光，碑立于富源县。
著录于（光绪）《平彝县志》。

8588 **鬻琴碑记**

撰者董玘，碑立于通海县。
著录于《新纂云南通志·金石考》。

8589 **元成宗追封圣旨诏**

碑立于宣威市。
著录于（道光）《宣威州志》。

8590 元成宗追封至圣诏

碑立于建水县。
著录于（雍正）《建水州志》。

8591 元帝师碑

碑立于澄江县。
著录于（道光）《云南通志稿》。

8592 元江府建学宫碑记

撰者张绎，碑立于元江县。
著录于（康熙）《元江府志》。

8593 元江府学记

撰者汪份，碑立于元江县。
著录于（康熙）《元江府志》。

8594 元江府学尊经阁记

撰者汪份，碑立于元江县。
著录于（康熙）《元江府志》。

8595 元江墓表

撰者蔡珽，碑立于元江县。
著录于《新纂云南通志·金石考》。

8596 元江清水河石桥碑记

撰者马汝为，碑立于元江县。
著录于（康熙）《元江府志》。

8597 元龙寺记

撰者李上清，碑立于景谷县。
著录于（道光）《威远厅志》。

8598 元谋教谕刘溱墓

碑立于元谋县。
著录于（光绪）《续云南通志稿》。

8599 元谋县典史吴伟绩墓

碑立于元谋县。
著录于（光绪）《续云南通志稿》。

8600 元宣慰副使止庵王公墓志铭

撰者邓麟。
著录于（景泰）《云南图经志书》。

8601 元珠观记

碑立于巍山县。
见于《中国地方志佛道教文献汇纂·诗文碑刻卷》（西南·云南）。

8602 袁公似锦墓碑

碑立于石屏县。
著录于（民国）《石屏县志》。

8603 袁公跃龙墓碑

碑立于石屏县。
著录于（民国）《石屏县志》。

8604 袁荣碑

碑立于石屏县。
著录于（民国）《石屏县志》。

8605 袁慎夫先生观鱼记

撰者杨森，碑立于凤庆县。
著录于（民国）《顺宁县志初稿》。

8606 袁慎夫先生墓文

撰者李春曦，碑立于凤庆县。
著录于（民国）《顺宁县志初稿》。

8607 袁怡堂生宅表志

撰者龚发举，碑立于文山市。
著录于（民国）《续修文山县志》。

8608 原籍南京应天人赵氏门中历代老幼昭穆宗亲之灵位

第一块高 104 cm × 宽 64 cm，第二块高 94 cm × 宽 66 cm，第三块高 76 cm × 宽 48 cm，碑立于大理市。
见于《大理凤仪古碑文集》。

8609 圆通庵记

撰者李元阳，碑立于宾川县。
著录于《新纂云南通志·金石考》。

8610 圆通殿碑记

撰者何鸣凤，碑立于洱源县。
著录于（康熙）《续修浪穹县志》。

8611 **圆通阁碑记**

撰者樊巍，碑立于鹤庆县。
著录于（民国）《鹤庆县志》。

8612 **圆悟残碑**

大理石，楷书，高 76 cm × 宽 68 cm × 厚 13 cm，碑立于大理市。
见于《大理丛书·金石篇》。

8613 **远山亭记**

撰者程封，碑立于曲靖市。
著录于（康熙）《云南通志》。

8614 **掾史董勉墓表**

撰者杨士云，碑立于大理市。
著录于《新纂云南通志·金石考》。

8615 **月坞记**

撰者陆深。
著录于（嘉庆）《滇系》。

8616 **岳公堤碑记**

撰者王遇锡，碑立于宣威市。
著录于（道光）《宣威州志》。

8617 **阅藏经说**

撰者王元翰，碑立于华宁县。
见于《中国地方志佛道教文献汇纂·诗文碑刻卷》（西南·云南）。

8618 **云崇寺常住碑记**

砂石，高 110 cm × 宽 70 cm，碑立于云龙县。
见于《大理丛书·金石篇》。

8619 **云光寺记**

撰者杨应宿，碑立于鹤庆县。
见于《中国地方志佛道教文献汇纂·诗文碑刻卷》（西南·云南）。

8620 **云鹤楼石刻楹联（二）**

撰者杨金铠，碑立于鹤庆县。
见于《鹤庆碑刻辑录》。

8621 **云节子唐神仙墓记**

撰者一笈子，碑立于建水县。
著录于（民国）《续修建水县志稿》。

8622 **云龙山记**

撰者王奎，碑立于建水县。
著录于（康熙）《云南通志》。

8623 **云南布政司题名记**

撰者张允随。
著录于（雍正）《云南通志》。

8624 **云南府官渡里义学碑记**

撰者张毓碧。
著录于（康熙）《云南府志》。

8625 **云南府儒学乡贡题名记**

撰者聂良杞。
著录于（天启）《滇志》。

8626 **云南府儒学乡贡题名记**

撰者王臣。
著录于（正德）《云南志》。

8627 **云南府题名记**

撰者施昱。
著录于（天启）《滇志》。

8628 **云南府学田记**

撰者刘会。
著录于（天启）《滇志》。

8629 **云南省城庙学记**

撰者王鏊。
著录于（嘉庆）《滇系》。

8630 **云南省长公署准教育、内政部咨请转饬所属续修县志令**

碑立于文山市。
著录于（民国）《续修文山县志》。

8631 **云南嵩明县杨林乡改编户粮记**

撰者王梁，碑立于嵩明县。
著录于（民国）《嵩明县志》。

8632 **云南县残碑**

大理石，楷书，残高 50 cm × 宽 47 cm × 厚 14 cm，碑立于大理市。

见于《大理五华楼新出元碑选录并考释》。

8633 **云台查公墓志铭**

撰者龚发举，碑立于文山市。

著录于（民国）《续修文山县志》。

8634 **云台山龙王庙碑记**

撰者袁惟清，碑立于大理市。

著录于（道光）《赵州志》。

8635 **云涛寺正殿碑记**

撰者陈弘谋，碑立于安宁市。

著录于（雍正）《安宁州志》。

8636 **云武同学会章程序**

撰者赵镜潜，碑立于嵩明县。

著录于（民国）《嵩明县志》。

8637 **云岩碑记**

著录于（乾隆）《滇黔志略》。

8638 **云岩山咏卧佛诗摩崖**

撰者向于宸，碑立于保山市。

著录于《新纂云南通志・金石考》。

8639 **再修漾田伍氏义桥碑记**

著录于（雍正）《阿迷州志》。

8640 **在城等十堡归驿议**

撰者郭廷弼，碑立于富源县。

著录于（康熙）《平彝县志》。

8641 **赞理都督沐公神道碑**

撰者王偰。

著录于（万历）《云南通志》。

8642 **凿路石碑**

撰者陈其美，碑立于维西县。

著录于（民国）《维西县志》。

8643 **早乐东墓**

见于《云南省德宏傣族景颇族不可移动文物名录》。

8644 **造林封山条规**

高 111 cm × 宽 68 cm，碑立于元阳县。

见于《红河州不可移动文物大全》。

8645 **增建云南提学道署记**

撰者黄琮。

著录于（天启）《滇志》。

8646 **增修安流桥碑记**

撰者魏世綖，碑立于玉溪市。

著录于《新兴州志》。

8647 **增修学宫碑记**

撰者陈□堂，碑立于大理市。

著录于（道光）《赵州志》。

8648 **赠翰林院检讨张公良伍墓碑**

碑立于石屏县。

著录于（民国）《石屏县志》。

8649 **瞻篆亭记**

撰者张汉。

著录于（嘉庆）《滇系》。

8650 **盏达副宣抚司刀思氏墓**

高 215 cm × 宽 265 cm，碑立于德宏市。

见于《云南省德宏傣族景颇族不可移动文物名录》。

8651 **盏西孟氏土目墓**

见于《云南省德宏傣族景颇族不可移动文物名录》。

8652 **张闭通碑**

高 105 cm × 宽 61 cm × 厚 22 cm，碑立于大理市。

见于《大理五华楼新出元碑选录并考释》。

8653　**张冲祖墓志**

高 280 cm，碑立于弥勒市。
见于《弥勒文物志》。

8654　**张夫人墓志铭**

撰者陈荣昌，碑立于石屏县。
著录于（民国）《石屏县志》。

8655　**张福日碑**

高 82 cm×宽 46 cm×厚 19 cm，碑立于大理市。
见于《大理丛书·金石篇》。

8656　**张公白清墓志**

撰者王肇奎，碑立于石林县。
著录于（民国）《路南县志》。

8657　**张海楼先生德教碑序**

撰者吴良澍，碑立于大关县。
著录于（民国）《大关县志》。

8658　**张顸兴神道碑**

楷书，高 103 cm×宽 52 cm，碑立于大理市。
见于《大理丛书·金石篇》。

8659　**张家田尹国柱墓**

见于《云南省德宏傣族景颇族不可移动文物名录》。

8660　**张金榜墓志**

高 240 cm×宽 225 cm，碑立于元阳县。
见于《红河州不可移动文物大全》。

8661　**张罗疋碑**

碑立于隆阳区。
著录于《永昌府志》。

8662　**张明经璪墓志铭**

撰者马太元，碑立于新平县。
著录于（民国）《续修新平县志》。

8663　**张齐□碑**

高 110 cm×宽 43 cm×厚 16 cm，碑立于大理市。
见于《大理丛书·金石篇》。

8664　**张晴湖生祠碑记**

撰者李士龙，碑立于巍山县。
著录于（康熙）《蒙化府志》。

8665　**张少龄先生墓**

撰者李正阳，碑立于文山市。
著录于（民国）《续修文山县志》。

8666　**张氏残碑**

高 96 cm×宽 52 cm×厚 21 cm，碑立于大理市。
见于《大理丛书·金石篇》。

8667　**张氏墓碑**

碑立于石屏县。
著录于（民国）《石屏县志》。

8668　**张氏沿革碑记**

高 112 cm×宽 52 cm，碑立于祥云县。
见于《祥云碑刻》。

8669　**张守齐先生神道碑序**

撰者田德彰，碑立于文山市。
著录于（民国）《续修文山县志》。

8670　**张顺兴碑**

高 103 cm×宽 52 cm×厚 14 cm，碑立于大理市。
见于《大理五华楼新出元碑选录并考释》。

8671　**张太仆读书处碑**

碑立于石屏县。
著录于（民国）《石屏县志》。

8672　**张太仆一甲墓碑**

碑立于石屏县。
著录于（民国）《石屏县志》。

8673 张通神道碑

高 105 cm × 宽 61 cm，碑立于大理市。
见于《大理丛书·金石篇》。

8674 张星耀墓志铭

撰者张星耀，碑立于鹤庆县。
著录于（民国）《鹤庆县志》。

8675 张兴兆碑

残高 114 cm × 宽 54 cm × 厚 26 cm，碑立于大理市。
见于《大理丛书·金石篇》。

8676 张杨园先生备忘语录

碑立于晋宁区。
著录于《新纂云南通志·金石考》。

8677 张也良德配徐孺人墓铭

撰者任揆米，碑立于凤庆县。
著录于（民国）《顺宁县志初稿》。

8678 张永吉暨鲁孺人墓志铭

撰者陈思霖，碑立于维西县。
著录于（民国）《维西县志》。

8679 张月槎高卧处碑

碑立于石屏县。
著录于（民国）《石屏县志》。

8680 张长老墓碑

撰者杨泰，高 70 cm × 宽 41 cm × 厚 14 cm，碑立于大理市。
见于《大理丛书·金石篇》。

8681 张榛舆孝廉纮墓碑

碑立于石屏县。
著录于（民国）《石屏县志》。

8682 张竹轩先生高卧处碑

碑立于石屏县。
著录于（民国）《石屏县志》。

8683 张竹轩先生墓表

撰者陈荣昌，碑立于石屏县。
著录于（民国）《石屏县志》。

8684 张祖祠铭志

撰者张继藩、刘存英，碑立于建水县。
见于《遗留在建水碑刻中的文明记忆》。

8685 漳河获玺记

撰者何基盛，碑立于剑川县。
著录于（康熙）《剑川州志》。

8686 漳山人深慧诗残刻

碑立于丽江市。
著录于《新纂云南通志·金石考》。

8687 长春观诗刻

撰者许弘勋，碑立于五华区。
著录于《新纂云南通志·金石考》。

8688 长沙县修学记

撰者钱沣。
著录于（嘉庆）《滇系》。

8689 招福寺劝修小引

撰者凌光斗，碑立于永善县。
著录于（光绪）《永善县志略》。

8690 昭灵观黔宁王碑

撰者程本立，碑立于五华区。
著录于（道光）《昆明县志》。

8691 昭灵神祠记

撰者蔡酬，碑立于通海县。
著录于（乾隆）《续修河西县志》。

8692 昭通四门记

撰者鄂尔泰，碑立于昭通市。
著录于（民国）《昭通志稿》。

8693 赵德周先生墓志铭

撰者陈荣昌，碑立于凤庆县。
著录于（民国）《顺宁县志初稿》。

8694 赵德周先生墓志铭

撰者袁嘉谷，碑立于凤庆县。
著录于（民国）《顺宁县志初稿》。

8695 赵公祠碑记

撰者赵玉麟，碑立于华宁县。
著录于（嘉庆）《宁州志》。

8696 赵均先母墓志铭

撰者李荫棠，碑立于维西县。
著录于（民国）《维西县志》。

8697 赵能新墓志铭

碑立于西山区。
著录于《新纂云南通志·金石考》。

8698 赵善政天子庙传序

碑立于宾川县。
见于《宾川丛书·金石篇》。

8699 赵文炜德政碑

碑立于维西县。
著录于（民国）《维西县志》。

8700 赵祥墓志铭

撰者李荫棠，碑立于维西县。
著录于（民国）《维西县志》。

8701 赵一轩暨德配刘氏墓志铭

撰者秦品真，碑立于维西县。
著录于（民国）《维西县志》。

8702 赵园石门摩崖石刻

撰者李晋□，高 220 cm × 宽 132 cm，碑立于楚雄市。

见于《探寻文明的踪迹——楚雄州第三次全国文物普查纪实》。

8703 赵州《古槐》诗刻

撰者董莹、戴鸿慈、赵藩、周济泰，碑立于大理市。

著录于《新纂云南通志》。

8704 赵州公署记

撰者夏开寅，碑立于大理市。
著录于（乾隆）《赵州志》。

8705 赵州建学碑记

碑立于大理市。
著录于（乾隆）《赵州志》。

8706 赵州同易枚续建学宫碑记

撰者邹祚永，碑立于大理市。
著录于（乾隆）《赵州志》。

8707 赵州圆通寺古断碑

碑立于弥渡县。
著录于（道光）《云南通志稿》。

8708 赵卓安暨德配羊氏墓志铭

撰者李翰湘，碑立于维西县。
著录于（民国）《维西县志》。

8709 者排杨曙清墓志铭

撰者李光泽，碑立于祥云县。
见于《祥云碑刻》。

8710 浙江东阳县知县陈公海楼墓碑

碑立于石屏县。
著录于（民国）《石屏县志》。

8711 贞女林修贞姊妹记

碑立于马关县。
著录于（民国）《马关县志》。

8712 贞女张氏墓

撰者吴运昌，碑立于文山市。
著录于（民国）《续修文山县志》。

8713 镇国将军万公碑

撰者尹壮图，碑立于建水县。
著录于（民国）《续修建水县志稿》。

8714 镇蝗医王寺记

撰者李元阳，碑立于弥渡县。
见于《弥渡古代碑刻辑释》。

8715 镇康边防策

撰者蒋世芳，碑立于临沧市。

著录于（民国）《镇康县志初稿》。

8716 镇雄疆界记

撰者崔乃镛，碑立于镇雄县。
著录于（乾隆）《镇雄州志》。

8717 镇雄州铜运节略

撰者饶梦铭，碑立于镇雄县。
著录于（光绪）《镇雄州志》。

8718 镇雄州诸葛碑

著录于（道光）《云南通志稿》。

8719 镇源桥记

撰者杨金鉴，碑立于鹤庆县。
见于《鹤庆碑刻辑录》。

8720 征士周君墓铭

撰者周复俊，碑立于巍山县。
著录于（康熙）《蒙化府志》。

8721 整饬临安地方兵备关防

碑立于开远市。
著录于《新纂云南通志》。

8722 正觉庵始末碑记

撰者傅宗龙，碑立于寻甸县。
著录于（道光）《寻甸州志》。

8723 证道歌石刻

书者念庵，碑立于鹤庆县。
著录于《新纂云南通志・金石考》。

8724 郑侯祠记

撰者王用宾，碑立于石屏县。
著录于（乾隆）《石屏州志》。

8725 郑毓芝自题碑

撰者郑毓芝，行楷，高 100 cm × 宽 48 cm，碑立于宜良县。

见于《宜良碑刻增补本》（下）。

8726 郑一斋先生墓表

撰者徐梦麟，书者刘尧民，碑立于西山区。
见于《西山区文物志》。

8727 政德年号碑

撰者杨子云，碑立于大理市。
著录于《新纂云南通志・金石考》。

8728 政事堂成记

撰者程封，碑立于沾益区。
著录于（光绪）《沾益州志》。

8729 支丹山官夫妻墓

见于《云南省德宏傣族景颇族不可移动文物名录》。

8730 知府衔澄江府教授张星曜自为墓志

撰者张星曜，碑立于鹤庆县。
见于《鹤庆碑刻辑录》。

8731 知空书碑

见于《滇中佛教》。

8732 执爵寄贤祠记

撰者曾旭。
著录于（康熙）《建水州志》。

8733 直隶唐山县知县冯晋锡墓碑序

撰者姚元之，碑立于鹤庆县。
著录于（民国）《鹤庆县志》。

8734 指林寺重修并甃街石记

撰者张绎，碑立于建水县。
著录于（民国）《续修建水县志稿》。

8735 至圣宫碑记

撰者徐硕士，碑立于云龙县。
著录于（光绪）《云龙州志》。

8736 至正桥记

撰者邓麟，碑立于西山区。
著录于（景泰）《云南图经志书》。

8737 **治屏工程记**

撰者管学宣，碑立于石屏县。
著录于（乾隆）《石屏州志》。

8738 **智诚墓碑**

砂石，高 33 cm × 宽 27 cm × 厚 6.3 cm，碑立于大理市。
见于《大理丛书·金石篇》。

8739 **智光寺记**

撰者徐穆。
著录于（天启）《滇志》。

8740 **中阿山铭石**

碑立于凤庆县。
著录于《新纂云南通志·金石考》。

8741 **中川书舍碑记**

撰者谭精识，碑立于永胜县。
著录于（光绪）《续修永北直隶厅志》。

8742 **中峰苍雪法师塔铭**

撰者吴伟业，碑立于宾川县。
著录于（嘉庆）《滇系》。

8743 **中庆路学田碑记**

撰者范可仁。
著录于（正德）《云南志》。

8744 **中庆路增置学田记**

撰者支渭兴。
著录于（景泰）《云南图经志书》。

8745 **中庆路重修泮宫记**

撰者王彦。
著录于（景泰）《云南图经志书》。

8746 **中屯分水碑**

残高 110 cm × 宽 97 cm，碑立于楚雄市。
见于《探寻文明的踪迹——楚雄州第三次全国文物普查纪实》。

8747 **中兴寺记**

撰者杨方盛，碑立于鹤庆县。
著录于（民国）《鹤庆县志》。

8748 **忠节公吴云赞**

撰者王启，碑立于嵩明县。
著录于（民国）《嵩明县志》。

8749 **忠烈祠碑**

撰者贾贲，碑立于晋宁区。
著录于（康熙）《云南府志》。

8750 **忠烈宫碑文**

撰者陈灿，碑立于盐津县。
著录于（民国）《盐津县志》。

8751 **忠烈李公一门尽节碑记**

撰者许元煊，碑立于宜良县。
著录于（乾隆）《宜良县志》。

8752 **忠烈余树松墓**

撰者唐继尧，碑立于文山市。
著录于（民国）《续修文山县志》。

8753 **忠烈旃桂荣墓**

撰者唐继尧，碑立于文山市。
著录于（民国）《续修文山县志》。

8754 **忠烈张启炽墓**

撰者唐继尧，碑立于文山市。
著录于（民国）《续修文山县志》。

8755 **忠孝廉节碑**

碑立于建水县。
著录于（民国）《续修建水县志稿》。

8756 **忠孝堂记**

撰者王景常，碑立于峨山县。
著录于（康熙）《建水州志》。

8757 **钟鼓楼碑记**

撰者叶瑞，碑立于石屏县。
著录于（乾隆）《石屏州志》。

8758 **钟山记**

撰者王连，碑立于洱源县。

著录于《新纂云南通志·金石考》。

8759 钟秀山记

撰者包嘉福，碑立于泸西县。
著录于《新纂云南通志·金石考》。

8760 种槐柳记

撰者傅为詝，碑立于建水县。
著录于（民国）《续修建水县志稿》。

8761 众全墓碑

行书，高 72 cm × 宽 55 cm × 厚 4.5 cm，碑立于通海县。
著录于《大理丛书·金石篇》。

8762 重办膏火碑记

撰者萧大经，碑立于沾益区。
著录于（光绪）《沾益州志》。

8763 重观滇海序

撰者杨士云。
著录于（康熙）《云南府志》。

8764 重建安宁南城南薰门碑记

撰者陈玉振，碑立于安宁市。
著录于（雍正）《安宁州志》。

8765 重建城隍祠鼎志铭

撰者辛绍照，碑立于曲靖市。
著录于（雍正）《马龙州志》。

8766 重建城隍庙引

著录于（雍正）《阿迷州志》。

8767 重建澄江府明伦堂记

撰者章雨佩，碑立于玉溪市。
著录于（道光）《澄江府志》。

8768 重建崇圣祠碑记

撰者冯晋恩，碑立于沾益区。
著录于（光绪）《沾益州志》。

8769 重建大开门永安铁索桥碑记

撰者丁兆冠，碑立于新平县。
著录于（民国）《续修新平县志》。

8770 重建大理府文庙记

撰者李华，碑立于大理市。
著录于（乾隆）《大理府志》。

8771 重建地藏寺碑记

撰者杨金和，碑立于鹤庆县。
见于《鹤庆碑刻辑录》。

8772 重建地藏寺碑序

撰者赵藩，碑立于剑川县。
著录于《新纂云南通志》。

8773 重建法轮寺碑记

撰者舒宽，碑立于晋宁区。
著录于（道光）《晋宁州志》。

8774 重建放光寺铜碑

撰者李元阳，碑立于宾川县。
著录于《新纂云南通志·金石考》。

8775 重建峰顶寺记

撰者李衍芳，碑立于鹤庆县。
著录于（民国）《鹤庆县志》。

8776 重建观音寺碑记

撰者黄应庚，碑立于嵩明县。
著录于（民国）《嵩明县志》。

8777 重建观音寺大殿募化功德碑序

撰者梅增荣，碑立于禄劝县。
著录于（民国）《禄劝县志》。

8778 重建汉关夫子庙碑记

撰者孙居湜。
著录于（乾隆）《蒙自县志》。

8779 重建恢厂三圣宫碑记

撰者傅应台，碑立于晋宁区。
著录于（道光）《昆阳州志》。

8780 重建节孝祠序

撰者俞赓唐，碑立于陆良县。
著录于（民国）《陆良县志稿》。

8781 重建金轮寺碑记

撰者戴秉经，碑立于嵩明县。
著录于（民国）《嵩明县志》。

8782 重建魁阁碑记

撰者段昌周，碑立于景谷县。
著录于（道光）《威远厅志》。

8783 重建浪穹县学明伦堂记

撰者黎讷，碑立于洱源县。
著录于（光绪）《浪穹县志略》。

8784 重建丽江府文庙碑记

撰者孔继炘，碑立于丽江市。
著录于（光绪）《丽江府志》。

8785 重建联玉桥碑记

撰者谢俨，碑立于玉溪市。
著录于（道光）《澄江府志》。

8786 重建龙江桥祭文

撰者潘润，碑立于腾冲市。
著录于（乾隆）《云南腾越州志》。

8787 重建明伦堂记

撰者庄致和，碑立于沾益区。
著录于（光绪）《沾益州志》。

8788 重建青龙寺记

撰者赵淳，碑立于禄劝县。
著录于（乾隆）《东川府志》。

8789 重建青门寺碑记

撰者王继文。
著录于（康熙）《云南府志》。

8790 重建如是庵碑

撰者葛用霖，碑立于澄江县。
著录于（康熙）《河阳县志》。

8791 重建石梆桥记

撰者杨金铠，碑立于鹤庆县。
著录于（民国）《鹤庆县志》。

8792 重建双龙桥阁楼功德碑

碑立于建水县。
见于《红河州文物志》。

8793 重建水月庵碑记

撰者乐理莹，碑立于呈贡区。
著录于（光绪）《呈贡县志》。

8794 重建顺宁通守官署碑记

撰者陈廷对，碑立于凤庆县。
著录于（雍正）《顺宁府志》。

8795 重建嵩明州儒学碑记

撰者门逵，碑立于嵩明县。
著录于（康熙）《云南府志》。

8796 重建嵩明州学署碑记

撰者贺宗章，碑立于嵩明县。
著录于（民国）《嵩明县志》。

8797 重建太平寺功德碑

长 112 cm × 宽 62 cm，碑立于官渡区。
著录于《云溪、永丰村志》。

8798 重建天化宫大水坪碑记

撰者李鸿裁，碑立于嵩明县。
著录于（民国）《嵩明县志》。

8799 重建通海学宫碑记

撰者缪宗周，碑立于通海县。
著录于（康熙）《通海县志》。

8800 重建通济桥募引

撰者薛祖顺，碑立于峨山县。
著录于（民国）《嶍峨县志》。

8801 重建文笔塔记

撰者顾莼，碑立于大理市。
著录于（道光）《赵州志》。

8802 重建武侯祠碑记

撰者蒋陈锡。
著录于（康熙）《寻甸州志》。

8803 重建西华山寺引

撰者万重贫，碑立于文山市。
著录于（道光）《开化府志》。

8804 重建嶍峨石桥募引

撰者吴懋英，碑立于峨山县。
著录于（康熙）《嶍峨县志》。

8805 重建咸和观记

撰者马徐珍，碑立于弥勒市。
著录于（康熙）《广西府志》。

8806 重建学宫碑记

撰者郭焕，碑立于洱源县。
著录于（咸丰）《邓川州志》。

8807 重建杨高桥碑记

撰者查连陞，碑立于嵩明县。
著录于（民国）《嵩明县志》。

8808 重建杨林关圣宫大殿功德碑记

撰者戴秉经，碑立于嵩明县。
著录于（民国）《嵩明县志》。

8809 重建永济闸记

撰者吴宝林，碑立于呈贡区。
著录于（康熙）《呈贡县志》。

8810 重建永平县温泉自新轩记

撰者姚孔鍹，碑立于永平县。
著录于（康熙）《永昌府志》。

8811 重建紫溪寺大殿碑记

撰者陶以敬，碑立于陆良县。
著录于（民国）《陆良县志稿》。

8812 重建祖师殿记

撰者杨金铠，碑立于鹤庆县。
著录于（民国）《鹤庆县志》。

8813 重镌顺宁府题名碑记

撰者范溥，碑立于凤庆县。
著录于（雍正）《顺宁府志》。

8814 重浚蒙自学海碑

撰者李焜，碑立于蒙自市。
著录于（乾隆）《蒙自县志》。

8815 重开城内古观音塘碑记

撰者宋湘，碑立于广南县。
著录于（道光）《广南府志》。

8816 重刊东岳庙香火田碑记

碑立于石林县。
著录于《北山村志》。

8817 重楼记

撰者佟镇，碑立于鹤庆县。
著录于（民国）《鹤庆县志》。

8818 重修□韩而公祠小记

撰者鲁人儒，碑立于建水县。
著录于（康熙）《建水州志》。

8819 重修安宁州永安桥记

撰者陈玉振，碑立于安宁市。
著录于（雍正）《安宁州志》。

8820 重修白莲塘碑记

撰者丁羲南，碑立于晋宁区。
著录于（道光）《昆阳州志》。

8821 重修白衣阁记

撰者杨松麟，碑立于鹤庆县。
著录于（民国）《鹤庆县志》。

8822 重修白云庵碑序

撰者曹登岸，碑立于建水县。
著录于（民国）《续修建水县志稿》。

8823 重修碧鸡山笔亭寺记

撰者方沆，碑立于西山区。

见于《中国地方志佛道教文献汇纂·诗文碑刻卷》(西南·云南)。

8824 **重修仓圣祠记**

撰者廖敦行，碑立于建水县。
著录于(民国)《续修建水县志稿》。

8825 **重修曹溪寺碑记**

撰者曾祺，碑立于安宁市。
著录于(雍正)《安宁州志》。

8826 **重修陈氏始祖墓碑记**

撰者陈替，书者王鼎勋，高 135 cm×宽 94 cm，碑立于石屏县。
见于《红河州不可移动文物大全》。

8827 **重修城隍祠记**

撰者王□，碑立于峨山县。
著录于(康熙)《嶍峨县志》。

8828 **重修城隍庙碑记**

撰者张恒。
著录于(道光)《寻甸州志》。

8829 **重修城隍庙碑记**

碑立于大理市。
著录于(乾隆)《赵州志》。

8830 **重修城隍庙碑记**

撰者蒋廷铨，碑立于晋宁区。
著录于(道光)《昆阳州志》。

8831 **重修城隍庙碑记**

撰者罗凤章，碑立于罗平县。
著录于(民国)《罗平县志》。

8832 **重修城隍庙碑记**

撰者严珏，碑立于宣威市。
著录于(道光)《宣威州志》。

8833 **重修城隍庙后殿碑记**

撰者曾旭，碑立于建水县。
著录于(康熙)《建水州志》。

8834 **重修澄江府学引**

撰者陈孝昇，碑立于玉溪市。
著录于(道光)《澄江府志》。

8835 **重修崇圣祠碑记**

撰者王善垲，碑立于建水县。
著录于(民国)《续修建水县志稿》。

8836 **重修崇圣宫碑记**

撰者张舜镛，碑立于罗平县。
著录于(民国)《罗平县志》。

8837 **重修崇圣寺序**

撰者刘翊运。
著录于(光绪)《东川府续志》。

8838 **重修大地营盘记碑**

撰者黄凤岐，碑立于文山市。
著录于(民国)《续修文山县志》。

8839 **重修大定州学记**

撰者张大受。
著录于(嘉庆)《滇系》。

8840 **重修大理府文庙碑记**

撰者刘琨，碑立于大理市。
著录于(民国)《大理县志稿》。

8841 **重修大理府学记**

撰者毕忠告，碑立于大理市。
著录于(乾隆)《大理府志》。

8842 **重修大兴福寺碑记**

撰者邓映，碑立于通海县。
著录于(康熙)《河西县志》。

8843 **重修大云山刹记**

撰者赵瑗，碑立于晋宁区。
著录于(道光)《昆阳州志》。

8844 **重修登龙西馆碑记**

撰者萧克峙，碑立于洱源县。
著录于(咸丰)《邓川州志》。

8845 重修地藏寺碑记

撰者杨澍时，碑立于鹤庆县。
著录于（民国）《鹤庆县志》。

8846 重修东岳宫碑记

撰者陶尧文，碑立于陆良县。
著录于（道光）《陆凉州志》。

8847 重修洱河龙王庙功德碑序碑

碑立于洱源县。
见于《大理洱源县碑刻辑录》。

8848 重修二忠墓记

撰者杨渟，碑立于洱源县。
著录于（光绪）《浪穹县志略》。

8849 重修法华寺碑记

撰者刘修贤，碑立于富民县。
著录于（康熙）《富民县志》。

8850 重修法华寺鼎建道母阁碑记

撰者陶尧文，碑立于陆良县。
著录于（民国）《陆良县志稿》。

8851 重修丰乐桥碑记

撰者严慎，碑立于玉溪市。
著录于《新兴州志》。

8852 重修峰顶寺碑记

撰者周赞，碑立于鹤庆县。
著录于（民国）《鹤庆县志》。

8853 重修福国寺募引

撰者龚云鹤，碑立于丽江市。
著录于（光绪）《丽江府志》。

8854 重修福寿桥碑记

撰者朱绂，碑立于洱源县。
著录于（光绪）《浪穹县志略》。

8855 重修富州县城垣记

撰者黄忠秀，碑立于富宁县。
著录于（民国）《富州县志》。

8856 重修甘露寺碑记

撰者段志熙，碑立于元江县。
著录于（康熙）《元江府志》。

8857 重修贡士题名碑记

撰者郑士灿，碑立于建水县。
著录于（民国）《续修建水县志稿》。

8858 重修贡院碑记

撰者卞三元。
著录于（康熙）《云南府志》。

8859 重修古溪寺功德碑

1、2、3 号高 62 cm × 宽 112 cm，4 号高 126 cm × 宽 69 cm，5 号高 110 cm × 宽 69 cm，碑立于官渡区。

著录于《云溪、永丰村志》。

8860 重修观音庵碑记

撰者段师文，碑立于嵩明县。
著录于（民国）《嵩明县志》。

8861 重修光华寺碑记

撰者王纯一，碑立于嵩明县。
著录于（民国）《嵩明县志》。

8862 重修广生殿碑

撰者张开文，碑立于文山市。
著录于《新纂云南通志·金石考》。

8863 重修归化寺碑

撰者林天擎，碑立于官渡区。
著录于《新纂云南通志·金石考》。

8864 重修海口神庙记

撰者童轩，碑立于晋宁区。
著录于（道光）《昆阳州志》。

8865 重修河堤记

撰者杨南金，碑立于洱源县。
著录于（咸丰）《邓川州志》。

8866　重修河墩七村老坝石闸记

撰者李景泰，碑立于嵩明县。
著录于（民国）《嵩明县志》。

8867　重修河阳书院碑记

撰者柳正芳，碑立于玉溪市。
著录于（道光）《澄江府志》。

8868　重修鹤庆府学庙记

撰者查伟，碑立于鹤庆县。
见于《鹤庆碑刻辑录》。

8869　重修鹤庆府学庙记

撰者莫让仁，碑立于鹤庆县。
著录于（光绪）《鹤庆州志》。

8870　重修鹤庆州学庙碑

撰者蔚鸣鹿，碑立于鹤庆县。
著录于（光绪）《鹤庆州志》。

8871　重修虎邱山万岁殿并松华道院碑记

撰者高錺，碑立于安宁市。
著录于（雍正）《安宁州志》。

8872　重修虎邱山妙果禅寺碑记

撰者罗九有，碑立于安宁市。
著录于（雍正）《安宁州志》。

8873　重修惠远桥碑序

撰者纳汝珍，碑立于临沧市。
著录于（民国）《镇康县志初稿》。

8874　重修江川县旧学记

撰者包见捷，碑立于江川区。
著录于（康熙）《江川县志》。

8875　重修江川县旧学记

撰者徐瀛翥，碑立于江川区。
著录于（康熙）《江川县志》。

8876　重修接引殿功德碑记

撰者唐麟，碑立于晋宁区。
著录于《新纂云南通志·金石考》。

8877　重修街面万年台功德碑叙

撰者段凌云，楷书，高 105 cm × 宽 70 cm，碑立于大理市。
见于《大理丛书·金石篇》。

8878　重修节孝祠序

碑立于丘北县。
著录于（民国）《邱北县志》。

8879　重修金鸡温泉亭记

撰者罗纶。
著录于（康熙）《永昌府志》。

8880　重修金马里上支诸河碑记

撰者吴宝林。
著录于（康熙）《嵩明州志》。

8881　重修尽忠祠记

碑立于昭通市。
著录于（民国）《昭通志稿》。

8882　重修经历厅事碑记

撰者沈应俞，碑立于凤庆县。
著录于（雍正）《顺宁府志》。

8883　重修郡城四门楼记

撰者卢元伟，碑立于曲靖市。
著录于（咸丰）《南宁县志》。

8884　重修开化城隍庙碑记

撰者汤大宾，碑立于文山市。
著录于（乾隆）《开化府志》。

8885　重修开化镇演武厅记

撰者仇元正，碑立于文山市。
著录于（乾隆）《开化府志》。

8886　重修开郡学宫引

撰者卢峋，碑立于文山市。
著录于（道光）《开化府志》。

8887 重修昆阳州儒学碑记

撰者谢于道，碑立于晋宁区。
著录于（康熙）《云南府志》。

8888 重修兰止庵先生祠墓碑记

碑立于嵩明县。
著录于（民国）《嵩明县志》。

8889 重修老仓太和石桥序

撰者罗忠良，碑立于景东县。
著录于（民国）《景东县志稿》。

8890 重修老武山观音寺阁碑记

撰者李成才，碑立于元江县。
著录于（康熙）《元江府志》。

8891 重修礼门义路坊碑记

撰者薛天培，碑立于建水县。
著录于（民国）《续修建水县志稿》。

8892 重修李蔡二侯祠记

撰者李春学，碑立于新平县。
著录于（道光）《新平县志》。

8893 重修李氏墓志

碑立于弥渡县。
见于《弥渡古代碑刻辑释》。

8894 重修灵官庙复兴桥路记

撰者李廷柏，碑立于建水县。
著录于（雍正）《建水州志》。

8895 重修灵应寺碑记

撰者佟国英，碑立于建水县。
著录于（民国）《续修建水县志稿》。

8896 重修龙华书院大门碑记

撰者洪其照，碑立于沾益区。
著录于（光绪）《沾益州志》。

8897 重修龙济桥碑记

撰者童轩。
著录于（康熙）《云南府志》。

8898 重修龙泉书院记

撰者涂时相。
著录于（天启）《滇志》。

8899 重修龙泉书院莲池记

撰者王宇伟，高 189.5 cm × 宽 115.5 cm，碑立于楚雄市。
见于《楚雄龙泉书院碑刻书文集》。

8900 重修龙泉寺碑记

撰者钮嗣杰，碑立于丘北县。
著录于（民国）《邱北县志》。

8901 重修龙神庙水塘义学碑记

撰者傅聚，碑立于昭通市。
著录于（宣统）《恩安县志》。

8902 重修龙王堂记

撰者阮元声，碑立于曲靖市。
著录于（雍正）《马龙州志》。

8903 重修庐山秀峰寺碑记

撰者王思训。
著录于（嘉庆）《滇系》。

8904 重修禄劝县城碑记

撰者徐绍何，碑立于禄劝县。
著录于（民国）《禄劝县志》。

8905 重修路南州学宫记

撰者金廷献，碑立于玉溪市。
著录于（乾隆）《续编路南州志》。

8906 重修罗汉寺碑记

碑立于晋宁区。
著录于《新纂云南通志·金石考》。

8907 重修马龙县城记

撰者杨极中，碑立于马龙区。
著录于（民国）《续修马龙县志》。

8908 重修庙学记

撰者杨于塘，碑立于宣威市。
著录于（道光）《宣威州志》。

8909 重修明伦堂碑

撰者章尔珮，碑立于澄江县。
著录于（康熙）《河阳县志》。

8910 重修南城大桥记

碑立于凤庆县。
著录于（民国）《顺宁县志初稿》。

8911 重修南桥记

撰者陈权，碑立于开远市。
著录于（雍正）《阿迷州志》。

8912 重修泮池台唇记

撰者傅为詝，碑立于建水县。
著录于（雍正）《建水州志》。

8913 重修平彝卫学记

撰者张金斌，碑立于富源县。
著录于（康熙）《平彝县志》。

8914 重修平彝县学宫记

撰者陈溢，碑立于富源县。
著录于（光绪）《平彝县志》。

8915 重修普济寺碑记

撰者赵开先，碑立于富民县。
著录于《新纂云南通志·金石考》。

8916 重修普陀崖观音阁募缘引

撰者吴承伯，刻工鹤照，碑立于宣威市。
著录于（道光）《宣威州志》。

8917 重修普照寺碑记

撰者李云举，碑立于晋宁区。
著录于（道光）《昆阳州志》。

8918 重修普照寺记

撰者吴汝谐，碑立于晋宁区。
著录于（道光）《昆阳州志》。

8919 重修青龙寺募引

撰者段昕，碑立于安宁市。
著录于（雍正）《安宁州志》。

8920 重修清凉寺记

撰者张西铭，碑立于通海县。
著录于（天启）《滇志》。

8921 重修庆善寺碑

撰者崔之瑛，碑立于澄江县。
著录于（康熙）《河阳县志》。

8922 重修榕城书院碑记

撰者周暨南，碑立于宣威市。
著录于（道光）《宣威州志》。

8923 重修儒学碑记

撰者唐之柏，碑立于晋宁区。
著录于（道光）《昆阳州志》。

8924 重修儒学鼎建文峰记

撰者王恩民，碑立于晋宁区。
著录于（道光）《昆阳州志》。

8925 重修三城楼记

撰者龙为霖，碑立于石屏县。
著录于（乾隆）《石屏州志》。

8926 重修三官殿记

撰者胡可京。
著录于（雍正）《阿迷州志》。

8927 重修圣殿并尊经阁记

撰者张倬，碑立于巍山县。
著录于（康熙）《蒙化府志》。

8928 重修圣庙大成殿告成记

撰者江濬源，碑立于建水县。
著录于（民国）《续修建水县志稿》。

8929 重修圣母殿序

撰者王苗社，碑立于峨山县。
著录于（康熙）《嶍峨县志》。

8930 重修十公祠记

撰者罗元琦，碑立于石屏县。
著录于（乾隆）《石屏州志》。

8931　重修石街碑记

撰者张贵渊，碑立于嵩明县。
著录于（民国）《嵩明县志》。

8932　重修四大庵碑记

撰者杨金声，碑立于嵩明县。
著录于（民国）《嵩明县志》。

8933　重修嵩明州文庙碑记

撰者陆绍孙，碑立于嵩明县。
著录于（民国）《嵩明县志》。

8934　重修嵩明州学宫碑记

撰者蒋洞，碑立于嵩明县。
著录于（康熙）《嵩明州志》。

8935　重修嵩明州学宫碑记

撰者张浩，碑立于嵩明县。
著录于（民国）《嵩明县志》。

8936　重修太和元气坊碑记

撰者巩建丰，碑立于建水县。
著录于（民国）《续修建水县志稿》。

8937　重修太极山桂香阁碑记

撰者高鉁，碑立于安宁市。
著录于（雍正）《安宁州志》。

8938　重修太极山昊天阁碑记

撰者段昕，碑立于安宁市。
著录于（雍正）《安宁州志》。

8939　重修太极山五显殿碑记

撰者李嗣鏊，碑立于安宁市。
著录于（雍正）《安宁州志》。

8940　重修腾冲司学记

撰者张志淳，碑立于腾冲市。
著录于（康熙）《永昌府志》。

8941　重修腾越州志碑

撰者沈祖学，碑立于保山市。
著录于（康熙）《永昌府志》。

8942　重修提学道记

撰者陈善。
著录于（天启）《滇志》。

8943　重修题名记

撰者晏鹿鸣，碑立于石屏县。
著录于（乾隆）《石屏州志》。

8944　重修天生寺碑记

撰者许宪，碑立于大理市。
著录于（道光）《赵州志》。

8945　重修天王寺碑记

撰者黄明善，碑立于建水县。
著录于（民国）《续修建水县志稿》。

8946　重修土主庙碑记

撰者李灏，碑立于建水县。
著录于（康熙）《建水州志》。

8947　重修万明寺碑记

撰者赵民瞻，碑立于建水县。
著录于（民国）《续修建水县志稿》。

8948　重修万寿宫碑文

撰者傅于敏，碑立于马关县。
著录于（民国）《邱北县志》。

8949　重修万寿寺碑记

撰者施铨，碑立于晋宁区。
著录于（道光）《昆阳州志》。

8950　重修温池记

碑立于巍山县。
著录于（康熙）《定边县志》。

8951　重修温泉桥记

撰者崔乃镛，碑立于寻甸县。
著录于（道光）《寻甸州志》。

8952　重修文笔峰记

撰者方天葆，碑立于曲靖市。
著录于（咸丰）《南宁县志》。

8953 **重修文昌殿碑记**

撰者邱靖，碑立于大理市。
著录于（道光）《赵州志》。

8954 **重修文昌宫碑记**

撰者罗时昇，碑立于洱源县。
著录于（康熙）《续修浪穹县志》。

8955 **重修文昌宫碑记**

撰者赵之随，碑立于建水县。
著录于（民国）《续修建水县志稿》。

8956 **重修文昌宫暨建石栏记**

撰者韩桬，碑立于大理市。
著录于（道光）《赵州志》。

8957 **重修文庙碑记**

撰者卢镩。
著录于（乾隆）《续修蒙化直隶厅志》。

8958 **重修文庙碑记**

撰者王元翰，碑立于华宁县。
著录于（宣统）《宁州志》。

8959 **重修文庙碑记**

撰者江藻，碑立于陆良县。
著录于（民国）《陆良县志稿》。

8960 **重修文庙碑记**

撰者宋□，碑立于罗平县。
著录于（民国）《罗平县志》。

8961 **重修文庙碑记**

撰者石去浮，碑立于永胜县。
著录于（乾隆）《永北府志》。

8962 **重修文明楼碑**

碑立于凤庆县。
著录于（民国）《顺宁县志初稿》。

8963 **重修武庙碑记**

撰者马肇成，碑立于建水县。
著录于（民国）《建水县志稿》。

8964 **重修西湖柳堤记**

撰者李三乐，碑立于剑川县。
著录于（康熙）《剑川州志》。

8965 **重修西华寺观音阁疏**

撰者俞卿，碑立于陆良县。
著录于（道光）《陆凉州志》。

8966 **重修西华寺序**

撰者柳志沉，碑立于宜良县。
著录于（乾隆）《宜良县志》。

8967 **重修先圣贤儒神位记**

撰者黄申任，碑立于晋宁区。
著录于（乾隆）《晋宁州志》。

8968 **重修县道碑记**

碑立于勐腊县。
著录于（民国）《镇越县志》。

8969 **重修啸狮山翠峰庵碑记**

撰者谢履忠，碑立于嵩明县。
著录于（康熙）《嵩明州志》。

8970 **重修新路岩桥碑记**

撰者张嘉乐，碑立于维西县。
著录于（民国）《维西县志》。

8971 **重修新兴永济桥碑记**

撰者高锦，碑立于玉溪市。
著录于（道光）《澄江府志》。

8972 **重修新兴玉溪桥碑记**

撰者夏昌，碑立于玉溪市。
著录于（道光）《澄江府志》。

8973 **重修雄川阁碑记**

撰者范承勋。
著录于（康熙）《云南府志》。

8974 **重修雄川阁记**

撰者王继文。
见于《中国地方志佛道教文献汇纂·诗文碑刻卷》（西南·云南）。

8975 重修续华禅院碑记

撰者何弘烈，碑立于宣威市。
著录于（民国）《宣威县志稿》。

8976 重修学宫碑记

撰者王永义，碑立于建水县。
著录于（民国）《续修建水县志稿》。

8977 重修学宫碑记

撰者徐日忠，碑立于普洱市。
著录于（乾隆）《景东直隶厅志》。

8978 重修学宫碑记

撰者许贺来，碑立于石屏县。
著录于（乾隆）《石屏州志》。

8979 重修学宫记

撰者陈肇奎，碑立于建水县。
著录于（康熙）《建水州志》。

8980 重修学宫记

撰者彭梦鹤，碑立于曲靖市。
著录于（雍正）《马龙州志》。

8981 重修学宫记

撰者陈必成，碑立于石屏县。
著录于（乾隆）《石屏州志》。

8982 重修学记

撰者阎闳，碑立于石屏县。
著录于（乾隆）《石屏州志》。

8983 重修学门泮池记

撰者刘讷，碑立于巍山县。
著录于（康熙）《蒙化府志》。

8984 重修养济院碑记

撰者张凤锦，碑立于保山市。
见于《中国地方志佛道教文献汇纂·诗文碑刻卷（西南·云南）》。

8985 重修易门县学记

撰者姜其垓，碑立于易门县。
著录于（道光）《续修易门县志》。

8986 重修永北府学宫碑记

撰者陶万选，碑立于永胜县。
著录于（光绪）《续修永北直隶厅志》。

8987 重修永惠坝闸庙亭记

撰者杨经纶，碑立于泸西县。
著录于（康熙）《广西府志》。

8988 重修永济桥补记

撰者张铸鑫，碑立于文山市。
著录于（民国）《续修文山县志》。

8989 重修涌泉寺碑记

撰者周爰访，碑立于晋宁区。
著录于（道光）《昆阳州志》。

8990 重修玉皇阁记

撰者张鉴，碑立于曲靖市。
著录于（雍正）《马龙州志》。

8991 重修玉龙寺记

撰者李春华，碑立于景东县。
见于《中国地方志佛道教文献汇纂·诗文碑刻卷》（西南·云南）。

8992 重修玉台寺记

撰者魏殿元，碑立于元江县。
著录于（康熙）《元江府志》。

8993 重修玉溪桥碑记

撰者徐正恩，碑立于玉溪市。
著录于《新兴州志》。

8994 重修玉溪桥记

撰者严慎，碑立于玉溪市。
著录于《新兴州志》。

8995 重修元江府儒学碑记

撰者吴自肃，碑立于建水县。
著录于（康熙）《元江府志》。

8996 重修元江府学记

撰者章履成，碑立于元江县。
著录于（康熙）《元江府志》。

8997 重修云南府署碑记

撰者张毓碧。
著录于（康熙）《云南府志》。

8998 重修云南县文庙碑记

撰者鸣泰，碑立于祥云县。
著录于（光绪）《云南县志》。

8999 重修云蒸寺碑记

撰者王绍仁，碑立于晋宁区。
著录于（道光）《昆阳州志》。

9000 重修昭通八仙营书院小引

撰者傅聚，碑立于昭通市。
著录于（民国）《昭通志稿》。

9001 重修智镜寺记

撰者张宗载。
著录于（天启）《滇志》。

9002 重修中庆路庙学记

撰者支渭兴。
著录于（景泰）《云南图经志书》。

9003 重修忠烈宫募化小引

撰者赵邦泽，碑立于龙陵县。
著录于（民国）《龙陵县志》。

9004 重修珠海阁碑记

撰者许懋，碑立于大理市。
著录于（道光）《赵州志》。

9005 重修诸天寺碑记

撰者张孝，碑立于是石屏县。
著录于（民国）《石屏县志》。

9006 重修诸天寺记

撰者彭景忠，碑立于是石屏县。
著录于（民国）《石屏县志》。

9007 重修庄严寺碑记

撰者李闻馨，碑立于晋宁区。
著录于（道光）《昆阳州志》。

9008 重修准提阁募疏

撰者何其偀，碑立于是石屏县。
见于《中国地方志佛道教文献汇纂·诗文碑刻卷》（西南·云南）。

9009 重修尊经阁碑记

撰者张毓瑞，碑立于石屏县。
著录于（乾隆）《石屏州志》。

9010 重修尊经阁序

撰者姚文燮，碑立于建水县。
著录于（雍正）《建水州志》。

9011 重游石室山记

撰者李元阳。
著录于（雍正）《剑川州志》。

9012 州侯陈公重修学宫记

撰者曾昕，碑立于建水县。
著录于（民国）《续修建水县志稿》。

9013 州署琐记

撰者程封，碑立于石屏县。
著录于（民国）《石屏县志》。

9014 州学贡田碑记

撰者张汉，碑立于石屏县。
著录于（乾隆）《石屏州志》。

9015 州正堂宋示

碑立于宾川县。
见于《宾川丛书·金石篇》。

9016 周安靖夫妇墓

高 68 cm × 宽 37 cm，碑立于普洱市。
见于《思茅地区文物志》。

9017 周禁林石池记

撰者窦欲峻，碑立于罗平县。
著录于（民国）《罗平县志》。

9018 周智太碑

碑立于大理市。
见于《大理五华楼新出元碑选录并考释》。

9019 周智太神道碑

高 78 cm × 宽 62 cm × 厚 10 cm，碑立于大理市。

见于《大理丛书·金石篇》。

9020 朱传胪淳墓碑

碑立于石屏县。

著录于（民国）《石屏县志》。

9021 朱方伯臒墓碑

碑立于石屏县。

著录于（民国）《石屏县志》。

9022 朱太守德政碑记

撰者陈璠，刻工张君，碑立于凤庆县。

著录于（光绪）《续修顺宁府志》。

9023 朱小园孝廉庭珍墓碑

碑立于石屏县。

著录于（民国）《石屏县志》。

9024 朱瑶墓志铭碑

撰者李端蒙，碑立于弥渡县。

见于《弥渡古代碑刻辑释》。

9025 朱越宣孝廉墓表辞

撰者刘铦，碑立于石屏县。

著录于（民国）《石屏县志》。

9026 朱州守生祠碑记

撰者杨忠亮，碑立于石屏县。

著录于（乾隆）《石屏州志》。

9027 珠王墓碑

砂石，高 29 cm × 宽 29.5 cm × 厚 2.2 cm，碑立于通海县。

见于《大理丛书·金石篇》。

9028 珠□墓碑

高 45 cm × 宽 26 cm × 厚 5 cm，碑立于通海县。

见于《大理丛书·金石篇》。

9029 诸葛碑

著录于（道光）《云南通志稿》。

9030 诸葛碑

碑立于龙陵县。

著录于（民国）《龙陵县志》。

9031 诸葛碑

碑立于腾冲市。

著录于（光绪）《腾越厅志稿》。

9032 诸葛碑

碑立于昭通市。

著录于（宣统）《恩安县志》。

9033 诸葛会盟碑

著录于《新纂云南通志·金石考》。

9034 诸葛亮纪功碑

著录于（光绪）《续云南通志稿》。

9035 诸葛亮撰文碑

著录于《新纂云南通志·金石考》。

9036 诸葛南征碑

著录于《新纂云南通志·金石考》。

9037 诸生捐置书籍存留晴川学舍记

撰者杨魁榜，碑立于永胜县。

著录于（乾隆）《永北府志》。

9038 诸生祖饯圆通寺留别

撰者刘大绅。

见于《中国地方志佛道教文献汇纂·诗文碑刻卷》（西南·云南）。

9039 硃砂厂记

撰者周永钊，碑立于文山市。

著录于（民国）《续修文山县志》。

9040 竹室记

撰者张维宗，碑立于大关县。

著录于（民国）《大关县志》。

9041 祝国太平碑

高 160 cm × 宽 68 cm，碑立于曲靖市。
见于《陆良历代石刻注解与研究》。

9042 筑城垣记

撰者朱应登，碑立于澄江县。
著录于（康熙）《河阳县志》。

9043 转龙学宫记

撰者李福田，碑立于禄劝县。
著录于（民国）《禄劝县志》。

9044 状元馆记

撰者王颖城。
著录于（雍正）《阿迷州志》。

9045 追□亡人杨□师胜神道

碑立于祥云县。
见于《祥云金石》。

9046 追记杨公功德碑记

碑立于嵩明县。
著录于（光绪）《续修嵩明州志》。

9047 追荐亡人□氏王姐之魂碑

高 88 cm × 宽 35 cm，碑立于大理市。
见于《大理丛书·金石篇》。

9048 追为亡人杨观音胜神道碑

楷书，高 133 cm × 宽 56 cm，碑立于洱源县。
见于《大理丛书·金石篇》。

9049 追为亡人赵氏花锦之灵碑

楷书，高 103 cm × 宽 47 cm，碑立于云龙县。
见于《大理丛书·金石篇》。

9050 追为亡人赵药师得神道碑

楷书，高 131 cm × 宽 53 cm，碑立于大理市。
见于《大理丛书·金石篇》。

9051 紫溪寺晨钟记

撰者俞梁，碑立于陆良县。
著录于（民国）《陆良县志稿》。

9052 自铭并韩宜可铭

撰者王奎。
著录于（康熙）《建水州志》。

9053 宗文府府丞罗公凤彩墓碑

碑立于石屏县。
著录于（民国）《石屏县志》。

9054 总兵官都督沐公神道碑

撰者李贤。
著录于（正德）《云南志》。

9055 总兵田公墓志铭

撰者岑毓英，碑立于建水县。
著录于（民国）《续修建水县志稿》。

9056 总镇张公惠义碑记

撰者曾昕，碑立于建水县。
著录于（雍正）《建水州志》。

9057 邹公祠堂记

碑立于宾川县。
著录于（雍正）《宾川州志》。

9058 邹公讳国祚世系谱序

碑立于弥渡县。
见于《弥渡古代碑刻辑释》。

9059 邹公塘记

撰者李元阳，碑立于宾川县。
著录于（雍正）《宾川州志》。

9060 邹国祚墓志

撰者和兴国，碑立于弥渡县。
见于《弥渡古代碑刻辑释》。

9061 邹节母杨太孺人墓志铭

撰者魏定一，碑立于昭通市。
著录于（民国）《昭通县志稿》。

9062 奏状节略

碑立于通海县。
著录于（乾隆）《续修河西县志》。

9063 祖法墓志

撰者大惠。
见于《紫溪山志》。

9064 祖训十诫十务浅言

见于《云南乡规民约大观》（上）。

9065 尊经阁碑记

撰者邵玉，碑立于建水县。
著录于（康熙）《建水州志》。

9066 尊经阁记

撰者王泭，碑立于云龙县。
著录于（雍正）《云龙州志》。

9067 遵照前辙碑

高 174 cm × 宽 58 cm，碑立于陆良县。
见于《陆良历代石刻注解与研究》。

9068 左都督龙公在田墓碑

碑立于石屏县。
著录于（民国）《石屏县志》。

9069 坐冰车小记

撰者赵元祚。
著录于（嘉庆）《滇系》。

9070 禾甸五村龙泉水利碑

撰者张汉，碑立于祥云县。
见于《云南乡规民约大观》（上）。

主要参考文献

一、金石类

[1]（清）阮福撰、王林校：《滇南古金石录》，“文选楼丛书”本，1828年。

[2] 李根源：《腾冲金石目略》不分卷，苏州曲石精庐刻本，1933年。

[3] 李根源：《云南金石目略初稿》四卷，苏州曲石精庐刻本，1935年。

[4]（民国）张希鲁撰、罗二虎校：《滇东金石记》，云南昭通中学刊行，1937年。

[5]（民国）张希鲁撰、罗二虎校：《昭通汉金石》，云南昭通中学刊行，1937年。

[6]（清）王文诏：《云南金石志》，《石刻史料新编》第三辑（23），台北：新文丰出版公司，1982年。

[7]（清）唐炯：《云南金石志稿》，《石刻史料新编》第三辑（23），台北：新文丰出版公司，1982年。

[8]（清）戴䌹孙：《昆明金石志》，《石刻史料新编》第三辑（23），台北：新文丰出版公司，1982年。

[9] 符廷铨：《昭通金石志》，《石刻史料新编》第三辑（23），台北：新文丰出版公司，1982年。

[10] 佚名：《昭通金石志稿》，《石刻史料新编》第三辑（23），台北：新文丰出版公司，1982年。

[11] 袁嘉榖：《石屏金石志》，《昭通金石志》，《石刻史料新编》第三辑（23），台北：新文丰出版公司，1982年。

[12] 佚名：《新平金石志》，《昭通金石志》，《石刻史料新编》第三辑（23），台北：新文丰出版公司，1982年。

[13]（清）王昶辑：《金石萃编》，北京：中国书店，1985年。

[14] 方国瑜著，《云南金石文物题跋》，方国瑜，林超民编：《方国瑜文集》第四辑，昆明：云南教育出版社，2001年。

二、旧地方志

[15]（明）郑颙修，陈文纂：景泰《云南图经志书》，景泰六年刻本，1455年。

[16]（明）王尚用修，陈梓、张腾纂：嘉靖《寻甸府志》，嘉靖二十九年刻本，1550年。

[17]（明）周季凤纂修：正德《云南志》，嘉靖三十二年刻本，1553年。

[18]（明）徐栻修，张泽等纂：隆庆《楚雄府志》，隆庆二年刻本，1568年。

[19]（明）庄诚修，王利宾纂：万历《赵州志》，抄本。

[20]（清）徐扞修，苏绍轼纂：康熙《定远县志》，康熙二十八年刻本，1689年。

[21]（清）李铨修，张维房纂：康熙《广通县志》，康熙二十九年刻本，1690年。

[22]（清）范承勋、王继文修，吴自肃、丁炜纂：康熙《云南通志》，康熙三十年刻本，1691年。

[23]（清）魏荩臣修，阚祯兆纂：康熙《通海县志》，康熙三十年刻本，1691年。
[24]（清）张毓碧修，谢俨等纂：康熙《云南府志》，康熙三十五年刻本，1696年。
[25]（清）莫舜鼐修，彭学曾等纂：康熙《元谋县志》，康熙三十五年刻本，1696年。
[26]（清）蒋旭修，陈金珏纂：康熙《蒙化府志》，康熙三十七年刻本，1698年。
[27]（清）陆绍闳修，彭学曾纂：康熙《嶍峨县志》，康熙三十七年刻本，1698年。
[28]（清）罗纶修，李文渊纂：康熙《永昌府志》，康熙四十一年刻本，1702年。
[29]（清）任中宜纂修：康熙《平彝县志》，康熙四十四年刻本，1705年。
[30]（清）高鈞修，段拱纂：康熙《安宁州志》，康熙四十九年刻本，1710年。
[31]（清）彭兆逵修，杨抝秀纂：康熙《富民县志》，康熙五十一年刻本，1712年。
[32]（清）管棆纂修：康熙《姚州志》，康熙五十二年刻本，1713年。
[33]（清）佟镇纂：康熙《鹤庆府志》，康熙五十三年刻本，1714年。
[34]（清）陈肇奎修，叶涞纂：康熙《建水州志》，康熙五十四年刻本，1715年。
[35]（清）杜绍先纂修：康熙《晋宁州志》，康熙五十五年抄本，1716年。
[36]（清）王秉煌、屈正宸修，梅鉴臣纂：康熙《罗次县志》，康熙五十六年刻本，1717年。
[37]（清）管棆纂修：康熙《师宗州志》，康熙五十六年刻本，1717年。
[38]（清）李丕垣修，李应绶纂：康熙《河阳县志》，康熙五十六年抄本，1717年。
[39]（清）黄德巽修，胡承灏等纂：康熙《罗平州志》，康熙五十七年刻本，1718年。
[40]（清）汪煚修，任洵等纂：康熙《嵩明州志》，康熙五十九年刻本，1720年。
[41]（清）李月枝纂修：康熙《寻甸州志》，康熙五十九年刻本，1720年。
[42]（清）刘芳等纂，周天任增修：康熙《河西县志》，康熙年间本。
[43]（清）许日藻修，杜兆鹏等纂：雍正《马龙州志》，雍正元年刻本，1723年。
[44]（清）朱若功修，戴天赐纂：雍正《呈贡县志》，雍正三年刻本，1725年。
[45]（清）范溥纂修：雍正《顺宁府志》，雍正三年刻本，1725年。
[46]（清）周钺纂修：雍正《宾川州志》，雍正五年刻本，1727年。
[47]（清）管棆纂修，夏治源增修：雍正《师宗州志》，雍正七年刻本，1729年。
[48]（清）刘邦瑞纂修：雍正《白盐井志》，雍正八年刻本，1730年。
[49]（清）祝宏修，赵节纂：雍正《建水州志》，雍正九年刻本，1731年。
[50]（清）鄂尔泰、尹继善修，靖道谟纂：雍正《云南通志》，乾隆元年刻本，1736年。
[51]（清）赵淳等纂：乾隆《赵州志》，乾隆元年刻本，1736年。
[52]（清）杨若椿等修，段昕纂：雍正《安宁州志》，乾隆四年刻本，1739年。
[53]（清）周埰修，李绶纂：乾隆《广西府志》，乾隆四年刻本，1739年。
[54]（清）秦仁、王纬修，伍士玠纂，傅腾蛟等续纂修：乾隆《弥勒州志》，乾隆四年刻本，1739年。
[55]（清）管学宣修，万咸燕纂：乾隆《丽江府志略》，乾隆八年刻本，1743年。
[56]（清）傅天祥、李斯佺修，黄元治纂：乾隆《大理府志》，乾隆十一年刻本，1746年。
[57]（清）任中宜纂修，徐正恩续纂修：乾隆《新兴州志》，乾隆十五年刻本，1750年。

[58]（清）孙元湘修，赵淳纂：乾隆《琅盐井志》，乾隆二十一年刻本，1756 年。
[59]（清）史进爵修，郭廷选纂：乾隆《续编路南州志》，乾隆二十二年刻本，1757 年。
[60]（清）郭存庄纂修：乾隆《白盐井志》，乾隆二十三年刻本，1758 年。
[61]（清）方桂修，胡蔚纂：乾隆《东川府志》，乾隆二十六年刻本，1761 年。
[62]（清）毛嶅、朱阳纂修：乾隆《晋宁州志》，乾隆二十七年刻本，1762 年。
[63]（清）谢圣纶纂：乾隆《滇黔志略》，乾隆二十八年刻本，1763 年。
[64]（清）陈奇典修，刘慥纂：乾隆《永北府志》，乾隆三十年刻本，1765 年。
[65]（清）李淳、王诵芬纂修：乾隆《宜良县志》，乾隆三十二年刻本，1767 年。
[66]（清）李世保修，张圣功、王在璋纂：乾隆《云南县志》，乾隆三十二年刻本，1767 年。
[67]（清）王秉韬等纂修：乾隆《沾益州志》，乾隆三十五年刻本，1770 年。
[68]（清）管学宣纂修：乾隆《石屏州志》，乾隆四十五年刻本，1780 年。
[69]（清）吕缵先修，罗元琦纂：乾隆《石屏州续志》，乾隆四十五年刻本，1780 年。
[70]（清）檀萃等纂修：乾隆《元谋县志》，乾隆四十六年刻本，1781 年。
[71]（清）屠述濂纂修：乾隆《镇雄州志》，乾隆四十九年刻本，1784 年。
[72]（清）宣世涛纂修：乾隆《永昌府志》，乾隆五十年刻本，1785 年。
[73]（清）董枢纂修：乾隆《续修河西县志》，乾隆五十三年刻本，1788 年。
[74]（清）刘垲、席庆年修，吴蒲等辑：乾隆《续修蒙化直隶厅志》，乾隆五十五年刻本，1790 年。
[75]（清）晋显卿修，王星麟纂辑：康熙《宁州志》，乾隆年间刻本。
[76]（清）张大鼎纂修：嘉庆《阿迷州志》，嘉庆元年刻本，1796 年。
[77]（清）师范纂修：嘉庆《滇系》，嘉庆十三年刻本，1808 年。
[78]（清）何愚纂修：嘉庆《广南府志》，道光五年刻本，1825 年。
[79]（清）广裕修，王垲等纂：道光《元江州志》，道光六年刻本，1826 年。
[80]（清）陈廷焴纂修：道光《永昌府志》，道光六年刻本，1826 年。
[81]（清）孙世榕纂修：道光《寻甸州志》，道光八年刻本，1828 年。
[82]（清）何怀道修，万重贫等纂：道光《开化府志》，道光九年刻本，1829 年。
[83]（清）王崧纂修：道光《云龙州志》，道光十一年刻本，1831 年。
[84]（清）额鲁礼修，王垲纂：道光《姚州志》，道光十三年刻本，1833 年。
[85]（清）阮元等修，王崧、李诚纂：道光《云南通志稿》，道光十五年刻本，1835 年。
[86]（清）谢体仁纂修：道光《威远厅志》，道光十七年刻本，1837 年。
[87]（清）朱庆椿纂修：道光《昆阳州志》，道光十九年刻本，1839 年。
[88]（清）刘沛霖等修，朱光鼎等纂：道光《宣威州志》，道光二十四年刻本，1844 年。
[89]（清）严廷珏修，严仲泽纂：道光《续修易门县志》，道光二十五年刻本，1845 年。
[90]（清）缪阗修，施映衮纂：道光《陆凉州志》，道光二十五年刻本，1845 年。
[91]（清）李熙龄纂修：道光《澄江府志》，道光二十七年刻本，1847 年。
[92]（清）郑绍谦纂修，李熙龄续纂修：道光《普洱府志》，咸丰元年刻本，1851 年。
[93]（清）毛玉成修，张翊辰、喻怀信纂：咸丰《南宁县志》，咸丰三年刻本，1853 年。

[94]（清）华国清修，刘階等纂：咸丰《镇南州志》，咸丰三年刻本，1853 年。
[95]（清）钮方图修，侯允钦纂：咸丰《邓川州志》，咸丰五年刻本，1855 年。
[96]（清）朱若功原本，戴天赐纂，李明续修，李蔚文续编：光绪《呈贡县志》，光绪十一年刻本，1885 年。
[97]（清）陆宗郑等修，甘雨纂：光绪《姚州志》，光绪十一年刻本，1885 年。
[98]（清）刘毓珂等纂修：光绪《永昌府志》，光绪十一年刻本，1885 年。
[99] 李熙龄原撰，魏锡经辑：光绪《思茅厅志》，光绪十一年抄本，1885 年。
[100]（清）陈燕、韩宝琛修，李景贤纂：光绪《沾益州志》，光绪十一年刻本，1885 年。
[101]（清）胡程章纂修：光绪《云龙州志》，光绪十二年抄本，1886 年。
[102]（清）胡毓麒修，杨钟璧等纂：光绪《罗次县志》，光绪十三年刻本，1887 年。
[103]（清）陈宗海修，赵端礼纂：光绪《腾越厅志稿》，光绪十三年刻本，1887 年。
[104]（清）胡绪昌等修，王沂渊、梁恩明纂：光绪《续修嵩明州志》，光绪十三年刻本，1887 年。
[105]（清）吴光汉修，宋成基纂：光绪《镇雄州志》，光绪十三年刻本，1887 年。
[106]（清）项联晋修，黄炳堃等纂：光绪《云南县志》，光绪十六年刻本，1890 年。
[107]（清）李毓兰修，甘孟贤纂：光绪《镇南州志略》，光绪十八年刻本，1892 年。
[108]（清）岑毓英修，陈灿等纂：光绪《云南通志》，光绪二十年刻本，1894 年。
[109]（清）余泽春修，茅紫芳纂，冯誉聪续纂修：光绪《东川府续志》，光绪二十三年刻本，1897 年。
[110]（清）王文韶等修，唐炯纂：光绪《续云南通志稿》，光绪二十七年刻本，1901 年。
[111]（清）戴纲孙纂修：道光《昆明县志》，光绪二十七年刻本，1901 年。
[112]（清）崇俊等修，王椿纂：光绪《增修仁怀厅志》，光绪二十八年刻本，1902 年。
[113]（清）周沆纂修：光绪《浪穹县志略》，光绪二十九年刻本，1903 年。
[114]（清）黎恂修，刘荣黼纂：道光《大姚县志》，光绪三十年刻本，1904 年。
[115]（清）叶如桐修，刘必苏纂：光绪《续修永北直隶厅志》，光绪三十年刻本，1904 年。
[116]（清）林则徐修，李熙龄纂：道光《广南府志》，光绪三十一年抄本，1905 年。
[117]（清）党蒙等修，周宗洛等纂：光绪《续修顺宁府志》，光绪三十一年刻本，1905 年。
[118]（清）张维翰纂、葛炜续纂：嘉庆《江川县志》，光绪三十三年抄本，1907 年。
[119]（清）李训鋐等修，罗其泽等纂：光绪《续修白盐井志》，光绪三十三年刻本，1907 年。
[120]（清）汪炳谦纂修：宣统《恩安县志》，宣统三年抄本，1911 年。
[121]（明）刘文征纂修：天启《滇志》，清抄本。
[122]（清）佚名：康熙《易门县志》，抄本。
[123]（清）刘自唐修，唐联芳纂：康熙《禄丰县志》，抄本。
[124]（清）蒋斆修，王锠纂：康熙《云州志》，抄本。
[125]（清）杨书纂修：康熙《定边县志》，清抄本。
[126]（清）张伦至纂修：康熙《南安州志》，抄本。
[127]（清）汤大宾修，赵震纂：乾隆《开化府志》，抄本。

[128]（清）李焜纂修：乾隆《蒙自县志》，抄本。
[129]（清）管棆纂修，丁士可增修：乾隆《姚州志》，抄本。
[130]（清）罗含章纂修：嘉庆《景东直隶厅志》，清抄本。
[131]（清）佚名：嘉庆《宁州志》，抄本。
[132]（清）李德生修，李庆元纂：道光《定远县志》，清抄本。
[133]（清）佚名：光绪《宁州旧志稿》，抄本。
[134]（清）郭怀礼修，孙泽春纂：光绪《武定直隶州志》，油印本。
[135]（清）佚名：光绪《永善县志略》，抄本。
[136]（清）卢厚山纂：光绪《宁州志》。
[137]（清）佚名：宣统《续蒙自县志》，宣统稿本。
[138]（清）佚名：宣统《宁州志》。
[139] 佚名：民国《宁县志》，民国二年抄本，1913 年。
[140]（清）李诚、罗宗琏纂修：道光《新平县志》，民国三年铅印本，1914 年。
[141] 刘润畴修，俞庚唐纂：民国《陆良县志稿》，民国四年石印本，1915 年。
[142] 佚名：民国《黎县志》，民国五年铅印本，1916 年。
[143] 张鉴安、修名傅修，寸开泰纂：民国《龙陵县志》，民国六年刻本，1917 年。
[144] 王懋昭纂修：民国《续修马龙县志》，民国六年铅印本，1917 年。
[145] 马标修，杨中润纂：民国《路南县志》，民国六年铅印本，1917 年。
[146] 张培爵等修，周宗麟等纂：民国《大理县志稿》，民国六年铅印本，1917 年。
[147] 李春曦修，梁友檍纂：民国《蒙化志稿》，民国九年铅印本，1920 年。
[148]（清）赵自中纂修：道光《续修通海县志》，民国九年石印本，1920 年。
[149]（清）陈其栋纂修：光绪《通海县续志》，民国九年石印本，1920 年。
[150] 王槐荣修，许实纂：民国《宜良县志》，民国十年铅印本，1921 年。
[151] 周汝剑修，侯应中纂：民国《景东县志稿》，民国十二年石印本，1923 年。
[152] 张维翰修，童振藻纂：民国《昆明市志》，民国十三年铅印本，1924 年。
[153] 郭燮熙纂修：民国《盐丰县志》，民国十三年铅印本，1924 年。
[154] 符廷铨修，杨履乾纂：民国《昭通志稿》，民国十三年铅印本，1924 年。
[155]（清）朱庆椿修，陈金堂纂：道光《晋宁州志》，民国十五年铅印本，1926 年。
[156] 沈祜修，缪云章纂：民国《邱北县志》，民国十五年石印本，1926 年。
[157]（清）金廷献修，李汝湘纂：康熙《路南州志》，民国十七年石印本，1928 年。
[158] 全奂泽修，许实等纂：民国《禄劝县志》，民国十七年铅印本，1928 年。
[159]（清）史进爵修，郭廷选纂：乾隆《路南州志》，民国十九年抄本，1930 年。
[160]（清）屠述濂纂修：乾隆《云南腾越州志》，民国十二年刻本，1931 年。
[161] 张自明修，王富臣等纂：民国《马关县志》，民国二十一年石印本，1932 年。
[162] 段承钧纂修：民国《泸水志》，民国二十一年石印本，1932 年。
[163]（清）吴兰孙纂修：乾隆《景东直隶厅志》，民国二十二年抄本，1933 年。

[164]（明）邹应龙等修，李元阳纂：万历《云南通志》，民国二十三年铅印本，1934 年。
[165] 陈其栋等修，缪果章纂：民国《宣威县志稿》，民国二十三年铅印本，1934 年。
[166] 吴永立、王志高修，马太元纂：民国《新平县志》，民国二十三年石印本，1934 年。
[167]（清）陈钊镗修，李其馨等纂：道光《赵州志》，民国二十六年石印本，1937 年。
[168] 陈肇基纂修：民国《富州县志》，民国二十六年抄本，1937 年。
[169] 卢金锡修、杨履乾、包鸣泉纂：民国《昭通县志稿》，民国二十七年铅印本，1938 年。
[170] 赵思治修，单锐纂：民国《镇越县志》，民国二十七年油印本，1938 年。
[171] 袁嘉穀纂修：民国《石屏县志》，民国二十七年铅印本，1938 年。
[172] 由云龙纂：民国《高峣志》，民国二十八年铅印本，1939 年。
[173] 陆崇仁修，汤祚纂：民国《巧家县志稿》，民国三十一年铅印本，1942 年。
[174]（清）陈荣昌，顾视高等纂：民国《续修昆明县志》，民国三十二年铅印本，1943 年。
[175] 杨金铠纂修：民国《鹤庆县志》，民国三十三年油印本，1944 年。
[176] 陈诒孙等修，杨思诚纂：民国《嵩明县志》，民国三十四年铅印本，1945 年。
[177] 霍士廉等修，由云龙等纂：民国《姚安县志》，民国三十七年铅印本，1948 年。
[178] 龙云、卢汉修，周钟岳纂：《新纂云南通志》，民国三十八年铅印本，1949 年。
[179]（清）张嘉颖等修，李镜、刘联声纂：康熙《楚雄府志》，民国年间抄本。
[180]（清）王世贵修，张伦纂：康熙《剑川州志》，民国年间抄本。
[181]（清）沈鼐等纂修：康熙《琅盐井志》，民国间抄本。
[182]（清）王清贤修，陈淳纂：康熙《武定府志》，民国年间抄本。
[183]（清）赵珙纂修：康熙《续修浪穹县志》，民国年间抄本。
[184]（清）伍青莲纂修：康熙《云南县志》，民国年间抄本。
[185]（清）陈权修，顾琳纂：雍正《阿迷州志》，民国年间抄本。
[186]（清）张无咎修，夏冕纂：雍正《临安府志》，民国年间抄本。
[187]（清）陈希芳修，胡禹谟纂：雍正《云龙州志》，民国年间抄本。
[188]（清）沈生遴纂修：乾隆《陆凉州志》，民国间晒印本。
[189]（清）何暄、何杓朗纂修：光绪《古越州志》，民国年间抄本。
[190]（清）王宝仪修，杨金和纂：光绪《鹤庆州志》，民国年间抄本。
[191]（清）陈宗海修，李星瑞纂：光绪《丽江府志》，民国年间抄本。
[192]（清）韩再兰修，李恩光纂：光绪《平彝县志》，民国年间抄本。
[193]（清）崇谦修，沈宗舜纂：宣统《楚雄县志》，民国年间抄本。
[194] 张问德修，楊香池纂：民国《顺宁县志初稿》，抄本。
[195] 薛渭川纂修：民国《嵩明县志》，抄本。
[196] 李根源，刘楚湘纂修：民国《腾冲县志稿》，抄本。
[197] 李炳臣修，李翰湘纂：民国《维西县志》，抄本。
[198] 冯骏纂修：民国《云南省中甸县县志》，抄本。
[199] 徐振声续修：民国《云南嶍峨县志》，抄本。

[200] 纳汝珍修，蒋世芳纂：民国《镇康县志初稿》，抄本。
[201] 段绶滋纂修：民国《中甸县志稿》，抄本。
[202] 佚名：民国《丽江县志》，民国年间抄本。
[203] 黄元直修，刘达武纂：民国《元江志稿》，抄本。
[204] 朱纬谨等纂修：民国《罗平县志》，抄本。
[205] 马太元纂修：民国《续修新平县志》，抄本。
[206] 王垂书纂修：民国《续修建水县志稿》，抄本。
[207] 成文出版社编：《中国方志丛书·云南省》，台北：成文出版社，1967 年。
[208]（明）刘文征撰；古永继校点：《滇志》，昆明：云南教育出版社，1991 年。
[209]（清）罗仰锜、玮修著：（乾隆）《石咢嘉志》，昆明：云南大学出版社，1994 年。
[210] 梁耀武主编；玉溪地区地方志编纂委员会编：《玉溪地区旧志丛刊》，昆明：云南人民出版社，1995 年。
[211]（清）沈懋价、杨璿纂，李希林点校：康熙《黑盐井志》，云南大学出版社，2003 年。
[212]（清）莫舜鼐修；李在营校勘：康熙《元谋县志》，芒市：德宏民族出版社，2005 年。
[213] 杨成彪主编：《楚雄彝族自治州旧方志全书》，昆明：云南人民出版社，2005 年。
[214]（明）陈文修，李春龙、刘景毛校注：《景泰云南图经志书校注》，昆明：云南民族出版社，2002 年。
[215] 张宽寿主编；《昭通旧志汇编》编辑委员会编：《昭通旧志汇编》，昆明：云南人民出版社，2006 年。
[216] 龙云、卢汉修，周钟岳等纂，李春龙等点校：《新纂云南通志》，昆明：云南人民出版社，2007 年。
[217] 凤凰出版社编：《中国地方志集成·云南府州县志辑》，南京：凤凰出版社，2009 年。
[218]（清）陈荣昌，顾视高等纂，年四国校注：民国《续修昆明县志》，昆明：云南民族出版社，2016 年。
[219]（清）阮元、伊里布等修，王崧等纂，康春华点校：道光《云南通志稿》，昆明：云南美术出版社，2018 年。

三、新地方志

[220] 范利军主编：《曲靖市文物志》，昆明：云南民族出版社，1989 年。
[221] 薛琳编纂，巍山彝族回族自治县县志编委会办公室编：《巍宝山志》，昆明：云南人民出版社，1989 年。
[222] 浦恩宇主编：《宣威县文物志》，昆明：云南民族出版社，1990 年。
[223] 云南省陆良县志编纂委员会编纂：《陆良县志》，上海：上海科学普及出版社，1991 年。
[224] 云南省呈贡县志编纂委员会编：《呈贡县志》，太原：山西人民出版社，1992 年。
[225] 杨光昆主编：《东川市文物志》，昆明：云南民族出版社，1992 年。
[226] 云南省通海县史志工作委员会编纂：《通海县志》，昆明：云南人民出版社，1992 年。

[227] 薛琳编纂:《巍山彝族回族自治县民族宗教志》，昆明：云南人民出版社，1992 年。
[228] 中共富源县委史志工作委员会编:《富源县志》，上海：上海古籍出版社，1993 年。
[229] 云南省景谷傣族彝族自治县县志编纂委员会编:《景谷傣族彝族自治县志》，成都：四川辞书出版社，1993 年。
[230] 云南省会泽县志编纂委员会编纂:《会泽县志》，昆明：云南人民出版社，1993 年。
[231] 巍山彝族回族自治县志编纂委员会编纂:《巍山彝族回族自治县志》，昆明：云南人民出版社，1993 年。
[232] 华宁县地方志编纂委员会编:《华宁县志》，北京：中华书局，1994 年。
[233] 建水县志编纂委员会编:《建水县志》，北京：中华书局，1994 年。
[234] 江川县史志编纂委员会编纂:《江川县志》，昆明：云南人民出版社，1994 年。
[235] 钱永章主编，师宗县文物志编纂委员会编:《师宗县文物志》，昆明：云南大学出版社，1994 年。
[236] 颜思久主编，云南省地方志编纂委员会总纂，云南省社会科学院宗教研究所编撰:《云南省志・宗教志》，昆明：云南人民出版社，1995 年。
[237] 云南省东川市地方志编纂委员会编纂:《东川市志》，昆明：云南人民出版社，1995 年。
[238] 云南省嵩明县志编纂委员会编纂:《嵩明县志》，昆明：云南人民出版社，1995 年。
[239] 禄劝彝族苗族自治县地方志编纂委员会编:《禄劝彝族苗族自治县志》，昆明：云南人民出版社，1995 年。
[240] 罗平县地方志编纂委员会编纂:《罗平县志》，昆明：云南人民出版社，1995 年。
[241] 昆明市五华区志编纂委员会编:《五华区志》，成都：四川辞书出版社，1995 年。
[242] 昆明市路南彝族自治县志编纂委员会编:《路南彝族自治县志》，昆明：云南民族出版社，1996 年。
[243] 安宁县地方志编纂委员会编纂:《安宁县志》，昆明：云南人民出版社，1997 年。
[244] 曲靖市地方志编纂委员会编纂:《曲靖市志》，昆明：云南人民出版社，1997 年。
[245] 云南省师宗县志编纂委员会编:《师宗县志》，昆明：云南大学出版社，1997 年。
[246] 杨述宝、周家骅主编，昆明市盘龙区志编纂委员会编纂:《盘龙区志》，昆明：云南人民出版社，1998 年。
[247] 何兴庚主编:《五华区文物志》，芒市：德宏民族出版社，1998 年。
[248] 李政章主编，昆明市官渡区地方志编纂委员会编纂:《官渡区志》，昆明：云南人民出版社，1999 年。
[249] 昆明市地方志编纂委员会编:《昆明市志》，北京：人民出版社，1999 年。
[250] 陈兆彩编著，娜姑镇文物志编纂委员会编:《娜姑镇文物志》，昆明：云南民族出版社，1999 年。
[251] 云南省曲靖地区志编纂委员会编:《曲靖地区志》，昆明：云南人民出版社，1999 年。
[252] 云南省富民县地方志编纂委员会编纂:《富民县志》，昆明：云南人民出版社，1999 年。

[253] 孟德钢主编，中共宣威市委史志办公室编纂：《宣威市志》，昆明：云南人民出版社，1999年。
[254] 云南省寻甸回族彝族自治县志编纂委员会编纂：《寻甸回族彝族自治县志》，昆明：云南人民出版社，1999年。
[255] 张绍聪主编，江川县文化局编：《江川县文化志》，昆明：云南人民出版社，2000年。
[256] 昆明市西山区地方志编纂委员会编纂：《西山区志》，北京：中华书局，2000年。
[257] 楚雄市建设局编：《紫溪山志》，昆明：云南民族出版社，2000年。
[258] 云南省峨山彝族自治县志编纂委员会编：《峨山彝族自治县志》，北京：中华书局，2001年。
[259] 陶正明，梅世彬主编：《会泽县文物志》，昆明：云南美术出版社，2001年。
[260] 王基宇主编，澄江县史志编纂委员会编纂：《澄江县志》，昆明：云南人民出版社，2002年。
[261] 傅元方主编：《沾益风物志》，昆明：云南民族出版社，2002年。
[262] 云南省地方志编纂委员会总纂，云南省文化厅编撰：《云南省志·文物志》，昆明：云南人民出版社，2004年。
[263] 昂智灵主编，石林彝族自治县志编纂委员会编：《石林彝族自治县志 1989~2000》，昆明：云南民族出版社，2006年。
[264] 祥云县民族宗教事务局编：《祥云县民族宗教志》，昆明：云南民族出版社，2007年。
[265] 红河州文化局编：《红河州文物志》，昆明：云南人民出版社，2007年。
[266] 安宁市文物志编纂委员会编：《安宁市文物志》，昆明：云南民族出版社，2007年。
[267]《怒江傈族自治州文物志》编纂委员会编：《怒江傈族自治州文物志》，昆明：云南大学出版社，2007年。
[268] 昆明市西山区文物管理所编：《西山区文物志》，昆明：云南科技出版社，2016年。
[269] 方树梅纂辑，云南省社会科学院文献研究所、云南省地方志编纂委员会办公室编，宋文熙、王樵等校补：《续滇南碑传集校补》，昆明：云南民族出版社，1993年。
[270] 方树梅纂辑，李春龙、刘景云、江燕等点校：《滇南碑传集》，昆明：云南民族出版社，2003年。
[271] 李根源撰，腾冲李根源旧居管理所编：《叠园、凤翅园遗存石刻合刊》，昆明：云南民族出版社，2010年。

四、其他文献

[272] 汪宁生编：《云南考古》，昆明：云南人民出版社，1980年。
[273] 王云、方龄贵著：《大理五华楼新发现宋元碑刻选录》，昆明：昆明师范学院出版社,1980年。
[274] 孙太初著：《云南古代石刻丛考》，北京：文物出版社，1983年。
[275] 顾峰：《云南碑刻与书法》，昆明：云南人民出版社，1984年。
[276] 方国瑜编：《云南史料目录概说》，北京：中华书局，1984年。
[277] 王丽珠、薛琳：《巍山揽胜》，昆明：云南教育出版社，1986年。
[278] 邱宣充、张瑛华等编著：《云南文物古迹大全》，昆明：云南人民出版社，1992年。

[279] 黄钰辑点：《瑶族石刻录》，昆明：云南民族出版社，1993年。
[280] 宋恩常主编，云南省编辑组编：《云南地方志道教和民族民间宗教资料琐编》，昆明：云南人民出版社，1993年。
[281]《云南石刻》，重庆：重庆出版社，1996年。
[282] 大理市文化丛书编辑委员会编：《大理市古碑存文录》，昆明：云南民族出版社，1996年。
[283] 杨世钰编：《中国西南地区历代石刻汇编》，天津古籍出版社，1998年。
[284]《云南剑川石刻》，重庆：重庆出版社，1998年。
[285] 朱琚元编：《彝文石刻译选》，昆明：云南民族出版社，1998年。
[286] 徐发苍主编：《曲靖石刻》，昆明：云南民族出版社，1999年。
[287] 段金录、张锡禄编：《大理历代名碑》，昆明：云南民族出版社，2000年。
[288] 张了、张锡禄编：《鹤庆碑刻辑录》，大理白族自治州南诏史研究会印，2001年。
[289] 方国瑜主编，徐文德、木芹纂录校订：《云南史料丛刊》，昆明：云南大学出版社，2001年。
[290] 周祜著：《大理古碑研究》，昆明：云南民族出版社，2002年。
[291] 梁公卿主编：《中国西南文献丛书》，兰州：兰州大学出版社，2004年。
[292] 曹善寿主编，李荣高编注：《云南林业文化碑刻》，芒市：德宏民族出版社，2005年。
[293] 张方玉主编，楚雄彝族自治州档案局编：《楚雄历代碑刻》，昆明：云南民族出版社，2005年。
[294] 中国人民政治协商会议保山市隆阳区委员会编，徐鸿芹点校：《隆阳碑铭石刻》，昆明：云南美术出版社，2005年。
[295] 庄毓纹主编，中国人民政治协商会议昆明市委员会编：《昆明诗词楹联碑文集粹》，昆明：云南人民出版社，2006年。
[296] 张方玉著，楚雄市文化体制改革和文化产业发展办公室编：《滇中佛教》，昆明：云南民族出版社，2006年。
[297] 盘龙区委宣传部、盘龙区文化局编：《盘龙江文化大观》，昆明：云南人民出版社，2007年。
[298]〔澳大利亚〕唐立编：《中国云南少数民族生态关连碑文集》，京都：日本京都综合地球环境学研究所，2008年。
[299] 赵家华主编：《保山碑刻》，昆明：云南美术出版社，2008年。
[300] 张方玉编著，中共武定县委宣传部编：《武定探秘》，昆明：云南民族出版社，2008年。
[301] 周凤琼主编：《玉溪碑刻选集》，昆明：云南人民出版社，2009年。
[302] 杨世钰、赵寅松主编：《大理丛书·金石篇》，昆明：云南民族出版社，2010年。
[303] 黄珺主编：《云南乡规民约大观》，昆明：云南美术出版社，2010年。
[304] 杨林军编著：《丽江历代碑刻辑录与研究》，昆明：云南民族出版社，2011年。
[305] 萧霁虹主编：《云南道教碑刻辑录》，北京：中国社会科学出版社，2013年。
[306] 李树业编：《祥云碑刻》，昆明：云南人民出版社，2014年。
[307] 许儒慧编著，政协建水县委员会编：《遗留在建水碑刻中的文明记忆》，昆明：云南人民出版社，2015年。

[308] 王洪斌编著：《陆良历代石刻注解与研究》，昆明：云南人民出版社，2016年。
[309] 郑祖荣、周恩福主编：《宜良碑刻》（增补本），昆明：云南大学出版社，2016年。
[310] 腾冲市文化广播电视体育局编：《腾冲石刻》，昆明：云南民族出版社，2018年。
[311] 古永继编：《云南15种特有民族古代史料汇编》，昆明：云南大学出版社，2019年。
[312] 李昆声主编，李昆声、李培聪等编著：《云南考古学通论》，昆明：云南大学出版社，2019年。
[313] 和六花编：《云南少数民族非纸质典籍聚珍 金石器物类》，昆明：云南人民出版社，2020年。
[314] 黄正良编：《宾川丛书·金石篇》，未刊本。

附录：云南石刻刻工一览
（按刻碑时间排序）

元及元以前刻工

《爨龙颜碑》刻工杜苌子
《崇圣寺塔题字》刻工恭韬、徽义
《皎渊塔之碑铭》刻工杜隆义
《妙应兰若塔记》刻工杨贤、张奴
《大胜寺修造记》刻工杨□
《加封孔子圣诏碑》刻工李成救、杨和胜、杨连日、杨兴成、李公日
《筇竹寺雄辩法师大寂塔铭》刻工张成
《佛顶尊胜宝塔记》刻工张奴
《人匠提举杜昌海墓志铭》刻工张奴
《重修安宁州文庙记》刻工李海
《万春山真觉寺记》刻工刘德清
《故理阳寨长官司案牍段琏墓铭并序》刻工杨兴日、杨兴智
《清河郡释明护墓志铭》刻工拜也却
《弘农氏故千户护碑》刻工杨通
《故杨公孝先墓志铭》刻工杨明
《故神功梵德大阿左梨释道宗墓碑》刻工杨智
《故智周术妙圆鉴大师墓铭》刻工杨明

明代刻工

《重修五华寺碑》刻工□生
《追为亡人杨昭宗神道》刻工杨智
《追为亡人杨明宗神道》刻工杨领杨公
《大盘龙庵大觉禅师宝云塔铭》刻工黄君泰
《重修阳派兴宝寺续置常住记》刻工杨通
《大光明寺主持瑞岩长老智照灵塔铭并序》刻工杨智
《元故先生杨俊墓志铭》刻工杨头、杨□
《仁德墓志》刻工杨公
《宝莲殿记》刻工杨情
《汤池渠记》刻工黎老益
《建峰亭记》刻工杨奴

《王氏墓志碑》刻工高鹤惠、苗重实
《寸氏墓碑志》刻工苗重实
《温泉庵记》刻工杨禾
《杨升墓铭》刻工杨奴
《大理府太和县弘圭乡下阳溪弘农氏杨公墓志铭》刻工杨脚
《赵州南山大法藏寺碑》刻工赵坚
《彦昌赵公墓碑铭》刻工杨海
《昆州耆士杨公墓志》刻工段坚
《杨惠墓志》刻工张定
《故居士张公墓志铭》刻工杨□
《故杨处士墓铭》刻工杨升杨□
《鹤川把事杨氏墓碑志》刻工谢仲得
《世守鹤郡知府高府君墓碑》刻工李志川、杨懋、李实
《威楚令长高公墓志铭并序》刻工麦□
《大理弘圭赵公墓志铭》刻工赵秋
《故李氏墓碑志》刻工谢仲得
《吴理将军墓志铭》刻工吴雄
《故昭信校尉百户赵公墓志铭》刻工苏嵩、苏长、杨通
《真庆观记》刻工萧清、秦贤
《重修白□堂神庙记碑》刻工李惠
《应国安邦神庙记》刻工李杉
《云南布政司令史杨公并妻赵氏寿藏铭》刻工杨善
《张宗墓志铭记》刻工李秋、李保
《故善人杨公同妻李氏墓志铭》刻工杨富
《武略将军剑川州土官千户赵海墓志》刻工杨定、杨保
《武略将军赵公之墓碑》刻工杨定、杨保、李秋、苏保、赵永
《安庆李公德明墓志铭》刻工方琛
《故处士段公墓志铭》刻工李定、赵嵩
《李益墓志铭》刻工杨接
《杨公寿藏志铭》刻工杨奴
《故施氏墓铭》刻工杨海
《重修金马山灵应寺记》刻工萧清
《故考杨氏墓铭》刻工杨海
《三堂圣域记》刻工杨隆
《雁门田氏德行墓碑志》刻工字福
《处士李土公赐同妻张氏观音梅寿藏墓志铭》刻工杨定

《故善士杨公墓志铭》刻工杨海

《鸡足山石钟寺常住田记》刻工杨茂

《耆宿王公墓志》刻工苏芳

《重修金齿司学记》刻工王直

《重修盘龙寺记》刻工曹贵

《处士陇西郡李氏讳土公禾墓志铭》刻工杨久

《居士董公并妻杨氏墓志》刻工杨义

《大掾杨公墓志》刻工杨接

《胡琛墓碑铭》刻工郭韬

《重修万寿寺碑铭记》刻工道清

《处士赵公寿藏同妻杜氏墓志铭》刻工杨宗

《张公智墓铭》刻工杨□□

《杜善人寿藏同配赵氏墓志铭》刻工杨宗

《善士杨公墓志铭》刻工杨求

《昭信校尉杨侯墓碑》刻工杨秋

《重理圣元西山碑记》刻工杨禄

《故大掾李公同室李氏墓志铭》刻工杨保

《杨公讳保墓志》刻工赵子良

《故善士杨宗墓志》刻工杨□

《故善士赵公墓志铭》刻工杨隆

《鹤川杨现存生圹墓碑铭》刻工杨□、杨信

《太源郡卜筮王公墓志》刻工杨隆

《龟城弘农郡老宿杨公兼檄擢宾主墓志》刻工杨禄、杨玑

《重修普应山圆明寺记》刻工裴瑛

《龙泉观长春真人祠记》刻工梁俊

《故善人张公圹志铭》刻工杨逢

《故儒生杨武圹志铭》刻工杨□

《董母高氏墓志铭》刻工杨绍芳

《金齿军民指挥使司庙学记》刻工符意

《金齿司新建儒学记》刻工符意

《栖云庵碑记铭》刻工杨禄、杨玑

《处士何公讳连墓志铭》刻工杨禄

《故阿吒力僧李久成墓志并铭》刻工李天保

《书吏杨量同孺人李氏寿藏志》刻工杨玑

《故安人车氏墓铭》刻工杨惠

《故善士赵公墓志铭》刻工赵成

《故处士杨公孺人杨氏墓志铭》刻工张定
《华亭寺碑记》刻工萧鉴
《李武公墓志铭》刻工杨镜
《杨善士正宇墓志铭》刻工杨禄
《镜州婆罗门杨华严寿撰书》刻工杨义
《水目寺碑铭》刻工杨义
《故善士杨公同妻赵氏墓志铭》刻工杨□
《故令史董公墓志铭》刻工杨元
《处士王宗墓志》刻工赵城
《善士杨胜墓志并铭》刻工何嵩
《重修慈云山清净禅寺碑记》刻工萧鉴
《故大密李公墓志铭》刻工杨信
《李氏寿碑》刻工杨□
《成都府学训导杨君墓志铭》刻工杨大海、赵子联
《玉案山筇竹寺常住记》刻工汪泉
《重修圆通寺碑》刻工萧鉴、梁俊
《重修圆通寺碑》刻工蔡景文、胡远、梁俊
《龙泉观通妙真人祠堂记》刻工曹伸
《故善人里长段公墓铭》刻工杨信
《重修筇竹寺千日期满记》刻工汪泉
《渤海郡高老官人墓志》刻工杨倖
《处士杨公同室墓记》刻工杨春立
《处士张公暨室杜氏合葬墓志铭》刻工杨瑄
《五密僧杨祯碑志》刻工杨瑄
《萱堂寿藏记》刻工杨□□
《故布政司承差杨公绣墓志铭》刻工杨春
《居士杨公墓志铭》刻工杨春
《重建金齿大保山法明禅寺记》刻工余康京
《重修德化禅寺碑》刻工金伦
《故善士尹公墓志铭》刻工杨遇春
《明太和沐恩邑田翁主讳宜字宗元室人何氏墓志铭》刻工李信
《善士杨公讳应同妻段氏春花玉碑铭》刻工杨铭
《重修大德寺碑》刻工萧鉴
《富春慈济寺记》刻工李淳、杨顺
《书吏张公墓志铭》刻工杨贵义
《处士杨公墓铭》刻工杨源

《杨氏春梅墓志》刻工杨定
《故处士杨公墓志铭》刻工武文觉
《杨公同室张氏墓志铭》刻工杨瑄
《尹公讳文墓志铭》刻工杨□
《赵州城记》刻工杨环
《故贤掾杨公墓志铭》刻工杨照川
《灵鹫寺碑记》刻工杨甫
《大师陈公寿藏铭》刻工杨洪远
《新建宝珠山龙泉寺碑记》刻工肖瑛
《善士张公海字朝源同室寿藏》刻工戴文秀
《处士王公讳得春墓铭》刻工文绣
《西寺塔建塔存功记》刻工曹俊
《重修龙王庙记》刻工杨安
《修建众安桥记》刻工朱应登
《彭公墓志铭》刻工杨森
《明蒙恩邑杜公父子墓铭》刻工李德
《龙泉山道院记》刻工舜庵道人
《圆通寺伽蓝殿碑》刻工蔡子云
《禹碑歌》刻工苻佩
《大明张孺人李氏墓志》刻工张守成
《新创玉皇上帝阁碑记》刻工杨元
《永昌重修城隍庙记》刻工俞权
《黄华老人诗石刻》刻工崔郎中
《关将军庙碑》刻工沈芹
《重修竹林寺记》刻工杨德麟
《赐文林郎南京广东道监察御史邵公墓志铭》刻工吴崧
《重游石宝山记》刻工杨添祖
《重修庙碑记》刻工杨遇春
《题通云洞诗碑》刻工黄罗星
《叠水河观瀑诗刻》刻工张治方
《北极寺记》刻工杨合
《明世宰舍义官字君偕配墓志铭》刻工杨合
《永昌文昌宫记》刻工俞胤元
《重修碧鸡山华亭寺碑》刻工龙应时
《太仆寺卿两广按察司副使邵公墓表》刻工沈鲤
《万华馆记》刻工邓崇

《重修温泉寺碑记(一)》刻工僧明□
《张立扬登狮山诗碑》刻工钱兆闽
《范忠宜公格言碑》刻工刘懋武
《赵孟頫碑》刻工刘懋武
《龙隐寺常住碑记》刻工张□
《黔府施本寺常住缘由界址碑》刻工李登、真空
《寂光常住碑记》刻工杨希龙
《开建九龙山欲圣寺常住碑记》刻工段彩先
《新建鸡足山祝国悉檀禅寺碑铭》刻工杨继泰
《玉案山筇竹寺供奉藏经记》刻工非熊
《重修栖云庵常住碑记》刻工杨遇乾
《云泉寺菩提场圆觉功德碑记》刻工张国臣
《重修太平寺常住田碑记》刻工毛应时、把思忠
《监察御史禁断侵占军屯堰塘、加征屯赋案》刻工刘泽远
《龙肇寺碑记》刻工杨、陈
《汇勒大觉常住碑记》刻工李立
《三元宫重题常住田记》刻工李得用、施良□
《新建碧鸡寺常住碑记》刻工杨和
《虚凝庵昊天通明殿碑记》刻工桂汝玉
《鸡足寂光寺开山传衣法嗣纪略碑》刻工杨福禄
《孔公重修学宫记》刻工陶珽
《新建真武庙常住碑记》刻工许守玉
《重修武侯祠碑记》刻工熊华麒
《增修晋宁州儒学记》刻工段咸名

清代刻工

《合建玄龙寺碑记》刻工陈广玄
《重修祠山庙碑记》刻工李际明
《平西亲王重建龙川江桥碑记》刻工冯苏
《水目普贤寺开山禅师行实碑》刻工杨明
《明赐紫衣法开禅师实行记》刻工杨世才
《万寿山无穷和尚行实》刻工性现
《小龙洞水永远碑记》刻工杨似雄
《重修大觉寺序》刻工李□
《云泉庵弗善碑记》刻工毛尚忠
《澂江府江川县为囮吓索无了无休请立案候事》刻工李景逢、吴可荣、张登

《中宪大夫知澂江府事加一级韩大老爷讳俊杰号公魏功德碑》刻工徐凤、李文粲、罗可麟

《弥陀庵常住碑记》刻工广超

《文林郎知江川县事高太老爷讳拱星号文东功德碑》刻工李景逢

《鼎建云龙山真武宫增置常住田地功德题名》刻工杨□隆

《重修诸天阁前楼记》刻工张天政

《均平其它永远碑记》刻工李云龙、李先魁

《云泉寺观音殿常住碑记》刻工李著

《重建理白衣庵常住碑记》刻工杨华

《御制训饬士子文碑》刻工杨邠俊

《重修玄真观常住碑记》刻工杨林壁

《重建龙华大刹碑记》刻工杨世甲

《重修螺峰三阁记》刻工李由道

《重建新兴州文庙碑记》刻工任中宜

《开中山佛日寺记》刻工李□□

《师宗州生童预贮碑记》刻工张自明

《朋普社学记文碑》刻工毛德先

《霞青宫八十一叟德晖上人普同寿量塔铭》刻工李阿元、赵得新

《月涛寺常住功德田地碑记》刻工浦壁

《增修开化府学宫碑记》刻工张演督

《高明寺常住永远碑记》刻工明正衍

《文昌宫碑记》刻工赵世德

《东山寺碑记》刻工邓文至、陆圣道

《可保村重修水潮寺碑记》刻工赵康爵

《重修九龙池碑记》刻工李恭

《朋普文昌宫碑记》刻工严藻督

《白沙金刚、大定二刹碑记》刻工和直挥

《重修武庙碑记》刻工李钦、石云轩

《三官庙纪事碑》刻工张天成

《化所华严寺公地并宝子箐放水条规碑记（一）》刻工董士俊

《西洱村新寺铁铸宏钟铭文》刻工梁仁

《宜良县学宫永远碑记（一）》刻工官有德

《□□洋溪海水例碑记》刻工董玉楚

《重建璎珞山碑记》刻工李润

《干河堡观音寺重修碑记》刻工陈诰

《重修紫溪寺碑记》刻工张凤翔、杨国选、靳光祖

《亘古如斯碑》刻工罗大朝、钟之来

《河阳宿江川二绝》刻工刘携

《姚铭护林碑》刻工毕秀乐

《捐入文昌宫田粮碑记》刻工代升元

《南斗会碑记》刻工时文科

《祭山川风雨神文刻石》刻工蒋曰杞

《章堡村永减额夫碑记》刻工董士俊

《土主庙碑计》刻工施秀川

《太和寺功德碑记》刻工杨子超

《盘江渡碑记》刻工杨开宗、杨兴宗、杨荣宗、杨耀宗、杨成用

《为开河有得粮田贻患邻邑事碑记》刻工宗贤

《前后殿宇官士军民功德碑记》刻工杨十、傅士和

《湾子村减免额夫碑记》刻工胡天顺

《桂香书院租息碑》刻工胡绍廷

《积储以应公用急需碑记》刻工董士俊

《响水沟碑记（二）》刻工阮大名

《响水沟碑记（一）》刻工阮

《西三宝源厂重修西岳庙记》刻工张学礼

《开宁寺玉皇阁常住碑记》刻工德崇

《重修大波浪桥碑记》刻工杨卜美

《富村块泽河建桥碑记》刻工立达、邹□海、富振

《百祥寺重修碑记》刻工杨宗鹏

《界址碑》刻工张子成

《修唐河东州刺史王公仁求墓记》刻工冯丽先

《响水沟碑记（三）》刻工罗发富

《照占轮当门户碑序》刻工杨发魁

《重修三官庙香火功德碑记》刻工董贤

《大凹革青龙寺碑》刻工杨见如

《南头应役碑记》刻工杨宗鹏

《王姓井泉碑记》刻工时应选

《新建桥神庙小引碑记》刻工吴秀

《宜良县革官价碑记》刻工王永泰

《重修建造万寿宫碑记》刻工杨□□

《周厚庵邑侯免官价碑记》刻工王永泰

《义安桥水分碑记（一）》刻工沈建中、沈建林、王顺、杨富

《普贤寺迁莊罗汉记碑阴》刻工李云登

《重修龙泉观玉皇殿小引》刻工苏朝富

《金家营重修新建土主庙碑记》刻工王永泰

《莲峰庵碑记》刻工赵步云

《石钟寺法天和尚碑记》刻工杨渊

《重修温泉寺碑记(二)》刻工陈镇国

《尝稽藏典所载》刻工续继

《土官村其它乡规碑计》刻工李□□、胡□□

《新建土主寺前殿两厢碑叙》刻工杜占春

《重修后殿碑序》刻工杜占春

《柴家营永济塘按田捐银碑记》刻工张文德、张文贵

《龚家路记》刻工刘技北、□正通

《修建本寺碑记》刻工那存道

《连然十景》刻工毕耀彩、毕沃

《新建殿阁捐修功德碑记（一）》刻工赵鲲

《乡规民约碑》刻工尹文

《寂光无为大和尚行实塔铭》刻工张国

《满公无为大和尚塔铭》刻工张国

《文会碑记》刻工杨芳

《三善塘碑》刻工□山李润

《洱海行诗碑》刻工杨浩

《赋足民安碑》刻工杨发科

《鱼他得村大寺碑》刻工谭如珍、黄殿纯

《重修龙泉观功德碑记》刻工苏茂、苏朝正、苏朝印

《重修香山寺碑记》刻工伍得寿

《孙家营公濬淤泥河碑记》刻工张荣

《祥云县文峰村护林碑（劝谕植树禁伐林木碑）》刻工张文彩

《程近仁石联》刻工正照

《兴建财神庙碑记》刻工岳有应

《赠东山寺僧鹤照序》刻工鹤照

《程端谷营减免夫役碑记》刻工李文学

《义安桥水分碑记（二）》刻工张登云、张兆有、陈友

《义和賨碑记》刻工杨世凤

《永济塘碑》刻工李富春

《永济塘碑记》刻工李富春

《启建华亭山大圆觉寺碑》刻工李天才

《重摹华亭山大圆觉寺碑文》刻工李天才

《静乐庵碑记》刻工李文杨

《水塘村惠利功德晾碑记》刻工祝（妄）槐
《重修龙泉寺圣母殿碑记》刻工达允
《关圣宫碑》刻工刘凤仪
《洞宫寺碑铭》刻工张志高、潘元新
《武定重修万寿山无穷大和尚祖塔序》刻工张鉴
《重修万寿山无穷大和尚祖塔序》刻工张鉴
《永顺乡规》刻工吴业先
《中营福良寺功德碑》刻工李品一
《重修七局村龙神祠碑记》刻工杨有发、杨淇
《明午哨双龙桥碑记》刻工李庆陵、李万、戴思发、傅友
《南东乡轮充乡约碑记》刻工刘福基
《重修老郎宫众姓功德碑》刻工那与朝
《重修祠堂碑记》刻工李万培
《下任家营、许家营、大梅子村、小梅子村四村乡约碑记》刻工尹训
《阿乌村石桥碑记》刻工李本名
《恒公河碑记（一）》刻工李珍
《万朔村义学碑》刻工董文选
《敕赠文林郎戈嘉泉先生墓表》刻工戈尚志
《诰授朝议大夫陕西兴安府知府秀峰赵公墓志铭》刻工杨锺璧、钱均
《真如沙门之碑》刻工王现
《宝威山希公和尚行状》刻工李士魁
《路南州民和乡旧县合村公置义学碑记》刻工文士美
《明大学士王文毅公事实纪录》刻工何太和
《印天禅师行实碑记》刻工李起金
《矣木古彝族凤氏祖茔墓碑》刻工成教
《抬沟修路护山栽木碑记》刻工吴云
《寄园帖》刻工虞世璎
《捐置乡约新公田碑》刻工李珍
《文公河岁修水规章程碑》刻工张自诚
《重修文宫碑记》刻工张发甲、张寿元、张有福
《袁聂氏族善行碑记》刻工李金
《重修永安桥碑》刻工张得才
《重建凤溪寺碑记》刻工李承基
《龙泉观长春正派第十二世都纪赵法师讳和沛墓碑》刻工杨濡石
《三元宫重修碑》刻工李珍
《文公河岁修水规章程碑》刻工张自诚

《大平地土主庙记事碑》刻工张有
《东川十景碑记》刻工卜云
《免差碑》刻工喻成龙
《重修温泉浴亭碑记》刻工卜云
《东山寺常住碑记》刻工潘士林
《吊唐天宝战士冢诗刻》刻工杨思康
《鲍氏祠堂碑记》刻工李文科、□元
《鹤阳开河碑记》刻工曹郁昌
《文天祥墨迹刻石》刻工杨凤仪
《息宰妙华寺义学碑记》刻工王镛
《修妙华寺碑记》刻工王镛
《重建柏树庙碑记》刻工何阿五
《文会碑序（一）》刻工杨发义
《新建玉屏书院碑记》刻工杨朝卿
《云南按察使题名碑》刻工岑毓宝
《重建回龙庵碑记》刻工司必求、司必来
《重建大观楼碑记》刻工那秀
《管众碑》刻工唐朝祯
《伙头收粮章程》刻工唐朝祯
《谨将重建义馆序》刻工张正
《永丰营重修凤山义学碑记》刻工李永成
《重建义馆序》刻工张正
《鹤庆重修文庙碑记》刻工杨朝卿
《鹤庆重修文庙大成殿碑》刻工何锡沛、李联芳、李福兴
《可保村四甲义学公产碑记》刻工李
《重建报恩寺功德碑记》刻工尹亮亭
《重修鹤庆州学庙记》刻工杨朝卿
《建威将军墓碑》刻工李云昌
《修双龙桥阁序》刻工赵继福
《西毛营义学碑记》刻工钱兆福
《小东山功德碑记》刻工董金润

民国以来的刻工

《禾甸街石拱桥功德碑记》刻工段丕元
《青水堰塘润泽海碑记》刻工段文滨
《牛丛碑》刻工黄顺清

《新修宜良西关外马路碑记》刻工师本宽
《云南高等审判厅民事判决碑》刻工刘
《马连芳纪念碑记》刻工杨发王
《觉克多汶夫妇合墓碑》刻工盛希
《李恩松哲夫妇合葬墓碑》刻工盛教
《期努能罕能勒夫妇合葬墓碑》刻工盛希
《曹氏家训碑》刻工李承泽
《凤荣静敖夫妇合墓碑》刻工盛教
《杨福祯诰封碑叙》刻工杨新城
《矣木古彝族凤氏祖茔墓碑》刻工盛教
《清故文学农髯方府君墓表》刻工毕锺
《法依哨刘万墓志》刻工绍清
《王开国题诗观瀑七律》刻工孟秋月
《故滇西都督大理提督总兵官陆军中将张君绍三墓志铭》刻工孙仲渊
《期常德仁夫妇合葬墓碑》刻工李教
《沙尼能德夫妇合墓碑》刻工李俄
《李茂廷公墓志铭》刻工杨开明
《玉龙桥碑》刻工张汝炯
《张滇洲祠堂记》刻工毕钟
《和继圣功德碑》刻工段正辅、李天□
《重修永镇山川四字记》刻工杨体仁
《横水塘筑塘开沟修庙碑记》刻工杨家明、普云寿
《炼象盐行公会碑记》刻工沐凤
《剑川县长修复大堂及厅舍门壁记》刻工张子长
《南古城建筑围墙碑记》刻工施世连
《前清例授登仕郎乡评谨厚享年六十二寿杨老先生利溥之墓表》刻工杨锡
《前永康州陈公文光夫妇殉难记》刻工李常德
《玉龙村新建水碾碑记》刻工沈世达、双有德
《东元护山凭据碑》刻工白文典
《陆良南区建筑大麦冲经始落成碑》刻工张有仁、郭中山、郭金玺
《苏春池封翁暨德配朱太夫人墓表》刻工陈硕甫
《金龙桥岁修记书后》刻工洪发开
《云南省政府开凿抚仙星云两湖石工程记》刻工张知名
《赠陆军中将旅长梓枬鲁君墓表》刻工河西钱兴邦、钱钟良
《划时代的音乐家聂耳墓碑》刻工刘广顺
《云南省公署其它诉讼终审决定书碑记》刻工龚家存

《重修铁虹桥入出碑》刻工段在秋、洪发康
《观稼楼记》刻工杨振虎
《重修总山神庙功德碑记》刻工高崇云
《重修鲁甸县政府碑》刻工潘朝甫
《重修黑龙潭庙宇并新建石桥碑记》刻工毕成
《抗战烈士纪念碑序(一)》刻工戴鸿贵、杨理枝
《抗战烈士纪念碑字(二)》刻工戴鸿贵、杨理枝
《永定铁索桥碑记》刻工孙祯祥、张正品
《汤池五邑村王氏始祖灵位/宗族世绪碑》刻工汤济葵
《宽宏墓志铭》刻工萧金海
《万春山大和尚宽宏号妙光师兄传》刻工萧金海
《重修玉溪大桥记》刻工解家飞
《罗绮坪古杉树诗刻一组》刻工杨大纯
《大理国渊公塔之碑铭并序》刻工王长连
《敕赐华宁山圆觉寺碑》刻工李天才
《启建华亭山大圆觉禅寺碑文》刻工李天才
《鸡足山云版铭文》刻工苏英
《浪穹县新建庙学记》刻工施仁
《建峰亭记》刻工杨奴
《法藏寺铭》刻工赵坚
《李庆墓志》刻工杨平
《昆州耆士杨公墓志》刻工段坚
《故施浪脸李氏墓志铭碑》刻工杨禾
《宣圣遗像碑》刻工郑信、高源、萧清
《鸡足山石钟寺常住田记》刻工杨茂
《故安人车氏墓铭》刻工杨惠
《故伍长李公墓志铭》刻工杨镜
《重修法宝山寺记》刻工郭祺
《旗仕赵公寿藏碑铭》刻工杨镜
《善士李公寿藏志铭》刻工杨镜
《建赵州城碑记》刻工杨環
《灵鹫寺碑记》刻工杨甫
《王氏严慈行实碑铭》刻工王凤
《华严碑记碑》刻工杨永浸
《重修竹林寺记碑》刻工杨德麟
《遍照寺记》刻工李元阳

《瑞云观记》刻工杨廷仝

《天柱岩石刻群题记》刻工周德成、王利宾、吴洙、周维贤

《鸣鼓营碑》刻工李清正

《重修遍知寺碑记》刻工杨接枝

《寂光常住碑记》刻工杨希龙

《玉皇阁常住碑》刻工李续成

《鸡足山悉檀寺开山本无大师实行记》刻工杨际春

《画先真一大师塔铭》刻工孟仰贤

《兴文桥碑记碑》刻工施采元、施于信

《重修佑圣宫记》刻工杨长春

《竹林碑记碑》刻工潘云阶

《兰若寺常住碑》刻工洪盛

《重修古溪寺新增常住碑》刻工毕增荣

《万庆寺重修碑记碑》刻工张葵

《重修龙津桥记》刻工段国用

《垂之永远碑》刻工杨敏才

《洋溪海水例碑》刻工董玉楚

《重修福德山古溪寺中殿碑》刻工李瑞云

《平川河头村水利碑记》刻工张士相

《文昌宫碑记》刻工江振

《石钟堂上大律主法天大和尚实行记》刻工杨洲

《大波那街钱文升斗戥秤碑》刻工余宗培

《禁伐松株碑》刻工张文彩

《练昌奎星阁碑记》刻工张洧

《观音寺重勒功德碑记》刻工杨斋

《密兰村夫马公碑记》刻工彭大成

《真如沙门之碑》刻工朱溶

《盖闻莫为之前碑》刻工李尚才

《重修飞来寺募序》刻工杨成选

《重修佛能庵碑叙》刻工方天贵

《夏文奇墓志碑》刻工文学

《和石衡先生暨夫人墓志铭》刻工张宏辉

《小牧舍高伍屯水例碑》刻工高伍屯

《重修天渡桥碑记》刻工却憋、杨暹

《兰若寺常住碑》刻工施炳惠

《苏春池封翁暨德配朱太夫人墓表》刻工陈硕甫

《建塔勳事人员衔名碑记》刻工杨远中
《题鸡足八景诗碑》刻工杨挺秀
《重修祥云九峰山玉峰庵暨九峰公碑记》刻工郑锡昌

年代不详的刻工

《勅封文林守一封挥墓碑》刻工马理
《嫡母李太夫人墓表》刻工杨汉清
《读书堂法帖》刻工赵士麟
《段氏长老墓碑铭并序》刻工杨庆
《高公墓志碑》刻工杨俸
《故理阳寨长官司案牍段琏墓铭并序》刻工杨兴日
《鸿濛室丛刻》刻工方玉润
《画先真一大师塔铭》刻工孟仰贤
《怀远将军王公墓志铭》刻工孙谦
《祭阵亡将士文刻石》刻工蒋曰杞
《靖安哨诉讼碑记（三）》刻工刘义
《九龙祠龙王庙碑》刻工岑毓宝
《浚治永昌水利记》刻工陈一龙
《奎星阁碑记》刻工张洧
《明龙在田故里碑》刻工罗长华
《明死节户部尚书顺宁龚公祠祀碑》刻工张君
《清罗长春故里碑》刻工罗长华
《如川和尚墓碑第二碑》刻工戴为成、相
《寿藏识》刻工俞康京
《双清堂帖》刻工刘树堂
《太仆寺少卿罗芙洲夫人碑》刻工袁益
《听雨楼帖》刻工周於礼
《王公墓志》刻工王本
《文运日新》刻工张士相
《孝亲可厶残刻》刻工李文耕
《亚中大夫、云南鹤庆军民府世袭土官知府高侯墓碑志》刻工杨□□
《杨慎刻岣嵝》刻工杨慎
《玉皇阁创建碑记》刻工杨华□
《重修法宝山寺记》刻工郭祺
《重修普陀岩观音阁募缘引》刻工鹤照
《重修真武庙记》刻工陈应春

《朱太守德政碑记》刻工张君

《追为亡人张逾城端神道（残碑）》刻工张惠

《重修瑞光寺原旧功德田地条粮碑记》刻工李珍

《亦都莫李氏祖茔彝文碑》刻工□□

后 记

2016 年夏天，我从南京大学博士毕业，所修专业为中国古典文献学。在机缘巧合之下，我进入到云南大学中国史流动站工作，开始了漫长的博士后研究工作。之所以漫长，是因为大部分博士后两年就完成了研究任务，而我却因“兴趣太多”一再延期。从本科开始我便喜欢先秦古文字的研究，后来逐步扩展到《尚书》学、金石学、《说文》学乃至高步瀛《文选》学的研究。

方国瑜先生指导学生时提出，在学术研究中要先学会“逛街”，多走一些大路。意思是说，对于学术的研究首先应充分了解基本史料、史学的核心学术问题以及学术史的整体情况。因我太爱“逛街”，所以学术兴趣非常广泛，到了云南后先是读了一些云南的基本史料，逐渐认识到云南金石学的广阔空间，这个空间包含以下两个方面的内容。

一是对云南金石的梳理，我提出了几个问题，现存石刻总量有多少？历代方志记载有多少？分布情况如何？重要的石刻能否进行汇校？云南刻工有哪些人？这些问题都是我想解决的，但是个人的精力和经费都是有限的，我只能选择力所能及的来做。于是，我从 2017 年 4 月开始了云南访碑之旅，各大博物馆、图书馆、文管所自然是必须去的；同时，汇总了全省已出版的石刻目录及地方志、文物志等共计 461 种，辑录了云南金石 15000 多种，删除重复后，总计 9070 种。算是解决了一个问题，但个人的力量太弱小了，这 9070 种碑刻有太多问题需要处理，比如作者、年代的考证，题名问题、拟题问题，如何系统分类，如何统计分布地区，都是非常棘手的问题。

二是如何将云南金石运用到地方史、民族史的研究中。这是云南学术研究的前沿问题。前人在金石学方面做出了卓越贡献，如方国瑜运用爨氏碑刻研究爨史，萧霁虹利用道教碑刻研究道教仪式、朱安女通过白族碑刻讨论白族的历史发展等，均有启发意义。但是，随着石刻的进一步整理，是否能够利用新材料对前人进行订补或开辟新的研究领域？我在云南刻工研究上花费了巨大精力，从数以万计的刻工材料中，梳理出 495 位云南刻工，大部分不见于史料记载，尤其是大理杨氏刻工的集群式考察。又如环境史的研究，现存云南水利、交通类碑刻 715 种，其中蕴含着古人对农田、水利的治理策略都不为前人所注意。

在进行云南金石研究的同时，我又承担了《尚书》学以及《金石萃编》的整理与研究工作。《尚书》学方面，先后进行了 20 世纪《尚书》学史、清人笔记《尚书》学研究及韩国《尚书》学研究等课题，几乎每一项都是大工程，但都在计划中逐步推进。从本科阶段老师就教导我要花苦功夫，要下大功夫，所以从 2006 年读大学以来，我一直在进行有关古典文献的搜集和整理工作，先后编写了《〈殷虚卜辞综述〉引卜辞来源研究》《古本尚书文字汇纂》《六种大徐本〈说文解字〉小篆字头汇录》《清人笔记所见〈尚书〉类文献索引》等五六种大部头的资料汇编，绝大部分都没有出版，这些文献搜集工作增强了我搜集文献的能力；这十六年来，从东北到东南，从东南到西南，探访古物，游览大大小小的图书馆数以百座，感谢那些给我提供帮助，又无私付出的师友们。

潘先林先生是我的合作导师，几次促膝长谈我都能感受到他对家乡、对学术的赤诚热爱，起初我并不能深切体会，在梳理了方树梅、方国瑜、张希鲁等学者的学术研究后，我才深深感受到这种家国情怀背后的精神力量，也由此不断想起“睹乔木而思故家，考文献而爱旧邦”的学术情怀。秦树才先生对晚辈关爱有加，每遇大事先生都能为我答疑解惑，他乐观的人生态度使我在数次的人生危机中化险为夷，乐观、谦和、泰然让人如沐春风。

潘老师和秦老师的导师都是林超民先生，林先生是方国瑜和江应樑指导的博士，在云南民族史、云南地方史等领域贡献卓越。林先生为人随和，对名人典故了如指掌，对云南文史则信手拈来，感谢林超民先生在百忙之中撰写序文，溢美之词实在愧不敢当。

本书的撰写还得到了云南文管部门的大力支持，从昆明博物馆的碑林到大理博物馆的碑林，从通海秀山公园到宣威东山寺，从昭通孟孝琚碑到曲靖爨宝子碑，大大小小的寺庙、公园、学校都为这一程访碑之旅提供了无私帮助。昭通图书馆老馆长吴明俊带我参观了张希鲁特藏，走过狭窄的走廊，我逐一翻阅了四十年来无人问津的宝藏。通过张希鲁女婿杨海滨先生看到了张希鲁捐赠总账，深深感叹这位云南学者在金石收藏方面独特的学术品格。在大理时，除了到大理古城参观碑林，还获得大理白族文化研究院所赠地方文献四五十种。在楚雄时，到访楚雄一中，又到县级文管部门调研，得到楚雄地区不可移动文物普查目录及相关材料三十余种；在玉溪时，先后到访白龙寺、灵照寺等，不少碑刻已经被岁月磨平字迹，幸运的是，这些名山大寺的碑刻在山志、寺志、地方志中都有保存。访碑的故事还有很多，数以万计的照片资料让我回想起一个又一个难忘的瞬间，如在楚雄时，彝族研究专家朱琚元先生赠送了《彝文石刻译选》，并允许将其所藏彝文拓片拍照留存。

云南学者的淳朴、热情、宽容让我非常感动，这本石刻汇编的问世还要感谢各位师友的不弃。我的博士后出站答辩安排在了 2020 年疫情肆虐的春天，感谢历史与档案学院院长罗群教授及各位师长提出的宝贵意见，感谢云南民大尹建东、马勇两位教授出席答辩。博士后期满出站后，我进入到同济大学中文系工作，并在教学过程中，逐步修订、增补石刻材料，最终在西南交大出版社的支持下顺利出版。

“不淹没前人”，感谢文管部门、地方志办公室工作人员前期的付出，没有数百种的石刻汇编、文物志资料，本书也不能顺利问世；更要感谢朱敏、姚四标两位同学夜以继日校录文献。两位同学在本书形成之前做了大量的碑刻搜集工作，做到了所录材料的准确、著录项的完整，经过前期两年多的整理，最终形成《云南石刻信息表》。通过此表，可以考察石刻的作者、撰者、刻工、时间、分布地区等要素，筛选排查之后再撰写《云南石刻文献目录集存》（初辑）。所以本书的形成经历了四个主要步骤：一是确定收录文献的来源，包括地方志、文物志、石刻汇编等；二是校录著录项，包括碑名、撰者、刻工、材质、时代、尺寸、地区、出处等；三是系统筛查重复项，核对碑名等要素；四是按时代排序，逐一汇录，并附按语。沉甸甸的《云南石刻文献目录集存》（初辑）是云南历史上最大规模的石刻文献汇集，所包含资料几乎是《新纂云南通志·金石考》的四倍，但在文献汇录过程中的疏漏在所难免，恳请诸位师友批评指正。

辛丑春记于同济大学人文学院